J. von Staudinger's Kommentar zum Bürgerlichen Gesetzbuch und dem Einführungsgesetze.

VII. Band.

Alphabetisches Gesammtregister.

Bearbeitet

von

Fritz Keidel,
k. Landgerichtsrath in München.

2. vollständig neubearbeitete **Auflage.**

München 1906.
J. Schweitzer Verlag (Arthur Sellier).

Alphabetisches Gesammtregister.

Die römischen Zahlen bezeichnen den Band, die arabischen die Seiten.

a = allgemeiner Theil, b = spezieller Theil von Bd. II.

A.

Abänderung von Landesgesetzen VI 382; — siehe auch „Aenderung, Veränderung".

Abbaugerechtigkeit III 284.

Abbaurechte für Mineralien VI 180.

Abbruch: Verkauf auf A. I 269, IIb 8, III 216.

Aberkennung der Ehrenrechte, siehe „Bürgerliche Ehrenrechte".

Abfallfrüchte: Eigenthumsbeschränkung III 136.

Abfindung des antheilsberechtigten Abkömmlings für den Verzicht auf den Antheil an der fortgesetzten Gütergemeinschaft IV 398; — Anrechnung der Abfindungssumme bei der Auseinandersetzung IV 412; — Berücksichtigung bei der Theilung unter den Abkömmlingen IV 416; — A. des geschiedenen Ehegatten IV 572; — A. eines ausscheidenden Gesellschafters IIb 653; — des unehelichen Kindes durch den Vater IV 890, — durch den Erben des Vaters IV 887; — des durch eine unerlaubte Handlung Verletzten für die Geldrente IIb 937; — der Hinterbliebenen des Getödteten IIb 941, 945; — des Dienstberechtigten für die Entschädigung wegen entgangener Dienste IIb 949; — Einfluß des Mitverschuldens des Verletzten IIb 951; — A. bei Vermögens- oder Gutsübernahme IIa 167; — beim Erbverzicht V 719.

Abgaben: Haftung des Ehemannes gegenüber der Frau IV 191; — Haftung des Erbschaftskäufers V 772; — Haftung des Verkäufers für Freiheit von öffentlichen A. IIb 23; — Last des Vermiethers IIb 237; — Rückerstattung mit Unrecht erhobener A. IIb 825, VI 229.

Abgesonderter Haushalt der Ehefrau IV 137.

Abgesperrter Ort: Testamentserrichtung an einem a. O. V 554; — zeitliche Beschränkung der Wirksamkeit V 556.

Abgrabungen: Gefährdung des Nachbargrundstücks III 133; — Unverjährbarkeit des Anspruchs auf Unterlassung III 156.

Abhanden gekommene Anweisungen IIb 767; — Hypothekenbriefe: Kraftloserklärung III 464; — Legitimationspapiere IIb 812; — a. g. Sachen: Eigenthumserwerb III 189; — Beschränkung der Eigenthumsvermuthung für den Besitzer III 267; — Herausgabeanspruch III 270; — Eigenthumserwerb an Erzeugnissen und sonstigen Bestandtheilen a. g. Sachen III 218; — Pfandrechtserwerb an a. g. S. III 553; — Kraftloserklärung a. g. Schuldverschreibungen IIb 794; — a. g. Zins-, Renten- und Gewinnantheilscheine IIb 804.

Abhängigkeitsverhältniß: Schadensersatzpflicht aus der Bestimmung zur Gestattung des außerehelichen Beischlafes unter Mißbrauch eines A. IIb 874, 876; — Ersatz nicht vermögensrechtlichen Schadens IIb 952.

Abholung der Leistung, Gläubigerverzug IIa 116; — von Sachen von einem fremden Grundstück III 31.

Abkömmlinge: Begriff IV 602; — Ausgleichungspflicht (siehe auch diese) V 300; — Auslegung letztwilliger Verfügungen an A. des Erblassers V 335, 336, an A. eines Dritten V 337; — Einsetzung eines Nacherben für einen kinderlosen Abk. V 375; — gesetzliches Erbrecht der leiblichen A. V 23, — der A. der Eltern V 27, — der A. von Großeltern V 29, 35, — von Urgroßeltern V 32, — Konkurrenz des überlebenden Ehegatten V 34; — Voraus desselben V 39; — Erbunwürdigkeit V 707; — Erbverzicht der A. des Erblassers V 724; — zu Gunsten anderer Abkömmlinge und des Ehegatten des Erblassers V 725; — Pflichttheilsrecht V 635; — Ausschluß entfernterer durch nähere pflichttheilsberechtigte A. V 647; — Entziehung des Pflichttheils V 697, — in wohlmeinender Absicht V 702; — Unterhaltspflicht IV 649, 658; — Unterhaltsanspruch IV 649; — Beschränkung wegen Verfehlungen gegenüber den Unterhaltspflichtigen IV 668; — Vermuthung der Schenkungsabsicht bei Unterhaltsgewährung an Eltern IIb 562; — des angenommenen Kindes: Erstreckung der Annahme auf dieselben IV 971; — des für ehelich erklärten Kindes, Erstreckung der Wirkung der Ehelichkeitserklärung auf dieselben IV

934; — des unehelichen Kindes: Erstreckung der Legitimation durch nachfolgende Ehe auf dieselben IV 918; — Geschlechtsgemeinschaft mit denselben als Ehehinderniß IV 38.

— **gemeinschaftliche**: Ausstattung aus dem Gesammtgut der allgemeinen Gütergemeinschaft IV 340, — der Errungenschaftsgemeinschaft IV 470; — Fortsetzung der Gütergemeinschaft IV 377; — Verwendung des Ertrages des eingebrachten Gutes zum Unterhalt IV 200; — Gütertrennungsklage der Ehefrau wegen Gefährdung des Unterhalts der A. durch den Mann IV 257; —

— **nicht gemeinschaftliche**: Ausstattung bei allgemeiner Gütergemeinschaft IV 340, — bei Errungenschaftsgemeinschaft IV 471; — Erbrecht bei fortgesetzter Gütergemeinschaft IV 377; — Haftung für deren Unterhalt IV 201.

— **antheilsberechtigte** an der fortgesetzten Gütergemeinschaft: Ausschluß von derselben durch letztwillige Verfügung eines Ehegatten IV 427, 436, — durch gemeinschaftliches Testament IV 436; — Beschränkung des Antheils in guter Absicht IV 431, 436; — Entziehung des Antheils IV 431, 436; — Erbunwürdigkeit IV 420; — Ergänzung des Antheils IV 418; — Klagerecht auf Aufhebung IV 402; — rechtliche Stellung IV 386; — Konkurs des A. IV 391; — Kürzung des Antheils IV 430, 436; — Schuldenhaftung IV 392, 395; — Umfang der Haftung für Gesammtgutsverbindlichkeiten IV 418; — Haftung für bei Auseinandersetzung der fortgesetzten Gütergemeinschaft nicht berichtigte Gesammtgutsverbindlichkeiten IV 408; — Theilung bei Auseinandersetzung der Gemeinschaft IV 415; — Anrechnung von Verbindlichkeiten des verstorbenen Ehegatten auf den Antheil bei Auseinandersetzung IV 412; — Wirkung des Todes eines A. IV 396; — Uebernahme des Gesammtguts oder einzelner Theile IV 434, 436, — durch alle Abkömmlinge IV 414, 415; — Wirkung des Verzichts auf den Antheil IV 397; — Anrechnung der Abfindungssumme IV 412; — Berücksichtigung des Verzichts bei Theilung unter den Abkömmlingen IV 416; — Zustimmung des anderen Ehegatten zum Verzicht des Abk. IV 438.

Abkürzung der Gewährfrist beim Viehhandel IIb 134; — der Verjährungsfrist I 578; — des Vornamens I 83.

Ablauf der Frist I 518.

Ablehnung des Auftrages durch zu gewissen Geschäften öffentlich Bestellte IIb 526; — bei einem auf Geschäftsbesorgung gerichteten Dienst- oder Werkvertrag IIb 545; — des Amtes eines Familienrathes IV 1151; — des Amtes eines Testamentsvollstreckers V 474, 486; — A. der Annahme der Leistung nach Ablauf der gesetzten Frist IIa 100, — wegen Verzuges des Schuldners IIa 107; — beim gegenseitigen Vertrag IIa 157, 158; — der Beistandschaft IV 844; — der Fortsetzung der Gütergemeinschaft durch den überlebenden Ehegatten IV 381; — durch einen Abkömmling IV 398; — der Pflegschaft IV 1220; — A. der Schenkung IIb 173, 176; — durch die Frau im gesetzlichen Güterstand IV 231; — bei allgemeiner Gütergemeinschaft IV 324; — bei Errungenschaftsgemeinschaft IV 445, 452; — eines Vertragsantrags I 427, 433; — durch die Frau im gesetzlichen Güterstand IV 231, — bei allgemeiner Gütergemeinschaft IV 324, — bei Errungenschaftsgemeinschaft IV 445; — der Vormundschaft IV 1017; — Verlust des Ablehnungsrechts IV 1018, — Wirkung ungerechtfertigter Ablehnung IV 1020; — Zwangsmaßregeln IV 1021; — der Wiederherstellung des früheren Zustandes durch den Schadensersatzberechtigten IIa 31.

Ablieferung des Erbvertrages V 626; — des Fundes bei der Polizeibehörde III 230; — Wirkung III 235; — A. an die Behörde des Fundplatzes III 237; — des verwahrten Testaments an das Nachlaßgericht V 562.

Ablieferungsort: Aufrechnung bei Verschiedenheit des A. IIa 260.

Ablösung von Dienstbarkeiten und Reallasten VI 240, 247; — Ablösungsrenten des Staats und öffentlicher Anstalten VI 243; — A. der Rentenschuld III 540, 541, 542; — A. von Theilen eines Gebäudes oder eines Werkes: Verantwortlichkeit des Besitzers und früheren Besitzers IIb 918; — des an dem Gebäude oder Werke Berechtigten IIb 922, — des Unterhaltungspflichtigten IIb 923; — Verhältniß mehrerer Verantwortlicher IIb 934; — Gefahr für das Nachbargrundstück III 132.

Ablösungsrecht des Besitzers III 5; — des Eigenthümers gegenüber dem Rentenberechtigten III 540; — A. Tritter gegenüber dem Befriedigung suchenden Hypothekgläubiger III 445; — gegenüber dem Pfandgläubiger III 590; — gegenüber dem Gläubiger bei Zwangsvollstreckung IIa 62.

Abmarkung von Grundstücken III 147.

Abnahme der Kaufsache IIb 5, 15; — Kosten IIb, 51, 53; — A. der Miethsache IIb 216; — des Werkes IIb 467, 479; — Abnahme eines Theiles IIb 470.

Abnutzung von eingebrachtem Gut der Frau IV 190; — der Miethsache IIb 240.

Abrechnungsvertrag IIb 755.

Abschlagszahlung IIa 58; — beim Werkvertrag IIb 470; — Unterbrechung der Verjährung I 559.

Abschriften aus dem Güterrechtsregister IV 513; — des Testaments V 569; — aus dem Vereinsregister I 224.

Abschriftnahme von Erbverträgen V 627.

Absendung der Anfechtungserklärung einer Willenserklärung I 355; — der Annahmeerklärung eines Vertragsantrags I 431.
Absolute Rechte III 1.; — Verletzung IIb 860; — Anspruchsverjährung I 545.
Absonderungsberechtigte: Stellung beim Aufgebot der Nachlaßgläubiger V 138; — kein Ausschluß durch fünfjährige Nichtgeltendmachung ihrer Forderung V 149; — Ausschluß der Geltendmachung aufschiebender Einreden des Erben gegenüber denselben V 244; — Haftung von Miterben gegenüber A. nach der Nachlaßtheilung V 320, 322.
Absonderungsrecht auf Grund Vormerkung im Grundbuch III 80; — A. des Nießbrauchers III 317.
Abstammung: eheliche IV 609; — aus nichtiger Ehe IV 850; — uneheliche IV 860.
Abstand von Anlagen, Bäumen, Sträuchern von der Grenze des Nachbargrundstücks III 129, 131, VI 256.
Abstrakte Rechtsgeschäfte I 302, IIb 823.
Abstrakte Verbindlichkeiten: Hypothekbestellung hiefür III 376.
Abstrakter Vertrag IIa 7, IIb 741, 823.
Abtrennung von Erzeugnissen und Bestandtheilen III 212; — von Körpertheilen I 263; — verbundener Sachen von der vindizirten Sache III 257; — lastenfreie, von Grundstückstheilflächen III 89.
Abtretung der Forderung:
A l l g e m e i n e s: Anzeige an den Schuldner IIa 273, 293; — Aufrechnung gegenüber dem neuen Gläubiger IIa 287; — Auskunftpflicht des bisherigen Gläubigers IIa 280; — Ausschluß der Abtretung höchstpersönlicher Forderungen IIa 277; — Ausschluß durch Vereinbarung IIa 277, 285; — Ausschluß der A. unpfändbarer Forderungen IIa 279; — Ausschluß der Einrede des Scheingeschäftes, des Ausschlusses der Abtretung IIa 285; — Beurkundung IIa 280; — Einreden gegenüber dem neuen Gläubiger IIa 282, 285; — Form der Abtretung IIa 273, 275; — Gegenstand IIa 274; — Haftung für Zahlungsfähigkeit des Schuldners IIb 27; — Herausgabe von Beweisurkunden an den neuen Gläubiger IIa 280; — Kündigung durch den neuen Gläubiger IIa 295; — Leistung an den bisherigen Gläubiger, Rechtsgeschäfte mit demselben in Ansehung der Forderung IIa 288, 291; — Mahnung durch den neuen Gläubiger IIa 295; — Uebergang accessorischer Rechte IIa 279; — Uebertragbarkeit der Forderungen IIa 273; — Ueberweisung der Forderung an einen Dritten IIa 291; — urkundlicher Nachweis der Abtretung gegenüber dem Schuldner IIa 295; — Wirkung der Abtretung IIa 273; — Eintritt der Wirkung gegenüber dem Schuldner bei Anzeige von der Abtretung IIa 293; — Uebergang der Hypothek auf den neuen Gläubiger III 447, — des Pfandrechts III 591; — A. beim passiven Gesammtschuldverhältniß IIa 338, — beim aktiven IIa 345; — Wirkung der A. für eine Bürgschaft IIb 706; — Wahlrecht des neuen Gläubigers bei Alternativobligation IIa 53; — schenkungsweise A. IIa 276; — Haftung für Zahlungsfähigkeit des Schuldners IIb 27; — Ausübung des Zurückbehaltungsrechts gegenüber dem Cessionar IIa 73; — A. zur Einziehung I 343, IIa 276; — Simulation bei A. I 340; — anzuwendendes Recht IIa 276, VI 315; — E i n z e l n e F ä l l e d e r A b t r e t u n g: A. des Ersatzanspruches für Verlust einer Sache oder eines Rechts IIa 43, — bei Unmöglichkeit der Leistung IIa 99; — A. der Forderung auf Eigenthumsübertragung an einem Grundstück IIa 135; — von Gehaltsansprüchen IIa 296, VI 197; — von Gehalts-, Pensionsansprüchen von Reichsbeamten VI 137; — des Herausgabeanspruches zum Zweck der Eigenthumsübertragung III 182; — A. durch den Nichteigenthümer III 188; — Einfluß auf Rechte Dritter an der veräußerten Sache III 195; — A. des Herausgabeanspruchs durch den Verkäufer IIb 30, 37; — A. des Hypothekrechts III 449; — öffentlich beglaubigte Abtretungserklärung III 453; — der Mieth- und Pachtrechte IIb 245; — Uebergang des Pfandrechtes des Vermiethers bei der A. von Forderungen aus dem Miethverhältniß IIb 265; — A. der Forderung aus einem simulirten Rechtsgeschäfte I 339; — der Forderung aus qualifizirten Legitimationspapieren (Sparkassebüchern) IIb 814; — einer Forderung durch einen Ehegatten nach Aufhebung der Gütergemeinschaft IV 357; — bei Errungenschaftsgemeinschaft IV 450; — von Forderungen des Mündels IV 1061; — von Unterhaltsansprüchen für die Vergangenheit IV 673.
Abtretungsvertrag als Form der Verpfändung einer Forderung III 617.
Abwehr verbotener Eigenmacht III 22.
Abweichung vom Auftrag IIb 529; — bei einem auf Geschäftsbesorgung gerichteten Dienst- oder Werkvertrag IIb 545; — vom Verwahrungsvertrag IIb 574; — von Wille und Erklärung I 335, — beim Vertragsabschluß I 439.
Abweisung der Klage, Wirkung für die Verjährung I 566.
Abwendung rechtswidriger Angriffe I 582; — des Schadens, Folge der Unterlassung IIa 39.
Abwesende: A n f e c h t u n g gegenüber A. I 355; — V e r t r a g s a n t r a g an einen A. I 429; — W i l l e n s e r k l ä r u n g gegenüber A.: Zeitpunkt der Wirksamkeit I 381; — Tod oder Geschäftsunfähigkeit des Adressaten I 384, 385; — Zustellung der Willenserklärung durch Vermittelung des Gerichtsvollziehers I 387.
Abwesenheit der F r a u: Ersetzung ihrer Zu-

stimmung zu Rechtsgeschäften des Mannes im gesetzlichen Güterstand IV 177, — bei allgemeiner Gütergemeinschaft IV 319; — des Mannes: Ersetzung seiner Zustimmung zu Verträgen der Frau über persönliche Leistungen IV 128; — Entbehrlichkeit seiner Zustimmung zu Rechtshandlungen der Frau IV 222; — Vornahme von Rechtshandlungen durch die Frau bei allgemeiner Gütergemeinschaft IV 322; — eines Vertragstheiles bei gerichtlicher oder notarieller Beurkundung I 436.

Abwesenheitspflegschaft: Einleitung IV 1208; — Beendigung IV 1211, 1225, 1226; — über den Ehemann: Beendigung der Nutznießung und Verwaltung am eingebrachten Gut IV 257, 260; — Wiederherstellung des Rechts nach Aufhebung der Pflegschaft IV 269; — Zurückbehaltungsrecht der Frau hinsichtlich des Beitrags zum ehelichen Aufwand während der Gütertrennung IV 275; — Beendigung der Errungenschaftsgemeinschaft IV 476; — Wiederherstellung der Gemeinschaft IV 484, 485; — A. zum Zwecke des Widerrufs eines Auftrags IIb 538.

Abzahlungsgeschäfte II b 58.

Abzugseinrede V 123, 153, 199; — des Inventarerben, Hemmung der Verjährung I 552; — des überlebenden Ehegatten IV 394; — Geltendmachung durch den Ehemann der Erbin IV 231.

Acht Tage: Fristberechnung I 516.

Achtzehn Jahre: Altersunterschied bei Annahme an Kindesstatt 947.

Achtzehntes Lebensjahr: Anhörung des Mündels nach Vollendung des a. L. IV 1088; — Grenze der Verantwortlichkeit für unerlaubte Handlungen IIb 885; — Grenze für kontraktliches Verschulden IIa 89, 91; — Grenze für Volljährigkeitserklärung I 37.

Acquisitive Verjährung I 523.

Accessionsprinzip III 204.

Accessorietätsprinzip III 374.

Actio confessoria III 300; — de in rem verso II b 550; — **doli** II b 878; — negatoria III 263.

Addictio in diem II b 144.

Adel: Autonomie VI 164; — Rechtsfähigkeit I 24, 25; — erbrechtliche Verhältnisse V 3; — Erwerb durch Annahme an Kindesstatt IV 942, 967, VI 72; — durch Legitimation IV 911, VI 72; — durch die Ehefrau IV 122; — durch das uneheliche Kind IV 873; — Familienrecht IV 3.

— **hoher**: Annahme an Kindesstatt IV 942; — Legitimation unehelicher Kinder IV 911; — Vormundschaftssachen IV 991; — Pflegschaften IV 1200.

Adelsprädikat Schutz I 74.

Adjudikation: keine Eigenthumserwerbsart III 157, 174.

Adjunctio III 205.

Adoption IV 938; — siehe „Annahme an Kindesstatt“.

Adoptivverwandtschaft Ehehinderniß IV 41.

Adressat einer Willenserklärung I 334; — Tod desselben I 381, 384; — Geschäftsunfähigkeit I 381, 385; — Beschränkte Geschäftsfähigkeit I 385; — Unkenntniß über die Person desselben, unbekannter Aufenthalt I 387.

Affektionsinteresse IIa 34, 39.

Affektionswerth des Fundgegenstandes: Finderlohn III 231.

Affirmative Bedingung I 447.

Afterbürgschaft II b 707; — Einrede der Vorausklage II b 717.

Aftermiethe IIb 242; — außerordentliche Kündigung wegen verbotswidriger A. IIb 253; — Einfluß der Beendigung des Miethverhältnisses IIb 259, 261; — vertragswidriger Gebrauch der Sache durch den Untermiether IIb 249.

Afterpacht II b 346.

Afterpfandrecht III 612.

Agenturvertrag IIb 384; — Abgrenzung vom Dienst- und vom Werkvertrag IIb 384, 447.

Agrargenossenschaften: Geltung des Landesrechts VI 306.

Agrarrecht: Landesrecht VI 240.

Akkordlohn IIb 380, 445; — Beendigung des Dienstverhältnisses beim Akkordverhältniß IIb 425; — Einfluß außerordentlicher Kündigung IIb 438.

Akkreditirung IIb 730.

Akkreditiv IIb 759.

Aktie: Verkauf IIb 25, 26; — Verpfändung III 632, 635.

Aktienbezugsrecht: Vererblichkeit V 10.

Aktiengesellschaft: Anwendung der allgemeinen Vorschriften des Vereinsrechts I 128; — Rechtsfähigkeit einer ausländischen VI 41.

Aktionär: Vererblichkeit des Rechts des A. V 10.

Aktive Erbfähigkeit V 14.

Aktivlegitimation der Ehefrau IV 218; — des Testamentsvollstreckers V 503, 504.

Alimente, siehe „Unterhalt“.

Allgemeine Gütergemeinschaft: Begriff, Rechtshistorisches IV 295; — a. G. des früheren Rechts IV 143; — rechtliche Natur IV 300; — Ausschluß der Vertretung bei der Vereinbarung IV 299; — Ausschluß durch Ehevertrag IV 294; — Vermögensrechtliche Wirkung des Eintritts IV 300; — Eintragung im Grundbuch IV 302; — siehe auch „Gesammtgut, Vorbehaltsgut“; — Einfluß der Nichtigkeit der Ehe IV 101; — Sonderstellung der Frau: Betrieb eines selbständigen Erwerbsgeschäfts IV 323; — Rechtsgeschäfte der Frau in Bezug auf persönliche Angelegenheiten IV 322; — Fortsetzung anhängiger Prozesse durch die Frau IV 324; — Schuldenhaftung IV 328; — siehe auch „Gesammtgutsverbindlichkeiten“; — Haftung für Unterhaltsansprüche von Verwandten der Ehe-

gatten IV 655; — Konkurs eines Ehegatten IV 334; — Zwangsvollstreckung IV 333; — Tragung des ehelichen Aufwandes IV 328; — Beerbung des Erstversterbenden V 7, 10; — Ausgleichungspflicht bei Zuwendungen aus dem Gesammtgut V 301, 305; — Haftung der Ehegatten aus unerlaubten Handlungen IIb 854; — Beendigung: Gründe überhaupt IV 345; — Tod eines Ehegatten IV 373; — Todeserklärung eines Ehegatten I 109; — Aufhebungsklage der Frau IV 347, 350, — des Mannes IV 350; — Zeitpunkt der Aufhebung im Falle der Klage IV 350; — Berichtigung von Schulden aus oder zu dem Gesammtgut oder zum Vorbehaltsgut des Mannes IV 343; — Auseinandersetzung IV 352, — im Falle der Ehescheidung IV 365, — im Falle der Aufhebungsklage IV 368; — Haftung für nicht berichtigte Verbindlichkeiten IV 369, 371; — Form der Auseinandersetzung, Verfahren IV 358; — Befriedigung der Gläubiger IV 360; — Theilung des Ueberschusses IV 362, 363; — siehe auch „Gesammtgut".

Allodifizirte Lehen VI 166.

Alluvionen: Eigenthum daran III 203, VI 175.

Altane: Ueberbau III 137.

Altentheil der Frau, eheherrliches Nutzungsrecht IV 187.

Altentheilsvertrag IIb 683, III 360; — Aufrechthaltung des Landesrechts VI 220; — Abschluß durch den Vormund IV 1080.

Alter: Berechnung I 517; — Grenzen der Beschränkung der Geschäftsfähigkeit I 311; — der Geschäftsunfähigkeit I 307; — A. bei Annahme an Kindesstatt IV 947; — für Testamentserrichtung V 525; — der Testamentszeugen V 538.

— **hohes**: Ablehnung der Vormundschaft IV 1017; — Entlassung d. Vormunds IV 1169.

Alternative Klagenkonkurrenz IIa 52.

Alternatives Schuldverhältniß: Begriff IIa 51; — Wahlrecht des Schuldners IIa 53; — Ausübung der Wahl, Wirkung der Wahl IIa 53; — Ausübung der Wahl durch den Gläubiger in der Vollstreckungsinstanz IIa 54; — Verlust des Wahlrechts des Gläubigers IIa 55; — Unmöglichkeit einer Leistung IIa 56; — Kenntniß von der Unmöglichkeit IIa 126; — Verstoß einer Leistung gegen ein gesetzliches Verbot IIa 130; — Erklärung der Wahl im gesetzlichen Güterstand IV 225.

Alternative Vermächtnißanordnung V 417.

Altersrente: Vorbehaltsgut der Frau IV 158.

Altersstufen, rechtlich erhebliche I 32, 34; — 7. Jahr I 33; — Geschäftsunfähigkeit I 309, 311; — Verlöbnißfähigkeit I 34; — keine Verantwortlichkeit für unerlaubte Handlungen IIb 885; — 14. Jahr: Anhörung des Mündels vor der Entscheidung über gewisse Gegenstände IV 1088; — Einwilligung zur Ehelichkeitserklärung IV 926; — Vertrag über Annahme an Kindesstatt IV 954; — Anfechtung IV 961; — 16. Jahr: Ehemündigkeit der Frau IV 26; — Testirfähigkeit I 33, V 525; — Grenze für die Unterhaltspflicht gegenüber unehelichen Kindern IV 877; — 18. Jahr: Verantwortlichkeit für unerlaubte Handlungen IIb 885; — Volljährigkeitserklärung I 37; — 21. Jahr: Ehemündigkeit des Mannes IV 26; — Volljährigkeit I 32; — 31. Jahr: Todeserklärung I 97; — 50. Jahr: Altersgrenze für Annahme an Kindesstatt IV 947; — 60. Jahr: Ablehnung der Vormundschaft IV 1017; — Entlassung des Vormunds IV 1169; — 70. Jahr: Todeserklärung I 98.

Altersunterschied bei Annahme an Kindesstatt IV 947.

Altersvorzug des Pfandrechts III 556.

Amortisation der Hypothek III 481, — für Inhaberschuldverschreibungen III 518; — der Gesammthypothek III 492; — siehe auch „Kraftloserklärung".

Amortisationsgesetze I 24, V 17, VI 204.

Amortisationshypothek: Vorrechtseinräumung III 71.

Amortisationsquoten IIa 20; — Verjährung I 542.

Amortisationsverfahren hinsichtlich Schuldverschreibungen und Legitimationspapieren, anzuwendendes Recht VI 323; — siehe auch „Kraftloserklärung".

Amtsbürgschaften VI 211.

Amtsgericht: Zuständigkeit zur Abnahme des Offenbarungseides IIa 50, VI 281; — zur Erlassung des Aufgebotes der Nachlaßgläubiger V 134; — für Beglaubigung des Handzeichens I 376; — für den Ersatzanspruch wegen außerehelicher Beiwohnung IIb 876; — für den Anspruch der Verlobten wegen gestatteter Beiwohnung IV 18; — zur Bestätigung der Annahme an Kindesstatt IV 946; — zur Führung des Güterrechtsregisters IV 506; — Bewilligung der öffentlichen Zustellung einer Willenserklärung I 387; — zur Kraftloserklärung der Vollmachtsurkunde I 496; — als Nachlaßgericht V 72; — für die Sicherung des Nachlasses V 73; — in Vereinssachen: Registerführung I 197; — Bestellung von Vorstandsmitgliedern I 152; — Entziehung der Rechtsfähigkeit wegen zu geringer Mitgliederzahl I 221; — Ermächtigung der Minorität zur Berufung der Mitgliederversammlung I 165; — Feststellung des Vermögensanfalles eines aufgelösten Vereins an den Fiskus I 180; — Mittheilung der Anmeldung eines Vereins an die Verwaltungsbehörde I 203; — Mittheilung des Einspruchs gegen die Eintragung an den Vorstand I 211; — Ordnungsstrafen gegen Vorstände und Liquidatoren I 223; — Veröffentlichung der Eintragung des Vereins I 216; — Zeugnißausstellung über Zusammensetzung des

Vorstandes I 218; — Zurückweisung der Anmeldung des Vereins I 201; — Zuständigkeit für die Volljährigkeitserklärung I 36; — für Wildschadensstreitigkeiten IIb 918; — Bestellung von Stiftungsvorständen I 244; — Bestellung eines Vertreters des Grundstückseigenthümers zur Entgegennahme der Kündigung der Hypothekforderung III 430; — Entscheidung über die Form des Pfandverkaufs III 587; — Testamentserrichtung vor demselben V 529; — Verwahrung der Testamente V 550.

Amtspflicht: Haftung aus Verletzung derselben IIb 924, 927; — Haftung des Beamten neben einer mitverantwortlichen Person IIb 932, 936.

Amtspflichtverletzungen von Grundbuchbeamten III 45.

Amtssiegel bei Testamentserrichtung V 549.

Amtsverbände: Haftung für Beamte VI 190.

Analogie als Rechtsquelle I 17, VI 6.

Analphabeten: Beschränkung der Testirfähigkeit V 527, 539; — Unfähigkeit zur Errichtung eines eigenhändigen Testaments V 529; — zum Zeugniß bei Testamentserrichtung V 539; — Unterschrift I 373, 376.

Anatocismus: Verbot IIa 21.

Anbieten der Leistung als Voraussetzung des Verzugs IIa 114, 115; — Kosten erfolglosen Angebotes IIa 122.

Aenderung des Familiennamens I 80; — von Grenzeinrichtungen III 153; — Einfluß der Ae. der Hauptverbindlichkeit auf die Bürgschaft IIb 711; — des Inhalts von Rechten an Grundstücken III 63; — Vormerkung des Anspruchs auf Ae. III 75, 77; — des mit Nießbrauch belasteten Rechts III 331; — des Inhalts eines Schuldverhältnisses durch Vertrag IIa 123; — der Maßregeln des Vormundschaftsgerichts zum Schutze des Kindes IV 806; — der Nutznießung oder Verwaltung des Mannes durch Ehevertrag, Wirkung gegenüber Dritten IV 289; — des Ranges im Grundbuch eingetragener Rechte III 68; — des Testaments V 557, 559; — des gemeinschaftlichen T. V 583; — des eigenhändigen Testaments V 534; — des gemeinschaftlichen eigenhändigen Testaments V 573; — des Vereinszweckes I 160; — von Verfügungen des Vormundschaftsgerichts IV 990; — des Vornamens I 83; — des Vorstandes des eingetragenen Vereins I 216; — Wirkung gegenüber Dritten I 217; — siehe auch „Veränderung".

Androhung des Pfandverkaufs III 576; — der Preisgabe eines Grundstücks bei Annahmeverzug des Gläubigers IIa 121; — der Versteigerung zur Hinterlegung nicht geeigneter Sachen IIa 249; — der Pfandversteigerung wegen Gefahr des Verderbs oder der Werthsminderung der Sache III 564.

Aneignung von Erzeugnissen und sonstigen Bestandtheilen III 215, 217; — Eigenthumserwerb an beweglichen Sachen durch A. III 219; — herrenloser Grundstücke III 172; — von Grundstücken durch den Fiskus VI 341; — durch eine bestimmte andere Person VI 260; — herrenloser Sachen: Natur als Rechtsgeschäft I 295; — verpfändeten Geldes III 570; — fremder Tauben VI 261.

Anerbenrecht IV 436, V 2, VI 172.

Anerkannte Kinder nach französischem und badischem Recht VI 368.

Anerkannte Vereine nach bayerischem Recht VI 308.

Anerkenntniß des Schulderlöschens bei Unmöglichkeit der Rückgabe des Schuldscheines IIa 234; — A. des nicht bestehenden Schuldverhältnisses IIa 270; — A. des Bestehens einer Schuld IIb 750; — nach Abtretung der Forderung IIa 284; — einer kraft Gesetzes erfolgten Uebertragung der Hypothekforderung III 453; — in Prozessen der Ehefrau IV 222; — A. ohne Rechtsgrund IIb 826.

Anerkennung des Anspruchs: Unterbrechung der Verjährung I 559; — vertragsmäßiges Anerkenntniß eines verjährten Anspruchs I 574; — A. eines Anspruchs während der Erbengemeinschaft V 287; — A. der Ehelichkeit IV 632; — Anfechtung der Anerkennung IV 634; — A. während des Anfechtungsprozesses IV 628; — Ausschluß einer Bedingung oder Zeitbestimmung I 446; — A. der Empfangsberechtigung des Gläubigers hinsichtlich einer hinterlegten Sache IIa 245; — des Nichtbestehens eines Schuldverhältnisses IIa 270; — einer letzwilligen Verfügung V 346; — der Rechtsfähigkeit ausländischer Vereine VI 38; — der Schlußrechnung des Vormunds IV 1174; — A. der Vaterschaft IV 904; — Voraussetzung der Ehelichkeitserklärung IV 922; — zu dem durch nachfolgende Ehe legitimirten Kinde IV 915; — Eintragung der A. des Geburtsregisters IV 864, VI 141; — der unehelichen Vaterschaft nach franz. und bad. Recht VI 368.

Anerkennungsvertrag IIa 230, 270; — Verhältniß zum Schuldanerkenntniß IIb 744.

Anfall der Erbschaft V 58; — bei Mehrheit von Erben V 60; — bei bedingter oder befristeter Erbeinsetzung V 59; — bei Ausschlagung durch den zuerst Berufenen V 83; — an den Nacherben V 59, 374, 404; — A. bei Erbunwürdigkeit V 714; — bisheriges Recht VI 376; — A. des Vermächtnisses V 444, 445; — des in einem gemeinschaftlichen Testament angeordneten Vermächtnisses V 575; — des in einem Erbvertrage angeordneten V 596.

Anfang des Monats I 520.

Anfangstermin bei letztwilligen Zuwendungen an die gesetzlichen Erben V 334, —

an Abkömmlinge eines Dritten V 337, — an Verwandte V 335; — bei Rechtsgeschäften I 463; — **Beweislast** I 456; — **bei** unmöglichen Leistungen IIa 128; — bei Verträgen, die gegen die guten Sitten verstoßen IIa 130; — A. beim Vermächtniß: Anfall des letzteren V 444, 446; — Dauer der Wirksamkeit V 428; — Einfluß des A. auf die Verjährung I 544.

Anfechtbarkeit: kein Verjährungshinderniß I 550; — A. des Verlöbnißvertrags IV 13.

Anfechtung: Ausschluß einer Bedingung bei der Erklärung I 446; — Beginn der Verjährung durch A. bedingter Ansprüche I 547; — Abtretbarkeit des Anfechtungsanspruches IIa 277; — Vererblichkeit des Anfechtungsrechts V 12; — A. der Annahme an Kindesstatt und der erforderlichen Einwilligungserklärungen IV 960; — der Aufhebung des Rechtsverhältnisses IV 962, 979; — A. der Annahme und Ablehnung der fortgesetzten Gütergemeinschaft IV 382; — A. der Annahme oder Ausschlagung der Erbschaft: Gründe V 86; — Frist V 85; — Form V 87; — Wirkung V 88; — A. der Versäumung der Ausschlagungsfrist V 88; — A. der Annahme oder Ausschlagung von Erbschaft oder Vermächtniß durch den Pflichttheilsberechtigten V 646; — A. der Ausstellung von Inhaberschuldverschreibungen IIb 790; — A. der Bestimmung der Leistung durch einen Dritten IIa 140; — **der Ehe**: Bedeutung der Anfechtbarkeit IV 64; — Gründe IV 65, 78; — im Einzelnen: arglistige Täuschung IV 83; — Drohung IV 85; — Irrthum über die Person oder Eigenschaften des anderen Ehegatten IV 81; — Mangel des Eheschließungswillens IV 79; — Mangel der Einwilligung des gesetzlichen Vertreters zur Eheschließung oder Bestätigung IV 78; — irrthümliche Todeserklärung des früheren Ehegatten IV 107; — Zwang IV 85; — Geltendmachung der Anfechtbarkeit IV 66; — durch den in der Geschäftsfähigkeit beschränkten Ehegatten I 33; — Zulässigkeit von Stellvertretung IV 86; — A. der Ehe: Unvererblichkeit des Rechts V 12; — Form: bei Lebzeiten beider Ehegatten IV 93, — nach dem Tode eines Ehegatten IV 95, — nach Aufhebung der ehelichen Gemeinschaft IV 583; — Frist IV 91; — A. nach Fristablauf nach Wegfall der Geschäftsunfähigkeit des Anfechtungsberechtigten IV 92; — Wirkung, Nichtigkeit der Ehe IV 96; — Einfluß auf die Scheidung der Ehe IV 524; — Rechte des Anfechtungsberechtigten in vermögensrechtlicher Beziehung und hinsichtlich des Unterhalts IV 102; — rechtliche Stellung der Kinder IV 859; — Einfluß auf die Aussteuerpflicht gegenüber der Tochter IV 689, 692; — Unterhaltspflicht und Stellung der Kinder bei A. wegen irrthümlicher Todeserklärung des früheren Ehegatten IV 109; — Wirkung gegenüber Dritten IV 97; — Wirkung für die durch die Ehe legitimirten Kinder IV 918; — Heilung IV 68; — Ausschluß der Anfechtung durch Genehmigung oder Bestätigung IV 88; — Anhörung von Verwandten und Verschwägerten des Mündels vor Ersetzung der Genehmigung IV 1127; — Ausschluß durch Auflösung der Ehe IV 90; — Aufhebung der Wirkung der A. durch Zurücknahme der Anfechtungsklage, Genehmigung oder Bestätigung der Ehe IV 93; — anzuwendendes Recht IV 25, VI 27, 61; — A. einer vor dem 1. Januar 1900 geschlossenen Ehe VI 351; — Fristbeginn für die A. vor dem 1. Januar 1900 geschlossener Ehen VI 351; — **der Ehelichkeit** (siehe auch diese) IV 625; — der Anerkennung der Ehelichkeit IV 634; — des Antrags auf Ehelichkeitserklärung und der erforderlichen Einwilligungserklärungen IV 928; — **der Entmündigung**: Einfluß auf Rechtsgeschäfte des Entmündigten und seines Vertreters I 329; — A. des Erbschaftserwerbes wegen Erbunwürdigkeit V 710; — A. **des Erbvertrages** V 596; — Anfechtungsberechtigter V 597; — Anfechtungsgegner V 597; — Anfechtungsgründe V 596, 598; — A. durch den Erblasser: Form V 596, 598; — Ausschluß der Stellvertretung V 599; — Einfluß der Geschäftsunfähigkeit oder Beschränkung der Geschäftsfähigkeit V 599; — Frist für die Anfechtung V 600; — Wirkung V 599; — Bestätigung des anfechtbaren Erbvertrags V 598, 601; — auf die A. anzuwendendes Recht V 599; — Verlust des Anfechtungsrechts Dritter V 602; — A. des Erbverzichtsvertrages V 719; — A. **letztwilliger Verfügungen** Anfechtungsberechtigter V 348; — Vererblichkeit und Uebertragbarkeit des Anfechtungsrechts V 349; — Anfechtungsgründe V 344; — Form des A. V 349; — Frist V 350; — Wirkung V 345, 348; — Verzicht und Vergleich V 346; — Verweigerung der Leistung durch den Beschwerten nach Ablauf der Anfechtungsfrist V 351; — A. von formalen Rechtsverhältnissen I 547; — **von Rechtsgeschäften**: Begriff I 298; — Anfechtungsgründe I 299; — Ausschluß von Bedingungen bei der A.-Erklärung I 446; — Vollzug I 413; — Anfechtungsberechtigter I 414; — im gesetzlichen Güterstand IV 225; — Anfechtungsgegner I 414, 416; — Anfechtungsgegner nach Abtretung der Forderung IIa 283; — nach Schuldübernahme IIa 309; — Ausschluß der Anfechtung nach Bestätigung des Rechtsgeschäfts I 416; — Wirkung der Anfechtung I 411; — Bestätigung anfechtbarer Rechtsgeschäfte I 299; — Rückforderung der Leistung wegen ungerechtfertigter Bereicherung IIb 829, 830, 833; — Einfluß der A. auf die Verpflichtung des Bürgen IIb

714; — Einfluß der A. auf den Anspruch des Mäklers IIb 502; — A. von Rechtsgeschäften des Erben nach Anordnung der Nachlaßverwaltung V 186; — während der Erbengemeinschaft V 285; — A. des abstrakten Schuldversprechens IIb 748; — des Schuldanerkenntnisses IIb 754; — A. der Vertragsstrafe IIa 188; — A. des Vergleichs IIb 737; — A. des Vermächtnißanspruchs wegen Unwürdigkeit des Vermächtnißnehmers V 716; — der Erfüllung des Vermächtnisses V 443; — des Verzichts auf den Antheil an der fortgesetzten Gütergemeinschaft IV 398; — A. der Vollmacht I 483; — von **Willenserklärungen** wegen Irrthum I 344, 353; — Schadensersatzpflicht I 356; — wegen unrichtiger Uebermittelung der Erklärung I 354; — Voraussetzungen der Wirksamkeit der A. I 355; — A. wegen widerrechtlicher Drohung I 358, 359, 363; — wegen arglistiger Täuschung I 358, 364, 366; — Anfechtungsfristen I 355, 367; — Unterschied vom Rücktritt vom Vertrag IIa 190.

Anfechtungsfrist bei Annahme und Ausschlagung der Erbschaft V 85; — für Anfechtung der Ehe IV 91; — der Ehelichkeit IV 625; — der Anerkennung der Ehelichkeit IV 634; — für Anfechtung des Erbschaftserwerbs V 711; — des Vermächtnißanspruches V 716; — des Erbvertrags V 600; — bei letztwilligen Verfügungen V 350; — bei Anfechtung von Willenserklärungen wegen Irrthums und falscher Uebermittelung I 355; — wegen Täuschung und Drohung I 367.

Anfechtungsgesetz: Verwandtschaft und Schwägerschaft i. S. desselben VI 108.

Anfechtungsklage: hinsichtlich der Ehe IV 66, 93; — der Ehelichkeit IV 628; — der Anerkennung der Ehelichkeit IV 634; — hinsichtlich der Entmündigung: Einfluß auf Rechtsgeschäfte des Entmündigten oder seines Vertreters I 329; — hinsichtlich der Erbunwürdigkeit V 713; — hinsichtlich der Todeserklärung, Einfluß auf eine nach Todeserklärung von dem anderen Ehegatten geschlossenen Ehe IV 103; — Unzulässigkeit der Wiederverheirathung während schwebenden Anfechtungsprozesses IV 106; Unverjährbarkeit der A. I 531.

Anfechtungsrecht nach § 41 KO., § 12 Anf.Ges., Unverjährbarkeit I 531.

Anfechtungsrechte: Vormerkung im Grundbuch III 78.

Angebot der Leistung, Voraussetzung des Gläubigerverzugs IIa 114, 115.

Angeld IIa 174, 175.

Angehörige im Sinne des StGB. IV 2.

Angemessenheit des Preises: Beweislast beim Kauf IIb 10, — beim Werkvertrag IIb 452.

Angeschwemmte Sachen: Fund III 227.

Angestellte: Haftung des Geschäftsherrn für deren Verschulden IIb 892; — Verjährung ihrer Ansprüche I 537; — letztwillige Zuwendungen an A. V 337; — A. höherer Art: Kündigung des Dienstverhältnisses IIb 428; — außerordentliche K. IIb 436; — Folge derselben IIb 437.

Angriff: Vertheidigung gegen einen rechtswidrigen A. I 582.

Anhörung: des Beistandes vor Genehmigung von Rechtsgeschäften der Mutter IV 837; — der Betheiligten vor Entscheidung über Außerkraftsetzung von Anordnungen des Erblassers über die Nachlaßverwaltung des Testamentsvollstreckers V 510; — vor Ernennung des Testamentsvollstreckers V 468, 483; — A. Dritter vor Ertheilung eines Erbscheins V 743; — A. der Erben vor Nachlaßauseinandersetzung durch den Testamentsvollstrecker V 491; — A. des Erben vor Ausstellung des Zeugnisses über Ernennung eines Testamentsvollstreckers V 758; — vor Nachlaßauseinandersetzung durch den Testamentsvollstrecker V 491; — A. des Gegenvormunds vor Genehmigung von Rechtshandlungen des Vormunds IV 1088; — der Bewilligung, Aenderung, Entziehung des Honorars des Vormunds IV 1110; — des Gemeindewaisenraths vor Ernennung von Familienrathsmitgliedern IV 1146; — A. des Mündels vor Rechtshandlungen des Vormunds IV 1088; — A. des Nachlaßgläubigers vor Bestimmung einer neuen Inventarfrist V 217; — des Testamentsvollstreckers vor Entlassung V 518; — des Vaters vor Maßregeln des Vormundschaftsgerichts in Bezug auf die elterliche Gewalt IV 807; — A. von Verwandten und Verschwägerten des Kindes IV 808; — vor Ersetzung der elterlichen Einwilligung zur Eheschließung IV 35; — von Verwandten und Verschwägerten des Mündels in wichtigen Angelegenheiten IV 1127; — Ernennung von Familienrathsmitgliedern IV 1146; — vor Anordnung der Zwangserziehung IV 1117; — des volljährigen Mündels IV 1182; — des Vereinsvorstands vor Entziehung der Rechtsfähigkeit des Vereins I 221.

Anknüpfungsmomente der Kollisionsnormen VI 16.

Ankündigung der Leistung durch den Schuldner IIa 118.

Anlagen: Errichtung neuer durch den Nießbraucher III 309; — A. zur Gewinnung von Bodenbestandtheilen: Errichtung durch den Nießbraucher III 309; — Bewirthschaftung durch denselben III 310; — auf dem mit einer Grunddienstbarkeit belasteten Grundstück: Erhaltungspflicht des Berechtigten III 294; — vertragsmäßige Regelung der Erhaltungspflicht III 295; — Erhaltung baulicher Anlagen III 297; — Verjährung des Anspruchs auf Beseitigung beeinträchtigender Anlagen III 301; — dauernde A. bei Grund-

dienstbarkeiten: Uebergangsvorschrift VI 341; — auf dem Nachbargrundstück: Verbietungsrecht des Nachbarn III 129; — Unverjährbarkeit des Anspruchs III 156; — Abstand von der Grenze nach Landesrecht VI 256; — A. auf dem öffentlichen Gebrauche dienenden Grundstücken: Haftpflicht des Unternehmers VI 232; — Nutzungen an wirthschaftlichen A. VI 306.

Anlandung VI 175; — Besitzerwerb III 35.

Anlegung des eingebrachten Frauenvermögens IV 175, — bei Errungenschaftsgemeinschaft IV 452; — des Grundbuches VI 332; — Rechtszustand bis zu derselben VI 338; — Zeit der Vollendung III 48; — von Kindergeld durch den Vater IV 751; — durch die Mutter und den Beistand IV 838; — von Mündelgeld: Pflicht des Vormunds IV 1047; — Art der A. IV 1048, 1056, 1058; — Gestattung anderer Anlegung IV 1060; — Ausschluß der A. bei Hinterlegungsstellen VI 277; — Umwandlung einer vorhandenen Anlage IV 1055; — Genehmigung der Anlage durch den Gegenvormund oder das Vormundschaftsgericht IV 1059; — Beschränkungen des Vormunds hinsichtlich des angelegten Geldes IV 1058, 1059; — Befreiungen des Vormunds hinsichtlich der A. durch den Vater IV 1137, — durch die Mutter IV 1139; — Befreiungen des Vaters und der Mutter als Vormund eines Volljährigen IV 1187; — Annahme zurückgezahlten Geldes IV 1063; — A. nach den Vorschriften über A. von Mündelgeld außerhalb des Vormundschaftsrechts IV 1055; — von Geld des Pfleglings IV 1220; — von Geld im Falle einer Nacherbfolge V 390; — Befreiung von der Verpflichtung V 402, 403.

Anmeldung von Ansprüchen gegen den Verein: Aufforderung zur A. bei Vereinsauflösung I 186; — A. von Erbrechten: Aufforderung vor Feststellung des Erbrechts des Fiskus V 110; — vor Ausstellung des Erbscheines V 743; — im Aufgebotsverfahren zur Ermittelung der Nachlaßgläubiger V 136; — Aussetzung der Nachlaßauseinandersetzung bis zur Beendigung des Aufgebotsverfahrens V 296; — A. der Nachlaßforderungen nach Aufforderung durch einen Miterben V 320, 323; — Aussetzung der Nachlaßauseinandersetzung bis zum Ablauf der Anmeldungsfrist V 296; — im Konkurs: Unterbrechung der Verjährung I 561, 563; — Wegfall der Wirkungen I 568; — A. zum Vereinsregister: des Vereins I 200; — von Aenderungen des Vorstands I 216; — von Satzungsänderungen I 219; — der Vereinsauflösung I 222; — der Liquidatoren I 222; — Form der Anmeldungen I 223; — Zurückweisung der Anmeldung I 201.

Annahme des Amts als Testamentsvollstrecker V 474, 486; — der Anweisung IIb 763; — des Auftrags IIb 524; — stillschweigende Annahme desselben IIb 525; —

— **der Erbschaft** bisheriges Recht V 58, VI 376; — rechtliche Natur V 64; — Ausschluß der Beschränkung auf einen Theil der Erbschaft V 65, 78; — theilweise A. bei Berufung zu mehreren Erbtheilen V 79; — Form der Erklärung V 63; — Voraussetzungen ihrer Gültigkeit V 65; — Ausschluß von Bedingungen und Zeitbestimmungen I 446, V 65 75; — Unwiderruflichkeit V 65; — Unwirksamkeit bei Irrthum über den Berufungsgrund V 77; — zeitliche Zulässigkeit V 65, 74; — Vermuthung der Annahme nach Ablauf der Ausschlagungsfrist V 62; — A. als Voraussetzung des Antrags auf Aufgebot der Nachlaßgläubiger V 135; — für Geltendmachung der Nachlaßverbindlichkeiten V 89; — Wirkung V 65; — Verweigerung der Berichtigung von Nachlaßverbindlichkeiten bis zum Ablaufe von drei Monaten nach der A. V 240; — Mehrheit der Berufungsgründe V 76; — Mehrheit der Erbtheile V 78, 79; — Anfechtung: Form V 87; — Frist V 85; — Anfechtungsgründe V 86; — Wirkung derselben V 88; — Sicherung des Nachlasses bei Ungewißheit über die A. V 93, 96; — A. durch die Frau im gesetzlichen Güterstand IV 230, — bei allgemeiner Gütergemeinschaft IV 324; — bei Errungenschaftsgemeinschaft IV 445, — Haftung für entstehende Verbindlichkeiten IV 335; — Recht des Abwesenheitspflegers hiezu IV 1210.

— **der Leistung**: Ablehnung wegen nicht rechtzeitiger Erfüllung nach rechtskräftiger Verurtheilung IIa 100; — nach Rücktritt vom Vertrag IIa 199; — keine Pflicht hiezu IIa 115; — Unterbleiben der Annahme (siehe auch „Verzug des Gläubigers") IIa 114; — A. einer Leistung für den Mündel IV 1061, 1063; — A. **an Erfüllungsstatt** IIa 222, 225; — A. einer mangelhaften Kaufsache IIb 91; — einer mangelhaften Miethsache IIb 224, 227, 231; — A. der Schenkung IIb 173; — eines Vermächtnisses V 445; — Form V 447; — Unwiderruflichkeit V 447; — Beschränkung auf einen Theil, auf eines von mehreren Vermächtnissen V 448; — Erstreckung auf die Anwachsung V 448; — Unzulässigkeit von Bedingungen und Befristungen I 446; — eines Vermächtnisses durch die Frau im gesetzlichen Güterstand IV 230, — bei allgemeiner Gütergemeinschaft IV 324, — bei Errungenschaftsgemeinschaft IV 445, — Haftung für Verbindlichkeiten infolge der Annahme IV 246, 335; — A. des Vorausvermächtnisses V 420; — A. des **Vertragsantrages** I 428; — unter Anwesenden und unter Abwesenden I 429; — bei Fristbestimmung I 431;

— verspätete Annahme I 431, 433; — stillschweigende A. I 434; — Beurkundung der A. I 436.

Annahme an Kindesstatt IV 938; — Voraussetzungen: Uebersicht IV 941; — im Einzelnen: Abwesenheit ehelicher Kinder des Annehmenden IV 944, 947; — Alter des Annehmenden und Altersunterschied IV 947; — Befreiung von den Erfordernissen IV 948; — Eintragung ins Geburtsregister IV 943, 967; — Einwilligung des Ehegatten des Annehmenden oder Anzunehmenden IV 950, 962; — der Eltern des Anzunehmenden IV 952, 962; — Voraussetzungen und Form der Einwilligungserklärungen, Unzulässigkeit der Vertretung IV 953; — Anfechtung der Einwilligungserklärungen IV 960; — Einfluß des Mangels eines gesetzlichen Erfordernisses IV 962; — Annahme als gemeinschaftliches Kind IV 953, 963; — A. durch den Vormund oder Pfleger des Anzunehmenden IV 957; — Form, Art und Weise: Vertrag IV 941, 944; — Ausschluß von Bedingungen und Zeitbestimmungen IV 947; — Ausschluß der Vertretung IV 954; — gesetzliche Vertretung IV 954; — Abschluß des Vertrags bei Beschränkung eines Theils in der Geschäftsfähigkeit IV 955; — nachträglicher Eintritt der Geschäftsunfähigkeit eines Betheiligten IV 958; — Bestätigung des Annahmevertrags IV 944; — Zuständigkeit IV 946; — zeitliche Beschränkung der B. IV 958; — Ertheilung und Versagung IV 959; — Anfechtung des Annahmevertrags IV 960; — A. von Ehegatten durch die nämliche Person IV 951; — Wirkungen IV 941, 963; — Aenderung der Wirkungen IV 977; — Eintritt der Wirkung IV 959; — Erstreckung auf die Abkömmlinge des Angenommenen IV 971; — Ausschluß der Nachlaßtheilung vor der Bestätigung IV 960, V 293; — Ehehinderniß der Adoptivverwandtschaft IV 41. — Wirkungen für den Annehmenden: IV 963; — elterliche Gewalt IV 968; — Unterhaltsgewährung IV 974, 976; — kein Erbrecht IV 967; — Ausschluß des Nutznießungsrechts IV 977; — Pflicht zur Aufnahme eines Vermögensverzeichnisses IV 964, 968; — Pflichten bei Verehelichung IV 964, 970; — Ausstattung des Kindes IV 699; — Aussteuerpflicht gegenüber der Tochter IV 689; — Verweigerung der Aussteuer IV 694; — Einwilligung zur Eheschließung des angenommenen Kindes IV 33; — Einfluß auf die Berufung zur Vormundschaft IV 1000, 1182; — Wirkungen für den Angenommenen: Ehehinderniß IV 41; — Wirkung der Uebertretung des Eheverbotes IV 979; — Einfluß auf das Verhältniß zu den natürlichen Verwandten IV 973; — zu den Eltern IV 974; — Ende der elterlichen Gewalt der leiblichen Eltern IV 812, 974; — erbrechtliche Beziehungen IV 963, 967, 972, V 21, 22; — kein Erbrecht des Annehmenden IV 967; — Erbverzicht des Angenommenen V 720; — Ausschluß des Erbrechtes gegenüber dem Annehmenden IV 977; — Familienname I 79, IV 963, 965, 977; — Schwägerschaft IV 605; — Verwandtschaft IV 601, 973; — Unfähigkeit der durch die A. Verwandten zur Mitwirkung bei Testamentserrichtung V 537; — Adelserwerb IV 942, 949, 967; — Einfluß auf Wohnsitz, Staatsangehörigkeit, Unterstützungswohnsitz, Heimath I 71, IV 942; — Einfluß auf religiöse Kindererziehung IV 942; — Wiederaufhebung: kraft Gesetzes durch Eheschließung IV 942; — durch Vertrag IV 942, 978; — Ausschluß von Bedingungen und Zeitbestimmungen IV 978; — analoge Anwendung von Vorschriften über die Annahme IV 981; — Aufhebung nach dem Tode des Kindes oder des Annehmenden IV 980; — Anfechtung des Aufhebungsvertrages IV 962, 979, 981; — Wirkung der Aufhebung IV 979; — für den Familiennamen des Kindes IV 982; — Bisheriges Recht IV 938; — Uebergangsvorschrift IV 943; — internationales Privatrecht IV 943; — öffentlichrechtliche Fürsorgepflicht für angenommene Kinder VI 105; — Verfahren auf vor dem 1. I. 1900 anhängig gemachte Gesuche VI 371; — anzuwendendes Recht VI 28, 70; — Wirkung der nach bisherigem Recht erfolgten VI 370.

Annahme an Enkelsstatt IV 939, 941, 945, 972.

Annahmeverweigerung des Gläubigers IIa 116.

Annahmeverzug IIa 114; — siehe auch „Verzug des Gläubigers".

Annuitäten: Verjährung I 542.

Annuitätenkapital: Nießbrauch daran III 335.

Anordnung der Einsetzung eines Familienrathes IV 1141; — der Pflegschaft IV 1201, 1205; — der Vormundschaft IV 997.

Anordnungen eines Dritten über Verwaltung einer Vermögenszuwendung an das Kind IV 742; — an den Mündel IV 1044; — des Erblassers in Bezug auf Nachlaßauseinandersetzung V 298; — Ausschluß oder Beschränkung derselben V 294.

Anpflanzungen: Wegnahme durch den Pächter IIb 341.

Anpreisungen beim Kauf IIb 75.

Anrechnung: auf den Antheil eines Abkömmlings bei Auseinandersetzung der fortgesetzten Gütergemeinschaft IV 411, 412; — des einem ausgeschlossenen Abkömmling bezahlten Betrages IV 427; — A. der Besitzzeit des Rechtsvorgängers bei Ersitzung III 201; — der Draufgabe auf die geschuldete Leistung IIa 175; — auf die Schadensersatzleistung wegen Nichterfüllung IIa 176; — von Ersatzposten bei Auseinandersetzung der allgemeinen Gütergemeinschaft IV 362;

— der fortgesetzten Gütergemeinschaft IV 408; — der Errungenschaftsgemeinschaft IV 483; — A. von Kranken- und Unfallversicherungsrenten auf den Lohn bei Verhinderung des Bediensteten an der Dienstleistung IIb 406; — A. einer Leistung auf eines von mehreren Schuldverhältnissen IIa 227; — auf Zinsen und Kosten IIa 229; — A. auf den Pflichttheil V 659, 690; — A. von Zuwendungen unter Lebenden auf den Erbtheil V 300.

Anschwemmung: Besitzerwerb III 35; — Gegenstand der Nacherbfolge V 380.

Ansprüche: Begriff I 529, IIa 3; — Berichtigung zum Nachlaß gehöriger bei bestehender Erbengemeinschaft V 284; — A. des Mündels gegen den Vormund, Geltendmachung IV 1121.

Anspruchskonkurrenz: Verjährung bei A. I 534.

Anspruchsverjährung I 523; — siehe Näheres unter „Verjährung".

Anspülungen III 203.

Anstalt (juristische Person): Begriff I 121; — des öffentlichen Rechts, gesetzliches Erbrecht an Stelle des Fiskus VI 271; — Erwerb des Vermögens eines aufgelösten Vereins I 180, VI 201; — gesetzliche Hypothek derselben III 379; — Verjährung von Ansprüchen I 537, 541; — Konkurs I 171; — gesetzliche Sicherungshypothek VI 212; — landesgesetzliche Vorschriften hinsichtlich ihrer Schuldverschreibungen VI 225, 226; — Theilung des ihr reallastpflichtigen Grundstücks VI 254; — Vorrang ihrer Meliorationsdarlehen VI 248; — Vorrechte ihrer Ablösungsrenten und Reallasten VI 243, 247.

Anstaltsvormund IV 1000, 1002, VI 267; — Anzeigepflicht zum Vormundschaftsgericht IV 998; — Ausschließung IV 1011.

Anstandsrücksicht: Ausschluß der Rückforderung einer Leistung zur Erfüllung einer A. IIb 834; — bei Schenkungen des Mannes aus dem Gesammtgut der allgemeinen Gütergemeinschaft IV 317; — der Errungenschaftsgemeinschaft IV 445; — bei Schenkungen des Testamentsvollstreckers V 492, 498; — bei Schenkungen des Vaters aus dem Kindervermögen IV 750; — bei Schenkungen des Vorerben V 382, 384; — des Vormunds aus dem Mündelvermögen IV 1045; — A. bei Schenkungen: Ausschluß der Rückforderung und des Widerrufs der Sch. IIb 199; — Einfluß von Schenkungen aus A. auf die Pflichttheilsberechnung V 695.

Ansteckende Krankheit: Testamentserrichtung bei Absperrung wegen a. K. V 554; — zeitliche Beschränkung der Wirksamkeit des Testaments V 556.

Anstifter: Schadensersatzpflicht IIb 889; — gesammtschuldnerische Haftung IIb 934.

Antheil: Kauf eines A. IIb 8; — am Gesammtgut: Verfügungsrecht der Ehegatten IV 308; — Einfluß des Todes eines Ehegatten IV 377; — Ausschluß der Pfändung IV 309; — an Grundstücken des Mündels: Verfügungsbeschränkung des Vormunds IV 1075; — A. am Nachlaß, an einzelnen Nachlaßgegenständen, Begriff V 274; — Verfügungsrecht des Miterben über den Anth. am Nachlasse, Ausschluß der Verfügung über den Anth. an einzelnen Gegenständen V 275, — über einen Bruchtheil des Antheiles V 276; — Verfügungsrecht des Vaters über einen A. des Kindes IV 753, 755, — des Vormunds über einen A. des Mündels IV 1073, 1078; — Pfändbarkeit des A. V 278; — Vorkaufsrecht der Miterben beim Verkauf eines Antheiles V 279; — Weiterveräußerung durch den Erwerber V 279, 282.

Antheilsberechtigte Abkömmlinge siehe „Abkömmlinge".

Antichrese III 371, 559.

Antichretisches Pfandrecht: Fortdauer VI 331.

Anticipirte Erbfolge V 56.

Antragsprinzip des Grundbuchrechts III 46.

Anwachsung eines Antheils am Gesammtgut der fortgesetzten Gütergemeinschaft beim Tode eines Abkömmlings IV 396, — infolge Verzichts auf den Antheil IV 397, 398; — **eines Erbtheiles**: Begriff, Voraussetzungen, Ausschluß durch den Erblasser V 358; — Eintritt V 359; — A. im Falle der Ausschlagung eines Erbtheils durch einen Erbeserben V 82; — Erstreckung des Rechts des Nacherben auf den angewachsenen Erbtheil V 379; — Ausgleichungspflicht im Falle der A. V 305, 360; — Wirkung hinsichtlich der Belastung V 360; — Haftung für Nachlaßverbindlichkeiten V 228; — Verhältniß zum Rechte des Ersatzerben V 361, 363; — A. im Falle der Ausschlagung eines Miterben V 84; — bei der Erbfolge aus einem Erbvertrage V 594; — beim Erbschaftskauf V 766; — bisheriges Recht VI 376; — A. des Antheils eines Gesellschafters IIb 597, 653; — A. der Leibrente beim Tode eines Berechtigten IIb 684; — A. beim Vermächtniß: Erstreckung der Annahme oder Ausschlagung des ursprünglichen Vermächtnisses auf die A. V 448; — A. beim Vermächtniß desselben Gegenstandes an Mehrere V 426; — Verhältniß zum Ersatzvermächtniß V 458.

Anwartschaft auf ein Vermächtniß V 446.

Anweisung IIb 757; — Begriff und Wesen IIb 758, 760, 763; — Verhältniß zu verwandten Rechtsgeschäften IIb 758; — Verhältniß zum Auftrag IIb 523; — Abschluß des Anweisungsgeschäfts IIb 762; — Annahme IIb 763, 764; — Anzeigepflicht des Anweisungsempfängers von der Annahme- oder Leistungsverweigerung des Angewiesenen IIb 770; — Aufforderung des Angewiesenen zur Zahlung IIb 770; — Aus-

händigung der Anweisung bei der Leistung IIb 767; — Bedingung, Gegenleistung IIb 761; — Wirkung der Anweisung IIb 762; — materielles Rechtsverhältniß zwischen den betheiligten Personen IIb 763; — betheiligte Personen IIb 761, 773; — Einwendungen des Angewiesenen gegenüber dem Anweisungsempfänger IIb 763, 765; — im Falle der Uebertragung der Anweisung IIb 773; — Form IIb 761; — Gegenstand IIb 762; — Geschäftsunfähigkeit eines Betheiligten IIb 772; — Regreß des Anweisungsempfängers bei Nichthonorirung der A. IIb 770; — Rückgabe der A. durch den Empfänger IIb 772; — Tod eines Betheiligten IIb 772; — Uebertragung der A. IIb 773; — Verjährung des Anspruchs des Empfängers IIb 767; — Widerruf IIb 771; — besondere Arten: A. auf Schuld IIb 767; — A. zur Tilgung einer Schuld gegenüber dem Empfänger IIb 769; — zum Zwecke der Sicherstellung IIb 767; — kaufmännische A. IIb 758.

Anwenderecht III 145.

Anwesende Vertragsabschluß unter A. I 429.

Anzeige von der Abtretung einer Forderung IIa 273; — Wirkung IIa 293, 295; — A. von der Abtretung von Gehaltsansprüchen ꝛc. Beamter IIa 296; — von der Annahmeweigerung des Angewiesenen IIb 770; — von der Ablehnung eines Auftrags IIb 526; — A. von Abweichung von Weisungen des Auftraggebers IIb 529; — bei einem auf Geschäftsbesorgung gerichteten Dienst- oder Werkvertrag IIb 545; — A. an den Bürgen von seiner bevorstehenden Inanspruchnahme bei zeitlich beschränkter Bürgschaft IIb 727; — A. des Fundes III 226, 228; — A. an den Gastwirth vom Verlust oder der Beschädigung eingebrachter Sachen IIb 592; — A. von der Hinterlegung IIa 239, 246; — von der Geschäftsführung ohne Auftrag IIb 556; — an den Hypothekgläubiger vom Eintritt durch Versicherung gedeckten Schadens III 410; — A. von Mängeln der Kaufsache, Einfluß auf die Verjährung der Ansprüche hiewegen IIb 117; — auf die Aufrechnung mit Schadensersatzansprüchen IIb 120; — A. von Gewährsmängeln beim Viehkauf IIb 133; — Kosten der Anzeige IIb 138; — A. von Mängeln und gefahrdrohenden Zuständen des Miethobjekts IIb 235, — von der Veräußerung desselben IIb 315; — A. des Eintritts der Nacherbfolge V 412; — des Nießbrauchers von Schäden der Sache, von Beeinträchtigung im Recht III 312; — des Pfandgläubigers von drohendem Verderb des Pfandes III 563; — A. der Verpfändung einer Sache an den Besitzer III 548; — der Verpfändung einer Forderung III 617; — A. von Aenderungen in der Verwahrung IIb 574; — von Todesfällen V 97; — vom Tode des Beauftragten IIb 540; — vom Tode eines Gesellschafters IIb 641; — vom Erlöschen der Vollmacht I 490; — A. an den Vorkaufsberechtigten IIb 166; — A. von Ueberschreitung des Voranschlags beim Werkvertrag IIb 487; — A. von der Annahme- oder Zahlungsweigerung des Angewiesenen IIb 770; — A. an das Vormundschaftsgericht: des Gemeindewaisenraths in Angelegenheiten der elterlichen Gewalt IV 810, — in Vormundschaftssachen IV 1131; — A. des Beistands IV 836; — des Gegenvormunds von Pflichtwidrigkeiten des Vormunds IV 1037; — A. von der Nothwendigkeit einer Pflegschaft IV 997, 1200, — einer Vormundschaft IV 997; — vom Tode des Vormunds oder Gegenvormunds IV, 998, 1037, 1178; — von der Wiederverehelichung des überlebenden Ehegatten IV 400.

Anzeigepflicht des Standesbeamten von der Verehelichung einer Frau mit minderjährigen Kindern IV 57.

Apanagen: Verjährung I 543.

Arbeit im Haushalt, im Geschäft: Pflicht der Ehefrau IV 123.

Arbeiter Haftung des Geschäftsherrn für deren Verschulden IIb 892; — Verjährung ihrer Ansprüche I 537, 541.

Arbeitgeber: Verjährung ihrer Ansprüche I 537, 541.

Arbeitsämter: rechtliche Stellung IIb 498.

Arbeitsbuch für den minderjährigen Arbeiter I 327, IV 716, VI 120, 123.

Arbeitsgeräthe der Frau: Eigenthumsvermuthung IV 139, VI 56, 57; — Uebernahme bei Auseinandersetzung der Gütergemeinschaft IV 363, — der Errungenschaftsgemeinschaft IV 483; — Vorbehaltsgut IV 154; — Herausgabe bei thatsächlicher Trennung der Ehegatten IV 138; — des Kindes: freies Vermögen IV 767.

Arbeitskraft: Civilrechtsschutz IIb 861.

Arbeitslohn: Aufrechnung dagegen IIa 264; — Pfändung IIb 385; — Pfändung für Unterhaltsansprüche IV 645; — Verjährung I 537, 541.

Arbeitsräume: Einrichtung für Bedienstete IIb 415, 417.

Arbeitsverdienst der Frau: Errungenschaft IV 455; — Vorbehaltsgut IV 157; — Zuschuß zum ehelichen Aufwand bei Gütertrennung IV 273; — zum Unterhalt von Kindern nach Ehescheidung IV 581; — des Kindes: freies Vermögen I 321, 327, IV 767.

Arbeitsvermittelung IIb 498.

Arbeitsvertrag IIb 379; — Unterschied von der Gesellschaft IIb 600; — A. des Minderjährigen I 325; — über persönliche Leistungen der Ehefrau IV 128, — des Mündels: Abschluß durch den Vormund IV 1073, 1081; — Anhörung des Mündels vor der Genehmigung IV 1088; — des Kindes: Abschluß durch den Gewalthaber

IV 756; — Haftung des Kindes für Verbindlichkeiten aus demselben IV 782.
Arbeitszeit des Dienstverpflichteten IIb 415, 419.
Arbeitszeugniß beim Dienstvertrag IIb 441.
Argentinien: Staatsvertrag mit A. VI 85.
Arglistige Täuschung: Anfechtung der Ehe I 366, IV 83; — Anfechtungsfrist IV 91; — Anfechtung nach Fristablauf IV 92; — Ausschluß wegen Bestätigung der Ehe IV 88; — Anfechtung der Anerkennung der Ehelichkeit IV 634; — Anfechtung der Annahme oder Ausschlagung der Erbschaft V 86; — Anfechtung des Erbvertrags V 596; — Frist für dieselbe V 600; — Anfechtung der Bestimmung der Leistung durch einen Dritten wegen a. T. IIa 140; — Anfechtung letztwilliger Verfügungen I 366, V 347; — Anfechtung von Willenserklärungen I 358; — Begriff der Täuschung I 364; — Wirkung I 364; — Anfechtungsberechtigter I 364; — Voraussetzungen in der Person des Täuschenden I 365; — Täuschung des Vertreters I 365; — Anfechtungsfrist I 367; — Wirkung der erfolgten Anfechtung I 364; — Schadensersatzpflicht I 366; — a. T. bei Bevollmächtigung I 483; — im Falle von Stellvertretung I 476, 477; — Erwirkung der Zustimmung zu Rechtsgeschäften I 510; — Erbunwürdigkeit wegen a. T. des Erblassers V 707; — unerlaubte Handlung IIb 852.
Arglistiges Verschweigen von Mängeln der Kaufsache IIb 38, 79, 88, 112; — bei Gattungssachen IIb 121; — Einfluß auf die Verjährung von Ersatzansprüchen IIb 113, 117; — auf die Zulässigkeit der Aufrechnung mit Ersatzansprüchen IIb 120; — von Gewährsmängeln beim Viehkauf IIb 132, 133, 134; — a. V. von Mängeln bei der Leihe IIb 353; — bei der Miethe IIb 225; — a. V. von Mängeln der vermachten Sache V 449; — a. V. von Mängeln der geschenkten Sache IIb 186; — von Mängeln im Recht bei der Schenkung IIb 184; — bei Schenkung einer Erbschaft V 777; — von Mängeln beim Werkvertrag IIb 464.
Arme: letztwillige Zuwendungen an A. V 338.
Armenanstalten, -Verbände: Erbrecht, Pflichttheilsrecht gegenüber Unterstützten VI 272; — Ersatzansprüche für geleisteten Unterhalt IV 647, VI 228; — Verjährung ihres Ersatzanspruches für geleisteten Unterhalt I 539.
Armenpflegschaftsrath: Entziehung der Unterstützung wegen Vernachlässigung der Kinder IV 798.
Armenrecht für den Nachlaßpfleger V 100.
Armenunterstützung: Ersatzpflicht IV 647.
Arrest: Erwirkung nach Ausübung des Selbsthülferechtes I 591.
Arresthypothek III 371, 380; — keine Gesammthypothek möglich III 416; — keine Vormerkung III 77.
Arrestpfandrecht an Schiffen III 601.
Arrestvollziehung: rechtliche Natur I 295; — Einfluß eines gesetzlichen Veräußerungsverbotes I 394, 397, — eines behördlichen Veräußerungsverbotes I 398; — Einfluß der Rückwirkung der Genehmigung eines Rechtsgeschäftes auf Verfügungen im Wege der A. I 512; — Wirkung der während der Schwebezeit einer Bedingung vorgenommenen A. I 460; — Einfluß auf das Rücktrittsrecht IIa 199; — auf das Wiederkaufsrecht IIb 155; — Einfluß der A. in die Kaufsache auf die Wandelung IIb 100; — Einfluß der A. auf Vormerkungen im Grundbuch III 76, 80; — A. in den Nachlaß: Einfluß auf die aufschiebenden Einreden des Erben V 244; — A. in den Nachlaß nach Anordnung einer Nachlaßverwaltung V 183; — Einfluß auf das Recht des Erben zur Herausgabe des Nachlasses an die Gläubiger beim Mangel an Masse zu einer Nachlaßverwaltung, einen Nachlaßkonkurs V 198, 201; — Wirksamkeit der A. in einen Erbschaftsgegenstand gegenüber dem Nacherben V 382, 385, 386.
Arrha IIa 174.
Arrogation IV 938.
Artistenagenten IIb 507.
Aerzte: Rechtsverhältniß zum Patienten IIb 381, 383; — Verjährung ihrer Forderungen I 537, 541; — Haftung aus Kunstfehlern IIb 850, 864; — Haftung aus Ratherteilung IIb 547; — Haftung aus Pflichtverletzungen IIb 927; — Verkauf der Praxis IIb 9; — Vereinigung von Aerzten zur Berufsausübung IIb 596; — Fähigkeit zum Zeugniß bei Testamentserrichtung V 539.
Aerztliche Behandlung des Dienstpflichtigen IIb 410.
Assekuranzvertrag IIb 703.
Assignation IIb 760.
Auditeure: Errichtung letztwilliger Verfügungen vor A. V 522, VI 138.
Aufbewahrung (siehe auch „Verwahrung") IIb 566; — Ersatz der Aufwendungen für A. bei Annahmeverzug IIa 122; — Zurückweisung der Sicherheitsleistung durch bewegliche Sachen wegen Schwierigkeiten der A. I 597.
Aufbewahrungskosten: Versteigerung wegen unverhältnißmäßiger A. statt Hinterlegung IIa 248.
Aufenthalt: Begriff und rechtliche Bedeutung I 58; — Anknüpfungspunkt der Kollisionsnormen VI 16, 93; — A. des Kindes, Bestimmung durch den Inhaber der elterlichen Gewalt IV 719, 723; — des Mündels, Bestimmung durch den Vormund IV 1039; — Anzeige des Wechsels beim Vormundschaftsgericht IV 1131.
Aufenthaltsverbot: Einfluß auf den Wohnsitz I 64.
Aufforderung zur Anmeldung von Ansprüchen auf eine Fundsache III 234; — A. zur Anmeldung von Erbrechten vor Feststel-

lung des Erbrechts des Fiskus V 110; — vor Ertheilung des Erbscheines V 743; — zur Anmeldung von Forderungen gegen den Verein in Liquidation I 186; — A. der Nachlaßgläubiger zur Anmeldung ihrer Forderungen durch einen Miterben V 320, 323; — im Aufgebotsverfahren V 135; — A. des Eigenthümers zur Genehmigung von Verwendungen auf die Sache III 261; — des Ehemanns zur Erklärung über Genehmigung von Rechtsgeschäften der Frau IV 212, — von Verfügungen des Mannes über Gesammtgut IV 320; — des anderen Kontrahenten zur Erklärung über Genehmigung des Vertrages eines Minderjährigen I 315, 316; — zur Erklärung über Genehmigung des vom Vertreter ohne Vertretungsmacht geschlossenen Vertrages I 497; — A. zur Herstellung der häuslichen Gemeinschaft IV 544; — A. des Gläubigers zur Vornahme zur Leistung des Schuldners nothwendiger Handlungen IIa 116; — an den Vormund zur Mittheilung der Genehmigung des Vormundschaftsgerichts IV 1093.

Aufgabe des Besitzers, der thatsächlichen Gewalt III 14, 15; — des Besitzes an Grundstücken wegen Annahmeverzugs des Gläubigers IIb 121; — des Eigenthums, Natur als Rechtsgeschäft I 295; — des Eigenthums an beweglichen Sachen III 221; — an Grundstücken III 172; — von Rechten an Grundstücken III 59; — von Rechten an Grundstücksrechten III 61.

Aufgebot zum Ausschluß des Eigenthümers eines Grundstücks III 171; — zum Ausschluß eines unbekannten Hypothekgläubigers III 480, 483, — bei der Hypothek für die Forderung aus einer Inhaberschuldverschreibung III 518, bei der Gesammthypothek III 492; — zum Ausschluß des Reallastberechtigten III 367; — zum Ausschluß des unbekannten Schiffspfandgläubigers III 606; — zum Ausschluß eines unbekannten Vorkaufsberechtigten III 359; — zur Beseitigung einer Vormerkung im Grundbuch III 85; — zum Zwecke der Eheschließung IV 21, 50; — Zuständigkeit VI 140; — Befreiung vom A. IV 62; — Zuständigkeit für die Befreiung von dem A. IV 61; — Unterlassung bei lebensgefährlicher Erkrankung eines Verlobten IV 21, 50, VI 140; — zur Kraftloserklärung von Inhaberschuldverschreibungen IIb 794 — von qualifizierten Legitimationspapieren IIb 812, 814; — Ausschluß nach Landesrecht VI 227; — zur Kraftloserklärung eines Hypothekenbriefes III 464; — A. des Erben vor Ertheilung des Erbscheines V 743; — **der Nachlaßgläubiger**: Bedeutung V 132; — Funktionen V 133; — ergänzende Vorschriften der Civilprozeßordnung V 134; — nach dem Tode eines Ehegatten IV 394; — anmeldepflichtige Gläubiger V 136; — von der Anmeldepflicht befreite Gläubiger V 138; — Befreiung von Pflichttheilsrechten, Vermächtnissen und Auflagen V 139; — Form der Anmeldung V 137; — Antragsberechtigung V 134, 135; — keine zeitliche Beschränkung der Antragsbefugniß V 134; — Voraussetzung des Antragsrechts des Erben V 136; — Antragsrecht bei allgemeiner Gütergemeinschaft IV 324; — Antragsrecht jedes Ehegatten V 129; — des Nachlaßpflegers V 102; — des Nachlaßverwalters V 135; — des Testamentsvollstreckers V 469; — fahrlässige Unterlassung des Antrags V 138, 174; — Ausschluß des A. im Falle des Nachlaßkonkurses V 134; — Zweck und Wirkung des A. V 133, 137; — Aussetzung der Nachlaßauseinandersetzung bis zur Beendigung des Aufgebotsverfahrens V 296; — Verweigerung der Berichtigung von Nachlaßverbindlichkeiten bis zur Beendigung des Aufgebotsverfahrens V 240; — im Falle der Nachlaßpflegschaft V 245; — Ausschluß der Verweigerung wegen unbeschränkter Haftung der Erben, gegenüber vom Aufgebot nicht betroffenen Gläubigern V 244; — Tenor des Ausschlußurtheiles V 135; — Wirkung des Ausschlusses V 140; — Haftung gegenüber ausgeschlossenen Gläubigern nach der Auseinandersetzung V 320, 321; — Zuständigkeit für das Aufgebot V 134; — A. zum Zwecke der Todeserklärung I 95, 96.

Aufhebung der Annahme an Kindesstatt IV 978; — A. der allgemeinen Gütergemeinschaft: Ausschluß und Beschränkung der Vertretung der Vertragsschließenden IV 299; — A. der Ausschließung der Fortsetzung der Gütergemeinschaft IV 425; — A. der Beistandschaft IV 845; — von Bestimmungen bisheriger Reichsgesetze VI 103; — des eheherrlichen Nießbrauchs- und Verwaltungsrechts IV 257; — der ehelichen Gemeinschaft IV 552, 583; — Einfluß auf die Giltigkeit letztwilliger Verfügungen zu Gunsten eines Ehegatten V 343; — anzuwendendes Recht VI 27, 58, 357; — A. der Entmündigung I 42, 56; — Wirkung auf Rechtsgeschäfte I 329; — des Erbvertrages V 611; — einseitiger Verfügungen V 625; — von Vermächtnißanordnungen und Auflagen V 614; — des zwischen Ehegatten geschlossenen Erbvertrages V 615; — durch den Rücktrittsberechtigten nach dem Tode des anderen Vertragstheiles V 621; — der Errungenschaftsgemeinschaft auf Klage eines Ehegatten IV 476; — Auseinandersetzung im Falle derselben IV 480; — Klage des Mannes auf Wiederherstellung der Gemeinschaft IV 484; — A. des Familienrathes IV 1159, 1160; — A. der fortgesetzten Gütergemeinschaft, Form IV 398; — Aufhebungsklage eines Abkömmlings IV 402; — der

Gemeinschaft: Form IIb 673, 676; — Recht eines Theilhabers darauf IIb 670; — Ausschluß des Rechts IIb 670, 671; — Wirkung des Ausschlusses IIb 672; — Recht des Gläubigers eines Theilhabers darauf IIb 672; — Unverjährbarkeit des Rechts auf A. IIb 681; — A. einer Gemeinschaft durch den Gewalthaber IV 757; — durch den Vormund IV 1062, 1084; — der Gemeinschaft unter Miteigenthümern: vertragsmäßiger Ausschluß III 278; — A. im Falle Belastung der Sache mit einem Nießbrauch III 326, — im Falle der Verpfändung der Sache III 599; — A. der Gütergemeinschaft: Klage des Mannes auf A. IV 350, — der Frau IV 347; — Zeitpunkt der Aufhebung nach der Klage IV 350; — Auseinandersetzung IV 368; — der Hypothek durch Rechtsgeschäft III 507; — Befreiung des persönlichen Schuldners durch die A. III 476; — von Grundstückrechten III 59; — Einwilligung des Drittberechtigten III 61; — Vormerkung des Anspruches auf A. III 75, 77; — anzuwendendes Recht III 48; — A. der Nachlaßverwaltung V 192; — des Nießbrauchs III 325, — an einem Miteigenthumsantheil III 326; — des mit Nießbrauch belasteten Rechts III 331; — des Pfandrechts III 595; — eines verpfändeten Rechtes III 613; — A. der Pflegschaft IV 1199, 1225, 1226; — A. des Schuldverhältnisses durch Vertrag IIa 124; — der Sicherheit für eine Forderung des Kindes IV 757; — für eine Forderung des Kindes gegen den Vater IV 713; — des Mündels gegen den Vormund IV 1030; — für eine Forderung des Mündels IV 1074, 1083; — der Stiftung I 244; — des Testaments durch Errichtung eines neuen Testaments V 561, — durch Rücknahme aus amtlicher Verwahrung V 557, 559, — durch Vernichtung oder Veränderung der Testamentsurkunde V 557, 559, — durch Widerruf V 557, 558; — des gemeinschaftlichen Testaments V 577, 582; — Ausschluß beim korrespektiven Testament V 577, 579; — A. letztwilliger Verfügungen durch einen späteren Erbvertrag V 608; — auf die A. letztwilliger Verfügungen anzuwendendes Recht, örtlich VI 79, 81, — zeitlich VI 378; — A. der Todeserklärung, Einfluß auf die zweite Ehe des anderen Ehegatten IV 103; — der Vormundschaft IV 1162, 1164; — der vorläufigen Vormundschaft IV 1195; — des Werkvertrags IIb 473, 477; — des Wohnsitzes I 60, 63; — durch einen Geschäftsunfähigen oder in der Geschäftsfähigkeit Beschränkten I 64.

Auflage (modus) I 444.

— bei letztwilligen Verfügungen V 459; — Begriff V 54; — zeitliche Geltung des Rechtes des BGB. V 460; — Unterschied von der Stiftung und dem Vermächtnisse V 53, 459; — rechtliche Natur als Nachlaßverbindlichkeit V 115, 116; — Gegenstand V 459; — Ausschluß der Bestimmung durch einen Dritten V 461; — Bestimmung der Leistung bei einer nur dem Zwecke nach bestimmten A. V 462; — Wahlrecht bei Anordnung der Erfüllung einer von mehreren Leistungen V 421, 426, 461; — Bestimmung der Leistung der Gattung nach, Bestimmung der Leistung durch den Bedachten oder einen Dritten V 422, 426, 462; — Errichtung einer Stiftung in einer A. I 240, 241; — Verstoß gegen ein gesetzliches Verbot V 462; — Form der Verfügung V 460; — Anordnung durch Erbvertrag V 55, 585, 592; — Voraussetzungen der Wirksamkeit V 460; — Bedingungen V 461; — zeitliche Beschränkung V 460; — Ausschluß der Bestimmung des Empfängers durch einen Dritten V 461; — Einfluß der Unwirksamkeit auf die beschwerte Zuwendung V 464; — Aufhebung der im Erbvertrag getroffenen Anordnung V 614; — Beschwerter V 54, 417, 461; — Vertheilung bei Mehrheit der Beschwerten V 417; — Erfüllung: Sicherheitsleistung des Erben bei bedingten und betagten A. V 511; — Verweigerung der Mitwirkung eines Dritten bei der Erfüllung V 465; — Wirkung der Erfüllungsweigerung V 465; — Befriedigung bei Mangel an Masse zu einem Nachlaßkonkurs V 199; — Schadensersatzanspruch der hinsichtlich des Vollzugs einer A. Forderungsberechtigten wegen Unterlassung des Antrags auf Nachlaßkonkurs V 176; — Leistungszeit V 461, 462; — Unmöglichkeit der Leistung V 462, 465; — Aktivlegitimation für den Erfüllungsanspruch V 463; — Geltendmachung gegen den Testamentsvollstrecker V 464; — Gerichtsstand V 460; — Fälligkeit der von einem Vermächtnißnehmer zu entrichtenden A. V 454; — Kürzung derselben V 454; Erfüllungsverweigerung durch den beschwerten Vermächtnißnehmer V 454; — — Rangbestimmung durch den Erblasser für den Fall der Kürzung von Vermächtnissen und Auflagen V 457; — Kürzung mit Rücksicht auf Pflichttheile V 676, 682; — Behandlung bei Erhöhung des Erbtheils durch Wegfall eines Mitberufenen V 44, 360; — Befreiung von der Anmeldung im Aufgebot der Nachlaßgläubiger V 139; — Verhältniß zu den im Aufgebotsverfahren ausgeschlossenen Nachlaßgläubigern V 140, — zu den durch fünfjährige Nichtgeltendmachung ihrer Forderung ausgeschlossenen V 149; — Antragsrecht des Berechtigten auf Bestimmung einer Inventarfrist V 213; — Erfüllung der im Erbvertrag angeordneten A. V 594; — Einfluß des Wegfalles einer A. im Falle des Erbschaftskaufes V 766; — im

Erbschein nicht zu vermerken V 461; — Anfechtung V 349; — Verweigerung der Erfüllung einer anfechtbaren A. nach Ablauf der Anfechtungsfrist V 351.
Auflage bei der Schenkung IIb 187; — Verweigerung wegen Mängel der geschenkten Sache IIb 189; — Rückforderung der Schenkung wegen Nichtvollziehung der A. IIb 190.
Auflagevertrag V 585, 592; — Aufhebung V 614.
Auflassung: Begriff III 162; — Bedeutung für die Besitzübertragung III 10, 169; — Fälle derselben III 158; — Gegenstand III 159; — Form III 162; — Legitimation zur Auflassung III 163; — Legitimation des Testamentsvollstreckers zur A. V 495; — Ausschluß von Bedingung und Zeitbestimmung I 446, III 157, 167; — Ersatz für die Auflassungserklärung III 166; — Bindung durch die A. III 167; — Wirkung III 168; — Nichtigkeit wegen Simulation I 339; — Kosten beim Kauf IIb 51; — Klage auf A., Vollstreckung III 160, 161; — Vormerkung des Anspruchs auf A. III 76; — A. bei Bestellung des Erbbaurechtes III 283; — Zuständigkeit zur Entgegennahme der Auflassungserklärung nach Landesrecht VI 276; — Form bei Vornahme im Versteigerungstermine VI 276; — A. vor dem I. Januar 1900 gekaufter Grundstücke VI 314; — A. von Grundstücken des Mündels IV 1076; — bei Nachlaßauseinandersetzung V 289, 298; — des Vermächtnißgegenstandes V 441; — bei Veräußerung eines Antheiles am Nachlaß V 276.
Auflauf: Schadensersatzpflicht VI 234.
Auflösende Bedingung: Begriff I 452; — rechtliche Konstruktion I 454; — Wirkung des Eintritts I 455; — Zurückbeziehung der Wirkungen I 457; — Vereitelung des Eintrittes, Herbeiführung desselben wider Treue und Glauben I 462; — Ansprüche wegen Verletzung oder Beeinträchtigung des Rechts während der Schwebezeit I 458; — Wirkung des Eintritts auf in der Schwebezeit vorgenommene Verfügungen I 460; — Rückforderung einer Leistung nach Eintritt der B. IIb 830; — a. B. beim Kaufvertrag IIb 46; — bei letztwilligen Zuwendungen V 339; — Rechte und Verbindlichkeiten mit a. B. bei Berechnung des Pflichttheils V 654, 656.
Auflösung der Ehe (siehe auch „Scheidung") IV 514; — Uebersicht der Gründe IV 36; — Tod eines Ehegatten IV 103; — Todeserklärung eines Ehegatten I 108; — Wiederverheirathung nach zu Unrecht erfolgter Todeserklärung IV 103; — Sorge für die Kinder aus der aufgelösten Ehe IV 737; — Eintritt bei Scheidung IV 522; — Einfluß auf den Familiennamen der Frau IV 121; — Vermerk im Heiratsregister IV 21; — Einfluß auf letztwillige Verfügungen V 343; — auf gemeinschaftliche Testamente V 574; — auf Erbverträge V 594; — auf die güterrechtlichen Folgen anzuwendendes Recht VI 54; — Ausschluß der Anfechtung nach A. IV 90, 95; — Vermerk im Heirathsregister VI 140; — A. der Gesellschaft IIb 635; — des Verlöbnisses IV 12; — Rückersatz von Geschenken nach A. IV 19; — des Vereins I 168; — Wirkung I 177; — Eintragung ins Vereinsregister I 221.
Aufnahme von Geld auf den Kredit des Kindes IV 753, 755; — des Mündels IV 1073, 1081; — allgemeine Ermächtigung des Vormunds hiezu IV 1087.
Aufrechnung: Allgemeines: Begriff, rechtliche Natur IIa 251, 252; — Voraussetzungen IIa 253; — Beweislast für dieselben IIa 255; — A. bei Verschiedenheit des Leistungsortes IIa 260; — zeitliche Zulässigkeit IIa 254; — A. gegen einen durch Urteil festgestellten Anspruch IIa 259; — Form IIa 255; — Unzulässigkeit von Bedingung und Befristung I 446, IIa 255; — Prozessuales IIa 255, 257; — A. durch den Prozeßbevollmächtigten IIa 256; — bei Mehrheit der zur A. geeigneten Forderungen IIa 267; — beim aktiven IIa 344; — beim passiven Gesammtschuldverhältniß IIa 332; — Unwirksamkeit des Rücktritts nach A. IIa 203; — Einfluß auf die Verpflichtung des Bürgen IIb 714; — kein Rückforderungsrecht wegen Unterlassung der A. IIb 829; 833; — Wirkung IIa 258; — Unverjährbarkeit I 531; — A. mit verjährten Forderungen I 576; — Zulässigkeit der A. kein Verjährungshinderniß I 550; — Unterbrechung der Verjährung durch A. im Prozeß I 561, 563; — Dauer und Wegfall der Wirkung der Unterbrechung 569; — Einfluß der Verjährung einer Forderung auf die Zulässigkeit IIa 259; — Beschränkungen der A.: Beschlagnahme der Forderung IIa 261; — Unpfändbarkeit derselben IIa 264; — entgegenstehende Einreden IIa 259; — Vereinbarung eines bestimmten Leistungsorts oder einer Leistungszeit IIa 260; — Unzulässigkeit gegen Forderungen aus unerlaubten Handlungen IIa 263; — vertragsmäßige A. IIa 253; — Ausschluß durch Vertrag und kraft Gesetzes IIa 261; — anzuwendendes Recht VI 315; — Besondere Fälle: bei Haupt- und Nebenforderungen IIa 268; — A. bei Theilschuldverhältnissen IIa 329; — gegenüber dem Gläubiger bei Ausübung des Ablösungsrechtes IIa 62; — bei Schuldübernahme IIa 308, 311; — gegenüber dem neuen Gläubiger nach Forderungsabtretung IIa 287; — gegen Forderungen aus einem Vertrage auf Leistung an einen Dritten IIa 172; — mit der Schuld eines Dritten IIa 61; — mit dem Antheil an einer gemeinschaftlichen Forderung IIb 668; — gegenüber dem An-

weisungsempfänger IIb 766; — A. durch den Bürgen IIb 713; — Einrede aus der Aufrechnungsbefugniß des Gläubigers IIb 712, 714; — beim Dienstvertrag IIb 402; — gegenüber der Gesellschaft IIb 597, 604, 630; — gegen Gehalts- und Pensionsforderungen IIa 264, 267, VI 197; — gegen Lohnforderungen des Gesindes IIa 267; — gegen Forderungen des Hinterlegers beim depositum irregulare IIb 583; — gegen Miethszinsforderungen nach Veräußerung des Miethobjektes IIb 314; — Einfluß der A. gegen Miethzinsforderungen auf das außerordentliche Kündigungsrecht IIb 256; — mit Schadensersatzansprüchen des Käufers IIb 120; — beim Viehkauf IIb 139; — mit dem Anspruch auf Wandelung und Minderung IIb 86, 461; — bei Spiel- und Wettschulden IIb 689, 690; — gegen Forderungen des Staats und öffentlicher Verbände IIa 267; — gegen die Forderung auf Rückgabe verwahrter Sachen IIa 263; — bei Ausübung des Ablösungsrechts gegenüber dem Hypothekgläubiger III 445; — gegenüber dem Pfandgläubiger III 590; — gegenüber dem Hypothekgläubiger seitens des Eigenthümers III 425, 432; — gegen vom Hypothekgläubiger geltend gemachte Mieth- und Pachtzinsforderungen III 406; — gegen eine mit Nießbrauch belastete Forderung III 335; — des Verpfänders gegen den Pfandgläubiger bei Einlösung des Pfandes III 567; — A. gegen Forderungen zum eingebrachten Gute IV 173, 175; — zum Gesammtgut der allgemeinen Gütergemeinschaft IV 308, 353; — der fortgesetzten Gütergemeinschaft IV 386; — der Errungenschaftsgemeinschaft IV 445, 482; — A. gegenüber einem Ehegatten nach Aufhebung d. Gütergemeinschaft IV 357, — bei der Errungenschaftsgemeinschaft IV 450, 452; — gegenüber Unterhaltsansprüchen IV 643; — Erklärung gegenüber Forderungen einer Ehefrau IV 225; — A. mit Forderungen des Mündels IV 1061; — mit Unterhaltsansprüchen IV 673; — mit Forderungen eines im Aufgebotsverfahren ausgeschlossenen Nachlaßgläubigers gegenüber dem Erben V 149; — gegenüber dem Erben vor Annahme der Erbschaft V 89; — gegen Nachlaßforderungen während der Erbengemeinschaft V 286; — gegenüber dem Testamentsvollstrecker und seitens desselben im Prozeß V 505; — Einfluß der Nachlaßverwaltung, des Nachlaßkonkurses auf vorher erfolgte A. eines Nachlaßgläubigers gegen einen Erben, eines anderen Gläubigers eines Erben gegen eine Nachlaßforderung V 166; — A. nach Anordnung der Nachlaßverwaltung bezw. nach Konkurseröffnung V 167; — mit und gegen eine vermachte Forderung V 440.

Aufrechnungsvertrag IIa 253.

Aufruhr: Schadensersatzpflicht VI 234; — Testamentserrichtung an abgesperrten Orten V 554; — zeitliche Beschränkung der Wirksamkeit V 556.

Aufschiebende Bedingung: Begriff I 452; — Erfüllung und Ausfall I 453; — Wirkungen des Eintritts I 453; — Voraussetzungen der Gültigkeit des aufschiebend bedingten Geschäftes I 454; — Ansprüche wegen Verletzung oder Beeinträchtigung d. Rechtes während der Schwebezeit I 458; — Wirkung des Eintritts auf in der Schwebezeit vorgenommenen Verfügungen I 460; — Rückbeziehung der Wirkungen des Geschäfts beim Eintritt I 457; — Vereitelung des Eintritts, Herbeiführung desselben wider Treu und Glauben I 462; — Beweislast I 456; — Beseitigung der Unmöglichkeit der Leistung vor Eintritt der B. IIa 128; — Beseitigung eines gesetzlichen Verbots, gegen das ein Vertrag verstößt IIa 130; — Verjährung aufschiebend bedingter Ansprüche I 544; — Einfluß vorzeitiger Leistung IIb 834; — a. B. bei der Erbeinsetzung V 334, 339; — bei Einsetzung eines Nacherben V 376; — A. B. beim Kaufvertrag IIb 45; — beim Kauf auf Probe oder Besicht IIb 148; — beim Eigenthumsvorbehalt an der verkauften Sache IIb 58; — beim Mäklerlohn IIb 497; — bei unmöglichen Leistungen IIa 128; — beim Vermächtniß: Anfall V 446, 446; — Dauer der Wirkung des bedingten Vermächtnisses V 428; — bei Zuwendungen an die gesetzlichen Erben V 334; — an Abkömmlinge eines Dritten V 337; — an Verwandte V 335; — Rechte und Verbindlichkeiten mit a. B. bei Berechnung des Pflichttheils V 654, 656.

Aufschiebende Einreden gegen Ansprüche an den Nachlaß V 238; — Geltendmachung durch den überlebenden Ehegatten IV 395; — des einzelnen Miterben vor der Nachlaßtheilung V 317, 319.

Aufsicht über eheliche Kinder IV 719; — über die Geschäftsführung eines Dritten durch Beamte IIb 932; — über minderjährige und aufsichtsbedürftige Personen IIb 898; — über Thiere IIb 913; — über den Mündel IV 1039; — über privatrechtliche Vereine I 129; — A. des Vormundschaftsgerichts über den Beistand IV 843; — in Vormundschaftssachen IV 1112; — bei Pflegschaften IV 1221.

Aufsichtspflicht des Gegenvormunds, Mitvormunds, Verletzung IV 1103.

Aufsichtspflichtige Beamte: Haftung wegen Pflichtverletzung IIb 936.

Aufsichtspflichtige Personen: Schadensersatzpflicht aus Handlungen zu beaufsichtigender Personen IIb 898; — für Schadensstiftung durch Thiere IIb 913; — Regreßanspruch gegen Mitverantwortliche IIb 934; — Haftung des Thierhalters bei Verletzung des Aufsichtspflichtigen IIb 912.

Aufsteigende Linie: Unterhaltspflicht der Verwandten a. L. IV 658, 664; — a. L.

der Verwandtschaft im S. des StGB. VI 110.

Aufsuchen eines neuen Dienstverhältnisses IIb 441.

Aufsuchung auf fremde Grundstücke gelangter Sachen III 31; — durch den mittelbaren Besitzer III 38; — petitorischer Anspruch des Eigenthümers III 267.

Auftrag: Begriff und rechtliche Natur IIb 522; — Verhältniß zu verwandten Rechtsbegriffen IIb 523; — Verhältniß zur Anweisung IIb 758; — zum Dienstvertrag IIb 384; — zum Werkvertrag IIb 448; — entsprechende Anwendung der Vorschriften über den A. IIb 524; — Geltung der Vorschriften über den A. für einen Dienst- oder Werkvertrag, der eine Geschäftsbesorgung zum Gegenstand hat IIb 543; — Voraussetzungen des Auftrags IIb 524; — Form IIb 525; — Gegenstand IIb 526; — Inhalt und Umfang IIb 526; — Mehrheit der Auftraggeber oder Beauftragten IIb 523; — Unübertragbarkeit des A. und des Anspruchs auf Ausführung IIb 528; — Pflichten des Auftraggebers: Haftung im Allgemeinen IIb 523; — Haftung für Zufall IIb 535; — Vorschußpflicht IIb 534; — Ersatzpflicht für Aufwendungen IIb 535; — für Schädigung des Beauftragten IIb 536; — mittelbarer Besitz des Auftraggebers III 35; — Pflichten und Rechte des Beauftragten: Verpflichtungen IIb 524; — Ablehnungspflicht bei öffentlicher Bestellung zu gewissen Geschäften, bei öffentlichem oder besonderem Erbieten IIb 526; — Nachrichtertheilung, Auskunftertheilung, Rechenschaftsablegung IIb 531; — Herausgabepflicht IIb 532; — Zinspflicht bei Verwendung von Geld IIb 533; — Haftung im Allgemeinen IIb 523; — Uebertragung der Ausführung an einen Dritten IIb 528; — Abweichung von Weisungen IIb 529; — Ueberschreitung der Grenzen des Auftrags IIb 530; — bei unzeitiger Kündigung IIb 536; — Zurückbehaltungsrecht IIb 533, 536; — Beendigung: durch Konkurs des Auftraggebers IIb 540; — durch Kündigung IIb 536; — durch Tod des Beauftragten IIb 540; — durch Widerruf IIb 536, 542; — Wirkung der Beendigung Fortdauer zu Gunsten des Beauftragten IIb 542; — Einfluß des Konkurses des Beauftragten IIb 541; — des Todes und eintretender Geschäftsunfähigkeit des Auftraggebers IIb 538; — des Erlöschens einer juristischen Person IIb 539; — Wirkung des Erlöschens der Vollmacht eines Beauftragten gegenüber Dritten I 488; — Verjährung der Ansprüche aus dem A. IIb 524; — A. zur Bürgschaft IIb 724; — A. zu Spielzwecken IIb 692; — Untreue des Bevollmächtigten IIb 524; — Uebernahme eines A. durch die Ehefrau IV 129; — Haftung der Erben aus besorgten erbschaftlichen Geschäften, Ersatz von Aufwendungen nach den Vorschriften über A. im Falle der Nachlaßverwaltung, des Nachlaßkonkurses V 168, 170, 171.

Aufwand siehe „ehelicher Aufwand".

Aufwendungen: Begriff IIa 45, 47; — Ersatz IIa 45; — Befreiung des Ersatzberechtigten von eingegangenen Verbindlichkeiten, Sicherheitsleistung IIa 46; — Ersatz beim Annahmeverzug IIa 122; — Verzinsung IIa 45; — auf Fruchtgewinnung I 288; — A. der Armenverbände und des Staates, Ersatzanspruch nach Landesrecht VI 228; — des Beauftragten: Vorschußpflicht des Auftraggebers IIb 534; — Ersatzpflicht IIb 535; — bei dem auf eine Geschäftsbesorgung gerichteten Dienst- oder Werkvertrag IIb 545; — des Beschenkten auf Erfüllung einer Auflage IIb 189; — des Besitzers: Ersatz durch den Eigenthümer III 256; — der Ehefrau zur Bestreitung des ehelichen Aufwandes IV 276; — des Ehemannes für die Verwaltung des eingebrachten Gutes IV 202; — bei Errungenschaftsgemeinschaft IV 452; — der Erben: Ersatz bei Anordnung der Nachlaßverwaltung, Eröffnung des Nachlaßkonkurses V 168, 171; — Ersatz bei Herausgabe des Nachlasses im Falle von Mangel an Masse zu einer Nachlaßverwaltung oder einem Nachlaßkonkurs V 198; — des Erbschaftsbesitzers V 258, 260; — des Erbschaftsverkäufers V 773; — des Finders III 231; — des Geschäftsführers ohne Auftrag IIb 558, 561; — des geschäftsführenden Gesellschafters IIb 618; — des Kindes für den elterlichen Haushalt IV 684; — des Mäklers: Ersatz IIb 497, 504; — Ausschluß wegen vertragswidrigen Verhaltens IIb 506; — A. des Miethers auf das Miethobjekt IIb 238; — zur Beseitigung von Mängeln IIb 221; — Verjährung des Ersatzanspruches IIb 263; — des Pflegers IV 1221; — A. des Schuldners, Ersatz beim Gläubigerverzug IIa 122; — des Testamentsvollstreckers V 513; — des Vaters IV 762; — des Verkäufers IIb 52; — des Verlobten IV 15; — des Vermächtnißträgers auf die vermachte Sache V 453; — des Verwahrers IIb 575; — bei vorzeitiger Rückforderung IIb 577; — bei vorzeitiger Rückgabe IIb 579; — des Vorerben zur Erhaltung von Erbschaftssachen V 393; — des Vormunds und des Gegenvormunds IV 1038, 1107; — des Werkunternehmers zur Beseitigung von Mängeln IIb 454; — des Wiederverkäufers IIb 156; — Ersatz von A. auf durch unerlaubte Handlungen entzogene Sachen IIb 955; — siehe auch „Verwendungen".

Aufzeichnung einzelner Vertragspunkte I 438.

Augenentzündung der Pferde, Esel, Maulesel und Maulthiere: Gewährfrist IIb 130.

Auktionator: Anspruchsverjährung I 541.

Ausantwortung des Nachlasses an die Erben nach Nachlaßverwaltung V 190.
Ausbauchung einer fremden Mauer III 138.
Ausbesserung von eingebrachtem Gut der Frau IV 190; — landwirthschaftlicher Pachtobjekte IIb 330; — des Miethobjekts: Pflicht hiezu IIb 211; — Duldung durch den Miether IIb 254; — der Nießbrauchsache: gewöhnliche III 311, — außergewöhnliche III 312; — Anzeigepflicht von der Nothwendigkeit III 312; — Duldung der Vornahme durch den Eigenthümer III 313; — Pfandrecht für A. beim Werkvertrag IIb 479.
Ausbeute einer Sache 282, 284.
Ausbeutung der Nothlage I 401, 406.
Ausdrückliche Willenserklärung I 331.
Auseinandersetzung mit dem angenommenen Kinde bei Eheschließung IV 970; — zwischen Ehegatten nach Scheidung IV 365; — der Gütergemeinschaft, anzuwendendes Recht VI 54; — der allgemeinen Gütergemeinschaft IV 352, 358; — im Falle der Aufhebungsklage IV 368; — A. der fortgesetzten Gütergemeinschaft IV 405; — der Errungenschaftsgemeinschaft IV 475, 480; — mit dem Kinde bei Eheschließung IV 45, 400, 802; — bei Verehelichung des Vaters des für ehelich erklärten Kindes IV 938; — mit dem bevormundeten Kinde IV 1125; — der Gesellschaft IIb 643; — des Nachlasses V 288; — Anwendung des bisherigen Rechts VI 376.
Ausfallbürgschaft IIb 707.
Ausführungsgesetze und -Verordnungen zum BGB. VI 155.
Ausgleichung unter Abkömmlingen bei Auseinandersetzung der fortgesetzten Gütergemeinschaft IV 379, 416; — unter Gesammtgläubigern IIa 347; — unter Gesammtschuldnern IIa 339; — zwischen Kind und Gewalthaber bezüglich Verbindlichkeiten des Kindes IV 783; — unter den verschiedenen Vermögensmassen im gesetzlichen Güterstand IV 253, — bei allgemeiner IV 342, — bei fortgesetzter Gütergemeinschaft IV 386, — bei Errungenschaftsgemeinschaft IV 471.
Ausgleichungspflicht der Abkömmlinge 300; — zeitliche Geltung des BGB. V 301; — rechtliche Natur V 302; — Gegenstand der A. V 300, 307; — bei Zuwendungen aus dem Gesammtgute einer Gütergemeinschaft V 301, 305; — bei Mehrheit von Erbtheilen V 305; — Einfluß der Erhöhung des Erbtheils durch Wegfall eines Mitberufenen V 44, 305, 360; — Auskunftpflicht und Offenbarungseid des Ausgleichungspflichtigen V 314; — Art und Weise der Ausgleichung V 306, 310; — Ausgleichungspflichtige V 300, 303; — auf Grund testamentarischer Erbfolge V 300, 303; — Ausnahme von der A. V 301, 304; — Ausschluß durch den Erblasser V 303; — Ausgleichungsberechtigte V 304; — Vererblichkeit von Recht und Pflicht V 305; — Pfändbarkeit und Uebertragbarkeit des Rechts V 303; — Gerichtsstand für die Klage auf Erfüllung der A. V 307; — Pflichttheilsberechnung bei Vorhandensein eines Ausgleichungspflichtigen V 665; — A. der Pflichttheilsberechtigten V 659; — Berücksichtigung der A. beim Erbschaftskauf V 766.
Auskunftei: Haftung des Inhabers IIb 448.
Auskunftertheilung: rechtliche Natur IIb 384, 448; — Abtretbarkeit des Anspruchs auf A. IIa 277; — A. über den Bestand eines Sachinbegriffes IIa 49; — Haftung von Beamten aus A. IIb 928.
Auskunftpflicht des Ausstellers von Inhaberpapieren zur Erwirkung des Aufgebots oder der Zahlungssperre IIb 794; — des Beauftragten IIb 531; — des bisherigen Gläubigers bei Forderungsabtretung IIa 280; — des Ehemanns über Verwaltung des eingebrachten Gutes IV 169, 171; — bei der Errungenschaftsgemeinschaft IV 453; — des Erben bei amtlicher Inventarerrichtung V 222; — Verpflichtung zur A., wenn eine Ehefrau die Erbin ist V 232; — Verweigerung und Verzögerung V 224; — A. gegenüber dem Nachlaßverwalter V 185, 189; — gegenüber dem Pflichttheilsberechtigten V 657; — gegenüber dem Testamentsvollstrecker V 494; — A. des Erbschaftsbesitzers, jedes Besitzers einer Nachlaßsache V 264; — des Empfängers eines unrichtigen Erbscheines V 748; — des vermeintlichen Erben über den Nachlaß eines irrthümlich für todt Erklärten V 762; — des Fiskus über den Bestand des Nachlasses V 234; — des Gegenvormunds IV 1117, 1173; — des Gemeindewaisenrathes IV 1131; — bei dem auf Geschäftsbesorgung gerichteten Dienst- oder Werkvertrag IIb 545; — des Geschäftsführers ohne Auftrag IIb 557; — des geschäftsführenden Gesellschafters IIb 618; — des Hausgenossen des Erblassers V 265; — des ausgleichungspflichtigen Miterben V 314; — des Nachlaßpflegers und Nachlaßverwalters V 235; — des Testamentsvollstreckers V 513; — des Verkäufers IIb 39; — des Vermächtnißträgers V 451; — des Vorerben über den Bestand der Erbschaft V 395, 396; — Befreiung von der Verpflichtung durch den Erblasser V 402, 403; — A. des Vormundes gegenüber dem Gegenvormund IV 1037, — gegenüber dem Vormundschaftsgericht IV 1117.
Auskunftsbureau: Haftung aus Rathertheilung IIb 547, 548.
Auslagen der Familienrathsmitglieder IV 1157; — vom Vormundschaftsgericht gehörter Verwandter und Verschwägerter des Kindes IV 35, 808, — des Mündels IV 1127; — des Nachlaßverwalters V 192.
Ausland: Beerbung im A. VI 79; — Ehe-

schließung IV 25, VI 46; — Haftung aus im A. begangenen unerlaubten Handlungen VI 45.
Ausländer: rechtliche Stellung im Inland I 25; — Ablehnung der Vormundschaft IV 1019; — Beerbung des im Auslande befindlichen VI 78, 85; — Beerbung des im Inlande befindlichen VI 83, 85; — Einfluß des Ortes der gelegenen Sache VI 91; — Deliktsfähigkeit IIb 856, 884; — eheliches Güterrecht, Abschluß von Eheverträgen im Inlande IV 146, VI 52, 56; — Eheschließung im Inland IV 25, VI 46, 86; — Entmündigung VI 33; — Erbfähigkeit V 17; — Fähigkeit zum Amt eines Vormundes IV 1016; — Fähigkeit zum Zeugniß bei Testamentserrichtung V 539; — Geschäftsfähigkeit I 35, VI 28, 86; — Beschränkung des Grundstückserwerbs VI 208; — Namensrecht I 90; — Verfügung über ausländische Grundstücke im Inland VI 28, 31; — Pflegschaft VI 74; — Sicherung des Nachlasses V 103; — Testamentserrichtung V 524, VI 79; — Todeserklärung im Inland I 96, VI 35, 37; — Wirkung der im Ausland erfolgten Todeserklärung VI 38; — Eheschließung der Frau des für todt erklärten A. im Inland VI 46; — Verehelichungszeugniß IV 47; — Volljährigkeit und Volljährigkeitserklärung I 38, VI 28; — Vormundschaft, Pflegschaft über A. IV 992, VI 74; — Zuständigkeit für die Behandlung des Nachlasses von A. V 73; — Zuständigkeit für die Scheidungsklage IV 519.
Ausländische juristische Personen I 122.
Ausländisches Gesetz: Verweisung auf a. G. bei Bestimmung des Güterstandes IV 285; — Verstoß der Anwendung gegen gute Sitten oder den Zweck eines deutschen Gesetzes VI 96.
Ausländisches Recht: Kenntniß und Beweis VI 26.
Ausländische Stiftungen I 228.
Ausländische Vereine: Rechtsfähigkeit im Inlande I 140, VI 38; — Entscheidung nach dem Sitz des V. I 142.
Ausländische Währung IIa 17.
Auslegung der Gesetze I 16; — von Verträgen I 442; — von Erbverträgen V 586, 593; — von Miethverträgen IIb 205; — letztwilliger Verfügungen V 331, 341, 351, VI 377, 380; — durch den Testamentsvollstrecker V 472; — A. des Testaments V 51; — von Willenserklärungen I 388.
Auslegungsvorschriften für Fristberechnung I 516, 519, 520.
Auslieferung von Beweisurkunden bei Forderungsabtretung IIa 280, — beim Kauf IIb 39.
Auslobung: Begriff I 425, IIb 510; — rechtliche Natur IIb 510; — praktisches Anwendungsgebiet IIb 511, 513; — einzelne Begriffsmerkmale IIb 512; — Mängelhaftung bei der A. IIb 515; — mehrmalige Vornahme der verlangten Handlung IIb 516; — Vertheilung der Belohnung unter Mehrere IIb 516, 518; — Widerruf und Verzicht IIb 515; — Einfluß des Todes, eintretender Geschäftsunfähigkeit der Auslobenden IIb 516; — Preisausschreiben II 511, 519.
Ausnahmestatuten VI 16.
Aussäen I 270, 272, III 204.
Ausschlagung der Erbschaft: rechtliche Natur II 177, V 61, 71; — Zulässigkeit V 58; — Ausschluß der Beschränkung auf einen Theil der Erbschaft V 78; — theilweise A. bei der Berufung zu mehreren Erbtheilen V 79; — A. durch die Erben des Erben V 81; — A. aus einem von mehreren Berufungsgründen V 76; — A. zu Gunsten eines Dritten V 76; — zeitliche Zulässigkeit V 74; — A. der Zuwendung im Erbvertrage V 594; — Voraussetzungen der Giltigkeit V 71; — Einfluß der Erklärung vor einem unzuständigen Gericht V 73; — A. bei Mehrheit der Berufungsgründe V 76; — Form der Erklärung V 70; — Ausschluß von Bedingungen und Zeitbestimmungen I 446, V 72, 75; — Bevollmächtigung zu der A. V 70; — Unwiderruflichkeit V 74; — Vererblichkeit des Ausschlagungsrechts V 10, 81; — Verlust desselben V 62; — A. durch den Vorerben V 83; — durch den Nacherben V 407; — A. im Falle des Konkurses des Erben V 81; — kein Ausschlagungsrecht des Fiskus V 58; — A. durch die Frau im gesetzlichen Güterstand IV 230, — bei allgemeiner Gütergemeinschaft IV 324, — bei Errungenschaftsgemeinschaft IV 445; — durch den Vater IV 753; — durch den Vormund IV 1073, 1078; — Einfluß mangelnder Genehmigung des Vormundschaftsgerichts IV 1100; — Recht des Abwesenheitspflegers hiezu IV 1210; — Frist für die A. V 66; — im Falle des Todes des Erben V 81; — Anfechtung der Fristversäumung V 88; — Wirkungen der A. V 61, 72, 83; — Wirkungen von Rechtshandlungen des Erben vor der A., von Rechtsgeschäften gegenüber dem Erben V 90; — Mittheilung der A. an den Nächstberufenen, Einsicht der Erklärung V 83, 85; — Anfechtung der A.: Gründe V 86; — Form V 87; — Frist V 85; — Wirkung V 88; — Mittheilung, Einsicht der Erklärung V 88; — Haftung für die Ausschlagung einer zum Nachlaß gehörigen Erbschaft gegenüber den Nachlaßgläubigern V 171; — A. der Erbschaft wegen Beschränkung des Pflichtteils V 641; — Einfluß der A. auf die Pflichttheilslast V 681; — Anfechtung des Ausschl. des Pflichttheilsberechtigten V 646; — zeitliche Geltung des Rechts des BGB. V 62.
— **des Vermächtnisses**: rechtliche Natur II 177; — Recht zur A. V 444; — Wirkung

V 448; — Form der Erklärung V 445, 447; — Unwiderruflichkeit V 447; — Ausschluß V 445; — Vererblichkeit des Rechts V 10, 448; — Beschränkung auf einen Theil V 448; — auf eines von mehreren Vermächtnissen V 448; — Erstreckung auf die Anwachsung V 448; — A. des in einem Erbvertrage errichteten V 594; — Haftung für die Ausschlagung eines zum Nachlaß gehörigen Vermächtnisses gegenüber den Nachlaßgläubigern V 171; — A. durch den Pflichttheilsberechtigten V 644; — Einfluß der A. auf die Pflichttheilslast V 681; — Anfechtung der Ausschlagung V 646; — durch die Frau im gesetzlichen Güterstand IV 230, — bei allgemeiner Gütergemeinschaft IV 324, — bei Errungenschaftsgemeinschaft IV 445; — durch den Vater IV 753, — durch den Vormund IV 1073, 1078; — A. des Vorausvermächtnisses V 420.

Ausschließung, Ausschluß: eines Abkömmlings von der fortgesetzten Gütergemeinschaft IV 427, 436; — der Anfechtung der nach Todeserklärung eines Ehegatten geschlossenen neuen Ehe IV 107; — der Anfechtung der Ehelichkeit IV 632; — der Aufhebung der Gemeinschaft IIb 672; — der Aufhebung der Gemeinschaft an einem Grundstück III 278; — nach Landesrecht VI 262; — der Ausstellung eines Hypothekenbriefes III 386; der Ehescheidungsklage IV 544; — des Eigenthümers eines Grundstücks III 171; — von der Erbfolge V 52; — Anfechtung derselben V 349; — der Fortsetzung der Gütergemeinschaft IV 424, 425, 426; — eines Gesellschafters IIb 652; — der freien Willensbestimmung: Einfluß auf gesetzliche und vertragsmäßige Verbindlichkeiten IIa 89, 91; — Ausschluß der Haftung für unerlaubte Handlungen IIb 884; — der Bestellung eines Gegenvormunds durch den Vater des Mündels IV 1137, — durch die Mutter IV 1139; — der Gütergemeinschaftsaufhebungsklage durch Vereinbarung IV 350, 404; — des Hypothekgläubigers im Aufgebotsverfahren III 480, 483; — bei der Hypothek für die Forderung aus einer Inhaberschuldverschreibung III 518; — bei der Gesammthypothek III 492; A. der Nachlaßgläubiger im Aufgebotsverfahren V 140; — durch 5jährige Nichtgeltendmachung der Forderung V 149; — der Nutznießung des Ehemannes, Wirkung gegenüber Dritten IV 289; — des Reallastberechtigten III 367; — des unbekannten Schiffspfandgläubigers III 606; — der Schlüsselgewalt der Frau IV 124; — Eintragung im Güterrechtsregister IV 127, 509, 510; — aus einem Verein I 167; — A. der Verjährung I 578; — der Vermögensverwaltung des Ehemannes, Wirkung gegenüber Dritten IV 289; — der Vertretung siehe „Vertretung"; — der Vermögensverwaltung des Vaters IV 740; — von der Vormundschaft IV 1010; — Unzulässigkeit bei der Vormundschaft über Volljährige IV 1182; — von der Gegenvormundschaft IV 1025; — von der Pflegschaft IV 1220.

Ausschlußfrist I 516; — anzuwendendes Recht VI 313; — für den Anspruch aus einer Inhaberschuldverschreibung IIb 798; — für Geltendmachung eines Ehescheidungsgrundes IV 544, VI 359; — für die Erbschaftsausschlagung V 66; — für die Inventarerrichtung über den Nachlaß V 216.

Ausschlußurtheil beim Aufgebot zum Zweck der Todeserklärung I 106; — Wirkung I 110; — im Aufgebotsverfahren zur Kraftloserklärung von Inhaberpapieren: Ansprüche aus demselben IIb 798; — beim Aufgebot zum Ausschluß des Grundstückseigenthümers III 171; — beim Aufgebot der Hypothekgläubiger III 482; — beim Aufgebot zur Löschung einer Vormerkung im Grundbuch III 85; — beim Aufgebot der Nachlaßgläubiger V 135.

Ausschütten, Auswerfen auf das Nachbargrundstück III 131.

Außereheliche Beiwohnung: Entschädigung wegen Bestimmung durch Hinterlist, Drohung ꝛc. IIb 874; — Ersatz nicht vermögensrechtlichen Schadens IIb 952; — Ehehinderniß IV 38; — Entschädigung hiewegen bei Verlöbniß IV 17.

Außereuropäische Meere: Verschollenheitsfrist I 102.

Außerkurssetzung von Inhaberpapieren IIb 808, VI 322.

Außerordentliche Erbfolge V 23.

Außerordentlicher gesetzlicher Güterstand IV 152.

Aeußerungstheorie I 334, 382.

Aussonderungsberechtigte: Stellung beim Aufgebot der Nachlaßgläubiger V 138; — kein Ausschluß durch fünfjährige Nichtgeltendmachung ihrer Forderung V 149; — Ausschluß der Geltendmachung aufschiebender Einreden des Erben gegenüber denselben V 244; — Haftung von Miterben gegenüber A. nach der Nachlaßtheilung V 320, 322.

Aussperrung von Arbeitern: Verstoß gegen die guten Sitten IIb 397, 879.

Ausspielvertrag IIb 694.

Ausstattung: Begriff und rechtliche Natur IV 696; — Ausgleichungspflicht mit der A. IV 699, V 300, 307; — Ausgleichungspflicht des Pflichttheilsberechtigten mit der A. V 662; — Gewährleistung IV 696; — anzuwendendes Recht VI 362; — A. eines Abkömmlings bei fortgesetzter Gütergemeinschaft IV 389; — Haftung des überlebenden Ehegatten bei Auseinandersetzung der fortgesetzten Gütergemeinschaft IV 409; — wird eingebrachtes Gut bei Errungenschaftsgemeinschaft IV 447, 448; — A. eines Kindes bei allgemeiner Gütergemeinschaft IV 318, 340; — bei Errungenschaftsgemein-

schaft IV 470; — Vermuthung der Gewährung der A. aus dem Vermögen des Kindes IV 699; — A. aus dem Vermögen des volljährigen Kindes IV 1186; — Uebernahme der A. bei Auseinandersetzung der allgemeinen Gütergemeinschaft IV 363; — der Errungenschaftsgemeinschaft IV 480.

Aussteuer des angenommenen Kindes IV 963; — der Tochter IV 687; — Voraussetzung der Aussteuerpflicht IV 689, 694; — Umfang IV 690; — Verweigerung der A. IV 693; — Unübertragbarkeit des Anspruches auf A. IV 695; — Verjährung IV 695; — Verzicht auf den Anspruch IV 695; — Einfluß des Konkurses der Eltern IV 696; — Gewährung bei allgemeiner Gütergemeinschaft IV 342; — Gewährung bei fortgesetzter Gütergemeinschaft IV 389; — Vermuthung der Gewährung aus dem Vermögen des Kindes IV 699; — keine Anrechnung auf den Pflichttheil V 662.

Austauschtheorie IIa 150.

Austrag: Nießbrauch III 333.

Austritt aus einem Vereine I 167; — aus einem eingetragenen Vereine I 199.

Ausübung eines Rechts zur Chikane I 580.

Auswahl der Familienrathsmitglieder IV 1146; — der Ersatzmitglieder IV 1147; — des Gegenvormunds IV 1025; — des Pflegers IV 1220; — des Vormunds IV 1006, 1181.

Auswahlsendung, -bestellung IIb 149.

Auszug: Verjährung von Rückständen I 542; — Nießbrauch III 333.

Auszugsvertrag IIb 683, VI 220.

Automaten I 425; — Kauf in solchen IIb 5, 6.

Autonomie als Rechtsquelle I 15, VI 6; — der Landesherrn und ihrer Familien VI 163; — der Standesherrn und des Reichsadels I 24, VI 164.

Avitizische Reminiszenzen I 1.

Avulsionen III 204.

Azowsches Meer: Verschollenheitsfrist I 102.

B.

Baarkauf IIb 5, 13.

Baarzahlung beim Pfandverkauf III 578.

Badeanstaltsbesitzer: Haftung IIb 586.

Baden: internationales Landesprivatrecht VI 25; — Anlegung von Mündelgeld IV 1050, 1052, 1054, 1056, 1057; — Aufnahme des Verzeichnisses des Kindervermögens IV 748; — Auseinandersetzung der Gütergemeinschaft IV 360; — Befreiung von Ehehindernissen, vom Aufgebot IV 63; — dienstliche Bewilligung zur Uebernahme einer Vormundschaft IV 1015; — Ehelichkeitserklärung IV 920; — Ermittelung des Ertragswerthes eines Landguts IV 436; — Gemeindewaisenrath IV 1135; — Güterrechtsregister IV 506; — Hinterlegungswesen IV 207; — Nachlaßsicherung V 97, 98; — Namensertheilung an das uneheliche Kind der Ehefrau IV 870; — Schutz des gutgläubigen Dritten bei Aenderung des Güterstandes von Eheleuten IV 294; — Verehelichung von Ausländern IV 49; — Zuständigkeit für die Befreiung von den Erfordernissen der Annahme an Kindesstatt IV 949; — Zuständigkeit für die Erklärung über den Namen der geschiedenen Frau IV 563; — Zuständigkeit zur Aufnahme des Nachlaßinventars V 223; — Zuständigkeit zur Errichtung und Eröffnung letztwilliger Verfügungen V 523, 529; — Verwahrung der Testamente V 550.

Badisches Recht: Anerkennung eines Kindes VI 368; — Beistandschaft wegen Verschwendung VI 296; — wegen Geistesschwäche VI 374; — Emanzipation, Entlassung aus der Gewalt VI 293; — gewählter Wohnsitz VI 296; — Vermögensabsonderung unter Ehegatten VI 354.

Bahneinheit I 256, III 89, VI 238.

Balkone III 131.

Balleintrittskarte IIb 811.

Bank: Anlegung von Kindergeld bei einer B. IV 751; — von Mündelgeld IV 1056, 1058, 1059.

Bankgeschäftsinhaber: Zinsvergünstigung für Einlagen IIa 21.

Bankier: Haftung aus Rathertheilung IIb 547.

Banknoten: Ausgabe IIb 779, 785; — Kraftloserklärung und Zahlungssperre VI 321; — Vertretbarkeit I 266; — Umtausch beschädigter IIb 794.

Bannrechte VI 187.

Barattohandel IIb 170.

Bauabstand III 138.

Baubeschränkungen im öffentlichen Interesse VI 238.

Bauchschlägigkeit der Pferde, Maulesel, Maulthiere, Gewährfrist IIb 130.

Baudarlehensvertrag IIb 365.

Bäuerliche Erbfolge VI 171, 172.

Bäuerliche Nutzungsrechte: Geltung des Landesrechts VI 171; — Neubegründung VI 350.

Baufälligkeit: Haftung des Grundstücksbesitzers IIb 918; — des dinglich oder persönlich Berechtigten IIb 922; — des Unterhaltungspflichtigen IIb 923.

Bauhandwerker: Sicherungshypothek III 378.

Bauliche Anlagen: Gegenstand der Grunddienstbarkeit III 295.

Baumaterialien, Rechte an eingebauten I 272.

Bäume: Abstand von der Grenze des Nachbargrundstücks VI 256; — Anlage auf dem Nachbargrundstück III 129, 130; — Grenzbäume III 155; — Sondereigenthum an B. I 273, VI 326; — Ueberfall von Früchten III 136; — Ueberragen von Wurzeln und Zweigen in das Nachbargrundstück III 134; — Wildschaden an B. VI 184; — siehe „Grenzbäume, Obstbäume“.

Baumeister: Sicherungshypothek III 378.

Baumschulen: Wildschaden VI 184.

Bausch und Bogen: Kauf in B. u. B. IIb 6, 46, 112.

Bauvertrag: rechtliche Natur IIb 448.

Bauwerk auf fremdem Grundstück (siehe auch „Erbbaurecht") III 281; — Haftung des Unternehmers für Fehler IIb 455; — Sicherungshypothek des Unternehmers eines B. oder eines Theiles desselben IIb 481; — Verjährung der Ansprüche wegen Mängel des Werkes IIb 465; — Werklieferungsvertrag IIb 491; — siehe auch „Gebäude".

Bayern: internationales Landesprivatrecht VI 25; — Adelserwerb durch Legitimation IV 911; — Anlegung von Mündelgeld IV 1049, 1052, 1054, 1056, 1057; — Anzeige von Todesfällen V 97; — Aufgebot vor Eheschließung IV 52; — Aufnahme des Verzeichnisses des Kindervermögens IV 748; — Aufrechnung gegen Gehalts- und Dienstlohnansprüche IIa 267; — Auseinandersetzung der Gütergemeinschaft IV 359; — Ausschluß der Bestellung von Notaren zu Nachlaßverwaltern V 181; — Befreiung von Ehehindernissen, vom Aufgebot IV 62; — Beglaubigung der Erbschaftsausschlagung, der Vollmacht hiezu V 71; — Bekanntmachung der Entmündigung IV 1180; — Bestimmung des zuständigen Standesbeamten IV 59; — Beurkundung des Vaterschaftsanerkenntnisses IV 908; — dienstliche Bewilligung zur Uebernahme einer Vormundschaft IV 1014; — Ehelichkeitserklärung IV 920; — eheliches Güterrecht IV 143; — eheliches Güterrecht für Offiziere 2c. IV 147; — eherechtliche Sonderbestimmungen IV 23; — Eigenthumsübertragungsvertrag IIa 137; — Eintragung der Gütergemeinschaft im Grundbuch IV 302; — Ermittelung des Ertragswerthes eines Landgutes IV 435; — Gemeindewaisenrath IV 1134; — Güterrechtsregister IV 505, 507, 512; — Haftung des Staats und öffentlicher Verbände aus Amtspflichtverletzungen Beamter IIb 933, VI 192; — Hinterlegungsordnung IIa 238, 239, 246; — Hinterlegungsstellen IV 1065; — Hinterlegungswesen IV 207; — Namensertheilung an das uneheliche Kind der Ehefrau IV 870; — religiöse Kindererziehung IV 720; — religiöse Erziehung legitimirter Kinder IV 911; — des unehelichen Kindes IV 875; — landesherrliches Scheidungsrecht IV 523; — Schutz des gutgläubigen Dritten bei Aenderung des Güterstandes von Eheleuten IV 294; — Sicherung des Nachlasses V 94, 97, 98; — Nachlaßversiegelung bei Beamten, Geistlichen VI 196; — Uebertragung von Staatsschuldverschreibungen IIa 276; — Verehelichung von Beamten IV 48; — von Ausländern IV 49; — landesherrliches und standesherrliches Vormundschaftsrecht IV 991; — Zeugniß über Fortsetzung der Gütergemeinschaft IV 424; — Zinsfuß IIa 20; — Zuständigkeit für die Befreiung von den Erfordernissen der Annahme an Kindesstatt IV 949; — Zuständigkeit für die Erklärungen über den Namen der geschiedenen Frau IV 562; — Zuständigkeit in Nachlaßsachen V 72; — zur Sicherung des Nachlasses V 73; — zur Aufnahme des Nachlaßinventars V 223; — für Beurkundung und Eröffnung letztwilliger Verfügungen V 523, 529; — für Errichtung von Erbverträgen V 589; — Zuständigkeit zur Ertheilung des Erbscheins und verwandter Zeugnisse V 733; — Verwahrung der Testamente V 550; — Uebernahme eigenhändiger Testamente in Verwahrung durch den Notar V 551; — von Dorftestamenten V 553; — Zuständigkeit des Obersten Landesgerichts VI 13.

Bayerische Vereine und registrirte Gesellschaften VI 308.

Bazillen: Schadensersatzpflicht wegen Züchtens von B. IIb 905.

Beamte: Begriff IIb 926; — Aufrechnung gegen deren Gehalts- und Pensionsforderungen IIa 264, VI 197; — Benachrichtigung der auszahlenden Kasse von Abtretung ihres Gehalts 2c. IIa 296; — Eheschließungskonsens IV 47; — Entlassung als Vormund bestellter B. IV 1169; — Fähigkeit zum Amt eines Familienrathes IV 1150; — Haftung wegen Amtspflichtverletzung IIb 924; — Verhältniß zu den allgemeinen Vorschriften über Haftung aus unerlaubten Handlungen IIb 925; — haftbare Beamtenkategorien IIb 926; — Begriff der Amtspflichtverletzung IIb 927; — Verschulden, Vorsatz, Fahrlässigkeit IIb 928; — konkurrirendes Verschulden des Verletzten IIb 929; — Kausalzusammenhang IIb 929; — Voraussetzung der Haftung für Fahrlässigkeit IIb 924, 932; — Haftung neben Mitverantwortlichen, von Mitgliedern eines Kollegiums IIb 932, 936; — Ersatzberechtigter IIb 932; — Beweislast IIb 932; — Wegfall der Ersatzpflicht wegen Unterlassung der Rechtsmitteleinlegung durch den Verletzten IIb 924, 931; — Beschränkungen der Deliktsfähigkeit IIb 929; — Haftung der sog. Spruchrichter IIb 924; — Sondervorschriften IIb 933; — Vorbehalte zu Gunsten des Landesrechts IIb 933; — Haftung für ihre Gehülfen und Vertreter IIb 934, VI 193; — örtliche und sachliche Zuständigkeit IIb 934; — Haftung aus Ertheilung von Rath oder Empfehlung IIb 547; — Haftung des Staats und öffentlichen Verbände aus Amtspflichtverletzungen von B. IIa 93, IIb 933, VI 189; — Kündigung der Miethe bei Versetzung IIb 296, — der Pacht IIb 346; — Sicherheitsleistung wegen Führung eines Amtes VI 211; — Sicherung des Nachlasses beim Tode eines B. V 94; — Siegelung des Nachlasses von B. VI 196, 274; — Uebernahme einer Vormundschaft IV 1014, 1181, — einer Gegenvormundschaft IV 1025, — einer Pflegschaft 1220; — vermögens-

rechtliche Ansprüche und Verbindlichkeiten aus dem Amts- oder Dienstverhältnisse VI 194; — Wohnsitz I 66, VI 196, — von B. im Ausland VI 117; — B. der Militärverwaltung: Ablehnung der Vormundschaft IV 1019; — Verbot des Gewerbebetriebs, von Nebenämtern u. Nebenbeschäftigungen, des Grundstücks- oder sonstigen Vermögenserwerbs, der Bürgschaft VI 195; — Verbot des Erwerbes von Grundbesitz III 120; — Zuständige B.: Aufnahme des Nachlaßverzeichnisses des Testamentsvollstreckers V 509; — Zuziehung zur Inventarerrichtung V 222; — Aufnahme des Nachlaßverzeichnisses des Vorerben V 391.

Beamtenrecht IIb 377.

Bearbeitung als Eigenthumserwerbsart III 207; — Rechte der einen Rechtsverlust Erleidenden III 209.

Beaufsichtigung des unter elterlicher Gewalt stehenden Kindes IV 719, 722; — Minderjähriger und sonst aufsichtsbedürftiger Personen IIb 898; — von Thieren IIb 913.

Bedienstete: Auslegung letztwilliger Zuwendungen an B. V 337.

Bedingte Forderungen: Hypothek für b. F. III 373; — Pfandrecht an beweglichen Sachen III 544; — Rang des Pfandrechts III 555; — Verjährung I 544.

Bedingte Rechte: Vererblichkeit und Uebertragbarkeit I 451, V 11; — Behandlung im Konkurs I 452.

Bedingte Verbindlichkeiten: Bürgschaft hiefür IIb 704, 705; — Vererblichkeit und Uebertragbarkeit I 451, V 11; — Behandlung im Konkurs I 452.

Bedingung: Begriff und Wesen derselben I 445; — Unterschied von der Zeitbestimmung I 463; — Arten I 447; — zur Zeit der Vornahme des Rechtsgeschäfts bereits entschiedene B. I 450; — nothwendige B. I 449; — stillschweigende I 448; — unerlaubte und unsittliche I 450; — uneigentliche I 448; — unmögliche I 449; — unnütze I 451; — unverständliche, widersinnige I 450; — aufschiebende, auflösende I 452; — Beweislast für die B. I 456; — Sicherungsmittel des bedingt Berechtigten I 459; — Vererblichkeit und Uebertragbarkeit des bedingten Rechts I 451; — bei einzelnen Rechtshandlungen: bei Auflagen V 461; — bei Benennung des Vormunds IV 1003; — bei beschränkt persönlichen Dienstbarkeiten III 347; — bei Besitzübertragung III 9; — bei Eigenthumsübertragung III 179; — bei der Einigung über Rechtsänderungen an Grundstücken, Grundstücksrechten III 53; — bei Einwilligung des Ehemannes zum selbständigen Betrieb eines Erwerbsgeschäftes durch die Frau IV 228; — beim Erbbaurecht III 282, 283; — bei der Erbeinsetzung V 334, 339, — bei Einsetzung eines Nacherben V 376; — Bezug der Bedingung auf den Ersatzerben V 363; — beim Erbvertrag V 618; — beim Erbverzichtsvertrag V 720; — bei Ernennung eines Testamentsvollstreckers V 482; — bei Genehmigung des Vormundschaftsgerichts zu Rechtshandlungen des Vormunds IV 1085; — beim Gesammtschuldverhältniß IIa 331; — bei Grunddienstbarkeiten III 293; — bei Grundschuld III 530; — bei der Hypothek III 376; — beim Kaufvertrag, Gefahrübergang IIb 45; — beim Kauf auf Probe oder Besicht IIb 148; — beim Eigenthumsvorbehalt an der verkauften Sache IIb 58; — bei letztwilligen Zuwendungen: Zulässigkeit V 339; — Bedeutung einer aufschiebenden Bedingung V 339, 341; — B. einer Handlung oder Unterlassung V 339, 342; — unsittliche, unerlaubte, unmögliche B. V 340; — unverständliche, widersinnige V 341; — Vereitelung des Eintrittes der B. durch Dritte, durch den Bedachten V 342; — B. bei Mahnung IIa 103; — B. beim Mäklervertrag IIb 497; — beim Widerruf des Auftrages IIb 537; — beim Verlöbnißvertrag IV 8, 12; — beim dinglichen Vorkaufsrecht III 353; — beim Vermächtniß: Anfall V 444, — Dauer der Wirkung V 428; — B. bei Zuwendungen an den gesetzlichen Erben V 334, — an Abkömmlinge eines Dritten V 337, — an den Verwandten V 335; — Ausschluß einer Bedingung bei einzelnen Rechtsgeschäften I 445, 446; — bei Anerkennung der Ehelichkeit IV 633; — bei Annahme an Kindesstatt IV 947; — bei Aufhebung des durch die Annahme begründeten Rechtsverhältnisses IV 978; — bei Annahme und Ablehnung des Amtes eines Testamentsvollstreckers V 486; — bei Annahme und Ausschlagung der Erbschaft V 75; — bei Annahme und Ausschlagung des Vermächtnisses V 445, 448; — bei der Auflassung III 157; — bei der Aufrechnungserklärung IIa 255; — bei der Ehelichkeitserklärung IV 922; — bei Eheschließung IV 52, VI 126; — bei der Kündigung des Miethverhältnisses IIb 284; — bei Kündigung des Auftrages IIb 537; — bei Ausübung des Wahlrechts bei Alternativobligation IIa 54; — bei Wiederherstellung der ehelichen Gemeinschaft IV 595; — siehe auch „aufschiebende, auflösende B.“

Bedrohung: Ehescheidungsgrund IV 533.

Bedürfnisse des Verletzten: Haftung für vermehrte B. IIb 937.

Bedürftigkeit des Beschenkten IIb 194; — des Schenkers, Nichterfüllung des Schenkungsversprechens IIb 181; — Anspruch auf Herausgabe des Geschenks IIb 192; — Ausschluß des Anspruchs IIb 194; — Voraussetzung des Unterhaltsanspruchs IV 650, 651; — Rangordnung mehrerer bedürftiger Unterhaltsberechtigter IV 664; — Unterhalt bei selbstverschuldeter B. IV 668;

— keine Voraussetzung beim Unterhaltsanspruch des unehelichen Kindes IV 877.
Beeinträchtigung des bedingten Rechts I 458, — der von der Bedingung abhängigen Wirkung I 460; — des Eigenthums: Schutz III 262; — B. des Eigenthums durch Immissionen III 125; — B. von Grunddienstbarkeiten III 300; — des Namensrechtes I 73, 86, 90; — des Nießbrauchs III 325; — des Rechts des Pfandgläubigers III 568; — des Rechts des Nacherben durch Verfügungen des Vorerben V 382, 384; — des Vertragserben durch Schenkungen V 604; — des Vermächtnißnehmers beim vertragsmäßig angeordneten Vermächtniß V 606, 607.
Beerbung eines Ausländers im Inlande VI 83, 85, 91; — eines im Ausland befindlichen Ausländers VI 78, 85; — eines Deutschen im Auslande VI 79; — Einfluß des Orts der gelegenen Sache VI 91; — eines Ehegatten im Falle allgemeiner Gütergemeinschaft IV 372; — bei Fortsetzung der Gütergemeinschaft mit den Abkömmlingen IV 377; — bei Ablehnung der Fortsetzung IV 383, 425, 427.
Beerdigungskosten: Ersatz im Falle der Tödtung durch unerlaubte Handlung IIb 941; — Ersatz nach dem Haftpflichtgesetz VI 131, 135; — Haftung des Erben V 130; — Haftung des gegenüber dem Verstorbenen unterhaltspflichtigen Verwandten IV 675, — des überlebenden Ehegatten IV 133, 135; — B. für das uneheliche Kind IV 890.
Befehl, bindender: Ausschluß der Schadensersatzpflicht aus der anbefohlenen Handlung IIb 863.
Beförderungsmittel: Fund in B. einer Behörde oder Verkehrsanstalt III 237.
Befreite Pflegschaft IV 1222.
Befreite Vormundschaft über Minderjährige IV 1136; — der Eltern volljähriger Mündel IV 1187; — nach Landesrecht VI 268.
Befreiung des Testamentsvollstreckers von einzelnen Verbindlichkeiten V 514; — des Vorerben von einzelnen Beschränkungen und Verpflichtungen V 402; — B. von Erfordernissen der Annahme an Kindesstatt IV 948; — vom Aufgebot vor Eheschließung IV 50, 52; — Zuständigkeit hiezu IV 62, VI 47; — von Ehehindernissen: des Ehebruchs IV 42; — Wirkung der Befreiung für die verbotswidrig geschlossene Ehe IV 75; — der Eheunmündigkeit IV 26; — der Wartezeit IV 44; — Zuständigkeit für die B. IV 61; — von der Verbindlichkeit durch Hinterlegung IIa 243; — durch Unmöglichkeit der Leistung IIa 88; — B. des für Aufwendungen Ersatzberechtigten von übernommenen Verbindlichkeiten IIa 46.
Befreiungsvermächtniß V 441.
Befriedigung des Gläubigers: durch den Bürgen IIb 714, 720; — durch einen Dritten IIa 166; — durch einen Gesammtschuldner IIa 339, 341; — durch Uebernahme einer neuen Verbindlichkeit durch den Schuldner IIa 222; — nach Verjährung der Forderung I 574; — B. der Gläubiger des Kindes IV 780; — B. der Gesammtgutsgläubiger bei allgemeiner Gütergemeinschaft IV 328, — bei Auseinandersetzung IV 360, 369, — bei der Errungenschaftsgemeinschaft IV 459; — bei Auseinandersetzung der fortgesetzten Gütergemeinschaft IV 407; — des Hypothekgläubigers: durch den nicht persönlich haftenden Eigenthümer III 432; — Uebergang der Forderung auf den befriedigenden Eigenthümer III 433; — Aushändigung des Hypothekenbriefs und sonstiger Urkunden an den Eigenthümer III 435; — theilweise B. durch den Eigenthümer III 436; — Form der B. III 437; — Befriedigungsmittel III 441; — verbotene Vereinbarungen hinsichtlich der B. III 443; — Ablösungsrechte III 445; — durch den persönlichen Schuldner III 473; — Rechte desselben nach B. III 478; — durch den Eigenthümer eines mit einer Gesammthypothek belasteten Grundstücks III 487, — durch den persönlichen Schuldner III 490; — Wirkung der Befriedigung aus dem Grundstück III 503; — B. des Nachlaßgläubigers: zeitweilige Verweigerung durch den Erben V 240; — aus dem Nachlaß V 291, 296; — aus dem Vermögen eines Miterben V 317, 320; — des im Aufgebotsverfahren ausgeschlossenen N. V 140; — — B. von Nachlaßgläubigern nach Beendigung des Nachlaßkonkurses V 193, — beim Mangel an Masse zu einer Nachlaßverwaltung, einem Nachlaßkonkurs V 198; — des Pfandgläubigers: durch Pfandverkauf III 569; — durch Aneignung verpfändeten Geldes III 570; — bei Mehrheit von Pfändern III 571; — durch den nicht persönlich haftenden Verpfänder III 566; — durch Hinterlegung oder Aufrechnung III 567; — Uebergang der Forderung auf den Verpfänder III 567; — vorzeitige B. gegen Rückgabe des Pfandes bei verletzendem Verhalten des Pfandgläubigers III 562; — durch einen dritten Interessenten III 590; — beim Pfandrecht an einem Rechte III 614; — Verhältniß zwischen Verpfänder und Bürgen im Falle der Befriedigung des Gläubigers durch einen von ihnen IIb 723; — des Schiffspfandgläubigers III 605.
Befriedigungsrecht eines an der Vereitelung der Zwangsvollstreckung Interessirten IIa 62; — eines Dritten gegenüber dem Befriedigung suchenden Hypothekgläubiger III 445, — gegenüber dem Pfandgläubiger III 590.
Befristung I 463; — Rückforderung der Leistung bei Eintritt des Endtermins IIb 830;

— Ausschluß der Rückforderung vorzeitiger Leistung IIb 833; — Beseitigung der Unmöglichkeit der Leistung vor Eintritt des Anfangstermines IIa 128; — Beseitigung eines gesetzlichen Verbots, gegen das ein Vertrag verstößt IIa 130; — B. der Aufrechnungserklärung IIa 255; — des Erbbaurechts III 283; — B. der Benennung eines Vormundes IV 1003; — der Eigenthumsübertragung an beweglichen Sachen III 179; — letztwilliger Verfügungen V 341; — von Zuwendungen an gesetzliche Erben V 334, — an Abkömmlinge Dritter V 337, — an Verwandte V 335; — B. des Vermächtnisses, Anfall desselben V 444, 446; — Dauer der Wirksamkeit V 428; — Ausschluß der B.: der Ablehnung der Fortsetzung der Gütergemeinschaft IV 382; — der Anerkennung der Ehelichkeit IV 632; — der Annahme an Kindesstatt IV 947; — der Aufhebung des durch die Annahme begründeten Rechtsverhältnisses IV 978; — Ausschluß bei der Auflassung III 157; — Ausschluß der Befr. bei Ausübung des Wahlrechts bei Alternativobligation IIa 54; — bei der Eheschließung IV 52; — bei der Eheschließung im Ausland VI 126; — bei der Ehelichkeitserklärung IV 922; — bei der Einwilligung des Ehemannes zum selbständigen Betrieb eines Erwerbsgeschäftes durch die Frau IV 228; — B. der Annahme oder Ablehnung des Amtes eines Testamentsvollstreckers V 486; — der Annahme oder Ausschlagung der Erbschaft V 75; — des Vermächtnisses V 445.

Beginn der Fristen I 517; — der Gewährfrist IIb 133; — der Inventarfrist V 216; — der Rechtsfähigkeit I 29; — der Verjährung I 544; — bei kündbaren Forderungen I 547; — bei Ansprüchen, welche von Ausübung eines Anfechtungsrechtes abhängen I 547; — bei kurzer Verjährung I 548.

Beglaubigung, öffentliche: einer Erklärung: Form I 379; — Zuständigkeit I 380; — Wirkung I 381; — einzelne Fälle: B. der Ablehnung der Fortsetzung der Gütergemeinschaft IV 382; — der Abschriften aus dem Güterrechtsregister IV 513; — der Abschrift des Testaments V 569; — B. der Abschriften aus dem Vereinsregister I 224; — der Abtretung der Forderung IIa 281; — von Diensteinkommens-, Ruhegehaltsforderungen IIa 296; — der Hypothekabtretung III 449, 453; — B. des Anerkenntnisses der Schulderlöschung IIa 234; — des Anerkenntnisses einer kraft Gesetzes erfolgten Uebertragung der Hypothekforderung III 453; — der Anfechtung der Ehe gegenüber dem Nachlaßgericht IV 95; — der Anfechtung der Ehelichkeit IV 631; — der Anfechtung der Anerkennung der Ehelichkeit IV 634; — der Anmeldungen zum Vereinsregister I 223; — der Anträge zum Güterrechtsregister IV 508; — der Aufhebung der fortgesetzten Gütergemeinschaft IV 399; — der Erbschaftsausschlagungserklärung V 70; — der Erklärung der Anfechtung der Annahme oder Ausschlagung V 87; — des Auszuges aus Urkunden über verkaufte Sachen IIb 39; — der Einwilligung des Nacherben zu Verfügungen des Vorerben V 391; — der Ernennung des Testamentsvollstreckers durch einen Dritten V 467, 482; — der Genehmigung zur Führung des Namens des Ehemannes der Mutter durch das uneheliche Kind IV 867; — des Nachlaßverzeichnisses des Testamentsvollstreckers V 509; — des Vorerben V 391; — der Untersagung der Fortführung des Mannesnamens durch die geschiedene Frau IV 560; — des Verzeichnisses des eingebrachten Gutes der Frau IV 165, — der Ehegatten bei Errungenschaftsgemeinschaft IV 457; — der Unterschrift des Verzeichnisses beim Nießbrauch an einem Sachinbegriff III 307; — des Verzichtes des antheilsberechtigten Abkömmlings auf seinen Antheil IV 397; — des Verzichtes auf die väterliche Nutznießung IV 784; — des Handzeichens I 373, 376.

Begräbnißplätze I 261, III 346; — Benützung VI 264; — Miethe IIb 204; — siehe auch „Beerdigung".

Begründung des Schuldverhältnisses durch Vertrag IIa 123.

Begünstigung: civilrechtliche Haftung aus B. IIb 891.

Behauptung unwahrer Thatsachen, Schadensersatzpflicht IIb 870, 871.

Behörden: Anfechtung eines Rechtsgeschäftes gegenüber einer Behörde I 414; — Ausschluß der Ernennung zum Testamentsvollstrecker V 484; — Fund in Geschäftsräumen etc. einer B. III 237; — Recht auf Vollziehung einer Auflage bei einer Schenkung IIb 187; — Recht auf Vollziehung einer letztwilligen Auflage V 463; — Verfahren mit Sachen, zu deren Herausgabe eine B. verpflichtet ist III 240; — Willenserklärung gegenüber B. I 381, 385; — **zuständige**: Inventarerrichtung V 222; — Aufnahme des Nachlaßverzeichnisses des Testamentsvollstreckers V 509; — Aufnahme des Verzeichnisses des Mündelvermögens IV 1043; — Aufnahme des Nachlaßverzeichnisses des Vorerben V 391.

Bejahende Bedingung I 447.

Beisammensein von Sachen I 258.

Beischlaf: Entschädigung wegen Verführung oder Zwang zum B. IIb 874; — Ersatz immateriellen Schadens IIb 952; — auf die Ansprüche aus dem außerehelichen B. anzuwendendes Recht VI 68; — B. mit Verwandten des anderen Theils, Ehehinderniß IV 39; — Entschädigung beim B. unter Verlobten IV 17; — Verjährung des Anspruchs IV 20; — B. innerhalb der

Empfängnißzeit: Vermuthung für die Beiwohnung während der Ehe IV 610; — Voraussetzung der Legitimation durch nachfolgende Ehe IV 915; — Bestrafung wegen Verleitung zur Gestattung des B. IV 24.

Beiseiteschaffen des Gegenstandes des vertragsmäßig angeordneten Vermächtnisses V 606.

Beisitz der Eltern IV 374, VI 356.

Beistand: Haftung für Verschulden desselben IIa 93; — der Mutter: Voraussetzungen der Bestellung IV 832; — Unordnung der Bestellung nach bisherigem Recht VI 365; — Berufung, Bestellung, Beaufsichtigung IV 843; — Wirkungskreis IV 835; — Verhältniß zur Mutter IV 836; — Zuziehung bei Aufnahme des Vermögensverzeichnisses durch die Mutter IV 839; — Genehmigung von Rechtsgeschäften der Mutter IV 836; — Anlegung von Kindergeld IV 838; — Genehmigung des Antrags auf Entlassung des Kindes aus dem Staatsverband VI 128; — Uebertragung der Vermögensverwaltung auf den B. IV 841; — Aufhebung dieser Maßregel IV 845; — Haftung des B. IV 843; — Beendigung seines Amts IV 843; — kraft Gesetzes IV 1166; — durch Entlassung IV 1168, 1169, 1170; — Aufhebung der Beistandschaft IV 845; — Beendigung des Amtes durch nach bisherigem Rechte erfolgte Todeserklärung VI 301; — Pflegschaft bei Verhinderung des B. IV 1204; — Sicherungshypothek auf Grundstücken desselben III 379; — B. im Strafprozeß VI 118.

Beistandschaft wegen Geistesschwäche VI 374; — wegen Verschwendung nach französischem und badischem Rechte VI 296.

Beitrag der Frau zum ehelichen Aufwand aus dem Vorbehaltsgut im gesetzlichen Güterstand IV 164; — bei allgemeiner Gütergemeinschaft IV 306; — im Falle der Gütertrennung IV 273; — Zurückbehaltungsrecht der Frau IV 275; — zum Unterhalt der Kinder aus einer Ehe, die durch Wiederverheirathung nach irrthümlicher Todeserklärung eines Ehegatten aufgelöst wurde, IV 109; — B. zum Unterhalt der Kinder nach Ehescheidung IV 581.

Beiträge der Gesellschafter IIb 606, 626; — der Vereinsmitglieder des eingetragenen Vereins I 199.

Beiwohnung siehe „Beischlaf".

Beiwohnungsunfähigkeit: Eheanfechtungsgrund IV 82.

Bekanntmachung der Texte geänderter Reichsgesetze VI 4; —
— **öffentliche**: der Anordnung der Nachlaßverwaltung V 182; — der Aufforderung der Erben zur Anmeldung ihrer Erbrechte V 110; — der Aufforderung der Nachlaßgläubiger zur Anmeldung ihrer Forderungen V 320; — der Auflösung des Vereins oder der Entziehung der Rechtsfähigkeit I 186; — der Auslobung IIb 512; — der Bevollmächtigung I 490, 491; — der Eintragungen ins Güterrechtsregister IV 512; — der Eintragung eines Vereins I 216; — der Entmündigung wegen Verschwendung oder Trunksucht und der Wiederaufhebung IV 1180; — der Genehmigung zur Ausstellung von Schuldverschreibungen auf den Inhaber IIb 785, 788; — des Verlustes von Schuldverschreibungen IIb 795; — der Versteigerung von Fundsachen III 238, 240; — der Pfandversteigerung III 578; — der Versteigerung zur Hinterlegung nicht geeigneter Sachen IIa 248; —

Bekanntmachungen: Gesetzeskraft VI 5.

Bekenntniß, religiöses: der Kinder, Bestimmung durch die Gewalthaber VI 264; — des Mündels, Einfluß auf die Auswahl des Vormunds IV 1006; — auf das Erziehungsrecht des Vormundes IV 1041.

Belastung einer Bahneinheit VI 239; — einer Sache: Erstreckung auf Zubehör I 279, IIa 138; — Gewährleistung wegen Mängel der Sache IIb 143; — Ausschluß des Rücktrittes vom Vertrag IIa 198; — B. gegen Entgelt IIb 40; — des Erbbaurechts III 284, 286; — einer Forderung des Mündels gegen den Vormund IV 1030; — einer gemeinschaftlichen Sache, eines gemeinschaftlichen Grundstücks zu Gunsten eines Miteigenthümers III 277; — von Grundstücken, Grundstücksrechten III 49; — selbständige B. von Grundstückstheilen III 89; — lastenfreie Abtrennung von Theilflächen III 89; — anzuwendendes Recht III 48; — B. von Gesammtgutsgrundstücken IV 315; — Zuständigkeit zur Beurkundung nach Landesrecht VI 275; — Werthgrenze und sonstige Beschränkungen nach Landesrecht VI 244, 247; — B. mit dem Rechte zur Gewinnung von Mineralien VI 180; — B. von Grundstücken durch den Testamentsvollstrecker V 495; — von Grundstücken des Mündels IV 1076; — von Grundstücksrechten zeitlich anzuwendendes Recht VI 338; — B. des Kaufgegenstandes, Beseitigung IIb 28; — B. des Miethobjektes: Einfluß auf das Miethverhältniß IIb 316; — B. vor Ueberlassung des vermietheten Grundstücks IIb 317; — Belastung durch den Erwerber des Miethobjektes IIb 319; — des verpfändeten Schiffes III 603; — B. vor dem 1. Januar 1900 vermietheter oder verpachteter Sachen VI 318; — B. des Vermächtnißgegenstandes: Behandlung vorhandener V 430; — B. durch den Erblasser beim vertragsmäßig angeordneten Vermächtniß V 607; — von Vermögensstücken des Mündels IV 1061.

Belastungsbeschränkung hinsichtlich Familienfideikommißgut, Lehensgut, Stammgut VI 169.

Belastungsverbot, vertragsmäßiges, hinsichtlich des Hypothekenobjektes III 422.
Belege zur Rechnungsstellung IIa 47; — zur Rechnungstellung des Vormunds IV 1119.
Beleidigung: civilrechtliche Haftung IIb 870; — Ehescheidungsgrund IV 533; — B. einer Ehefrau: Strafantragsrecht VI 111, 117; — Strafantragsrecht nach Aufhebung der ehelichen Gemeinschaft IV 592.
Beleihungsgrenze für Grundstücke bei Darlehen aus Mündelgeld IV 1049, 1053; — für Grundstücke nach Landesrecht VI 247.
Beleuchtungsanlagen: Anbringung am Miethobjekt IIb 248; — Lieferung und Einrichtung IIb 444, 448.
Beleuchtungspflicht: bei Miethobjekten IIb 215.
Belieben, freies, bei Bestimmung der Vertragsleistung IIa 138; — bei Bestimmung der Erfüllungszeit des Vermächtnisses V 445, 447; — der Auflage V 462; — bei Bestimmung der Leistung durch einen Dritten IIa 141.
Belohnung: öffentliches Versprechen einer B. IIb 512.
Benachrichtigung von der Abtretung der Forderung IIa 273; — Wirkung IIa 293; — von der Abtretung von Gehalts- und sonstigen Ansprüchen öffentlicher Diener IIa 296; — des Eigenthümers und Drittberechtigter vom bevorstehenden Pfandverkauf III 578; — des Gläubigers von der Einziehung der verpfändeten Forderung III 623; — des persönlichen Schuldners von der Zwangsversteigerung des Hypothekenobjektes III 477; — des Verpfänders von der Pfandversteigerung III 582; — bei vorzeitiger Versteigerung III 564; — B. von der Schuldübernahme beim Grundstückserwerb IIa 304; — von der Versteigerung zur Hinterlegung nicht geeigneter Sachen IIa 250; — vom Verzicht eines Abkömmlings auf den Antheil am Gesammgut IV 397; — von der Aufhebung der fortgesetzten Gütergemeinschaft durch den überlebenden Ehegatten IV 399; — B. von der Testamentseröffnung V 564, 568; — B. der Miterben vom Verkauf eines Erbschaftsantheils V 279.
Benachtheiligung der antheilsberechtigten Abkömmlinge bei fortgesetzter Gütergemeinschaft IV 386, 388; — der Ehefrau durch den Mann bei Verwaltung des Gesammtguts der allgemeinen Gütergemeinschaft IV 326; — der Errungenschaftsgemeinschaft IV 443, 446.
Beneficium cedendarum actionum IIb 721; — competentiae IIa 58, IIb 181.
Benennung des Familienrathsmitgliedes IV 1145; — des Pflegers IV 1222; — B. des Vormundes: Recht hiezu IV 999; — Voraussetzungen IV 1002; — Form IV 1003; — Ausschluß bei der Vormundschaft über Volljährige IV 1182.
Benutzung einer Sache: Vergütung beim Rücktritt vom Vertrag IIa 192; — B. im öffentlichen Interesse, Landesrecht VI 234; — Rechte Dritter an der Entschädigung für die B. VI 146; — bei Grundstücken VI 146; — Verfügungsrecht über die Entschädigungssumme VI 251.
Berechnung der Fristen I 517; — der Inventarfrist V 216; — des Pflichttheiles V 654 (siehe Näheres unter „P f l i c h t t h e i l").
Berechnungsvertrag IIb 755.
Berechtigtes Interesse bei Festsetzung der Konventionalstrafe IIa 183; — an kreditschädigenden Behauptungen IIb 870, 872; — an der Einsicht des Grundbuchs III 45; — an der Einsicht des Erbscheins V 734.
Bereicherung: bei Unmöglichkeit einer Leistung aus einem gegenseitigen Vertrag IIa 152; — beim vertragsmäßigen Rücktritt IIa 162; — d e s G e s a m m t g u t s der allgemeinen Gütergemeinschaft IV 325, — der fortgesetzten Gütergemeinschaft IV 386, 388, — bei Errungenschaftsgemeinschaft IV 440; — Ausgleichung bei B. des Gesammtguts der Err. Gem. oder des eingebrachten Guts der Ehegatten IV 471; — Vermuthung für dieselbe IV 472; — Ausgleichung bei Fahrnißgemeinschaft IV 493; — siehe auch „u n g e r e c h t f e r t i g t e B."
Bergbeamte: Verbot der Muthung VI 195.
Bergrecht VI 177.
Bergwerk: Bewirthschaftung durch den Nießbraucher III 310; — Bewirthschaftung durch den Vorerben V 393; — Befreiung von den Verpflichtungen durch den Erblasser V 402, 403.
Bergwerkseigenthum III 120, 221, 281; — Hypothekfähigkeit III 376.
Berichtigung der Gesammtgutsverbindlichkeiten bei Auseinandersetzung der Gütergemeinschaft IV 360, 369, 371; — der Gesellschaftsschulden bei Auflösung der Gesellschaft IIb 646; — des G r u n d b u c h s III 104 (siehe auch „G r u n d b u c h"); — Berichtigungsanspruch des Eigenthümers in Ansehung der Hypothekforderung und der entgegenstehenden Einreden III 427, — bei Uebertragung der Forderung III 454; — d e r N a c h l a ß v e r b i n d l i c h k e i t e n aus dem Nachlaß V 291, 296, — aus dem Vermögen eines Miterben V 317, 320; — zeitweilige Verweigerung V 240; — des S c h i f f s r e g i s t e r s III 603.
Beruf des Mündels IV 1040.
Berufsvereine I 136.
Berufsvorbildung: Ausgleichungspflicht mit Aufwendungen für die B. V 300, 309; — Last des Unterhaltspflichtigen IV 666, — beim unehelichen Kinde IV 876.
Berufung der Vereinsversammlung I 164; — Regelung in der Satzung I 164; — zur Beistandschaft IV 843; — z u r E r b s c h a f t: Konkurrenz mehrerer Berufungsgründe V 8; — B. zu mehreren Intestaterbtheilen V 31, 43; — Annahme oder Ausschlagung aus einem von mehreren Berufungsgründen V 76; — Irrthum über

den Berufungsgrund V 77; — Ausschlagung bei Mehrheit der Berufungsgründe V 77; — Annahme oder Ausschlagung eines von mehreren Erbtheilen V 79; — Haftung für Nachlaßverbindlichkeiten bei Mehrheit von Erbtheilen V 126, 228; — B. im Falle Erbunwürdigkeit des zuerst Berufenen V 714; — im Falle Erbverzichtes V 719; — B. zum Familienrathsmitglied IV 1145; — B. zur Pflegschaft IV 1220, 1222; — B. zur Vormundschaft über Minderjährige IV 999, 1004; — Bedeutung und Wirkung IV 1004; — Uebergehung des Berufenen IV 1004; — B. zur Vormundschaft über Volljährige IV 1182, 1184; — keine B. zur vorläufigen Vormundschaft IV 1194.

Beschädigung durch Gebäude und andere Werke, Haftung des Besitzers und des früheren Besitzers IIb 918, — des dinglich oder persönlich Berechtigten IIb 922, — des Unterhaltungspflichtigen IIb 923; — B. einer Sache: Schadensersatzpflicht IIa 29, IIb 857; — Haftung Mehrerer IIb 889; — Befreiung durch Ersatzleistung an den Besitzer IIb 956; — Verzinsung des Werthersatzes und der Werthminderung IIb 955; — B. einer Sache in Ausübung des Selbsthilferechts I 589; — im Nothstand I 585; — einer Sache durch Bergbau VI 177; — von Sachen im öffentlichen Interesse, Landesrecht VI 234; — Rechte Dritter an der Entschädigung VI 146; — bei Grundstücken VI 147; — Verfügungsrecht über die Entschädigungssumme VI 251; — B. bestimmter Sachen: von eingebrachtem Gut der Errungenschaftsgemeinschaft IV 450, — der Fahrnißgemeinschaft IV 498; — von Gesammtgut der allgemeinen Gütergemeinschaft IV 356, — der Errungenschaftsgemeinschaft IV 482, — der fortgesetzten Gütergemeinschaft IV 406; — von Gesellschaftsvermögen IIb 626; — von freiem Kindervermögen IV 740; — von Nachlaßgegenständen V 287, — im Falle einer Nacherbschaft V 379; — Anspruch des Erbschaftskäufers V 767; — B. der Nießbrauchsache III 312; — des Pachtobjektes IIb 327; — einer Schuldverschreibung IIb 793; — des Gegenstandes der ungerechtfertigten Bereicherung IIb 842; — B. des Vermächtnißgegenstandes V 430; — beim vertragsmäßig angeordneten Vermächtniß V 606; — von Vorbehaltsgut im gesetzlichen Güterstand IV 162, — bei allgemeiner Gütergemeinschaft IV 306, — bei Errungenschaftsgemeinschaft IV 455, — bei fortgesetzter Gütergemeinschaft IV 386.

Beschimpfung: Ehescheidungsgrund IV 533.

Beschlagnahme: Erstreckung auf Zubehör I 280; — einer Forderung: Einfluß auf Zulässigkeit der Aufrechnung IIa 261; — B. eines Gebäudes: Einfluß auf Pachtverhältnisse IIb 329; — des Grundstücks: Erstreckung auf Erzeugnisse, Bestandtheile und Zubehör des Grundstücks III 400; — Fruchtgenuß des Pächters während der B. III 397; — Erstreckung auf Mieth- und Pachtzinsen III 405, — auf wiederkehrende Leistungen III 407.

Beschlußfähigkeit des Familienrathes IV 1154; — Bestellung von Ersatzmitgliedern zur Herstellung IV 1148.

Beschlußfassung des Stiftungsvorstands I 244; — des Vereinsvorstands I 146, 151; — Wirkung von Satzungsvorschriften gegenüber Dritten I 218; — B. der Vereinsmitgliederversammlung I 157.

Beschränkte Geschäftsfähigkeit: in Folge von Entmündigung I 327; — in Folge von Minderjährigkeit I 311; — Wirkung derselben I 313; — Wirksamkeit von Willenserklärungen gegenüber in der G. beschränkten Personen I 385, 387; — Einfluß des Eintrittes der Beschränkung auf den Vertragsantrag I 438; — Vertretungsfähigkeit in der G. Beschränkter I 474; — räumlich anzuwendendes Recht VI 29; — Ersitzung beweglicher Sachen des in der G. Beschränkten ohne gesetzlichen Vertreter III 200; — Frist für Ausschlagung der Erbschaft bei mangelnder Vertretung V 69; — Einfluß auf den gesetzlichen Güterstand IV 152; — Einfluß auf die Fähigkeit zur Testamentserrichtung V 524; — Erbverzicht des Beschränkten V 722; — Unfähigkeit des in der Geschäftsfähigkeit Beschränkten zum Amt des Testamentsvollstreckers V 468, 484, 519; — Einfluß b. G. des Schuldners auf die Erfüllung IIa 217; — b. G. bei der Zustimmungserklärung zu Verfügungen in Bezug auf den Antheil eines Abkömmlings am Gesammtgut der fortgesetzten Gütergemeinschaft IV 436; — Einfluß auf die Verjährung I 556; — Einfluß auf die Begründung und Aufhebung des Wohnsitzes I 64; — keine Eintragung ins Grundbuch III 51; — einzelne Fälle: b. G. bei Annahme an Kindesstatt IV 955, 956, — des zur Annahme Einwilligenden IV 953; — Anfechtung der Annahme oder Einwilligung bei b. G. IV 961; — der Aufhebung IV 962, 979, 981; — b. G. von Ausländern VI 28; — b. G. des für ehelich zu Erklärenden IV 926; — der Ehefrau, Einfluß auf die Schlüsselgewalt IV 126; — Einfluß der mangelnden Einwilligung des gesetzlichen Vertreters auf den Güterstand IV 152; — der Ehefrau nach bisherigem Recht VI 354; — eines Ehegatten: Beschränkung der Eheschließung IV 27; — Anfechtung der ohne Einwilligung des gesetzlichen Vertreters geschlossenen Ehe IV 78; — Anfechtung während der Beschränkung in der G. IV 86, 87; — Genehmigung und Bestätigung der anfechtbaren Ehe IV 88; — Fristenlauf für die Ehescheidungsklage IV 544; — Vertragsabschluß über allgemeine Gütergemeinschaft

IV 299, — über Ausschluß der Fortsetzung der Gütergemeinschaft IV 425; — b. G. des Geschäftsführers IIb 557; — des Inhabers einer Schuldverschreibung IIb 783; — des Vaters: Einfluß auf die Anerkennung der Ehelichkeit IV 632, 634; — auf die Anfechtung der Ehelichkeit IV 626; — auf die Anfechtung der Anerkennung der Ehelichkeit IV 634; — Ruhen der elterlichen Gewalt IV 813; — b. G. des Vertreters ohne Vertretungsmacht I 499; — Fähigkeit des Beschränkten zum Vereinsvorstand I 148; — b. G. des Vertragserben V 587, 588; — bei Anfechtung des Erbvertrags V 598, 599; — Ausschluß der Bestätigung desselben V 601; — Aufhebung des Erbvertrags V 611, 613, — des Erbvertrags unter Ehegatten V 616; — Rücktritt vom Erbvertrag V 620.

Beschränkte Haftung des Erben V 119, 152; — Voraussetzungen der Beschränkung V 123, 153, 156; — Beweislast für die Haftungsbeschränkung V 124; — Inhalt und Dauer der Beschränkung V 157; — Geltendmachung durch Einrede V 123, 153; — Wirkung der Beschränkungseinrede V 154; — Verlust derselben V 124, 236; — Beschränkung nach Beendigung des Nachlaßkonkurses V 220; — b. H. des überlebenden Ehegatten IV 395; — b. H. nach Beendigung der Nachlaßverwaltung V 191; — Einfluß des Ausschlusses der Beschränkung durch den Erblasser V 154; — Geltendmachung gegenüber vom Testamentsvollstrecker eingegangenen Verbindlichkeiten V 497; — b. H. mehrerer Erben V 126, 325; — des Vorerben und Nacherben V 127, 408; — des Erbschaftskäufers V 774; — des Fiskus als Erben V 234; — Haftung des Bürgen des verstorbenen Hauptschuldners, einer dinglichen Sicherheit IIb 712, V 155; — Verzicht auf die Beschränkungseinrede V 153; — Verzicht einer Ehefrau als Erbin auf die Beschränkungseinrede V 232; — Verbot des Verzichtes auf die Beschränkung für Nachlaßpfleger und -Verwalter V 235; — b. H. gegenüber einzelnen Gläubigern: gegenüber den im Aufgebotsverfahren ausgeschlossenen Gläubigern V 141; — gegenüber den durch fünfjährige Nichtgeltendmachung ihrer Forderung ausgeschlossenen Gläubigern V 149, 151; — Ausschluß hinsichtlich vorgemerkter Ansprüche III 81.

Beschränkte Haftung des überlebenden Ehegatten bei fortgesetzter Gütergemeinschaft IV 392.

Beschränkt persönliche Dienstbarkeiten III 345; — siehe Näheres unter „Dienstbarkeiten".

Beschränkung des Antheils eines Abkömmlings IV 430, 436, — in guter Absicht IV 431; — des Eigenthums und sonstiger Rechte im öffentlichen Interesse, Landesrecht VI 234; — der Gewährleistung beim Kauf IIb 38, 112; — bei der Miethe IIb 225; — beim Werkvertrag IIb 464; — der Gütergemeinschaftsaufhebungsklage durch Vereinbarung IV 350, 404; — der Nachlaßauseinandersetzung V 288, 290; — des Nießbrauchs III 305; — des Pflichttheilsrechtes in guter Absicht V 702; — nach Abschluß eines Erbvertrags V 608; — der Schlüsselgewalt der Ehefrau IV 124; — Eintragung ins Güterrechtsregister IV 127, 509, 510; — des Schuldverhältnisses auf eine bestimmte Sache IIa 12, 14; — B. der Veräußerung von Grundstücken III 159; — der Theilung, Veräußerung und Zuschreibung von Grundstücken nach Landesrecht VI 249; — des Verfügungsrechts des an einem Grundstücksrechte Berechtigten III 63; — der Vertretungsmacht des Vereinsvorstandes I 143, 145; — der Vertretungsmacht des Vormunds IV 1030.

Beschreibung der Nachlaßgegenstände im Inventar V 221.

Beschwerde in bürgerlichen Rechtsstreitigkeiten, Zuständigkeit des Reichsgerichts VI 13; — gegen Bestimmung einer Inventarfrist und Ablehnung des Antrags hierauf V 214; — gegen Bestimmung einer neuen Inventarfrist V 225; — gegen Anordnung oder Ablehnung der Nachlaßverwaltung V 181; — B. des Testamentsvollstreckers gegen Anordnung des Nachlaßkonkurses oder der Nachlaßverwaltung V 476; — in Vereinssachen: gegen Entziehung der Rechtsfähigkeit I 221; — gegen Zurückweisung der Anmeldung des Vereins I 201; — gegen Satzungsänderungen I 219; — B. in Vormundschaftssachen IV 990; — gegen Ablehnung der Anordnung einer Vormundschaft IV 998; — Einlegung durch den Vormund IV 1027; — durch einen Mitvormund IV 1035.

Beschwerderecht des Kindes in der freiwilligen Gerichtsbarkeit IV 710.

Beschwerter: mit einer Auflage V 54, 461; — mit einem Vermächtniß V 53, 416.

Beschwerung des Pflichttheils V 641.

Beseitigung von Anlagen auf dem Nachbargrundstück III 129; — Unverjährbarkeit des Anspruchs III 156; — von Grenzeinrichtungen III 153; — von Grenzbäumen III 155; — von Obstbäumen an der Grundstücksgrenze nach Landesrecht VI 254.

Besicht: Kauf auf B. IIb 148.

Besichtigung: Gestattung der B. von Sachen IIb 816; — Ort, Gefahr und Kosten der Vorlegung IIb 821; — B. der Miethwohnung durch den Vermiether, durch Miethlustige nach Kündigung IIb 217.

Besitz III 3; — Allgemeines: Begriff III 7, 12; — rechtliche Natur III 6; — Bedeutung im Strafrecht III 6; — subjektive Besitzfähigkeit III 8, 11; — Gegenstand des B. III 10; — Besitzwille III 7; — thatsächliche Gewalt III 7; — Ausübung durch

Stellvertreter III 10; — durch Besitzdiener III 12; — nicht eintragungsfähig ins Grundbuch III 50; — zeitlich anzuwendendes Recht VI 325; — Arten III 4; — im Einzelnen: Eigenbesitz III 4, 40; — fehlerhafter B. III 4, 18; — fingirter B. III 5; — Mitbesitz III 4; — mittelbarer und unmittelbarer B. III 4, 33; — entfernt mittelbarer B. III 40; — redlicher und unredlicher B. III 4; — Theilbesitz III 4, 30; — Rechtsbesitz III 10; — Erwerb: durch Erlangung der thatsächlichen Gewalt III 7; — durch Einigung mit dem Besitzer über den Besitzübergang III 7, 9; — Erwerb durch constitutum possessorium, brevi manu traditio III 12; — Erwerb im Falle der Uebersendung III 12; — durch Stellvertreter I 468, III 9, 10; — Erwerb an Grundstücken III 10; — Erwerb des Eigenbesitzers III 41; — Erwerb des mittelbaren Besitzes III 34; — Erwerb durch den Nacherben III 18; — Erwerb durch Uebertragung: Succession in den B. III 5; — Singularsuccession III 10; — Vererblichkeit III 5, 16; — Uebertragung des mittelbaren Besitzes III 39; — Wirkung der Fehlerhaftigkeit des B. für den Rechtsnachfolger III 20; — Verlust: durch Aufgabe oder Verlust der thatsächlichen Gewalt III 14; — an Grundstücken III 15; — durch Stellvertreter III 16; — Verlust des Eigenbesitzes III 41; — Verlust des mittelbaren Besitzes III 36; — Besondere Fälle des Besitzes: B. am eingebrachten Gut IV 168; — bei Errungenschaftsgemeinschaft IV 453; — an Gesammtgut der allgemeinen Gütergemeinschaft IV 309, 311; — der fortgesetzten Gütergemeinschaft IV 386, 387; — der Errungenschaftsgemeinschaft IV 445; — B. am Kindervermögen IV 139; — Ausübung des B. durch den Vormund IV 1027; — B. an Grundstücken des Mündels: Verfügung des Vormunds IV 1075; — Aufgabe des B. durch den Schuldner bei Verzug des Gläubigers in der Annahme eines Grundstücks IIa 121; — Rückforderung wegen ungerechtfertigter Bereicherung IIb 824; — Schadensersatz wegen Verletzung IIb 860; — Störung des Miethers IIb 214; — Uebergang auf den Erben V 60; — Erwerb durch den Nacherben III 18, V 405; — Vermächtniß des Besitzes V 434; — B. am Nachlaß nach Anordnung d. Nachlaßverwaltung V 185, 188; — des Testamentsvollstreckers an Nachlaßgegenständen V 468, 492.

Besitzdiener: Begriff III 13; — Besitzverlust durch B. III 16; — keine Passivlegitimation für die Eigenthumsklage III 246; — Selbsthülferecht desselben III 23; — Unterschied vom Besitzmittler III 37; — Unvererblichkeit des Verhältnisses III 14, 17.

Besitzeinweisung des muthmaßlichen Erben eines Verschollenen VI 301, 303.

Besitzentziehung III 18, 19; — Rechte des mittelbaren Besitzers III 38; — Wiedereinräumungsanspruch III 23.

Besitzer: Ablösungsrecht gegenüber dem Gläubiger eines Dritten IIa 62, III 5; — Ersatzpflicht des Grundstückbesitzers für Schäden durch Gebäude IIb 918; — des Gebäudebesitzers IIb 922; — Eigenthumsvermuthung zu Gunsten des B. einer beweglichen Sache III 267; — Verfolgungsrecht III 31.

Besitzergreifung an Früchten III 215, 217.

Besitzerhaltung durch Stellvertreter III 10.

Besitzesschutz: Rechtsgrund III 4; — Schutzmittel im allgemeinen III 5; — indirekter Schutz III 5; — Gegenstand III 10; — Selbsthilfe: Abwehr verbotener Eigenmacht III 21; — Wiederbemächtigung nach Besitzentziehung III 21, 22; — Ausübung durch Dritte III 23; — Ausübung durch den Besitzdiener III 23; — dagegen nicht durch den mittelbaren Besitzer III 38; — gegen den Nachfolger im fehlerhaften Besitz III 21, 23; — Verfolgungsrecht von Sachen auf fremde Grundstücke III 31; — Rechtshülfe: Allgemeines über die Ansprüche, rechtlicher Charakter, Zulässigkeit III 24; — Anspruch auf Wiedereinräumung des Besitzes III 23, 25; — auf Beseitigung der Störung, Unterlassung weiterer Störung III 24, 27; — Einfluß der Veräußerung des Besitzes während des Prozesses III 26; — Erlöschen der Ansprüche durch Zeitablauf, durch rechtskräftige Feststellung des materiellen Rechts III 29; — petitorische Besitzklage des früheren gutgläubigen Besitzers III 270; — zulässige Einreden III 25; — Einrede fehlerhaften Besitzes gegen den Besitzstörungsanspruch III 24, 27; — gegen den Wiedereinräumungsanspruch III 24, 26; — Einrede aus dem Recht zum Besitz oder zur Störung III 27; — Sonderfälle: B. des Besitzdieners III 23; — des Erbbauberechtigten III 286; — von Grunddienstbarkeiten III 302; — auf den Schutz des B. von Grunddienstbarkeiten und beschränkt persönlichen Dienstbarkeiten anzuwendendes Recht VI 341; — B. von Mitbesitzern III 30; — unter Miteigenthümern III 280; — des mittelbaren Besitzers III 38; — des Theilbesitzers III 30.

Besitzfähigkeit III 8; — juristischer Personen III 11.

Besitzhelfer III 13.

Besitzmittler III 33; — Unterschied vom Besitzdiener III 37.

Besitznachfolger: Anrechnung der Besitzzeit des Vorgängers bei der Verjährung I 573; — Anrechnung der Besitzzeit des Besitzvorgängers bei der Ersitzung III 201; — Wirkung der Fehlerhaftigkeit des Besitzes III 20, 21.

Besitzstörung III 18, 19; — Ansprüche wegen B. III 24, 27; — Eigenthumsklage wegen

Störung III 263; — Rechte des mittelbaren Besitzers III 38.
Besitzübertragung als Moment der Eigenthumsübertragung III 176; — Wegfall III 179.
Besitzveränderungsabgaben beim Vermächtniß V 443.
Besitzvorgänger: Anrechnung der Besitzzeit des B. bei der Ersitzung III 201; — fehlerhafter Besitz desselben III 18, 20; — Eigenthumsvermuthung III 267.
Besitzwille III 4, 7.
Besoldung: von Beamten, Geistlichen Lehrern, Anspruch auf B. VI 194; — Aufrechnung gegen denselben VI 197; — Uebertragbarkeit VI 197.
Besondere Gerichte: Verjährung der bei b. G. geltend gemachten Ansprüche I 572.
Besorgung erbschaftlicher Geschäfte durch den Erben vor der Ausschlagung V 90; — fremder Geschäfte, Anspruchsverjährung I 536, 540.
Besserungsanstalt: Unterbringung in einer B. von Kindern auf Anordnung des Vormundschaftsgerichts IV 790; — Unterbringung von Minderjährigen zur Zwangserziehung VI 265; — Unterbringung des Mündels IV 1115; — Unterbringung von Strafunmündigen VI 111, 113.
Bestallung des Beistands IV 844; — des Familienrathsmitglieds IV 1152; — des Gegenvormunds IV 1025, 1160; — des Pflegers IV 1220; — des Vormunds IV 1024; — Erneuerung nach Aufhebung des Familienraths IV 1160; — Rückgabe nach Beendigung des Amts IV 1177, 1179; — des Nachlaßverwalters V 187.
Bestand: Feststellung des B. des eingebrachten Guts der Frau im gesetzlichen Güterstand IV 165; — der Ehegatten bei Errungenschaftsgemeinschaft IV 456; — bei Fahrnißgemeinschaft IV 493.
Bestandtheile: Begriff, wesentliche und unwesentliche B. I 267, 270; — was nicht als B. zu erachten ist I 274; — wesentliche B. eines Grundstücks, Gebäudes I 270; — rechtliche Behandlung I 269; — Rechte als B. I 276; — Abtrennung von der vindizirten Sache III 257; — Entstehung durch Verbindung einer beweglichen Sache mit einem Grundstück III 204; — mit einer anderen beweglichen Sache III 205; — Zuschreibung eines Grundstücks als B. eines anderen III 88; — Untersagung und Beschränkung der Zuschreibung eines Grundstückes als B. eines anderen VI 249; — Eigenthum daran III 171, 212; — Eigenthumserwerb des Eigenbesitzers III 213; — des dinglich Nutzungsberechtigten III 213, 215; — auf Grund Gestattung des Eigenthümers oder Aneignungsberechtigten III 215; — auf Grund Gestattung eines Nichtberechtigten III 217; — Eigenthumsvorbehalt an wesentlichen B. III 204; — Erstreckung der Hypothek auf B. III 395, 397; — Erlöschen der Haftung durch Veräußerung und Entfernung III 400; — durch Trennung III 403; — Erstreckung auf neue B. III 207; — Erstreckung der Hypotheken auf als B. zugeschriebene Grundstücke III 413; — Erstreckung des Pfandrechts auf B. III 559; — Kauf IIb 9; — Nießbrauch daran III 306; — B. des Rechtsgeschäfts I 295.
Bestätigung der Anerkennung der Ehelichkeit IV 635; — der anfechtbaren Ehe IV 88; — nach Erhebung der Anfechtungsklage IV 93, 95; — anfechtbarer Rechtsgeschäfte I 299, 416; — B. der anfechtbaren Erbschaftsannahme oder Ausschlagung V 87; — d. anfechtbaren Erbvertrages V 598, 601; — der Annahme an Kindesstatt IV 944, 946; — zeitliche Beschränkung IV 958; — Ertheilung und Versagung IV 959; — B. der Aufhebung der Annahme IV 979, 981; — Ausschluß der Erbtheilung vor B. der Annahme eines Miterben V 293; — B. nichtiger Rechtsgeschäfte I 409; — durch Strafversprechen für den Fall der Nichterfüllung IIa 188; — B. der nichtigen Ehe IV 71; — Anfechtbarkeit der Ehe wegen mangelnder Einwilligung des gesetzlichen Vertreters des in der Geschäftsfähigkeit Beschränkten IV 78; — Frist für die Anfechtung IV 91; — B. der nach irrthümlicher Todeserklärung des früheren Ehegatten geschlossenen neuen Ehe IV 107.
Bestattung: Anordnungen des Erblassers V 51.
Bestellung: des Beistandes IV 843; — des Gegenvormundes IV 1025; — bei der Pflegschaft IV 1219, 1221; — B. des Pflegers IV 1220; — des Vormundes IV 993, 1000; — Vorbehalt der Entlassung IV 1023; — B. des Vereinsvorstands I 147; — durch das Amtsgericht I 152; — des Stiftungsvorstandes I 243; — B. von Grunddienstbarkeiten III 291; — des Nießbrauchs III 305; — des Nießbrauchs an einem Rechte III 330; — des Schiffspfandrechts III 601.
Bestellungskosten: Ersatz bei Vindaktion eines landwirthschaftlichen Grundstücks III 258; — B. eines landwirtschaftlichen Grundstücks: Ersatz bei Eintritt der Nacherbfolge V 400; — des Pachtgrundstücks, Ausgleichung bei Rückgabe während des Pachtjahres IIb 341.
Bestellungsprinzip bei der Vormundschaft IV 988; — bei der Pflegschaft IV 1220.
Bestimmter Gegenstand: Leistung, Folgen der Rechtshängigkeit des Leistungsanspruches IIa 112.
Bestimmung der Gegenleistung durch den Forderungsberechtigten IIa 139; — der Leistung durch einen Vertragschließenden IIa 138; — durch einen Dritten IIa 140, 141; — des zuständigen Gerichts, Unterbrechung der Verjährung bei Nothwendigkeit derselben I 564; — Ausschluß der B. des Empfängers und Gegenstandes einer letzt-

willigen Verfügung durch einen Dritten V 328; — B. des Leistungsempfängers bei der Auflage V 462; — des Bedachten beim Vermächtniß V 421; — B. der Person des Testamentsvollstreckers V 467, 482.

Bestimmungsgemäße Nutzung I 282.

Bestimmungsgrund zum Rechtsgeschäft IIb 741.

Betagte Ansprüche: Beginn der Verjährung I 544.

Betagte Rechte: Behandlung im Konkurs I 452.

Betagte Verbindlichkeiten: Vorzeitige Erfüllung IIb 833; — siehe auch „Befristung, Zeitbestimmung".

Betheiligte bei Testamentseröffnung, Ladung, Benachrichtigung vom Inhalt des Testaments V 564, 567, 568; — Pflegschaft über unbekannte oder ungewisse B. IV 1215; — Beendigung IV 1217, 1224, 1225.

Betreten fremder Grundstücke III 33; — der Miethwohnung durch den Vermiether IIb 217.

Betriebsunfall bei Eisenbahn- und ähnlichen Betrieben, Haftung nach Landesrecht VI 231; — bei Anlagen und Betrieben auf öffentlichen Grundstücken VI 232.

Betrug — siehe „Arglist, Täuschung".

Beurkundung der Anfechtung des Erbvertrags V 598, 599; — der Aufhebung des Erbvertrags V 611; — B. des Antrags auf Ehelichkeitserklärung und der erforderlichen Einwilligungserklärungen IV 927; — der Beschlüsse der Vereinsmitgliederversammlung I 199; — der Forderungsabtretung IIa 281; — Wirkung derselben IIa 285; — Vorlegung der Urkunde an den neuen Gläubiger IIa 293; — Aushändigung, Vorzeigung an den Schuldner IIa 295; — letztwilliger Verfügungen, landesgesetzliche Formvorschriften VI 285; — von Rechtsgeschäften: Zuständigkeit nach Landesrecht VI 274; — des Stiftungsgeschäfts I 236; — gerichtliche oder notarielle: von Rechtsänderungen an Grundstücken III 49, 51; — von Aenderungen des Inhalts eines Rechts III 63; — des Vertrages: schriftliche I 373; — Vereinbarung der B. eines Vertrages I 438; — gerichtliche oder notarielle I 378, 436; — des Vertrages über Verpflichtung zur Eigenthumsübertragung an Grundstücken IIa 134; — des Vertrages unter Erben über einen Erbtheil IIa 132; — B. des Kaufes eines Grundstücks, Grundstückrechts, Kosten IIb 51; — Zuständigkeit zur B. der obligatorischen Veräußerungsverträge nach Landesrecht VI 275; — des Vertrages unter Erben über einen Pflichttheil IIa 132; — des Schenkungsversprechens IIb 178; — des Vertrages über ein gegenwärtiges Vermögen IIa 132; — des Vertrages über Abfindung eines Abkömmlings aus der fortgesetzten Gütergemeinschaft IV 412; — des Vertrages über Annahme an Kindesstatt IV 954; — über deren Aufhebung IV 979, 981; — B. der Einwilligungserklärungen zu derselben IV 953; — des Vertrages über Aufhebung der fortgesetzten Gütergemeinschaft IV 399; — des Ehevertrages IV 287; — des Vertrages über den Unterhalt eines unehelichen Kindes IV 879; — B. des Vertrages über einen Antheil am Nachlaß V 275; — des Erbschaftskaufes V 764; — des Erbverzichtsvertrages V 723; — der Aufhebung desselben V 726; — des Rücktrittes vom Erbvertrag V 620; — des Vertrages über Veräußerung eines Erbtheils V 255; — B. des Verzichts auf den Antheil an der fortgesetzten Gütergemeinschaft IV 397; — der Zustimmung des anderen Ehegatten zum Verzicht auf den künftigen Antheil und zur Aufhebung des Verzichts IV 438; — des Verzichts auf eine letztwillige Zuwendung V 727; — B. der Zustimmungserklärung des einen Ehegatten zu Verfügungen des andern in Bezug auf die Fortsetzung der Gütergemeinschaft IV 436; — der Zustimmungserklärung des anderen Vertragstheiles zur Aufhebung von Verfügungen im Erbvertrag V 614; — Wirksamkeit der ergänzenden landesgesetzlichen Vorschriften über gerichtliche und notarielle B. V 523.

Beurkundung des Personenstandes: Aenderung des Gesetzes vom 4. Mai 1870 VI 126; — des Gesetzes vom 6. Februar 1875 VI 139.

Beurlaubte: Eheschließung IV 47.

Bevollmächtigter einseitige Rechtsgeschäfte I 494; — Rückgabe der Vollmachtsurkunde I 495; — Leistung an B. IIa 219; — Einreichung des Nachlaßinventares V 224.

Bewaffnete Macht: Todeserklärung eines Angehörigen der b. M. I 100.

Bewässerung von Grundstücken VI 175.

Beweggrund zu einer Rechtshandlung IIb 742; — Irrthum im B. I 352; — bei letztwilligen Verfügungen V 330, 344, 346.

Bewegliche Gebäude: Bestandtheile I 273.

Bewegliche Sachen: Begriff I 259; — Eigenthumserwerb durch Ersitzung III 198; — durch Uebertragung III 175; — vom Nichteigenthümer III 184; — Eigenthumsvermuthung III 267; — Vermuthung des Eigenthums an b. S. für den Ehemann IV 139, VI 56, 57; — Eigenthumserwerb durch den Vater für das Kind IV 760; — Erwerb zum eingebrachten Gut IV 182; — Herrenlosigkeit III 221; — Aneignung herrenloser III 219; — Herausgabeanspruch des früheren gutgläubigen Besitzers III 270; — Theilbesitz III 30; — Verbindung mit einem Grundstück III 204; — Verbindung untereinander III 205, — Vermischung, Vermengung III 206; — Verarbeitung von Stoffen zu einer neuen b. S. III 207; — Verpfändung III 542; — siehe auch „Pfandrecht"; — Ver-

pfändung zur Sicherheitsleistung I 594; — Tauglichkeit hiezu I 597; — Verjährung der Ansprüche aus gewerbsmäßiger Vermiethung b. S. I 536, 540; — Wiederbemächtigung an eigenmächtig weggenommenen III 21; — Zubehöreigenschaft I 276; — Miethe an b. S. IIb 203; — Kündigung des Miethverhältnisses an b. S. IIb 286; — Haftung für Mängel im Recht beim Verkauf b. S. IIb 30, 36; — Verjährung des Minderungs- und Wandelungsanspruches IIb 113; — Verkauf unter Eigenthumsvorbehalt IIb 58; — Ersatzleistung für Entziehung oder Beschädigung an den Besitzer, Wirksamkeit gegenüber dem Eigenthümer IIb 956; — b. S. des Mündels, Verfügungsrecht des Vormunds IV 1062; — Anwendung der lex rei sitae VI 92.

Beweis des ausländischen Rechts VI 26; — des Todes des Erblassers V 7.

Beweisaufnahme vor Ausstellung des Erbscheines V 743.

Beweislast für Amtspflichtverletzung durch Beamte IIb 932; — für Anfechtbarkeit eines Rechtsgeschäftes I 417; — bei bedingten und betagten Rechtsgeschäften I 456; — für den Besitzerwerb durch Erbschaft III 18; — beim Eigenthumsanspruch auf Herausgabe III 247, — wegen Beeinträchtigung III 264; — beim Eigenthumsanspruch an beweglichen Sachen III 269; — für unredlichen Eigenthumserwerb III 187; — für mangelnde oder unvollständige Erfüllung nach Annahme einer Leistung IIa 221; — für Erfüllung der Hauptverbindlichkeit bei der Bürgschaft IIb 707; — bei der Darlehensklage IIb 369; — bei Ersitzung III 198; — für rechtliche Eigenschaft des Frauenvermögens IV 154; — bei Geldzahlung IIa 69; — für Geschäftsunfähigkeit und Beschränkung der Geschäftsfähigkeit I 307, 309; — für einen bestimmten Güterstand IV 150; — beim Herausgabeanspruch des früheren gutgläubigen Besitzers III 271; — für den Irrthum I 354; — für Angemessenheit des Kaufpreises IIb 10; — für Mängel im Recht beim Kauf IIb 38; — beim Kauf auf Probe IIb 148; — beim Kauf nach Probe IIb 146; — bei der Kreditgefährdung IIb 873; — für den Leistungsort IIa 68; — für das außerordentliche Kündigungsrecht bei der Miethe IIb 228, 231; — für Erfüllung beim Vorbehalt des Rücktritts für den Fall der Nichterfüllung IIa 203; — beim Schadensersatzanspruch IIa 32; — bei Schadensstiftung durch Einsturz eines Gebäudes 2c. IIb 921; — bei Schadensstiftung durch Thiere IIb 911, 914; — bei Geltendmachung der Haftung aus unerlaubten Handlungen aus Billigkeitsgründen IIb 889; — für Inanspruchnahme des Geschäftsherrn aus unerlaubten Handlungen Angestellter IIb 896; — für die Haftung aufsichtspflichtiger Personen IIb 902, 914; — für Unzurechnungsfähigkeit bei Begehung unerlaubter Handlungen IIb 885; — für Verwirkung der Vertragsstrafe IIa 188; — für das Verschulden bei Unmöglichkeit der Leistung IIa 100; — für Bestehen der Vertretungsmacht I 474; — für Eintritt des Verzugs IIa 106; — für Kenntniß des Erlöschens der Vollmacht I 488, 493; — beim Rücktritt vom Werkvertrag wegen nicht rechtzeitiger Herstellung des Werks IIb 463; — für Wirksamkeit einer Willenserklärung I 337; — für die Zurückweisung des Bevollmächtigten I 494.

Beweissicherung: Erzwingung der Vorlegung von Sachen zum Zwecke der B. IIb 818; — B. beim Minderungs- oder Wandelungsanspruch IIb 113, 117; — beim Gewährleistungsanspruch IIb 133.

Beweisurkunden: Auslieferung bei Forderungsabtretung IIa 280; — Aushändigung beim Verkauf einer Forderung IIb 39.

Bewilligung der Eintragung von Vormerkungen im Grundbuch III 82.

Bewirthschaftung eines landwirthschaftlichen Grundstücks durch den Pächter IIb 331; — von Wäldern und Bergwerken, Anlagen zur Gewinnung von Bodenbestandtheilen durch den Vorerben V 393.

Bewußtlosigkeit bei Abgabe von Willenserklärungen I 308, 309, 311; — bei Eheschließung IV 70; — Geltendmachung der Nichtigkeit der Ehe IV 76; — Einfluß auf gesetzliche und vertragsmäßige Verbindlichkeiten IIa 89, 91; — B. bei Begehung von unerlaubten Handlungen, Ausschluß der Haftung IIb 884; — Haftung aus Billigkeitsgründen IIb 887; — Haftung Aufsichtspflichtiger IIb 898.

Bienen: Haftung für Schadensstiftung durch B. IIb 905.

Bienenschwarm: Sacheinheit I 256; — Eintritt der Herrenlosigkeit III 224; — Verfolgungsrecht des Eigenthümers auf fremde Grundstücke III 224; — Eigenthum an vereinigten Schwärmen III 225; — Eigenthumserwerb bei Einzug eines B. in eine besetzte Bienenwohnung III 224.

Bierbrauer: gesetzliche Hypothek III 379.

Bierlieferungsvertrag IIb 4.

Bieten: Zulässigkeit des B. des Pfandgläubigers und Eigenthümers beim Pfandverkauf III 580; — Verbot für den Versteigerungsbeamten und seine Gehülfen bei Zwangsverkäufen IIb 61; — Wirkung der Nichtbeachtung des Verbots IIb 63.

Bigamie: Verbot IV 36; — Nichtigkeit der zweiten Ehe IV 73; — Ehescheidungsgrund IV 524, 525; — B. durch Wiederverheirathung nach bekannt irrthümlicher Todeserklärung des früheren Ehegatten IV 106; — Aenderung des StGB. VI 111, 116.

Bild: Recht am eigenen B. IIb 861.

Billet IIb 810.

Billiges Ermessen bei Vertheilung der Be-

lohnung nach Auslobung IIb 518; — eines Vertragsschließenden bei Bestimmung der Leistung IIa 138; — bei Verwaltung und Benützung der gemeinschaftlichen Sache IIb 665; — bei Bestimmung des Gegenstandes des Vermächtnisses V 422; — bei Bestimmung der Art des Pfandverkaufs III 586; — B. E. eines Dritten: bei Auseinandersetzung der Erbschaft V 298; — bei Bestimmung der Leistung durch einen Dritten IIa 140; — Form der Bestimmung, Anfechtung IIa 140; — Wirkung unbilliger Bestimmung IIa 141.

Bisthümer, juristische Persönlichkeit I 251.

Bittleihe IIb 349.

Blankett: Unterschrift I 374.

Blankocession IIa 274.

Blankoindossament siehe „Ordrepapiere".

Blankowechsel: Vererblichkeit des Rechts auf Ausfüllung V 10.

Blinde: Eheschließung IV 53; — Geschäftsfähigkeit I 328; — Pflegschaft über Bl. IV 1205; — Beendigung derselben IV 1207, 1226; — Testamentserrichtung vor dem Richter oder Notar V 540; — Unfähigkeit zum Zeugniß bei Testamentserrichtung V 539; — Verfahren bei Unfähigkeit zur Unterzeichnung des Testamentserrichtungsprotokolls V 544.

Blödsinn: Entmündigung wegen Bl. VI 294.

Bodenbestandtheile: Gewinnung I 282; — Gewinnung durch den Nießbraucher III 309; — Gewinnung durch den Vorerben, Beschränkungen V 393; — Befreiung von den Beschränkungen durch den Erblasser V 402, 403; — Vertrag über die Gewinnung IIb 324, 325; — Vertheilung unter successiv Berechtigte I 287 ;— unmittelbare B. I 272.

Bodenprodukte: Bestandtheile des Grundstücks I 270; — Früchte I 284.

Bodenzinsen: Vertheilung auf successive Verpflichtete I 290; — Verjährung von Rückständen I 543.

Bons: Emissionsfreiheit IIb 786.

Börsenpreis beim Differenzgeschäft IIb 698; — Verkauf der geschuldeten Sache zum B. bei Annahmeverzug des Gläubigers IIa 250; — Verkauf des Pfandes zum B. III 565, 577; — Verzicht auf Einhaltung der gesetzlichen Form III 585; — Verkauf durch den Nichtpfandgläubiger III 584; — Verkauf eines verpfändeten Werthpapieres zum B. III 634.

Börsentermingeschäft IIb 700; — Rückforderung der Leistung IIb 835.

Böser Glaube beim Besitzerwerb III 250; — Klage gegen den bösgläubigen Besitzer III 270; — b. Gl. beim Erwerb von Grundstücken III 184; — von Rechten an Grundstücken III 95; — b. Gl. des Erbschaftsbesitzers V 261.

Böser Scherz I 338.

Bösliches Unterlassen von anderweitigem Erwerb des Dienstverpflichteten IIb 404; — beim Werkvertrag IIb 485.

Bösliche Verlassung: Ehescheidungsgrund IV 528, 534.

Bote: Unterschied vom Vertreter I 464, 465; — unrichtige Uebermittelung der Willenserklärung I 354.

Botenlohn: Verjährung I 536.

Boykott: Verstoß gegen die guten Sitten IIb 879.

Brandversicherung des Hypothekenobjektes III 408, 410, 412; — des Miethobjektes IIb 238; — der Nießbrauchsache III 313; — Recht des Nießbrauchers an der Versicherungssumme III 314.

Brasilien: Staatsvertrag mit B. VI 49, 77, 85.

Brauhäuser: Verbände zur Nutzung von B. VI 306; — Zubehör von B. I 280.

Braut: Recht der geschwängerten B. nach bisherigem Recht VI 369; — siehe auch „Verlöbniß".

Brautgeschenke: Rückgabe IV 19; — Verjährung des Anspruchs IV 20; — auf die Rückforderung anzuwendendes Recht VI 351.

Brautkinder: rechtliche Stellung IV 13, 863, VI 368; — Erbrecht V 20; — anzuwendendes Recht VI 69.

Bremen: Staatsschuldbuch IV 209.

Brennmaterialien: Verjährung der Ansprüche aus der Lieferung I 540; — Brevi manu traditio III 12, 175, 179.

Briefhypothek: allgemeine Grundsätze III 369; — Erwerb III 391; — Rechtsverhältnisse vor Uebergabe des Hypothekenbriefs III 465; — Abtretung III 449; — Schutz des Eigenthümers bei Uebertragungen III 452; — Schutz des Erwerbers III 456; — Geltendmachung der Forderung III 464; — Nachweis der Aktivlegitimation bei Geltendmachung III 462; — Schutz des Eigenthümers gegen die Wirkungen des Oeffentlichkeitsprinzips III 429; — Verpfändung III 610; — Zerlegung III 446.

Briefmarke IIb 810.

Brieftauben III 223.

Briefwechsel bei rechtsgeschäftlicher Schriftform I 376, 377.

Bringschuld IIa 68; — Miethzins IIb 250.

Bruchtheil: Gemeinschaft nach B. IIb 660; — auf die Gemeinschaft nach B. anzuwendendes Recht VI 319; — Miteigenthum nach B. III 275; — Miteigenthum nicht nach B. VI 326; — Nießbrauch an Br. III 305; — Obligatorischer Vertrag über einen B. des gegenwärtigen Vermögens IIa 132; — des künftigen Vermögens IIa 131; — Pfandrecht an einem B. III 600; — Vermächtniß eines B. eines Gegenstandes V 426; — B. der Erbschaft: Erbeinsetzung auf einen solchen V 353; — Einsetzung auf das Ganze nicht erschöpfende Bruchtheile V 355; — auf das Ganze übersteigende Bruchtheile V 356; — theilweise

Einsetzung nach B., theilweise ohne B. V 357; — Einsetzung Mehrerer auf denselben B. V 357; — Verfügung des Erben über einen Br. an seinem Antheil am Nachlasse V 276; — Veräußerung V 766; — eines Grundstücks: Belastung mit Hypotheken III 380; — Belastung mit einer Reallast III 363; — Belastung mit Vorkaufsrecht III 353.

Brücken: Verkehrsfähigkeit I 261.

Bruder als Nacherbe V 377; — als Vermächtnißnehmer V 428.

Bruderschaften: juristische Persönlichkeit I 251.

Buchbesitz: Wirkung III 10.

Buchforderungen gegen das Reich oder einen Bundesstaat: des Kindes IV 798; — des Mündels: Anlage von Mündelgeld in B. IV 1048; — Eintragung einer Verfügungsbeschränkung in das Schuldbuch IV 1068; — Entbindung von der Verpflichtung hiezu durch das Vormundschaftsgericht IV 1069; — Befreiung von der Verbindlichkeit durch den Vater IV 1137; — durch die Mutter IV 1139; — Befreiung des Vaters und der Mutter als Vormund eines Volljährigen IV 1187; — zum Nachlaß gehörige: Verfügungsbeschränkung des Vorerben V 388; — Befreiung von der Beschränkung V 402, 403; — Umwandlung von Inhaberpapieren in B.: zum eingebrachten Gut der Frau gehöriger IV 208; — bei Errungenschaftsgemeinschaft IV 452; — von Inhaberpapieren des Kindes IV 798, 800; — des Mündels IV 1067; — Genehmigung des Vormundschaftsgericht zu Verfügungen über die B. IV 1071; — Tauglichkeit zur Sicherheitsleistung I 594, 597; — Uebertragung und Belastung nach Landesrecht VI 222.

Buchhypothek: allgemeine Grundsätze III 369; Entstehung III 389; — Erwerb III 390, 391; — Uebertragung III 390, 451; — Geltendmachung III 390; — Nachweis der Aktivlegitimation bei der Geltendmachung III 463; — Einrede des nicht gezahlten Geldes III 428; — Umwandlung in Briefhypothek III 390; — Geltung bestehender Hypotheken als Buchhypotheken III 373; — Verpfändung III 610; — Uebergang bisheriger Grundschulden in B. VI 348; — bisheriger Pfandrechte VI 343, 347.

Buchmacher IIb 688.

Buchungsfreie Grundstücke III 169; — Eigenthumsübertragung VI 259; — Begründung von Dienstbarkeiten III 292, VI 260.

Büdnerrecht III 281, 284, VI 171; — Beschränkung des Verfügungsrechts des Vormunds IV 1075.

Bühnenengagementvertrag IIb 445.

Bulgarien: Staatsvertrag VI 85.

Bundeskonsulatsgesetz: Aenderung durch das E. G. VI 124.

Bundesrath :Anerkennung der Rechtsfähigkeit ausländischer Vereine I 140, VI 38; — Aufhebung von Stiftungen I 247; — Entscheidung über Mündelsicherheit von Werthpapieren IV 1048, 1051; — Entziehung der Rechtsfähigkeit eines Vereins I 175; — Genehmigung der Stiftung I 230, 235; — Genehmigung zur Aenderung der Vereinssatzung I 160; — Bekanntmachung über Bekanntmachung des Fundes in öffentlichen Gebäuden ꝛc III 240; — Zustimmung zur Anordnung des Vergeltungsrechts VI 101.

Bundesstaat: Begriff VI 12; — Aufrechnung gegen Forderungen eines B. IIa 267; — Zuständigkeit zur Befreiung von Erfordernissen der Annahme an Kindesstatt IV 948; — zur Befreiung von Ehehindernissen IV 61; — zur Bestimmung der zur Annahme von Mündelgeld geeigneten Sparkassen IV 1048, 1052; — zur Ehelichkeitserklärung IV 918; — Erbrecht (siehe auch „Fiskus") V 46; — Ausgabe von Schuldverschreibungen durch einen B. IIb 785; — Genehmigung der Ausgabe von Schuldverschreibungen IIb 785; — Genehmigung der Stiftung I 226, 230, 233; — Mündelsicherheit verbriefter Forderungen gegen einen Bundesstaat oder unter dessen Zinsgarantie stehender IV 1048, 1051; — Umwandlung von Schuldverschreibungen eines B. in Buchforderungen für den Mündel IV 1067; — Verleihung der Rechtsfähigkeit an Vereine I 138.

Bundes- und Staatsangehörigkeitsgesetz: Aenderung durch das E. G. VI 128.

Bürgerliche Ehe IV 3.

Bürgerliche Ehrenrechte: Aenderung des StGB. hinsichtlich der Wirkung der Aberkennung VI 110, 112; — Wirkung des Verlustes I 25; — im Einzelnen: Untauglichkeit zum Amt eines Familienraths nach Verlust IV 1149; — eines Gegenvormundes IV 1025; — eines Pflegers IV 1220; — eines Vormunds IV 1009, 1181; — Untauglichkeit zum Zeugniß bei Testamentserrichtung nach Verlust V 538, VI 106; — Entlassung des Vormunds wegen Verlustes IV 1166; — Ausschluß von der Zeugschaft bei Eheschließung IV 55; — bei Eheschließung im Auslande VI 126.
V 538.

Bürgerliche Rechtsstreitigkeiten: Zuständigkeit in letzter Instanz VI 13.

Bürgerlicher Name I 75.

Bürgerlicher Tod I 90, 91, V 8.

Bürgerliches Gesetzbuch: Inkrafttreten VI 2; — Verhältniß zu den Landesgesetzen VI 151; — zu den Reichsgesetzen VI 102.

Bürgerliches Recht: Begriff VI 2.

Bürgermeister: Sicherung des Nachlasses, Siegelung, Entsiegelung V 73.

Bürgschaft: Begriff und rechtliche Natur des Bürgschaftsvertrages IIb 701; — verwandte Verträge IIb 702; — Unterschied von der kumulativen Schuldübernahme IIb 704; — besondere Arten IIb 707; — B. für künftige

und bedingte Verbindlichkeiten IIb 704, 705; — gesetzliche Bürgschaft IIb 703; — Kreditauftrag IIb 728; — Betheiligte Personen IIb 704; — Gegenstand und Zweck der B. IIb 703, 704; — Form der Bürgschaftserklärung IIb 704; — accessorische Natur IIb 705; — Schriftform des Vertrages IIb 707; — Umfang der Haftung des Bürgen IIb 705, 710; — Einfluß der Abtretung der Hauptforderung IIa 279, IIb 706; — Abtretung des Bürgschaftsforderung IIb 706; — gesammtschuldnerische Haftung mehrerer Bürgen IIb 714; — Beweislast für Erfüllung der Hauptverbindlichkeit IIb 707; — Uebergang der Rechte aus der B. bei Abtretung der F. IIa 279; — Haftung des Bürgen nach dem Tode des Hauptschuldners IIb 712, V 155; — Haftung d. Bürgen b. Rückgängigmachung d. Erlöschens von Rechtsverhältnissen durch Konfusion im Falle der Nachlaßverwaltung oder des Nachlaßkonkurses V 165; — Einreden des Bürgen: in seiner Person begründete IIb 713; — aus der Hauptforderung IIb 706, 712; — aus der Anfechtungsbefugniß des Hauptschuldners und der Aufrechnungsbefugniß des Gläubigers IIb 714; — Einrede der Vorausklage IIb 716; — Ausschluß derselben IIb 717, 719; — Wirkung der Einrede der Vorausklage für die Verjährung I 549, 551; — Beseitigung durch Zwangsvollstreckung gegen den Hauptschuldner IIb 718; — Verhältniß zwischen Bürgen und Hauptschuldner nach Befriedigung des Gläubigers durch den Hauptschuldner IIb 720; — Einfluß des Irrthums des Bürgen über die Person des Gläubigers oder des Schuldners IIb 707; — Einfluß der Anfechtung des Hauptgeschäfts I 412; — Regreß unter Mitbürgen IIb 721, 722; — Anspruch auf Befreiung von der B. gegen den Hauptschuldner, auf Sicherheitsleistung IIb 724; — Befreiung infolge Aufgabe anderer Sicherheiten durch den Gläubiger IIb 726; — im Falle zeitlicher Beschränkung der B. IIb 727; — Endigung IIb 703, 705; — Erlöschen infolge Schuldübernahme IIa 311, IIb 706; — Einfluß der Konfusion von Bürgschaft und Hauptschuld IIb 706; — Kündigung der B. für künftige Verbindlichkeiten IIb 728; — B. zur Abwendung des Zurückbehaltungsrechts ausgeschlossen IIa 72; — Erfüllungsort für den Bürgen, Gerichtsstand IIa 65, IIb 706; — Sicherheitsleistung durch Bürgschaftstellung IIb 703; — schenkungsweise Leistung oder Aufgabe IIb 178; — Ausschluß für eine Spiel- oder Wettschuld IIb 689; — Sicherheitsleistung durch eine Bürgschaftstellung I 594; — Voraussetzungen der Zulässigkeit I 598; — Uebernahme einer B. durch den Vater für das Kind IV 753, 755; — durch den Vormund für den Mündel IV 1074, 1082; — allgemeine Ermächtigung des Vormunds hiezu 1087; — Geltendmachung durch den Nießbraucher an der Forderung III 333.

Buße wegen Beleidigung IIb 874; — Haftung für eine der Ehefrau auferlegte IV 250; — für eine dem Kinde auferlegte IV 782; — Unvererblichkeit des Anspruchs auf B. V 11.

C.

Captatorische Verfügungen V 341.
Casuelle Bedingung I 447.
Cautio damni infecti III 157.
Cession siehe „Abtretung“.
Charakteristik des Rechtsstoffes des BGB. nach der Herkunft I 9.
Chauffeur: Haftung für dessen Verschulden IIb 894.
Check IIb 759, 815; — Emissionsfreiheit IIb 786; — rechtliche Bedeutung der Hingabe IIa 211; — Ermächtigung des Ueberbringers zur Empfangnahme der Zahlung IIa 233; — Hingabe zahlungshalber IIa 224.
Chikaneverbot I 580, IIa 5; — für den Eigenthümer III 120; — Verhältniß zur Haftung wegen Verstoßes gegen die guten Sitten IIb 882.
Chili: Staatsvertrag mit Ch. VI 85.
Cirkularkreditbrief IIb 767.
Civilcomputation I 517.
Civilis possessio III 5.
Civilobligation: vollkommene und unvollkommenen IIa 6.
Civilprozeßordnung: entsprechende Anwendung in landesgesetzlich geregelten Streitigkeiten VI 286; — Inkrafttreten des Gesetzes über Aenderungen der CPO. VI 2; — Verwandtschaft und Schwägerschaft im Sinne der CPO. VI 108.
Clausula rebus sic stantibus IIa 191.
Clearingverkehr IIa 253.
Codicill V 49, 50.
Columbien: Staatsvertrag mit C. VI 85.
Commixtio, communio III 206.
Compensatio lucri cum damno IIa 28.
Concursus causarum lucrativarum IIa 61, 212.
Condictio IIb 823; — c. indebiti, sina causa, ob causam finitam, causa data causa non secuta IIb 828, 830, 831; — c. ob turpem causam, ex injusta causa IIb 839; — c. furtiva IIb 823, 844, 857.
Confusio IIa 208.
Confusion siehe „Erlöschen des Schuldverhältnisses, Vereinigung“.
Constitutum debiti alieni IIb 703.
Constitutum possessorium III 12, 180, 188, 195; — Unzulässigkeit der Bestellung des Pfandrechts durch c. p, III 551, 610; — Gefahrübergang IIb 44.
Contractus aestimatorius IIb 497.
Contractus mohatrae IIb 364.
Contrarius consensus IIa 212.

D.

Dachziegel: Bestandtheileigenschaft I 272.
Dämpfe: Zuführung auf fremde Grundstücke III 125.
Dämpfigkeit der Pferde, Esel, Maulesel, Maulthiere, Gewährfrist IIb 130.
Dampfschiffahrtsbetrieb: Haftpflicht des Unternehmers nach Landesrecht VI 231; — Schutz der Nachbargrundstücke VI 257.
Damwild: Wildschadensersatz IIb 915.
Darlehen: Begriffsbestimmung IIb 359, 362; — rechtlicher Charakter IIb 360; — Gegenstand IIb 362; — Abgrenzung von anderen verwandten Rechtsverhältnissen IIb 360; — Verhältniß zur Leihe IIa 539; — Unterschied vom Miethvertrag IIb 205; — besondere Arten des D. IIb 363, 364; — Form des Darlehensvertrages IIb 367; — Fähigkeit, D. zu gewähren und sich durch D. zu verpflichten IIb 367; — Verpflichtungen des Darlehensempfängers IIb 362, 368; — Beweislast IIb 369; — Zinszahlung IIb 371; — Gewährleistung wegen Mängel beim Sachdarlehen IIb 143; — Fälligkeit und Kündigung IIb 372; — Einrede des nicht erhaltenen Geldes IIb 369; — Umwandlung einer Geldschuld in ein D. IIb 362, 370; — Hingabe an Minderjährige I 320; — D. zu Spiel- und Wettzwecken IIb 362, 693; — D. an Werthpapieren IIb 359; — Mäklergebühr für die Vermittelung IIb 501; — Anwendung der Vorschriften über D. beim depositum irregulare IIb 581; — D. der Ehefrau: Kündigung im gesetzlichen Güterstand IV 225; — D. des Mündels an den Vormund IV 1046; — D. von Kreditanstalten: Hypothek dafür III 381, 385; — Einrede des nicht gezahlten Geldes gegen die Hypothek III 428.
Darlehensversprechen: rechtliche Natur IIb 360; — Widerruf IIb 374.
Datum der Errichtung der Vereinssatzung I 200; — Eintragung ins Vereinsregister I 214; — bei Schriftform eines Rechtsgeschäfts I 376; — Angabe beim eigenhändigen Privattestament V 529, 532, 533; — Beweislast für die Richtigkeit V 533; — D. des Nachlaßverzeichnisses des Testamentsvollstreckers V 509; — Fristberechnung von D. zu D. I 519.
Dauerndes Dienstverhältniß IIb 410, 412.
Deckungsverhältniß bei der Anweisung IIb 763.
Deflorationsentschädigung nach bisherigem Rechte VI 369; — räumlich geltendes Recht VI 69; — der unbescholtenen Braut IV 17.
Deflorationsklage IIb 877, IV 17.
Deichrecht VI 177.
Delegation IIa 223, 224, 300, IIb 758.
Delikt siehe „unerlaubte Handlungen".
Deliktsfähigkeit I 33, 34; — Ausschluß und Beschränkungen IIb 883; — der juristischen Personen I 118; — D. Entmündigter I 329; — D. Jugendlicher und Taubstummer IIb 885; — des unter elterlicher Gewalt stehenden Kindes IV 702; — anzuwendendes Recht VI 27, 29, 32, 45.
Deliktsschulden der Ehefrau, Haftung des eingebrachten Gutes IV 249; — Haftung des Gesammtgutes der allgemeinen Gütergemeinschaft IV 331; — bei Errungenschaftsgemeinschaft IV 461; — der Ehegatten, Haftung bei allgemeiner Gütergemeinschaft IV 336; — des Kindes IV 782.
Deliktsstatut VI 17.
Delkrederevertrag IIb 703.
Depositum irregulare, miserabile IIb 361, 367, 581.
Depotscheine IIb 572; — Kraftloserklärung nach Landesrecht VI 228; — rechtliche Natur IIb 813.
Dereliktion III 15; — von beweglichen Sachen III 221; — von Grundstücken III 172.
Desertion IV 529.
Deutsche: Eheschließung mit einem Ausländer VI 46; — Entmündigung im Ausland VI 34; — erbrechtliche Ansprüche gegen den Nachlaß eines Ausländers VI 83; — Pflicht zur Uebernahme der Vormundschaft IV 1016; — Todeserklärung im Inland VI 35; — im Ausland VI 36; — Haftung aus im Ausland begangenen unerlaubten Handlungen VI 45; — D. im Auslande: Beerbung VI 79.
Deutsche Gesetze: Anwendung bei Annahme an Kindesstatt VI 70; — auf Beurtheilung der ehelichen Abstammung VI 62; — auf das eheliche Güterrecht VI 52; — bei Entmündigung VI 33; — bei Legitimation VI 70; — auf die persönlichen Beziehungen der Ehegatten VI 50; — bei Todeserklärung VI 35; — auf das Verhältniß zwischen Eltern und Kindern VI 64; — auf das Verhältniß zwischen dem unehelichen Kinde und seiner Mutter VI 66; — Anwendung auf Grund fremden Rechts VI 86.
Deutsche Sprache: Eheschließung der d. S. Unkundiger IV 53; — Anwendung im Protokoll über Testamentserrichtung V 541, 542; — Testamentserrichtung durch einen der d. Spr. nicht mächtigen Erblasser V 546; — Unfähigkeit der d. S. nicht Mächtiger zur Zeugschaft bei Testamentserrichtung V 539.
Diäten von Beamten VI 194.
Diebstahl: Bedeutung des Besitzrechtes III 6; — an Schuldverschreibungen IIb 784.
Dienstbarkeiten: Arten III 286; — Schadensersatz wegen Verletzung IIb 860; — Pacht IIb 323; — Beeinträchtigung durch Ueberbau III 143; — siehe „Grunddienstbarkeiten, Nießbrauch"; — anzuwendendes Recht VI 329; — Ablösung, Umwandlung, Einschränkung VI 240, 247; — Begründung und Aufhebung von D. an nicht im Grundbuch eingetragenen Grundstücken VI 260; — Ablösungsrenten des Staats und öffentlicher Anstalten VI 243; — Rechte des Berechtigten bei Wieder-

herstellung eines zerstörten Gebäudes an anderer Stelle VI 237.

Dienstbarkeiten beschränkt persönliche: Begriff, rechtliche Natur III 345; — Entstehung III 347; — Inhalt III 346; — Umfang III 347; — Unvererblichkeit, Unveräußerlichkeit, Unpfändbarkeit III 345, 348, V 11; — Erstreckung auf Zubehör I 279; — Bedingung, Zeitbestimmung III 347; — Endigung III 347; — Rechtsschutz III 347; — Uebergangsvorschriften III 346; — Wohnungsrecht III 348; — Besitzesschutz, anzuwendendes Recht VI 341; — landesgesetzliche Beschränkungen hinsichtlich der Belastung mit b. p. D. VI 244, 247; — Haftung für Freiheit des Vermächtnißgegenstandes von solchen V 449; — D. des Mündels: Verfügungsrecht des Vormunds IV 1075.

Dienstberechtigte: Verjährung ihrer Ansprüche I 537, 541.

Dienstboten: Aufrechnung gegen die Lohnforderung IIa 267; — Draufgabe an D. IIa 175, 176, IIb 387; — Beschränkung des Haltens von D. unter achtzehn Jahren I 327; — Besitzdiener III 13; — gesetzlicher Wohnsitz I 62, 66; — Haftung des Dienstherrn bei Verletzung durch seine Thiere IIb 912.

Dienstbotenwesen IIb 377, 386.

Dienste: Begriff IIb 391; — Haftung aus unerlaubten Handlungen wegen entgangener D. gegenüber dem Dienstberechtigten IIb 949; — Vergütung beim Rücktritt vom Vertrag IIa 192; — D. als Gegenstand des Beitrags zu einer Gesellschaft IIb 606, 608; — keine Erstattung bei Auflösung der Gesellschaft IIb 647.

Diensteinkommen: Benachrichtigung der auszahlenden Kasse von der Abtretung IIa 296; — Verjährung I 537, 541; — Aufrechnung gegen den Anspruch auf D. IIa 264.

Dienstherrschaft: Haftung aus einem unrichtigen Zeugniß über Treue IIb 548.

Dienstleistungen des Kindes im elterlichen Haus IV 681; — des angenommenen Kindes IV 963; — des Mündels für den Vormund IV 1046; — Ersatz für D. des Vormunds, Gegenvormunds für den Mündel IV 1107; — unentgeltliche, Schenkung IIb 174; — Verjährung der Ansprüche aus gewerbsmäßigen D. I 536, 540.

Dienstliche Genehmigung der Eheschließung IV 47.

Dienstlohn der Dienstboten IIb 388; — Pfändung IIb 385; — Pfändung für Unterhaltsansprüche IV 645; — Aufrechnung dagegen IIa 264, 267; — D. der Frau: Vorbehaltsgut IV 157.

Dienstmänner: Verjährung ihrer Ansprüche I 540.

Dienstverhältniß: anzuwendendes Recht VI 316; — Auslegung der Bedenkung in einem D. zum Erblasser Stehender im Testament V 337.

Dienstvermittelung: Mäklerlohn für dieselbe IIb 507.

Dienstverschaffungsvertrag IIb 391.

Dienstvertrag IIb 376; — Allgemeines: Anwendungsgebiet des Reichsrechts IIb 376; — Begriff IIb 390; — rechtliche Natur IIb 378; — verwandte Rechtsverhältnisse IIb 380; — Verhältniß zum Auftrag IIb 523, — zum Werkvertrag IIb 444; — Zuständigkeit für Klagen aus D. IIb 386; — Klagen und Vollstreckung aus dem D. IIb 396; — Eingehung des Dienstverhältnisses zur Probe IIb 427; — Subjekte des D. IIb 390; — Gegenstand IIb 378, 379, 390, 391; — Vertragsfreiheit, zwingendes Recht IIb 379; — Unübertragbarkeit des Anspruchs auf die Dienste IIb 399; — Einfluß des Todes eines Vertragstheiles IIb 400; — Unmöglichkeit der Leistung IIb 404, 406; — öffentlich rechtliche Normen IIb 377; — Rechte und Pflichten des Dienstberechtigten: Pflicht zur Annahme des Dienstes IIb 395; — Wirkung des Annahmeverzuges IIb 404; — Pflicht zur Vergütung der Leistung IIb 390, 393; — Fürsorgepflicht bei Erkrankung des in häuslicher Gemeinschaft befindlichen Dienstverpflichteten IIb 410, — für Leben und Gesundheit des Bediensteten IIb 415; — Verbot des Ausschlusses oder der Beschränkung dieser Verpflichtungen IIb 422; — Deckungsmittel des Dienstberechtigten IIb 402; — Rechte und Pflichten des Dienstverpflichteten: Pflicht zur Dienstleistung überhaupt IIb 390, 392; — Vorleistungspflicht IIb 401; — Befolgung besonderer Anordnungen IIb 396; — Pflicht zur persönlichen Leistung der Dienste IIb 399; — Verbot von Konkurrenzgeschäften IIb 396; — Haftung bei mehrfacher Vergebung der Dienste IIb 396; — Rechte bei Verhinderung an der Dienstleistung IIb 406, — bei Erkrankung IIb 410; — Vergütung rechtliche Natur IIb 394; — Art der Vergütung IIb 394, 398; — Höhe der Vergütung IIb 395, 397, 399; — Pflicht zur Leistung IIb 390, 393; — stillschweigende Vereinbarung IIb 397; — Zeit der Leistung IIb 401; — V. bei Annahmeverzug des Dienstberechtigten IIb 404; — bei Verhinderung des Verpflichteten IIb 406; — sonstige Rechtsverhältnisse hinsichtlich der Vergütung IIb 395; — im Falle außerordentlicher Kündigung IIb 437; — Anrechnung der Kosten gewährter Krankenpflege IIb 410, 414; — Beendigung des Dienstverhältnisses: Gründe überhaupt IIb 422; — Zeitablauf IIb 424; — stillschweigende Fortsetzung IIb 431; — ordentliche Kündigung: rechtliche Natur, Form, Arten IIb 423; — Sonderbestimmungen IIb 424; — regelmäßige Kündigungsfristen IIb 427; — Frist bei

Dienstleistungen höherer Art IIb 428, — bei Dienstverhältnissen ohne eine nach Zeitabschnitten bemessene Vergütung IIb 430; — vorzeitige Kündigung lebenslänglicher oder mehr als fünfjähriger Dienstverhältnisse IIb 431; — außerordentliche Kündigung IIb 432; — bei Dienstleistungen höherer Art IIb 436; — zwingende Kraft der Vorschriften über a. K. IIb 435; — Einfluß der a. K. auf die zu leistende Vergütung IIb 437; — Schadensersatzpflicht des schuldigen Theiles IIb 437, 439; — Rechtsverhältniß nach ungerechtfertigter Kündigung IIb 440; — Gewährung einer angemessenen Zeit zum Aufsuchen eines neuen Dienstes IIb 441; — Zeugnißertheilung nach Beendigung des Dienstverhältnisses IIb 441; — besondere Arten: Spezialbestimmungen für bestimmte Dienstverhältnisse IIb 376; — Dienstvertrag mit Dienstboten IIb 386; — auf eine Geschäftsbesorgung gerichteter D. IIb 543; — D. des Kindes: Abschluß durch den Vater IV 756; — Haftung des Kindes für Verbindlichkeiten aus demselben IV 782; — des Minderjährigen I 325; — D. des Mündels, Abschluß durch den Vormund V 1073, 1081; — Anhörung des Mündels vor der Genehmigung V 1088; — über persönliche Leistungen der Ehefrau IV 129.

Dienstzeugniß IIb 441, 442; — Haftung aus Ertheilung eines unrichtigen D. IIb 548; — D. für Dienstboten IIb 389, 441, VI 219.

Dies interpellat pro homine IIa 105.

Differenzgeschäfte IIb 698.

Differenztheorie IIa 150.

Dilatorische Einreden: Begriff I 550; — Hemmung der Verjährung I 550.

Dinggeld IIa 174.

Dingliche Ansprüche: Verjährung I 530, 545; — Anrechnung der Besitzzeit des Rechtsvorgängers bei Verjährung I 573.

Dingliche Rechte: III 1; — anzuwendendes Recht VI 329; — Aufhebung bestehender VI 338, 340; — Rechtszustand bis zur Anlegung des Grundbuchs VI 338; — an Bestandtheilen I 269; — Schadensersatz wegen Verletzung IIb 860; — Unverjährbarkeit I 530.

Dingliche Rechtsgeschäfte I 303.

Dismembration Verbot der D. von Grundstücken VI 249; — D. eines landrenten- oder landeskulturrentenpflichtigen Grundstücks VI 254.

Dispensation von Erfordernissen der Annahme an Kindesstatt IV 948; — vom Aufgebot vor Eheschließung IV 50, 52; — Zuständigkeit IV 62; — v. Ehehindernisen: des Ehebruchs IV 42; — Wirkung für eine verbotswidrige geschlossene Ehe IV 75; — der Eheunmündigkeit IV 26; — der Wartezeit IV 44; — Zuständigkeit 61, VI 47.

Dispositionspapiere: Gefahrübergang auf den Käufer IIb 44, 49.

Dispositionsstellung der Waare IIb 94.

Dissens beim Vertragsabschluß I 439.

Dissimulirtes Geschäft I 339, 342.

Distanzkauf: Gefahrübergang IIb 47.

Distriktspolizeibehörden: Zuständigkeit für die Entziehung der Rechtsfähigkeit eines Vereins I 176; — Einspruchsrecht gegen Eintragung eines Vereins I 203, 212.

Divergenz zwischen Wille und Erklärung I 335; — der Willenserklärungen beim Vertragsabschluß I 440.

Dividenden: Verjährung I 542.

Dividendenleisten: rechtliche Natur und Rechtsverhältnisse daran IIb 803; — siehe auch „Erneuerungsschein".

Dividendenscheine IIb 803; — siehe auch Gewinnantheilscheine.

Dolmetscher bei Eheschließung IV 53; — bei Testamentserrichtung V 546; — Ausschluß der Zuziehung beim Testament an einem abgesperrten Orte V 554; — Notwendigkeit seiner Anwesenheit während der Testamentserrichtung V 541.

Domkapitel: juristische Persönlichkeit I 251.

Doppelehe: Verbot IV 36; — Nichtigkeit der zweiten Ehe IV 73; — Form der Geltendmachung der Nichtigkeit IV 76; — D. in Folge Wiederverheirathung nach bekannt zu Unrecht erfolgter Todeserklärung eines Ehegatten IV 106; — Ehescheidungsgrund IV 525; — Grund zur Pflichttheilsentziehung V 702; — Aenderung des Strafgesetzbuchs VI 111, 116.

Doppelname: Führung durch die Ehefrau IV 121.

Dorftestament V 552; — zeitliche Beschränkung der Wirksamkeit V 556; — Errichtung als gemeinschaftliches Testament V 572; — Zuständigkeit zur Aufnahme nach Landesrecht VI 284.

Dotalrecht IV 143.

Draufgabe: Begriff und Bedeutung IIa 173; — Anrechnung auf die vertragsmäßige Leistung, Rückgabe bei Vertragsaufhebung IIa 175; — Anrechnung auf den Schadensersatzanspruch wegen Nichterfüllung, Rückgabe bei Leistung des Schadensersatzes IIa 176.

Draufgeld bei Dienstboten IIb 387.

Drei Jahre: Ausschlußfrist für Wiederkaufsrecht bei beweglichen Sachen IIb 158; — Ausschlußfrist für die Ersatzansprüche Dritter gegen den Finder, die Gemeinde des Fundorts III 236; — Frist für den Eigenthumserwerb des Fiskus an Fundsachen III 239; — Verschollenheitsfrist I 100, 102, 104.

Dreißig Jahre: Ausschlußfrist für Anfechtung der Annahme oder Ausschlagung der Erbschaft V 86; — für die Anfechtung letztwilliger Verfügungen V 350; — Ausschlußfrist für die Anfechtung der Bestimmung der Leistung durch einen Dritten

IIa 140; — Ausschlußfrist für Ausübung des Wiederkaufsrechtes an Grundstücken IIb 158; — Ausschlußfrist für Anfechtung von Willenserklärungen wegen Irrthums oder falscher Uebermittelung I 355; — wegen arglistiger Täuschung oder Drohung I 367; — für Wirksamkeit der Nacherbfolge V 377; — für Wirksamkeit des bedingten oder befristeten Vermächtnisses V 428; — Frist für die Ersitzung von Grundstücken durch einen eingetragenen Nichteigenthümer III 116; — durch einen nicht eingetragenen Eigenbesitzer III 171; — Frist für die regelmäßige Verjährung I 535; — Verjährungsfrist für rechtskräftig festgestellte Ansprüche I 570; — Frist für Vorlegung von Inhaberschuldverschreibungen zur Einlösung IIb 798; — Frist für Erlöschen des Rechts des Gläubigers auf einen hinterlegten Betrag IIa 246; — Miethvertrag für 30 J. IIb 293; — Beschränkung der Verwaltungsbefugniß des Testamentsvollstreckers auf d. J. V 500.

Dreißigste: Recht des D. V 131; — Einfluß auf die Theilung der Erbengemeinschaft V 293.

Dreschmaschine: Vermiethung IIb 444, 447.

Dritte: Berufung auf die Nichtigkeit einer Ehe IV 98; — Bestimmung des Empfängers und Gegenstandes einer Auflage V 461, 462; — Ausschluß der Bestimmung über die Geltung einer letztwilligen Verfügung, des Empfängers oder Gegenstandes derselben durch Dr. V 328; — Bestimmung der Leistung nach billigem Ermessen IIa 140; — Form und Anfechtung der Bestimmung IIa 140; — Unverbindlichkeit der Bestimmung IIa 141; — Bestimmung des Testamentsvollstreckers V 467, 482; — Bestimmung des Vermächtnißnehmers V 421; — der Theilung unter mehrere Vermächtnißnehmer V 421, 423; — des Gegenstands beim Wahlvermächtniß V 421; — beim Gattungsvermächtniß V 422, 424; — bei dem nur dem Zwecke nach bestimmten Vermächtniß V 422, 425; — Entscheidung über die Nachlaßauseinandersetzung V 298; — Haftung für Verschulden Dritter IIa 85; — für Verschulden Dr. bei Erfüllung von Verbindlichkeiten IIa 93; — für Verschulden Dritter beim Miethverhältniß IIb 210; — Herausgabe einer ungerechtfertigten Bereicherung IIb 846; — Lebensversicherungsvertrag, Leibrentenvertrag zu Gunsten eines Dr. IIa 167; — Leistung an Dr als Erfüllung IIa 216, 219; — Leistung durch Dr. IIa 60; — Recht zur Befriedigung des Pfandgläubigers III 590; — des Hypothekgläubigers III 445; — Einigung über Besitzübertragung zu Gunsten eines Dritten III 9; — Rechte Dritter am Miethobjekt IIb 316, 317; — am Gegenstand des Wiederkaufrechts IIb 155; — Rechte Dritter: Erlöschen bei Veräußerung der belasteten Sache III 194; — beim Eigenthumserwerb durch Ersitzung III 202; — beim Eigenthumserwerb durch Fund III 233; — Einfluß des Eigenthumserwerbs durch Verbindung, Vermischung III 206; — durch Verarbeitung III 207; — Erstreckung der Rechte Dritter an einer Forderung auf den Schuldschein und ähnliche Urkunden III 210; — Verhältniß zum Nießbrauch III 307; — zum Pfandrecht III 554; — Ueberlassung der geliehenen Sache an Dr. IIb 354; — Rückforderung von dem Dr. IIb 355; — Wirkung der Aufhebung der Gütergemeinschaft gegen Dr. IV 350; — Wirksamkeit von Verfügungsbeschränkungen der Frau gegenüber Dr. IV 226; — Wirksamkeit der Vorbehaltsgutseigenschaft gegenüber Dritten bei allgemeiner Gütergemeinschaft IV 307; — Zuwendung des einem Abkömmling entzogenen Antheiles an der Gütergemeinschaft an Dr. IV 433; — Schutz des gutgläubigen Dr. bei Ausschließung oder Aenderung der eheherrlichen Nutznießung und Verwaltung IV 289; — bei Beendigung derselben IV 267; — bei Beendigung der elterlichen Gewalt IV 822; — Versprechen der Leistungen an Dr. IIa 164; — bei Leistung nach dem Tode des Versprechensempfängers IIa 170; — Bestimmung des Leistungsempfängers durch den Versprechensempfänger IIa 170; — Zurückweisung der Leistung durch den Dr. IIa 171; — Einwendungen aus dem Vertrag IIa 171; — Anspruch des Versprechensempfängers auf Leistung IIa 173; — Vertrag über den Nachlaß eines noch lebenden Dr. IIa 132.

Drohung: Anfechtung der Anerkennung der Ehelichkeit IV 634; — Anfechtung der Bestimmung der Leistung durch einen Dritten IIa 140; — Anfechtung der Ehe wegen D. I 366, IV 85; — Anfechtungsfrist IV 91; — Anfechtung nach Fristablauf IV 92; — Ausschluß der Anfechtung infolge Bestätigung der Ehe IV 88; — vermögensrechtliche Verhältnisse und Unterhaltspflicht nach Anfechtung IV 102; — rechtliche Stellung der Kinder aus der angefochtenen Ehe IV 859; — Anfechtung der Erbschaftsannahme und Ausschlagung V 85; — Anfechtung letztwilliger Verfügungen I 366, V 344, 347; — Anfechtungsberechtigter V 348; — Anfechtung des Erbvertrages V 596; — Frist für die Anfechtung V 600; — A. von Willenserklärungen I 358, 359; — Widerrechtlichkeit der Drohung I 361; — Voraussetzungen in der Person des Drohenden I 363; — des Bedrohten I 361; — Anfechtungsberechtigter I 363; — bei Stellvertretung in der Willenserklärung I 363, 477; — Schadensersatzpflicht I 366; — unerlaubte Handlung IIb 852; — Bestimmung zur Gestattung des Beischlafes durch Dr. IIb 874, 875; — Ersatz nicht vermögensrechtlichen Schadens IIb 952; — Erbun-

würdigkeit bei Bestimmung zur Errichtung oder Aufhebung einer letztwilligen Verfügung durch Dr. V 707.

Droschke: rechtliche Natur der Benützung IIb 447.

Drucken: Verarbeitung III 207.

Dulden als Leistungsgegenstand IIa 9.

Duldung der Zwangsvollstreckung in den Nachlaß durch den Testamentsvollstrecker V 503, 506.

Dummkoller der Pferde, Esel, Maulesel und Maulthiere IIb 130.

Dünger: Fruchteigenschaft I 284; — Zubehöreigenschaft I 280, 282; — Zurücklassung bei Beendigung der Pacht IIb 343, 344; — Zurücklassung durch den Vorerben V 400.

Durchschnittssumme bei Bestimmung der Leistung durch mehrere Dritte IIa 140.

E.

Echtheit des eigenhändigen Testamentes, Beweis V 534.

Editionspflicht im Prozeß IIb 818; — siehe auch „*Vorlegung*".

Ehe: Begriff und rechtliche Natur IV 4; — Wirkungen der E. IV 110; — Anfechtbarkeit IV 63; — Nichtigkeit IV 63; — Einfluß der Todeserklärung eines Ehegatten I 108; — kirchliche Verpflichtungen hinsichtlich der E. IV 598; — *Eingehung einer neuen* durch die Mutter IV 847; — durch den überlebenden Ehegatten IV 45, 400; — durch den Vater IV 802; — durch den als Vormund bestellten Elterntheil IV 1125; — durch die Wittwe: Wartezeit IV 44; — Befreiung von dem Ehehinderniß IV 61; Einfluß vorzeitiger Wiederverheirathung auf den Status der Kinder IV 636; — Eingehung nach Todeserklärung des anderen Ehegatten IV 103, 737, VI 300, 303; — Uebergangsvorschrift über den Rechtsbestand einer vor dem 1. I 1900 geschlossenen Ehe VI 351; — Vermittelung der E. IIb 508; — Strafen der zweiten E. V 17.

Ehebruch: Ehehinderniß IV 42; — Zuständigkeit für die Befreiung IV 61; — Wirkung auf die verbotswidrig geschlossene Ehe IV 75; — Geltendmachung der Nichtigkeit der Ehe IV 76; — Scheidungsgrund IV 520, 524; — Grund zur Pflichttheilsentziehung V 702; — E. nach Aufhebung der ehelichen Gemeinschaft IV 591; — anzuwendendes Recht VI 358.

Ehefrau: Adelserwerb IV 122; — Annahme an Kindesstatt IV 950, 963; — Annahme einer Erbschaft V 65; — Antragsrecht auf Erlassung des Aufgebotes der Nachlaßgläubiger V 129; — auf Nachlaßkonkurs V 164; — Antragsrecht auf Vermerk im Reichsschuldbuch VI 145; — im Staatsschuldbuch VI 222; — Auseinandersetzung mit Miterben V 289; — Ausschlagung einer Erbschaft V 72; — Einwilligung zur Ehelichkeitserklärung eines Kindes durch den Mann IV 923; — Ausschluß der Vertretung IV 926; — Beschränkung der Frau in der Geschäftsfähigkeit IV 927; — Form der Einwilligung IV 927; — Anfechtung IV 928; — Eheschließung der E. eines für todt erklärten Ausländers VI 46; — Dienstverträge derselben IIb 391, 440; — Erwerb der E. IV 123; — Erwerbsgeschäft der E.: Genehmigung des Mannes zum Betrieb IV 119; — Fähigkeit zum Amte eines Familienrathes IV 1150; — eines Gegenvormunds IV 1025; — eines Pflegers IV 1220; — Fähigkeit zum Amte eines Testamentsvollstreckers V 484, 487; — eines Vormundes IV 1012, 1181; — Familienname I 79, IV 120; — Pflicht zur Führung des Familiennamens des Mannes I 77; — Familienname nach Ehescheidung IV 560; — anzuwendendes Recht VI 61; — Geschäftsfähigkeit IV 111; — Beschränkung der Geschäftsfähigkeit nach bisherigem Rechte VI 354; — Geschäftsfähigkeit der nach ausländischem Güterrecht lebenden E. hinsichtlich eines Gewerbebetriebs im Inland VI 119, 121; — Haftung für Nachlaßverbindlichkeiten V 129; — Haftung aus unerlaubten Handlungen derselben IIb 854; — Haftung für Miethzins IIb 209; — häuslicher Wirkungskreis IV 122; — Heimat im Falle der Nichtigkeit der Ehe IV 69; — — Intercessionen IV 111, 148; — Inventurerrichtung über den Nachlaß V 212; — Fristbestimmung hiezu, Errichtung durch den Mann V 129, 230; — Leistung des Offenbarungseides, Folgen ungetreuer Inventur V 232; — Nachweis der Reichsangehörigkeit VI 124; — *Rechtliche Stellung im gesetzlichen Güterstand*: Beitragspflicht zum ehelichen Aufwand aus dem Vorbehaltsgut IV 164; — Eigenthumserwerb mit Mitteln des eingebrachten Gutes IV 182; — Ersatzpflicht für Aufwendungen für das eingebrachte Gut IV 202; — Geltendmachung der Ansprüche aus der Nutznießung und Verwaltung des eingebrachten Gutes IV 209; — Haftung für ihre Schulden IV 239, 240; — für Kosten von Rechtsstreitigkeiten IV 194; — Haftung des Vorbehaltsgutes für Kosten 249, 251; — gesammtschuldnerische Haftung neben dem Ehemann IV 198; — Haftung für Lasten des eingebrachten Gutes und Vorbehaltsgutes IV 191; — Prozeßfähigkeit IV 218; — Erforderniß der Einwilligung des Mannes zu Rechtshandlungen IV 210; — Wirkung mangelnder Einwilligung IV 212, 214, 215; — Entbehrlichkeit der Zustimmung IV 222; — Ersetzung der Zustimmung des Mannes durch das Vormundschaftsgericht IV 224; — Prozeßführung ohne Zustimmung des Mannes IV 218; — ohne Zustimmung des Mannes giltige Rechtshandlungen IV 216, 230, 233; — Verfügungsrecht über eingebrachtes Gut IV 210, 218; — Verträge

über eingebrachtes Gut IV 212; — Verpflichtung zu Leistungen gegenüber Dritten IV 216; — Recht auf Sicherheitsleistung des Mannes IV 204, — auf Hinterlegung von Werthpapieren ꝛc. IV 205; — Vertretung des Mannes in der Verwaltung und Nutznießung des eingebrachten Gutes als Vormund des Mannes IV 236; — Stellung der Frau nach außen IV 226; — Gütertrennungsklage der Frau IV 257; — rechtliche Stellung bei Gütertrennung IV 271, 272; — im Einzelnen: Beitragspflicht zum ehelichen Aufwand IV 273; — freiwillige Leistungen IV 276; — Ueberlassung des Vermögens an den Mann zur Verwaltung IV 276, — einzelner Vermögensbestandtheile zum Verbrauch IV 276; — Zurückbehaltungsrecht zur Sicherung des Unterhalts IV 275; — bei allgemeiner Gütergemeinschaft: Rechtsstellung überhaupt IV 311; — Beitragspflicht zum ehelichen Aufwand aus dem Vorbehaltsgut IV 306, — freiwillige Leistungen IV 307; — Fälligkeit von Verbindlichkeiten gegenüber dem Vorbehaltsgut des Ehemannes IV 343; — Fortsetzung beim Eintritt des Güterstandes anhängiger Prozesse IV 324; — gerichtliche Geltendmachung zum Gesammtgut gehöriger Rechte IV 321; — Haftung des Gesammtgutes für Verbindlichkeiten der E. IV 328, 330, 334; — Haftung der E. für bei Auseinandersetzung nicht berichtigte Gesammtgutsverbindlichkeiten IV 369, — im Verhältniß zum Ehemann IV 371; — Haftung aus Verwaltungshandlungen IV 327; — Verfügung über das Gesammtgut bei Verhinderung des Mannes IV 322; — Bereicherung des Gesammtgutes durch unzulässige Verfügungen der E. IV 325; — Verwaltung des Gesammtguts als Vormund des Mannes IV 328; — Wirkung von Rechtshandlungen des Mannes bezüglich des Gesammtgutes gegenüber der Frau IV 309; — Gütertrennungsklage IV 347; — bei Errungenschaftsgemeinschaft: eingebrachtes Gut der E. IV 452; — Haftung des Gesammtgutes für Unterhaltsverbindlichkeiten der E. IV 465; — Haftung für Kosten von Rechtsstreitigkeiten der Frau IV 459; — Haftung der E. für bei Auseinandersetzung nicht berichtigte Gesammtgutsverbindlichkeiten IV 480, 483; — Klagerecht auf Aufhebung der Gemeinschaft IV 476, — auf Wiederherstellung IV 484; — Verfügungsrecht der E. bei Verhinderung des Ehemannes IV 445; — Verwaltung des Gesammtgutes als Vormund des Ehemannes IV 446; — bei Fahrnißgemeinschaft IV 492, 493; — Einfluß des Konkurses IV 490; — Schlüsselgewalt IV 124; — Erwerb und Verlust der Staatsangehörigkeit VI 128; — Stand IV 122; — Stand nach Ehescheidung IV 566; — Stellung der Frau nach außen, anzuwendendes Recht VI 56; — Strafantrag bei Beleidigung einer E. VI 111, 117; — Testirfähigkeit V 527; — Unterhaltspflicht gegenüber dem Ehemann IV 132, — während thatsächlicher Trennung IV 137; — Unterhaltspflicht nach Ehescheidung IV 566; — Wegfall bei Verweigerung der Herstellung der ehelichen Gemeinschaft IV 139; — Beitragspflicht zum Unterhalt des Kindes nach Ehescheidung IV 581; — Unterhaltspflicht gegenüber Verwandten IV 655; — Verjährung ihrer Ansprüche gegen den Ehemann I 554; — Vermuthung des Eigenthums derselben IV 139; — Verpachtung eines zum eingebrachten Gut gehörigen Landgutes IIb 326; — Verpflichtung zu persönlichen Leistungen IV 128; — Vertretung des Mannes außerhalb des häuslichen Wirkungskreises IV 128; — Verzicht auf den Pflichttheil V 676; — Berufung der E. zur Vormundschaft über den Ehemann IV 1184; — Entlassung der als Vormund bestellten E. IV 1168; — Vormundschaft über die E. IV 1029, — bei Minderjährigkeit IV 148; — Sorge für die Person der bevormundeten volljährigen Ehefrau IV 1185; — Wohnsitz I 68; — nach Aufhebung der ehelichen Gemeinschaft IV 589.

Ehegatten: Annahme an Kindesstatt durch die nämliche Person IV 951; — Antragsrecht auf Eintragungen im Güterrechtsregister IV 510; — Ausschluß von der Mitwirkung bei Testamentserrichtung: des E. des Erblassers V 536, — des E. des Bedachten V 537, — des E. des Richters oder Notars V 538; — Beerbung nach allgemeiner Gütergemeinschaft IV 372, — bei Fortsetzung der Gütergemeinschaft mit den Abkömmlingen IV 377; — bei Ablehnung derselben IV 383; — bei Ausschluß der letzteren IV 424, 425; — Einwilligung zur Annahme an Kindesstatt IV 950, 962; — Voraussetzungen und Form IV 953; — Anfechtung IV 960; — Erbrecht des überlebenden E. V 19, 22, 34, — neben Erben der zweiten V 28, 34, — der dritten Ordnung V 29, 34; — Verlust desselben V 42; — gleichzeitiges Erbrecht als Verwandter V 43; — Ausschluß von der Erbfolge durch Testament V 52; — auf das Erbrecht des überlebenden E. anzuwendendes Recht VI 354; — Erbvertrag unter E.: Fähigkeit zum Abschluß V 588; — Form V 589; — Unwirksamkeit im Falle der Auflösung der Ehe vor dem Tode eines Ehegatten V 594; — gegenseitige Erbeinsetzung, Wirksamkeit von Zuwendungen an Dritte nach dem Tode des Ueberlebenden V 595; — Aufhebung V 611, 613, — durch gemeinschaftliches Testament V 615; — Erbverzicht unter E. V 722; — gemeinschaftliches Testament V 570, 571; — Unwirksamkeit

letztwilliger Verfügungen zu Gunsten eines E. V 343; — Ersitzung beweglicher Sachen gegen einander III 200; — Haftung bei Erfüllung der sich aus dem ehelichen Verhältniß ergebenden Verpflichtungen IV 131; — Haftung für Miethzinszahlung IIb 209; — Haftung aus unerlaubten Handlungen derselben IIb 854; — persönliche Rechtsbeziehungen IV 111; — räumlich und zeitlich geltendes Recht IV 114; — nach Trennung von Tisch und Bett VI 360; — nach der Schenkung VI 359; — räumlich VI 27, 50; — zeitlich anzuwendendes Recht VI 353; — Pflicht zur ehelichen Lebensgemeinschaft IV 114; — Pflichttheilsrecht V 635; — Entziehung des Pflichttheils V 698, 702; — Einfluß von Schenkungen unter E. auf die Pflichttheilsberechnung V 683; — rechtliche Stellung im gesetzlichen Güterstand: Schuldenhaftung gegenüber den Gläubigern IV 238; — im Verhältniß der Ehegatten unter sich IV 249; — Haftung für Kosten eines Rechtsstreites unter ihnen IV 251; — siehe auch „Ehefrau, Ehemann"; — bei allgemeiner Gütergemeinschaft: Haftung für Gesammtgutsverbindlichkeiten im Verhältniß zu einander IV 336; — Uebernahme bestimmter Sachen bei Auseinandersetzung IV 363; — Verfügungsrecht über Gesammtgut IV 308, — nach der Aufhebung bis zur Auseinandersetzung IV 352; — Verwaltungsrecht nach Aufhebung IV 353; — bei fortgesetzter Gütergemeinschaft: Ausschluß der Fortsetzung durch letztwillige Verfügung IV 425; — Ausschluß eines Abkömmlings durch letztwillige Verfügung IV 427, 436; — durch gemeinschaftliches Testament IV 436; — Beschränkung eines Abkömmlings IV 430, 436; — in guter Absicht IV 431, 432; — Entziehung des Antheiles V 431, 436; — Verfügung über frei gewordene Vermögenstheile IV 433, 436; — Einräumung des Uebernahmerechtes hinsichtlich des Gesammtgutes oder einzelner Theile IV 434, 436; — Zustimmung zum Ausschluß eines Abkömmlings IV 436, — zum Vertrag über Verzicht eines Abkömmlings oder Aufhebung des Verzichts IV 438; — bei Errungenschaftsgemeinschaft: Feststellung des Bestandes und Zustandes des eingebrachten Gutes IV 456; — Schuldenhaftung IV 454; — im Verhältniß der Ehegatten unter sich IV 465, 467, 469; — Fälligkeit von Verbindlichkeiten unter der E. IV 473; — Uebernahme bestimmter Gegenstände bei Auseinandersetzung IV 483; — Verfügungsrecht über Gesammtgut IV 446; — nach der Aufhebung der Gemeinschaft bis zur Auseinandersetzung IV 480, 482; — Schenkungen unter E. IV 111, 148; — Widerruf der Schenkungen nach Ehescheidung IV 579; — Unterhaltspflicht, gegenseitige IV 132; — während thatsächlicher Trennung IV 137; — nach Wiederherstellung der ehelichen Gemeinschaft IV 596; — Wegfall bei Verweigerung der Herstellung der ehelichen Gemeinschaft IV 139; — U. nach Nichtigkeitserklärung oder Auflösung der Ehe IV 99, 102; — Unterhaltspflicht nach Anfechtung der nach irrthümlicher Todeserklärung des früheren E. geschlossenen neuen Ehe IV 108, 663; — U. gegenüber dem irrthümlich für todt Erklärten IV 109; — Befreiung durch Vorausleistung IV 674; — primäre U. vor anderen Verwandten IV 663; — auf die Unterhaltspflicht anzuwendendes Recht VI 353; — Unterhaltspflicht nach Trennung von Tisch und Bett VI 360; — Verjährung der gegenseitigen Ansprüche I 554, IV 2; — Verjährung ihrer Ansprüche nach Aufhebung der ehelichen Gemeinschaft IV 589; — vermögensrechtliche Beziehungen und Unterhaltspflicht im Falle der Nichtigkeit der Ehe IV 99; — gegenseitige Vertretung IV 111; — Berufung zur Vormundschaft über den anderen Ehegatten IV 1184; — Voraus der E. V 39; — Verlust des Rechtes V 42; — Wohnort und Wohnung IV 118.

Ehehaften VI 188.

Eheherrliches Züchtigungsrecht IV 120.

Ehehindernisse: Uebersicht der Arten, Eintheilung IV 22, 63; — einzelne Arten: bestehende Ehe IV 36; — schwebender Anfechtungsprozeß hinsichtlich der Todeserklärung des bisherigen Ehegatten IV 106; — Ehebruch IV 42; — Eheunmündigkeit IV 26; — mangelnde Einwilligung des gesetzlichen Vertreters IV 27, — der Eltern IV 30, 34, — der Adoptiveltern IV 33; — mangelnde Erfüllung der Verbindlichkeiten gegen ersteheliche Kinder und Bevormundete IV 45; — mangelnder obrigkeitlicher Konsens für Beamte und Militärpersonen IV 47; — Verlöbniß IV 38; — Verwandtschaft und Schwägerschaft IV 38; — Begründung durch Annahme an Kindesstatt IV 41; — Wirkungen der Uebertretung des Eheverbotes IV 981; — Wartezeit IV 44; — Wiederaufnahme des Verfahrens nach Auflösung oder Nichtigkeitserklärung der früheren Ehe IV 36, 37; — Wirkungen IV 63; — Einfluß auf die Gültigkeit der Ehe IV 63; — bei bestehender anderer Ehe IV 73; — beim Ehebruch IV 75; — bei mangelnder Einwilligung IV 152; — bei Verwandtschaft und Schwägerschaft IV 75; — bei Adoptivverwandtschaft IV 981; — Einfluß auf das Verlöbniß IV 8; — Befreiung vom E. der Eheunmündigkeit IV 26; — des Ehebruchs IV 42, 75; — der Wartezeit 44; — Zuständigkeit IV 61; — Bestrafung wegen arglistiger Verschweigung von E. IV 24.

Eheliche Abstammung IV 607, 609; — Einfluß

der Aufhebung der ehelichen Gemeinschaft der Eltern IV 590; — anzuwendendes Recht VI 27, 62.
Eheliche Gemeinschaft: Pflicht hiezu IV 114; — Maaß für den Unterhalt IV 132; — Recht zur Verweigerung IV 114, 115; — Wegfall der Unterhaltspflicht wegen Verweigerung IV 139; — Aufhebung: Klage auf A. IV 552; — Frist für die Klage IV 547, 548, 555; — Wirkungen der Aufh. IV 583; — Verlust des Rechtes auf Aufhebung durch Verzeihung IV 544, 555; — Sorge für die Person gemeinschaftlicher Kinder während der Aufhebung IV 735; — auf die Aufhebung anzuwendendes Recht VI 27, 58, 357; — Freiheit der Frau zu persönlichen Diensten gegenüber Dritten IV 128; — Erbrecht der Ehegatten nach Auflösung V 36; — Verlust des Erbrechts und des Voraus nach Klageerhebung auf Aufhebung V 42; — Hemmung des Fristenlaufs für die Scheidungsklage IV 544; — Unterhalt während zulässiger Aufhebung, Herausgabe von Haushaltungsgegenständen IV 137; — Wiederherstellung IV 593; — Vermerk der Aufhebung und Wiederherstellung im Heirathsregister VI 140; — Umwandlung in Scheidung IV 557.
Eheliche Pflichten: Ehescheidung wegen Verletzung IV 532.
Ehelicher Aufwand: Umfang IV 200; — Tragung im gesetzlichen Güterstand IV 200; — bei allgemeiner Gütergemeinschaft IV 328; — bei Errungenschaftsgemeinschaft IV 442, 458; — bei Gütertrennung IV 273; — bei Fahrnißgemeinschaft IV 488; — Beitragspflicht der Frau im gesetzlichen Güterstand IV 164; — bei allgemeiner Gütergemeinschaft IV 306; — bei Fahrnißgemeinschaft IV 500; — bei Gütertrennung IV 273; — freiwillige Leistungen der Ehefrau bei Gütertrennung IV 276; — Berücksichtigung von Unterhaltsverbindlichkeiten der Frau IV 656.
Eheliches Güterrecht: Begriff IV 142; — Standesrechte IV 146; — bisheriges Recht IV 142; — räumliche Geltung des Rechts IV 145, VI 27, 52, 56; — Einfluß des Orts der gelegenen Sache VI 91; — zeitliche Geltung des Rechtes IV 145, 146, VI 354; — Einfluß der Trennung von Tisch und Bett VI 361; — siehe auch „gesetzliches, vertragsmäßiges Güterrecht".
Eheliches Kind: Aufwendungen zum elterlichen Haushalt IV 684; — Dienstleistungen im elterlichen Haus IV 681; — elterliche Genehmigung zur Eheschließung IV 30; — elterliche Gewalt IV 706; — Familienname I 78, IV 679; — Pflicht zur Führung des elterlichen Familiennamens I 78; — Stand IV 681; — Ueberlassung des Vermögens an die Eltern zur Verwaltung IV 685; — Unterhalt IV 649, 650; — Vorname IV 68; — Wohnsitz I 71; — e. K. im Sinne eines Landesgesetzes VI 11; — Rechtsverhältniß zu den Eltern: räumliche Geltung des Rechts VI 27, 64, 91; — zeitliche Geltung VI 361.
Ehelichkeit: Voraussetzungen IV 609; — zeitlich anzuwendendes Recht VI 364; — Form der Geltendmachung IV 625; — Einfluß der Aufhebung und Wiederherstellung der ehelichen Gemeinschaft IV 597, 612; — Einfluß der Todeserklärung und deren Aufhebung IV 612, 613; — Wirkung verfrühter Wiederverheirathung einer Wittwe IV 636; — der Kinder aus nichtigen Ehen IV 851; — E. in Folge Legitimation IV 909; — in Folge Annahme an Kindesstatt IV 963; — E. infolge Legitimation oder Annahme an Kindesstatt nach bisherigem Recht VI 370; — der Kinder aus nichtigen oder ungültigen Ehen nach bisherigem Recht VI 367; — nach Trennung von Tisch und Bett geborener Kinder VI 360; — Anfechtung der E.: Form bei Lebzeiten des Kindes IV 628; — nach dessen Tode IV 631; — Ausübungsrecht, Stellvertretung IV 626; — Frist IV 625; — Fristversäumung durch den gesetzlichen Vertreter des geschäftsunfähigen Mannes IV 626; — Ausschluß durch Anerkennung IV 632; — Klagezurücknahme und nachträgliche Anerkennung IV 628; — Anfechtung der Anerkennung IV 634; — prozessuale Vertretung des Kindes IV 624.
Ehelichkeitserklärung: Voraussetzungen IV 919; — im Einzelnen: Antrag des Vaters IV 918; — Form des Antrags IV 927; — Inhalt IV 922; — Ausschluß von Bedingungen und Befristungen I 446; — Ausschluß der Vertretung IV 926; — Erfordernisse bei beschränkter Geschäftsfähigkeit des Vaters IV 927; — Nichtigkeit und Anfechtung des Antrags IV 923, 928; — Widerruf IV 931; — erforderliche Einwilligungserklärungen IV 923; — Form derselben IV 927; — Ausschluß der Vertretung IV 926; — gesetzliche Vertretung des Kindes IV 926, 927; — Erteilung durch die in der Geschäftsfähigkeit beschränkte Mutter oder Frau des Vaters IV 927; — Ersetzung der Einwilligung der Mutter IV 925; — Nichtigkeit und Anfechtung der Einwilligung IV 924, 928; — Leben des Kindes IV 930; — Leben oder erfolgte Antragstellung des Vaters IV 930; — Einfluß des Mangels der gesetzlichen Erfordernisse IV 932; — Wirkungen IV 933; — Erstreckung auf Abkömmlinge IV 934; — Einfluß auf Rechte der Mutter IV 936; — Wirkungen nach dem Tode des Vaters IV 930; — im Einzelnen: Unterhaltspflicht IV 937; — Aussteuerpflicht gegenüber der Tochter IV 689; — Erbrecht nach E. V 21; — Erforderniß der Einwilligung zur Eheschließung des Kindes IV 32; — Pflichten des Vaters bei Verehelichung IV 937; — Einwilligung zur Annahme des für ehelich erklärten Kindes an Kindesstatt

IV 952; — Beendigung der Vormundschaft IV 1163; — begründet keine Schwägerschaft IV 605; — Ausschluß der Nachlaßtheilung vor Entscheidung über E. eines Miterben V 293; — Verfahren: Zuständigkeit IV 919; — Ausschluß von Bedingungen und Zeitbestimmungen IV 922; — Versagung IV 931; — Ausschluß wegen Verwandtschaft oder Schwägerschaft zwischen Vater und Kind IV 929; — im Falle des Todes eines Betheiligten IV 930; — Prozessuales IV 922; — anzuwendendes Recht VI 70, 71.

Ehemann: Antragsrecht auf Eintragungen im Güterrechtsregister IV 509; — Rechtliche Stellung im gesetzlichen Güterstand: Bestreitung des ehelichen Aufwandes IV 200; — bei Gütertrennung IV 273; — Einfluß auf den häuslichen Wirkungskreis der Frau IV 123; — Eingriff in die Schlüsselgewalt IV 124; — Einwilligung zum Betriebe eines Erwerbsgeschäftes durch die Frau IV 227, VI 56, 57; — Entscheidungsrecht in gemeinschaftlichen ehelichen Angelegenheiten IV 118; — Rechte bei Eingehung von Verpflichtungen der Frau zu persönlichen Leistungen IV 128; — Einfluß der Kündigung eines Dienstvertrages der Frau auf die Vergütung IIb 440; — Rechte und Pflichten in Bezug auf das eingebrachte Gut; Besitz III 12, IV 168; — Hinterlegung von Werthpapieren statt Sicherheitsleistung IV 205; — Vinkulirung von Inhaberpapieren, Umwandlung in Buchforderungen IV 208; — Ersatzanspruch für Aufwendungen IV 202; — Einwilligung zu Verfügungen der Frau IV 210; — Genehmigung von Verträgen der Frau über e. G. IV 212; — Rechtsstreitführung über e. G. IV 180; — Sicherheitsleistung bei Gefährdung IV 204, 257; — Verfügungsrecht IV 171, 173, 175; — Beschränkungen desselben durch Rechte der Gläubiger der Frau IV 240; — Rechte an eingebrachten Grundstücken IV 177; — Verwaltung und Nutznießung IV 150, 169, 186; — Beschränkungen des Verwaltungsrechtes IV 171; — Vertretung durch den Vormund oder Pfleger bei der Ausübung IV 236; — Unübertragbarkeit des Rechts IV 235; — Ausschluß durch Ehevertrag IV 294; — Beendigungsgründe für Nutznießung und Verwaltung überhaupt IV 254; — Beendigung durch Gemeinschaftsaufhebungsklage IV 257; — durch Konkurs des Mannes IV 262; — durch Todeserklärung IV 262; Pflichten nach Beendigung IV 264, 266; — Fortführung der Verwaltung nach Beendigung IV 267; — Wiederherstellung der Rechte 269; — Wirksamkeit gegenüber Dritten IV 270, 278; — Haftung für Lasten des eingebrachten Gutes IV 191; — für Zinsen und andere wiederkehrende Leistungen IV 193; — für Kosten IV 189, 194; — gesammtschuldnerische Haftung neben der Frau IV 198; — keine Haftung des e. G. für Schulden des Mannes IV 239; — Rechtliche Stellung bei allgemeiner Gütergemeinschaft: Verfügungsrecht, Bereicherung des Gesammtgutes durch unzulässige Verfügungen IV 325; — Ersatzpflicht bei Verfügungen ohne Genehmigung der Frau IV 326; — Verwaltungsrecht IV 309; — Vertretung des Mannes durch die Frau IV 322; — durch den Vormund IV 328; — Beschränkungen des Verwaltungsrechtes IV 313, 314, 317; — Ende des Verwaltungsrechtes IV 313; — Gütergemeinschaftsaufhebungsklage der Frau wegen Ueberschreitung seiner Befugnisse IV 347; — Haftung für Schulden der Frau IV 329; — Gütertrennungsklage des Mannes wegen Ueberschuldung d. Gesammtguts durch d. Frau IV 350; — Haftung für bei Auseinandersetzung nicht berechtigte Gesammtgutsverbindlichkeiten IV 369; — im Verhältniß zur Frau IV 371; — Fälligkeit seiner Verbindlichkeiten zum Gesammtgut und Forderungen aus demselben IV 343; — bei Errungenschaftsgemeinschaft: Verfügungsrecht über Gesammtgut IV 445; — Verwaltung des eingebrachten Gutes IV 452; — Haftung für Lasten desselben IV 458; — Haftung des Mannes gegenüber der Frau IV 467; — Haftung für bei Auseinandersetzung nicht berichtigte Gesammtgutsverbindlichkeiten IV 483; — Haftung des Gesammtguts für Schulden des Mannes IV 459; — Beendigung der Gemeinschaft durch Konkurs des Mannes IV 463, 477; — durch Aufhebungsklage des Mannes IV 476; — Klage auf Wiederherstellung IV 484; — bei Fahrnißgemeinschaft IV 492, 493; — Konkurs des Mannes IV 490; — kein Vorbehaltsgut IV 499; — Todeserklärung des E.: Einfluß auf Nutznießung und Verwaltung IV 262; — Todeserklärung eines ausländischen E. VI 35, 37; — Unterhaltspflicht gegenüber der Frau IV 132; — bei thatsächlicher Trennung IV 137; — Wegfall bei Weigerung der Frau zur Wiederherstellung der ehelichen Gemeinschaft IV 139; — nach Ehescheidung IV 566; — Vermuthung des Eigenthums desselben IV 139; — Vorbehaltsgut des Mannes bei allgemeiner Gütergemeinschaft IV 307; — Vormundschaft über den E. IV 1029; — Vormundschaft des E. über die Frau IV 148; — Berufung zur Vormundschaft über die Frau IV 1004; — Zustimmung zur Uebernahme einer Vormundschaft durch die Frau IV 1012; — E. der Erbin: Antragsrecht auf Anordnung der Nachlaßverwaltung V 178; — Inventarerrichtung für die Frau V 230;.

Ehemündigkeit I 33, IV 26; — Zuständigkeit für die Befreiung vom Ehehinderniß mangelnder E. IV 61; — anzuwendendes Recht VI 29.

Eherechtliche Vorschriften des Kirchenrechtes VI 154.
Ehesachen: gerichtliche Zuständigkeit IV 4; — Scheidungsprozeß IV 518.
Ehescheidung IV 514; — siehe Näheres unter „Scheidung".
Ehescheidungsstrafen IV 566; — örtlich anzuwendendes Recht VI 54; — zeitlich geltendes Recht VI 359.
Eheschließung: rechtliche Natur IV 4; — örtlich anzuwendendes Recht VI 27, 46, 86; — Ausschluß der Klage auf E. IV 13; — Aufgebot IV 50, 61; — Form IV 22; — Ausschluß von Bedingungen und Zeitbestimmungen I 446, IV 52; — wesentliche Förmlichkeiten IV 52; — unwesentliche Förmlichkeiten IV 55; — hinsichtlich der Form anzuwendendes Recht IV 54, VI 46, 48; — Form der im Ausland erfolgenden VI 126; — Wirkung der Nichtbeachtung der wesentlichen Form IV 69; — zuständiger Standesbeamter IV 58; — für Militärpersonen IV 60; — Ermächtigung des unzuständigen Standesbeamten IV 61; — E. vor dem vermeintlichen Standesbeamten IV 57; — Eintragung ins Heirathsregister IV 55, 56; — Wiederholung der E. IV 36, 70; — kirchliche E. vor der standesamtlichen IV 21, 24, VI 140; — Erfordernisse: Ehemündigkeit IV 26; — Einwilligung der Adoptiveltern IV 33; — der Eltern IV 30; — Ersetzung der Einwilligung durch das Vormundschaftsgericht IV 34; — Verlust des Aussteueranspruches bei Eheschl. ohne die Einwilligung IV 691, 693; — Einwilligung des gesetzlichen Vertreters IV 27; — Anhörung von Verwandten und Verschwägerten des Mündels vor Ersetzung der Einwilligung durch das Vormundschaftsgericht IV 1127; — Anfechtung der Ehe wegen Mangels derselben IV 78; — Bestätigung der Ehe IV 88; — Einfluß der mangelnden Einwilligung auf den gesetzlichen Güterstand IV 152; — auf die elterliche Einwilligung zur E. zeitlich anzuwendendes Recht VI 362; — Verehelichungszeugniß nach bayerischem Rechte IV 23, 49; — des Vormundschaftsgerichts IV 45; — Einfluß der Mentalreservation I 339; — der Simulation I 341; des Mangels der Ernstlichkeit der Erklärung I 344; — E. von Deutschen im Ausland IV 54, 57; — von Ausländern im Inland IV 47, 48; — E. im Ausland, in Konsulargerichtsbezirken, Schutzgebieten IV 25; — von Beamten und Militärpersonen IV 26, 47; — E. im bayerischen Königshaus IV 22; — räumliche und zeitliche Geltung des BGB. IV 25; — Aenderung der Gesetze über Beurkundung des Personendes und die Eheschließung VI 126, 139; — siehe auch „Verheirathung, Wiederverehelichung".
Ehevermittelung: Klaglosigkeit des Lohnversprechens IIb 508.
Eheversprechen: Klaglosigkeit IV 13.
Ehevertrag: Begriff IV 281; — Form IV 287, VI 54, 86; — Inhalt IV 281, 283; — Verweisung auf nicht mehr geltendes oder ausländisches Recht IV 285; — Vertragsfreiheit IV 282; — Beschränkungen derselben IV 283; — Voraussetzungen der Wirksamkeit IV 284; — Wirksamkeit gegenüber Dritten IV 289; — Abschluß durch Ausländer und früheren Ausländer VI 52, 86; — Eintrag ins Güterrechtsregister IV 510; — Verbindung mit einem Erbvertrag IV 281, 288, V 56; — auf die Zulässigkeit anzuwendendes Recht VI 354; — durch E. zu regelnde Gegenstände: Ausschluß der Fortsetzung der allgem. Gütergemeinschaft IV 424; — Begründung der Errungenschaftsgemeinschaft IV 442; — Erklärung von Sachen als eingebrachtes Gut bei Errungenschaftsgemeinschaft IV 447, 448; — bei Fahrnißgemeinschaft IV 497; — als Vorbehaltsgut im gesetzlichen Güterstand IV 160, — bei allgemeiner Gütergemeinschaft IV 305, — bei Errungenschaftsgemeinschaft IV 454; — Vereinbarung der Fortsetzung der Fahrnißgemeinschaft IV 501, — der Gütertrennung IV 294.
Ehewidrige Kinder IV 862, 866, VI 370.
Ehre Civil-Rechtsschutz IIb 860, 870.
Ehrenrechte siehe „Bürgerliche E."
Ehrlosigkeit: Grund zur Ehescheidung IV 532; — Grund zur Pflichttheilsentziehung V 697, 701; — E. des Gewalthabers IV 790, 792; — der Mutter, Bestellung eines Beistands IV 832.
Eidesstattliche Verpflichtung der Familienrathsmitglieder IV 1151; — des Vormunds IV 1022; — des Gegenvormunds IV 1025; — des Pflegers IV 1220.
Eidesstattliche Versicherung beim Antrag auf Ertheilung des Erbscheines V 739, 741; — beim gemeinschaftlichen Erbschein V 742.
Eidesunfähige: Untauglichkeit zum Zeugniß bei Testamentserrichtung V 538.
Eigenbesitz: Begriff III 4, 40; — Erwerb herrenloser S. durch E. III 219; — zehnjähriger, Voraussetzung der Ersitzung beweglicher Sachen III 198; — dreißigjähriger an Grundstücken III 171.
Eigenbesitzer: Eigenthumserwerb an Erzeugnissen und sonstigen Bestandtheilen der Sache III 213.
Eigenhändiges Testament V 521, 528, 529; — Unfähigkeit Minderjähriger und des Lesens Unkundiger zur Errichtung V 551; — amtliche Verwahrung V 551; — Rücknahme aus der Verwahrung V 557, 560; — e. T. als gemeinschaftliches unter Ehegatten V 572, 582.
Eigenmacht, verbotene: Begriff III 18; — Wirkung III 19; — Abwehr durch Selbsthülfe III 21; — Ansprüche bei Besitzentziehung III 23; — bei Besitzstörung III 24; — Einreden aus dem Recht zum Besitz oder

zur Störung III 27; — Erlöschen der Ansprüche durch Zeitablauf, durch rechtskräftige Feststellung des materiellen Rechts III 29; — Schutz des Besitzdieners III 23; — des mittelbaren Besitzers III 38; — des Theilbesitzers III 30; — Haftung des Besitzers beim Eigenthumsanspruch III 253; — E. gegenüber dem Erben III 17; — Erwerb von Erbschaftsgegenständen durch E. V 262.

Eigenschaften: Anfechtung der Ehe wegen persönlicher E. IV 81; — Anfechtung von Willenserklärungen wegen Irrthum über E. der Person oder Sache I 345, 347; — Haftung des Verkäufers wegen zugesicherter E. IIb 70, 73; — bei fahrlässiger Nichtkenntniß des Käufers IIb 80; — Schadensersatz wegen Nichterfüllung beim Fehlen IIb 88; — Haftung beim Grundstückskauf IIb 103; — beim Kauf von Gattungssachen IIb 121, 125; — Zusicherung beim Viehkauf IIb 129, 132, 140; — Verjährung des Schadensersatzanspruches IIb 113; — Haftung für zugesicherte E. der Miethsache IIb 218, — des Werkes IIb 454, 462.

Eigenthum: zeitlich anzuwendendes Recht VI 325; — Inhalt III 120; — Gegenstand III 120; — subjektive Eigenthumsfähigkeit III 120; — Verzicht auf das E. III 221; Schadensersatzpflicht wegen Verletzung fremden E. IIb 857, 859; — E. an eingebauten Baumaterialien I 272; — am Grenzüberbau I 274; — an Grundstücken: räumliche Grenzen III 124; — Beeinträchtigung durch Immissionen III 125; — Beeinträchtigung durch Anlagen auf dem Nachbargrundstück III 129; — Vereinigung mit dinglichen Rechten III 87; — an Schuldscheinen und ähnlichen Urkunden III 210.

Eigenthümergrundschuld III 532, 535, 536; — des Mündels IV 1076.

Eigenthümerhypothek im engeren Sinne: Begriff III 465, 495; — rechtliche Natur III 494; — praktische Bedeutung III 466; — Entstehung bei Nichtentstehung oder Erlöschen der Forderung III 465; — bei Verzicht des Gläubigers auf die Hypothek III 478; — Art und Weise der Entstehung III 469; — Erwerber III 471; — Ausnahmen von der Entstehung III 471; — Pfändung III 472; — Uebergangsbestimmungen III 472; — im weiteren Sinne: rechtliche Natur und Inhalt III 495, 496; — Entstehungsarten III 495; — Entstehung durch Befriedigung des Gläubigers durch den nicht persönlich haftenden Eigenthümer III 434; — bei Ausschluß des unbekannten Gläubigers im Aufgebotsverfahren III 484; — Entstehung bei der Gesammthypothek, Zerlegung in Theilhypotheken III 485; — Entstehung durch Befriedigung des Gläubigers durch einen Unterpfandseigenthümer III 487; — durch Verzicht des Gläubigers III 491; — Entstehung an einem Theil der Hypothek, Verhältniß zum Recht III 492; — Ausschluß der Entstehung für rückständige Nebenleistungen III 496; — Ausschluß zu Gunsten bestehender Pfandrechte VI 348; — Verzicht auf die E. III 498; — Nießbrauch an der E. III 337; — E. des Mündels IV 1076.

Eigenthumsanspruch: Uebersicht der Ansprüche III 242; — Anspruch auf Herausgabe: Inhalt III 244; — Gegenstand III 244; — Kläger III 245; — Herausgabeanspruch des früheren gutgläubigen Besitzers III 270; — Legitimation jedes Miteigenthümers III 280; — Beklagter III 245; — bei der Scheidung des Besitzes in unmittelbaren und mittelbaren III 246; — fictus possessor III 247; — Gegenstand III 244; — Herausgabe von Nutzungen nach Rechtshängigkeit, Haftung für nicht gezogene Nutzungen III 249; — Haftung des unentgeltlichen redlichen Besitzes vor und nach Rechtshängigkeit III 250; — Haftung des unredlichen Besitzers III 251; — des unmittelbaren Besitzers III 253; — — des durch verbotene Eigenmacht oder strafbare Handlung in den Besitz Gelangten III 253; — Herausgabe vor Rechtshängigkeit gezogener Nutzungen durch den redlichen Besitzer III 254; — Einfluß des Verzugs III 251; — Beweislast III 247, 252, 269; — Einreden des beklagten Besitzers III 248; — Ersatzanspruch für nothwendige Verwendungen III 255, 256, — für andere Verwendungen III 257; — Haftung für Verwendungen vor dem Eigenthumserwerb des Klägers, Ersatzanspruch für Verwendungen des Vorbesitzers III 259; — Zurückbehaltungsrecht wegen der Verwendungen III 259; — Voraussetzungen des Ersatzanspruches für Verwendungen III 260; — Frist für die Geltendmachung des Ersatzanspruches III 261; — Selbstbefriedigungsrecht des Besitzers III 261; — Abtrennungsrecht von Bestandtheilen III 257; — Ersatzanspruch für Bestellungskosten bei Herausgabe eines landwirthschaftlichen Grundstücks III 258; — Zwangsvollstreckung III 245; — Verjährung III 247; — E. auf Rückgabe einer beweglichen Sache I 536; — wegen Beeinträchtigungen III 262; — Gemeinsames: Geltendmachung der Ansprüche durch den Erbbauberechtigten III 286; — Geltendmachung bei gemeinschaftlichen Sachen III 280; — Einfluß der Hemmung der Verjährung des E. auf die Ersitzung III 199; — Unterbrechung der Ersitzung durch Erhebung des E. III 200.

Eigenthumsbeschränkungen: gesetzliche III 120; — Verletzung fremden Eigenthums durch Nothstandshandlungen III 122; — räumliche E. III 124; — landesrechtliche E. im öffentlichen Interesse VI 234, 237; — Entschädigung für reichsrechtliche E. im

öffentlichen Interesse VI 146; — bei Grundstücken VI 147; — Freiheit des Verfügungsrechts über die Entschädigungssumme VI 251; — anzuwendendes Recht VI 326; — siehe auch „Nachbarrecht".

Eigenthumserwerb und -Verlust an beweglichen Sachen: Erwerbsarten, Verlustgründe III 174; — Erwerb durch Rechtsgeschäft III 175; — Bedingung und Befristung III 179; — Legitimation des Veräußerers III 176; — Willenseinigung III 177; — Verhältniß zum obligatorischen Veräußerungsgeschäft III 178; — Besitzübergabe III 176; — Entbehrlichkeit der Besitzübergabe, wenn der Erwerber schon im Besitze ist (brevi manu traditio) III 175, 179; — Surrogate des Besitzerwerbs: Erlangung des mittelbaren Besitzes (constitutum possessorium) III 180; — Abtretung des Herausgabeanspruches an Stelle der Besitzübertragung III 182; — Erwerb vom Nichteigenthümer: Voraussetzungen III 175, 184; — bei Veräußerung durch constitutum possessorium III 188; — durch Abtretung des Herausgabeanspruches III 188; — bei Geld, Inhaberpapieren und öffentlich versteigerten Sachen III 189; — Wirkung des redlichen Erwerbs III 188; — Ausschluß des E. bei gestohlenen, verlorenen oder sonst abhanden gekommenen Sachen III 189; — W. des Erwerbs auf Rechte Dritter an der Sache III 175, 194; — sonstige Erwerbsarten: Ersitzung (siehe auch unter „Ersitzung") III 197; — Verbindung III 204, 205; — Vermischung III 206; — Verarbeitung III 206; — Rechte der durch diese Erwerbsarten einen Rechtsverlust Erleidenden III 209; — Aneignung III 219; — Fund III 226, 233, 234; — Sonderfälle: Erwerb von Erzeugnissen und Bestandtheilen III 212; — des Nießbrauchers an Früchten III 215, 305; — bei ordnungswidrigem Fruchtbezug III 310; — an verbrauchbaren Sachen III 327; — Erwerb beim Pfandverkauf III 582; — insbesondere bei Mängeln des Verkaufs III 584; — am gefundenen Schatz III 241; — bei Zwangsvollstreckung III 176; — an nachgeschafftem Inventar des Pachtgrundstückes IIb 337; — an Inventarstücken, deren Uebernahme der Verpächter bei Rückgabe ablehnt IIb 338; — durch den Vater für das Kind IV 760; — an Zubehör von Grundstücken I 279; — anzuwendendes Recht VI 327.

Eigenthumserwerb und -Verlust an Grundstücken: Erwerbsarten überhaupt III 156; — rechtsgeschäftliche Uebertragung (Auflassung) III 49, 157; — Erstreckung auf Zubehör III 170; — Ausschluß des bisherigen Eigenthümers im Aufgebotsverfahren III 171; — Verzicht auf das Eigenthum vor dem Grundbuchamt, Okkupationsrecht des Fiskus III 172; — Ersitzung durch einen eingetragenen Nichteigenthümer III 116; — an Grundstücken für den Mündel IV 1073, 1077; — nicht rechtsgeschäftlicher III 50; — zeitlich anzuwendendes Recht VI 338; — Erwerb und Verlust seitens des Staats oder eines Kommunalverbandes kraft Gesetzes VI 258.

Eigenthumsfähigkeit III 120.

Eigenthumsübertragung an beweglichen Sachen III 175; — zur Sicherung III 179, 180; — an Grundstücken III 49, 156; — Zuständigkeit zur Beurkundung nach Landesrecht VI 275; — E. an buchungsfreien Grundstücken VI 259; — an Grundstücken des Mündels IV 1073, 1075; — an Grundstücken zwischen dem Staate und Kommunalverbänden VI 258; — an verkauften Sachen IIb 5, 7, 12.

Eigenthumsvermuthung bei beweglichen Sachen III 267; — zu Gunsten des mittelbaren Besitzers III 38, 40; — zu Gunsten eines Mitbesitzers III 280; — für den Nießbrauchbesteller III 322; — für den Verpfänder zu Gunsten des Pfandgläubigers III 589.

Eigenthumsvorbehalt: Besitzverhältnisse während der Schwebezeit III 36; — E. an wesentlichen Bestandtheilen eines Grundstücks III 204; — an Zubehör III 205; — Einfluß einer Verarbeitung III 207; — beim Verkauf beweglicher Sachen IIb 58, III 179.

Einbehaltung der Vergütung beim Dienstvertrag IIb 403.

Einbringung von Sachen bei Gastwirthen IIb 585, 588.

Einfriedungen: Ausbesserungspflicht bei der Pacht IIb 330.

Eingebrachte Sachen des Gastes: Haftung des Gastwirths IIb 585; — Beschränkung der Haftung bei Geld, Werthpapieren und Kostbarkeiten IIb 590; — Ausschluß der Haftung IIb 589; — Ausschluß bei Versäumung der Anzeigepflicht von dem Schaden IIb 592; — Pfandrecht des Gastwirthes daran IIb 593; — e. S. d. Miethers: Pfandrecht des Vermiethers IIb 264; — Erlöschen desselben IIb 273; — Selbsthülfe bei Wegschaffung IIb 275; — des Pächters: Pfandrecht des Verpächters IIb 332.

Eingebrachtes Gut im gesetzlichen Güterstand: Gegenstand bei Eintritt des Güterstandes IV 150; — Erwerb der Frau während der Ehe IV 150, 151; — Bestimmung durch Ehevertrag IV 157, 160, 162; — Surrogation IV 182, 184; Miethe daran IIb 203; — Feststellung des Bestandes und Zustandes IV 165; — Verwaltung: Rechte des Mannes: Besitz III 12, IV 168; — Verwaltungsrecht IV 150, 152; — Beschränkung IV 171; — Ausschluß desselben bei Verheirathung der Frau ohne Einwilligung des gesetzlichen Vertreters IV 152; — Unübertragbarkeit IV 235; — Vertretung des bevormundeten Mannes bei der Verwal-

tung IV 236; — Verfügungsrecht IV 171, 173, 175; — über Grundstücksinventar IV 177; — gerichtliche Geltendmachung zum e. G. gehöriger Rechte IV 180; — Ersatzanspruch für Aufwendungen zur Verwaltung IV 203; — Vornahme einseitiger Rechtsgeschäfte gegenüber dem Manne IV 225; — Pflichten des Mannes: ordnungsmäßige Verwaltung, Auskunftertheilung an die Frau IV 169; — Verwendung des Reinertrags zur Bestreitung des ehelichen Aufwands IV 200; — Sicherheitsleistung bei Gefährdung IV 204; — Hinterlegung von Werthpapieren IV 205; — Vinkulirung von Inhaberpapieren, Umwandlung in Buchforderungen IV 208; — Tragung der Kosten der Geltendmachung eines zum e. G. gehörigen Rechtes IV 194; — Nutznießung: Recht des Mannes IV 150; — Ausschluß desselben bei Verheirathung der Frau ohne Einwilligung des gesetzlichen Vertreters IV 152; — Unübertragbarkeit IV 235; — Vertretung des bevormundeten Mannes IV 236; — Erwerb der Nutzungen IV 186; — Gewinnungs- und Erhaltungskosten IV 189; — Lastentragung IV 191; — Entrichtung von Zinsen und anderen wiederkehrenden Leistungen IV 193; — Verwendung als Betriebsmittel für ein selbständiges Erwerbsgeschäft der Frau IV 159; — Beendigung der Nutznießung und Verwaltung: Beendigungsgründe überhaupt IV 254; — Gütertrennungsklage IV 257; — Konkurseröffnung über das Vermögen des Mannes IV 262; — Todeserklärung desselben IV 262; — Wirkung der Beendigung im allgemeinen IV 264; — im Falle der Gütertrennungsklage IV 266; — Einfluß auf bestehende Mieth- und Pachtverhältnisse IV 266; — Fortführung der Verwaltung bis zu anderweitiger Fürsorge IV 267; — Stellung der Frau: Eigenthumserwerb zum e. G. IV 182, 184; — Verfügungsrecht IV 210; — Ersetzung der Zustimmung zu Rechtsgeschäften des Mannes IV 177; — einseitige Rechtsgeschäfte IV 215, 225; — gerichtliche Geltendmachung zum e. G. gehöriger Rechte IV 233; — Rechtsstreit der Frau über ein zum e. G. gehöriges Recht IV 218; — Unwirksamkeit des Urtheils im Rechtsstreit der Frau in Ansehung des e. G. IV 218; — Verpflichtung zu Leistungen IV 216; — Geltendmachung der Ansprüche aus der Nutznießung und Verwaltung IV 209; — Bereicherung durch Rechtsgeschäfte der Frau IV 216; — Schuldenhaftung: keine Haftung für Schulden des Mannes IV 238; — Haftung für Schulden der Frau IV 240, 245; — für Verbindlichkeiten des Vorbehaltsgutes IV 246, 248; — für Unterhaltspflichten der Frau IV 655; — Pfändung von Bestandtheilen und Früchten IV 236, 644; — Pfändungsbeschränkung hinsichtlich der Früchte IV 191; — Ersatzleistung zum Vorbehaltsgut und umgekehrt IV 253.

— **bei Errungenschaftsgemeinschaft**: E. G. der Ehegatten: Gegenstand bei Eintritt des Güterstandes IV 446; — Erwerb während der Gemeinschaft IV 447; — Erklärung als e. G. durch Ehevertrag IV 447, 448, 450; — Zugehörigkeit von Forderungen IV 450; — unübertragbare Gegenstände und Rechte IV 449; — Surrogation IV 450; — E. G. der Ehegatten: Nutzungen desselben werden Gesamtgut IV 444; — Feststellung des Bestandes und Zustandes IV 456; — Verwaltung IV 452; Ersatzleistung für Bereicherung aus dem Gesammtgut IV 471; — Vermuthung für Verwendung verbrauchbarer Sachen zum Gesammtgut IV 472; — Lastentragung IV 458; — Haftung für Verbindlichkeiten aus dem e. G. unter den Eheleuten IV 465; — Haftung für Verbindlichkeiten aus der Verwaltung IV 467; — E. G. der Frau insbesondere IV 452; — Abscheidung bei Auseinandersetzung des Gesammtgutes IV 483; — E. G. des Mannes IV 454; — Fälligkeit von Verbindlichkeiten der Frau zu demselben IV 473;

— **bei Fahrnißgemeinschaft**: Bestandtheile IV 493, 496, 497; — rechtliche Behandlung IV 492; — Surrogation IV 498.

Eingefügte Sachen: Bestandtheile des Grundstücks I 270, 272; — vorübergehende Einfügung I 274.

Eingehung der Ehe IV 20; — Ausschluß der Klage darauf IV 14; — siehe Näheres unter „Eheschließung".

Eingetragene Vereine: Anmeldung zur Eintragung: Form I 200; — Form der Zulassung I 202; — Mittheilung der Anmeldung an die Verwaltungsbehörde I 203; — Zurückweisung I 201; — Einspruch gegen die Eintragung: Zuständigkeit I 203; — Voraussetzungen I 203, 210; — Form I 211; — Mittheilung an den Vorstand I 211; — Anfechtung I 211; — Eintragung: örtliche Zuständigkeit I 197; — Frist I 213; — Veröffentlichung I 216; — Wirkung I 215; — Name I 198; — Eintragung ins Vereinsregister I 214; — Sitz: Angabe in der Satzung I 198; — Eintragung ins Vereinsregister I 214; — Satzung: Inhalt I 198, 199; — Datirung und Unterzeichnung I 200; — Angabe des Vereinszweckes I 198; — Mittheilung an die Verwaltungsbehörde I 203; — Eintragung ins Vereinsregister I 214; — Eintragung von Aenderungen I 219; — Rückgabe nach der Eintragung I 216; — der Aenderungen I 219; — Vorstand: Bestimmung über die Bildung in der Satzung I 199; — Eintragung der Vorstandsmitglieder ins Vereinsregister I 215; — Eintragung von Aenderungen in der Zusammensetzung I 216; — der Bestimmungen über die Beschlußfassung des Vorstands

I 214; — über Beschränkung der Vertretungsmacht I 214; — Zeugniß über die Zusammensetzung I 218; — Wirkung gegenüber Dritten: von Aenderungen des Vorstands I 217; — der Beschränkung der Vertretungsmacht desselben I 218; — abweichender Bestimmungen über die Beschlußfassung des Vorstands I 218; — Pflichten des Vorstands: Anmeldung des Vereins I 200; — von Satzungsänderungen I 219; — von Aenderungen des Vorstands I 216; — Einreichung des Mitgliederverzeichnisses I 220; — Anmeldung der Auflösung des Vereins I 222; — der Liquidatoren I 222; — Form der Anmeldungen I 223; — Antrag auf Entziehung der Rechtsfähigkeit wegen zu geringer Mitgliederzahl I 221; — Ordnungsstrafen wegen Nichterfüllung der Pflichten I 223; — Mitglieder: Bestimmungen über Eintritt und Austritt I 199; — Mindestzahl bei Eintragung des Vereins I 199; — für den Fortbestand des Vereins I 221; — Mitgliederbeiträge I 199; — Mitgliederverzeichniß I 220; — Mitgliederversammlung: Berufung, Beurkundung der Beschlüsse I 199; — Ende: Auflösung I 222; — Konkurs I 222; — Entziehung der Rechtsfähigkeit wegen zu geringer Mitgliederzahl I 221; — Eintragung der Entziehung I 222; — Liquidation: Eintragung der Liquidatoren und der Bestimmungen über die Beschlußfassung I 222; — Pflichten der Liquidatoren I 223; — Ordnungsstrafen I 223; — Siehe auch „Verein, Vereinsregister".

Einhandsgut IV 305.

Einheit des Schuldverhältnisses IIa 318, 321, 323.

Ein Jahr: Frist für den Eigenthumserwerb am Fund III 233.

Einjährigfreiwillige: Eheschließungskonsens IV 47.

Einigung über Besitzübergang III 7, 9; — über Eigenthumsübertragung an beweglichen Sachen III 177; — über Eigenthumsübertragung an Grundstücken III 157, 161; — über Rechtsänderungen an Grundstücken und Grundstücksrechten III 49; — Begriff und rechtliche Natur III 51; — Form und Inhalt III 52; — Bindung an dieselbe III 53; — Ersatz für dieselbe III 54; — über Aenderung des Inhalts von Rechten an Grundstücken III 63; — Zuständigkeit zur Entgegennahme der Erklärung über E. über Eigenthumsübertragung an Grundstücken, Bestellung des Erbbaurechts nach Landesrecht VI 276; — Einfluß nachträglich eintretender Verfügungsbeschränkung des Berechtigten III 63; — E. über Rangänderung eingetragener Rechte III 68; — über Rangvorbehalt III 72; — über Bestellung einer Grunddienstbarkeit III 291; — über Bestellung des Nießbrauchs III 307; — über Pfandrechtbestellung III 548, 549; — über Bestellung des Schiffspfandrechts III 601; beim Vertrag I 418; — beim Kaufvertrag IIb 6.

Einkassierungsmandat IIb 760.

Einkindschaft: Abschaffung des Instituts IV 148, 863; — fortdauernde Wirkung VI 356; — Uebergangsbestimmungen VI 371; — Unterhalt eingekindschafteter Abkömmlinge VI 356; — elterliche Gewalt VI 362; — erbrechtliche Beziehungen VI 377, 380.

Einkünfte: Natur als Errungenschaft IV 447, 448; — Verwendung von E. des Frauenvermögens durch den Ehemann bei Gütertrennung IV 276; — des Kindervermögens durch den Vater IV 685.

Einlagen: der Gesellschafter IIb 606; — keine Ergänzungspflicht IIb 609; — Zurückerstattung IIb 646; — Zinsvergünstigung für E. bei Sparkassen, Kreditanstalten IIa 21.

Einlösung von mit Nießbrauch belasteten Inhaberpapieren III 339.

Einlösungsrecht gegenüber dem Gläubiger bei Zwangsvollstreckung IIa 62; — des Verpfänders III 566; — Dritter gegenüber dem Pfandgläubiger III 590.

Ein Monat: Frist für das Klagerecht wegen Verwendungen III 261.

Einpflanzen I 270, 272, III 204.

Einquartirungslasten: Vertheilung auf successiv Verpflichtete I 291.

Einreden: Arten IIb 833; — Verzicht auf E. IIa 124; — Ausschluß der Aufrechnung durch E. IIa 259; — E. als Verjährungshinderniß I 550; — Hemmung der Verjährung durch E. I 549, 550; — keine Unterbrechung der Verjährung I 563; — Verjährbarkeit der E. I 533; — E. gegen den neuen Gläubiger nach Abtretung der Forderung IIa 282, 285; — E. des neuen Schuldners bei Schuldübernahme IIa 308; — Einzelfälle: E. des Angewiesenen gegen den Anweisungsempfänger IIb 763, 765; — gegen dessen Rechtsnachfolger IIb 774; — des Ausstellers von Inhaberschuldverschreibungen IIb 789; — gegen Zinsscheine IIb 803; — des Bürgen IIb 706, 712; — des Erben: vor Annahme der Erbschaft V 89; — E. beschränkter Haftung 123, 153; — aufschiebende E. V 123, 238; — Verlust der Einreden V 124; — Haftung d. Bürgen d. Erblassers IIb 712, V 155; — d. Erbschaftsbesitzers gegen den Erbschaftsanspruch V 251; — E. des nicht erfüllten Vertrags bei dem Vertrag auf Leistung an einen Dritten IIa 172; — beim gegenseitigen Vertrag IIa 143, 144, 148; — nach Schuldanerkenntniß IIb 753; — E. des nicht erfüllten Vertrags, kein Verjährungshinderniß I 549, 551; — Beweislast für die E. nach Annahme einer Leistung IIa 221; — beim Dienstvertrag IIb 401; — Geltendmachung durch den im Aufgebotsverfahren ausgeschlossenen Nach-

laßgläubiger V 148; — E. des nicht erfüllten Gesellschaftsvertrages IIb 603; — E. beim Kauf IIb 19, 32; — beim Werkvertrag IIb 455; — im Besitzprozeß III 25; — Einrede fehlerhaften Besitzes gegen den Wiedereinräumungsanspruch III 24, 26; — gegen den Besitzstörungsanspruch III 24, 27; — gegen den Eigenthumsanspruch auf Herausgabe III 248; — wegen Beeinträchtigung III 266; — gegen den Herausgabeanspruch des früheren gutgläubigen Besitzers III 272; — gegen die Hypothek III 424, 439; — Anspruch auf Grundbuchberichtigung, Widerspruch wegen E. III 427; — E. des nicht gezahlten Geldes III 428; — E. gegen den Rechtsnachfolger des ursprünglichen Hypothekgläubigers III 458; — Einrede mangelnder Vorlage des Hypothekenbriefs III 462; — gegen die Sicherungshypothek III 513, 516; — Dritter gegen die Ansprüche des Pfandgläubigers wegen Beeinträchtigung seines Rechts III 568; — des Verpfänders III 557; — zerstörliche gegen die Hypothek III 480; — gegen das Pfandrecht III 595; — gegen das Schiffspfandrecht III 605; — Rückforderung einer Leistung wegen entgegenstehender peremptorischer Einreden IIb 833.

Einreichung der erklärten Einigung über Rechtsänderungen in Grundstücken beim Grundbuchamt III 49, 53; — des Nachlaßinventars V 211; — des Verzeichnisses des Kindervermögens bei Verehelichung des Vaters IV 802; — des Verzeichnisses des Vermögens des angenommenen Kindes IV 968; — bei Verehelichung des Annehmenden IV 970.

Einrichtung: Benützung einer E. zwischen zwei Grundstücken III 152; — Wegnahme einer E. siehe „Wegnahme".

Einschränkung von Dienstbarkeiten und Reallasten VI 240, 247.

Einseitige Rechtsgeschäfte IIa 7; — Begriff I 301; — Vornahme durch einen Bevollmächtigten I 494; — durch oder gegenüber einem Vertreter ohne Vertretungsmacht I 502; — Vornahme durch einen Nichtberechtigten I 515; — Zustimmung Dritter I 508; — Anfechtung I 413; — E. R. der Frau über eingebrachtes Gut IV 215; — bei Errungenschaftsgemeinschaft IV 453; — in Bezug auf ein Erwerbsgeschäft der Frau im gesetzlichen Güterstand IV 227, VI 56; — e. R. in Bezug auf eingebrachtes Gut, auf Verbindlichkeiten der Frau IV 225; — bei Errungenschaftsgemeinschaft IV 453; — in Bezug auf Gesammtgut der allgemeinen Gütergemeinschaft IV 321, — der fortgesetzten Gütergemeinschaft IV 386, — der Errungenschaftsgemeinschaft IV 445; — e. R. von Minderjährigen I 322; — des Vaters: Einfluß mangelnder Genehmigung des Vormundschaftsgerichts IV 758; — des Vormunds IV 1100, 1102.

Einseitige Verträge I 419, IIa 143.

Einseitige Verfügungen im Erbvertrag V 624.

Einseitige Willenserklärung: Beurkundung I 379.

Einsicht der Akten in Vormundschaftssachen IV 991; — der Anfechtungserklärung der Ehe IV 95, — der Ehelichkeit IV 631, — der Anerkennung der Ehelichkeit IV 634; — der Anfechtungserklärung bezüglich letztwilliger Verfügungen V 349; — der Erbschaftsausschlagung V 83; — der Anfechtung derselben V 88; — der Anmeldungen der Nachlaßgläubiger im Aufgebotsverfahren V 137; — der Anzeige vom Erbschaftsverkauf V 775, — vom Eintritt der Nacherbfolge V 412; — der Ausschlagung der Erbschaft V 83; — E. des Erbvertrages V 627; — des Erbscheins V 734; — E. des Güterrechtsregisters IV 513; — des Nachlaßinventars V 234; — des Testaments V 569; — der Akten des Nachlaßgerichts über Testamentsvollstrecker V 520; — der der Feststellung des Erbrechts des Fiskus vorausgegangenen Ermittelungen V 109; — des Vereinsregisters I 224; — der Vormundschaftsakten IV 1176; — der Vormundschaftspapiere durch den Gegenvormund IV 1037; — von Urkunden: Anspruch hierauf IIb 819; — Ort, Gefahr und Kosten der Vorlegung IIb 821; — des Zeugnisses über Fortsetzung der Gütergemeinschaft IV 423.

Einspruch des Mannes gegen den selbstständigen Betrieb eines Erwerbsgeschäftes durch die Frau im gesetzlichen Güterstand IV 227, — bei allgemeiner Gütergemeinschaft IV 323; — Eintragung im Güterrechtsregister IV 230, 509, 510; — der Verwaltungsbehörde gegen Eintragung des Vereins I 203; — Voraussetzungen I 203, 210; — Form I 211; — Mittheilung an den Vorstand I 211; — Anfechtung I 211; — E. gegen Satzungsänderungen I 219; — Verfahren I 212.

Einstandsrecht III 350.

Einstellung des Nachlaßkonkurses wegen Mangel an Masse V 194, 198; — der Vollstreckung in ein Grundstück wegen Ablösung des Gläubigers IIa 64.

Einsturz eines Gebäudes, Werkes: Schadensersatzpflicht des Besitzers und des früheren Besitzers IIb 918, — des dinglich oder persönlich Berechtigten IIb 922, — des Unterhaltungspflichtigen IIb 923; — Verhältniß mehrerer Verantwortlicher IIb 934; — Schutz des Nachbargrundstückes III 132.

Einstweilige Verfügung auf Eintragung einer Vormerkung III 82; — Aufhebung derselben III 84; — auf Eintragung eines Widerspruchs gegen die Richtigkeit des Grundbuchs III 112, 114; — Einfluß auf die Abzugseinrede des Erben V 198, 201; — Ausschluß der aufschiebenden Einreden des Erben V 244; — auf Vorlegung von Sachen IIb 818; — e. V. auf Versteigerung

eines mit Gewährsmängeln behafteten Thieres IIb 139; — vor Ehescheidung IV 520; — in Bezug auf Güterrechtsverhältnisse, Eintrag im Güterrechtsregister IV 511; — vor Gütertrennungsklage IV 261; — zu Gunsten des unehelichen Kindes und seiner Mutter vor der Geburt IV 897.

Eintragungen im Grundbuch III 45; — Bedeutung III 46; — eintragungsfähige Rechte III 50; — Wesen III 57; — Voraussetzungen, Inhalt III 58; — Wirkung III 49, 58; — E. jurist. Personen I 119; — siehe auch Grundbuch, Güterrechtsregister, Heirathsregister, Schiffsregister, Vereinsregister.

Eintragungsbewilligung von Rechtsänderungen an Grundstücken, Grundstücksrechten III 49, 54; — Einfluß nach der Einreichung eingetretener Verfügungsbeschränkung des Berechtigten III 63; — Bezugnahme auf die E. bei Eintragung III 59; — von Hypotheken III 381, 385; — bei Vormerkungen III 82; — Bezugnahme bei Eintragung ins Schiffsregister III 602.

Eintragungsprinzip des Grundbuchrechts III 46; — beim Rangvorbehalt III 72.

Eintrittskarten IIb 810.

Eintrittsrecht bei der Erbfolge der Abkömmlinge V 25.

Einunddreißig Jahre: untere Grenze für Zulässigkeit der Todeserklärung I 97.

Einundzwanzig Jahre: Ehemündigkeit des Mannes IV 26; — Nothwendigkeit der elterlichen Einwilligung zur Eheschließung vor Vollendung von e. J. IV 30; — Volljährigkeit I 32.

Einweisung in das Vermögen eines Verschollenen VI 301, 303.

Einwendungen: Begriff IIb 833; — siehe auch „Einreden"; — gegen die Grundschuld III 531; — gegen Zwangsvollstreckung in Zubehör des Hypothekobjekts III 442.

Einwerfung seitens der Abkömmlinge V 300; — siehe „Ausgleichung".

Einwilligung: Ausschluß einer Bedingung I 446; — E. zur Annahme an Kindesstatt: der Eltern IV 951, 962, — des Ehegatten IV 950, 962; — Voraussetzungen und Form, Unzulässigkeit der Vertretung IV 953; — Anfechtung IV 960; — E. zur Ehelichkeitserklärung IV 923; — bei Beschränkung in der Geschäftsfähigkeit IV 927; — Form IV 927; — Ausschluß der Vertretung IV 926; — Anfechtung IV 928; — Ersetzung durch das Vormundschaftsgericht IV 925; — zur Eheschließung: E. des gesetzlichen Vertreters IV 27; — Anhörung von Verwandten und Verschwägerten des Mündels vor Ersetzung seiner Einwilligung durch das Vormundschaftsgericht IV 1127; — der Eltern IV 30; — der Adoptiveltern IV 33; — Ausschluß der Vertretung der Eltern bei der E. IV 34; — Ersetzung der elterlichen E. durch das Vormundschaftsgericht IV 34; — Wirkungen mangelnder Einwilligung: Fortdauer des Nutznießungsrechts am Vermögen IV 783; — Verweigerung der Aussteuer der Tochter IV 693; — Anfechtbarkeit der Ehe IV 78; — Einfluß mangelnder Einwilligung des gesetzlichen Vertreters der Frau auf den Güterstand IV 152; — E. zur Vornahme eines Rechtsgeschäfts I 509, 511; — Widerruf I 511; — E. d. Mannes zu einseitigen Rechtsgeschäften der Frau IV 215; — E. zu einseitigen Rechtsgeschäften des Minderjährigen I 322; — E. zum Betrieb eines Erwerbsgeschäftes durch die Frau im gesetzlichen Güterstand IV 227; — bei allgemeiner Gütergemeinschaft IV 323; — bei Errungenschaftsgemeinschaft IV 445; — zu rechtsgeschäftlichen Verpflichtungen der Frau IV 216; — E. des Erben zur Eingehung von Verbindlichkeiten durch den Testamentsvollstrecker V 497; — E. zu Verfügungen eines Nichtberechtigten I 513; — E. des Nacherben zu Verfügungen des Vorerben V 391; — zu Verfügungen der Frau über eingebrachtes Gut IV 210, 212; — Gütergemeinschaftsaufhebungsklage wegen nicht erholter Zustimmung IV 347; — — E. der Frau zu Verfügungen über Gesammtgut IV 313, — über Gesammtgut-Grundstücke IV 314, — zu Schenkungen IV 317; — Ersetzung durch das Vormundschaftsgericht IV 319, 320; — Widerruf des Vertrages bis zur Genehmigung IV 321; — E. zu Verfügungen über Gesammtgut der fortgesetzten Gütergemeinschaft IV 386, 387; — Aufhebungsklage wegen nicht erholter E. IV 402; — zu Verletzungen: Ausschluß der Schadensersatzpflicht IIb 862; — Einfluß auf die Ersatzansprüche dritter Personen wegen der Verletzung IIb 948; — E. zum Verlöbniß des Kindes IV 7; — zur Volljährigkeitserklärung I 39; — E. zu Willenserklärungen des Minderjährigen I 313; — siehe auch „Zustimmung".

Einwirkungen auf fremde Grundstücke III 125, 129.

Einziehung des Erbscheins V 746; — der Forderung: Abtretung zur E. IIa 276; — der Forderung durch den Nießbraucher III 333; — E. einer auf Zinsen ausstehenden Forderung III 336; — der Forderung aus Inhaber- und Orderpapieren III 339; — E. von gemeinschaftlichen Forderungen IIb 678; — einer Forderung des Kindes gegen den Vater IV 713; — des Mündels gegen den Vormund IV 1030; — der verpfändeten Forderung III 619, 623; — bei Mehrheit von Pfandgläubigern III 628; — Verfügung über eingezogenes Geld III 626; — von Hypothekforderungen, Grundschulden und Rentenschulden durch den Vorerben V 382, 384; — Befreiung von der Beschränkung

desselben V 384, 402, 403; — verpfändeter Inhaber- und Orderpapiere III 632; — des Zeugnisses über Fortsetzung der Gütergemeinschaft IV 423.
Eis: Fruchteigenschaft I 284.
Eisenbahn: Bahneinheit, Veräußerung und Belastung VI 238; — Nothweg zur Verbindung mit E. VI 255; — rechtliche Natur des Transportvertrages IIb 447; — Verjährung ihrer Forderungen I 536, 540.
Eisenbahnbetrieb: Betriebseinstellung zum Schutz der Nachbargrundstücke VI 257; — Haftpflicht des Unternehmers nach Landesrecht VI 231; — Verhältniß des Unternehmers zu mitverantwortlichen Personen in Haftpflichtfällen IIb 935; — Haftung für befördertes Gut IIb 584.
Eisenbahnbillets: rechtliche Natur IIb 811; — Inhaberpapiere IIb 778; — Kraftloserklärung und Zahlungssperre nach Landesrecht VI 227.
Eisernviehvertrag IIb 322.
Elchwild: Wildschaden IIb 915.
Elektrische Leitung: Rechtsverhältniß bei der Gestattung der Anbringung von Trägern IIb 352.
Elektrischer Strom: Sacheigenschaft I 262; — Vertrag über Lieferung IIb 325, 448.
Elektrizität: Abtretbarkeit des Anspruches auf Lieferung IIa 278.
Elsaß-Lothringen: Bundesstaat VI 12; — Zuständigkeit zur Errichtung und Eröffnung letztwilliger Verfügungen V 523; — für E.-L. erlassene Gesetze VI 11; — Haftung aus Amtspflichtverletzungen Beamter VI 192.
Elterliche Gewalt: Inhaber IV 701; — derselben unterstehende Personen IV 701; — rechtliche Stellung des unter e. G. stehenden Kindes IV 702; — Rechtsstreit über Bestehen der e. G. IV 705; — anzuwendendes Recht IV 705; — Dauer IV 704; — Einfluß der Verheirathung der Tochter IV 725; — Einfluß der Ehescheidung IV 730; — Beschränkungen nach bisherigem Recht VI 364; — Ruhen der e. G. IV 704, 811; — Beendigung IV 704; — Beendigungsgründe überhaupt IV 811; — Todeserklärung des Gewalthabers I 109, IV 816; — Verwirkung IV 818; — Endigung durch nach bisherigem Rechte erfolgte Todeserklärung VI 301; — Einfluß der Verheirathung des Kindes VI 66; — Verlust durch Annahme des Kindes an Kindesstatt IV 974; — Aufhebung der fortgesetzten Gütergemeinschaft wegen Verwirkung IV 403; — Entziehung IV 790, 795; — Entziehung wegen Verschwendung oder Trunksucht I 56; — Vermögen des unter e. G. stehenden Kindes IV 702; — Wiedererlangung durch den irrthümlich für todt Erklärten IV 817; — e. G. über Kinder aus nichtiger Ehe IV 853; — Ausschluß gegenüber dem unehelichen Kinde IV 863, 873; — anzuwendendes Recht VI 362.
— **des Vaters**: Inhalt IV 707; — Beschränkung durch Aufstellung eines Pflegers IV 708; — Haftung bei der Ausübung IV 718, 740, 765, 787; — Verhinderung an der Ausübung, Sorge des Vormundschaftsgerichts IV 789; — Ruhen derselben wegen rechtlicher Verhinderung IV 811, 813, — wegen thatsächlicher Verhinderung IV 811, 815; — Wirkung IV 811, 816; — hinsichtlich der Vermögensverwaltung IV 820; — Fälligkeit von Verbindlichkeiten des Vaters gegenüber dem Kind IV 778; — Nutznießung im Falle des Ruhens IV 777; — Wirkung der Beendigung für die Vermögensverwaltung IV 820; — Fortführung der Geschäfte durch den Gewalthaber bis zur Kenntniß der Beendigung IV 822; — nach dem Tode des Kindes IV 823; —
— **der Mutter** IV 824; — Voraussetzungen des Eintritts überhaupt IV 825; — Eintritt bei Verlust seitens des Vaters IV 827; — Ausübung bei Verhinderung des Vaters IV 825, 829; — Ausübung neben dem Gewalthaber IV 728, 825, 849; — im Falle der Nichtigkeit der Ehe IV 853, 854; — Inhalt IV 826, 832; — Ruhen IV 826, 846; Verlust durch Wiederverheirathung IV 847; — Verhinderung an der Ausübung IV 829; — E. G. in Folge Annahme an Kindesstatt IV 963; — Verwirkung durch Eheschließung mit dem Kinde IV 981; — siehe auch „Nutznießung, Vermögensverwaltung."
Eltern: Ausstattungspflicht IV 696; — Einwilligung zur Annahme an Kindesstatt IV 951, 962; — Voraussetzungen und Form, Unzulässigkeit der Vertretung IV 953; Anfechtung IV 960; — Einwilligung zur Eheschließung des Kindes IV 30, 34; — Ersetzung durch das Vormundschaftsgericht IV 34; — Einfluß mangelnder Einwilligung IV 154, 783; — Verweigerung der Aussteuer der Tochter wegen Eheschließung ohne Einwilligung IV 691, 693; — Erbrecht V 27; — Konkurrenz des überlebenden Ehegatten V 34, 39; — Einwilligung zum Verlöbniß des Kindes IV 7; — Feststellung des Rechtsverhältnisses zu den Kindern im Prozeß IV 607; — Geschlechtsgemeinschaft mit E. einer Person, Ehehinderniß IV 38; — Pflichttheilsrecht V 635; — Ausschluß des Pflichttheilsrechts V 647; — Berechnung des Pflichttheils V 654, 656; — Entziehung des Pflichttheils V 698, 702; — Rechtsverhältniß zu den Kindern IV 678; — räumliche VI 27, 64, 91; — zeitliche Statutenkollision VI 361; — Rechtsverhältniß zu Kindern aus nichtiger oder ungiltiger Ehe nach bisherigem Recht VI 367; — bei Scheidung oder Auflösung der Ehe nach bisherigem Recht VI 366; — Unterhaltspflicht IV 649; — gegenüber dem minderjährigen Kinde IV 650; — bei beschränkter Leistungsfähigkeit IV 653; — Art der Unterhalts-

gewährung an das unverheirathete Kind IV 669; — Befreiung durch Vorausleistung IV 673; — für die Unterhaltspflicht örtliches Recht VI 66; — zeitlich geltendes Recht VI 362; — Verjährung der Ansprüche zwischen E. und Kindern IV 2; — Wiederverehelichungszeugniß IV 45; — Verjährung der Ansprüche zwischen Kindern und E. I 554; — Haftung für Schadensstiftung durch die Kinder IIb 899; — Vermuthung der Schenkungsabsicht bei Unterhaltsgewährung an Abkömmlinge IIb 562; — keine Ersitzung von Sachen der Kinder III 200.

Emanzipation nach franz. und bad. Recht Wirkung VI 293.

Emissionsgeschäfte IIb 361.

Empfangene, noch nicht geborene Personen: Anfall der Erbschaft V 14, 16; — der Nacherbschaft V 376; — Aussetzung der Erbschaftsauseinandersetzung wegen Betheiligung eines nicht geborenen Erben V 293; — Unterhaltsanspruch der Mutter V 106; — bei Nacherbschaft V 406; — Ersatzanspruch bei Tödtung des Unterhaltspflichtigen IIb 941; — Vermächtniß an solche V 445, 446; — zeitliche Beschränkung der Giltigkeit desselben V 428.

Empfängnißzeit für eheliche Geburt: Begriff und Umfang IV 617; — Vermuthung der Beiwohnung des Mannes während der E. IV 610; — für uneheliche Geburt IV 899; — bei Feststellung der Legitimation durch nachfolgende Ehe IV 915.

Empfangsbedürftige Rechtsgeschäfte: Anfechtung I 413, 415; — Aufrechnungserklärung IIa 256; — Rücktritt vom Vertrag IIa 195; — Schenkungswiderruf IIb 196; — Zustimmung zu e. R. I 509; — e. R. der Frau IV 216.

Empfangsbedürftige Willenserklärungen: Mentalreservation I 338.

Empfangsbekenntniß über eine Leistung: IIa 230; — siehe auch „Quittung".

Empfangstheorie I 334, 382.

Empfehlung: rechtliche Bedeutung, Haftung aus derselben IIb 546.

Emphyteusis VI 171.

Emtio spei, rei speratae IIb 5.

Ende der Frist I 518; — eines Monats I 520.

Endtermin bei Rechtsgeschäften I 463; — siehe auch „Befristung".

End und Gebänd IV 155.

England: Eheschließung in E. VI 49.

Enkel: Annahme an Kindesstatt IV 945; — Annahme an Enkelstatt IV 972.

Entbindungskosten der unehelichen Mutter IV 892; — einstweilige Verfügung vor der Geburt des Kindes IV 897; — räumlich geltendes Recht VI 68; — zeitlich geltendes Recht VI 369.

Enterbung V 697; — in wohlmeinender Absicht V 702, VI 378; — siehe **Pflichttheil**.

Entfernung von Sachen des Gastes, Einfluß auf das Pfandrecht des Wirthes IIb 594; — E. von Sachen des Miethers, Erlöschen des Vermietherpfandrechtes IIb 273; — Widerspruch des Vermiethers gegen die E. IIb 275; — weite E. vom Sitze des Vormundschaftsgerichts, Ablehnung der Vormundschaft IV 1017; — Entlassungsgrund IV 1169.

Entführung IV 725; — Aenderung des StGB. VI 111, 117.

Entgangener Gewinn: Ersatz IIa 24, 34.

Entgegengesetzter Vertrag IIa 212.

Entgeltliche Rechtsgeschäfte I 302.

Entlassung des Beistands IV 844; — aus der Gewalt nach franz. und bad. Recht VI 293; — aus dem Staatsverband von Minderjährigen, Bevormundeten, Ehefrauen VI 128; — des Mündels aus dem Staatsverband: Anhörung des Mündels IV 1088; — von Verwandten und Verschwägerten IV 1127; — E. von Familienrathsmitgliedern IV 1151, 1157, 1158; — Vorbehalt derselben IV 1152; — des Testamentsvollstreckers V 518; — des Vormunds: von Amtswegen IV 1166; — auf Antrag IV 1169; — Anzeige von Entlassungsgründen IV 1037; — der als Vormund bestellten Frau IV 1168; — von Beamten oder Religionsdienern IV 1169.

Entlastung des Vormunds, des Vormundsgerichts nach beendigter Vormundschaft IV 1175, 1176.

Entmündigung: Begriff und rechtliche Bedeutung I 42; — Zweck I 54; — Fälle derselben I 42; — formelle Voraussetzungen I 52; — Verfahren I 52; — Wirkungen des Entmündigungsantrages I 54; — des Entmündigungsbeschlusses I 55; — Antragsrecht des Pflegers IV 1207; — von Inländern im Auslande VI 34; — von Ausländern I 57, VI 33, 35; — Vormundschaft und Pflegschaft über entmündigte Ausländer im Inlande VI 74; — von Minderjährigen I 57; — Uebergangsbestimmungen I 57, VI 294, 296; — anzuwendendes Recht VI 29; — Kosten des Verfahrens I 57; — Wirkungen: Geschäftsunfähigkeit I 307, 309; — Beschränkung der Geschäftsfähigkeit I 327; — Einleitung einer Vormundschaft IV 1179; — vorläufiger Vormundschaft IV 1190; — Unfähigkeit zum Amte eines Familienrathsmitgliedes IV 1148; — eines Gegenvormunds IV 1025; — eines Pflegers IV 1220; eines Vormunds IV 1007, 1181; — Unfähigkeit zur Testamentserrichtung V 525; — zum Abschluß von Erbverträgen V 588; — Fähigkeit zum Zeugniß bei Testamentserrichtung V 539; — Beendigung des Amts des Familienraths IV 1159; — des Vormunds IV 1165; — Einfluß auf die Fähigkeit zum Testamentswiderruf V 557; — Aufhebung der E.: I 42, 56; — Unverjährbarkeit der Klage auf Aufhebung I 531; — Antragsrecht des Vormunds auf Aufhebung IV 1185; — Einfluß der Auf-

hebung auf ein vom Entmündigten errichtetes Testament V 524; — Wirksamkeit von Rechtsgeschäften Entmündigter nach Aufhebung der E. I 329; — E. des Ehemannes: Beendigung der Nutznießung und Verwaltung am eingebrachten Gut IV 257, 259; — Wiederherstellung nach Aufhebung des E. IV 269; — Wirkung gegenüber Dritten IV 278; — Zurückbehaltungsrecht der Frau hinsichtlich des Beitrags zum ehelichen Aufwand IV 275; — Beendigung der Gütergemeinschaft IV 347; — der Errungenschaftsgemeinschaft IV 476; — Wiederherstellung der Gemeinschaft IV 484, 485; — des überlebenden Ehegatten: Gütergemeinschaftsaufhebungsklage IV 403.

Entschädigung für Gestattung des Beischlafes unter Verlobten IV 17; — Verjährung IV 20; — bei Entziehung, Beschädigung, Benutzung einer Sache, Beschränkung des Eigenthums im öffentlichen Interesse, Rechte Dritter VI 146; — bei Grundstücken VI 147; — Verfügungsrecht über die Entschädigungssumme VI 251.

Entschädigungsanspruch des Unternehmers des Werks bei Annahmeverzug des Bestellers IIb 470.

Entscheidungsrecht des Ehemannes IV 118.

Entschließungen: Gesetzeskraft VI 5.

Entschuldbarkeit des Irrthums I 352.

Entwässerung von Grundstücken VI 175.

Entwehrung beim Kauf IIb 30, 36; — bei der Miethe IIb 225.

Entziehung des Antheils eines Abkömmlings an der fortgesetzten Gütergemeinschaft IV 431, 436; — Verfügung über den freigewordenen Antheil IV 433, 436; — E. des Besitzes III 18, 19; — E. von eingebrachtem Gut bei Errungenschaftsgemeinschaft IV 450; — bei Fahrnißgemeinschaft IV 498; — E. der elterlichen Gewalt IV 812; — E. der Erbschaftsverwaltung des Vorerben V 395; — E. von Gesammtguts-Gegenständen IV 356; — bei Errungenschaftsgemeinschaft IV 482; — bei fortgesetzter Gütergemeinschaft IV 406; — der Geschäftsführung für die Gesellschaft IIb 615; — der Vertretungsmacht eines Gesellschafters IIb 622; — von Gesellschaftsvermögen IIb 626; — E. des Kindes aus der elterlichen Gewalt IV 725; — von freiem Kindervermögen IV 740; — E. des Miethobjekts IIb 225, 316, 317; — von Nachlaßgegenständen V 287; — Zugehörigkeit der Surrogate zur Nacherbschaft V 380; — E. von Gegenständen des Erbschaftskaufes V 767; — des Pflichttheils V 697; — der Rechtsfähigkeit von Vereinen im Verwaltungsverfahren I 171; — Zuständigkeit und Verfahren I 176; — Wirkung I 177; — E. durch das Amtsgericht I 222; — Eintragung im Vereinsregister I 222; — E. von Sachen durch unerlaubte Handlungen: Umfang der Haftung des Rückgabepflichtigen IIb 954; — Verzinsung des Werthersatzes und der Werthminderung IIb 955; — Anspruch auf Ersatz von Verwendungen IIb 955; — Befreiung durch Ersatzleistung an den Besitzer IIb 956; — von Sachen und Rechten im öffentlichen Interesse, Landesrecht VI 234; — Rechte Dritter an der Entschädigung VI 146, 147; — Verfügungsrecht an der Entschädigungssumme VI 251; — E. der Schlüsselgewalt d. Ehefrau IV 126; — E. der ungerechtfertigten Bereicherung IIb 842; — eines vertragsmäßig zugewendeten Vermächtnißgegenstandes V 606; — Vermächtniß des Ersatzanspruches V 434; — E. der Vermögensverwaltung und Nutznießung IV 790, 795, 805, 807; — der Vermögensverwaltung des Annehmenden IV 968, 970; — der Vertretungsbefugniß des Gewalthabers IV 793; — der väterlichen Vertretungsmacht IV 709; — Stellung der Mutter neben dem Vormund IV 849; — E. der Vertretungsmacht des Vormunds IV 1032; — von Vorbehaltsgut IV 162; — bei allgemeiner Gütergemeinschaft IV 306; — bei Errungenschaftsgemeinschaft IV 455; — bei fortgesetzter Gütergemeinschaft IV 386.

Epidemie: Testamentserrichtung an einem abgesperrten Ort V 554; — zeitliche Beschränkung der Wirksamkeit V 556.

Erbanfall kraft Gesetzes V 58; — im Falle der Ausschlagung des zuerst Berufenen V 83; — nach Anfechtung des Erbschaftserwerbes eines Erbunwürdigen V 714.

Erbbaurecht: Anwendung der Vorschriften über Grundstücke III 285; — Begriff III 281, 282; — Bedingung, Befristung III 282, 283; — Belastung III 283; — Unzulässigkeit der Beschränkung auf Gebäudetheile III 283; — Erstreckung auf nicht bebaute Grundstücke III 283; — Rechtsverhältniß zum bebauten Grundstück I 275; — Form des begründenden Vertrags III 283; — Eintragung im Grundbuch, Grundbuchblatt für das E. III 284; — Form des Vertrages über Bestellung und Uebertragung IIa 134; — Zuständigkeit zur Entgegennahme der Einigungserklärung bei Bestellung VI 276; — Erwerb und Untergang III 286; — Erwerb durch dreißigjährige Eintragung im Grundbuch III 117; — Vererblichkeit V 10; — Untergang des Bauwerks kein Erlöschungsgrund III 284; — Veräußerung, Uebertragung, Bestellung II 284, 286; — Vormerkung des Anspruchs auf Bestellung oder Uebertragung III 76; — Besitz des Erbbauberechtigten III 36; — Eigenthumserwerb des Berechtigten an Erzeugnissen und sonstigen Bestandtheilen der Sache III 213; — Schutz desselben III 286; — Beeinträchtigung durch Ueberbau III 143; — Schadensersatz für Verletzung IIb 860; — Hypothekfähigkeit III 376; — Höchstbetrag des Ersatzes im Falle der Zwangsversteigerung des belasteten Grundstücks III 75; — Rechte des Berechtigten bei Wiederher-

stellung des zerstörten Gebäudes an anderer Stelle VI 237; — Beschränkung des Verfügungsrechts des Vormunds IV 1074; — Zeugniß des Nachlaßgerichts über Rechtsnachfolge in E. V 731; — zeitliche Geltung des Rechts VI 329.

Erbbegräbniß VI 264; — Vererblichkeit V 12.

Erbe: Anhörung vor der Nachlaßauseinandersetzung durch den Testamentsvollstrecker V 491; — Antrag auf Anordnung der Nachlaßverwaltung V 177; — Antragsrecht auf Erteilung eines Erbscheines V 734; — Antragsrecht auf Zwangsversteigerung eines Nachlaßgrundstückes V 127; — Auskunftspflicht gegenüber dem Testamentsvollstrecker V 494; — Beschwerung mit einer Auflage V 54, 461; — Besitzerwerb an Nachlaßgegenständen III 16, V 60; — Besitzverlust III 17; — Eigenthumserwerb an Nachlaßgrundstücken III 158; — Besorgung erbschaftlicher Geschäfte und Rechtshandlungen vor der Ausschlagung V 90; — Einwilligung zur Eingehung von Verbindlichkeiten durch den Testamentsvollstrecker V 497; — Fähigkeit zum Amt eines Testamentsvollstreckers V 484, 485; — *Haftung für Nachlaßverbindlichkeiten* V 112, 115, 118; — Art der Haftung gegenüber im Aufgebotsverfahren ausgeschlossenen Gläubigern V 141; — bei Mehrheit von Erben V 126; — Haftung des zu mehreren Erbtheilen berufenen Erben V 127, 228; — *unbeschränkte Haftung* V 209; — in Folge Versäumung der Inventarfrist V 212; — wegen Unvollständigkeit des Inventars, Unrichtigkeit, Verweigerung oder Verzögerung der Auskunft V 224; — wegen Verweigerung des Offenbarungseides V 226; — Wirkung derselben V 236, 244; — zeitliche Verweigerung der Berichtigung von Nachlaßverbindlichkeiten V 238, 240; — im Falle der Nachlaßpflegschaft V 245; — Ausschluß der Verweigerung wegen unbeschränkter Haftung des Erben, gegenüber vom Aufgebot nicht betroffenen Nachlaßgläubigern V 244; — Berichtigung vor Eröffnung des Nachlaßkonkurses oder Anordnung der Nachlaßverwaltung V 173; — nach Beendigung des Nachlaßkonkurses V 193; — Befriedigung der Nachlaßgläubiger bei Mangel an Masse V 198; — Haftung für Beerdigungskosten V 130; — Haftung für durch Vormerkung gesicherte Ansprüche III 81; — aus Rechtsgeschäften des Nachlaß-Pflegers V 103; — wegen Unterlassung des Antrages auf Nachlaßkonkurs V 174; — Haftung für Steuern in Bayern V 128; — Haftung der Miterben im Falle der Veräußerung des Antheiles am Nachlasse nach Geltendmachung des Vorkaufsrechts V 279, 282; — Haftung für Nachlaßverbindlichkeiten nach Beendigung der Nachlaßverwaltung V 191; — aus Verschulden des Testamentsvollstreckers V 496; — Haftung des Testamentsvollstreckers gegenüber den Erben V 513; — Nebenintervention in Prozessen des Testamentsvollstreckers, Vernehmung als Zeuge V 481; — ergänzende und Sondervorschriften V 113; — entsprechende Anwendung der Vorschriften V 113; — zeitliche Geltung der Vorschriften V 113; — Statutenkollision V 114; — *Offenbarungseid* V 226; — Pflichten gegen Familienangehörige des Erblassers V 131; — Prozeßführung gegen den Erben bei Vorhandensein eines Testamentsvollstreckers V 503; — Recht zur Inventarerrichtung über den Nachlaß V 211; — Rechte an einem im Auslande eröffneten Nachlaß VI 85; — Recht auf Erfüllung einer Auflage V 463; — Rechtsgeschäfte des Erben vor Ausschlagung V 90; — Rechenschaftsablegung gegenüber dem Testamentsvollstrecker V 494; — Verantwortlichkeit für die bisherige Verwaltung im Falle des Nachlaßkonkurses oder der Nachlaßverwaltung, Ersatzansprüche für Aufwendungen V 168; — Verfügungsbeschränkung durch den Testamentsvollstrecker V 501; — Verwaltung des Nachlasses bis zur Ausschlagung V 90; — Verlust des Verwaltungs- und Verfügungsrechtes durch Anordnung der Nachlaßverwaltung V 183; — Rechtsstellung nach der Anordnung V 184; — Verantwortlichkeit im Falle Herausgabe des Nachlasses an die Gläubiger beim Mangel an Masse zu einer Nachlaßverwaltung oder einem Nachlaßkonkurs V 198; — Erbe als Vermächtnißbeschwerter V 416; — Mehrheit der mit demselben Vermächtniß beschwerten Erben V 417; — als Vermächtnißnehmer V 417, 419; — Zuziehung bei Aufnahme des Nachlaßverzeichnisses durch den Testamentsvollstrecker V 509; — *Sonderfälle*: E. des Auftraggebers IIb 539; — des Beauftragten IIb 541; — eines Gesellschafters: Pflichten IIb 641; — E. des Miethers, Kündigungsrecht IIb 295; — des Schenkers, Widerrufsrecht, IIb 195; — des Stifters: Widerruf der Stiftung I 236, 238; — des unehelichen Vaters, Pflichten IV 887; — des unterhaltspflichtigen geschiedenen Ehegatten, Haftung IV 577.

Erbeinsetzung V 353; — was als solche anzusehen ist V 353; — E. *durch Testament* V 50; — kein Erforderniß des Testamentes V 49, 326; — Beschränkung der Erbeinsetzungen auf einen Bruchtheil der Erbschaft, theilweise gesetzliche Erbfolge V 355; — Einsetzung auf mehr als das Ganze V 356, — auf weniger V 355; — E. zu mehreren Erbtheilen, Annahme, Ausschlagung V 79; — E. Mehrerer ohne Bestimmung der Theile V 356; — theils mit, theils ohne Bestimmung des Bruchtheiles V 357; — Mehrerer auf

den nämlichen Bruchtheil V 357; — auf den Ueberrest V 403; — Bestimmung der Person des Erben V 329; — Ausschluß der Bestimmung durch einen Dritten V 328; — unrichtige Bezeichnung des Bedachten V 331; — E. unter einer auf mehrere Personen passenden Bezeichnung V 337; — Auslegungsregeln: Einsetzung der Abkömmlinge von Dritten V 337; — der Armen V 338; — der gesetzlichen Erben V 335; — der Kinder des Erblassers V 335; — seiner Abkömmlinge V 336; — von Personenklassen, Bediensteten, Angestellten V 337; — Verwandter oder der nächsten Verwandten V 335; — Form der Anfechtung der E. V 349; — E. noch nicht bestehender juristischer Personen V 369; — noch nicht erzeugter Personen V 369; — Einsetzung eines Ersatzerben V 361; — einer Stiftung I 240; — E. eines Dritten in einem gemeinschaftlichen Testament V 575; — durch Erbvertrag V 55, 585, 592; — Wirkung V 593, 594; — Verzicht auf das Erbrecht V 727.

Erbeinsetzungsvertrag V 49, 56, 585, 592; — Wirkung der Erbeinsetzung V 593; — E. nach bisherigem Recht VI 379.

Erbengemeinschaft V 270, 273; — zeitliche Geltung des BGB., Uebergangsbestimmungen V 271; — Auseinandersetzung (siehe auch „Nachlaßauseinandersetzung") V 263; — Berichtigung von zum Nachlasse gehörigen Ansprüchen V 285; — Haftung für Nachlaßverbindlichkeiten V 316; — Haftung des einzelnen Erben V 317; — Verwaltung des Nachlasses V 282; — Verfügung über Nachlaßgegenstände, Aufrechnung V 286; — Surrogation von Nachlaßgegenständen V 287.

Erbengenossenschaften VI 307.

Erbenhaftung siehe „Erbe, Nachlaßverbindlichkeiten".

Erbfähigkeit: Voraussetzungen V 14, 17; — E. noch nicht erzeugter Personen V 14, 16; juristischer Personen V 14, 16, 17; — Verschollener V 16; — anzuwendendes Recht VI 79.

Erbfall: Begriff V 6, 7; — Eintritt in Folge von Todeserklärung I 109; — Anfall des Vermächtnisses V 444.

Erbfolge: Begriff und Arten V 5; — Charakter und Gegenstand V 9; — Voraussetzungen des Eintrittes V 6, 7; — Aufhebung bei unbegründeter Todeserklärung V 8; — räumlich anzuwendendes Recht VI 79; — zeitlich geltendes Recht VI 375; — kein Ausschluß durch den Erblasser V 6; — gesetzliche: Voraussetzungen des Eintritts V 8; — E. der Abkömmlinge V 23; — der Eltern V 27; — der Geschwister V 27; — der Großeltern und ihrer Abkömmlinge V 29; — der Urgroßeltern und ihrer Abkömmlinge V 32; — der entfernteren Voreltern und ihrer Abkömmlinge V 33; — Successio ordinum V 34; — E. bei Zugehörigkeit zu mehreren Stämmen V 31; — maßgebender Zeitpunkt für die Verwandtschaft V 21; — Erhöhung eines Erbtheils durch Wegfall eines Erben V 44; — zeitliche Geltung V 18; — Ausschluß von der E. durch Testament V 52; — gesetzliche E. neben der testamentarischen V 356; — Anwachsung in diesem Falle V 358.

Erblasser: Anfechtung des Erbvertrages V 596; — Anordnungen über Nachlaßauseinandersetzung V 298; — Anordnungen über Verwaltung dem Kinde zugewendeten Vermögens IV 742; — an den Mündel IV 1044; — Ausschluß der Anwachsung V 358; — der Ausgleichungspflicht V 303; — Befreiung des Testamentsvollstreckers von gesetzlichen Obliegenheiten V 514; — Befreiung des Vorerben von gesetzlichen Verpflichtungen und Beschränkungen V 402; — Beschränkung der Nachlaßauseinandersetzung V 294; — Bestimmungen für mehrere Testamentsvollstrecker V 517; — Beschränkung der Befugnisse des Testamentsvollstreckers V 473; — Beschränkung des Testamentsvollstreckers auf die Verwaltung V 474, 500; — Bestimmung der Rangordnung von Vermächtnissen und Auflagen für den Fall der Kürzung V 457; — Bestimmung des Testamentsvollstreckers V 467, 482; — Erweiterung der Verfügungsmacht des Testamentsvollstreckers V 473, 474, 498.

Erblose Erbschaft V 13, 59.

Erbmiethe IIb 292.

Erbpachtrecht III 281, 284, VI 171; — Beschränkung des Verfügungsrechts des Vormunds IV 1073.

Erbrecht: Begriff V 1; — zwingendes oder dispositives Recht V 4; — Geltung der allgemeinen Vorschriften des BGB. V 4; — landesrechtliche Ausnahmebestimmungen V 2; — Einfluß der Todeserklärung I 109; — anzuwendendes Recht VI 28; — Prozeßführung des Testamentsvollstreckers über E. V 470, 481, 508; — E. der Abkömmlinge V 23; — des angenommenen Kindes IV 963, 967; — Ausschluß durch Vertrag IV 977; — kein E. des Annehmenden IV 967; — E. der Eltern V 27; — des Fiskus V 13, 46; — E. des Fiskus und anderer juristischer Personen am Nachlaß verpflegter oder unterstützter Personen VI 272; — von Körperschaften, Stiftungen, Anstalten des öffentlichen Rechts an Stelle des Fiskus VI 271; — der Geschwister V 27; — E. des überlebenden Ehegatten V 19, 22, 34; — neben Erben der zweiten Ordnung V 28, 34, — der dritten Ordnung V 30, 34; — Ausschluß des Erbrechtes V 42; — E. des überlebenden Ehegatten: Einfluß der Aufhebung der ehelichen Gemeinschaft IV 591; — anzuwendendes Recht VI 354; — E. nach Trennung von Tisch und Bett VI 361; — E. des unehelichen

Kindes IV 863, V 20; — Wegfall des E. zwischen dem unehelichen Kinde und seinem Vater VI 370; — E. der Urgroßeltern V 32; — der entfernteren Voreltern V 33.
Erbrechtliche Verhältnisse: Anwendung bisherigen Rechtes VI 375.
Erbrechtsersitzung V 61.
Erbschaft: Begriff V 6, 9; — Umfang V 9; — Anfall V 58; — Annahme V 62; — Ausschlagung V 58; — Veräußerung V 777; — Auseinandersetzung V 288, VI 376; — Nießbrauch daran III 344; — Annahme oder Ausschlagung durch die Frau im gesetzlichen Güterstand IV 230; — bei allgemeiner Gütergemeinschaft IV 324; — bei Errungenschaftsgemeinschaft IV 445; — durch den Vater IV 753; — durch den Vormund IV 1073, 1078; — Abschluß von Rechtsgeschäften über die angefallene E. durch den Vater IV 753, 755; — durch den Vormund IV 1073, 1078; — Einfluß mangelnder Genehmigung des Vormundschaftsgerichts IV 1100.
Erbschaftliche Geschäfte: Haftung aus der Besorgung V 90.
Erbschaftliches Liquidationsverfahren nach bisherigem Rechte VI 375.
Erbschaftsanspruch V 245; — rechtliche Natur V 247; — Voraussetzungen V 248; — Kläger V 248; — Geltendmachung durch den Nacherben V 369; — Geltendmachung durch den Testamentsvollstrecker V 471, 481, 508; — durch den zu Unrecht für todt Erklärten V 268; — Beklagter V 249; — Gegenstand und Ziel V 251; — Surrogation V 253; — Herausgabe der Nutzungen und Früchte V 255; — Anspruch bei Unmöglichkeit der Herausgabe von Erbschaftsgegenständen V 256; — Haftung des Erbschaftsbesitzers bei bösem Glauben V 261; — bei Erlangung der Sache durch strafbare Handlungen oder Eigenmacht V 262; — Stellung des Rechtsnachfolgers des Erbschaftsbesitzers V 267; — Einwendungen des Beklagten V 251; — Gegenanspruch, Zurückbehaltungsrecht wegen Verwendungen V 258; — Einfluß der Erhebung auf das Verhältniß zu Erbschaftsgläubigern und -Schuldnern V 252; — Pfändbarkeit, Uebertragbarkeit, Vererblichkeit V 252; — Verjährung V 252; — Einfluß derselben auf die Ersitzung von Erbschaftssachen V 264; — wahlweise Geltendmachung der Einzelklage V 267; — Einfluß der Rechtshängigkeit auf die Haftung des Erbschaftsbesitzers und seine Gegenansprüche für Verwendungen V 260; — räumlich geltendes Recht V 246; — zeitliche Geltung des BGB. V 247; — bisheriges Recht VI 376.
Erbschaftsbesitzer: Begriff V 249; — Anrechnung der Besitzzeit des E. bei Ersitzung III 202, V 62; — Anspruch auf Herausgabe d. Erlangten gegen denselben V 247; — auf Herausgabe mit Mitteln der Erbschaft erworbener Sachen und Forderungen V 253; — von Nutzungen und Früchten V 255; — Haftung bei Unmöglichkeit der Herausgabe V 256; — Ersatzanspruch für Verwendungen, Zurückbehaltungsrecht V 258; — Einfluß der Rechtshängigkeit auf die Haftung des Erbschaftsbesitzers und seiner Gegenansprüche wegen Verwendungen V 260; — Haftung des bösgläubigen Erbschaftsbesitzers V 261; — Haftung für Verzug V 262; — Haftung bei Erlangung einer Sache durch strafbare Handlung oder Eigenmacht V 262; — Ersitzung von Erbschaftssachen V 264; — verbotene Eigenmacht desselben III 19; — Auskunftpflicht über Bestand und Verbleib der Erbschaft V 264; — Offenbarungseid V 265; — Belangung mit Einzelklagen, Geltung der Grundsätze über den Erbschaftsanspruch V 267; — Stellung des Rechtsnachfolgers des E. V 267.
Erbschaftserwerb: Eintritt kraft Gesetzes V 13, 58; — Voraussetzungen in der Person des Erben V 14; — Geltung des bisherigen Rechts VI 376; — zeitliche Geltung des Rechts V 62; — E. vom Erbschaftsbesitzer V 267; — eines Ehegatten bei Fahrnißgemeinschaft IV 497, 499; — der Ehefrau bei allgemeiner Gütergemeinschaft IV 306; — bei Errungenschaftsgemeinschaft IV 454; — beim gesetzlichen Güterstand IV 160; — Haftung für Verbindlichkeiten aus dem Erwerb IV 246, 335; — E. des überlebenden Ehegatten bei fortgesetzter Gütergemeinschaft IV 386.
Erbschaftsgegenstände: Herausgabeanspruch gegen den Besitzer V 247; — Ansprüche bei Erlangung durch strafbare Handlung oder verbotene Eigenmacht V 262; — Verfügungsrecht des Vorerben V 381, 383; — Beschränkungen des Verfügungsrechtes V 382, 384; — Verzeichniß der E. durch den Vorerben V 391; — Erbschein über einzelne E. V 760; — Wirkung der Verfügung des im Erbschein bezeichneten Erben über E. V 751.
Erbschaftskauf IIb 3, V 763; — Statutenkollision V 764; — Begriff und Gegenstand V 764; — Form des Vertrags V 764, 766; — Umfang des Erwerbs durch E. V 766; — Pflichten des Verkäufers, insbesondere Herausgabepflicht V 767; — Ersatzpflicht des Verkäufers für Werthminderung des Nachlasses V 768; — Eigenthumserwerb des Käufers an Grundstücken III 157; — Gewährleistungspflicht V 770; — Einfluß des E. auf durch Konfusion erloschene Rechte und Verbindlichkeiten V 771; — Anzeigepflicht des Verkäufers vom Verkauf V 774; — Pflichten des Käufers V 770; — Ersatz von Verwendungen und Aufwendungen V 773; — Vertheilung von Nutzungen und Lasten zwischen Käufer und Verkäufer V 772, 773; — Gefahrübergang V 773; — Haftung für Nachlaßverbind-

lichkeiten V 127, 774; — Antragsrecht auf Erlassung des Aufgebotes der Nachlaßgläubiger V 135; — Antragsrecht auf Anordnung der Nachlaßverwaltung V 179; — Geltendmachung des Erbschaftsanspruchs durch den Käufer V 249; — Behandlung des Vorausvermächtnisses beim E. V 420, 766; — Anwendung der Vorschriften auf Weiterverkauf und anderweitge Veräußerung der Erbschaft V 777; — anzuwendendes Recht VI 80.

Erbschaftssachen: Ersitzung III 199.

Erbschaftsschenkung V 777.

Erbschaftsschulden siehe „Nachlaßverbindlichkeiten".

Erbschaftsschuldner: Stellung während des Erbschaftsstreites V 252.

Erbschaftssteuer: Haftung des Nachlaßpflegers V 103; — des Testamentsvollstreckers V 473, 512.

Erbschaftsvermächtniß V 328.

Erbschein V 729; — Begriff und rechtliche Bedeutung V 723; — Voraussetzungen der Ertheilung V 732, 743; — Zuständigkeit zur Ertheilung V 733; — Antragsrecht auf Ertheilung V 734; — Form, Zeitpunkt der Ertheilung V 733; — Ausfertigung, Einsicht V 734; — Beschwerderecht V 734; — Inhalt V 731, 736; — beim Vorhandensein eines Nacherben V 383, 749; — Angabe der Ernennung eines Testamentsvollstreckers V 750; — Vermächtmächtnisse nicht aufzunehmen V 443; — kein Vermerk von Auflagen V 461; — E. für den Fiskus als Erben V 110; — Kosten der Ertheilung V 738; — formelle Voraussetzungen der Ertheilung, nothwendiger Inhalt des Antrags im Falle gesetzlicher Erbfolge V 738, 739; — im Falle der Ertheilung auf Grund einer Verfügung von Todeswegen V 738, 740; — Nachweis der Voraussetzungen V 738; — gemeinschaftlicher Erbschein V 742; — Verfahren des Nachlaßgerichts: Ermittelungen, Aufforderung zur Anmeldung anderer Erbrechte V 733, 743, 745; — Feststellung d. erforderlichen Thatsachen V 743; — Anhörung Dritter vor Ertheilung V 743, 745; — Beschwerde gegen Ablehnung V 744; — Einziehung und Kraftloserklärung des unrichtigen E. V 746; — Herausgabeanspruch des wirklichen Erben gegen den Besitzer des unrichtigen Erbscheines V 748; — Anspruch des Nacherben V 749; — Herausgabeanspruch des Testamentsvollstreckers V 750; — Auskunftpflicht des Empfängers eines unrichtigen E. über die Erbschaft V 748; — Vermuthung für Richtigkeit des Inhalts des E. V 750, 753; — öffentlicher Glaube des E. V 751, 753; — E. für einzelne im Inlande befindliche Gegenstände V 760; — rechtliche Folgen der Ertheilung eines Erbscheines hinsichtlich des Nachlasses eines irrthümlich für todt Erklärten oder Gehaltenen V 762; — örtliche Geltung des Rechtes des BGB. V 731, 760; — zeitliche Geltung V 731; — Geltung der Vorschriften für das Zeugniß über Fortsetzung der Gütergemeinschaft IV 421.

Erbtheil: Begriff V 6, 14, 274; — Annahme oder Ausschlagung eines von mehreren E. V 79; — Ausschluß des Nachlaßkonkurses über einen Erbtheil V 157; — der Nachlaßverwaltung V 162; — Nießbrauch daran III 345; — Behandlung als besonderer E.: bei Erbfolge in verschiedenen Stämmen V 31; — bei Erbfolge als Ehegatte und Verwandter V 43; — bei Erhöhung des E. in Folge Wegfalls eines Miterben V 44; — im Falle der Anwachsung eines E. V 44, 360; — hinsichtlich der Haftung für die Nachlaßverbindlichkeiten bei Berufung zu mehreren Erbtheilen V 228; — Erbeinsetzung Mehrerer ohne Bestimmung der E. V 356; — Verfügungsrecht des Miterben V 275; — Pfändbarkeit V 14, 278; — Vorkaufsrecht der Miterben beim Verkauf V 279; — Weiterveräußerung durch den Erwerber V 279, 282; — Vertrag über einen künftigen E. IIa 132; — Abschluß eines Vertrages über einen künftigen E. durch den Vater IV 755; — durch den Vormund IV 1073, 1078; — gemeinschaftlicher: Begriff V 357; — Anwachsung bei Einsetzung auf einen g. E. V 358; — Eintritt der gemeinschaftlich Eingesetzten als Ersatzerben V 361.

Erbtheilung V 288; — siehe auch „Nachlaßauseinandersetzung".

Erbtheilungsvertrag: Abschluß durch den Inhaber der elterlichen Gewalt IV 756; — durch den Vormund IV 1073, 1078.

Erbunwürdigkeit V 705; — Gründe derselben V 707; — Geltendmachung durch Anfechtung des Erbschaftserwerbs, Anfechtungsfrist V 710; — Anfechtungsberechtigung V 712; — Form der Anfechtung, Eintritt ihrer Wirksamkeit V 713; — Ausschluß der Anfechtung durch Verzeihung V 713; — materielle Wirkungen der Anfechtung, rückwirkende Kraft V 714; — eines antheilsberechtigten Abkömmlings IV 420; — des überlebenden Ehegatten, Einfluß auf die Fortsetzung der Gütergemeinschaft IV 376; — E. eines Pflichttheilsberechtigten, eines Vermächtnißnehmers V 716; — Einfluß auf die Pflichttheilsberechnung V 652; — zeitliche Geltung der Vorschriften des BGB. V 707, VI 376.

Erbvertrag: V 584; — Begriff und rechtliche Natur V 55, 585; — Arten V 56, 585; — zweiseitiger E. V 593, 622; — Unterschied vom gemeinschaftlichen Testament V 56; — Fähigkeit zur Errichtung 587, 588; — Ausschluß der Stellvertretung V 587; — Form der Errichtung V 586, 589; — Inhalt V 56, 585, 592; — Anwendung der allgemeinen Vorschriften über Rechtsgeschäfte und Verträge V 595; — Zulässig-

keit von Bedingungen V 618; — einseitige Verfügungen V 624; — Bestimmung des Testamentsvollstreckers im E. V 482; — Verbindung mit einem Ehevertrag IV 281, 288, V 56; — Verbindung des Erbverzichtsvertrags mit einem Erbvertrag V 724; — Bedachter V 586; — Auslegung V 586, 593; — *Wirkung* und Wirksamkeit der Verfügungen, Anwendung der Vorschriften über letztwillige Zuwendungen und Auflagen V 594; — Einfluß von Willensmängeln I 339, V 586; — Wirksamkeit v. Verfügungen zu Gunsten Dritter bei gegenseitiger Erbeinsetzung der Ehegatten V 595; — Einfluß der Aufhebung des Verlöbnisses oder der Ehe V 594; — Vertragsfreiheit des Erblassers hinsichtlich Verfügungen unter Lebenden V 602; — Schenkungen zum Nachtheil des Vertragserben V 604; — Verfügungen zum Nachtheil eines Vermächtnißnehmers V 606, 607; — Verhältniß des Erbvertrags zu anderen letztwilligen Verfügungen eines Vertragstheiles V 607; — rechtliche Stellung des Vertragserben V 57; — *Anfechtung* V 596; — Anfechtungsberechtigter V 597; — Anfechtungsgegner V 597; — Anfechtungsgründe V 596, 598; — A. durch den Erblasser: Form V 596, 598; — Ausschluß der Stellvertretung V 599; — Einfluß der Geschäftsunfähigkeit oder Beschränkung der Geschäftsfähigkeit V 599; — Frist für A. V 600; — Wirkung V 599; — beim gegenseitigen Erbvertrag V 623; — Bestätigung des anfechtbaren Erbvertrags V 598, 601; — anzuwendendes Recht V 599; — Verlust des Anfechtungsrechtes Dritter V 602 — *Aufhebung* des Erbvertrages oder einzelner vertragsmäßiger Verfügungen V 611; — einseitiger Verfügungen V 625; — von Vermächtnißanordnungen und Auflagen V 614; — Aufhebung des zwischen Ehegatten geschlossenen E. V 615, 625; — Verzicht auf die Zuwendung durch E. V 727; — *Rücktritt* von E.: bei Vorbehalt des Rücktrittsrechtes V 617; — Rücktritt von einzelnen Verfügungen wegen Verfehlungen des Bedachten V 618; — Rücktritt wegen Wegfall des Grundes der Verfügung V 619; — Rücktritt vom gegenseitigen Erbvertrag V 622; — Form des Rücktrittes V 620; — nach dem *Tode* des anderen Vertragstheils V 621, 622; — Ausschluß der Vertretung V 620; — Unwiderruflichkeit der Rücktrittserklärung V 618, 621; — Wirkung des Rücktritts für einseitige Verfügungen V 625; — *Nichtigkeit* des gegenseitigen E. wegen Nichtigkeit einzelner Verfügungen V 622; — *Eröffnung* von E. V 626; — Einsicht und Abschriftnahme V 627; — Aufrechterhaltung eines nichtigen E. als Testament V 590; — Verschließung und Verwahrung V 590; — Uebergangsvorschrift V 57; — unter bisherigem Recht errichteter VI 378.

Erbverzicht: V 718; — Statutenkollision V 719; — E. *auf gesetzliche Erbfolge*: Form des Verzichts V 718, 719; — zum Vertrag legitimirte Personen V 718, 720; — Umfang des Verzichts, Beschränkung auf den Pflichttheil V 719, 720, 721; — Zulässigkeit von Bedingungen und Zeitbestimmungen V 721; — Wirkung des Verzichts V 721; — persönliche Fähigkeit zum Abschluß des Erbverzichtsvertrages Genehmigung durch das Vormundschaftsgericht V 722; — Form des Vertrages V 723; — Verbindung des Erbverzichtsvertrages mit einem Erbvertrag V 724; — Aufhebung V 726; — Anfechtung V 719; — Einfluß auf die Berechnung des Pflichttheils V 652, 653, 665; — *Auslegungsregeln*: Umfang des Erbverzichts von Abkömmlingen und Seitenverwandten des Erblassers V 724; — E. zu Gunsten eines Dritten V 725; — E. zu Gunsten der anderen Abkömmlinge und des Ehegatten des Erblassers V 725; — anzuwendendes Recht VI 79, 81; — E. des näher verwandten Abkömmlings V 24; — des überlebenden Ehegatten V 37; — E. *bei testamentarischer und vertragsmäßiger Erbfolge* V 727; — E. des Vertragserben nach dem Tode eines Erblassers 612.

Erbverzichtsvertrag V 55, 723; — Errichtung und Aufhebung nach bisherigem Recht VI 382.

Erbzinsrecht VI 171.

Erdkörper unter der Oberfläche: Gegenstand des Eigenthums III 124.

Erfinderrechte: Vererblichkeit V 10.

Erfindung: Rechte des Dienstherrn an einer E. des Bediensteten IIb 390; — E. eines Gesellschafters IIb 606.

Erfolg: Rückforderung einer Leistung wegen Nichteintritt des bezweckten E. IIb 826; — Einfluß der Unmöglichkeit des Erfolges, der Verhinderung seines Eintritts IIb 836.

Erfüllung der Schuldverhältnisse: Begriff IIa 214; — Wirkung IIa 216; — Anrechnung theilweiser E. bei Mehrheit von Verbindlichkeiten IIa 227; — bei Haupt- und Nebenverbindlichkeiten IIa 229; — E. an den Ueberbringer der Quittung IIa 233; — Empfangsbestätigung IIa 230; — Rückgabe des Schuldscheins IIa 234; — E. beim aktiven IIa 344; — beim passiven Gesammtschuldverhältniß IIa 332; — Beweislast für nicht gehörige E. bei Annahme einer Leistung IIa 221; — E. Zug um Zug bei Geltendmachung des Zurückbehaltungsrechts IIa 75; — beim Rücktritt vom Vertrag IIa 195; — E. durch Hinterlegung IIa 243; — E. unter Vorbehalt IIa 218; Einfluß mangelnder oder beschränkter Geschäfts- oder Verfügungsfähigkeit des Schuldners IIa 217; — Einfluß mangelnden Verfügungsrechts des Gläubigers IIa 219; — Befreiung durch gutgläubige Leistung an Nichtgläubiger IIa 220; — E.

von Verbindlichkeiten der Ehefrau aus eingebrachtem Gut IV 173, 175; — bei Errungenschaftsgemeinschaft IV 452; — E. einer Verbindlichkeit zum Nachlasse während der Erbengemeinschaft V 284.

Erfüllungsgeschäft: anzuwendendes Recht VI 314.

Erfüllungsinteresse I 358, IIb 89.

Erfüllungsort IIa 64; — Vermerk auf der Faktura IIb 6; — Recht des E. bei Schuldverhältnissen IIb 2; — beim Kauf IIb 19; — E. für die Verbindlichkeit des Bürgen IIb 706; — E. für die Abnahmepflicht des Käufers IIb 19; — beim Forderungskauf IIb 25; — für Verbindlichkeiten zum Nachlaß während der Erbengemeinschaft V 285; — für Zahlungen aus öffentlichen Kassen VI 213.

Erfüllungsstatt: Annahme an E. IIa 222; — Gewährleistung IIa 225; — A. a. E. beim aktiven IIa 344; — beim passiven Gesammtschuldverhältniß IIa 332; — Hingabe an E. ohne Rechtsgrund IIb 826.

Erfüllungsübernahme IIa 166, 299, 304.

Erfüllungsvertrag IIa 215.

Ergänzung der Einlage des Gesellschafters IIb 609; — des Nachlaßinventars V 224; — Vorbehalt der E. letztwilliger Verfügungen V 352; — E. des Pflichttheils V 640; — im Falle einer den Pflichttheil beschränkenden Schenkung V 682; — bei Auseinandersetzung der fortgesetzten Gütergemeinschaft IV 418; — der Sicherheitsleistung I 598; — bisheriger Gesetze hinsichtlich civilrechtlicher Vorschriften VI 9, 10.

Erhaltung der Erbschaft bei Mehrheit von Erben V 282; — der gemietheten Sache IIb 211.

Erhaltungskosten des eingebrachten Gutes der Frau IV 189; — bei Errungenschaftsgemeinschaft IV 458; — der entliehenen Sache IIb 353; — der Erbschaft, Last des Vorerben V 393, 394; — der gemeinschaftchen Sache IIb 669; — des Kindervermögens IV 773; — des geschuldeten Gegenstandes beim Gläubigerverzug IIa 122; — Ersatz an den Besitzer bei Rückforderung einer Sache III 255, 256.

Erhöhung des Erbtheils durch Wegfall eines gesetzlichen Erben V 44; — Haftung für Nachlaßverbindlichkeiten V 229; — E. d. Erdoberfläche III 134; — des Gesellschaftsbeitrages IIb 609; — der Zinsen der Hypothek III 394.

Erholungszeit des Dienstverpflichteten IIb 415, 419.

Erker III 131; — Ueberbau III 137.

Erklärung über Aufhebung der fortgesetzten Gütergemeinschaft IV 398; — über Ausschlagung der Erbschaft V 70; — über Anfechtung der Annahme und Ausschlagung V 87; — über den Familiennamen der geschiedenen Ehefrau IV 560; — über Genehmigung von Rechtsgeschäften des Minderjährigen I 315, 316; — über Genehmigung von Verfügungen der Frau über eingebrachtes Gut IV 212; — von Verfügungen des Mannes über Gesammtgut IV 320; — über Schuldübernahme IIa 301.

Erkrankung eines Dienstverpflichteten IIb 410; — lebensgefährliche E. eines Verlobten, Unterbleiben des Aufgebots vor Eheschließung IV 21, 50.

Erlaß der Gewährleistungspflicht IIb 38, 112; — bei der Miethe IIb 225; — beim Werkvertrag IIb 464; — E. der Haftung wegen Vorsatzes IIa 89, 92, 93; — E. der Schuld IIa 269; — anzuwendendes Recht VI 315; — E. beim aktiven Gesammtschuldverhältniß IIa 344; — beim passiven IIa 332; — Ausgleich unter den Gesammtschuldnern beim E. IIa 340, 341; — E. einer Forderung des Mündels IV 1061; — E. durch den Testamentsvollstrecker V 494.

Erlasse: Gesetzeskraft VI 5.

Erlaßvertrag IIa 231, 270.

Erlaubniß zur Eheschließung für Ausländer IV 47; — für Beamte und Militärpersonen IV 47; — zur Uebernahme der Vormundschaft durch Beamte und Religionsdiener IV 1014.

Erleben des Erbfalles: Voraussetzung des Erbschaftsanfalles V 14; — des Vermächtnißanfalles V 15, 427.

Erleichterung der Verjährung I 578.

Erlöschen von Grunddienstbarkeiten III 292; — der Hypothek III 503; — für Rückstände von Zinsen und anderen Nebenleistungen, Kosten III 496; — E. der Gesammthypothek III 490; — des Nießbrauchs III 306, 324; — des Pfandrechts an Rechten 616; —

— **des Schuldverhältnisses**: Gründe IIa 207; — **im einzelnen**: Annahme an Erfüllungsstatt IIa 222; — Aufrechnung IIa 258; — Eintritt der auflösenden Bedingung I 452; — des Endtermins I 463; — concursus causarum lucrativarum IIa 212; — entgegengesetzter Vertrag IIa 212; — Erfüllung IIa 216; — Erlaß IIa 270; — Hinterlegung IIa 236, 243; — durch gutgläubige Leistung an Nichtgläubiger IIa 220; — Novation IIa 210; — Tod eines Vertragstheiles IIa 210; — Zweckerreichung IIa 213; — anzuwendendes Recht VI 315; — Vereinigung von Recht und Verbindlichkeit in einer Person IIa 4, 208; — beim aktiven IIa 344; — beim passiven Gesammtschuldverhältniß IIa 336; — durch Erbfolge V 59, 129; — Ausschluß des E. bei Vermächtniß einer Forderung des Erblassers gegen den Erben, eines Rechtes an einer Sache oder einem Rechte des Erben V 444; — Wiederaufleben erloschener Schuldverhältnisse bei Eintritt der Nacherbfolge V 408; — Wiederaufleben der in Folge Erbfalles durch Konfusion erloschenen Rechtsverhältnisse im Falle des Nachlaßkonkurses oder der Nachlaßverwaltung V 165; — im Falle der Herausgabe

des Nachlasses an den Gläubiger bei Mangel an Masse zu einer Nachlaßverwaltung oder einem Nachlaßkonkurs V 198; — beim Erbschaftsverkauf V 771.

Ermächtigung des Ehemannes zur Kündigung von Rechtsverhältnissen der Frau zu dritten Personen IV 128; — des Minderjährigen zu Dienst- und Arbeitsverträgen I 325; — zum selbstständigen Betrieb eines Erwerbsgeschäftes I 323; — E. der Minorität der Vereinsmitglieder zur Berufung der Mitgliederversammlung I 165; — des unzuständigen Standesbeamten zur Eheschließung IV 61; — generelle E. des Gewalthabers zu genehmigungsbedürftigen Rechtshandlungen IV 756; — des Vormunds zu genehmigungsbedürftigen Rechtshandlungen IV 1087.

Ermäßigung des Mäklerlohnes IIb 507; — der Vertragsstrafe IIa 183.

Ermessen siehe „billiges Ermessen".

Ermittelung des Erzeugers des unehelichen Kindes IV 1039; — des unbekannten Erben vor Feststellung des Erbrechts des Fiskus V 109; — E. des Erben durch das Nachlaßgericht V 733.

Ermittelungen im Verfahren wegen Ertheilung eines Erbscheines V 733, 743, 745; — über Richtigkeit des ertheilten Erbscheins V 746.

Ernennung des Testamentsvollstreckers durch den Erblasser oder einen Dritten V 467, 483, — durch das Nachlaßgericht V 468, 484; — rechtliche Bedeutungen der Ernennung eines T. V 474.

Erneuerung beschädigter Schuldverschreibungen IIb 793; — für kraftlos erklärter Schuldverschreibungen IIb 798; — von eingebrachtem Gut der Frau IV 190; — der Bestallung nach Aufhebung des Familienrathes IV 1160; — des Miethvertrags IIb 293; — der Nießbrauchsache: gewöhnliche III 311; — außergewöhnliche III 312; — Anzeigepflicht von der Nothwendigkeit III 312; — Duldung der Vornahme durch den Eigenthümer III 313; — E. der Sicherheitsleistung I 598.

Erneuerungsscheine: rechtliche Natur und Rechtsverhältnisse daran IIb 803; — Schutz bei Verlust von E. IIb 806; — Besitz beim Nießbrauch an dem Papier, Hinterlegung III 337; — Hinterlegung zur Sicherheitsleistung I 596; — Hinterlegung zum eingebrachten Gut gehöriger IV 205; — bei Errungenschaftsgemeinschaft IV 452; — Hinterlegung zum Mündelvermögen gehöriger IV 1064; — Hinterlegung durch den Vorerben V 388; — Kraftloserklärung und Zahlungssperre VI 321.

Ernstlichkeit: Mangel der E. bei Willenserklärungen I 343; — mangelnde E. bei Stellvertretung I 476; — Mangel bei letztwilligen Verfügungen V 330.

Eröffnung des Erbvertrags V 626; — E. des Nachlaßkonkurses: Ende der Nachlaßverwaltung V 192; — Wirkung der Ablehnung mangels Masse V 198; — Wirkung für die Inventarfrist V 220; — E. des Testaments: Zuständigkeit V 523, 564, 566; — Verfahren V 564, 567; — E. des gemeinschaftlichen Testaments V 583.

Errungenschaft im gesetzlichen Güterstand IV 150.

Errungenschaftsgemeinschaft: d. älteren Rechts IV 143, 144, 411; — nach BGB.: Begriff und Wesen IV 440; — rechtliche Natur IV 443; — Entstehung IV 442; — Ausschluß durch Vertrag IV 294; — Grundregeln IV 442; — Vermögensmassen IV 442; — siehe auch „eingebrachtes Gut, Gesammtgut, Vorbehaltsgut"; — Lastentragung IV 458; — Schuldenhaftung gegenüber den Gläubigern IV 459, — unter den Ehegatten IV 465; — siehe auch „Gesammtgutsverbindlichkeiten"; — Haftung für Unterhaltsansprüche von Verwandten der Ehegatten IV 655; — Haftung aus unerlaubten Handlungen der Ehegatten IIb 854; — Verhältniß von Schenkungen aus dem Gesammtgut zum Pflichttheilsanspruch V 695; — Ausgleichungspflicht bei Zuwendungen aus dem Gesammtgut V 300, 304; — Beendigung: Gründe überhaupt IV 474; — Aufhebungsklage eines Ehegatten IV 476; — Konkurseröffnung über das Vermögen des Ehegatten IV 477; — Todeserklärung I 109, IV 479; — Wirkung und Wirksamkeit der Beendigung gegenüber Dritten IV 479; — Berichtigung von Schulden zum Gesammtgut oder zum eingebrachten Gut des Mannes IV 473; — Fälligkeit der Forderungen des Mannes gegen das Gesammtgut IV 473; — Auseinandersetzung, Rechtsverhältniß bis zu derselben IV 480; — Wiederherstellung der Gemeinschaft: Klage auf die W. IV 484; — Eintritt derselben IV 486; — Ausschluß der fortgesetzten Gütergemeinschaft IV 377.

Ersatz der Auslagen von Familienrathsmitgliedern IV 1157; — der Auslagen vom Vormundschaftsgericht gehörter Verwandter oder Verschwägerter des Kindes IV 808; — des Mündels IV 1127; — der Bestellungskosten von Früchten an den Pächter bei Beendigung der Pacht während des Pachtjahres IIb 341; — von Nutzungen beim Gläubigerverzug IIa 121; — von Verwendungen nach Rechtshängigkeit des Herausgabeanspruches hinsichtlich einer Sache IIa 113; — des Werthes von verbrauchten oder veräußerten Sachen des Kindes durch den Gewalthaber IV 771; — Ersatzpflicht gegenüber Gläubigern des Kindes IV 780; — E. verbrauchter Sachen zum eingebrachten Gut IV 175; — Pflicht gegenüber den Gläubigern IV 240; — bei Errungenschaftsgemeinschaft IV 452; — Ersatz für Verminderung des Gesammtguts

IV 326; — Anrechnung bei der Theilung IV 362; — Herausgabe des E. für den geschuldeten Gegenstand bei Unmöglichkeit der Leistung IIa 99, — beim gegenseitigen Vertrag IIa 152, 155; — E. für bei Zwangsversteigerung erlöschende Rechte an Grundstücken III 75.

Ersatzanspruch des Staats und öffentlicher Verbände für gewährten Unterhalt VI 228; — für einen geschuldeten Gegenstand, Abtretung bei Unmöglichkeit der Leistung IIa 99; — E. gegen Dritte aus der Haftung für unerlaubte Handlungen IIb 934; — Abtretung des E. für den geschuldeten Gegenstand bei Unmöglichkeit der Leistung beim gegenseitigen Vertrag IIa 152, 155; — E. des Verleihers wegen Veränderung und Verschlechterung IIb 358; — des Vermiethers wegen Veränderung und Verschlechterung des Miethobjektes IIb 240; — Verjährung IIb 263; — des Mannes für Aufwendungen bei Verwaltung des eingebrachten Gutes IV 202; — des Vormunds, Gegenvormunds für Aufwendungen IV 1107.

Ersatzerbe: Begriff, Verhältniß zum Nacherben V 361; — Voraussetzungen der Berufung V 361; — Auslegungsregeln für die Einsetzung V 361, 362; — Wirkung der Ersatzerbeinsetzung V 363; — Verhältniß des Rechts des E. zum Anwachsungsrecht V 361, 363; — Ausgleichungspflicht V 304; — Anspruch auf das Vorausvermächtniß V 363, 420; — Beschwerung mit Vermächtnissen V 416; — Nacherbe als E. V 370; — Erstreckung des Rechts des Nacherben auf den Erbtheil des E. V 379; — Ersatzerbe des Nacherben V 368; — Einsetzung einer Stiftung als E. I 240; — Anwendung der Grundsätze beim Vermächtniß V 457.

Ersatzgeld bei Privatpfändung VI 209.

Ersatzgut für Vorbehaltsgut der Frau IV 163.

Ersatzhypothek III 505.

Ersatzleistung für Bereicherung des eingebrachten Gutes aus dem Gesammtgut der Errungenschaftsgemeinschaft und umgekehrt IV 471; — aus dem Vorbehaltsgut zum eingebrachten Gut und umgekehrt IV 253.

Ersatzlieferungsanspruch beim Kauf von Gattungssachen IIb 121.

Ersatzmitglieder des Familienraths IV 1147.

Ersatzpflicht des Ehemannes wegen Veränderung des Gesammtguts der allgemeinen Gütergemeinschaft IV 326; — der Errungenschaftsgemeinschaft IV 446; — E. des Kindes für Aufwendungen des Vaters IV 762; — E. des überlebenden Ehegatten wegen Verminderung des Gesammtguts der fortgesetzten Gütergemeinschaft IV 386, 388; — des Nacherben für Aufwendungen des Vorerben V 393; — E. des Vaters für verbrauchtes Kindervermögen gegenüber den Gläubigern IV 780; — E. zum Gesammtgut oder Vorbehaltsgut für Verwendungen aus einem derselben IV 342; — bei fortgesetzter Gütergemeinschaft IV 387, 389.

Ersatzvermächtniß V 457.

Erschwerung der Verjährung I 578.

Erschütterung fremder Grundstücke III 125.

Ersetzung der Einwilligung des Vormunds zur Eheschließung des Mündels IV 27, 29; — Anhörung von Verwandten und Verschwägerten des Mündels vor der Ersetzung IV 1127; — E. der elterlichen Einwilligung IV 34; — E. der Einwilligung der Mutter zur Ehelichkeitserklärung IV 925; — der Ermächtigung des Minderjährigen zu Dienst- und Arbeitsverträgen I 325; — der Genehmigung des Beistands zu Rechtsgeschäften der Mutter IV 836; — des Gegenvormunds zur Anlegung von Mündelgeld IV 1059, — zur Verfügung über Forderungen, Leistungsansprüche, Werthpapiere IV 1060; — der Genehmigung des Vormunds zu einer anfechtbaren Ehe IV 88; — E. der Zustimmung der antheilsberechtigten Abkömmlinge zu Verfügungen über Gesammtgut IV 386, 387; — der Zustimmung der Frau zu Verfügungen über eingebrachtes Gut im gesetzlichen Güterstand IV 177, — bei Errungenschaftsgemeinschaft IV 453; — zu Verfügungen über Gesammtgut der allgemeinen Gütergemeinschaft IV 319; — der Errungenschaftsgemeinschaft IV 445; — der Zustimmung des Mannes zu Rechtsgeschäften der Frau im gesetzlichen Güterstand IV 224; — bei allgemeiner Gütergemeinschaft IV 322; — zur Uebernahme persönlicher Verpflichtungen durch die Frau IV 128; — der Zustimmung des Zuwendenden zu Aenderungen von Anordnungen über die Verwaltung zugewendeten Vermögens IV 1222.

Ersitzung: Gegenstand derselben III 197, 198; — E. beweglicher Sachen: Erfordernisse III 198; — Vermuthung für den Besitz während der ganzen Dauer der Ersitzungszeit III 199; — Hindernisse des Beginnes oder Laufes der E. III 199; — Unterbrechung der E. III 200; — Wirkung der Unterbrechung III 201; — Anrechnung der Besitzzeit des Rechtsvorgängers III 201, — des Erbschaftsbesitzers III 202, V 62; — Wirkung vollendeter E. III 199, 202; — Einzelfälle: E. des Eigenthums an Grundstücken III 157, 170, 171, 197; — E. des Eigenthums oder dinglicher Rechte an Grundstücken bis zur Anlegung des Grundbuchs VI 338, 339; — des Erbbaurechts ausgeschlossen III 284; — des Erbrechts, von Erbschaftssachen III 199, V 61; von Erbschaftssachen durch den Erbschaftsbesitzer V 264; — bei Errungenschaftsgemeinschaft IV 451; — der Freiheit von Rechten Dritter III 202; — des Nießbrauchs III 197, 306, 307; — von Grunddienstbarkeiten ausgeschlossen III 197, 287, 288,

292; — des Pfandrechts III 548; — von Rechten an Grundstücken III 197; — auf die Ersitzung des Eigenthums oder Nießbrauchs an beweglichen Sachen anzuwendendes Recht VI 331.

Ersparnisse der Frau aus dem Vorbehaltsgut IV 163.

Ertrag einer Sache: Herausgabe beim Eigenthumsanspruch III 254.

Erträgniß eines Rechts, einer Sache I 282.

Erträgnisse des Vorbehaltsguts der Frau IV 163, 455.

Ertragswerth eines Landguts: Grundsätze für die Feststellung VI 269; — Anrechnung des E. beim ererbten Landgut V 299; — Anrechnung bei Theilung der fortgesetzten Gütergemeinschaft IV 434; — Anrechnung bei der Pflichttheilsberechnung V 654.

Erwählter Wohnsitz nach französischem und badischem Recht VI 296.

Erwerb der Ehefrau IV 123; — E. der Erbschaft (siehe auch „Erbschaftserwerb") V 58; — E. von Grundstücken und Rechten an Grundstücken für den Mündel IV 1073; — von Grundstücken durch Ausländer VI 208; — von Rechten durch juristische Personen VI 203; — von Rechten an Grundstücken: anzuwendendes Recht III 48.

Erwerb von Todeswegen: durch einen Ehegatten bei Errungenschaftsgemeinschaft IV 447; — durch das Kind, Ausschluß der Verwaltung des Vaters IV 740; — Anordnungen über die Vermögensverwaltung IV 742; — durch den Mündel: Verwaltung IV 1044; — Bestellung eines Pflegers zur Verwaltung IV 1200; — Anordnung von Befreiungen des Pflegers, Benennung desselben IV 1222; — E. von Todeswegen durch Religiose VI 206; — Schädigung des E. durch unerlaubte Handlung gegen eine Person IIb 937; — durch Verbreitung unwahrer Thatsachen IIb 870, 871.

Erwerbsbeschränkungen für Ausländer VI 208; — für die Ehefrau IV 159; — für juristische Personen VI 203; — für religiöse Orden, Kongregationen und deren Mitglieder VI 206; — für Stiftungen I 229; — für ausländische Vereine I 141.

Erwerbsfähigkeit: Haftung wegen Aufhebung oder Minderung nach dem Haftpflichtgesetz VI 131, 132; — Haftung wegen Aufhebung oder Minderung durch unerlaubte Handlungen IIb 937.

Erwerbsgeschäft: Nießbrauch daran III 341; — Pacht IIb 322; — Besitzdiener im E. III 13; — eines Ehegatten: Erwerb aus demselben ist Errungenschaft IV 451; — E. der Ehefrau: Genehmigung des Ehemanns zum Betrieb IV 119; VI 56, 57; — Betrieb eines zum eingebrachten Gut gehörige E. durch den Mann IV 175; — selbständiger Betrieb beim gesetzlichen Güterstand IV 227; — bei Gütergemeinschaft IV 323; — bei Errungenschaftsgemeinschaft IV 445; — Rechtsgeschäfte und Rechtsstreitigkeiten in Bezug auf dasselbe IV 227, 323, 453; — Schuldenhaftung des eingebrachten Gutes IV 248; — des Gesammtgutes IV 336; — bei Errungenschaftsgemeinschaft IV 464; — Erträgnisse als Vorbehaltsgut IV 157; — Betriebsmittel IV 158; — Eintragung des Einspruchs des Mannes, des Widerrufs der Einwilligung im Güterrechtsregister IV 230, 509, 510; — Gegenstand des eheherrlichen Nutzungsrechtes IV 187; — Zuschuß davon zum ehelichen Aufwand bei Gütertrennung IV 273; — Zuschuß zum Unterhalt des Kindes nach Ehescheidung IV 581; — Betrieb für Rechnung der Errungenschaftsgemeinschaft IV 469; — E. des Kindes: Beginn eines neuen durch den Vater IV 759; — Erwerb und Veräußerung IV 753, 755; — Gewinn und Verlust IV 775; — Unübertragbarkeit des Anspruchs des Vaters auf den Gewinn IV 778; — Haftung für Verbindlichkeiten daraus IV 782; — selbständiger Betrieb durch das Kind IV 767; — E. des Mündels: Beginn oder Auflösung durch den Vormund IV 1086 ;— Anhörung des Mündels vor Genehmigung IV 1088; — Erwerb und Veräußerung durch den Vormund IV 1073, 1079; — Rechnungslegung des Vormunds über den Betrieb IV 1119; — allgemeine Ermächtigung des Vormunds zu Rechtsgeschäften in Bezug auf dasselbe IV 1087.

Erwerbs- und Wirtschaftsgenossenschaften in Bayern VI 308.

Erz: Fruchteigenschaft I 284.

Erzeugnisse: Eigenschaft als Bestandtheile I 270, 271; — als Früchte I 282, 284; — als Zubehör I 280; — Eigenthum daran III 212; — Eigenthumserwerb des dinglich Nutzungsberechtigten III 213; — des Eigenbesitzers III 213; — des besitzenden dinglich Nutzungsberechtigten III 215; — Eigenthumserwerb auf Grund Gestattung des Eigenthümers oder Aneignungsberechtigten III 215; — auf Grund Gestattung eines Nichtberechtigten III 217; — Sondereigenthum an stehenden E. I 273, VI 326; — Vertheilung unter successiv Berechtigte I 287; — Erstreckung der Hypothek auf E. 395, 397; — Erlöschen der Haftung durch Veräußerung und Entfernung III 400; — durch Trennung III 403; — Erstreckung des Pfandrechts auf E. III 558; — Verpfändung ungetrennter E. III 546; — Wildschaden an Erzeugnissen IIb 915, 917; — E. eines Landguts: Theilung bei Eintritt der Nacherbfolge V 400.

Erzeugung vor dem Erbfall: Voraussetzung gültiger Einsetzung als Erbe V 14; — als Nacherbe V 376; — Zeitpunkt der Erzeugung des nasciturus V 16; — Vermuthung für dessen Einsetzung als Nacherbe V 369; — Vermuthung für Ein-

setzung des gesetzlichen Erben als Vorerben V 372; — Zeit des Anfalles der Nacherbschaft V 374; — siehe auch „Empfangene".
Erzieher: ordentliche Kündigung ihres Dienstverhältnisses IIb 428; — außerordentliche K. IIb 436; — Folge derselben IIb 437; — Verjährung ihrer Ansprüche I 537.
Erziehung: des ehelichen Kindes IV 719; — in einer Familie oder Anstalt IV 790; — E. des Mündels 1039; — Sorge des Waisenrathes IV 1131; — E. in einer Familie oder Anstalt IV 1115; — E. des unehelichen Kindes IV 874; — siehe auch „religiöse E."
Erziehungsanstalt: Unterbringung ehelicher Kinder in E. IV 790; — Unterbringung von Minderjährigen zur Zwangerziehung VI 265; — Unterbringung des Mündels IV 1115; — Unterbringung Strafunmündiger VI 111, 113; — Vormundschaftliche Rechte d. Vorstandes der E. IV 1000, 1002, VI 267.
Erziehungsanstalten: Verjährung der Ansprüche von E. I 537.
Erziehungsbericht des Vormunds IV 1040.
Erziehungsgewalt der Mutter IV 832; — während ihrer Minderjährigkeit IV 846; — — der unehelichen Mutter IV 874; — des Vaters IV 719, 722.
Erziehungskosten: Last des Unterhaltspflichtigen IV 666; — des unehelichen Vaters IV 876; — Verjährung I 537.
Erziehungsrecht nach Ehescheidung IV 730; — Wegfall des E. des unehelichen Vaters VI 370.
Erzwingung von Leistungen ohne Vermögenswerth IIa 6.
Esel: Gewährschaft IIb 128; — Gewährmängel und -Fristen IIb 130, 131.
Europäische Meere: Verschollenheitsfrist I 102.
Eventualaufrechnung IIa 257, 259;.
Eviktion beim Kauf IIb 30, 36; — bei der Miethe IIb 225.
Ewiggeld: Umwandlung in Rentenschuld VI 349; — auf Inhalt und Rang anzuwendendes Recht VI 329; — Uebergang in Rentenschuld III 539.
Exceptio doli IIb 878.
Exceptio doli generalis I 366; — **non adimpleti contractus** IIa 143; — **non numeratae pecuniae** IIb 369; — **rei venditae et traditae** III 179.
Exhumirung einer Leiche zur Untersuchung IIb 816.
Exklusivsätze VI 97.
Exterritoriale: gesetzlicher Wohnsitz I 66, VI 117.
Extinktive Verjährung I 523.

F.

Fabrik: Zubehör I 280.
Fabrikanten: Verjährung ihrer Forderungen I 536, 540.
Fabrikarbeiter: Verjährung ihrer Ansprüche I 537.
Fähigkeit: zum Amt eines Familienraths IV 1148; — zum Amt eines Testamentsvollstreckers V 468, 484; — eines Vormunds IV 1007; — eines Gegenvormunds IV 1009, 1025; — eines Pflegers IV 1220; — F. zur Testamentserrichtung V 525; — zur Errichtung eines Erbvertrags V 587, 588; — zur Errichtung letztwilliger Verfügungen nach bisherigem Rechte VI 379, 380; — F. eines ehemaligen Ausländers hiezu VI 79.
Fahrkarten IIb 810; — Verlust III 193; — Kraftloserklärung und Zahlungssperre nach Landesrecht VI 227.
Fahrlässige Unkenntniß der Anfechtbarkeit eines Rechtsgeschäfts I 411; — beim Betrug I 358; — des Käufers von Mängeln der Kaufsache IIb 79; — beim Viehkauf IIb 132; — des Miethers von Mängeln der Miethsache IIb 224, 227, 231; — von der Person des Erklärungsgegners I 387; — der Ueberschuldung der Erbschaft V 174; — des Umfanges der Vertretungsmacht des Vereinsvorstandes, der Form der Beschlußfassung desselben I 218; — von der Aenderung des Vereinsvorstandes I 217; — des Vertreters I 475; — von Nichtigkeit oder Anfechtbarkeit einer Willenserklärung I 356.
Fahrlässigkeit: Begriff und Arten, Haftung IIa 83, 89, 90; — Schadensersatzpflicht IIa 27, IIb 857, 863; — Haftung der Ehegatten für F. in häuslichen Angelegenheiten IV 132; — Haftung von Beamten wegen F. IIb 924, 929, 932; — Haftung des Geschäftsführers ohne Auftrag IIb 549, 556; — F. bei Rathertheilung IIb 548; — Vertretung in Folge Verzuges IIa 108; — fahrlässige Unterlassung des Aufgebots der Nachlaßgläubiger V 174; — siehe auch „Körperverletzung, Tödtung".
— **grobe F.**: Begriff IIa 91; — Vertretung bei Sorgfalt wie in eigenen Angelegenheiten IIa 92; — beim Eigenthumserwerb vom Nichteigenthümer III 184; — Mängelhaftung des Verkäufers IIb 79; — des Vermiethers IIb 224, 227, 231; — Haftung des Finders für g. F. III 230; — des Geschäftsführers ohne Auftrag IIb 556; — Haftung des Schenkers IIb 183; — gr. F. bei Herbeiführung der Dürftigkeit des Schenkers IIb 194; — Haftung des Verleihers IIb 352; — Beschränkung der Haftung auf gr. F. beim Gläubigerverzug IIa 119; — gr. F. des Dienstpflichtigen bei Herbeiführung einer Krankheit IIb 410, 413.
Fahrnißgemeinschaft: Begriff IV 486; — Voraussetzungen des Eintritts IV 488; — Eintragung im Grundbuch IV 491; — Anwendung der Vorschriften über allgemeine Gütergemeinschaft IV 491; — mögliche Vermögensmassen IV 488; — rechtliche Behandlung von Grundstückszubehör I 279; — Lastenvertheilung bei Erwerb theils zum

Gesammtgut theils zum eingebrachten Gute eines Ehegatten IV 500; — Ausgleichungspflicht bei Zuwendungen aus dem Gesammgute V 300, 304; Schuldenhaftung IV 488, 491, 492; — Haftung für Unterhaltsansprüche von Verwandten der Ehegatten IV 655; — Beendigung durch Todeserklärung eines Ehegatten I 109; — Einfluß der Nichtigkeit der Ehe IV 101; — Beendigung IV 489; — Aufhebung durch Ehevertrag IV 294; — Fortsetzung der Gütergemeinschaft IV 490, 501; — Verhältniß von Schenkungen aus dem Gesammtgut zum Pflichttheilsanspruch V 695.

Faktura: Vermerke auf der F. IIb 6.

Falcidische Quart V 53, 413.

Fälligkeit der Forderung: Voraussetzung des Rechts zum Pfandverkauf III 569; — zur Einziehung der verpfändeten Forderung III 619; — Voraussetzung des Verzugs IIa 101, 102; — Beginn der Verzinsung von Geldschulden IIa 112; — Abzug von Zwischenzinsen bei vorzeitiger Zahlung IIa 70; — F. der Darlehensschuld IIb 372; — der Darlehenszinsen IIb 371; — von Forderungen und Verbindlichkeiten der Ehegatten zum Gesammtgut IV 343; — bei Errungenschaftsgemeinschaft IV 473; — bei Fahrnißgemeinschaft IV 493; — von Forderungen und Verbindlichkeiten des überlebenden Ehegatten zum Gesammtgut der fortgesetzten Gütergemeinschaft IV 386; — F. des Grundschuldkapitals III 533; — F. der Hypothekforderung in Folge Kündigung III 430; — wegen Gefährdung der Sicherheit III 418; — Eigenthumsübertragung zum Zweck der Befriedigung III 244; — der Leistung: Zeit IIa 69; — F. des Miethzinses IIb 249; — des Pachtzinses für landwirthschaftliche Grundstücke IIb 332; — des Vermächtnißanspruches V 447; — des von einem Vermächtnißnehmer zu entrichtenden Vermächtnisses V 454; — der Vergütung beim Werkvertrag IIb 470, 479; — der Zinsen IIa 19.

Fälschung letztwilliger Verfügungen, Erbunwürdigkeit V 707.

Familie: Begriff IV 1; — Unterbringung in einer F.: des Kindes auf Anordnung des Vormundschaftsgerichts IV 790; — Unterbringung in einer F.: von Minderjährigen zur Zwangserziehung VI 265; — des Mündels zur Zwangserziehung IV 115; — Strafunmündiger VI 111, 113.

Familienangehörige des Erblassers, Unterhaltsberechtigung V 131.

Familienbegräbnißstätten, Vererblichkeit V 12.

Familienbilder: Ausschluß beim Erbschaftskauf V 766.

Familienfideikommisse: Erbfolge V 2; — Erbfolge des angenommenen Kindes IV 968; — Dingliche Belastung VI 168; — Belastungs- und Veräußerungsbeschränkungen VI 169; — landesrechtliche Regelung VI 166.

Familienname: Aenderung I 80; — des angenommenen Kindes IV 963, 965; — Wirkung der Aufhebung der Annahme IV 982; — F. der Ehefrau I 79, IV 120; — der geschiedenen Ehefrau IV 121, 560; — anzuwendendes Recht VI 61; — des ehelichen Kindes I 78, IV 679; — anzuwendendes Recht VI 362; — von Findelkindern I 82, IV 681; — des legitimirten Kindes IV 913; — des unehelichen Kindes IV 867; — örtlich VI 67; — zeitlich geltendes Recht VI 368.

Familienpapiere des Erblassers, Ausschluß der Vertheilung V 297; — Ausschluß beim Erbschaftskauf V 766.

Familienrath: IV 1140; — Einsetzung auf elterliche Anordnung IV 1141, — auf Antrag IV 1142; — Zweck der Einsetzung IV 1141; — Unterbleiben der Einsetzung wegen Mangels geeigneter Personen IV 1142; — wegen Untersagung durch die Eltern IV 1143; — Einsetzung bei der Vormundschaft über Volljährige IV 1190; — bei der Vormundschaft über uneheliche Kinder IV 1144; — bei Pflegschaften IV 1219, 1221; — Zusammensetzung IV 1144; — Berufung zur Mitgliedschaft IV 1145; — Auswahl durch das Vormundschaftsgericht IV 1146; — Vorschlagspflicht des Gemeindewaisenraths IV 1131; — Bestellung der Mitglieder IV 1151; — Vorbehalt der Entlassung IV 1152; — Unfähigkeit zur Bestellung IV 1148; — Untauglichkeit IV 1149, 1150; — keine Pflicht zur Uebernahme des Amts IV 1151; — Ausschluß der Vertretung der Mitglieder IV 1152; — Ersatzmitglieder IV 1147, 1148; — Geschäftsführung: rechtliche Stellung und Wirkungskreis IV 1141, 1152; — Einberufung IV 1153, 1157; — Beschlußfähigkeit und Beschlußfassung IV 1154; — Anfechtung der Beschlüsse des Familienraths IV 1155; — Haftung der Mitglieder IV 1152, — bei schuldhafter Versäumniß, Ordnungsstrafen IV 1155; — Ersatz ihrer Auslagen IV 1157; — Geschäfte des Vorsitzenden IV 1148, 1151, 1152, 1153, 1154, 1157; — vorläufige Maßregeln desselben IV 1157; — Ende des Amts eines Mitglieds IV 1158; — Beendigung seines Amts durch Todeserklärung I 109; — durch Todeserklärung nach bisherigem Recht VI 301; — Aufhebung IV 1159; — Vermerk der Einsetzung in der Bestallung des Vormunds IV 1024; — Fortdauer des nach bisherigem Rechte bestellten VI 372.

Familienrecht: Begriff IV 1; — Geltungsgebiet der Vorschriften des BGB. IV 2.

Familienrechte: Charakter IV 2; — Unvererblichkeit V 1.

Familienrechtliche Ansprüche, Verhältnisse: Unterschied vom Schuldverhältniß IIa 3; —

Verjährung I 529, 532, 547, IV 2; — Strafschutz IV 3.
Familienstand: Vormundschaft wegen Nichtermittelung des F. IV 994; — Beendigung mit der Ermittelung IV 1161.
Familienstiftung I 226, 229; — Aufhebung I 245.
Fasanen: Wildschadenersatz IIb 915.
Fehler der Kaufsache: Gewährleistung IIb 70, 72; — F. der geliehenen Sache IIb 353; — der Miethsache, Wirkung für die Miethzinspflicht IIb 217, 219, 221, 224; — der geschenkten Sache IIb 186; — des Werkes IIb 454; — siehe auch „Gewährleistung, Mängel".
Fehlerhafte Beschaffenheit eines Gebäudes: Haftung für Schäden IIb 918, 922, 923.
Fehlerhafter Besitz III 4, 18; — Ansprüche gegen den fehlerhaft Besitzenden III 23; — Einrede f. B. gegen den Wiedereinräumungsanspruch III 24, 26, — gegen den Besitzstörungsanspruch III 24, 27.
Fehlerhafte Rechtsgeschäfte I 296.
Feiertag: Einfluß auf die Fristberechnung I 521.
Feldbereinigung VI 240, 247.
Feldfrevel: Schadensersatzpflicht VI 233.
Feldgeschworene, Feldmesser: Verjährung ihrer Ansprüche I 541.
Fenster: Bestandtheil des Gebäudes I 272; — Miethe zur Besichtigung eines Festzugs IIb 447.
Fensterrecht III 131.
Fensterstöcke: Eigenthumsverlust durch Einbauen III 51.
Fernkauf: Gefahrübergang IIb 47.
Fernsprecher: Vertragsantrag durch F. I 429.
Fernsprechleitungen über fremde Grundstücke III 125.
Festnahme als Selbsthülfemittel I 589.
Feststellung des Bestandes und Zustandes des eingebrachten Gutes der Frau IV 165; — des eingebrachten Gutes der Ehegatten bei Errungenschaftsgemeinschaft IV 456; — bei Fahrnißgemeinschaft IV 493; — des Ertragswerthes eines Landgutes VI 269; — F. des Bestehens oder Nichtbestehens einer Ehe IV 65; — F. des Erbrechts des Fiskus V 108; — Verfahren V 110; — Wirkung V 112; — des Rechtsverhältnisses zwischen Eltern und Kindern IV 607; — F. der thatsächlichen Verhinderung des Gewalthabers durch das Vormundschaftsgericht IV 815; — F. des Werthes beim Nießbrauch an verbrauchbaren Sachen III 327; — F. des Zustandes der Erbschaftsgegenstände durch den Vorerben oder Nacherben V 392; — des Zustandes der Nießbrauchsache III 307; — beim Wohnungsrecht III 349.
Feststellungsanspruch: Unübertragbarkeit IIa 275.
Feststellungsklage, nicht geeignet, den Schuldner in Verzug zu setzen IIa 104; — F. für den Besitz III 24; — hinsichtlich des Erbrechts V 247, 251; — gegen den Erben vor Annahme der Erbschaft V 89; — über Ausführung letztwilliger Verfügungen durch den Testamentsvollstrecker V 489, 491; — auf Nichtigkeit der Ehe IV 77; — auf Ungiltigkeit von Beschlüssen der Vereinsmitgliederversammlung I 159; — Unverjährbarkeit der F. I 531; — Unterbrechung der Verjährung durch F. I 561, 562.
Festungen: Beschränkungen des Grundeigenthums in der Umgebung VI 149.
Feuerbestattung: Anordnung durch den Erblasser V 131.
Feuerversicherung des Hypothekobjekts III 408, 410, 412; — der Nießbrauchsache III 313, 314.
Fideikommiß siehe „Familienfideikommiß".
Fideikommißanwärter: Anfechtung der Ehelichkeit IV 623, 626; — Pflegschaft über noch nicht erzeugte IV 1215.
Fideikommissarische Stiftung V 55.
Fideikommissarische Substitution V 364.
Fideikommißbesitzer: Aussteuerpflicht IV 693; — Fruchterwerb III 213; — Unterhaltspflicht IV 648.
Fideikommißkomplexe III 89.
Fiduziarische Cession IIa 276.
Fiduziarische Eigenthumsübertragung III 179, 551.
Fiduziarische Rechtsgeschäfte I 303, 342.
Fiduziarische Stiftung I 224.
Finanzvermögen I 261.
Findelkinder: Vor- und Familiennamen I 82, IV 681, 1039; — Annahme an Kindesstatt IV 952; — Wohnsitz I 72, 73, IV 1039.
Finder: Begriff III 227; — Haftung III 230; — Besitz des F. III 36.
Finderlohn III 231.
Finnen der Schweine, Gewährfrist IIb 131.
Fingirter Besitz III 5.
Firmenrecht: Schadensersatz wegen Verletzung IIb 860.
Firmenschilder: Anbringung am Miethobjekt IIb 214, 248.
Fische: Eigenthumserwerb daran VI 181; — an F. in Teichen und geschlossenen Gewässern III 222.
Fischereiberechtigung: Hypothekfähigkeit III 376.
Fischereirecht III 220, 289; — Form des Vertrages darüber IIb 291; — Pacht IIb 323, 326, 330; — Uferbetretungsrecht des Berechtigten III 146; — Vorbehalt zu Gunsten der Landesgesetzgebung VI 181.
Fiskus: Gesetzliches Erbrecht des F. V 13, 46; — Feststellung desselben V 108; — Erbrecht, Pflichttheilsrecht ꝛc. am Nachlaß unterstützter oder verpflegter Personen V 23, VI 272; — Aneignung herrenloser Grundstücke III 172; — anzuwendendes Recht VI 341; — Ausschluß des Rechts zu Gunsten einer bestimmten anderen Person VI 260; — Eigenthumserwerb

an Fundsachen III 239; — Eigenthumserwerb Dritter vom F. III 185; — Erwerb hinterlegter Gelder und Werthpapiere VI 278; — Erwerb des Vermögens aufgelöster Vereine I 177; — Voraussetzungen und Art des Erwerbs I 179; — Verpflichtungen des F. hinsichtlich des erworbenen Vermögens I 179, 180; — Erwerb des Vermögens erloschener Stiftungen I 249; — Ausschluß der Ausschlagung der Erbschaft V 58, 61; — kein Nacherbe als gesetzlicher Erbe V 372; — kein Erbverzicht V 720; — ist nicht Vermächtnißnehmer hinsichtlich eines dem Erben nicht zugewendeten Gegenstandes V 418; — Ausschluß von der erblosen Erbschaft nach Landesrecht VI 271; — Ausschluß der Bestimmung einer Inventarfrist V 234; — Aufschlußpflicht über den Bestand des Nachlasses V 234; — Beschränkung der Haftung für Nachlaßverbindlichkeiten V 234; — Geltendmachung von Nachlaßverbindlichkeiten V 112; — Erbschein für den F. V 110; — Haftung für Handlungen seiner Beamten und Vertreter VI 189; — Sicherungshypothek des F. III 379, VI 212; — Verwaltungsabtheilungen I 250; — kein Zinsprivilegium IIa 20.

Fixgeschäft: Rücktrittrecht bei nicht rechtzeitiger Erfüllung IIa 205, — beim Handelskauf IIa 206.

Fleischbeschauer: Verjährung ihrer Ansprüche I 541.

Flößereirecht VI 175.

Flötzrecht VI 175.

Flurbereinigung VI 240, 247.

Flußbett: Eigenthum III 203; — verlassenes: Eigenthumserwerb daran VI 175.

Forderung: Erfüllung (siehe auch diese) IIa 214; — Erlaß IIa 269; — Zulässigkeit theilweiser Geltendmachung durch den Gläubiger IIa 59; — Nießbrauch daran III 333 (siehe auch „Nießbrauch"); — Uebertragung durch Rechtsgeschäft IIa 273; — kraft Gesetzes IIa 297; — Uebertragung von F. auf Stiftungen I 238; — Verkauf von F. IIb 9, 13; — Haftung des Verkäufers für Bestand der F. IIb 24; — für Zahlungsfähigkeit des Schuldners IIb 27; — Leihe einer F. IIb 351; — Ueberweisung an Erfüllungsstatt IIa 223; — Einziehung, Verkauf gemeinschaftlicher F. IIb 678; — Wirksamkeit der Uebertragung an die Gesellschaft als Gesellschafterbeitrag IIb 632; — F. aus der Gemeinschaft IIb 680; — Verpfändung III 616 (siehe auch „Pfandrecht"); — Vermächtniß einer F. V 440, — einer F. des Erblassers gegen den Erben V 443; — Haftung für Bestand der vermachten F. V 450; — Geltendmachung einer aus Mitteln des Nachlasses erworbenen durch die Erben V 287; — Geltendmachung vom Erbschaftsbesitzer mit Mitteln der Erbschaft erworbener F. durch den Erben V 253; — Zugehörigkeit durch Rechtsgeschäft des Erben erworbener F. zur Nacherbschaft V 380; — Erwerb für das Gesammtgut der allgemeinen Gütergemeinschaft nach Aufhebung und vor Auseinandersetzung der Gütergemeinschaft IV 356; — Zugehörigkeit zum Gesammtgut der Errungenschaftsgemeinschaft IV 450; — Anlegung von Kindergeld in F. IV 751; — Fälligkeit von F. des Mannes gegen das Gesammtgut der allgemeinen Gütergemeinschaft IV 343; — der Errungenschaftsgemeinschaft IV 473; — F. des überlebenden Ehegatten bei fortgesetzter Gütergemeinschaft IV 386; — Verfügung des Vaters über F. des Kindes in Bezug auf ein Grundstück IV 753, 754; — des Vormunds über solche F. des Mündels IV 1073; — Verfügungsrecht des Vormunds über eine F. auf Leistung IV 1060; — Aufhebung oder Minderung der dafür bestehenden Sicherheit IV 1074, 1082; — Befreiung von den Beschränkungen des Verfügungsrechts IV 1137, 1139, — bei der Vormundschaft über Volljährige IV 1187; — mündelsichere F. IV 1048.

Form der Rechtsgeschäfte: Formfreiheit und Formzwang I 369; — gesetzliche Form I 370; — Bestimmung der F. durch Rechtsgeschäft I 371; — Wirkung der Einhaltung der F. für den Inhalt des Rechtsgeschäfts I 371; — Einfluß von Ort und Zeit auf die F. I 372; — F. des Vorvertrages I 420; — Nichtigkeit wegen Mangel der F. I 368; — Ausnahmen von der Nichtigkeit I 372; — anzuwendendes Recht VI 27, 41; — Heilung des Mangels I 373; — siehe auch „Schriftform"; — Formen einzelner Rechtsgeschäfte und Rechtshandlungen: F. des abstrakten Schuldversprechens IIb 744, 746, 755; — der Abtretung der Forderung IIa 275; — der Abtretungsurkunde IIa 281; — der Abtretung der Hypothekforderung III 449; — der Anfechtung der Ehe IV 93; — nach dem Tode des anderen Ehegatten IV 95; — der Anfechtung der Ehelichkeit IV 628; — nach dem Tode des Kindes IV 631; — der Annahme an Kindesstatt IV **941**; — der Einwilligung Dritter zur Annahme IV 953; — der Anordnung von Auflagen V 460; — der Anweisung IIb 762; — ihrer Annahme IIb 764, 765; — ihrer Uebertragung IIb 773; — der Auflassung III 162; — der Auslobung IIb 512; — des Widerrufes derselben IIb 515; — des Bürgschaftsvertrages IIb 707; — des Darlehensvertrages IIb 367; — der Eheschließung IV 52; — Wirkung des Formmangels IV 69; — Wirksamkeit der Nichtigkeit der Ehe wegen Formmangels gegenüber Dritten IV 98, — unter den Ehegatten IV 99; — der Eheschließung, anzuwendendes Recht VI 46, 48; — F. des Ehevertrages IV 287; —

des Eigenthumsübertragungsvertrages hinsichtlich eines Grundstücks IIa 134; — der Einwilligung des Nacherben zu Verfügungen des Vorerben V 391; — F. der Einwilligung des gesetzlichen Vertreters zu einseitigen Rechtsgeschäften Minderjähriger I 322; — der Begründung des Erbbaurechts III 283; — der Erbschaftsausschlagung V 70; — des Erbschaftskaufs V 764; — des Erbvertrags V 586, 589; — des Rücktritts vom Erbvertrag V 620; — des Erbverzichts V 723, — der Aufhebung desselben V 726; — des Erlaßvertrages IIa 270; — F. der Vereinbarung über Abfindung eines an der fortgesetzten Gütergemeinschaft antheilsberechtigten Abkömmlings IV 412; — des Verzichts eines Abkömmlings auf seinen Antheil IV 397; — der Zustimmung des anderen Ehegatten zum Verzicht IV 438; — der Zustimmung zu letztwilligen Verfügungen über den Antheil IV 436; — der Aufhebung der fortgesetzten Gütergemeinschaft IV 398; — F. des Gesellschaftsvertrages IIb 603; — F. des Kreditauftrages IIb 729; — des Immobiliarveräußerungsvertrages III 160; — F. des Miethvertrags IIb 205; — über Grundstücke IIb 290; — der Nießbrauchbestellung III 306; — der Bestellung des Nießbrauchs an einem gegenwärtigen Vermögen IIa 132; — F. des Pachtvertrages IIb 326; — F. der Quittung IIa 230; — F. des Schenkungsversprechens IIb 178; — des Schuldanerkenntnisses IIb 750, 752, 755; — der Schuldübernahme IIa 299, IIb 180, 709, 746; — der Schuldverschreibung auf den Inhaber IIb 779; — F. des Stiftungsgeschäftes I 236; — F. des Testaments siehe „Testament"; — der Testamentserrichtung V 528; — F. der Uebertragung gegenwärtigen Vermögens IIa 132; — des Verlöbnißvertrages IV 8; — F. der Vermächtniß-Annahme und -Ausschlagung V 445, 447; — des Vertrags über ein ganzes Vermögen IIa 132; — über den gesetzlichen Erbtheil oder Pflichttheil unter künftigen Erben IIa 132; — des Vertrags eines Erben über seinen Antheil am Nachlaß V 275; — des Verzichts auf die Hypothek III 478; — des Verzichts auf die elterliche Nutznießung IV 784, VI 66; — des Verzichts auf letztwillige Zuwendung V 727; — der Vollmachtsertheilung I 479, 481; — der Ausübung des Vorkaufsrechts IIb 161; — F. der Erklärung über Ausübung des Wiederkaufsrechts IIb 153; — der Zustimmung zu Rechtsgeschäften I 508.

Formmangel: Wirkung I 368.

Forstberechtigungen VI 246; — Fortbestand bei Theilung des herrschenden Grundstücks III 299.

Forstfrevel: Haftung der Arbeitsgeber für Bedienstete IIb 898; — Haftung für Familienangehörige, Bevormundete rc IIb 903; Schadensersatzpflicht VI 233.

Forstgenossenschaften: Landesrecht VI 306.

Forstwirthschaftliche Erzeugnisse: Verjährung der Forderung für Lieferung solcher I 536.

Forstwirthschaftliche Grundstücke, Verbände zur Nutzung VI 306.

Fortführung der Geschäfte der elterlichen Gewalt nach Beendigung IV 822; — der Vormundschaft IV 1177.

Fortgesetzte Gütergemeinschaft: rechtliche Natur IV 375; — Voraussetzungen des Eintritts IV 376, 377; — Eintragung ins Grundbuch IV 377; — Umfang des Gesammtguts IV 384; — nicht kommunionsfähiges Vermögen IV 385; — Zeugniß über die Fortsetzung IV 421; — Ablehnung durch den überlebenden Ehegatten IV 381; — Ausschluß von Bedingungen und Zeitbestimmungen bei der Ablehnung I 446; — Ausschluß durch Ehevertrag IV 424; — durch letztwillige Verfügung IV 425; — Wirkung des Ausschlusses IV 426; — Gesammtgut, Gesammtgutsverbindlichkeiten, siehe diese. — Antheile der Abkömmlinge: Kürzung des Antheils IV 430, 436; — Entziehung IV 431, 436; — Verfügung über den frei gewordenen Antheil IV 433, 436; — Beschränkung in guter Absicht IV 431, 436; — Ergänzung des Antheils IV 418; — Ausschluß eines Abkömmlings durch letztwillige Verfügung IV 427, 436; — durch gemeinschaftliches Testament IV 436; — Antheilsunwürdigkeit eines Abkömmlings IV 420; — Wirkung des Todes eines Abkömmlings IV 396; — des Verzichts eines Abkömmlings IV 397; — Unpfändbarkeit d. Antheile IV 389; — siehe auch „Antheilsberechtigte Abkömmlinge"; Vorbehaltsgut des überlebenden Ehegatten IV 385; — Wiederverehelichung des überlebenden Ehegatten IV 400; — Zeugniß des Vormundschaftsgerichts zu diesem Zwecke IV 45; — Beendigungsgründe überhaupt IV 376; — Beendigung durch Aufhebung IV 398; — durch Wiederverheirathung des überlebenden Ehegatten IV 400; — durch Tod oder Todeserklärung des überlebenden Ehegatten IV 397, 402; — durch Aufhebungsklage eines Abkömmlings IV 402, 404; — Berichtigung von Schulden des überlebenden Ehegatten an das Gesammgut und Forderungen aus demselben IV 386, 389; — Ausschluß der Wiederherstellung nach Beendigung IV 376; — Rechtsverhältniß nach Beendigung bis zur Auseinandersetzung IV 405; — Auseinandersetzung IV 405; — Art und Weise IV 406; — Lasten des überlebenden Ehegatten IV 409; — Uebernahme des Gesammtguts oder von Theilen desselben durch den Ueberlebenden Ehegatten IV 414; Theilung unter den Abkömmlingen IV 415; — Anrechnung des Antheils eines ausgeschlossenen Abkömmlings IV 427; — einer an einen verzichtenden Abkömmling ge-

zahlten Abfindungssumme IV 412; — von Verbindlichkeiten des verstorbenen Ehegatten IV 411; — Auseinandersetzung wegen Wiederverheirathung des überlebenden Ehegatten IV 400; — Ausgleichungspflicht bei Zuwendungen aus dem Gesammtgut V 301, 309; — Konkurs eines Abkömmlings oder des überlebenden Ehegatten IV 391; — Zwingende Natur der Vorschriften IV 440.
— **bei Fahrnißgemeinschaft** IV 501.
Fortkommen: Schädigung durch unerlaubte Handlungen gegen eine Person IIb 937; — durch Verbreitung unwahrer Thatsachen IIb 870.
Fortsetzung des Dienstverhältnisses IIb 431; — der Gesellschaft IIb 638; — des Miethverhältnisses IIb 293; — eines Rechtsstreits durch die Frau nach Eintritt des gesetzlichen Güterstands IV 233; — der allgemeinen Gütergemeinschaft IV 325; — der Errungenschaftsgemeinschaft IV 453.
Frachtführer: Besitzvermittelung III 35; — Haftung für befördertes Gut IIb 584; — gesetzliches Pfandrecht III 597.
Frachtfuhrleute: Uebergabe der Kaufsache an F., Gefahrübergang IIb 47; — Verjährung ihrer Forderungen I 536.
Frachtvertrag: Fälligkeit der Fracht IIb 470; — Verhältniß zur Miethe IIb 205.
Französisches Recht: Anerkennung eines Kindes VI 368; — Beistandschaft wegen Geistesschwäche VI 374; — Emanzipation, Entlassung aus der Gewalt VI 293; — Entmündigung wegen Verschwendung VI 296; — gewählter Wohnsitz VI 296; — Vermögensabsonderung unter Eheleuten VI 354.
Frau: Ehemündigkeit I 33, IV 26; — Zuständigkeit für die Befreiung vom Ehehinderniß mangelnder E. IV 26, 61; — Fähigkeit zum Familienrath IV 1150; — zum Gegenvormund IV 1025; — zum Pfleger IV 1220; — zum Amt des Vormunds IV 1012; — des Gemeindewaisenraths IV 1133; — Ablehnung der Vormundschaft IV 1017; — Entlassung bei Verheirathung IV 1168; — Unterhaltspflicht gegenüber Verwandten IV 655; — Wartezeit bei Wiederverheirathung IV 44; — Dispens von dem Ehehinderniß IV 61; — Fähigkeit zum Amt des Testamentsvollstreckers V 484; — Fähigkeit zum Zeugniß bei Testamentserrichtung V 538; — Fähigkeit zum Vereinsvorstand I 148.
Frauengerade IV 154.
Frauenkleider, Frauenschmuck: Eigenthumsvermuthung IV 139; — Uebernahme bei Auseinandersetzung der Gütergemeinschaft IV 363; — Vorbehaltsgut der Frau IV 154; — bei Errungenschaftsgemeinschaft IV 455; — Herausgabe bei thatsächlicher Trennung der Ehegatten IV 138.
Frauensperson: widerrechtliche Bestimmung zum außerehelichen Beischlaf IIb 874; — Ersatz immateriellen Schadens wegen Bestimmung zum außerehelichen Beischlaf oder Sittlichkeitsvergehen gegen dieselbe IIb 952.
Freie Rechtsgeschäfte I 304.
Freies Belieben bei Bestimmung der Leistung durch einen Dritten IIa 141; — bei Bestimmung der Erfüllungszeit des Vermächtnisses V 445, 447; — der Auflage V 462.
Freie Verfügung des Vorerben über den Nachlaß im Falle einer Nacherbfolge auf den Ueberrest V 403.
Freies Vermögen des Kindes IV 767; — Haftung aus Rechtshandlungen in Bezug auf dasselbe IV 782; — Besitz III 12.
Freie Willensbestimmung: Ausschluß I 307, 309.
Freihändiger Verkauf der geschuldeten Sache bei Verzug des Gläubigers IIa 250.
Freiheit des Vermächtnißgegenstandes von Lasten V 449.
Freiheitsentziehung: Begriff IIb 859; — Ersatz des Schadens IIb 857; — Ersatz von Schäden im Erwerb und Fortkommen IIb 937; — Ersatzansprüche Dritter geschädigter Personen IIb 948; — Ersatz nicht vermögensrechtlichen Schadens IIb 952; — für versäumte Dienstleistungen an den Dienstberechtigten IIb 949; — Einfluß des Mitverschuldens des Verletzten IIb 951; — Unvererblichkeit des Schadensersatzanspruches V 11.
Freiwillige: Eheschließungskonsens IV 47.
Freiwillige Gerichtsbarkeit: Inkrafttreten des Gesetzes hierüber VI 2.
Freizügigkeitsgesetz: Aenderung VI 124.
Fremde: rechtliche Stellung im Inland I 25.
Fremdenführer: Verjährung ihrer Ansprüche I 540.
Fremdenrecht VI 15.
Fremde Sachen: Vermächtniß f. S. V 434.
Frist: Allgemeines: Begriff I 516; — Beginn I 517; — Ende I 518; — Einfluß von Sonn- und Feiertagen I 521; — Dauer von Halbjahres-, Vierteljahres-, Halbmonatsfristen I 519; — Verlängerung der F. 519; — Einzelne Fristbestimmungen: Frist für die Anfechtung der Annahme und Ausschlagung der Erbschaft V 85; — für die Anfechtung der Ehe IV 91; — der Ehelichkeit IV 625; — für die Anfechtung des Erbvertrags V 600; — letztwilliger Verfügungen V 350; — für die Anfechtung von Willenserklärungen wegen Irrthums und falscher Uebermittelung I 355; — wegen Täuschung und Drohung I 367; — für Anmeldung von Nachlaßforderungen V 320, 323; — für Annahme von Vertragsanträgen I 431; — für die Annahme des Antrages bei Auslobung IIb 515; — für die Ausschlagung der Erbschaft V 66; — im Falle des Todes des Erben V 81; — F. für Billigung beim Kauf auf Probe oder Besicht IIb 150; — für die Ehescheidungsklage IV 544;

— für die Klage auf Aufhebung der ehelichen Gemeinschaft IV 547, 555; — für Eintragung eines angemeldeten Vereins I 213; — für die Ersitzung III 198; — für die Tabularersitzung III 116; — für die Ablehnung der Fortsetzung der Gütergemeinschaft IV 382; — für den Eigenthumserwerb an der Fundsache III 233; — am Versteigerungserlös von in öffentlichen Räumlichkeiten ꝛc gefundenen Gegenständen III 239; — für Entschädigungsansprüche gegen den Finder, die Gemeinde des Fundorts III 236; — F. für die Genehmigung von Verfügungen der Frau über eingebrachtes Gut durch den Mann IV 212; — für die Genehmigung von Verfügungen des Mannes über Gesammtgut IV 320; — F. für Kündigung des Darlehens IIb 372; — des Dienstverhältnisses IIb 427; — für die Kündigung der Gesellschaft II 635; — des Miethvertrags IIb 286; — F. für die Erklärung über Fortsetzung des Miethverhältnisses IIb 293; — für die Erklärung über Annahme des Amts als Testamentsvollstrecker V 486; — für die Todeserklärung I 97; — bei Kriegsverschollenheit I 100; — bei Seeverschollenheit I 102; — bei Landgefahr I 104; — für Geltendmachung des Ersatzanspruches für Verwendungen gegenüber dem Eigenthumsanspruch III 261; — F. für Ausübung des Vorkaufsrechts IIb 166; — F. für die Wandelung beim Kauf IIb 98; — für Geltendmachung des Ersatzlieferungsanspruches bei Gattungssachen IIb 123; — für Ausübung des Wiederkaufsrechts IIb 158; — für Widerruf der Schenkung IIb 197.

Fristbestimmung: beim Leistungsverzug beim gegenseitigen Vertrag IIa 150, 158, 160; — für Erfüllung einer urtheilsmäßigen Leistung IIa 100, 155, 157; — aus einem gegenseitigen Vertrag IIa 155; — bei der Preisbewerbung IIb 519; — für Rückgabe der Sache bei Rücktritt vom Vertrag IIa 199, 201; — für Beseitigung des Mangels des Werkes IIb 457; — für Vornahme von Handlungen des Bestellers des Werkes IIb 474; — für Wiederherstellung des früheren Zustandes im Falle der Schadensersatzpflicht IIa 31.

Früchte: Begriff I 282; — rechtliche Natur als Bestandtheile des Grundes und Bodens I 271; — Vertheilung unter successiv Berechtigte I 287; — Ersatz der Kosten der Fruchtziehung I 288; — Entschädigung wegen Entziehung oder Beschädigung in öffentlichem Interesse VI 148; — durch Bergbau VI 179; — Eigenthumserwerb des Eigenbesitzers III 213; — des besitzenden dinglichen Nutzungsberechtigten III 214; — Erwerb durch den Nießbraucher III 305; — bei übermäßigem Fruchtbezug III 310; — Erwerb der Pächters während der Grundstücksbeschlagnahme III 397; — Erwerb des Pfandgläubiger III 559; — Erwerb durch den Vorerben V 398, 400; — Befreiung von der Beschränkung hiebei V 402, 403; — Fr. des eingebrachten Guts, Erwerb durch den Mann IV 187; — Pfändung IV 236; — Schuldenhaftung IV 240; — Pfändungsbeschränkung IV 191, 193, 202, 644; — Fr. der geliehenen Sache IIb 352; — Fr. einer gemeinschaftlichen Sache IIb 662; — von Grenzbäumen, -Sträuchern III 155; — des Hypothekenobjekts: Pfändung III 442; — des Kindervermögens: Erwerb durch den Gewalthaber IV 769; — Fr. des Nachlasses: Theilung unter die Erben V 282; — Herausgabepflicht des Erbschaftsbesitzers V 255; — des Pachtobjekts: Erwerb durch den Pächter IIb 322, 323; — Pfändung für Gläubiger des Verpächters, des Pächters IIb 329; — Fr. des landwirthschaftlichen Pachtobjekts, Pfandrecht daran IIb 333; — Ausgleichung zwischen Pächter und Verpächter hinsichtlich der Kosten der Erzeugung bei Beendigung der Pacht während des Pachtjahres IIb 341; — Fr. der vermachten Sache, Herausgabe an den Vermächtnißnehmer V 452; — Fr. des Vorbehaltsgutes der Frau IV 163, 455; — Ueberfall auf das Nachbargrundstück III 136; — Verpfändung ungetrennter III 546; — stehende: Veräußerung III 215; — Pfändung st. Früchte des Hypothekenobjekts III 442; — Kauf stehender oder hängender Fr. IIb 8; — siehe auch „Erzeugnisse".

Fruchttragende Sache: Verpfändung III 559.

Frühjahr als Zeitbestimmung I 521.

Fuhrleistung: rechtliche Natur IIb 385, 447.

Fuhrlöhne: Verjährung I 536, 540.

Führung der Vormundschaft IV 1027.

Führungszeugniß beim Dienstvertrag IIb 441.

Fund: Ablieferung an den Verlierer III 230; — an die Polizeibehörde III 230; — Anzeigepflicht des Finders III 226, 228; — Aufforderung zur Erklärungsabgabe über Ansprüche des Finders III 234; — Begriff III 227; — Begriff der verlorenen Sache III 226; — Eigenthumserwerb an der Fundsache mangels Feststellung des Empfangsberechtigten III 233; — durch Ablauf der Erklärungsfrist über Ansprüche des Finders III 234; — Entschädigung für Rechtsverluste durch Eigenthumserwerb an der Fundsache III 236; — Ersatzansprüche des Finders für Aufwendungen III 231; — Finderlohn III 231; — Fortdauer der Ansprüche des Finders nach Ablieferung der Sache oder des Versteigerungserlöses an die Polizeibehörde III 235; — Haftung des Finders III 230; — Klagerecht auf Ersatz von Verwendungen III 232; — Rechte und Pflichten des Finders III 226; — Verlust des Eigenthums am Fund an die Gemeinde III 235; — Versteigerung gefundener Sachen III 228; — Verwah-

rungspflicht des Finders III 228; — Verzicht auf den Eigenthumserwerb III 235; — Zurückbehaltungsrecht des Finders III 232; F. in Geschäftsräumen oder Beförderungsmitteln einer öffentlichen Behörde oder einer dem öffentlichen Verkehr dienenden Verkehrsanstalt: Ablieferungspflicht III 237; — öffentliche Bekanntmachung des Fundes III 238; — Form derselben III 240; — Versteigerung der Fundobjekte III 238; — Eigenthumserwerb an dem Versteigerungserlös III 239.
Fünf Jahre: Verschollenheitsfrist I 98.
Fünfzig Jahre: Altersgrenze für Annahme an Kindesstatt IV 947.
Fungibilien: I 264.
Fürsorge des Vormundschaftsgerichts IV 1112; — vor Bestellung oder bei Verhinderung des Vormunds IV 1126; — bei Pflegschaften IV 1221; — des Nachlaßgerichts V 93, 95; — für Wittwen und Waisen der Reichsbeamten, von Angehörigen des Reichsheeres und der Marine VI 144, 145.
Fürsorgeerziehung IV 794; — Kosten IV 647.
Fütterungskosten für das entliehene Thier IIb 353; — für das gemiethete Thier IIb 238; — Ersatz bei Viehgewährschaft IIb 137.

G.

Gallerien III 131.
Ganzhaftung IIa 319.
Garantie: Verhältniß zur gesetzlichen Gewährleistungspflicht IIb 69; — G. beim Kauf IIb 73, 77, 88.
Garantiefrist beim Kauf IIb 115.
Garantieübernahme IIa 180.
Garantievereine: Verleihung der Rechtsfähigkeit I 139.
Garantieversprechen IIa 125; — beim Werkvertrag IIb 461; — des Vermiethers IIb 222.
Garantievertrag IIb 702.
Garderobemarken IIb 813.
Garnisonsort: Wohnsitz der Militärpersonen I 67.
Gärten: Wildschaden VI 184.
Gas: Vertrag über den Bezug IIb 4, 8, 203, 325; — Abtretbarkeit des Anspruches auf Lieferung IIa 277.
Gase: Zuführung auf fremde Grundstücke III 125.
Gasförmige Körper: Sacheigenschaft I 262.
Gastwirthe: Verpflichtung zur Aufnahme von Fremden IIb 585; — Ansprüche beim Tode eines Gastes IIb 241; — Zuständigkeit für Streitigkeiten mit Reisenden IIb 584; — Haftung für eingebrachte Sachen von Gästen IIb 585; — Beschränkung der Haftung bei Geld, Werthpapieren und Kostbarkeiten IIb 590; — Ausschluß bei Versäumung der Anzeigepflicht vom Eintritt des Schadens IIb 592; — Pfandrecht an eingebrachten Sachen IIb 593; — Verjährung ihrer Ansprüche I 536, IIb 584.
Gattungskauf: Ansprüche wegen Mängel IIb 66, 67, 120a — beim Viehkauf IIb 140.
Gattungsmängel IIa 13.
Gattungssachen: Leistung IIa 12; — Unmöglichkeit der Leistung IIa 96; — Unmöglichkeit der Leistung beim gegenseitigen Vertrag IIa 152; — Haftung für Untergang und Verschlechterung beim Gläubigerverzug IIa 119; — Ansprüche wegen Mängel gekaufter G. IIb 120; — Haftung bei der Schenkung von G. IIb 186; — G. als Gegenstand der Auflage V 462; — Gegenstand des Nießbrauchs III 334; — Vermächtniß von G. V 422, 424.
Gattungsschuld IIa 12; — Umwandlung in Speziesschuld IIa 12, 14; — Theilbarkeit und Untheilbarkeit IIa 328; — Unterschied von der Wahlschuld IIa 51.
Gattungsvermächtniß V 422, 424; — Gewährleistung V 449, 450.
Gebäude: wesentliche Bestandtheile I 270; — was nicht Bestandtheil ist I 276; — Eigenschaft des Gebäudes als Bestandtheil des Grundstücks I 270; — Zubehör von G. I 280; — Ausbesserungspflicht bei Pacht IIb 330; — Bau über die Grenze (siehe „Ueberbau") III 137; — Miteigenthum zu getrennten Theilen VI 261; — Schadensersatzpflicht bei Einsturz oder Ablösung von Theilen: des Besitzers und des früheren Besitzers IIb 918; — des dinglich oder persönlich Berechtigten IIb 922; — des Unterhaltungspflichtigen IIb 923; — Verhältniß mehrerer Verantwortlicher IIb 934; — gefahrdrohender Zustand für das Nachbargrundstück III 132; — Wiederherstellung zerstörter G. in anderer Lage, Rechte Dritter VI 237.
Gebäudeversicherung des Hypothekenobjekts III 410.
Gebietsstatut VI 16.
Gebot bei Versteigerung: Gebundenheit daran I 440.
Gebrauch einer Sache, eines Rechtes als Nutzung I 286; — unentgeltliche Einräumung des G. eines Gegenstandes IIb 203; — schenkungsweise Ueberlassung IIb 175; — G. der geliehenen Sache IIb 351, 354; — der gemeinschaftlichen Sache IIb 663; — der gemeinschaftlichen Sache bei Erbengemeinschaft V 282; — des Miethobjekts: Gebrauchsrecht IIb 208; — Umfang des Gebrauchsrechts bei Wohnungsmiethe IIb 213; — keine Gebrauchspflicht IIb 216; — Hinderniß im G. IIb 217; — Wirkung des Nichtgebrauches IIb 241, 251; — vertragswidriger G. IIb 246; — G. des Pachtobjektes IIb 322, 323.
Gebrauchsgegenstände der Frau: Eigenthumsvermuthung IV 139, VI 56, 57; — Vorbehaltsgut IV 154, 156.
Gebrauchsleihe (siehe „Leihe") IIb 350.

Gebrauchsmuster: Vererblichkeit der durch die Eintragung erworbener Rechte V 10.

Gebrechliche: Haftung der aufsichtspflichtigen Personen aus Handlungen derselben IIb 898; — Fähigkeit zur Testamentserrichtung V 527.

Gebrechlichkeit: Ablehnung der Vormundschaft IV 1017; — Entlassung wegen G. IV 1169; — Pflegschaft wegen G. IV 1204; — Beendigung IV 1207, 1226; — Uebergang der nach bisherigem Recht bestehenden Vormundschaft in Pflegschaft VI 372.

Gebühren der Rechtsanwälte, Notare, Gerichtsvollzieher, Anspruchsverjährung I 537; — der Zeugen und Sachverständigen I 537, 542.

Gebundene Rechtsgeschäfte I 304.

Gebundenheit an die Aufgabe eines Rechts an einem Grundstück III 60; — an die Auflassung III 167; — an die Einigung über Ersetzung der hypothekarisch versicherten Forderung durch eine andere III 500; — über Rechtsänderungen an Grundstücken und Grundstücksrechten III 49, 53; — Einfluß nachträglich eintretender Verfügungsbeschränkung des Berechtigten III 63; — an die Offerte I 424; — im Falle des Todes oder eingetretener Geschäftsunfähigkeit des antragenden Theiles I 436; — bei der Versteigerung I 440.

Geburt: Zeit derselben I 32; — Mitberechnung des Tages der Geburt bei Berechnung des Lebensalters I 517; — Voraussetzung der Rechtsfähigkeit I 29; — des Dritten, an welchen eine Leistung erfolgen soll, nach dem Tode des Versprechensempfängers IIa 170; — eines Miterben, Ausschluß der Nachlaßtheilung vor derselben V 293; — des Nacherben, Erbanfall V 374; — des Vermächtnißnehmers nach dem Erbanfall V 445, 446; — *Fingirte* G. des Erben V 14; — Unterhalt der Mutter bei zu erwartender G. eines Erben V 106, — eines Nacherben V 406; — Zahl der G. als Maßstab für den Verwandtschaftsgrad IV 599.

Geburtshelfer: Verjährung ihrer Ansprüche I 537.

Geburtsregister: Eintragung der Anerkennung eines unehelichen Kindes VI 141; — Eintragung der Annahme an Kindesstatt IV 943; — der Legitimation IV 911, 917; — der Ehelichkeitserklärung IV 922; — der Namensänderung bei Annahme an Kindesstatt IV 967, — bei deren Aufhebung IV 983; — des Vaterschaftsanerkenntnisses IV 908; — der Anerkennung eines unehelichen Kindes IV 864.

Gefahr: Abwehr von G., Nothstand I 585; — Abwendung durch Nothstandshandlungen III 122; — Abwendung von G. durch den auftraglosen Geschäftsführer IIb 556; — G. beim contractus mohatrae IIb 364; — beim Erbschaftskauf V 773; — bei Einbringung von Sachen zum Gesellschaftsvermögen IIb 608; — bei Entziehung von Sachen durch unerlaubte Handlungen IIb 954; — beim depositum irregulare IIb 583; — bei der Dienstmiethe IIb 406; — Tragung bei der Gattungsschuld IIa 13; — Tragung bei gegenseitigen Verträgen IIa 149, 151; — bei Geldzahlung IIa 68; — bei Hinterlegung IIa 244; — beim *Kauf* von Sachen IIb 41; — von Gattungssachen IIb 121, — von Rechten an Sachen IIb 53; — beim Viehkauf IIb 133; — bei Uebersendung der Kaufsache IIb 46; — Verwendungen des Verkäufers auf die Sache nach Gefahrübergang IIb 52; — G. bei Pacht IIb 335, 337; — beim Rücktritt vom Vertrag IIa 196; — Uebergang auf den Gläubiger beim Verzug desselben IIa 119; — bei Vorlegung von Sachen IIb 821; — beim Werkvertrag IIb 474, 479; — Haftung für ungewöhnliche G. IIa 39.

Gefährdung der Befriedigung der Nachlaßgläubiger aus dem Nachlaß V 177, 180; — *des Erwerbs des Mannes*: Aufhebung der allgemeinen Gütergemeinschaft IV 350, — der Errungenschaftsgemeinschaft IV 476; — *des eingebrachten Gutes* der Frau, der Ersatzansprüche derselben für verbrauchte Sachen IV 204; — G. *der Frau* durch Rechtshandlungen des Mannes: Aufhebung der Gütergemeinschaft IV 347; — des Gemeinwohls durch den Stiftungszweck I 244, — durch Vereinsbeschlüsse oder den Vereinsvorstand I 171; — der Gesundheit durch die Miethwohnung IIb 233; — der Sicherheit der Hypothek: drohende III 420, — eingetretene III 418, — durch Verschlechterung von Zubehör III 421; — G. *des Unterhalts* eines antheilsberechtigten Abkömmlings IV 403, — der Frau und Kinder: Aufhebung der Nutznießung und Verwaltung am eingebrachten Gut der Frau IV 257; — Zurückbehaltungsrecht der Frau hinsichtlich des Beitrags zum ehelichen Aufwand IV 275; — Aufhebung der Gütergemeinschaft IV 347; — G. des *Vermögens* des Kindes IV 798; — des *Wohles* des Kindes IV 790; — durch die Mutter, Bestellung eines Beistandes IV 832.

Gefahrverschollenheit I 105; — Zeitpunkt des Todes I 106.

Gefangene: Verschollenheit, Todeserklärung I 101.

Gefängnißstrafe: Verwirkung der elterlichen Gewalt IV 818.

Gegenansprüche: Zurückbehaltungsrecht IIa 71.

Gegenleistung: Bestimmung durch den Forderungsberechtigten IIa 139; — Hinterlegung bei Recht auf G. IIa 238; — Rückgabe wegen Unmöglichkeit der Leistung IIa 151; — Verweigerung bis zur Leistung IIa 143; — Verzug des Gläubigers durch Unterlassung der Anbietung IIa 118; — Verweigerung bei vom Verpflichteten verschul-

deter Unmöglichkeit der Leistung IIa 156; — G. bei Grunddienstbarkeiten III 291.
Gegenseitige Einsetzung als Ersatzerbe V 361; — von Ehegatten im gemeinschaftlichen Testament V 575, — im Erbvertrag V 595.
Gegenseitiger Vertrag: Begriff I 419; — Erfüllung IIa 143; — Einrede des nicht erfüllten Vertrages IIa 143, 148; — unverschuldete Unmöglichkeit der Leistung IIa 149, 151; — vom anderen Theil zu vertretende IIa 153; — vom Verpflichteten verschuldete IIa 149, 155; — Verweigerung der Vorleistung wegen schlechter Vermögenslage des Gegners IIa 146; — Einfluß der Verweigerung im Prozeß IIa 147; — Verzug des Leistungspflichtigen IIa 150, 157; — Rückforderung der Leistung wegen Nichterfüllung seitens des anderen Theils IIb 832; — Verweigerung der Erfüllung der Leistung wegen mangelnden Rechtgrundes der Eingehung der Verbindlichkeit hiezu IIb 846; — Abtretung der Forderung aus einem g. V. IIa 275; — Rücktritt beim Fixgeschäft IIa 205.
Gegenseitige Zuwendungen im gemeinschaftlichen Testament V 577.
Gegenstand: Unterschied von Sachen I 255.
Gegenvormund: Bestellung bei der Vormundschaft IV 988, 999, 1025; — Berufung, Auswahl IV 1007, 1025; — Vorschlagspflicht des Gemeindewaisenraths IV 1131; — Ausschluß der Bestellung durch den Vater IV 1137, — durch die Mutter IV 1339; — Bestallung IV 1025, 1160; — Erneuerung der Bestallung nach Aufhebung des Familienrathes IV 1160; — Aufgaben IV 1037; — Prüfung des Vermögensverzeichnisses IV 1041, — des Vermögensnachweises bei befreiter Vormundschaft IV 1137; — Genehmigung zur Anlegung von Mündelgeld IV 1059, — zur Erhebung angelegten Geldes IV 1058; — Genehmigung zu Verfügungen über Vermögensstücke IV 1060; — der Ueberlassung von Gegenständen an den Mündel IV 1087; — Genehmigung zu Rechtshandlungen des Pflegers IV 1220; — Form der Genehmigung desselben IV 1102; — rechtliche Natur derselben IV 1103; — Wirkung mangelnder Genehmigung IV 1102; — allgemeine Ermächtigung des Vormunds zu der Genehmigung des G. bedürftigen Rechtsgeschäftes IV 1087; — Ausschluß des Erfordernisses der Genehmigung durch den Vater IV 1137, — durch die Mutter IV 1139; — bei der Vormundschaft über Volljährige IV 1187; — Auskunftpflicht gegenüber dem Vormundschaftsgericht IV 1117; — Prüfung der periodischen Rechnung des Vormunds IV 1120; — der Schlußrechnung IV 1173; — Anzeigepflicht vom Tode des Vormunds IV 1178; — Verbot der Verwendung von Mündelsvermögen im eigenen Interesse IV 1046; — Haftung IV 1103; — Aufsicht des Vormundschaftsgerichts, Ordnungsstrafen IV 1112; — Rechte: Anhörung vor Genehmigung von Rechtshandlungen des Mündels IV 1088; — vor Bewilligung, Aenderung, Entziehung des Honorars des Vormunds IV 1110; — Antragsrecht auf Einsetzung eines Familienraths IV 1142; — Ersatz von Aufwendungen IV 1038, 1107; — Honorar IV 1038, 1110; — Endigung seines Amts kraft Gesetzes IV 1166, — durch Entlassung IV 1168, 1169, 1170, 1179; — Beendigung des Amts durch Todeserklärung I 109; — durch nach bisherigem Recht erfolgte Todeserklärung VI 301; — Entlassung des nach bisherigem Recht bestellten VI 372; — Anzeige von seinem Tode IV 1178, 1179; — G. bei Vormundschaft über Volljährige IV 1187; — bei der Pflegschaft IV 1026, 1219, 1221.
Gehaltsansprüche: Abtretung IIa 296; — Aufrechnung IIa 264, 267; — Verjährung I 537, 541; — G. von Beamten &c. Landesrecht VI 194; — Beschränkung der Uebertragung und Aufrechnung VI 197.
Gehege für Wild, Schadensersatzpflicht beim Austritt VI 184.
Geheimer Vorbehalt I 337.
Gehöferschaften VI 307.
Gehülfen: Haftung für G. IIa 93, 95; — beim Auftrage IIb 528; — bei der Verwahrung IIb 573; — Haftung für G. von Beamten IIb 934, VI 193; — für G. des Testamentsvollstreckers V 513; — Schadensersatzpflicht der G. bei unerlaubten Handlungen IIb 889; — gesammtschuldnerische Haftung IIb 934; — Unfähigkeit des G. des Richters oder Notars zum Testamentszeugen V 538; — Verbot des Bietens für G. bei Zwangsverkäufen IIb 61, 62; — Wirkung der Nichtbeachtung IIb 63; — Verjährung ihrer Ansprüche I 537, 541.
Geiseln auf Schiffen, letztwillige Verfügungen V 522, 555, VI 138.
Geistesgüter III 1.
Geisteskranke: Besitzfähigkeit III 8; — Besitzaufgabe III 15.
Geisteskrankheit: Eheanfechtungsgrund IV 82; — Ehescheidungsgrund IV 516, 538; — Prozeßrecht IV 520, 541; — Auseinandersetzung der Gütergemeinschaft nach Scheidung IV 365; — Unterhaltungsanspruch des Geisteskranken IV 579; — anzuwendendes Recht VI 358; — Entmündigung I 42; — Wirkung der nach bisherigem Rechte erfolgten Entmündigung VI 294; — Entmündigung von Ausländern VI 33; — Geschäftsunfähigkeit I 307; — Einfluß lichter Augenblicke I 308, 309; — Pflegschaft über nicht entmündigte Geisteskranken I 55; — Unfähigkeit zur Testamentserrichtung V 525; — Unfähigkeit zum Abschluß von Erbverträgen V 588; — Versäumung der Aufsichtspflicht über Geisteskranke IIb 898.

Geistesmängel: Arten und ihre Bedeutung I 43.
Geistesprodukte: Sacheigenschaft I 264.
Geistesschwäche: Eheanfechtungsgrund IV 82; — Entmündigung I 42; — Wirkungen: Beschränkung der Geschäftsfähigkeit I 327; — Wirksamkeit von Rechtsgeschäften des Entmündigten und seines Vertreters im Falle der Aufhebung der Entmündigung I 329; — Entmündigung von Ausländern VI 33; — Abschluß von Erbverträgen durch Geistesschwache V 588; — Unfähigkeit zum Amt des Vormunds IV 1007, 1181; — des Gegenvormunds IV 1025; — des Pflegers IV 1220; — des Familienrathsmitglieds IV 1148; — Unfähigkeit zur Testamentserrichtung V 525; — Fähigkeit zum Widerruf V 557; — Umwandlung der Vormundschaft älteren Rechts in Pflegschaft VI 372; — Aufhebung der Beistandschaft nach französischem und badischem Recht VI 374.
Geistesstörung bei Eheschließung IV 70; — Geltendmachung der Nichtigkeit der Ehe IV 76; — Wirkung auf Willenserklärungen I 307, 309; — Einfluß auf gesetzliche und vertragsmäßige Verbindlichkeiten IIa 89, 91; — Ausschluß der Haftung aus unerlaubten Handlungen IIb 884; — Haftung aus Billigkeit IIb 887; — Haftung aufsichtspflichtiger Personen IIb 898.
Geistiges Eigenthum III 120; — Schutz wegen Verletzung IIb 860.
Geistige Gebrechen: Pflegschaft IV 1205; — Begriff und Bedeutung I 43, 47.
Geistliche: Abtretung der Gehaltsansprüche IIa 296, VI 197; — Aufrechnung gegen ihre Gehalts- und Pensionsansprüche IIa 264, 267, VI 197; — Kündigungsrecht bei Versetzung IIb 296; — Fähigkeit zur Zeugschaft bei Testamentserrichtung V 539; — vermögensrechtliche Ansprüche und Verbindlichkeiten aus dem Dienstverhältnisse VI 194; — Vornahme der kirchlichen Trauung vor der standesamtlichen IV 21, 24, 598, VI 140; — siehe auch „Religionsdiener".
Geistliche Gesellschaften: Erlangung der Rechtsfähigkeit VI 200; — Erwerbsbeschränkungen VI 204; — Beschränkung der Vermächtnißfähigkeit V 418.
Geld: Begriff IIa 16; — Eigenschaft als vertretbare Sache I 265; — als verbrauchbare Sache I 266; — Anlegung durch den Vorerben V 390; — Befreiung von der Verpflichtung V 402, 403; — G. als Gegenstand der Anweisung IIb 760; — als Gegenstand des Darlehens IIb 362; — Eigenthumserwerb an gestohlenem, verlorenem ꝛc. Geld III 189, 192; — Eigenthumsvermuthung für den Besitzer III 267; — Haftung des Gastwirths für eingebrachtes G. IIb 590; — Herausgabeanspruch des früheren gutgläubigen Besitzers III 270; — Hinterlegung zur Sicherheitsleistung I 594; — Wirkung derselben I 595; — Umtausch in Werthpapiere I 596; — Hinterlegung von G. zur Erfüllung IIa 237; — Hinterlegung zur Sicherung des Nachlasses V 93, 97; — Pfandrechtserwerb vom Nichteigenthümer III 554; — Befriedigung des Pfandgläubigers aus verpfändetem Geld III 570; — Vermischung III 206; — Kauf und Tausch von G. IIb 8; — Verzinsung beim Rücktritt vom Vertrag IIa 193; — Verzinsung verwendeten Geldes durch den Beauftragten IIb 533; — durch den Verpflichteten aus einem auf eine Geschäftsbesorgung gerichteten Dienst- oder Werkvertrag IIb 545; — durch den geschäftsführenden Gesellschafter IIb 618; — durch den Geschäftsführer ohne Auftrag IIb 557; — durch den Verwahrer IIb 580; — Verzinsung durch unerlaubte Handlung entzogenen G. IIb 955; — Verzinsung durch den Erben im Falle der Anordnung der Nachlaßverwaltung oder des Nachlaßkonkurses V 170; — keine Verzinsungspflicht des Vorerben V 395; — der Frau: Anlegung eingebrachten G. IV 175; — Verfügung darüber IV 173, 175; — bei Errungenschaftsgemeinschaft IV 452; — kein Vorbehaltsgut IV 156; — G. des Kindes: Anlegung durch den Vater IV 751; — durch die Mutter und den Beistand IV 838; — Veräußerung und Verbrauch IV 771; — G. des Mündels: Anlegungspflicht des Vormunds IV 1047; — Art der Anlegung IV 1048, 1056, 1058; — Gestattung anderer Anlegung IV 1060; — Annahme zurückgezahlten Geldes IV 1063; — Befreiung von den Verpflichtungen durch den Vater IV 1137; — durch die Mutter IV 1139; — Befreiung des Vaters und der Mutter als Vormund des Volljährigen IV 1187; — Bereithaltung von G. zur Bestreitung von Auslagen IV 1047; — Verzinsung vom Vormund für sich verwendeten G. IV 1106; — G. des Pfleglings: Anlegung IV 1220; — Aufnahme von G. auf den Kredit des Kindes IV 753, 755; — des Mündels IV 1073, 1081; — allgemeine Ermächtigung des Vormunds hiezu IV 1087.
Geldbrief: Anspruch des Adressaten auf Aushändigung gegen die Post IIa 165.
Geldentschädigung zur Erfüllung der Schadensersatzpflicht: fakultative IIa 29, 31; — primäre statt Wiederherstellung des früheren Zustandes IIa 32; — nach Ablehnung der Wiederherstellung IIa 31; — für nicht vermögensrechtlichen Schaden IIa 38, IIb 952.
Geldforderung: Einziehung durch den Pfandgläubiger III 619; — Wirkung derselben III 626; — Einziehung bei Mehrheit von Pfandgläubigern III 628.
Geldpapiere IIb 775.
Geldrente: Entrichtung an den durch unerlaubte Handlungen Verletzten IIb 937; — an die Hinterbliebenen des Getödteten IIb

941; — Entrichtung an den Dienstberechtigten für entgangene Dienste des Verletzten IIb 949; — Einfluß des Mitverschuldners des Verletzten IIb 951; — prozessuale Vorschriften IIb 940, 948, 950; — Aufrechnung gegen die wegen Körperverletzung oder Gesundheitsbeschädigung zu entrichtende IIa 265; — Entrichtung nach dem Haftpflichtgesetz VI 132, 135, 136; — Vorausleistung der Leibrenten IIb 684; — Unterhaltsgewährung in einer Geldrente an Verwandte IV 669; — an den getrennt lebenden Ehegatten IV 137; — an den geschiedenen Ehegatten IV 572; — Herabsetzung der vom Erben zu entrichtenden G. IV 577; — G. zur Unterhaltungsgewährung an das uneheliche Kind IV 884; — G. für Meliorationsdarlehen, Vorrang VI 248; — für Nothweg VI 247; — für Ueberbau III 137, 139, 142, VI 247.

Geldschuld: Begriff IIa 16; — Münzsorte IIa 17; — Uebersendung an den auswärtigen Gläubiger IIa 68; — Verzinsung von der Rechtshängigkeit an IIa 112; — beim Verzug IIa 110; — Unterbrechung der Verzinsung beim Gläubigerverzug IIa 120; — Abwendung des Verzugs IIa 106; — Währung IIa 16; — Umwandlung in Darlehen IIb 362.

Geldsortenschuld IIa 17.

Geldstrafen: Haftung für G. der Frau IV 250; — des Kindes IV 782.

Geldwechseln IIb 8, 170.

Geldzahlung: Uebermittelung an den Gläubiger IIa 68.

Gellasystem IIb 694.

Gelöbniß IIb 740.

Geltungsbereich des BGB. VI 3.

Gemeindebeamte: Aufrechnung gegen deren Gehalts- und Pensionsansprüche IIa 267; — vermögensrechtliche Ansprüche und Verbindlichkeiten aus dem Amtsverhältnisse VI 196.

Gemeindebehörden: Ergänzung der Zustimmung des gesetzlichen Vertreters zur Ausstellung eines Arbeitsbuches VI 120, 123; — Genehmigung der Aushändigung des Zeugnisses an den minderjährigen Arbeiter VI 120, 123; — Mitwirkung bei der Sicherung des Nachlasses V 73, 94.

Gemeinden: Aufrechnung gegen Forderungen derselben IIa 267; — Eigenthumserwerb an der Fundsache III 235; — am Versteigerungserlös aus derselben III 239; — Ende ihrer vormundschaftlichen Thätigkeit VI 373; — Ersatzansprüche für gewährten Unterhalt VI 228; — Haftung für Pflichtverletzungen des Vormundschaftsgerichts IV 810; — Haftung für Schadenszufügung durch Beamte IIa 93, IIb 933, VI 189; — Sicherungshypothek III 379; — Wildschadensersatzpflicht VI 184.

Gemeindevorsteher: Errichtung eines Testaments vor dem G. V 552; — eines gemeinschaftlichen Testaments V 572; — zeitliche Beschränkung der Wirksamkeit des Testaments V 556.

Gemeindewaisenrath: Anzeigepflicht in Sachen der elterlichen Gewalt IV 810; — Aufgaben in Vormundschaftssachen IV 1131; — Anhörung vor Auswahl des Familienraths IV 1146; — des Gegenvormunds IV 1025; — des Pflegers IV 1220; — des Vormunds IV 1006, 1181; — bei der vorläufigen Vormundschaft IV 1194; — Anzeige der Beendigung der Vormundschaft IV 1162; — Anzeigepflicht von der Nothwendigkeit einer Pflegschaft IV 998, 1202; — einer Vormundschaft IV 998; — Stellung bei Pflegschaften IV 1221.

Gemeinheitstheilung VI 239, 247.

Gemeinnützige Vereine I 135.

Gemeinsame Lebensgefahr I 111.

Gemeinschaft: Gewährleistung für Mängel einer Sache bei der Theilung IIb 143; — Unterschied von der Gesellschaft IIb 599; — Aufhebung durch den Vormund IV 1062, 1084; — G. der Erben V 270.

Gemeinschaft nach Bruchtheilen IIb 658; — Unterschied von der Gesellschaft IIb 662; — Voraussetzungen des Eintritts IIb 660; — Ausnahmen IIb 661; — Größe der Antheile, Eintragung im Grundbuch IIb 662; — Antheilsrecht an Früchten IIb 662; — Recht auf die Nutzungen IIb 666; — Gebrauch der gemeinschaftlichen Sache IIb 663; — Verwaltung IIb 664; — Bestimmung der Theilhaber über Gebrauch und Verwaltung IIb 665; — Wirksamkeit der Verfügung für und gegen Sonderrechtsnachfolger der Theilhaber IIb 667; — Ausschluß wesentlicher Aenderung des gemeinschaftlichen Gegenstandes IIb 665; — Verfügungsrecht der Theilhaber IIb 667; — Kosten- und Lastentragung IIb 669; — Aufhebung: auf Verlangen eines Theilhabers IIb 670; — Ausschluß des Rechts auf Aufhebung IIb 670, 671; — Wirksamkeit des Ausschlusses für und gegen Sonderrechtsnachfolger IIb 672; — Recht eines Gläubigers auf Aufhebung nach Pfändung eines Antheiles IIb 672; — Tod eines Theilhabers IIb 672; — Realtheilung nach Aufhebung IIb 673; — Aufhebung im Falle Unmöglichkeit der Naturaltheilung IIb 676; — Theilung gemeinschaftlicher Forderungen IIb 678; — Auseinandersetzung von Gemeinschaftsschulden IIb 678; — Ersatzansprüche unter den Theilhabern IIb 680; — Gewährleistungspflicht unter den Theilhabern nach Aufhebung der Gemeinschaft IIb 681; — Unverjährbarkeit des Anspruchs auf Aufhebung IIb 681; — anzuwendendes Recht VI 319; — Uebergangsbestimmungen und landesrechtliche Vorbehalte IIb 660.

— **nicht nach Bruchtheilen** VI 326.

Gemeinschaftlicher Besitz: Schutz III 30.

Gemeinschaftlicher Erbschein V 742.

Gemeinschaftlicher Erbtheil: Begriff V 357; —

Anwachsung V 358; — Ersatzerbe bei g. E. V 361.
Gemeinschaftliches Testament der Ehegatten V 570; — Begriff, Zulässigkeit, Arten V 571; — Unterschied vom Erbvertrag V 570; — Form der Errichtung V 572; — Zulässigkeit von Verfügungen eines Ehegatten unter Lebenden nach Errichtung V 581; — Wirkung von Erbeinsetzungen und Vermächtnissen an Dritte V 575; — Einfluß auf Pflichttheilsrechte V 576; — Aufhebung, Widerruf V 579, 582; — Aufhebung eines zwischen Ehegatten geschlossenen Erbvertrags durch g. T. V 615; — Unwirksamkeit im Falle Nichtigkeit, Auflösung oder Scheidung der Ehe V 574; — Eröffnung und Verkündigung V 583; — Ausschlagungsfrist V 69; — korrespektives Testament, Form des Widerrufs einer Verfügung, Einfluß der Nichtigkeit oder des Widerrufs V 577; — unter bisherigem Recht errichtetes VI 378; — Verfügungen in Bezug auf den Antheil eines Abkömmlings an der fortgesetzten Gütergemeinschaft IV 436; — siehe auch „korrespektives T."
Gemeinschaftliches Vermächtniß V 426.
Gemeinschaftliche Verpflichtung IIa 342.
Gemeinschuldner: Annahme einer angefallenen Erbschaft V 65; — Ausschlagung V 72; — G. im Nachlaßkonkurs V 164; — Verfügungsfähigkeit über Grundstücksrechte III 64; — Untauglichkeit des G. zum Amt eines Familienraths IV 1149, — eines Gegenvormunds IV 1025, — eines Pflegers IV 1220, — eines Vormunds IV 1009, 1181.
Gemeinwohl: Gefährdung durch den Stiftungszweck I 244, 246; — durch einen Verein I 171.
Gemischte Bedingungen I 447.
Gemischte Schenkung IIb 175, 180; — Widerruf IIb 196.
Gemischt generische Schuldverhältnisse IIa 12, 14.
Gemischt generisches Vermächtniß V 425; — Gewährleistung V 451.
Gemischte Tendenzen eines Vereins I 133.
Genehmigung: Begriff I 512; — Ausschluß einer Bedingung I 446; — G. der antheilsberechtigten Abkömmlinge zu Rechtsgeschäften über Gesammtgut der fortgesetzten Gütergemeinschaft IV 387; — G. des Beistands zu Rechtshandlungen der Mutter IV 836; — G. der Ehefrau zu Rechtsgeschäften über Gesammtgut IV 320, — bei Errungenschaftsgemeinschaft IV 445, 453; — G. des Ehemanns zu Verträgen der Frau über eingebrachtes Gut IV 212, 214; — von rechtsgeschäftlichen Verpflichtungen der Frau IV 217; — G. des Gegenvormunds zu Verfügungen des Vormunds über Ansprüche, Werthpapiere IV 1060; — zur Anlegung von Mündelgeld IV 1059; — zur Erhebung angelegten Geldes IV 1058; — zu Rechtsgeschäften des Pflegers IV 1220; — der Geschäftsführung ohne Auftrag IIb 561; — des gesetzlichen Vertreters zur anfechtbaren Ehe IV 88; — Anhörung von Verwandten und Verschwägerten des Mündels vor Ersetzung der G. IV 1127; — Wirkung nach Erhebung der Anfechtungsklage IV 93, 95; — zu Verträgen Minderjähriger I 315; — Form I 315; — Wirkung der G. und deren Verweigerung I 316; — Beweislast I 319; — des Nachlaßgerichts zu Rechtshandlungen des Nachlaßverwalters V 188; — G. von Rechtsgeschäften I 508; — rückwirkende Kraft I 512; — von Verfügungen Nichtberechtigter I 513; — Haftung der mitwirkenden Beamten wegen Pflichtverletzung IIb 936; — G. der Schuldübernahme IIa 301; — bei Uebernahme von Hypothekforderungen IIa 304; — staatliche G. zu Satzungsänderungen eines Vereins I 160; — zur Ausgabe von Inhaberschuldverschreibungen IIb 785; — G. der Stiftung I 226, 230, 233; — Zurücknahme der G. I 245; — G. von Verträgen I 508; — rückwirkende Kraft I 512; — von Verträgen des Vertreters ohne Vertretungsmacht I 497; — Wirkung der Verweigerung der Genehmigung I 499; — von Verwendungen durch den Eigenthümer III 260; — G. des Vormundschaftsgerichts: rechtliche Natur IV 1092; — Form der Erklärung IV 1090; — vorherige Anhörung des Mündels IV 1088; — Eintritt der Wirksamkeit der G. und ihrer Verweigerung IV 1093; — Wirkung des Mangels der Genehmigung IV 1093; — Widerruf ohne G. geschlossener Rechtsgeschäfte durch den anderen Theil IV 1097; — Wirkung bei einseitigen Rechtsgeschäften IV 1100; — zur Ablehnung der Fortsetzung der Gütergemeinschaft IV 381, 383; — zur Anfechtung der Ehelichkeit durch den gesetzlichen Vertreter des Mannes IV 626; — zur Anlegung von Mündelgeld IV 1059; — zur Erhebung angelegten Geldes IV 1058; — zum Antrag auf Ehelichkeitserklärung IV 927; — zur Aufhebung der fortgesetzten Gütergemeinschaft IV 399; — zu einer Ausstattung aus dem Vermögen eines volljährigen Mündels IV 1186; — zum Beginn eines Erwerbsgeschäfts durch den Vater IV 759; — zur Einwilligung des gesetzlichen Vertreters zur Ehelichkeitserklärung IV 926; — zu Mieth-, Pachtverträgen 2c. für den volljährigen Mündel IV 1186; — zu Rechtsgeschäften und Rechtshandlungen der Mutter IV 836, — des Vaters IV 753, 757; — G. zu Rechtshandlungen des Vormunds in Bezug auf Immobilien IV 1072, 1074, — zu anderen Rechtshandlungen und Rechtsgeschäften IV 1073, 1077; — zu Rechtsgeschäften des Pflegers IV 1220; — G. zum Verbrauch von Geld des Kindes durch den Vater IV

771; — zu Verfügungen über hinterlegte Werthpapiere und Kostbarkeiten, Hypothekforderungen, Grundschulden, Rentenschulden des Mündels IV 1070; — über Buchforderungen und Inhaberpapiere des Mündels IV 1071; — zu Verträgen über allgemeine Gütergemeinschaft IV 299; — über Ausschluß der Fortsetzung der Gütergemeinschaft IV 425; — zum Verzicht auf den Antheil am Gesammtgut der fortgesetzten Gütergemeinschaft IV 398; — zum Verzicht auf den Antheil am Gesammtgut der fortgesetzten Gütergemeinschaft IV 397; — siehe auch „Zustimmung".

Generalhypothek III 370, VI 344.

Generalvollmacht I 481; — Einfluß von Willensmängeln I 478.

Genossenschaft: Rechtsfähigkeit einer ausländischen VI 41.

Genossenschaftsregister in Sachsen VI 309.

Geometer: Verjährung ihrer Ansprüche I 541.

Gerade IV 154.

Gerade Linie der Verwandtschaft IV 599; — Ehehinderniß IV 38; — Unterhaltspflicht IV 649; — g. L. der Schwägerschaft IV 604; — Ehehinderniß IV 38; — Ausschluß von der Mitwirkung bei Testamentserrichtung wegen Verwandtschaft oder Schwägerschaft in g. L. mit dem Bedachten V 537, — mit dem Erblasser V 536, — mit dem Richter oder Notar V 538.

Geräthschaften: Zubehöreigenschaft I 280.

Geräusch: Zuführung auf fremde Grundstücke III 125.

Gerechtigkeiten, sog. selbständige III 281.

Gerichte: Abschluß des Ehevertrags vor G. IV 287; — Anzeigepflicht von der Nothwendigkeit einer Vormundschaft oder Pflegschaft IV 998.

Gerichtliche Beglaubigung von Handzeichen I 373.

Gerichtliche Beurkundung von Verträgen: Fälle derselben I 379; — Form I 378; — Zuständigkeit und Verfahren I 379; — Ersatz für Schriftform I 373, 376, — für öffentliche Beglaubigung I 380; — g. B. bei Abwesenheit eines Vertragstheiles I 436; — einzelne Fälle: g. B. des Vertrags über Abfindung eines Abkömmlings aus der fortgesetzten Gütergemeinschaft IV 412; — der Anfechtung des Erbvertrags V 598, 599; — der Aufhebung des Erbvertrags V 611; — des Vertrages über Annahme an Kindesstatt IV 954, — über deren Aufhebung IV 979, 981, — der Einwilligungserklärungen zur Annahme IV 953; — des Vertrages über einen Antheil am Nachlaß V 275; — des Vertrages über Aufhebung der fortgesetzten Gütergemeinschaft IV 399; — des Antrages auf Ehelichkeitserklärung und der erforderlichen Zustimmungserklärungen IV 927; — des Ehevertrages IV 287; — des Vertrages über Veräußerung von Grundstücken III 160; — über Rechtsänderungen an Grundstücken III 49, 51; — des Vertrages über die Verpflichtung zur Eigenthumsübertragung an Grundstücken IIa 134; — des Erbschaftskaufes V 764; — des Erbverzichtsvertrages V 723; — der Aufhebung desselben V 726; — des Rücktrittes vom Erbvertrag V 620; — des Vertrages über Veräußerung eines Erbtheils V 275; — des Vertrages über ein gegenwärtiges Vermögen IIa 132; — des Vertrages über einen Erbtheil oder Pflichttheil IIa 132; — des Schenkungsversprechens IIb 178; — des Stiftungsgeschäftes I 236; — des Verzichts eines Abkömmlings auf den Antheil an der fortgesetzten Gütergemeinschaft IV 397; — der Zustimmungserklärung des anderen Ehegatten zum Verzicht auf den künftigen Antheil an derselben und zur Aufhebung des Verzichts IV 438; — des Verzichts auf eine letztwillige Zuwendung V 727; — der Zustimmungserklärung eines Ehegatten zu Verfügungen des anderen in Bezug auf die Fortsetzung der Gütergemeinschaft IV 436; — der Zustimmungserklärung des anderen Vertragstheils zur Aufhebung von Verfügungen im Erbvertrag V 614; — letztwilliger Verfügungen: landesgesetzliche Formvorschriften VI 285; — ergänzende landesgesetzliche Vorschriften, Wirksamkeit derselben V 523.

Gerichtliche Geltendmachung von Ansprüchen gegen den Nachlaß V 89, 242; — gegenüber dem Nachlaßpfleger V 93, 102, 103.

Gerichtliches Veräußerungsverbot I 398.

Gerichtsferien in Vormundschaftssachen IV 991.

Gerichtsschreiber: Verhältniß zur Partei IIb 544; — Haftung wegen Pflichtverletzung IIb 927; — Zuständigkeit zur Errichtung des Nachlaßinventars VI 283; — Aufnahme des Nachlaßinventares in Bayern V 223; — Zuziehung bei Testamentserrichtung V 535; — Ausschluß von der Mitwirkung V 536, 537, 538.

Gerichtsstand für den Bürgen IIb 706; — für Schadensersatzansprüche aus außerehelicher Beiwohnung IIb 876; — für Klagen aus unerlaubten Handlungen IIb 856; — für Streitigkeiten über Viehmängel IIb 128; — für Wildschadensersatzklagen IIb 918; — der Wandelungs- und Minderungsklage IIb 95; — G. der Erbschaft V 317; — für Erbschaftsansprüche V 246; — für die Erbtheilungsklage V 290; — für die Klage auf Erfüllung der Ausgleichungspflicht V 307; — für Klagen aus Auflagen V 460, — aus einem Vermächtnisse V 415, 443; — für Nachlaßverbindlichkeiten V 118; — für Klagen des Testamentsvollstreckers und gegen denselben V 508.

Gerichtsverfassungsgesetz: Inkrafttreten der Aenderungen VI 2; — Ergänzung aus dem BGB., Verwandtschaft und Schwägerschaft i. S. des GVG. VI 108.

Gerichtsvollzieher: rechtliche Stellung IIb 544; — Beamteneigenschaft, Haftung aus Amtspflichtverletzungen IIb 926; — Verbot des Bietens bei Zwangsverkäufen IIb 61; — Wirkung der Nichtbeachtung IIb 63; — Zustellung von Willenserklärungen I 387; — Verjährung ihrer Ansprüche I 537.

Gerüche: Zuführung auf fremde Grundstücke III 125.

Gesammtabfindungswaldungen VI 307.

Gesammtakt I 418.

Gesammte Hand IIb 596, III 277, IV 295.

Gesammtgläubiger siehe „Gesammtschuldverhältniß".

Gesammtgrundschuld III 532; — Haftung des Vermächtnißnehmers für eine auf dem vermachten Grundstücke ruhende V 431, 433.

Gesammtgut der allgemeinen Gütergemeinschaft: Begriff und Umfang IV 300, 301; — Eintritt der Gesammtguteigenschaft IV 300, 301; — von der Gemeinschaft ausgeschlossene Gegenstände IV 302; — Besitz an den zum G. gehörigen Sachen IV 309; — Verfügungsrecht der Ehegatten IV 308; — Erforderniß der Einwilligung der Frau zu Verfügungen des Mannes über das G. im Ganzen IV 313; — über Grundstücke IV 314, — zu Schenkungen aus dem G. IV 317; — Ersetzung der Zustimmung der Frau durch das Vormundschaftsgericht IV 319, 320; — Widerruf von Verträgen bis zur Genehmigung durch die Frau IV 321; — gerichtliche Geltendmachung eines Rechts durch die Frau bei unerlaubten Verfügungen des Mannes IV 321; — Verfügungsrecht der Frau bei Verhinderung des Mannes IV 322; — Bereicherung des G. durch Rechtsgeschäfte eines Ehegatten ohne Zustimmung des anderen IV 325; — Verhältniß von Schenkungen aus dem G. einer Gütergemeinschaft auf den Pflichttheilsanspruch V 695; — Verwaltungsrecht des Mannes IV 309; — Verwaltung durch den Vormund des Mannes IV 328; — keine Verantwortlichkeit aus der Verwaltung IV 326; — Ersatzpflicht wegen Verminderung des G. IV 326; — Umsatz von G. in Geld zur Befriedigung von Gesammtgutsverbindlichkeiten IV 360; — Ersatzpflicht für Verwendungen IV 342; — Lasten: ehelicher Aufwand IV 328; — Unterhalt der Verwandten der Ehegatten IV 338, 655; — Fälligkeit von Forderungen aus demselben und Verbindlichkeiten zu demselben seitens der Ehegatten IV 343; — Gemeinschaftsaufhebungsklage des Mannes wegen Ueberschuldung des G. durch die Frau IV 350; — Aufhebungklage der Frau IV 347; — Auseinandersetzung nach Aufhebung der Gemeinschaft IV 352; — Verfügungsrecht der Ehegatten während derselben IV 352, 353; — Verwaltung IV 353; — nach der Aufhebung erworbene Forderungen IV 356, 357; — Surrogation nach derselben IV 356; — Form der Auseinandersetzung, Verfahren IV 358; — Theilung IV 362, 363; — Zugehörigkeit des Antheils eines Ehegatten zum Nachlaß desselben IV 373; — bei Ausschluß der Fortsetzung der Gütergemeinschaft IV 427.

— **der Errungenschaftsgemeinschaft**: Begriff und Umfang IV 443, 444; — Gewinn aus dem Erwerbsgeschäft eines Ehegatten IV 451; — Vermuthung für die Eigenschaft als G. IV 444, 455; — Vermuthung für die Verwendung eingebrachter Sachen zum G. IV 472; — Lasten des G. IV 458; — Haftung für Unterhaltsansprüche von Verwandten der Ehegatten IV 655; — Umsatz in Geld zur Befriedigung von Verbindlichkeiten IV 480, 483; — Ersatzleistung für Bereicherung aus dem eingebrachten Gut IV 471; — Fälligkeit von Forderungen und Verbindlichkeiten der Ehegatten in Bezug auf das G. IV 473; — Gemeinschaftsaufhebungsklage wegen Ueberschuldung IV 476; — Auseinandersetzung IV 480; — Surrogation nach Aufhebung der Gemeinschaft vor Auseinandersetzung IV 482; — Unpfändbarkeit des Antheiles eines Ehegatten IV 462.

— **der Fahrnißgemeinschaft** IV 492; — Haftung für Unterhaltsansprüche von Verwandten der Ehegatten IV 655.

— **der fortgesetzten Gütergemeinschaft**: Umfang IV 384; — Verzicht eines Abkömmlings auf seinen Antheil bei Lebzeiten der beiden Ehegatten IV 397, 438; — Uebernahme durch den überlebenden Ehegatten IV 414; — durch einen Abkömmling IV 434, 436; — Anwachsung des Antheils eines Abkömmlings IV 396, 397; — Rechte und Verbindlichkeiten des Ehegatten und der Abkömmlinge IV 386; — Fälligkeit von Forderungen aus demselben und Verbindlichkeiten zu demselben seitens des überlebenden Ehegatten IV 386; — Umsatz in Geld zur Befriedigung von Verbindlichkeiten IV 407; — Ersatzpflicht für Verwendungen des überlebenden Ehegatten IV 389; — Verzeichniß des G. bei Wiederverheirathung des überlebenden Ehegatten IV 400; — Aufhebungsklage eines Abkömmlings wegen Verminderung oder Gefährdung des G. IV 403; — Verwaltung IV 387; — nach Beendigung der Gemeinschaft bis zur Auseinandersetzung IV 406.

Gesammtgutskonkurs IV 393.

Gesammtgutspflegschaft zur Befriedigung der Gläubiger IV 392.

Gesammtgutsverbindlichkeiten bei allgemeiner Gütergemeinschaft: Begriff und Umfang IV 328, 330; — Schulden der Frau als G. IV 334; — Ausnahmen IV 335, 336; — Ausstattung eines Kindes IV 340; — Haftung im Verhältniß der Ehegatten unter sich IV 336; — Auf-

rechnung mit G. IV 308; — Berichtigung nach Aufhebung der Gemeinschaft, Behandlung streitiger und nicht fälliger IV 360; — Haftung für bei der Auseinandersetzung nicht berichtigte G. IV 369; — im Verhältniß der Ehegatten unter sich IV 371; — Bei Errungenschaftsgemeinschaft: Haftung des Gesammtguts IV 459; — für Verbindlichkeiten der Frau IV 463, 464, 465; — im Verhältniß der Ehegatten unter sich IV 465; — Ausstattung eines Kindes IV 470; — Aufrechnung mit G. IV 445, 482; — Haftung für bei Beendigung der Gemeinschaft nicht berichtigte Forderungen IV 483; — Berichtigung der G. nach Beendigung IV 483; — Bei der Fahrnißgemeinschaft IV 488, 491, 500; — Bei der fortgesetzten Gütergemeinschaft: Begriff IV 390; — Haftung für dieselben IV 391; — Haftung des überlebenden Ehegatten IV 409; — der antheilsberechtigten Abkömmlinge unter sich IV 418; — Aufrechnung IV 386; — Haftung für bei der Beendigung der Gemeinschaft nicht berichtigte Forderungen IV 408; — Berichtigung nach der Beendigung IV 407.

Gesammtgutsverwaltung IV 392.

Gesammthypothek III 370; — Begriff und Wesen III 414; — Form der Eintragung III 415; — Hypothekenbrief für dieselbe III 416; — Art der Haftung der einzelnen Grundstücke III 414, 416; — Verhältniß der Eigenthümer der Grundstücke III 415; — Uebertragung und Belastung der G. III 415; — Veräußerung einzelner Grundstücke III 415; — Wirkung der Befriedigung des Gläubigers aus einem Grundstück III 503; — Uebergang der Hypothek auf den Gläubiger dieses Grundstücks III 505; — Zerlegung in Einzelhypotheken III 414, 417; — Uebergangsbestimmungen III 417; — Abtretung III 452; — Ablösung III 446; — Ausschluß des Gläubigers durch Amortisation III 492; — Verhältniß zum Rest bei theilweisem Eintritt dieser Thatsachen III 492; — Befriedigung durch einen Unterpfandeigenthümer III 487; — durch den persönlichen Schuldner III 490; — Entstehung der Eigenthümerhypothek mangels Entstehung der Forderung, Zerlegung in Theilhypotheken III 485; — Verzicht auf die G. III 491; — Zinszahlung bei Belastung eines Grundstückes mit einem Nießbrauch III 315.

Gesammtpreis: Minderung eines Gesammtkaufpreises IIb 108; — Wandelung beim Verkauf mehrerer Sachen zu einem G. IIb 105; — Ausübung des Vorkaufsrechts an einem von mehreren zu einem G. verkauften Sachen IIb 163.

Gesammtrentenschuld: Haftung des Vermächtnißnehmers für eine auf dem Vermächtnißgegenstand ruhende G. V 431, 433.

Gesammtschuldnerische Haftung mehrerer Bürgen IIb 714; — des Ehemanns für Schulden der Frau im gesetzlichen Güterstand IV 198; — bei allgemeiner Gütergemeinschaft IV 329, 331; — bei Errungenschaftsgemeinschaft IV 459; — der Ehegatten für bei der Auseinandersetzung nicht berichtigte Gesammtgutsverbindlichkeiten IV 369; — bei Errungenschaftsgemeinschaft IV 480; — mehrerer Grundstückseigenthümer für einzelne Reallastleistungen III 364; — von Miterben für Nachlaßverbindlichkeiten V 316; — mehrerer aus unerlaubten Handlungen Verantwortlicher IIb 934; — mehrerer Testamentsvollstrecker V 514; — des überlebenden Ehegatten und der Abkömmlinge für bei Beendigung der Gütergemeinschaft nicht berichtigte Verbindlichkeiten IV 408; — des Vaters neben dem Kinde IV 775; — der Vereinsliquidatoren I 188; — der Mitglieder eines nicht rechtsfähigen Vereins I 189; — der Vereinsvorstandsmitglieder wegen Unterlassung des Konkurseröffnungsantrages I 170; — mehrerer Vermächtnißbeschwerter V 417; — mehrerer Vormünder des Vormunds und Gegenvormunds IV 1103.

Gesammtschuldverhältniß IIa 317, 322; — unvollkommenes (unrechtes) IIa 325; — Erfüllungsort IIa 65; — Ausübung der Wahl beim alternativen Schuldverhältniß IIa 54; — **aktives**: Enstehungsgrund IIa 325; — Inhalt IIa 343; — Verhältniß der Gesammtgläubiger zu einander IIa 325, 347; — Vereinigung von Forderung und Schuld in der Person eines Gesammtgläubigers IIa 343, 344; — Verzug eines Gläubigers IIa 343; — Wirkung anderer rechtlich relevanter Thatsachen IIa 344; — Zulässigkeit von Bedingungen und Zeitbestimmungen IIa 331; — Ausübung des Rücktrittsrechts IIa 202; — G. mehrerer Vermächtnißnehmer V 421.

— **passives**: Begriff IIa 329; — Entstehungsgründe IIa 324; — Eintritt durch Vertrag bei theilbaren Leistungen IIa 324, 342; — kraft Gesetzes bei untheilbaren Leistungen IIa 324, 347; — Art der Haftung IIa 329; — Selbstständigkeit der Verpflichtung jedes Schuldners IIa 336; — Wirkung der Erfüllung und der Erfüllungssurrogate IIa 332; — des Erlasses IIa 332; — des Vergleiches, der Schuldübernahme IIa 333; — Wirkung des Konkurses IIa 331; — des Verzugs des Gläubigers IIa 333; — anderer rechtlich relevanter Thatsachen IIa 336; — Verhältniß der Gesammtschuldner unter sich IIa 325, 339; — Zulässigkeit von Bedingungen und Zeitbestimmungen IIa 331; — Streitgenossenschaft IIa 331; — Ausübung des Rücktrittsrechtes IIa 202; — Berichtigung bei Haftung der Theilhaber einer Gemeinschaft als Gesamtschuldner IIb 678; — Verkauf IIb 9.

Geschäftsbesorgung als Gegenstand des Dienst- oder Werkvertrags IIb 384, 543; — Ableh-

nung eines Auftrages durch einen Kaufmann IIb 527; — G. bei der Geschäftsführung ohne Auftrag IIb 551; — Verjährung der Ansprüche aus G. I 536, 540.

Geschäftsbetrieb Minderjähriger I 324; — siehe auch „Erwerbsgeschäft".

Geschäftsbücher: Einsicht und Vorlegung IIb 820.

Geschäftsfähigkeit: Begriff I 306; — zwingende Natur der Vorschriften I 306; — Erforderniß bei einzelnen Rechtsgeschäften I 306; — Voraussetzung für die Fähigkeit zur Errichtung von Erbverträgen V 587, 588; — Beweislast für die G. I 307; — anzuwendendes Recht I 34, 306, VI 27, 28, 86; — G. der Ehefrau IV 111; — nach bisherigem Recht VI 354; — des unter elterlicher Gewalt stehenden Kindes IV 702; G. des Minderjährigen beim Betrieb eines Erwerbsgeschäfts I 323; — in Bezug auf Dienst- und Arbeitsverträge I 325; — Voraussetzung der Begründung und Aufhebung des Wohnsitzes I 64; — Verlust seitens eines Gesellschafters IIb 635; — siehe auch „Beschränkte G.", „Geschäftsunfähigkeit".

Geschäftsführung der Ehefrau für den Mann IV 124, 128; — der Gesellschafter IIb 611; — einzelner Gesellschaften IIb 613; — Entziehung und Kündigung IIb 615; — der Vereinsliquidatoren I 183; — des Vereinsvorstands I 147, 150; — des Stiftungsvorstands I 244.

Geschäftsführung ohne Auftrag IIb 548; — Begriff und rechtliche Natur IIb 549; — Voraussetzungen IIb 551; — Mehrheit der Geschäftsherrn oder Geschäftsführer IIb 549; — Vererblichkeit der Ansprüche aus der G. IIb 549; — Verjährung der Ansprüche IIb 549; — G. in Widerspruch mit dem Willen des Geschäftsherrn IIb 554, 555; — im eigenen Interesse IIb 564; — Vermuthung der Schenkungsabsicht IIb 562; — Irrthum über die Person des Geschäftsherrn IIb 563; — Bürgschaftsübernahme in G. IIb 724; — Rechte des Geschäftsführers: Zurückbehaltungsrecht IIb 557; — Ersatzanspruch für Aufwendungen IIb 558, 561; — Ausschluß desselben bei Schenkungsabsicht IIb 562; — Herausgabeanspruch bei nicht genehmigter Geschäftsführung IIb 561; — bei der unechten Geschäftsführung IIb 564; — Pflichten des Geschäftsführers: Wahrnehmung des Interesses des Geschäftsherrn IIb 550, 553; — Anzeigepflicht gegenüber dem Geschäftsherrn, Auskunftspflicht, Herausgabepflicht, Rechenschaftsablegung IIb 556; — Schadensersatzpflicht bei G. in Widerspruch mit dem Willen des Geschäftsherrn IIb 554; — Haftung: im Allgemeinen IIb 549; — bei Abwendung dringender Gefahr für den Geschäftsherrn IIb 556; — bei Beschränkung in der Geschäftsfähigkeit IIb 557; — Pflichten des Geschäftsherrn: Ersatzpflicht für Aufwendungen IIb 558; — Herausgabepflicht bei nicht genehmigter Geschäftsführung IIb 561; — Zurückbehaltungsrecht des Geschäftsherrn IIb 561, 562; — Rechte des Geschäftsherrn im Falle der Vornahme einer unerlaubten Handlung durch den Geschäftsführer IIb 550; — entsprechende Anwendung der Vorschriften über G. o. A. IIb 550; — Anwendung der Grundsätze bei Verwendungen des Verkäufers IIb 52; — Prozeßführung ohne Auftrag IIb 549; — Vertretung ohne Vertretungsmacht IIb 550, 552; — G. o. A. unter Ehegatten IV 111; — Erfüllung einer gesetzlichen Unterhaltspflicht IV 643; — Haftung nach den Vorschriften über dieselbe: des vindizirenden Eigenthümers III 255; — des Eigenthümers gegenüber dem Nießbrauche für Verwendungen III 317; — Haftung des Erben aus besorgten erbschaftlichen Geschäften, Ersatz von Aufwendungen nach den Vorschriften über G. o. A. im Falle der Nachlaßverwaltung oder des Nachlaßkonkurses V 168; — im Falle der Herausgabe des Nachlasses an die Gläubiger wegen Mangel an Masse V 198; — unechte G. IIb 564.

Geschäftsführungsvertrag I 473.

Geschäftsgeheimniß: Wahrung durch Bedienstete IIb 393.

Geschäftsgehilfe I 465.

Geschäftsherr: Haftung desselben und seines Vertreters für Verschulden der Angestellten oder Arbeiter IIb 892; — Regreßanspruch gegen den Dritten IIb 934.

Geschäftsräume: Fund in G. einer öffentlichen Behörde III 237.

Geschäftsunfähigkeit: Voraussetzungen I 307; — Beweislast I 307; — Wirkung für Willenserklärungen I 309; — Wirksamkeit der Willenserklärungen gegenüber einem Geschäftsunfähigen I 385; — G. des Adressaten bei der Willenserklärung unter Abwesenden I 381, 384; — nachträglicher Eintritt der G. des Antragenden, Wirksamkeit des Vertragsantrages I 436; — Wirksame Rechtshandlungen des Geschäftsunfähigen I 310; — Rechtsfähigkeit desselben I 310; — Verjährung von Ansprüchen Geschäftsunfähiger bei mangelnder Vertretung I 556; — Einfluß der G. auf die Anfechtung der Annahme an Kindesstatt oder Einwilligung zu derselben IV 961; — auf die Anfechtung der Aufhebung IV 962, 981; — Einfluß auf den gesetzlichen Güterstand IV 152; — Anfechtung der Ehe durch den gesetzlichen Vertreter des geschäftsunfähigen Eheschließenden IV 87; — Anfechtung nach Wegfall der G. IV 92; — Anfechtung der Ehelichkeit bei G. des Mannes IV 626; — Einfluß der G. des Mannes auf die Anfechtungsfrist IV 625; — Frist für Ausschlagung der Erbschaft bei mangelnder Vertretung V 69; — Anfechtung von Erb-

verträgen für Geschäftsunfähige V 598, 599; — Fristenlauf für die Anfechtung V 600; — Ausschluß der Aufhebung eines Erbvertrags V 613; — Erbverzicht für den Geschäftsunfähigen V 722; — Aufhebung des Erbverzichts V 726; — G. eines Betheiligten bei der Anweisung IIb 772; — des Auftraggebers IIb 538; — des Ausstellers einer Inhaberschuldverschreibung IIb 784; — des Beauftragten IIb 540; — G. der Ehefrau: Einfluß au, die Schlüsselgewalt IV 126; — des Ehegatten, Fristenlauf für die Ehescheidungsklage IV 544, 547; — G. des Eheschließenden: Nichtigkeit der Ehe IV 70; — Geltendmachung der Nichtigkeit IV 76; — des Geschäftsführers ohne Auftrag IIb 557; — Eintritt der G. eines Gesellschafters IIb 635; — G. des Inhabers einer Schuldverschreibung IIb 783; — G. des Schuldners: Einfluß auf die Erfüllung IIa 217; — G. des unehelichen Kindes zur Zeit der Ehelichkeitserklärung IV 926; — *des Vaters*, Anfechtung der Anerkennung der Ehelichkeit IV 634, 635, 636; — Ruhen der elterlichen Gewalt IV 812; — G. des Bevollmächtigten, des Vollmachtgebers I 485; — Ersitzung beweglicher Sachen von Geschäftsunfähigen ohne gesetzliche Vertreter III 200; — *Unfähigkeit* zur Eheschließung IV 27; — Unfähigkeit zum Amt eines Familienrathes IV 1148; — eines Gegenvormunds IV 1025, — eines Pflegers IV 1220; — eines Vormunds IV 1007, 1181; — Unfähigkeit zum Amte eines Testamentsvollstreckers V 468, 484, 519; — Unfähigkeit zum Abschluß von Erbverträgen V 587, 588; — zur Testamentserrichtung V 328, 525; — zur Vorstandschaft eines Vereins I 148; — zur Begründung und Aufhebung des Wohnsitzes I 64; — Unzulässigkeit der Annahme eines Geschäftsunfähigen an Kindesstatt IV 955; — nachträglicher Eintritt der G. eines Beteiligten IV 958; — zeitliche Geltung der Vorschriften des BGB. VI 310; — räumlich anzuwendendes Recht VI 29; — Strafantragsrecht für Geschäftsunfähige VI 111, 114.

Geschäftsverhältniß: Auslegung der Bedeutung von in einem G. zum Erblasser Stehender im Testament V 337.

Geschiedener Ehegatte siehe „*Scheidung*".

Geschlecht: Einfluß auf die Rechtsfähigkeit I 25.

Geschlechtsehre: Civil-Rechtsschutz IIb 860, 874.

Geschlechtsgemeinschaft mit Verwandten des anderen Theils: Ehehinderniß IV 38.

Geschlechtskrankheit: Scheidungsgrund IV 537.

Geschlechtsverkehr: Haftung aus Ansteckung IIb 863.

Geschlechtsvormundschaft IV 147.

Geschoßeigenthum III 279, VI 262, 327.

Geschwister: Eheverbot zwischen G. IV 38; — Vormundschaft über G. IV 998; — letztwillige Verfügungen an G., Auslegung V 335; — Einsetzung als Nacherbe V 377; — Erbfolge V 27; — Vermächtniß an G. V 428.

Geschwisterehe IV 117.

Geschwisterkinder: Erbrecht V 27.

Geschworene: Haftung wegen Amtspflichtverletzung IIb 930.

Gesellen: Verjährung ihrer Ansprüche I 537, 541.

Gesellige Vereine I 135.

Gesellschaft: *Allgemeines*: Begriff IIb 599; — rechtliche Natur IIb 603; — Name IIb 605; — Abgrenzung von anderen Rechtsgebilden und Rechtsverhältnissen IIb 599; — Verhältniß zum Darlehen IIb 360; — Unterschied von der Gemeinschaft nach Bruchtheilen IIb 662; — Unterschied vom Verein I 123, 124; — Unterschied von der Pacht IIb 325; — Anwendung des Gesellschaftsrechts IIb 595; — dispositive Natur der Vorschriften des BGB. IIb 598; — Inhalt des *Gesellschaftsvertrags* IIb 598, 600; — Form und Abschluß IIb 603; — Vorvertrag IIb 603; — Unmöglichkeit der Erfüllung IIb 604; — Einrede des nichterfüllten Vertrages IIb 603; — Verzug eines Gesellschafters IIb 604; — Rechtsverhältnisse hinsichtlich des *Gesellschaftsvermögens* IIb 626; — *Pflichten der Gesellschafter* IIb 604; — Beitragspflicht, Behandlung vertretbarer oder verbrauchbarer oder nach einer Schätzung beigetragener Sachen, Dienste als Beitrag IIb 606; — rechtliche Natur, Form der Einbringung IIb 607; — Mängelhaftung hinsichtlich beigetragener Sachen IIb 143, 607; — Gefahrübergang IIb 608; — Dienstleistungen der Gesellschafter IIb 608; — keine Nachschußpflicht IIb 609; — von den Gesellschaftern zu vertretende Sorgfalt IIb 610; — Wirkung der Pflichtverletzung IIb 635; — *Geschäftsführung* IIb 611; — durch einzelne Gesellschafter IIb 613; — Widerspruchsrecht gegen Handlungen eines Gesellschafters IIb 614; — rechtliche Stellung des geschäftsführenden Gesellschafters IIb 615; — Rechte und Pflichten des geschäftsführenden Gesellschafters IIb 618, 619; — im Falle der Auflösung der Gesellschaft IIb 643; — Rechte der nicht geschäftsführenden Gesellschafter auf Einsicht und Kontrolle IIb 623; — Ausübung des Rücktrittsrechts IIa 202; — Gesellschaftsbeschlüsse, Abstimmung IIb 611, 613, 614; — Entziehung und Kündigung der Geschäftsführung IIb 615; — *Stellung der Gesellschafter nach innen*: Antheilsrechte, Ausschluß des Anspruches auf Theilung IIb 630; — Verzinsung der Einlagen IIb 608; — Antheilsberechnung am Gewinn und Verlust IIb 634; — Zeit des Rechnungsabschlusses und der Gewinnvertheilung IIa 633; — Beschränkung der Uebertragbarkeit der Ansprüche aus dem Gesellschaftsverhältnisse

IIb 597, 624; — nach außen: Rechte der Gläubiger eines Gesellschafters IIb 597; — Zwangsvollstreckung in Antheile IIb 632; — Eintritt eines neuen Gesellschafters IIb 650; — Haftung desselben IIb 619; — Wirkung des Erlöschens der Vollmacht eines geschäftsführenden Gesellschafters gegenüber Dritten I 488; — Stellung der Gesellschaft nach außen: Vertretung IIb 619; — Entziehung und Kündigung der Vertretungsmacht IIb 622, 623; — Prozeßführung IIb 622; — Haftung aus Rechtsgeschäften der Gesellschafter IIb 620, — aus unerlaubten Handlungen IIb 621; — Gesellschaftsschulden IIb 628; — Zwangsvollstreckung in das Gesellschaftsvermögen IIb 597, 563; — Zwangsvollstreckung in den Antheil eines Gesellschafters IIb 631; — kein Konkurs der G. IIb 630; — Konkurs eines Gesellschafters IIb 631; — Wirksamkeit der Uebertragung von Forderungen zum Gesellschaftsvermögen IIb 632; — Aufrechnung gegenüber der G. IIb 597, 604, 630; — Auflösung: Kündigung eines Gesellschafters IIb 635; — Kündigung bei der Gesellschaft auf Lebenszeit IIb 638; — K. eines Gläubigers eines Gesellschafters IIb 639; — Beendigung durch Erreichung oder Unmöglichkeit des Zweckes der G. IIb 640; — Tod eines Gesellschafters IIb 641, V 12; — Konkurs eines Gesellschafters IIb 642; — Besitzübergang beim Tod eines Gesellschafters III 17; — sonstige Auflösungsgründe IIb 635; — Fortdauer der Befugnisse der geschäftsführenden Gesellschafter IIb 643; Fortsetzung der Gesellschaft nach Ausscheiden eines Gesellschafters IIb 649, — nach Ausschluß eines Gesellschafters IIb 652; — Auseinandersetzung im Falle der Auflösung IIb 643; — Art und Weise der Auseinandersetzung IIb 645; — Rückgabe der Gesellschaft zur Benutzung überlassener Sachen, Haftung für Verlust und Verschlechterung IIb 645; — Geschäftsführung während der Auseinandersetzung IIb 643; — Schuldenberichtigung, Erstattung der Einlagen IIb 646; — Ueberschußvertheilung IIb 648; — Haftung der Gesellschafter für das Gesellschaftsdefizit IIb 648; — Auseinandersetzung beim Ausscheiden eines Gesellschafters: Abfindung des Ausscheidenden IIb 653; — Rechte hinsichtlich schwebender Geschäfte IIb 657; — Zuschußpflicht desselben bei einem Gesellschaftsdefizit IIb 656; — Uebergangsbestimmungen IIb 598; — G. zu Spielzwecken IIb 693; — Anwendung der Normen des Gesellschaftsrechtes auf nicht rechtsfähige Vereine I 189.

Gesellschaft mit beschränkter Haftung: Anwendung der allgemeinen Vorschriften des Vereinsrechts I 128.

Gesellschaften, registrirte, mit beschränkter Haftung in Bayern VI 308.

Gesellschafterinnen: Kündigung des Dienstverhältnisses IIb 428, — ohne Einhaltung einer Kündigungsfrist IIb 436; — Vergütung im Falle der Kündigung IIb 437; — Verjährung ihrer Ansprüche I 541.

Gesellschaftsantheile: Pfändung IIb 639; — Nießbrauch daran III 330.

Gesellschaftsverhältniß: Beschränkung der Uebertragbarkeit der Ansprüche aus dem G. IIb 624.

Gesellschaftsvermögen IIb 597, 626.

Gesellschaftsvertrag der Ehefrau IV 129; — G. zum Betrieb eines Erwerbsgeschäfts: Eingehung für das Kind IV 755, — für den Mündel IV 1073, 1079; — Anhörung des Mündels vor Genehmigung IV 1089; — Vermittelung eines kaufmännischen IIb 498.

Gesetz: Begriff VI 5; — zeitliche Geltung VI 288; — Bezugnahme auf ein ausländisches oder nicht mehr geltendes G. in Eheverträgen IV 285; — Schadensersatzpflicht wegen Verstoß gegen ein G. zum Schutz eines Dritten IIb 857, 865.

Gesetzesanalogie I 17, VI 6.

Gesetzliche Erben: letztwillige Bedenkung V 334; — Vermuthung für Einsetzung als Vorerben und Nacherben V 372; — Vermächtnißnehmer hinsichtlich der eingesetzten Erben nicht zufallenden Gegenstände V 417.

Gesetzliche Erbfolge: Voraussetzungen des Eintritts V 8; — Konkurrenz mit testamentarischer V 8; — zeitliche Geltung der Bestimmungen des BGB. V 18; — Eintritt neben der testamentarischen V 355; — Anwachsung in diesem Falle V 358; — rechtliche Stellung des Erben V 57.

Gesetzliche Hypothek III 370, 378; — des Fiskus und anderer juristischer Personen VI 212; — des Vermächtnißnehmers nach älterem Recht V 415.

Gesetzlicher Vertreter I 472; — Abschluß des Vertrags über Annahme an Kindesstatt IV 954, 972; — Zustimmung zu dem Vertrage IV 956, 972; — Stellung bei Aufhebung der Annahme IV 979; — Anfechtung der Ehelichkeit IV 626; — Anfechtung des Erbvertrags für Geschäftsunfähige V 599; — Antrag auf Entlassung eines Kindes aus dem Staatsverband VI 128; — Ausschluß vom Abschluß von Eheverträgen IV 299, — von der Einwilligung zur Eheschließung an Stelle der Eltern IV 34; — Ausschluß von der Zustimmung zu letztwilligen Verfügungen V 525; — Ausschluß von der Zustimmung zu letztwilligen Verfügungen in Bezug auf die fortgesetzte Gütergemeinschaft IV 436; — Ausübung von Vereinsmitgliedsrechten I 167; — Besitz III 11; — Beschränkung in der Geschäftsfähigkeit I 475; — Beistand im Strafprozeß VI 118; — Einwilligung zur Eheschließung eines in der Geschäftsfähigkeit Beschränkten IV 27;

— Anhörung von Verwandten und Verschwägerten des Mündels vor Ersetzung der Einwilligung IV 1127; — Einfluß mangelnder Einwilligung auf den Güterstand IV 152; — Anfechtung der Ehe mangels Einwilligung IV 78; — Beschränkung in der Anfechtung der Ehe IV 86, 87; — Ausschluß der Anfechtung durch Genehmigung oder Bestätigung der Ehe IV 88; — Einwilligung zu Willenserklärungen des Minderjährigen I 313, — zu einseitigen Rechtsgeschäften I 322; — Ermächtigung zu Dienst- oder Arbeitsverträgen I 325, — zum selbstständigen Betrieb eines Erwerbsgeschäfts I 323; — Genehmigung einer anfechtbaren Ehe IV 88; — Anhörung von Verwandten und Verschwägerten des Mündels vor Ersetzung der Genehmigung IV 1127; — Genehmigung zur Errichtung eines Erbvertrags durch einen in der Geschäftsfähigkeit Beschränkten V 588; — Genehmigung von Verträgen Minderjähriger I 315; — Rechtsverhältniß bis zur Genehmigung I 316; — Giltigkeit ohne Genehmigung I 319; — Haftung für Delikte derselben IIb 852; — konkurrirendes Verschulden des g. V. des Beschädigten IIa 39, 42; — Haftung für kontraktliches Verschulden g. V. IIa 93; — Hemmung der Verjährung durch Mangel eines gesetzlichen Vertreters I 556; — Mitwirkung bei Eheverträgen über allgemeine Gütergemeinschaft IV 299; — Strafantragsrecht VI 111, 114; — Zurücknahme des Strafantrags VI 115; — Vertretungsmacht des Inhabers der elterlichen Gewalt IV 709, — des Vormunds IV 1027; — Wohnsitzbegründung und -Aufhebung für den Vertretenen I 64; — g. V. im Sinne eines Landesgesetzes VI 11.

Gesetzliches Erbrecht: Verzicht auf dasselbe durch einen Abkömmling oder Seitenverwandten des Erblassers V 724; — zu Gunsten eines Anderen V 725; — von Körperschaften, Stiftungen, Anstalten des öffentlichen Rechts VI 271.

Gesetzliches Güterrecht: IV 148; — Arten IV 149; — Wesen des ordentlichen gesetzlichen Güterstandes IV 150; — subsidiäre Bedeutung IV 149; — außerordentlicher gesetzlicher Güterstand IV 152; — Haftung aus unerlaubten Handlungen der Ehefrau IIb 854.

Gesetzliches Pfandrecht: Anwendung der Bestimmungen über das Vertragspfand III 597; — g. P. an einem Miteigenthumsantheil III 599; — g. Pf. des Gastwirthes IIb 593; — des Pächters IIb 340; — des Vermiethers IIb 264; — des Verpächters landwirthschaftlicher Grundstücke IIb 332; — des Unternehmers eines Werkes IIb 479.

Gesetzliches Veräußerungsverbot: Verstoß dagegen I 394.

Gesetzliches Verbot: Verstoß dagegen I 391; — Rückforderung einer Leistung wegen Verstoß der Annahme gegen ein g. V. IIb 839; — Umfang des Herausgabeanspruchs IIb 844; — Verstoß eines Vertrages gegen ein g. V. IIa 130; — Verstoß einer Auflage gegen ein g. V. V 462, — eines Vermächtnisses V 437; — bei der Beurtheilung des Verstoßes eines Geschäfts dagegen anzuwendendes Recht VI 310.

Gesetzliche Zeit I 517.

Gesetzliche Zinsen IIa 18; — Uebergangsvorschrift IIa 20.

Gesinde: Anspruchsverjährung I 541; — Besitzdiener III 13; — Aufrechnung gegen die Lohnforderung IIa 267; — Haftung für Verschulden desselben IIa 96; — Ausschluß als Testamentszeugen V 538.

Gesinderecht IIb 377, 386, 936; — Draufgabe IIa 174, 175, 176; — bayerisches G. IIb 386; — Vorbehalt zu Gunsten der Landesgesetzgebung VI 217.

Gesindevertrag: Abschluß durch Vormund IV 1081.

Gesindevermiether IIb 498.

Gesindevermittler: Verjährung ihrer Ansprüche I 540.

Geständniß: Unterschied vom Schuldanerkenntniß IIb 752.

Gestattung der Aufsuchung und Wegschaffung auf fremde Grundstücke gelangter Sachen III 31.

Gestio pro herede V 64, 90.

Gestohlene Sachen: Eigenthumserwerb III 189; — Beschränkung der Eigenthumsvermuthung für den Besitzer III 267; — Herausgabeanspruch III 270; — Eigenthumserwerb an Erzeugnissen und sonstigen Bestandtheilen g. S. III 218; — Pfandrechtserwerb a. g. S. III 553.

Gestohlene Schuldverschreibungen auf den Inhaber IIb 784; — Kraftloserklärung IIb 795.

Gesundheit: Gefährdung durch die Miethwohnung IIb 233; — Schutz der G. des Dienstpflichtigen IIb 415.

Gesundheitsbeschädigung: Schadensersatzpflicht IIb 857, 858; — Haftung wegen Minderung oder Aufhebung der Erwerbsfähigkeit, Vermehrung der Bedürfnisse IIb 937; — Ersatz von Schäden im Erwerb und Fortkommen IIb 937; — Entschädigung wegen nicht vermögensrechtlichen Schadens IIb 952; — Haftung für Entgang der Dienste des Verletzten IIb 949; — Verhältniß mehrerer Verantwortlicher IIb 934; — Einfluß des Mitverschuldens des Verletzten IIb 951; — G. durch Einsturz eines Gebäudes, Werkes, Ablösung von Theilen: Haftung des Besitzers und des früheren Besitzers IIb 918; — des dinglich oder persönlich Berechtigten IIb 922; — des Unterhaltspflichtigen IIb 923; — G. durch Thiere IIb 903, 910, 913.

Getränkeverabreichung: Verjährung der Ansprüche daraus I 536.

Gewährfristen beim Viehhandel IIb 129, 130;

— Beginn IIb 133; — Verlängerung und Abkürzung IIb 134; — Vereinbarung bei vertragsmäßiger Regelung der Gewährleistung IIb 141.
Gewährleistung bei der Ausstattung IV 696; — beim Erbschaftskauf V 770; — bei der Gemeinschaft IIb 681; — bei Hingabe an Erfüllungsstatt IIa 225; — beim Kauf für Mängel der Sache IIb 64, 70; — dispositives Recht IIb 66; — Verhältniß zu den Normen über Unmöglichkeit der Erfüllung IIb 68; — Umfang der Haftung IIb 70; — Erlassung und Beschränkung IIb 112; — für Mängel im Rechte IIb 30, 64; — Erlassung und Beschränkung IIb 38; — Ausschluß der Haftung IIb 79; — G. bei theilweise mangelhafter Waare IIb 108; — Beweislast für Mängel IIb 78; — Anwendung der Vorschriften auf andere Veräußerungs- und auf Belastungsverträge IIb 40, 143; — bei der Leihe IIb 353; — bei der Miethe für Mängel der Sache IIb 217; — Erlassung oder Beschränkung IIb 225; — für Mängel im Rechte IIb 225; — bei der Nachlaßauseinandersetzung V 291; — beim Pfandverkauf III 574, 583; — bei der Schenkung für Mängel im Rechte IIb 184; — für Sachmängel der geschenkten Sache IIb 186; — bei der Schenkung einer Erbschaft V 777; — beim Vermächtniß V 436, 450; — beim Viehhandel (siehe auch „Viehgewährschaft") IIb 127; — beim Wahlvermächtniß V 424, 451; — beim Werkvertrag: für Mängel im Rechte IIb 454; — am Werke: Voraussetzungen, Umfang und Wirkung der Mängelhaftung IIb 454; — Wandelung und Minderung IIb 457; — Schadensersatz wegen Nichterfüllung IIb 461; — bei Abnahme des mangelhaften Werkes IIb 467; — Ausschluß und Beschränkung der Mängelhaftung IIb 464; — Verjährung der Ansprüche IIb 465; — Verhältniß der Gewährleistungspflicht zur Haftung wegen unerlaubter Handlungen IIb 70; — vertragsmäßige G. (Garantie) IIb 69.
Gewahrsam im Sinne der CPO. III 6.
Gewaltentlassung nach franz. und badischem Rechte VI 293.
Gewalthaber: Anzeigepflicht von der Nothwendigkeit einer Vormundschaft, Pflegschaft IV 997, 1200; — Besitz III 12; — Einwilligung zur Volljährigkeitserklärung I 39; — Pflegschaft bei Verhinderung des G. IV 1200.
Geweihe: Eigenthum an abgeworfenen III 219, 222.
Gewerbebeschränkungen für ausländische Vereine I 141.
Gewerbebetrieb der Ehefrau IV 119; — einer nach ausländischem Recht lebenden Ehefrau IV 504, VI 119, 121; — ausländischer Ehefrauen im Inlande VI 58; — G. eines Minderjährigen I 323; — Schadensersatzpflicht wegen Eingriffe IIb 860; — Sicherheitsleistung wegen eines G. nach Landesrecht VI 211; — Zubehör zum G. gehöriger Gebäude I 280.
Gewerbegerichtsbeisitzer: Haftung aus Amtspflichtverletzungen IIb 930.
Gewerbegerichtsgesetz: Verwandtschaft und Schwägerschaft in S. desselben VI 109.
Gewerbeordnung, Aenderung VI 119.
Gewerbetreibende: Leistungsort IIa 64, 67; — Erfüllungsort für Geldzahlung IIa 68.
Gewerbeverein I 136.
Gewerbliche Anlagen auf dem Nachbargrundstück III 130; — Rechte Dritter an der Entschädigung wegen Untersagung im öffentlichen Interesse VI 146; — Zubehör I 280.
Gewerbliche Arbeiter: Verjährung ihrer Ansprüche I 537, 541.
Gewerblicher Betrieb: Pachtung und Verpachtung durch den Vormund IV 1073, 1080, 1187.
Gewerbliche Niederlassung Leistungsort IIa 64, 67; — bei Geldzahlungen IIa 68.
Gewerblicher Zwang III 362.
Gewerbsmäßige Dienstleistungen: Verjährung der Ansprüche aus g. D. I 536, 540.
Gewerbsrechte VI 188.
Gewinnantheile: Vertheilung unter successiv Berechtigte I 287.
Gewinnantheilscheine: Hinterlegung zur Sicherheitsleistung I 596; — Zeit der Vertheilung bei der Gesellschaft IIb 633; — Art der Vertheilung IIb 634; — Rechte des Gläubigers eines Gesellschafters daran, Pfändung IIb 639; — Inhaberpapiere IIb 778; — Freiheit der Ausstellung IIb 785; — Ausschluß der Kraftloserklärung IIb 794; — Erstreckung des Pfandrechts am Werthpapier auf G. III 634; — selbständige Verpfändung III 631; — Vorlegungsfrist IIb 799; — Wahrung der Rechte aus abhanden gekommenen oder vernichteten G. IIb 804; — G. von Inhaberpapieren, anzuwendendes Recht VI 320, 321; — Besitz des Nießbrauchers daran III 337; — Beschaffung neuer zu den belasteten Papieren III 339; — keine Hinterlegungspflicht hinsichtlich zum eingebrachten Gut der Ehefrau gehöriger G. IV 206; — bei der Errungenschaftsgemeinschaft IV 453; — keine Hinterlegungspflicht hinsichtlich dem Kinde gehöriger IV 798; — dem Mündel gehöriger IV 1064; — Ausnahme IV 1069; — keine Hinterlegungspflicht bei der Nacherbfolge V 388.
Gewinnentgang: Entschädigung IIa 24, 34; — beim Verzug des Schuldners IIa 107.
Gewinnung den bergrechtlichen Vorschriften nicht unterliegender Mineralien VI 180.
Gewinnungskosten der Nutzungen des eingebrachten Gutes IV 189; — bei Errungenschaftsgemeinschaft IV 458.
Gewohnheiten als Auslegungsmaßstab VI 8.
Gewohnheitsrecht: Rechtsnorm VI 6; — als Rechtsquelle I 12; — Aufrechterhaltung des

Reichsgewohnheitsrechtes VI 104; — Aufhebung landesrechtlicher G. VI 160.
Gezähmte Thiere: Begriff III 223; — Herrenlosigkeit III 222.
Giroverkehr IIb 763.
Girovertrag IIa 216.
Glaubensgesellschaften, öffentliche: Vermögensfähigkeit I 251.
Glaubhaftmachung der Forderung beim Antrag auf Inventarerrichtung V 213; — G. des Interesses an der Einsicht der Erbschaftsausschlagungserklärung V 83; — des Nachlaßinventars V 234.
Gläubiger: Ungewißheit des G., Hinterlegung IIa 237; — Verzug IIa 113; — Wahlrecht bei der Alternativobligation IIa 54; — Unmöglichkeit einer Leistung IIa 57; — Mehrheit von G. IIa 317, 326, 329; — der Ehefrau: Recht an deren Vermögen IV 240; — Befriedigung aus dem Gesammtgut IV 328, 330; — des Ehemannes: kein Zugriff auf eingebrachtes Gut der Frau IV 239; — Befriedigung aus dem Gesammtgut IV 328; — des Erben: Beschränkung bei Testamentsvollstreckung V 503, 507; — des Kindes: Stellung zum elterlichen Nutznießungsrecht am Kindervermögen IV 780.
Gliederung des Rechtsstoffes I 8.
Glückspiel IIb 687.
Gnadengehalt: Aufrechnung dagegen IIa 265.
Goldklausel: Eintragung im Grundbuch III 383.
Goldsachen: Pfandverkauf III 581; — durch den Nichtpfandgläubiger III 585; — Verzicht auf die gesetzliche Form des Verkaufs III 585.
Gottesdienstliche Gebäude: Platz darin VI 264.
Grabdenkmal: Kostentragung V 130.
Gräben: Ausbesserungspflicht bei Pacht IIb 330; — Benützung von Gr. zwischen zwei Grundstücken III 152.
Grade der Schwägerschaft IV 604; — der Verwandtschaft IV 599.
Grabstätte: Unterhaltungs- und Pflegekosten V 131.
Graviren: Verarbeitung III 207.
Gregorianischer Kalender I 517.
Grenzabmarkung III 147.
Grenzanlagen: Errichtung neuer III 155.
Grenzbäume, -Sträucher: Früchte, Antheilsrecht III 155; — Beseitigung III 155; — Unverjährbarkeit des Anspruchs hierauf III 156; — Sondervorschriften für Obstbäume VI 254; — für Waldgrundstücke VI 328.
Grenzeinrichtungen: Vermuthung gemeinschaftlicher Berechtigung der Anlieger III 152; — Benützung und Unterhaltung III 153.
Grenzmauer III 153; — Erhöhung und Verstärkung III 154.
Grenzüberbau: Bestandtheileigenschaft I 273; — Duldung, Rente für denselben III 137, 139, 142; — Ausschluß landesgesetzlicher Beschränkungen hinsichtlich der Rente VI 247.
Grenzüberschreitung beim Bauen III 137.
Grenzverlegung VI 240.
Grenzverwirrung und Grenzscheidungsklage III 149; — Unverjährbarkeit des Grenzscheidungsanspruches III 156.
Grenzzeichen: Errichtung und Erhaltung III 147; — Unverjährbarkeit des Anspruchs hierauf III 156; — Bäume als G. III 155.
Griechenland: Staatsvertrag mit G. VI 44, 77, 83, 85.
Grobe Fahrlässigkeit: Begriff IIa 91; — siehe Näheres unter „Fahrlässigkeit".
Grobe Mißhandlung: Ehescheidungsgrund IV 532.
Grobe Pflichtverletzung: des Gesellschafters IIb 615; — des Vereinsvorstandes I 147.
Größe: Zusicherung einer bestimmten G. beim Grundstückskauf IIb 103; — bei der Grundstücksmiethe IIb 218.
Großeltern: gesetzliches Erbrecht der G. und ihre Abkömmlinge V 29; — Konkurrenz des überlebenden Ehegatten V 35; — Voraus desselben V 39; — Haftung der väterlichen Gr. des unehelichen Kindes VI 70; — Ende der Unterhaltspflicht der G. väterlicherseits des unehelichen Kindes VI 370.
Großvater: Berufung zur Vormundschaft IV 999, — über Volljährige IV 1182, 1184.
Grubenwasser III 125.
Grundbesitz: Verbot des Erwerbes für Beamte III 120.
Grundbuch: Aufgaben III 42; — Gegenstand III 44; — Einrichtung III 44; — Anlegung VI 332; — Zeit der Vollendung der Anlage III 48; — Berichtigung: rechtliche Natur und Wesen des Anspruchs auf Berichtigung III 104, 263; — Voraussetzungen des Anspruchs III 105; — Anspruchsberechtigter III 106; — Verpflichteter III 107; — Durchführung des Anspruchs III 108; — Einreden III 107; — Nebenansprüche: auf Bewirkung der Eintragung des Rechts des Verpflichteten III 109; — auf Vorlage des Hypotheken-, Grundschuld- oder Rentenschuldbriefes an das Grundbuchamt III 110; — Unverjährbarkeit der Ansprüche III 111; — Kosten der B. III 111; — Berichtigungsanspruch des Eigenthümers in Ansehung der Hypothekforderung und der entgegenstehenden Einreden III 427, — bei Uebertragung der Forderung III 454; — öffentlicher Glaube III 45, 91; — Gegenstand des Schutzes III 92; — Voraussetzungen III 94; — Wirkung III 97; — Vermuthung für Bestand oder Nichtbestand eines im G. eingetragenen oder gelöschten Rechtes III 90; — für das Eigenthum des als Eigenthümer Eingetragenen bei Verfolgung des Hypothekanspruchs III 442; — Eintragungen III 45; — Eintragungszwang III 46; — Eintragungsantrag III 46; — Eintragung auf Grund eines Prozeßver-

gleichs IIb 732; — Angabe der Eigenschaft eines Grundstücks als Familienfideikommiß, Lehen VI 170; — Eintragung von Rechtsänderungen III 49; — eintragungsfähige Rechte III 50; — Wesen der Eintragung III 57; — Voraussetzungen, Inhalt III 58; — Wirkung III 58; — Bezugnahme auf die Eintragungsbewilligung bei Eintragung von Rechten III 59; — Einfluß der Eintragung auf das Rangverhältniß III 65; — Eintragung abweichender Bestimmung des Rangverhältnisses III 65, 67, — von Rangänderungen III 68; — Eintragung des Rangvorbehaltes III 72; — Eintragung von Aenderungen des Inhalts des Rechtes III 63; — Vormerkungen III 45, 76; — Bezugnahme auf die einstweilige Verfügung oder Eintragungsbewilligung bei Vormerkungen III 82, 84; — einzelne Eintragungen: Eintragung der beschränkten persönlichen Dienstbarkeiten III 347; — Eintragung der Buchhypothek III 389; — Eintragung der Eigenthumsübertragung an Grundstücken III 168; — Eintragung des Erbbaurechts III 284; — Eintragung des Fiskus als Eigenthümer III 172; — Eintragung der Gesammthypothek III 415; — Eintragung von Grunddienstbarkeiten III 287, 291, 293; — Eintragung am 1. Jan. 1900 bestehender Grunddienstbarkeiten VI 335; — Eintragung der Grundschuld III 531; — Eintragung des Höchstbetrages des Ersatzes für bei Zwangsversteigerung erlöschende Rechte III 75; — Eintragung der Hypothek III 375, 377, 381; — Eintragung der Hypothekabtretung III 449; — Eintragung der gemeinschaftlichen Rechte von Miteigenthümern III 277; — Eintragung der Reallasten III 362; — Eintragung der Sicherungshypothek III 510, — für Forderungen aus Schuldverschreibungen auf den Inhaber III 518; — Eintragung des Treuhänders III 521; — Eintragung der Rente für Ueberbau III 141; — Eintragung des Verzichts auf das Eigenthum III 172; — Eintragung des Verzichts auf die Hypothek III 478; — Eintragung eines zum Gesammtgut der allgemeinen Gütergemeinschaft gehörigen Rechts IV 300; — eines zum Gesammtgut der Errungenschaftsgemeinschaft gehörigen IV 446; — des Eintrittes und der Aufhebung der fortgesetzten Gütergemeinschaft IV 377; — der Fahrnißgemeinschaft IV 491, 493; — der Vorbehaltsgutseigenschaft bei derselben IV 500; — Eintragung der Vorbehaltsgutseigenschaft bei allgemeiner Gütergemeinschaft IV 307; — bei Errungenschaftsgemeinschaft IV 455; — Eintragung der Eigenschaft als Vorbehaltsgut oder Sondergut des überlebenden Ehegatten IV 386; — Eintragung des Verkaufs von Grundstücken und Rechten daran, Wirkung IIb 41; — Kosten IIb 51; — Eintragung des dinglichen Vorkaufsrechts III 353; — Eintragung auf Grund Scheingeschäfts III 56; — Eintragung des Erben V 60; — Eintragung des Rechts des Nacherben V 383, 385; — Eintragung der Befreiung des Vorerben von Beschränkungen seines Verfügungsrechtes V 403; — Eintragung der Anordnung der Nachlaßverwaltung V 182; — Eintragung des Testamentsvollstreckers V 470; — Nichteintragung bestehender gesetzlicher Pfandrechte, Miethrechte und Pachtrechte VI 336, 337.

Grundbuchamt III 45; — Prüfungspflicht III 47, 58; — Prüfung der Genehmigung des Vormundschaftsgerichts IV 1097; — Ausstellung des Hypothekenbriefes III 387; — Erklärungen vor dem G.: Auflassungserklärung III 157, 160; — Aufgabeerklärung hinsichtlich eines eingetragenen Rechts III 59; — Zustimmungserklärung des Drittberechtigten III 61; — Erklärung der Einigung über Rechtsänderungen an Grundstücken, Grundstücksrechten vor dem Gr. III 49, 53; — Verzicht auf das Eigenthum III 172; — Verzichterklärung auf die Hypothek III 478; — Zustimmungserklärung zur Unterstellung einer anderen Forderung unter die Hypothek III 500; — Zustimmungserklärung des Eigenthümers zur Aufhebung der Hypothek III 507; — Bestellung des Erbbaurechts III 283.

Grundbuchbeamter: Haftung IIb 931, 933.

Grundbuchbezirke III 45.

Grundbuchblatt III 44; — Verbindung mehrerer Grundstücke auf einen G. III 88; — G. für das Erbbaurecht III 284, 286.

Grundbuchordnung III 43; — Inkrafttreten VI 2.

Grundbuchrecht: Prinzipien desselben III 46; Uebergangsbestimmungen III 48.

Grundbuchsystem III 42.

Grunddienstbarkeiten: Arten III 287, 291; — Begriff III 289; — Inhalt III 290, 292; — Bedingungen und Zeitbestimmungen III 293; — Entstehung III 287, 291; — landesgesetzliche Entstehungsgründe III 292; Ersitzung III 287, 288, 292; — Eintragung im Grundbuch III 287, 291; — Wirksamkeit und Eintragung am 1. Jan. 1900 bestehender G. im Grundbuch VI 335; — Bestellung am gemeinschaftlichen Grundstück oder für dasselbe zu Gunsten oder Lasten eines einem Miteigenthümer gehörigen Grundstücks III 278; — Begründung an buchungsfreien Grundstücken III 288, 292, VI 260; — landesgesetzliche Beschränkungen hinsichtlich der Belastung mit G. VI 244, 247; — keine Ersitzung III 197; — Ausübung: Berechtigter III 289; — Bedürfniß des herrschenden Grundstücks als Maß derselben III 292; — Einfluß der Theilung des dienenden Grundstücks III 300; — des herrschenden Grundstücks III 299; — Schonung des belasteten Grund-

stücks, Instandhaltung errichteter Anlagen III 294; — vertragsmäßige Regelung der Unterhaltungspflicht III 295; — Unterhalt von baulichen Anlagen III 297; — Mitbenutzungsrecht des Eigenthümers des belasteten Grundstücks III 295; — Gegenleistung des Ausübenden III 291; — Ausschluß landesgesetzlicher Aenderung der Verpflichtung zur Unterhaltung baulicher Anlagen VI 247; — Verbindung von Sachen mit dem Grundstück in Ausübung der G. I 275; — Kollision mit anderen Rechten am Grundstück III 298; — Pacht IIb 323; — *Untrennbarkeit* vom herrschenden Grundstück III 289; — Verlegung von einem Grundstückstheil auf einen anderen III 297; — *Schutz*: Anspruch wegen Beeinträchtigung III 300; — Verjährung des Anspruchs auf Beseitigung einer Anlage III 301; — Besitzesschutz III 302; — auf den Besitzesschutz anzuwendendes Recht VI 341; — Beeinträchtigung durch Ueberbau III 143; — *Erlöschen*: Gründe III 292; — Erlöschen für einzelne Theile III 299; — kein Untergang durch Verjährung oder Nichtgebrauch III 288, 292; — Erlöschen mit Verjährung des Anspruchs auf Beseitigung einer beeinträchtigenden Anlage III 301; — Zustimmung des Realgläubigers des herrschenden Grundstücks zur Aufhebung III 62; — Höchstbetrag des Ersatzes im Falle der Zwangsversteigerung des belasteten Grundstücks III 75; — Ablösung, Umwandlung, Einschränkung VI 240, 247; — Ablösungsrenten des Staats und öffentlicher Anstalten VI 243; — *Uebergangsvorschriften* III 287, 289; — zeitliche Geltung der Vorschriften des BGB. VI 329; — Haftung für Freiheit des vermachten Grundstücks von G. V 449.

Grundeigenthum in der Umgebung von Festungen VI 149.

Grundgefälle III 362.

Grundschuld: Begriff, Bedeutung, rechtliche Natur III 528, 529; — Begründung III 528, 530, 531; — als Eigenthümergrundschuld III 532, 535; — als Inhabergrundschuld III 533; — Entstehung durch Vereinigung der Hypothek mit dem Eigenthum III 493; — Anwendung der Vorschriften über Hypothek III 530; — Eintragung III 531; — Geltendmachung, Einwendungen III 531; — *Kündigung* III 533; — Kündigung und Einziehung durch den Vorerben V 382, 384; — Befreiung von der Beschränkung V 385, 402, 403; — Untersagung und Beschränkung der Ausschließung der Kündigung VI 247; — *Zahlungsort* und Zahlungszeit III 533; — *Zinsen* und Nebenleistungen III 528, 530, 532; — Entrichtung der Zinsen bei der Eigenthümergrundschuld III 536; — Rangrücktritt III 68; — Theilung III 69; — *Uebertragung* III 531; — Pfändung III 530; — Verpfändung III 629; — Nießbrauch daran III 337; — *Umwandlung* in Hypothek und umgekehrt III 537, — in Rentenschuld und umgekehrt III 541; — Umwandlung der Hypothek in Gr. bei Vereinigung der Hypothek mit dem Eigenthum in einer Person III 493; — Löschung III 61; — Löschung der Inhabergrundschuld III 535; — Rechte des Berechtigten bei Wiederherstellung eines zerstörten Gebäudes an anderer Stelle VI 237; — Nichtübergang auf Trennstücke des Grundstücks VI 251; — auf Inhalt und Rang anzuwendendes Recht VI 329; — Umwandlung der G. bisherigen Rechts VI 348; — Vorrang der G. für Meliorationsdarlehen VI 248; — G. auf Familienfideikommiß-, Lehens- und Stammgütern VI 168; — Rechte des Berechtigten an der Entschädigungssumme für Zwangsenteignung VI 148; — Ausschluß von der Fahrnißgemeinschaft IV 494; — auf dem eingebrachten Gut der Frau lastende IV 192; — Verfügungen des Vaters über G. des Kindes IV 754; — Verfügungen des Vormunds über G. des Mündels IV 1061, 1070, 1073, 1075; — Mündelsicherheit einer G. IV 1048; — Verpfändung zur Sicherheitsleistung I 594; — Tauglichkeit hiezu I 597; — Uebernahme bei Grundstücksveräußerung IIa 308; — Verpflichtung des Verkäufers eines Grundstückes zur Beseitigung IIb 28; — G. auf dem Vermächtnißgegenstand V 430, 432; — Zeugniß des Nachlaßgerichts über Rechtsnachfolge der G. V 731.

Grundschuldbrief III 528, 531; — bei der Inhabergrundschuld III 533, 534; — Eigenthum und andere Rechte daran III 210; — Vorlage zur Grundbuchberichtigung III 110; — Hinterlegung von G. des Mündels IV 1070; — staatliche Genehmigung zur Ausstellung auf den Inhaber IIb 786.

Grundstücke: Begriff III 41; — lastenfreie Abtrennung von Theilflächen III 89, VI 251; — buchungsfreie G. III 169; — Aneignungsrecht des Fiskus III 172; — Beschränkung der Theilung I 268; — Belastung III 49, — des gemeinschaftlichen Grundstücks III 277; — landesgesetzliche Beschränkung der Belastung VI 244, 247; — Werthgrenze für die Belastung nach Landesrecht VI 247; — Belastung mit dem Rechte zur Gewinnung von Mineralien VI 180; — Auflassung und Belastung durch den Testamentsvollstrecker V 495; — *Besitzübertragung* III 10, 169; — Besitzverlust III 15; — Besitzaufgabe bei Annahmeverzug des Gläubigers IIa 121; — Dereliktion III 172; — *Eigenthumsübertragung*: Einigung der Betheiligten III 49; — Begriff und rechtliche Natur der Einigung III 51; — Form und Inhalt III 52; — Bindung an die Einigung III 53; — Ersatz für dieselbe III 54; — Loslösung vom Kausalgeschäft III 51, 56; — Eintragung im Grundbuch III 49, 57; —

Uebergangsbestimmungen hinsichtlich der Eintragung III 48; — Form des Vertrags über Eigenthumsübertragung IIa 134; — Zuständigkeit zur Entgegennahme der Auflassungserklärung nach Landesrecht VI 276; — Zuständigkeit zur Beurkundung der obligatorischen Veräußerungsverträge über Grundstücken nach Landesrecht VI 275; — Eigenthumsübertragung an buchungsfreien Grundstücken VI 259; — Eigenthumserwerb und -Verlust (siehe auch „Eigenthum") III 156; — nicht rechtsgeschäftlicher Eigenthumserwerb III 50; — Eigenthumserwerb und Verlust: durch den Staat oder einen Kommunalverband VI 258; — durch Ausländer VI 208; — zeitlich anzuwendendes Recht VI 338; — Erwerb durch Ausländer I 25; — Ersitzung des Eigenthums III 171; — Ersitzung bis zur Anlegung des Grundbuchs VI 338; — Nießbrauch an Gr. III 305; — Schutz des G. gegen Einsturzgefahr ꝛc. vom Nachbargrundstück III 132; — gegen Vertiefung des Nachbargrundstücks III 133; — Verjährung der Ansprüche III 156; — Ueberbau III 137; — Veräußerungsvertrag III 160; — Veräußerungsbeschränkungen III 159, 160; — Vereinigung mehrerer G. zu einem einzigen I 255, III 88; — Verbindung beweglicher Sachen mit einem G. III 204; — Verbot von Imissionen vom Nachbargrundstück III 125; — Verzug des Gläubigers in der Annahme eines Gr. IIa 121; — Wiederbemächtigung nach eigenmächtiger Entziehung III 21; — Zertheilung III 90; — landgesetzliche Beschränkung der Veräußerung, der Theilung, der getrennten Veräußerung bisher wirthschaftlich vereinigter Gr., der Vereinigung und Zuschreibung von Gr. VI 249; — Unschädlichkeitszeugniß VI 251; — Theilung eines mit einer Reallast belasteten Gr. VI 254; — Zwangsenteignung von Gr.: Entschädigung VI 147; — freies Verfügungsrecht über die Entschädigungssumme VI 251; — Haftung des Unternehmers von Anlagen oder Betrieben auf den öffentlichen Gebrauch dienenden Grundstücken VI 232; — Schadensersatzpflicht bei Zuwiderhandeln gegen ein zum Schutze von Grundstücken erlassenes Strafgesetz VI 233; — Kauf von Gr.: Auskunftspflicht des Verkäufers IIb 39; — keine Haftung für Freiheit von öffentlichen Lasten IIb 23; — Haftung für die zugesicherte Größe IIb 103; — Gefahrübergang IIb 41; — Kosten der Auflassung und Eintragung IIb 51; — Löschung eingetragener, nicht bestehender Rechte IIb 22; — Verjährung des Minderungs- und Wandelungsanspruches IIb 113; — Miethe von Gr.: Form des Vertrags IIb 290; — Zeit der Miethzinsentrichtung IIb 249; — Kündigungsfristen IIb 286; — Pfandrecht des Vermiethers IIb 264; — Veräußerung vermietheter Gr. IIb 299; — Zusicherung einer bestimmten Größe IIb 218; — Pacht: Aenderungen in der wirthschaftlichen Bestimmung durch den Pächter IIb 331; — Ausbesserungspflicht IIb 330; — Fälligkeit des Pachtzinses IIb 332; — Pfandrecht des Verpächters IIb 332; — Rückgabe IIb 340; — Auseinandersetzung bei Beendigung der Pacht während des Pachtjahres IIb 341; — Behandlung des Inventars IIb 334, 336, 337, 338; — gesetzliches Pfandrecht des Pächters für Forderungen hinsichtlich des Inventars IIb 340; — Theilung gemeinschaftlicher IIb 675, 677; — obligatorisches Vorkaufsrecht, Stundung des Kaufpreises IIb 164; — Werkvertrag über Gr. Verjährung der Ansprüche wegen Mängel IIb 465; — Frist für die Ausübung des Wiederkaufsrechts IIb 158; — Gr. der Frau, eingebrachte, Rechte des Mannes IV 177; — bei Errungenschaftsgemeinschaft IV 452; — — Einfluß der Beendigung der Nutznießung und Verwaltung auf bestehende Mieth- und Pachtverhältnisse IV 266; — der Beendigung der Errungenschaftsgemeinschaft IV 484; — Zum Gesammtgut gehörige Gr., Verfügungsrecht bei allgemeiner Gütergemeinschaft IV 314; — Ersetzung der Zustimmung der Frau IV 319, 320; — Widerruf des Vertrags IV 321; — Gemeinschaftsaufhebungsklage der Frau wegen Verfügungen ohne ihre Zustimmung IV 347; — Verfügungsrecht bei Errungenschaftsgemeinschaft IV 443, 445; — bei fortgesetzter Gütergemeinschaft IV 386, 387; — Gemeinschaftsaufhebungsklage der Abkömmlinge IV 402; — Gr. des Kindes: Verfügungsbeschränkung des Vaters IV 753, 754; — Einfluß der Beendigung der väterlichen Nutznießung auf bestehende Mieth- und Pachtverhältnisse IV 785; — des Mündels: Beschränkung des Verfügungsrechts des Vormunds IV 1072, 1074; — Erwerb für den Mündel IV 1073, 1077; — Verfügungsrecht des Vorerben über zur Erbschaft gehörige Gr. V 382, 384; — Befreiung von der Beschränkung V 385, 402, 403; — Vermiethung und Verpachtung durch den Vorerben V 398, 401; — Vermächtniß von Gr.: Auslegungsregeln bezüglich Uebergang der Belastung, Befreiung von derselben V 430, 431; — Haftung für Freiheit von Belastungen V 449; — Zeugniß des Nachlaßgerichts über Rechtsnachfolge in Gr. V 731.

Grundstücksbesitzer: Haftung aus Einsturz von Gebäuden, Ablösung von Theilen ꝛc. IIb 918; — Verhältniß mehrerer Verantwortlicher IIb 934.

Grundstückschätzer: Haftung VI 193.

Grundwasser III 125.

Gültigkeit der Rechtsgeschäfte I 297.

Gütereinheit des bisherigen Rechts IV 143.

Gütergemeinden VI 307.

Gütergemeinschaft: allgemeine IV 295; — fortgesetzte IV 374; — (siehe Näheres „allgem., fortgesetzte" G.); — auf die Auseinandersetzung anzuwendendes Recht VI 54.

Guter Glaube bei Ersitzung des Eigenthums an beweglichen Sachen III 198; — der Freiheit von Rechten Dritter III 202; — beim Erwerb von Bestandtheilen ꝛc. des Hypothekenobjekts III 401; — beim Eigenthumserwerb vom Nichteigenthümer III 184; — beim Erwerb durch constitutum possessorium oder Abtretung des Herausgabeanspruches III 188; — beim Erwerb von Erzeugnissen und sonstigen Bestandtheilen III 214, 217; — beim Erwerb des Nießbrauchs III 307; — beim Erwerb des Pfandrechts III 553; — beim Erwerb der Pfandsache durch den Käufer III 584; — beim Erwerb des Pfandrechts an Rechten III 613; — beim Erwerb eines verpfändeten Schiffes III 603; — beim Erwerb von Grundstückszubehör III 170; — Herausgabeanspruch des früheren gutgläubigen Besitzers III 270; — Einfluß auf die Haftung gegenüber dem Eigenthumsanspruch III 250, 251; — g. Gl. des Dritten: bei Vornahme eines Rechtsgeschäftes nach Beendigung der elterlichen Gewalt IV 822; — nach Beendigung der eheherrlichen Nutznießung und Verwaltung IV 267; — gegenüber Eheverträgen IV 289; — bei Nichtigkeit der Ehe IV 97, 98; — g. Gl. des Ehegatten bei Eingehung einer nichtigen Ehe IV 99, 100; — rechtliche Stellung der Kinder IV 851; — Rechtsverhältniß der Eltern zu den Kindern IV 853; — Einfluß auf Verfügungen des Erben nach Anordnung der Nachlaßverwaltung V 184; — g. G. des Dritten beim Erwerb von einem durch einen Testamentsvollstrecker in der Verfügungsmacht beschränkter Erben V 503; — beim Erwerb von einem Vorerben V 382, 385; — im Falle der Entziehung der Verwaltungsbefugniß des Vorerben V 396; — g. G. des Erbschaftsbesitzers V 260, 262; — beim Erwerb von dem im Erbschein als Erben Bezeichneten und bei der Leistung an denselben V 751, 754; — beim Erwerb von dem oder den Erben des irrthümlich für todt Erklärten V 762.

Güterrecht, eheliches: Begriff IV 142; — bisheriges Recht IV 142; — räumliche Geltung IV 145; — zeitliche Geltung IV 145; — Standesrechte IV 146; — siehe auch gesetzliches, vertragsmäßiges G."

Güterrechtsregister IV 502; — Zuständigkeit IV 506; — Eintragung am Ort der Handelsniederlassung IV 504; — Eintragungsantrag IV 508; — Antragsberechtigung IV 509, 510; — Verfahrensvorschriften IV 503; — landesrechtliche Vorschriften IV 505; — Bekanntmachung der Eintragungen IV 512; — Einsicht und Ertheilung von Abschriften IV 513; — Wiederholung der Eintragung bei Wohnsitzverlegung IV 507; — Antrag hierauf IV 510; — Löschung von Eintragungen IV 509; — rechtliche Bedeutung der Eintragungen IV 503; — Zeugniß über Eintragungen IV 504; — Einzelne Eintragungen: E. des Ausschlusses der ehemännlichen Nutznießung und Verwaltung IV 289, VI 56; — des Ausschlusses oder der Beschränkung der Schlüsselgewalt IV 124, 127; — der Ausschließung der fortgesetzten Gütergemeinschaft und Wiederaufhebung derselben IV 425; — Eintragung der Beendigung der Errungenschaftsgemeinschaft IV 479, 480; — des Einspruches des Mannes gegen den Betrieb eines Erwerbsgeschäftes durch die Frau und des Widerrufs der Einwilligung hiezu IV 227, VI 56, 57; — des Einspruchs des Mannes gegen den Gewerbebetrieb einer nach ausländischem Recht lebenden Ehefrau, Widerruf der Einwilligung IV 504; — beim Wohnsitz der Frau im Ausland VI 119, 121; — Eintragung der Gütertrennung IV 278; — nach allgemeiner Gütergemeinschaft IV 350; — der Wiederherstellung der Errungenschaftsgemeinschaft IV 486; — von Vorbehaltsgut der Frau IV 165; — der Vorbehaltsgutseigenschaft bei allgemeiner Gütergemeinschaft IV 307; — bei Errungenschaftsgemeinschaft IV 455.

Güterschlächterei: Beschränkung VI 250.

Güterstand: Regelung durch Verweisung auf nicht mehr geltendes oder ausländisches Recht IV 285; — zeitlich geltendes Recht VI 354.

Gütertrennung: Wesen derselben IV 271; — Gründe des Eintritts überhaupt IV 272; — Eintritt beim gesetzlichen Güterstand IV 273; — Wirkungen: Bestreitung des ehelichen Aufwandes IV 273; — Zurückbehaltungsrecht der Frau hinsichtlich ihres Beitrags IV 275; — freiwillige Leistungen der Frau IV 276; — Ueberlassung der Verwaltung des Frauenvermögens an den Mann IV 276; — Wirksamkeit gegenüber Dritten IV 278; — Beendigungsgründe IV 273; — Unterhaltspflicht der Ehegatten gegenüber Verwandten bei G. IV 657; — Eintritt nach allgemeiner Gütergemeinschaft IV 352; — nach Errungenschaftsgemeinschaft IV 479; — Eintritt nach Wiederherstellung der ehelichen Gemeinschaft IV 593; — Vertragsmäßige G. IV 294; — Anwendung der Vorschriften auf das Vorbehaltsgut bei allgemeiner Gütergemeinschaft IV 306; — Zeugniß über den Beistand IV 504.

Gütertrennungsklage: beim gesetzlichen Güterstand IV 257; — bei allgemeiner Gütergemeinschaft IV 347, 350; — Auseinandersetzung IV 368; — G. bei Errungenschaftsgemeinschaft IV 476; — Herausgabe des eingebrachten Gutes nach G. IV 266.

Gütervermesser: Verjährung ihrer Ansprüche I 541.
Gute Sitten: Verletzung durch Rechtsgeschäfte I 401, IIa 5; — Verletzung durch Verträge IIa 125, 131; — durch Verträge wider die Vereinsfreiheit I 130; — Rückforderung einer Leistung wegen Verstoß der Annahme gegen die g. S. IIb 839; — Umfang des Herausgabeanspruchs IIb 844; — Schadensersatzpflicht wegen Verstoß gegen die g. S. IIb 877; — auf die Beurtheilung des Verstoßes dagegen anzuwendendes Recht VI 310; — Verstoß einer Vermächtnißanordnung dagegen V 438; — Verstoß der Anwendung ausländischer Gesetze gegen die g. S. VI 96.
Gutsbezirksvorsteher: Errichtung des Testaments vor demselben V 552; — eines gemeinschaftlichen Testaments V 572; — zeitliche Beschränkung der Wirksamkeit des Testaments V 556.
Gutscheine IIb 810; — Kraftloserklärung und Zahlungssperre nach Landesrecht VI 227.
Gutscheinsystem IIb 694.
Gutsherrlichbäuerliche Verhältnisse: landesgesetzliche Regelung VI 240, 247; — Ablösungsrenten und Reallasten des Staats und öffentlicher Anstalten VI 243.
Gutsübernahme mit Verpflichtung zur Abfindung eines Dritten IIa 167.
Gutszertrümmerung: Beschränkung VI 250.

H.

Haager Konvention VI 24, 77.
Häfen: Verkehrsfähigkeit I 261.
Haftgeld IIa 174.
Haftpflicht des Unternehmers von Eisenbahn- und anderen Betrieben nach Landesrecht VI 231; — des Unternehmers von Anlagen und Betrieben auf öffentlichen Grundstücken VI 232; — Verhältniß zu mitverantwortlichen Personen IIb 935; — Verhältniß der H. zur Haftung des Theilhabers IIb 913.
Haftpflichtansprüche: Verjährung I 546.
Haftpflichtgesetz: Aenderung durch das E.G. VI 131.
Haftung: Begriff IIa 2; — für fremdes Verschulden IIa 85; — für Verschulden Dritter bei Erfüllung von Verbindlichkeiten IIa 93; — bei unerlaubten Handlungen IIb 891, 898; — Verhältniß der beiden Vorschriften IIb 896; — Einzelfälle: Haftung aus dem Auftragsverhältniß IIb 524; — bei Uebertragung des Auftrags auf einen Dritten IIb 528; — von Beamten IIb 924; — für ihre Stellvertreter und Gehülfen IIb 934, VI 193; — des Beistandes der Mutter IV 843; — des unredlichen Besitzers III 251; — der Ehegatten in ehelichen Angelegenheiten IV 131; — des Erben für Nachlaßverbindlichkeiten (siehe auch „Nachlaßverbindlichkeiten") V 112, 115, 118; — hinsichtlich des Nachlasses eines im Auslande verstorbenen Deutschen VI 79; — der Familienrathsmitglieder IV 1152; — des Finders III 230; — von Gastwirthen für eingebrachte Sachen IIb 585; — des Geschäftsführers IIb 549, 556; — des Gesellschafters IIb 610; — von Grundstücksschätzern VI 193; — juristischer Personen des öffentlichen Rechts I 250; — des Nachlaßverwalters V 187, 189; — des Pflegers IV 1221; — des Schenkers IIb 183; — des Staats, der Gemeinden und anderer Kommunalverbände für Schadenszufügung durch Beamte VI 189; — des Staats aus Pflichtverletzungen des Vormundschaftsrichters IV 1130; — des Stifters I 239; — der Stiftung für Handlungen der Vorstände und Vertreter I 243, 244; — des Testamentsvollstreckers V 513; — des Unternehmers von Eisenbahn- und ähnlichen Betrieben nach Landesrecht VI 231; — bei der Verpflichtung zur Rückgabe durch eine unerlaubte Handlung entzogener Sachen IIb 954; — des Vereins für außerkontraktlich verursachten Schaden aus Handlungen des Vorstands und anderer Vertreter I 155; — der Vereinsliquidatoren I 188; — des Verleihers IIb 352; — für Mängel im Rechte und an der Sache IIb 353; — der Vorerben aus der Nachlaßverwaltung V 398, 401; — des Vormunds und Gegenvormunds IV 1103; — des als Vormund Berufenen wegen unbegründeter Ablehnung IV 1020; — des Vormundschaftsrichters gegenüber dem unter elterlicher Gewalt stehenden Kind IV 809; — gegenüber dem Mündel IV 1129; — als Vorsitzender des Familienrathes IV 1153; — bei Pflegschaften IV 1221; — des Vertreters ohne Vertretungsmacht I 499; — H. des Verkäufers einer Forderung eines Rechtes, eines Werthpapieres IIb 24, 27; — des Verwahrers IIb 567, 572, 573; — des Wiederverkäufers IIb 154; — siehe auch „beschränkte H.".
Halbengebrauchswaldungen VI 307.
Halber Monat, halbes Jahr: Fristberechnung I 518, 519.
Hammerschlagsrecht III 145.
Handakten des Rechtsanwalts: Einsicht und Vorlegung IIb 820.
Handarbeiter: Verjährung ihrer Ansprüche I 537.
Handelsagent: Begriff IIb 495.
Handelsbücher: Vorlegung und Einsicht IIb 820.
Handelsfrau IV 119.
Handelsgehülfe: Besitzdiener III 13; — Vertragsstrafen IIa 181, 186.
Handelsgeschäfte: Erfüllungsort IIa 65; — Pacht IIb 322; — Viehkauf IIb 128, 129; — Nießbrauch daran III 340; — Betrieb durch den Vormund für den Mündel IV 1086; — Haftung des Erben für Geschäftsverbindlichkeiten V 128; — Vermächtniß eines H. V 441.

Handelsgesellschaften: Rechtsfähigkeit ausländischer VI 41.
Handelsgesetzbuch: Inkrafttreten VI 4.
Handelskauf IIb 3; — Fixgeschäft IIa 206.
Handelsmäkler: Begriff IIb 495; — Verkauf von Sachen zum Börsen- oder Marktpreis beim Annahmeverzug des Gläubigers IIa 250; — Verkauf der verpfändeten Sache III 565, 577.
Handelsname I 75; — Schutz I 86.
Handelsniederlassung I 59.
Handelspapiere IIb 776.
Handelsrichter: Haftung aus Amtspflichtverletzungen IIb 930.
Handgeld IIa 174.
Handkauf IIb 5, 13, 14.
Handlohn VI 246.
Handlung, der Gattung nach bestimmte, als Gegenstand der Leistung IIa 14.
Handlungen, unerlaubte IIb 847; — siehe Näheres unter „unerlaubte H."
Handlungsagenten: rechtliche Stellung I 466.
Handlungsfähigkeit: Begriff I 306; — Einfluß des Alters I 33; — H. der juristischen Personen I 117.
Handlungsgehülfen: Verjährung ihrer Ansprüche I 541.
Handlungsvollmacht: Ertheilung durch den Vormund IV 1082.
Hand muß Hand wahren III 175, 184, 190; — Ausschluß des Grundsatzes beim gesetzlichen Pfandrecht III 598; — beim Pfändungspfandrecht III 599.
Handschlag an Eidesstatt des Familienrathsmitglieds IV 1151, — des Vormunds IV 1022, — des Gegenvormunds IV 1025, — des Pflegers IV 1220.
Handwerker: Verjährung ihrer Forderungen I 536, 540.
Handzeichen: beglaubigtes H. bei Schriftform I 373, 376; — bei öffentlicher Beglaubigung I 380; — Unzulässigkeit des H. beim eigenhändigen Testament V 531, 544.
Hannover'sches Königshaus: Autonomie VI 163; — Familienrecht IV 3; — Scheidungsrecht IV 521; — erbrechtliche Verhältnisse V 2.
Hartschlägigkeit: Gewährfrist IIb 130.
Hartschnaufigkeit der Pferde, Esel, Maulesel und Maulthiere, Gewährfrist IIb 130.
Haubergsgenossenschaften VI 307.
Hauptmängel bei Viehgewährschaft IIb 129, 130.
Hauptsache und Nebensache: Begriff I 268.
Hausfriedensbruch des Vermiethers IIb 217.
Hausgenossen des Erblassers: Auskunftpflicht über den Nachlaß V 265; — Offenbarungseid V 266; — Rechte auf Unterhalt und Wohnung nach dessen Tode V 131.
Hausgesinde: Besitzdiener III 13.
Haushalt: Aufwendungen der Ehefrau zum H. IV 276; — Aufwendungen des volljährigen Kindes IV 684; — getrennter H. der Eheleute IV 137.
Haushaltungsgegenstände: Ersetzung eingebrachter IV 184; — Herausgabe an die Frau bei Aufgabe des gemeinsamen Hausstandes IV 137; — Bestandtheil des Voraus des überlebenden Ehegatten V 39; — H. des Erblassers: Fortbenützung durch dessen Hausgenossen V 131; — H. des Kindes: Aufführung im Inventar IV 744.
Hauslehrer: Verjährung ihrer Ansprüche I 541.
Häuslerrecht III 281, 284, VI 171; — Beschränkung des Verfügungsrechts des Vormunds IV 1075.
Häusliche Dienstleistungen der ehelichen Kinder IV 681; — anzuwendendes Recht VI 362.
Häusliche Gemeinschaft: von Dienstverpflichteten, Unterbringung, Verpflegung, Erholungszeit IIb 415; — Pflichten der Dienstherren bei Erkrankung IIb 410, 412; — Pflicht der Eheleute zur h. G. IV 114; — Rechte und Pflichten bei Aufhebung derselben IV 137; — Ehescheidung wegen Verweigerung der Wiederherstellung IV 529; — Ausschluß der Kündigung von persönlichen Dienstverhältnissen der Frau durch den Ehemann während der Aufhebung der h. G. IV 128; — Hemmung des Fristenlaufes für die Scheidungsklage durch Aufhebung IV 544; — Rechte der mit dem Erblasser in h. G. gestandenen Personen auf Unterhalt und Wohnung V 131; — Auskunftpflicht über den Nachlaß V 265; — Offenbarungseid V 266.
Häuslicher Wirkungskreis der Ehefrau IV 122, 123, 124.
Hausordnungen: IIb 254; — Auslegungsquellen IIb 213; — Zulässigkeit IIb 217.
Hausschlüssel I 272.
Hausschneiderin: rechtliche Natur des Vertrages IIb 446.
Hausstand: elterlicher: Dienstleistungen des dem H. angehörigen Kindes IV 681; — Aufwendungen des volljährigen Kindes IV 684; — Ueberlassung des Vermögens an die Eltern seitens des dem H. angehörigen volljährigen Kindes IV 685.
Hausthiere: Schadensstiftung durch H. IIb 905; — Verlust III 224.
Hausverfassungen der landesherrlichen Familien VI 163; — der standesherrlichen Familien und des Adels VI 164.
Hauswesen: Dienstleistungen des Kindes im H. IV 681; — Leitung durch die Ehefrau IV 122.
Hawai: Staatsvertrag mit H. VI 44, 49.
Hebammen: Verjährung ihrer Ansprüche I 537, 541.
Hecke zwischen zwei Grundstücken: Benützung III 152; — Ueberragen von Wurzeln und Zweigen III 135.
Heer: letztwillige Verfügungen von Angehörigen des H. V 522, VI 138.
Heerde: Viehgewährschaft IIb 137.
Hehler: civilrechtliche Haftung IIb 891.

Heilanstalten: Verjährung ihrer Ansprüche I 537.
Heilung des Formmangels von Rechtsgeschäften I 373; — des Formmangels der Bürgschaftserklärung II 707; — beim obligatorischen Immobiliarvertrag IIa 134, III 160; — H. des Formmangels des Schenkungsversprechens IIb 178, 180; — der Nichtigkeit und Anfechtbarkeit der Ehe IV 68; — — der Nichtigkeit der Ehe wegen Formmangel IV 70; — durch Bestätigung bei Nichtigkeit wegen geistiger Mängel der Eheschließenden IV 71; — durch nachträgliche Befreiung vom Ehehinderniß des Ehebruchs IV 75.
Heilungskosten: Ersatz nach dem Haftpflichtgesetz VI 131; — Ersatz bei unerlaubten Handlungen, Vorschuß IIb 941, 944.
Heimath des an Kindesstatt Angenommenen IV 942; — von Kindern aus nichtiger, anfechtbarer Ehe IV 851; — des legitimirten Kindes IV 911; — des unehelichen Kindes IV 863; — Einfluß der Nichtigkeit der Ehe auf die Heimath der Frau IV 69.
Heimathlose: auf ihre Rechtsverhältnisse anzuwendendes Recht VI 28, 93.
Heimfallsrecht VI 80.
Heirath von Dienstboten IIb 389; — H. macht mündig IV 812, VI 66.
Heirathsregister: Eintragung der Eheschließung IV 55, 56; — Einfluß der Eintragung der Ehe auf die Nichtigkeit derselben wegen Formmangel IV 69; — Wirkung der Eintragung der im Auslande geschlossenen, wegen Formmangels nichtigen Ehe VI 127; — Wirksamkeit der Nichtigkeit der nicht eingetragenen Ehe gegenüber Dritten IV 98; — unter den Ehegatten IV 99; — Wirkung für die rechtliche Stellung der Kinder IV 851; — Form der Geltendmachung der Nichtigkeit der eingetragenen Ehe IV 76; — Randvermerk über Nichtigkeit, Nichtbestehen, Auflösung der Ehe IV 21, 68; — Eintrag der Wiederherstellung der ehelichen Gemeinschaft IV 598; — Eintragungen bei Wiederverheirathung nach Todeserklärung des anderen Ehegatten IV 106; — Vermerk der Nichtigkeitserklärung, Feststellung des Bestehens oder Nichtbestehens der ehelichen Gemeinschaft, Auflösung der Ehe, Aufhebung der ehelichen Gemeinschaft VI 140.
Heirathsvermittelung: Klaglosigkeit des Lohnversprechens IIb 508.
Helgoland: Einführung des Personenstandsgesetzes IV 23.
Hemmung der Frist für Anfechtung der Ehelichkeit IV 625; — für Anfechtung der Anerkennung der Ehelichkeit IV 636; — der Frist für Erbschaftsausschlagung V 69; — der Verjährung I 549; — (siehe auch „Verjährung"); — Einfluß der H. der Verjährung des Eigenthumsanspruches auf die Ersitzung III 199; — Wirkung beim aktiven IIa 345; — beim passiven Gesammtschuldverhältniß IIa 337; — H. d. V. des Minderungs-, Wandelungs- oder Schadensersatzanspruchs beim Kauf IIb 113, 117; — beim Werkvertrag IIb 466; — H. der Vorlegungsfrist für Schuldverschreibungen IIb 800.
Herabsetzung des Kaufpreises; Voraussetzungen IIb 83; — Vollzug IIb 93; — Umfang IIb 108; — H. des Mäklerlohnes IIb 507; — der Vergütung beim Werkvertrag IIb 457; — der Vertragsstrafe IIa 183.
Herausgabe: des eingebrachten Gutes der Frau nach Beendigung der Verwaltung IV 264; — im Falle der Gütertrennungsklage IV 266; — bei Beendigung der Errungenschaftsgemeinschaft IV 483; — der Erbschaft: seitens des Erbschaftsbesitzers V 247, 253; — seitens des Vorerben, Herausgabe eines Landgutes, landwirtschaftlicher Grundstücke V 398; — Beschränkung der Herausgabepflicht bei der Nacherbfolge auf den Ueberrest, bei freiem Verfügungsrecht des Vorerben V 403; — Vermuthung der Nacherbfolge bei Anordnung der H. an einen Dritten V 371; — H. durch den Erbschaftskäufer V 767; — H. des Erbscheins V 748, 762; — des Ersatzes für den geschuldeten Gegenstand bei Unmöglichkeit der Leistung IIa 99; — beim gegenseitigen Vertrag IIa 152; — von Früchten: Ersatz der Kosten des Fruchtbezugs I 288; — durch den Erbschaftsbesitzer V 255, 260; — einer gemeinschaftlichen Sache III 280; — H. eines Grundstücks: Wirkung des Annahmeverzugs IIa 121; — H. von Haushaltungsgegenständen an die Frau bei Aufgabe der häuslichen Gemeinschaft IV 137; — des Hypotheken-, Grundschuld-, Rentenschuldbriefes zur Berichtigung des Grundbuches III 110; — H. eines Inbegriffes von Sachen IIa 49; — H. des Kindes: Anspruch des fürsorgeberechtigten Elterntheils IV 723; — H. des Kindervermögens durch den Gewalthaber IV 820; — von Nutzungen des Kindervermögens an den nicht verwaltungsberechtigten Vater IV 776; — eines landwirthschaftlichen Grundstücks III 258; — H. des Mündels: Anspruch des Vormunds IV 1039; — H. des Mündelvermögens durch den Vormund nach beendigter Vormundschaft IV 1170; — H. des Nachlasses: an die Gläubiger zur Befriedigung im Falle von Mangel an Masse zur Durchführung einer Nachlaßverwaltung, eines Nachlaßkonkurses V 198; — Abwendung der H. durch Zahlung V 199; — H. des Nachlaßüberschusses an im Aufgebotsverfahren nicht angemeldete Gläubiger V 140, 142; — eines Nachlaßüberschusses nach Beendigung des Nachlaßkonkurses V 193; — H. von Nutzungen: bei Gläubigerverzug IIa 121; — beim Rücktritt vom Vertrag IIa 193; — von Nutzungen nach Rechts-

hängigkeit des Anspruchs auf Herausgabe einer Sache IIa 113; — von Nutzungen durch den Besitzer III 249, 250; — durch den unredlichen Besitzer III 251; — bei mittelbarem Besitz III 253; — H. vor Rechtshängigkeit gezogener III 254; — durch den Erbschaftsbesitzer V 255, 260; — des Pfandes: an den Pfandgläubiger zum Verkauf III 572; — an den neuen Pfandgläubiger nach Forderungsübertragung III 591; — Herausgabeanspruch des Pfandgläubigers gegen Dritte III 568; — H. von Sachen: Wegnahme von Einrichtungen IIa 47; — Verweigerung wegen Verwendungen oder Schadensersatzansprüchen IIa 71; — Untheilbarkeit der Leistung IIa 327; — H. der Schenkung: im Falle der Ablehnung IIb 173; — wegen Nichtvollziehung der Auflage IIb 190; — wegen Unterhaltsgefährdung IIb 192, 194; — im Falle des Widerrufs IIb 196; — der Schenkungen unter Verlobten IV 19; — von Schenkungen an den Pflichttheilsberechtigten V 693; — H. durch unerlaubte Handlungen entzogener Sachen: Umfang der Haftung des Herausgabepflichtigen IIb 954; — Verzinsung des Werthersatzes und der Werthminderung IIb 955; — Ersatzanspruch wegen Verwendungen IIb 955; — H. der ungerechtfertigten Bereicherung IIb 826; — des durch Verfügung eines Nichtberechtigten Erlangten, der Leistung an einen Nichtberechtigten IIb 836; — wegen Verstoß der Annahme der Leistung gegen ein gesetzliches Verbot und die guten Sitten IIb 839; — Umfang des Herausgabeanspruchs IIb 842, 844; — im Falle bösen Glaubens des Empfängers IIb 844; — bei Nichteintritt des Erfolgs oder Wegfall des Rechtsgrundes IIb 845; — Pflicht eines Dritten zur Herausgabe IIb 846; — H. der Bereicherung des Gesammtguts IV 325; — H. des Vermögens eines zu Unrecht für todt Erklärten oder für todt Gehaltenen V 268; — Unmöglichkeit der H.: Eintritt während des Verzugs IIa 110; — Eintritt nach Rechtshängigkeit des Anspruchs IIa 112; — Verbindung der Klage auf H. mit der Klage auf Rechnungslegung, Leistung des Offenbarungseides IIa 49.

Herausgabeanspruch des Eigenthümers III 244 (siehe auch „Eigenthumsanspruch"); — Abtretung zum Zwecke der Eigenthumsübertragung III 182, — durch den Nichteigenthümer III 188; — Einfluß auf Rechte Dritter an der veräußerten Sache III 195; — des früheren gutgläubigen Besitzers III 270; — gegen den Besitzer eines unrichtigen Erbscheines V 748, — des Nacherben V 749; — des Testamentvollstreckers V 750.

Herausgabepflicht des Beauftragten IIb 532; — des Verpflichteten aus dem auf eine Geschäftsbesorgung gerichteten Dienst- oder Werkvertrag IIb 545; — des Geschäftsführers ohne Auftrag IIb 557; — des geschäftsführenden Gesellschafters IIb 618.

Herausgeben bei Zahllung einer Geldschuld IIa 16.

Herbergsrecht I 273, III 279, VI 262, 327.

Herbst als Zeitbestimmung I 521.

Hereditas jacens V 6, 13, 59.

Herkommen VI 9.

Herrenlose Grundstücke: Aneignungsrecht des Fiskus III 172; — Aneignungsrecht des Fiskus: anzuwendendes Recht VI 341; — Aneignungsrecht bestimmter anderer Personen VI 260.

Herrenlose Sachen III 219; — Eintritt der Herrenlosigkeit bei beweglichen Sachen III 221; — bei Bienenschwärmen III 224; — Herrenlosigkeit von Thieren III 222; — Eigenthumserwerb an h. S. III 219.

Herstellung der ehelichen Lebensgemeinschaft: Ausschluß des Anspruchs IV 115; — Klage hierauf IV 112, 120; — Unterhalt während der Verweigerung der H. IV 137; — Ehescheidung wegen Verweigerung IV 529; — des früheren Zustands durch den Schadensersatzpflichtigen IIa 22, 29.

Hessen: Staatsschuldbuch IV 208; — Nachlaßsicherung V 97, 98; — Zuständigkeit zur Aufnahme des Nachlaßinventars V 223; — zur Errichtung und Eröffnung letztwilliger Verfügungen V 523.

Heuergeschäft IIb 695.

Hingabe an Erfüllungsstatt IIa 222; — zur Ablösung des Gläubigers eines Dritten IIa 63; — ohne Rechtsgrund IIb 826; — anzuwendendes Recht VI 315.

Hinterbliebene von Beamten, vermögensrechtliche Ansprüche VI 194; — des Getödteten, Rentenansprüche, Kapitalsabfindung IIb 941.

Hinterlegung: zur Erfüllung einer Verbindlichkeit IIa 235; — Allgemeines: Voraussetzungen IIa 237; — Gegenstand IIa 237; — nach Landesrecht VI 280; — Berechtigung zur H. IIa 238; — Ort der H. IIa 239; — Zeit der H. bei Uebersendung durch die Post an die Hinterlegungsstelle IIa 239; — Pflichten des Schuldners: Anzeige von der H. IIa 239; — Abgabe einer die Empfangsberechtigung des Gläubigers anerkennenden Erklärung IIa 245; — Schadensersatzpflicht wegen unterlassener Hinterlegungsanzeige, wegen Hinterlegung am unrichtigen Ort IIa 239; — Kosten IIa 246; — Wirkung: obligatorische und sachenrechtliche IIa 236; — Wirkung der rechtmäßigen H. IIa 243; — der unrechtmäßigen H. IIa 244; — Beschränkung der Empfangsberechtigung des Gläubigers im Falle eines Rechts auf Gegenleistung IIa 238; — Wirkung beim aktiven Gesammtschuldverhältniß IIa 238, 344; — Wirkung beim passiven Gesammt-

schuldverhältniß IIa 238, 332; — Rücknahme der Sache IIa 240; — während des Konkurses des Schuldners IIa 241; — nach Verjährung des Erhebungsrechts des Gläubigers IIa 246; — Wirkung der Rücknahme IIa 244; — Ausschluß der Rücknahme IIa 240; — Wirkung des Ausschlusses IIa 243; — Unpfändbarkeit des Rechts auf Rücknahme IIa 241; — Verlust des Erhebungsrechtes durch Zeitablauf IIa 246; — Besondere Fälle der H.: Zur Ablösung des Gläubigers eines Dritten IIa 62; — zur Befriedigung des Gläubigers eines Dritten IIa 61; — bei der Auslobung bei Streit über die Vertheilung der Belohnung IIb 518; — H. des Erlöses zur Hinterlegung nicht geeigneter Sachen IIa 248; — des Erlöses aus dem Verkauf eines mit Gewährmängeln behafteten Thieres IIb 139; — für Gläubiger des aufgelösten Vereins I 188; — zur Befriedigung des Hypothekgläubigers III 432; — bei Ausübung des Ablösungsrechts gegenüber dem Hypothekgläubiger III 445; — für den unbekannten Hypothekgläubiger III 483; — H. von Hypothek-, Grundschuld- oder Rentenschuldzahlungen im Falle der Nacherbfolge V 382, 384; — zur Befriedigung des Pfandgläubigers bei Einlösung des Pfandes III 567; — von Kostbarkeiten des Kindes IV 798, 800, — des Mündels IV 1069; — H. von Mündelgeld IV 1056; — H. zum Nachlaß geschuldeter Sachen während der Erbengemeinschaft V 284; — zur Sicherung des Nachlasses V 93, 97; — für den Erben und den Nacherben V 382; — mit Nießbrauch belasteter Inhaber- und Orderpapiere III 337; — des Pfandes wegen verletzenden Verhaltens des Pfandgläubigers III 562; — des Pfanderlöses aus der Versteigerung wegen Gefahr des Verderbs oder der Werthminderung III 563; — des geleisteten Gegenstandes beim Pfandrecht an einem Recht III 618; — H. der Unterhaltsrente für das uneheliche Kind und die Mutter IV 897; — der untheilbaren Sache bei Mehrheit der Gläubiger IIa 348; — H. von Werthpapieren IIb 581; — zum eingebrachten Gut der Frau gehöriger Werthpapiere IV 206, — bei Errungenschaftsgemeinschaft IV 453; — von Werthpapieren des Kindes IV 798, 800; — des Mündels, Pflicht des Vormunds IV 1064; — Entbindung von der Verpflichtung durch das Vormundschaftsgericht IV 1069; — Befreiung von der Verpflichtung durch den Vater IV 1137; — durch die Mutter IV 1139; — Befreiung des Vaters und der Mutter als Vormund eines Volljährigen IV 1187; — H. auf Anordnung des Vormundschaftsgerichts IV 1069; — Genehmigung zur Verfügung über hinterlegte Werthpapiere und Kostbarkeiten IV 1070; — freiwillige H. IV 1066; — Kosten der H. IV 1067; — H. von Werthpapieren des Pfleglings IV 1220; — H. zum Nachlaß gehöriger Werthpapiere durch den Vorerben V 388; — Befreiung von der Verpflichtung hiezu V 402, 403; — H. von Geld und Werthpapieren zur Sicherheitsleistung I 594, — Wirkung der H. I 595; — Umtausch des hinterlegten Geldes oder der Werthpapiere I 596; — H. für eine Spiel- oder Wettschuld IIb 691; — anzuwendendes Recht VI 315; — sachliche und örtliche Zuständigkeit der Hinterlegungsstellen nach Landesrecht VI 277.

Hinterlegungsschein über das amtliche Testament V 549; — über das eigenhändige Testament V 551; — über Erbverträge V 591.

Hinterlegungsstellen: örtliche Zuständigkeit IIa 239; — sachliche und örtliche Zuständigkeit nach Landesrecht VI 277; — Anlegung von Kindergeld IV 751, — von Mündelgeld IV 1056, 1058, 1059; — Hinterlegung von Werthpapieren des Kindes IV 798, — des Mündels IV 1064; — Hinterlegung von Werthpapieren im Falle der Nacherbschaft V 388; — Eigenthumserwerb der H. an hinterlegten Sachen VI 278.

Hinterlegungsvertrag siehe „Verwahrung".

Hinterlegungswesen: landesgesetzliche Regelung IV 207, VI 277, 278, 280.

Hinterlistige Bestimmung zum Beischlaf: Schadensersatzpflicht IIb 874, 875; — Ersatz nichtvermögensrechtlichen Schadens IIb 952.

Historische Funde III 242.

Hochzeitsgeschenke: Miteigenthum der Ehegatten im gesetzlichen Güterstand IV 154; — Eigenthumserwerb bei Errungenschaftsgemeinschaft IV 448; — Theilung bei Aufhebung der Nutznießung und Verwaltung von eingebrachtem Gut IV 264; — Bestandtheil des Voraus des überlebenden Ehegatten V 39.

Höchstbetrag des Ersatzes für bei Zwangsversteigerung erlöschende Rechte III 75.

Höchstbetragshypothek III 523.

Höchstpersönliche Rechte: Untergang mit dem Tode der Person V 1, 10, 11.

Hofbeamte: Aufrechnung gegen Gehalts- und Pensionsansprüche IIa 267.

Hoffnungskauf IIb 5, 8.

Hohenzollern: fürstliche Familie, Autonomie VI 163; — Familienrecht IV 2; — Aufgebot vor Eheschließung IV 52; — Stellvertretung bei Eheschließung IV 53; — Scheidungsrecht IV 521; — fürstliche Familie: erbrechtliche Verhältnisse V 2.

Hoher Adel: Rechtsfähigkeit I 24; — erbrechtliche Verhältnisse V 3.

Höhere Gewalt: Begriff I 553; — Hemmung der Verjährung I 552; — bei Verletzung durch Thiere IIb 907; — Ausschluß der Haftung des Gastwirths IIb 585; — Einfluß auf die Ersitzung III 199; — Einfluß auf

die Frist für Anfechtung der Ehelichkeit IV 625; — Einfluß auf die Anfechtung der Anerkennung der Ehelichkeit IV 636; — Hemmung der Frist für die Ehescheidungsklage IV 544, 547; — Hinderung an der Einhaltung der Inventarfrist V 216.

Holographisches Testament V 521, 528, 529; — gemeinschaftliches h. T. V 572.

Holschuld: Eintritt des Gläubigerverzugs IIa 116, 120; — des Schuldnerverzugs IIa 104; — Gefahrübergang beim Gläubigerverzug IIa 120; — Rückgabepflicht des Verwahrers IIb 579; — Zahlungen aus öffentlichen Kassen VI 213.

Holzungen VI 307.

Honduras: Konsularvertrag mit H. VI 77, 85.

Honorar: des Beistandes der Mutter IV 843; — des Gegenvormunds IV 1110; — des geschäftsführenden Gesellschafters IIb 619; — des Pflegers IV 1221; — des Nachlaßpflegers V 101; — des Nachlaßverwalters V 192; — des Testamentsvollstreckers V 515; — des Vormunds IV 1110; — Verjährung des H. der Lehrer I 537.

Hülfskassen: Aufrechnung mit geschuldeten Beiträgen IIa 264.

Hülfspersonen: Haftung für Verschulden derselben IIa 93, 95.

Humus: Bestandtheil des Grundstücks I 272.

Hydrasystem IIb 694.

Hypothecirungsverbot III 422.

Hypothek III 368; — Begriff III 373; — Arten III 369; — accessorische Natur der H. III 374; — Spezialitätsprinzip hinsichtlich der Forderung III 375; — hinsichtlich des Hypothekgegenstandes III 376; — Berechtigter III 376; — Verhältniß der persönlichen und der dinglichen Haftung III 371, 375; — Bedingung, Befristung III 376; — Uebersicht der Uebergangsbestimmungen III 372; — G e g e n s t a n d der B e l a s t u n g überhaupt III 376; — Umfang der Haftung des Grundstücks III 396; — Erstreckung der hypothekarischen Haftung auf Erzeugnisse, Bestandtheile, Zubehörstücke I 279, III 395, 397; — Erstreckung auf neue Bestandtheile III 207; — Erlöschen ihrer Haftung durch Veräußerung und Entfernung vor Beschlagnahme des Grundstücks III 400; — durch Trennung innerhalb der Grenzen einer ordnungsmäßigen Wirthschaft III 403; — Erstreckung der Hypothek auf Mieth- und Pachtzinsforderungen III 405; — Erlöschen der Haftung durch Zeitablauf III 404, 405; — durch Verfügung über die Forderung III 405; — Beschränkung der Aufrechnung gegenüber dem Hypothekengläubiger III 406; — Erstreckung auf wiederkehrende Leistungen III 407; — auf Versicherungsforderungen III 408; — Umfang und Dauer der hypothekarischen Haftung der Versicherungssumme bei Gebäudeversicherung III 410; — bei Versicherung anderer Gegenstände III 412; — Ausschluß der Haftung durch den Versicherungsvertrag III 412; — Erstreckung auf als Bestandtheile zugeschriebene Grundstücke III 413; — Bruchtheil eines Grundstücks als Gegenstand III 380; — Ausschluß des Uebergangs auf Trennstücke des Grundstücks VI 251; — V e r h ä l t n i ß z u r p e r s ö n l i c h e n F o r d e r u n g überhaupt III 374; — Bestellung für künftige und bedingte Forderungen III 373, 376; — Haftung des Grundstücks für gesetzliche Zinsen III 393; — für rechtsgeschäftliche Zinsen III 383; — für Verzugszinsen im Falle des Verzuges des Eigenthümers III 437; — Erweiterung der Haftung für Zinsen, Aenderung der Zins- und Zahlungsbestimmungen III 394, 395; — Haftung für Kosten der Kündigung und Rechtsverfolgung III 394; — keine Haftung für Eintragungskosten III 395; — Haftung nach Verjährung des Anspruchs I 576; — Entstehung durch rechtsgeschäftliche Bestellung III 377; — Ausschluß der Beschränkung der Zwangsvollstreckung bei der Bestellung III 374; — Entstehung der Buchhypothek III 389; — kraft Gesetzes III 378; — Ausschluß der Ersitzung III 380; — Erwerb der Briefhypothek III 391; — Bestellung für Forderungen aus Inhaberschuldverschreibungen, Wechseln, rc. III 515; — U e b e r t r a g u n g: 449; — der Buchhypothek III 390, 451; — Uebergang auf den neuen Gläubiger mit der Forderung bei Uebertragung der letzteren IIa 279; — Unübertragbarkeit ohne Forderung III 447; — Uebertragung einer anderen Forderung an die Stelle der bisher durch die H. gesicherten Forderung III 499; — Uebertragung der Gesammthypothek III 415; — Uebertragung der Sicherungshypothek III 513; — für Schuldverschreibungen auf den Inhaber III 516; — der Sicherungshypothek im engeren Sinne III 524; — Wirkung der Uebernahme einer Schuld auf die dafür bestehende Hypothek IIa 311; — Uebernahme einer hypothekarisch versicherten Forderung zur Tilgung bei Grundstückserwerb IIa 304; — Verpflichtung des Verkäufers zur Beseitigung von Hypotheken auf dem Kaufgegenstande IIb 28; — Schutz des redlichen Erwerbers III 427; — Uebergang auf den persönlichen Schuldner nach Befriedigung des Gläubigers, Vereinigung von Forderung und Schuld III 473; — T h e i l u n g III 69; — E i n t r a g u n g: Voraussetzungen, Eintragungsantrag III 377; — wesentlicher Inhalt der Eintragung III 381, 382; — Bezugnahme 384; — auf Satzungen von Kreditanstalten III 381, auf die Eintragungsbewilligung III 381, 385; — instruktionelle Vorschriften III 385; — Eintragungskosten III 395; — Vermuthung des Rechtsbestandes der eingetragenen H. III 426; — V o r m e r k u n g III 77; — R a n g der H. nach der Priorität der

Eintragung III 65; — nachträgliche Aenderung des Rangverhältnisses III 68; — Rangverhältniß bei Zuschreibung eines belasteten Grundstücks III 413; — Rangverhältniß bei Theilung der Forderung III 446; — Vorrecht des nicht getilgten Theiles eines Pfandbriefdarlehens vor dem getilgten VI 311; — Vorrang von H. für Meliorationsdarlehen öffentlicher Kreditanstalten VI 248; — Rangrücktritt III 68; — Befreiung des persönlichen Schuldners bei Rangrücktritt III 476; — Einreden gegen die H. III 424; — Einrede des nicht gezahlten Geldes III 428; — Anspruch auf Grundbuchberichtigung, Widerspruch wegen Einreden III 427; — Rechte des Gläubigers: bei drohender Gefährdung der Sicherheit der H. III 420; — bei eingetretener III 418; — bei Verschlechterung von Zubehör III 421; — Recht des Eigenthümers zur Befriedigung des Gläubigers III 432; — auf Verzicht des Gläubigers auf die H. im Falle peremptorischer Einreden III 480; — Ablösungsrecht Dritter gegenüber dem Befriedigung suchenden Gläubiger III 445; — Rechte des persönlichen Schuldners: nach Befriedigung des Gläubigers III 473, 474; — nach eingetretener Konfusion zwischen Forderung und Schuld III 474, 475; — Befreiung von der Haftung in Folge von Maßnahmen des Gläubigers III 476; — Recht auf Benachrichtigung von der Zwangsversteigerung III 477; — Recht auf Aushändigung des Hypothekenbriefes, auf Vermerk theilweiser Befriedigung auf demselben III 478; — Umwandlung in eine Grundschuld und umgekehrt III 537; — Umwandlung in Grundschuld bei Vereinigung der Hypothek mit dem Eigenthum in einer Person, ohne daß dem Eigenthümer die Forderung zusteht III 493; — Umwandlung in eine Sicherungshypothek und umgekehrt III 514, 526; — Uebergang bisheriger Pfandrechte in Hypotheken des neuen Rechts VI 343, 347; — bisheriger Grundschulden VI 348; — Erlöschen der H.: Aufhebung durch Rechtsgeschäft III 507; — Befreiung des persönlichen Schuldners im Falle der Aufhebung III 476; — Erlöschen durch Befriedigung des Gläubigers aus dem Grundstück III 503; — Erlöschen der H. für rückständige Nebenleistungen und Kosten III 496; — Amortisation III 481; — Verzicht auf die H.: Form III 478, 479; — Wirkung III 468, 479; — für den persönlichen Schuldner III 476; — Anspruch des Gläubigers auf Verzicht III 480; — theilweiser Verzicht III 478, 479; — Löschung III 61; — Bewilligung der Löschung III 507; — siehe auch „Briefhypothek, Buchhypothek, Eigenthümerhypothek, Gesammthypothek, Inhaberhypothek, Sicherungshypothek"; — Sicherheitshypothek des Fiskus und anderer juristischer Personen VI 212; — H. auf Familienfideikommiß-, Lehens- und Stammgütern VI 168; — H. im Verhältniß zur Abzugseinrede des Erben V 198, 201; — Ausschluß von der Fahrnißgemeinschaft IV 494; — Bestellung an einem Gesammtgutsgrundstück IV 315; — Rechtshandlungen des Inhabers der elterlichen Gewalt in Bezug auf H. IV 753, 754; — des Vormunds IV 1073; — Mündelsicherheit der H. IV 1048, 1049; — Verfügungsbeschränkung des Vormunds IV 1061, 1070; — Bestellung an einem Grundstück des Mündels IV 1061, 1076; — H. des Erblassers auf dem Vermächtnißgegenstand V 430, 432; — H. auf demselben für eine Schuld des Erblassers V 431, 432; — Zeugniß des Nachlaßgerichts über Rechtsnachfolge in H. V 731.

Hypothekanspruch: Gegenstand III 438; — Verhältniß zur persönlichen Forderung III 371, 375; — Aktivlegitimation III 437; — Nachweis der Aktivlegitimation III 462; — Passivlegitimation III 438; — Bucheigenthümer als Beklagter III 442; — objektive Voraussetzungen III 438; — prozessuale Verwirklichung III 440; — Einwendungen des Beklagten III 439; — Einreden aus dem Rechtsverhältniß mit dem persönlichen Schuldner III 424; — Einreden aus dem Verhältniß zwischen Gläubiger und Eigenthümer III 425; — Einrede mangelnder Vorlage des Hypothekenbriefs und sonstiger Erwerbsurkunden III 462; — Zwangsvollstreckung in das Grundstück III 441; — in bewegliche Gegenstände III 442.

Hypothekbestellung zur Sicherheitsleistung I 594; — an Grundstücken des Mündels IV 1061, 1076.

Hypothekenbrief: rechtliche Natur III 386; — Funktionen III 387; — Ausstellung, Inhalt III 387; — Aenderung III 388; — Uebereinstimmung mit dem Grundbuch III 388; — Eigenthum daran III 210, 389; — Aushändigung an den Grundstückseigenthümer nach Befriedigung des Gläubigers III 435; — an den persönlichen Schuldner III 478; — an den ablösenden Dritten III 445; — Maßregeln hinsichtlich des H. bei theilweiser Befriedigung III 435, 445, 478; — Aushändigung an den Ablösenden III 445; — Herausgabe bei der Nießbrauchbestellung an dem Rechte III 330; — Uebergabe zum Erwerb der Hypothek, Surrogate der Uebergabe, Vermuthung derselben III 391; — Uebergabe bei Abtretung der Hypothek III 449; — Vorlage bei Geltendmachung der Hypothek bei Kündigung und Mahnung III 461, 462, 464; — Vorlage zur Grundbuchberichtigung III 110; — Theil-H. bei Theilung der Forderung III 446; — bei theilweiser Abtretung der Forderung III 450; — Ausschluß der Ausstellung III 386, 389; — nachträglicher Ausschluß, Wiederaufhebung der Ausschließung III 386,

390; — Ausschluß der Ertheilung bei der Sicherungshypothek III 512; — Kraftloserklärung III 464; — Kraftlosigkeit nach Ausschluß des Gläubigers im Aufgebotsverfahren III 481; — im Falle öffentlicher Hinterlegung des Schuldbetrages der Hypothek III 483; — Hinterlegung von H. des Mündels IV 1070.
Hypothekendarlehen IIb 369.
Hypothekenmäkler IIb 496.
Hypothekenobjekt III 376; — vertragsmäßiges Veräußerungs- oder Belastungsverbot III 422; — Verschlechterung III 418, 420; — von Zubehör III 421.
Hypothekenschätzer: Haftung VI 193.
Hypothekforderung: Befriedigung durch den persönlichen Schuldner III 473; — Befriedigung durch den nicht persönlich haftenden Eigenthümer III 432; — Uebergang auf den befriedigenden Gläubiger III 433; — Aushändigung des Hypothekenbriefs und sonstiger Urkunden an den Eigenthümer III 435; — theilweise Befriedigung durch den Eigenthümer III 436; — Form der Befriedigung III 437; — Befriedigungsmittel III 441; — Befriedigung durch einen Eigenthümer bei Gesammthypothek III 487; — durch den persönlichen Schuldner III 490; — verbotene Vereinbarungen hinsichtlich der Befriedigung III 443; — Ablösungsrechte III 445; — Wirkung der Befriedigung aus dem Grundstück III 503; — Wirksamkeit für die Hypothek, Bestellung eines Vertreters des Eigenthümers zur Entgegennahme der Kündigung III 430; — Wirksamkeit der Kündigung gegenüber dem neuen Gläubiger nach Forderungsübertragung III 456; — Kündigung ohne Vorlage des Hypothekenbriefs III 462; — Aenderung der Kündigungsbedingungen III 395; — Kündigung der Sicherungshypothek III 513; — Kündigung und Einziehung durch den Vorerben V 382, 384; — Befreiung von Beschränkungen des Kündigungsrechts V 382, 402, 403; — Haftung für Kosten der Kündigung III 393; — Untersagung und Beschränkung der Ausschließung der Kündigung VI 247; — Theilung III 446; — Uebertragung III 447; — Form der Abtretung bei der Briefhypothek III 449; — bei der Buchhypothek III 451; — bei der Sicherungshypothek III 453; — Nachweis des Erwerbes durch den Brief III 453; — Einfluß des Verhältnisses zwischen dem bisherigen Gläubiger und dem Eigenthümer auf die Rechte der Erwerbers III 456; — Wirkung der Kündigung gegen den Erwerber III 456; — Einreden gegen den Erwerber der Forderung III 458; — Rechtsverhältniß in Bezug auf laufende Zinsen und Nebenleistungen III 459; — Uebertragung der Forderung auf rückständige Zinsen und andere Nebenleistungen und Kosten III 460, 462; — Unterstellung einer neuen unter die Hypothek III 499; — Schutz der Forderung durch das Grundbuch, Vermuthung für den Rechtsbestand, Berichtigung des Grundbuchs in Ansehung der H. III 426; — Pfändung und Ueberweisung, Verpfändung III 453; — Aenderung der Zins- und Zahlungsbestimmungen III 394; — Erlöschen III 465, 467; — Verpfändung zur Sicherheitsleistung I 594; — Tauglichkeit hiezu I 597; — Verfügungsbeschränkung des Vormunds IV 1061, 1070.
Hypothekgläubiger: Ablösungsrecht nachstehender III 445; — Ausschließung im Aufgebotsverfahren III 480, 518; — durch öffentliche Hinterlegung des Geldbetrages III 483; — Befriedigung durch den persönlichen Schuldner III 473; — Beschränkung der Uebereignung des Grundstücks an den H. III 443; — Legitimation aus dem Hypothekenbrief III 453; — Widerspruchsrecht gegen Pfändungen, Vorzugsrecht III 442; — Rechte bei Wiederherstellung eines zerstörten Gebäudes in anderer Lage VI 237; — Rechte an der Entschädigungssumme bei Zwangsenteignung VI 148; — an der Entschädigungssumme wegen Beschädigung durch Bergbau VI 179.
Hypothektitel: gesetzlicher, des Fiskus und anderer juristischer Personen VI 212.
Hypothekvormerkung nach bayer. R. III 81.
Hypothekzinsen: Abtretung III 460; — Haftung dafür III 375; — Vertheilung auf successiv Verpflichtete I 290; — Zahlung durch den Nießbraucher III 315; — vom eingebrachten Gut der Frau zu entrichtende IV 193.

J.

Jagd: Eigenthumserwerb an jagdbaren Thieren III 220.
Jagdberechtigter: Wildschadensersatz IIb 915, 917.
Jagdbezirk, gemeinschaftlicher: Wildschadensersatz IIb 915, VI 184.
Jagdgerechtigkeit VI 246.
Jagdgewinn: Fruchteigenschaft I 285.
Jagdpächter: Wildschadensersatz VI 184.
Jagdpachtvertrag: Form IIb 291.
Jagdrecht: III 289; — Pacht IIb 323, 326, 330; — Haftung des Verpächters IIb 327; — Vorbehalt zu Gunsten des Landesrechts VI 181.
Jahresfrist: Berechnung I 518, 520; — J. für Geltendmachung der Besitzansprüche III 29.
Japan: Staatsvertrag mit J. VI 44, 49, 77, 83, 85.
Ideale Tendenzen eines Vereins I 131, 134.
Identität: Prüfung durch das Grundbuchamt III 47.
Immaterialgüterrecht III 1.
Immaterieller Schaden: Entschädigung in Geld IIa 38; — Fälle des Ersatzes bei unerlaubten Handlungen IIb 952.
Immemorialpräscription I 528, III 198.
Immissionen aus dem Nachbargrundstück III 125; — auf ein Miethobjekt IIb 214.

Immobilien: Besitzübergang III 10.
Immobiliarvertrag: obligatorischer IIa 134.
Impotenz: Eheanfechtungsgrund IV 82.
Impresario: rechtliche Natur seiner Dienste IIb 391, 445.
Im Zweifel: Erstreckung der Veräußerung auf Zubehör III 170.
Inbegriff siehe „Sachinbegriff".
Incassocession I 343.
In diem addictio: Vormerkung im Grundbuch III 76.
Indigenatsgesetz: Aenderung durch das EG. VI 128.
Individualrechte I 26; — Verjährbarkeit I 531.
Indossable Werthpapiere: Eigenthumserwerb zu Gunsten des Ehemannes IV 139; — Eingehung von Verbindlichkeiten aus i. W. durch den Vater für das Kind IV 753, 755, — durch den Vormund für den Mündel IV 1074, 1081; — allgemeine Ermächtigung des Vormunds hiezu IV 1087; — Hypothekbestellung für die Forderung III 515; — Verpfändung III 629; — Einziehung der Forderung III 632; — Verkauf zum Börsen- oder Marktpreis III 634; — Verpfändung eines Schiffes für die Forderung III 606.
Inhaberaktien IIb 779, 785.
Inhabergrundschuld III 533.
Inhaberhypothek III 370, 515.
Inhaberklausel bei Schuldverschreibungen IIb 778.
Inhaberpapiere: körperliche Sachen III 120; — Arten IIb 775; — Ausstellung durch den Vater für das Kind IV 753, 755, — durch den Vormund für den Mündel IV 1074, 1081; — allgemeine Ermächtigung des Vormunds hiezu IV 1087; — Eigenthumserwerb III 176; — zum eingebrachten Gut der Frau IV 182; — bei Errungenschaftsgemeinschaft IV 452; — durch den Vater für das Kind IV 760; — Eigenthumserwerb an gestohlenen, verlorenen 2c. J. III 189, 193; — Eigenthumsvermuthung III 267; — für den Ehemann IV 139, VI 56, 57; — Herausgabeanspruch des früheren gutgläubigen Besitzers III 270; — Hingabe als Darlehen IIb 364; — Haftung beim Verkauf IIb 783; — Nießbrauch daran III 337; — Hinterlegung zur Sicherheitsleistung I 595; — Verpfändung III 631; — Kündigung und Einziehung III 632; — Erstreckung des Pfandrechts auf Zins-, Renten- und Gewinnantheilscheine III 634; — Pfandrechtserwerb vom Nichteigenthümer III 554; — Einfluß der Rückkehr des Papiers in die Hand des Ausstellers IIa 209; — zum eingebrachten Gut der Frau gehörige J., Hinterlegung IV 205; — Vinkulirung, Umwandlung in Buchforderungen IV 208; — bei Errungenschaftsgemeinschaft IV 453; — zur Erbschaft gehörige J.: Hinterlegung, Umschreibung auf Namen, Umwandlung in Buchforderungen im Falle einer Nacherbfolge V 388; — Befreiung von der Verpflichtung V 402, 403; — J. des Kindes: Erwerb durch den Vater für das Kind IV 760; — Hinterlegung, Umschreibung auf Namen, Umwandlung in Buchforderungen IV 798, 800; — J. des Mündels: Hinterlegung IV 1064; — — Befreiung von der Hinterlegungspflicht durch den Vater IV 1137, — durch die Mutter IV 1139; — Befreiung des Vaters und der Mutter als Vormund des Volljährigen IV 1187; — Umschreibung auf Namen, Umwandlung in Buchforderungen IV 1067; — Genehmigung des Vormundschaftsgerichts zu Verfügungen über umgewandelte und umgeschriebene J. IV 1071, — J. über Staatsschulden: Rückzahlung und Umwandlung VI 223; — strafbare Ausstellung VI 111, 116; — siehe auch „Schuldverschreibungen".
Inhaberpapiere mit Prämien: Ausstellung IIb 779, 785, 786.
Inhaberwechsel IIb 779, 785.
Inkrafttreten des BGB. und seiner Nebengesetze VI 2; — des Einführungsgesetzes VI 3.
Inseln, neu entstehende III 204, VI 175.
Insinuation von Schenkungen IIb 179.
Intercession IIb 702; — der Ehefrau IV 111, 148.
Interesse: Ersatz IIa 24; — J. an der Besichtigung einer Sache IIb 816; — an der Wirksamkeit eines Vertrages I 356, 358; — berechtigtes J. bei der Vertragsstrafe IIa 183; — an einer kreditschädigenden Mittheilung IIb 870, 872; — an der Einsicht des Erbscheins V 734; — an der Einsicht des Grundbuchs III 45; — rechtliches an der Einsicht der Eheanfechtungserklärung IV 95; — an der Einsicht der Ehelichkeits-Anfechtungserklärung IV 631; — an der Einsicht der Anfechtungserklärung bezüglich letztwilliger Verfügungen V 349; — der Anzeige vom Erbschaftskauf V 775; — der Erbschaftsausschlagungserklärung V 83, 85; — der Anfechtung der Ausschlagung V 88; — an der Einsicht des Nachlaßinventars V 234, — der Erklärungen in Bezug auf Testamentsvollstrecker V 520; — an der Einsicht des Testaments V 569; — an der Einsicht einer Urkunde IIb 819; — negatives J., Ersatz bei Unmöglichkeit einer Leistung IIa 126; — bei Verstoß des Vertrags gegen die guten Sitten IIa 130; — öffentliches J. an der Geschäftsführung ohne Auftrag IIb 554; — öffentliches, an der Vollziehung einer letztwilligen Auflage V 463; — an der Vollziehung der Auflage bei einer Schenkung IIb 187.
Interessenkollision zwischen Kind und Inhaber der elterlichen Gewalt IV 709, 713; — zwischen Mündel und Familienraths-

mitgliedern IV 1154, — und dem Vormund IV 1004, 1030, 1032; — Ausschluß des Stimmrechts von Vereinsmitgliedern wegen J. I 161.
Interessenschaftsforsten VI 307.
Interimsscheine auf Inhaber IIb 779, 785.
Interimswirthschaft VI 175.
Internationale Nachlaßbehandlung VI 77.
Internationales Landesprivatrecht VI 20, 25.
Internationales Privatrecht I 6, VI 14; — Verhältniß zur zeitlichen Statutenkollision VI 25.
Invalidenpension: Aufrechnung dagegen IIa 264.
Invalidenrente: Vorbehaltsgut der Frau IV 158.
Inventar eines Grundstücks: Zubehöreigenschaft I 280; — Rechte und Pflichten des Nießbrauchers III 316; — des zum eingebrachten Gut der Frau gehörigen Gr. IV 177, — bei Errungenschaftsgemeinschaft IV 453; — vom Erben angeschafftes J., Gegenstand der Nacherbfolge V 380; — J. des verpachteten Grundstücks: Erhaltung und Ergänzung IIb 334; — Uebernahme zum Schätzungswerth durch den Pächter IIb 336; — Erhaltung, Haftung für Zufall, Eigenthumserwerb an Ergänzungen in diesem Falle IIb 337; — Gefahrentragung IIb 335, 337; — Rückgabe bei Beendigung der Pacht IIb 338; — bei Pacht eines Landguts IIb 344; — Pfandrecht und Zurückbehaltungsrecht am J. IIb 340.
— **über den Nachlaß**: Begriff V 212; — rechtliche Bedeutung der J.-Errichtung V 124, 209; — Inhalt des J. V 226; — Errichtung: Formen der Aufnahme V 222; — Zuständigkeit zur Errichtung V 222; — Zuständigkeit zur Errichtung nach Landesrecht VI 283; — Anordnung der Errichtung nach Landesrecht VI 273; — freiwillige E. durch Einreichung beim Nachlaßgericht durch den Erben V 211; — Aufnahme durch das Nachlaßgericht oder eine zuständige Behörde oder einen zuständigen Beamten V 222; — Bezugnahme auf ein beim Nachlaßgericht befindliches Inventar V 222; — Beihilfe des Testamentsvollstreckers V 509; — Recht des Erben zur Errichtung V 211; — eines einzelnen Miterben V 212; — des Nachlaßpflegers und des Nachlaßverwalters V 212; — Ausschluß der Errichtung durch den Testamentsvollstrecker V 469; — Einreichung durch einen Bevollmächtigten V 224; — Kosten V 212, 223; — Wirkung der J.-Errichtung V 124, 153; — Ausschluß der Entbindung von der Verpflichtung durch den Erblasser V 215; — Entbehrlichkeit nach Beendigung des Nachlaßkonkurses V 220; — Errichtung durch eine Ehefrau V 212; — Errichtung durch den Ehemann der Erbin V 129, 212, — durch den Erbschaftskäufer V 774; — Wirkung der Errichtung durch einen Miterben V 325; — durch den Nachlaßverwalter V 189; — durch den Vorerben V 408, 410; — Unvollständigkeit oder Unrichtigkeit des J. V 224; Vermuthung für die Vollständigkeit V 233; — Offenbarungseid über die Richtigkeit, Vervollständigung vor Eidesleistung V 226; — Ausschluß des Inventarrechts durch Verfügung des Erblassers V 154; — Inventarerrichtung durch die Ehefrau bei allgemeiner Gütergemeinschaft IV 324, — über eine der Ehefrau zugefallene Erbschaft im gesetzlichen Güterstand IV 230, — bei Errungenschaftsgemeinschaft IV 445.
Inventarerrichtung über das Vermögen des angenommenen Kindes IV 968; — bei Verehelichung des Annehmenden IV 970; — über das eingebrachte Gut der Frau IV 165, — über Eigengut des Mannes und Vorbehaltsgut der Frau IV 167; — über das Gesammtgut der fortgesetzten Gütergemeinschaft bei Wiederverehelichung des überlebenden Ehegatten IV 45, 400; — über das Vermögen des Kindes: durch den Gewalthaber IV 744; — auf Anordnung des Vormundschaftsgerichts IV 798; — bei beabsichtigter Wiederverehelichung des Gewalthabers IV 45, 802; — Entziehung der Vermögensverwaltung wegen Nichterfüllung der Pflicht hiezu IV 805; — bei beabsichtigter Wiederverehelichung des Vaters des für ehelich erklärten Kindes IV 938; — J. über das Vermögen des Mündels IV 1041, — des Pfleglings IV 1220.
Inventarfrist: Antrag, Antragsrecht V 212, 213; — Antragsrecht der im Aufgebotsverfahren ausgeschlossenen Gläubiger V 148; — Unzulässigkeit der Bestimmung einer J. V 214, — gegenüber dem Fiskus V 234, — gegenüber dem Nachlaßpfleger V 235; im Falle der Nachlaßverwaltung oder des Nachlaßkonkurses V 220; — Ablehnung des Antrages nach freiwilliger Inventarerrichtung durch den Erben V 212; — Form der Bestimmung V 214; — gegenüber einer Ehefrau als Erbin V 129, 230; — Anfechtung der Bestimmung und der Ablehnung der Bestimmung V 214; — Benachrichtigung des Vormundschaftsgerichts von der Bestimmung der J. V 219; — Ausschluß der Zurücknahme der Bestimmung V 214; — Unwirksamwerden der Bestimmung V 214; — durch Anordnung der Nachlaßverwaltung, Eröffnung des Nachlaßkonkurses V 220; — Beginn und Dauer V 216; — Berechnung V 216; — Verlängerung V 216, 217; — Wahrung durch Antrag auf amtliche Errichtung V 222; — durch Bezugnahme auf ein errichtetes Inventar V 222; — Wahrung durch Errichtung seitens des Ehemannes der Erbin V 230; — Wirkung der Einhaltung der Frist V 214, 233; — Beweislast für die Einhaltung V 215; — Wirkung der Ver-

säumung V 212, 215; — Ende der J. im Falle des Todes des Erben vor Ablauf der Inventarfrist oder der Frist zum Antrag auf Bestimmung einer neuen J. V 216, 219; — Bestimmung einer neuen J. auf Antrag des Erben wegen unverschuldeter Fristversäumniß V 216, 216; — zur Ergänzung des unvollständigen Inventars V 224.

Josefsehe IV 117.

Irreguläres Pfandrecht III 548.

Irrthum: Begriff I 345; — Erheblichkeit I 345, 346; — subjektive Voraussetzungen derselben I 349; — Wirkung desselben I 346; — J. im Falle von Stellvertretung I 476; — einzelne Arten erheblichen J. I 346; — echter und unechter J. I 350; — entschuldbarer und nicht entschuldbarer I 352, IIa 91; — thatsächlicher und Rechtsirrthum I 350; — Anfechtung der Willenserklärung wegen J. I 353; — Beweislast I 353; — J. im Beweggrund I 352; — J. in Folge arglistiger Täuschung I 358, 364; — Einzelne Fälle von J.: bei der Auflassung III 159; — über den Berufungsgrund zur Erbschaft V 77; — des Bürgen über die Person des Gläubigers oder Schuldners IIb 707; — J. im Beweggrunde bei letztwilligen Verfügungen V 330, 344, 346; — bei Abschluß eines Erbvertrags V 586; — des Geschäftsführers über die Eigenschaft des Geschäfts als eines fremden IIb 564; — über die Person des Geschäftsherrn IIb 563; — bei der Selbsthülfe I 592; — J. über Solvenz des Käufers IIb 14; — Ausschluß der Schadensersatzpflicht aus unerlaubten Handlungen wegen J. IIb 864; — über das Bestehen einer Verbindlichkeit: Rückforderung der Leistung IIb 834; — beim Vergleichsabschluß IIb 732, 738; — J. des Vertreters I 353, 476; — J. bei Willenserklärungen des Testamentsvollstreckers V 496; — Ausschluß des Verzugs durch J. IIa 106; — Anfechtung wegen J.: der Bestimmung der Leistung durch einen Dritten IIa 140; — der Ehe wegen J. über Vorhandensein einer Eheschließung IV 79; — über Person oder Eigenschaften des anderen Ehegatten IV 81; — Anfechtungsfrist IV 91; — Anfechtung nach Fristablauf IV 92; — Wirkungen der A. IV 201; — Ausschluß der Anfechtung IV 88; — Anfechtung der Erbschaftsannahme oder Ausschlagung wegen J. V 86; — des Erbvertrages V 596, 600; — letztwilliger Verfügungen V 344, 346; — Anfechtungsberechtigter V 348; — zeitlich geltendes Recht VI 310.

Irrung: I 346.

Italien: Staatsvertrag mit J. VI 44, 49, 77, 85.

Jugendliche Personen: Haftung aus unerlaubten Handlungen IIb 885, 887; — Haftung Aufsichtspflichtiger IIb 898; — Haftung als Thierhalter IIb 911.

Junge von Thieren: Fruchteigenschaft I 284; — Verwendung bei der Pacht zur Ergänzung des Inventars IIb 334.

Juris quasi traditio III 176.

Juristische Früchte I 286.

Juristische Personen: Begriff I 114, — der j. P. des öffentlichen Rechts I 115, 251; — Sprachgebrauch des Gesetzes I 113; — wissenschaftliche Konstruktion I 114; — Entstehung I 118; — Arten I 119; — Name I 74, 83; — Schutz des Namens I 86; — öffentlichrechtliche Rechtsfähigkeit I 115; — privatrechtliche Rechtsfähigkeit I 117; — Erlangung der Rechtsfähigkeit I 119; — Rechtsfähigkeit ausländischer VI 38, 40; — Handlungsfähigkeit I 117; — Parteifähigkeit I 117; — Deliktsfähigkeit I 118; — Erbfähigkeit V 14, 16, 17; — erbrechtliche Beschränkungen V 3; — passive Testamentsfähigkeit V 330; — Erbeinsetzung einer zur Zeit des Erbfalles nicht bestehenden V 369; — Vermuthung der Einsetzung der gesetzlichen Erben als Vorerben V 372; — Anfall der Nacherbschaft V 377; — zeitliche Beschränkung der Einsetzung als Nacherbe V 377; — Beschränkung der Erbschaftsauseinandersetzung bei Betheiligung einer j. P. V 294; — j. P. als Vermächtnißnehmer V 418; — zeitliche Beschränkung der Wirksamkeit eines bedingten oder befristeten Vermächtnisses an eine j. P. V 428; — zeitliche Beschränkung der Nachlaßverwaltung durch den Testamentsvollstrecker bis zum Eintritt eines Ereignisses in einer j. P. V 500; — Erbrecht, Pflichttheilsrecht am Nachlaß verpflegter oder unterstützter Personen VI 272; — Besitzfähigkeit III 8, 11; — Einfluß des Erlöschens auf einen von ihr ertheilten Auftrag IIb 539; — Haftung aus unerlaubten Handlungen ihrer Vertreter und Vorstände IIb 852, 896; — Haftung als Thierhalter IIb 909; — Erlöschen eines Nießbrauchs derselben III 324; — Personalstatut I 142; — Privilegien I 117; — Fähigkeit zur Mitgliedschaft von Vereinen I 160; — Vertretung in der Vereinsmitgliederversammlung I 167; — Fähigkeit zum Amt eines Testamentsvollstreckers V 484; — Unfähigkeit zur Vormundschaft IV 1008; — landesrechtliche Erwerbsbeschränkungen VI 203; — Uebergangsvorschriften VI 304.

Jus ad rem IIa 3, III 1.

Jus offerendi et succedendi III 590

Jus possessionis, possidendi III 4

Jus tollendi IIa 47, III 257.

Justizministerium: Zuständigkeit für die Volljährigkeitserklärung I 36, VI 281.

K.

Kaiserliche Verordnung hinsichtlich der Mängel und Fristen bei der Viehgewährschaft IIb 129, 130.

Kalendermonat, -Vierteljahr, -Woche: Kün-

digung des Dienstvertrags IIb 427; — der Grundstücksmiethe IIb 286.
Kalenderzeit: Verzug der Gläubiger bei Bestimmung der Vornahme einer Handlung durch ihn nach K. IIa 117; — des Schuldners bei Bestimmung der Erfüllungszeit nach K. IIa 101, 102, 105.
Kalisalzvertrag IIb 325.
Kämmereivermögen I 261.
Kaminkehrerlöhne IIb 238; — Vertheilung auf successiv Verpflichtete I 290.
Kammermitglieder: civilrechtliche Verfolgung wegen unerlaubter Handlungen in Ausübung ihres Berufes IIb 874.
Kapitalabfindung des durch unerlaubte Handlungen Verletzten IIb 937; — der Hinterbliebenen des Getödteten IIb 941, 945; — des Dienstberechtigten für die Entschädigung wegen nicht geleisteter Dienste IIb 949; — Einfluß des Mitverschuldens des Verletzten IIb 951; — zur Erfüllung der Unterhaltspflicht des schuldigen Theils bei Ehescheidung IV 572.
Kapitalisirung von Hypothekzinsen III 395.
Kartelle: rechtliche Natur IIb 602; — Verstoß gegen die guten Sitten IIb 880.
Karten: auf den Inhaber lautende IIb 810; — Kraftloserklärung und Zahlungssperre nach Landesrecht VI 227.
Kassa-Skonto IIb 14.
Kassen: Aufrechnung gegen Forderungen von öffentlichen K. IIa 267; — Zahlungen aus öffentlichen VI 213.
Kassenscheine: Ausgabe IIb 779.
Kauf: Allgemeines: Begriff IIb 3; — Unterschied von anderen Verträgen IIb 4; — Unterschied von der Miethe IIb 205; — von der Pacht IIb 325; — Abgrenzung vom Werkvertrag IIb 446; — wesentliche Erfordernisse IIb 6; — Vertragsantrag IIb 6; — Abschluß für einen unbestimmten Käufer durch den Mäkler IIb 505; — Form des Kaufvertrags IIb 7; — mögliche Gegenstände desselben IIb 7; — Pflichten des Verkäufers: Uebergabe, Verschaffung des Eigenthums oder Rechtes IIb 5, 11; — Beseitigung von Rechten Dritter IIb 20; — insbesondere beim Verkauf von Grundstücken, Schiffen oder Rechten an solchen IIb 22, 28; — Auskunftsertheilung, Urkundenauslieferung IIb 39; — Ersatz der Vertragskosten im Falle der Wandelung IIb 98; — Vertragsklage gegen den Verkäufer IIb 31; — Einrede des nicht erfüllten Vertrages IIb 32; — Haftung für Mängel im Rechte: für Freiheit von öffentlichen Abgaben und Lasten IIb 23; — Haftung beim Verkauf von Forderungen, Rechten und Werthpapieren IIb 24, 27; — Ausschluß der Haftung IIb 27; — Art der Haftung IIb 30; — beim Verkauf von Rechten an einer beweglichen Sache IIb 37; — Beweislast für den Mangel IIb 38; — Ausschluß und Beschränkung der Haftung IIb 38; — Haftung für Zahlungsfähigkeit beim Verkauf einer Forderung IIb 27; — Pflicht des Käufers zur Kaufpreiszahlung und Abnahme der Sache IIb 5, 13; — zur Verzinsung des Kaufpreises IIb 54; — Ausschluß des Rücktrittsrechts bei Stundung des Kaufpreises IIb 56; — Eigenthumsvorbehalt bis zur Zahlung des Kaufpreises IIb 58; — Uebergang von Nutzungen und Lasten IIb 41; Kosten der Uebergabe der Sache, der Uebertragung des Rechts IIb 51; — Gefahrübergang IIb 41; — bei Versendung der Sache IIb 46; — Verwendungen des Verkäufers auf die Sache nach G. auf den Käufer IIb 52; — G. beim Verkauf eines Rechtes an einer Sache IIb 53; — Gewährleistung wegen Mängel der Sache IIb 64; — dispositives Recht IIb 66; — Umfang der Haftung IIb 70; — Haftung für Größe eines Grundstücks IIb 103; — Ausschluß derselben IIb 79; — bei öffentlicher Versteigerung IIb 82; — Wandelung und Minderung (siehe auch diese) IIb 83; — Schadensersatz wegen Nichterfüllung IIb 88; — Ausschluß der Ansprüche IIb 91; — Ausschluß und Beschränkung der Gewährleistungspflicht IIb 112; — Ansprüche bei Lieferung mangelhafter Gattungssachen IIb 120; — Beweislast für Mängel IIb 78; — Verhältniß zu den Normen über Unmöglichkeit der Leistung IIb 68; — Verhältniß zur Haftung wegen unerlaubter Handlungen IIb 70; — vertragsmäßige Gewährleistung IIb 69; — Verjährung der Ansprüche IIb 113; — Einfluß der Anzeige von dem Mangel auf die Verjährung IIb 117; — Verbot des Bietens für betheiligte Beamte IIb 61, 62; — Wirkung der Nichtbeachtung IIb 63; — Einzelne Arten: Hand- oder Realkauf IIb 5; — Hoffnungskauf IIb 5, 8; — K. auf Probe IIb 148, 150; — nach Probe IIb 144; — zur Probe IIb 144; — Vorkauf IIb 159; — Wiederkauf IIb 151; — Kauf mit Vorbehalt eines besseren Angebots IIb 144; — Kauf einer Erbschaft (siehe auch „Erbschaftskauf") V 763; — von Grundstücken für den Mündel IV 1077.
Kauf bricht nicht Miethe IIb 200, 202, 299, VI 318; — Ausnahme IIb 318.
Kaufähnliche Verträge: Pflichten der Vertragstheile, Haftung für Mängel im Recht IIb 40; — Gewährleistung wegen Mängel der Sache IIb 143.
Kaufleute: Verjährung ihrer Forderungen I 536, 537, 540.
Kaufmann: Eintragung in das Güterrechtsregister am Ort der Handelsniederlassung IV 504.
Kaufmännische Anweisung IIb 758.
Kaufpreis: Erfordernisse IIb 9; — Beweislast für Angemessenheit IIb 10; — Zahlung IIb 13; — Berechnung des Marktpreises IIb 55; — Minderung des K. IIb 83, 93, 108;

— Stundung IIb 14, 54, 56; — Verweigerung der Zahlung wegen Mängel nach Verjährung der Gewährleistungsansprüche IIb 117; — beim Viehkauf IIb 139; — Aufrechnung mit Schadensersatzansprüchen nach Verjährung IIb 120; — Verzinsung IIa 20, IIb 54; — Zahlungsmodalitäten IIb 13; — Rückzahlung im Falle der Wandelung IIb 101.

Kausale Rechtsgeschäfte I 302, IIa 7, IIb 741, 823.

Kausalgeschäft bei Eigenthumsübertragung an Grundstücken III 160; — bei Rechtsänderungen an Grundstücken, Grundstücksrechten III 52.

Kausalzusammenhang bei Schadensstiftung IIa 24, IIb 865, 869, 905, 907; — bei konkurrierendem Verschulden IIa 40.

Kautionshypothek III 370, 523; — auf einem Vermächtnißgegenstand V 433; — Behandlung der K. des bisherigen Rechts bei der Ueberleitung VI 346.

Kautionsleistung auf Grund öffentlichen Rechts VI 211.

Kehlkopfpfeifen der Pferde, Maulesel und Maulthiere, Gewährfrist IIb 130.

Kelterrecht VI 331.

Kennen und kennen müssen: Begriff I 356, 358; — K. u. k. m. von Aenderungen des Vereinsvorstandes I 217; — von Beschränkung der Vertretungsmacht des Vorstands, von Vorschriften über dessen Beschlußfassung I 218; — der Anfechtbarkeit eines Rechtsgeschäfts I 411; — der Anfechtbarkeit der Ehe IV 97; — der Anfechtbarkeit einer Willenserklärung I 356; — des Erlöschens des Auftrags IIb 542; — der Beendigung des eheherrlichen Nutznießungs- und Verwaltungsrechts IV 267; — des Erlöschens der Vollmacht I 488; — des Erlöschens der Vertretungsmacht des Bevollmächtigten I 493; — der Gefahr ungewöhnlich großen Schadens IIa 39; — der gefahrdrohenden Beschaffenheit der hinterlegten Sache IIb 576; — des Irrthums des anderen Ehegatten bei Eingehung der Ehe IV 102; — vom Mangel der Vertretungsmacht I 499; — vom Eintritt der Nacherbfolge V 406; — der Nichtigkeit einer Willenserklärung I 356; — der Täuschung beim Betrug I 359; — der Unmöglichkeit einer Leistung IIa 126; — des Verstoßes eines Vertrags gegen die guten Sitten IIa 130; — der Unwahrheit einer kreditgefährdenden Thatsache IIb 870, 871; — bei Willenserklärungen des Testamentsvollstreckers V 496; — zu beurtheilen nach der Person des Vertreters I 475.

Kenntniß von der Abtretung der Forderung IIa 287, 288, 291; — K. der Ehegatten von der Nichtigkeit der Ehe, Einfluß auf das Verhältniß zu den Kindern IV 853, 857; — K. der Mutter allein IV 856, — des Vaters allein IV 854; — K. des Käufers von Mängeln der Kaufsache IIb 79; — beim Kauf von Gattungssachen IIb 121, 123; — beim Viehkauf IIb 132; — des Miethers von Fehlern des Miethobjektes IIb 224, 227, 231; — K. des mangelnden Rechtsgrundes bei Empfang einer Leistung IIb 844; — der Unmöglichkeit des Eintritts des Erfolges einer Leistung IIb 836; — K. des ausländischen Rechts VI 26.

Kies: Bestandtheil des Grundstücks I 272; — Gewinnung durch den Nießbraucher III 309; — Gewinnung durch den Pächter IIb 324.

Kinder: Begriff IV 602; — Bestimmung des Aufenthalts IV 719, 722; — Auslegung der Erbeinsetzung der K. V 335; — Besitz III 12; — Besitzaufgabe III 15; — Besitzdiener III 14; — Besitzwille III 8; — Ersatzpflicht für Aufwendungen des Vaters IV 762; — Eigenthumserwerb, Erwerb von Rechten durch den Vater IV 760; — Einwilligung zur Eheschließung von K. IV 30, 34; — freies Vermögen IV 767; — Geschäftsunfähigkeit I 309; — Beschränkung in der Geschäftsfähigkeit I 311; — Haftung für Verbindlichkeiten im Verhältniß zum Gewalthaber IV 781; — Haftung aus unerlaubten Handlungen derselben IIb 854; — religiöse Erziehung IV 281, 719, 875, 911, 942, 1041, VI 264; — Erwerb und Verlust der Staatsangehörigkeit IV 717, 863, 911, VI 128; — Schutz bei Gefährdung des Vermögens IV 798; — des geistigen oder leiblichen Wohles oder des Unterhalts IV 790; — Unterhaltsrecht und -Pflicht IV 649, 650; — Unterhalt des K. aus der durch Wiederverheirathung nach Todeserklärung eines Ehegatten aufgelösten Ehe IV 109; — Verjährung der Ansprüche zwischen Eltern und K. I 554; — Verkehr der Eltern mit den K., Regelung durch das Vormundschaftsgericht IV 735; — Vertretung IV 709, 725; — Vertretung im Falle Beschränkung des Gewalthabers in der Geschäftsfähigkeit IV 813, — nach Ehescheidung IV 730; — Vorenthaltung der K. IV 723; — Wohnsitz I 71, IV 863, 911, 942; — Feststellung des Rechtsverhältnisses zu den Eltern im Prozeß IV 607; — Verjährung der Ansprüche zwischen Eltern und K. IV 2; — K. *aus anfechtbarer Ehe*: rechtliche Stellung IV 859; — *aus nichtiger Ehe*: rechtliche Stellung IV 851; — Rechtsverhältniß zu den gutgläubigen Eltern IV 853; — zu dem nicht gutgläubigen Vater IV 854; — Rechtsverhältniß zu der nicht gutgläubigen Mutter IV 856; — Rechtsverhältniß der nicht als ehelich geltenden Kinder zu den Eltern IV 857; — Rechtliche Stellung von K. nach Scheidung oder Auflösung der Ehe nach bisherigem Rechte VI 366; — aus nichtiger oder ungültiger Ehe nach bisherigem Recht VI 367.

Kindergeld: Anlegung IV 751.

Kindervermögen: Verwaltung durch den Ge-

walthaber IV 707, 832; — durch den Beistand der Mutter IV 841; — von der Verwaltung ausgenommenes Vermögen IV 740.

Kindesalter: Geschäftsunfähigkeit während des K. I 307; — Beschränkung der Geschäftsfähigkeit I 311.

Kindesstatt: Annahme an K. IV 938; — siehe Näheres unter „Annahme".

Kindskauf IIb 167, III 354.

Kindsunterschiebung IV 609.

Kirchen: Verkehrsfähigkeit I 261.

Kirchenbaulast VI 263.

Kirchenrecht: Verhältniß zum BGB. VI 154.

Kirchenstühle I 261, III 346; — Miethe IIb 204; — Vererblichkeit V 12; — Landesrecht VI 264.

Kirchliche Trauung vor der standesamtlichen IV 21; — bei lebensgefährlicher Erkrankung eines Verlobten VI 140; — Verweigerung IV 536.

Kirchliche Verpflichtungen in Ansehung der Ehe IV 598.

Klagbarkeit der Schuldverhältnisse IIa 6.

Klage auf Herstellung des ehelichen Lebens IV 112, 120; — Kl. des Abkömmlings auf Aufhebung der fortgesetzten Gütergemeinschaft IV 402; — der Frau auf Aufhebung der Gütergemeinschaft IV 347; — auf Aufhebung der Verwaltung und Nutznießung des Mannes IV 257; — des Mannes auf Aufhebung der Gütergemeinschaft IV 350.

Klageerhebung als Mahnung und Voraussetzung des Verzugs IIa 102; — Unterbrechung der Verjährung I 561, 562; — Dauer derselben I 565; — Wegfall der Wirkungen der Unterbrechung I 566; — zur Wahrung der Gewährsfrist beim Viehkauf IIb 133; — Wirkung in anderen als civilprozessualen Rechtsstreitigkeiten VI 286.

Klagenkonkurrenz: Verjährung I 534.

Kleider: rechtliche Natur der Verträge über Fertigung IIb 446; — Kl. der Frau, Eigenthumsvermuthung IV 139, VI 56, 57; — Uebernahme bei Auseinandersetzung des Gesammtguts der allgemeinen Gütergemeinschaft IV 363, — der Errungenschaftsgemeinschaft IV 483; — Herausgabe bei thatsächlicher Trennung der Ehegatten IV 138; — Vorbehaltsgut IV 154; — Kl. des Kindes, freies Vermögen IV 767.

Kleinbahnunternehmen, Bahneinheit VI 238.

Klöster: juristische Persönlichkeit I 251.

Klosterpersonen: Beschränkung der Rechtsfähigkeit I 24; — Eigenthumsfähigkeit III 120; — Testirfähigkeit V 527; — Beschränkung der Erbfähigkeit VI 206.

Klostertod I 90.

Knappschaftskassen: Aufrechnung mit geschuldeten Beiträgen IIa 264.

Kodifikationsprinzip VI 151.

Kodizill V 413.

Kohle: Fruchteigenschaft I 284.

Kohlenabbaugerechtigkeiten III 281.

Kollationspflicht der Abkömmlinge V 300; — siehe Näheres unter „Ausgleichung".

Kollegialbeamte: Haftung aus Pflichtverletzungen IIb 932, 933.

Kollektivvollmacht I 482.

Koller der Pferde, Esel, Maulesel, Maulthiere, Gewährfrist IIb 130.

Kollisionsnormen VI 15; — landesrechtliche VI 20.

Kolonialgesellschaften: Erlangung der Rechtsfähigkeit I 141.

Kommissionär: Besitzvermittelung III 35; — gesetzliches Pfandrecht III 597; — Verjährung ihrer Ansprüche I 540; — Haftung aus Ertheilung eines unrichtigen Rathes oder unrichtiger Auskunft IIb 548.

Kommissionsgeschäft: Unterschied vom Kauf IIb 4.

Kommissionsverhältniß: rechtliche Natur IIb 384.

Kommunale Körperschaften: Mündelsicherheit ihrer Schuldverschreibungen IV 1048, 1051.

Kommunalverbände: Aufrechnung gegen Forderungen derselben IIa 267; — Haftung für Schadenszufügung durch Beamte IIb 933, VI 189; — Eigenthumserwerb und Verlust an Grundstücken kraft Gesetzes VI 258.

Kommunbrauereien VI 307.

Kommunmauer III 153; — Erhöhung und Verstärkung III 154.

Kompensation von Ehescheidungsgründen VI 358; — beim Ehebruch IV 527, 528, 538; — von Gewinn und Schaden IIa 28; — siehe auch „Aufrechnung".

Kompetenz: Nichterfüllung des Schenkungsversprechens IIb 181.

Konditionen des früheren Rechts IIb 823.

Konditionslieferung IIb 497.

Konfusion IIa 208; — von Bürgschaft und Hauptschuld IIb 706; — siehe auch „Vereinigung, Zusammentreffen".

Kongregationen: ordensähnliche, Erwerb durch Schenkung oder von Todeswegen VI 206.

Konkludentes Handeln I 333.

Konkubinenkinder: Erbrecht V 23.

Konkurrenzgeschäft: Aufnahme durch den Vermiether IIb 213.

Konkurrenzklausel beim Dienstvertrag IIb 396.

Konkurrenzverbot als Grunddienstbarkeit III 293; — Abtretbarkeit des Anspruchs aus einem K. IIa 277; — Vertragsstrafe IIa 188; — K. für Gesellschafter IIb 605.

Konkurrirendes Verschulden IIa 39; — Einfluß auf die Haftung aus unerlaubten Handlungen IIb 865, 869; — bei Amtspflichtverletzungen Beamter IIb 929; — bei Verletzung durch Thiere IIb 911; — beim Wildschaden IIb 915; — Einfluß k. V. des Verletzten auf die Ansprüche wegen Tödtung und Schädigung des Dienstberechtigten IIb 951.

Konkurs: Einfluß der Eröffnung auf einen Vertragsantrag I 438; — Einfluß auf die Einwilligung zu Rechtsgeschäften I 511; —

Annahme einer dem Gemeinschuldner angefallenen Erbschaft V 65; — Ausschlagung derselben V 72; — Ausübung des Ausschlagungsrechts im K. des Erben V 81; — Antragsrecht des Abwesenheitspflegers auf Eröffnung IV 1210; — Aufrechnung im K. IIa 261; — Aufrechnung mit einer angemeldeten Forderung IIa 259; — Einfluß auf die Haftung des Bürgen IIb 719, — auf die Gemeinschaft IIb 672, 673; — Einfluß auf das Vorkaufsrecht IIb 168; — auf das Wiederkaufsrecht IIb 155; — Geltendmachung von Ansprüchen wegen ungerechtfertigter Bereicherung IIb 824; — Ausschluß des Unterhaltsanspruches von der Masse IV 643; — Geltendmachung von Unterhaltsansprüchen im K. IV 646; — Rücknahme vom Gemeinschuldner hinterlegter Sachen IIa 241; — Untauglichkeit des Gemeinschuldners zum Amt des Familienrathsmitglieds IV 1149, — des Gegenvormunds IV 1025, — des Pflegers IV 1220, — des Vormunds IV 1009, 1181; — Entlassung des Vormunds nach Eröffnung des K. IV 1166; — Unwirksamkeit eines Veräußerungsverbots gegenüber den Konkursgläubigern I 397; — Erlöschen der Vollmacht durch Eröffnung des K. I 485, 490; — Rückforderung einer nach Zwangsvergleich gemachten Leistung über die Quote IIb 835; — Zurückbehaltungsrecht an einem Massegegenstand IIa 75; — K. bestimmter Rechtssubjekte: des Anweisenden IIb 763; — des Auftraggebers IIb 540, — des Beauftragten IIb 541; — des Berechtigten aus einem auf eine Geschäftsbesorgung gerichteten Dienst- oder Werkvertrag IIb 545; — K. über das Vermögen der Ehefrau bei Errungenschaft IV 463, 478; — eines Ehegatten bei allgemeiner Gütergemeinschaft IV 333; — nach Aufhebung der Gütergemeinschaft vor Auseinandersetzung IV 353; — bei Fahrnißgemeinschaft IV 490; — über das Vermögen des Ehemanns: Beendigung der Nutznießung und Verwaltung am eingebrachten Gut IV 262; — der Errungenschaftsgemeinschaft IV 463, 477; — Klage auf Wiederherstellung der Gemeinschaft IV 484; — K. des Ehemanns bei Fahrnißgemeinschaft IV 490; — über das Vermögen des überlebenden Ehegatten, eines Abkömmlings bei fortgesetzter Gütergemeinschaft IV 391; — Ablehnung der Fortsetzung der Gütergemeinschaft IV 383; — des Eigenthümers des Hypothekenobjekts III 404, 442; — eines Gemeinschaftstheilhabers IIb 672; — über das Gesammtgut der fortgesetzten Gütergemeinschaft IV 393; — eines Gesammtschuldners oder mehrerer IIa 331; — der Gesellschaft IIb 630; — eines Gesellschafters IIb 631; — Auflösung der Gesellschaft IIb 642; — Fortsetzung unter den übrigen Gesellschaftern IIb 649; — über das Vermögen des Gewalthabers, Nutznießungsrecht kein Bestandtheil der Masse, Behandlung der Ansprüche auf die Nutzungen IV 779; — des Hauptschuldners, Einfluß auf die Bürgschaft IIb 719; — K. von juristischen Personen des öffentlichen Rechts I 250, 252; — über das Vermögen des Kindes: Behandlung des elterlichen Nutznießungsrechtes IV 781; — Ausgleich zwischen freiem und der elterlichen Nutznießung unterliegendem Vermögen für erfüllte Verbindlichkeiten IV 783; — des Miethers, Einfluß auf das Vermietherpfandrecht IIb 282; — des Pächters eines landwirthschaftlichen Grundstücks IIb 333, 334; — der Stiftung I 177, 244; — Antragspflicht der Liquidatoren I 250; — des Stockwerkseigenthümers VI 262; — des Uebernehmers der Forderung bei der Schuldübernahme IIa 311; — über das Vermögen des Vaters, Beendigung der Vermögensverwaltung IV 761; — Vorrecht der Forderung des Kindes aus der Vermögensverwaltung IV 740; — des unehelichen Vaters, des Kindes IV 881, 889, 897; — des Erben des unehelichen Vaters IV 889; — K. des Vereins I 170; — Eintragung der Eröffnung und Aufhebung in das Vereinsregister I 222; — über das Vermögen eines nicht rechtsfähigen Vereins I 190; — des Vermiethers IIb 254; — des Vormunds: Herausgabe des Mündelvermögens, Rechnungstellung IV 1172; — des Werkunternehmers IIb 480; — siehe auch „Nachlaßkonkurs“.

Konkurseröffnung: Einfluß auf Eintragungs- oder Löschungsbewilligungen im Grundbuch III 65; — auf Vormerkungen im Grundbuch III 80.

Konkursordnung: Inkrafttreten der Aenderung des Gesetzes VI 2; — Verwandtschaft und Schwägerschaft i. S. der KO. VI 108. 108.

Konkursverwalter: Besitz III 11; — Abschluß von Miethverträgen IIb 203; — Verbot des Bietens bei Verkäufen IIb 63; — Verfügungen des K.: Einfluß auf das Rücktrittsrecht IIa 199; — Einfluß auf im Grundbuch vorgemerkte Rechte III 76, 80; — Einfluß auf die Wandelung beim Kauf IIb 98, 100; — auf das Wiederkaufsrecht IIb 155; — Einfluß der Rückwirkung der Genehmigung von Rechtsgeschäften auf Verfügungen des K. I 512; — Verfügungen während der Schwebezeit einer Bedingung I 460; — Wirksamkeit von Verfügungen desselben im Falle einer Nacherbfolge V 382, 385, 386; — Geltendmachung des Erbschaftsanspruchs V 248; — Ausschluß des Vorkaufsrechts gegenüber Verkäufen des K. IIb 168.

Konsensprinzip des Grundbuchrechts III 46; — beim Rangvorbehalt III 72.

Konsolidation IV 296; — von Grundstücken VI

240; — siehe auch „Vereinigung, Zusammentreffen".
Konsolidationssystem bei allgemeiner Gütergemeinschaft IV 374.
Konstitutum IIb 703.
Konsul: Eheschließung vor dem K. VI 49; — Zuständigkeit zur Aufnahme von Rechtsgeschäften VI 44; — Errichtung letztwilliger Verfügungen V 3, 524; — Zuständigkeit, Verfahren bei Errichtung letztwilliger Verfügungen VI 125; — Gerichtsbarkeit in Vormundschaftssachen IV 986; — vormundschaftliche Stellung nach Staatsverträgen VI 77.
Konsulargerichtsbezirk: Eheschließung im K. IV 25, VI 127; — mündelsichere Anlage IV 1049; — Testamentserrichtung im K. V 554; — Inkrafttreten des BGB. VI 3; — anzuwendendes Recht VI 26.
Konsulatsgesetz: Aenderung VI 124.
Konsumtibilien I 266.
Kontinuation IV 296.
Kontokurrentverhältniß: Abrechnung, Saldofeststellung IIb 756.
Kontokurrentverkehr IIa 253; — Verzinsung von Ueberschüssen IIa 22.
Kontokurrentvertrag IIa 211.
Kontrahirungszwang I 419, 421.
Kontrollmarken IIb 813.
Konvaleszenz von Verfügungen Nichtberechtigter I 513; — von Verfügungen Nichtberechtigter in Folge Beerbung durch den Berechtigten V 166.
Konventionalstrafe IIa 177; — (siehe Näheres unter „Vertragsstrafe"); — Einfluß der Anfechtung des Hauptgeschäfts I 412; — für Verlöbnißbruch IV 14.
Konversion nichtiger Rechtsgeschäfte I 408.
Konvertirung von Staatsschulden VI 223.
Konvertirungsprämieen: Bezugsrecht des Nießbrauchers III 339.
Konzertbillet: rechtliche Natur IIb 447.
Konzessionirung juristischer Personen I 119.
Kopfbäume III 155.
Kopftheilung bei der Erbfolge der Abkömmlinge V 24, 26.
Koppen der Pferde, Esel, Maulesel, Maulthiere, Gewährfrist IIb 131.
Körper, Körperstücke des Menschen, Sacheigenschaft, Verkehrsfähigkeit I 263; — kein Anspruch auf körperliche Untersuchung des Gegners IIb 816.
Körperliche Gebrechen: Einfluß auf die Geschäftsfähigkeit I 328; — Pflegschaft wegen k. G. IV 1204; — siehe auch „Gebrechliche, Gebrechlichkeit".
Körperliche Gegenstände I 262.
Körperschaften: Begriff I 121; — Unterschied von der Stiftung I 121, 225; — gesetzliches Erbrecht an Stelle des Fiskus VI 271; — K. des öffentlichen Rechts, Haftung für Handlungen ihrer Vertreter I 250; — Konkurs I 171; — Erwerb des Vermögens eines aufgelösten Vereins I 177, 180, VI 201; — Schuldverschreibungen derselben, Mündelsicherheit IV 1048, 1051; — landesgesetzliche Vorschriften hinsichtlich der Ausstellung von Schuldverschreibungen, hinsichtlich des Anspruches aus abhanden gekommenen oder vernichteten Zins-, Renten- und Gewinnantheilscheinen VI 225; — hinsichtlich der Umschreibung und Kraftloserklärung VI 226; — gesetzliche Sicherungshypothek VI 212; — Rechtsfähigkeit ausländischer, öffentlicher K. VI 41.
Körperverletzung: Schadensersatzpflicht IIb 857, 858; — Ersatzpflicht für Schäden im Erwerb und Fortkommen IIb 937; — wegen Aufhebung oder Minderung der Erwerbsfähigkeit, Vermehrung der Bedürfnisse IIb 937; — Ersatz von Schäden im Erwerb und Fortkommen IIb 937; — Ersatzpflicht gegenüber Dritten für entgehende Dienste IIb 949; — Einfluß des Mitverschuldens des Verletzten IIb 951; — Verhältniß mehrerer Verantwortlicher IIb 934; — Entschädigung wegen nicht vermögensrechtlichen Schadens IIb 952; — K. durch Einsturz eines Gebäudes oder Werks oder Ablösung von Theilen: Haftung des Besitzers und Vorbesitzers IIb 918; — des dinglich oder persönlich Berechtigten IIb 922; — des Unterhaltspflichtigen IIb 923; — K. durch Thiere IIb 903, 910, 913; — Haftung nach dem Haftpflichtgesetz VI 131; — Strafantragsrecht wegen K. einer Ehefrau VI 117.
Korrealhypothek III 370.
Korrealobligation IIa 320.
Korrespektives Testament V 577.
Kostbarkeiten: Haftung des Gastwirths für eingebrachte K. IIb 590; — Hinterlegung zur Erfüllung IIa 237; — Hinterlegung zur Sicherung des Nachlasses V 93, 97; — des Kindes: Hinterlegung IV 798; — K. des Mündels: Hinterlegung IV 1069; — Genehmigung des Vormundschaftsgerichts zu Verfügungen darüber IV 1062, 1070.
Kosten: Aufrechnung zunächst auf Kosten IIa 267; — K. als Theilleistung IIa 58; — Tilgung der K. durch Theilleistung vor der Hauptsache IIa 229; — Verjährung der K. mit der Hauptforderung I 578; — Rückerstattung mit Unrecht erhobener Verfahrenskosten IIb 825, VI 229; — K. der Abmarkung von Grundstücken III 146; — des Angebots, der Aufbewahrung und Erhaltung des geschuldeten Gegenstandes IIa 122; — der öffentlichen Aufforderung der Erben zur Anmeldung ihrer Erbrechte V 110, 111; — der öffentlichen Aufforderung der Nachlaßgläubiger zur Anmeldung ihrer Forderungen V 320; — der Auflassung beim Kauf IIb 51; — der Ausstellung neuer Schuldverschreibungen IIb 793; — der Beerdigung des Erblassers V 130; — der Beerdigung von Verwandten IV 675; — der Beurkundung des Kaufs von Grundstücken,

Grundstücksrechten IIb 51; — K. der Erneuerung für kraftlos erklärter Schuldverschreibungen IIb 798; — der Erziehung und Vorbildung zu einem Berufe IV 666; — der Erhaltung des eingebrachten Gutes der Frau IV 189; — bei Errungenschaftsgemeinschaft IV 458; — des Fruchtbezugs I 288; — der Fütterung von Thieren bei der Wandelung IIb 137; — der Geldzahlung IIa 68; — K., für welche die Hypothek haftet III 393; — Uebertragung rückständiger Kostenansprüche III 460, 462, 464; — Vermerk der Zahlung auf dem Hypothekenbrief III 436; — Erlöschen der Hypothek für K. III 496; — K. der Erhaltung, Nutzung und Verwaltung bei Gemeinschaft IIb 669; — der Gewinnung von Nutzungen des eingebrachten Gutes der Frau IV 189; — bei Errungenschaftsgemeinschaft IV 458; — der Gewinnung der Nutzungen des Kindervermögens, der Erhaltung desselben IV 773; — der Grundbuchberichtigung III 111; — der Herausgabe von Sachen III 245; — der Hinterlegung IIa 246; — der Inventarerrichtung über den Nachlaß V 212, 223; — K. der Kündigung und Rechtsverfolgung: Haftung des Bürgen IIb 710; — Zahlung an den Vormund IV 1063; — Haftung der Hypothek III 393; — Haftung des Pfandes III 556; — K. der Mahnung IIa 108; — der Mängelanzeige beim Viehkauf IIb 138; — der Nachlaßverwaltung, Deckung V 181, 192; — des Nachlaßverzeichnisses des Testamentsvollstreckers V 509; — des Vorerben V 392; — der Nutznießung des eingebrachten Gutes der Frau IV 189; — bei Errungenschaftsgemeinschaft IV 458; — der Abnahme des Offenbarungseides IIa 50; — der Abnahme des Offenbarungseides des Erben V 228; — des Pfandverkaufs III 556; — der Quittung IIa 232; — eines Rechtsstreits der Ehefrau: Haftung des eingebrachten Gutes IV 241, 245; — des Ehemanns gegenüber der Frau IV 194; — Haftung des Vorbehaltsgutes im Verhältniß der Eheleute unter sich IV 249, 252; — bei Rechtsstreitigkeiten unter den Ehegatten IV 251; — Haftung bei allgemeiner Gütergemeinschaft gegenüber Dritten IV 334; — im Verhältniß der Ehegatten unter sich IV 339; — bei Errungenschaftsgemeinschaft IV 459; — Haftung des überlebenden Ehegatten IV 410; — Prozeßkosten der Frau keine Unterhaltskosten IV 133; — K. des Rechtsstreits über eingebrachtes Gut IV 182; — bei Errungenschaftsgemeinschaft IV 452; — K. eines Rechtsstreits der Ehegatten bei allgemeiner Gütergemeinschaft IV 336; — bei Errungenschaftsgemeinschaft IV 463, 465, 467, 469; — K. eines Rechtsstreits des Kindes IV 773; — Haftung im Verhältniß zwischen Kind und Gewalthaber IV 782; — des Rechtsstreits zwischen Kind und Gewalthaber IV 782; — K. in Prozessen des Testamentsvollstreckers V 504; — K. der Sicherheitsleistung des Gewalthabers IV 807; — des Vormunds IV 1122; — von Sicherungsmaßregeln für den Nachlaß V 103; — K. der thierärztlichen Untersuchung und Behandlung und der Tödtung eines Thieres IIb 137; — der Todeserklärung V 131; — K. der Uebergabe der Kaufsache IIb 51, 53; — der Uebertragung eines Rechts IIb 51; — des Unterhalts des Kindes IV 777; — K. der Versendung der Kaufsache IIb 51, 53; — der Versteigerung oder des freihändigen Verkaufs zur Hinterlegung nicht geeigneter Sachen beim Verzug des Gläubigers IIa 251; — der Gewinnung von Früchten des Vermächtnißgegenstandes V 452; — der Vorlegung von Sachen und Urkunden IIb 821; — K. in Vormundschaftssachen IV 991; — des Wirthschaftsplanes für den Vorerben V 393.

Kostenvoranschlag: Vergütung IIb 453; — K. beim Werkvertrag, Ueberschreitung IIb 487.

Kostenvorschuß für die Pflegschaft zum Zweck gerichtlicher Geltendmachung von Nachlaßverbindlichkeiten V 104; — für Prozesse der Ehefrau im gesetzlichen Güterstand IV 196; — bei allgemeiner Gütergemeinschaft IV 335; — bei Errungenschaftsgemeinschaft IV 459; — bei Fahrnißgemeinschaft IV 492; — für den Scheidungsprozeß der Ehefrau IV 520; — Leistung durch den Gewalthaber für das Kind IV 774.

Kostkinder: Verjährung der Ansprüche aus dem Halten von K. I 541.

Koupons: Inhaberpapiere IIb 778; — K. der preuß. Rentenversicherungsanstalt IIb 779; — Emissionsfreiheit neuer Kouponsbögen IIb 786.

Kraftloserklärung von Anweisungen ausgeschlossen IIb 767; — des Erbscheins V 746; — des Hypothekenbriefes III 464; — von Legitimationspapieren nach Landesrecht VI 227; — K. von qualifizirten Legitimationspapieren IIb 812, 814; — vor Inkrafttreten des BGB. ausgegebener qualifizirter Legitimationspapiere VI 322, 323; — von Schuldverschreibungen auf den Inhaber IIb 794; — Erneuerung für kraftlos erklärter Schuldverschreibungen IIb 798; — auf die Kr. von Schuldverschreibungen auf Sicht, Zins-, Renten- und Gewinnantheilscheinen anzuwendendes Recht VI 320; — Beendigung eines zur Zeit des Inkrafttretens des BGB. anhängigen Verfahrens VI 323; — K. von Sch. eines Bundesstaats oder öffentlicher juristischer Personen VI 226; — der Vollmachtsurkunde I 490, 493, 496; — des Zeugnisses über Ernennung eines Testamentsvollstreckers V 520, 758; — des Zeugnisses über Fortsetzung der Gütergemeinschaft IV 423.

Krankenhäuser: Verjährung ihrer Ansprüche I 537.

Krankenkassen: Anrechnung von Krankengeldern auf die Vergütung des Dienstpflichtigen IIb 406; — Aufrechnung mit geschuldeten Beiträgen IIa 264.
Krankenversicherung: Angehöriger IV 124; — des Dienstpflichtigen: Einfluß auf die Vergütung im Krankheitsfalle IIb 406, 409; — auf die Pflicht zur Krankenpflege IIb 410, 414.
Krankheit: Ablehnung der Vormundschaft wegen K. IV 1017; — Entlassung des Vormund wegen K. IV 1169; — K. als Eheanfechtungsgrund IV 82; — K. des Dienstpflichtigen IIb 410; — der Frau: Ersetzung ihrer Zustimmung zu Rechtsgeschäften des Mannes im gesetzlichen Güterstand IV 177; — bei allgemeiner Gütergemeinschaft IV 319; — des Mannes: Entbehrlichkeit der Zustimmung zu Rechtshandlungen der Frau IV 222; — Ersetzung seiner Zustimmung zu Verträgen der Frau über persönliche Leistungen IV 128; — Vornahme von Rechtsgeschäften durch die Frau bei allgemeiner Gütergemeinschaft IV 322; — Testamentserrichtung an einem wegen Kr. abgesperrten Ort V 554; — zeitliche Beschränkung der Wirksamkeit V 556.
Krankheitskosten: Theil des Unterhalts IV 133.
Kreationstheorie IIb 776, 780.
Krebse: Eigenthumserwerb an K. VI 181.
Kredit: Aufnahme von Geld auf den K. des Kindes IV 753, 755, — des Mündels IV 1073, 1081; — allgemeine Ermächtigung des Vormundes hiezu IV 1087.
Kreditanstalten: Hypothek für Darlehen derselben III 381, 385; — Verzinsung rückständiger Zinsen IIa 21; — Mündelsicherheit von Werthpapieren kommunaler K. IV 1048, 1051; — Vorrang ihrer Meliorationsdarlehen VI 248; — landschaftliche und ritterschaftliche VI 309.
Kreditauftrag IIb 728.
Kreditbrief IIb 730, 759.
Kreditkundigungsvertrag: rechtliche Natur IIb 448.
Kreditgefährdung: Schadensersatzpflicht IIb 870; — Haftung für Schäden aus solcher IIb 937.
Kreditiren an Minderjährige I 320.
Kreditkauf IIb 5, 14.
Kreditvertrag IIb 360.
Kreisregierung: Beschwerdeinstanz bei Anfechtung des Einspruchs gegen Eintragung eines Vereins I 212; — bei Entziehung der Rechtsfähigkeit des Vereins I 176; — Einspruchsrecht gegen Eintragung eines Vereins I 203.
Kreisverbände: Haftung für Beamte VI 189.
Kriegsgefangene auf Schiffen: letztwillige Verfügungen V 522, 555, VI 138; — Todeserklärung I 101.
Kriegsgerichtsräthe: Errichtung letztwilliger Verfügungen vor K. V 522.
Kriegsleistungsgesetz: Rechte Dritter an der Entschädigung für Entziehung ꝛc. von Sachen VI 146.
Kriegsverschollenheit I 100; — Zeitpunkt des Todes I 106; — bisheriges Recht VI 298.
Kulturrenten: Landesrecht VI 248.
Kumulative Schuldübernahme IIb 709.
Kündigung: rechtliche Natur I 296; — Zulässigkeit einer Bedingung I 446; — Verjährung von K. abhängiger Ansprüche I 547; — Unterschied vom Rücktritt vom Vertrag IIa 190; — K. des Auftrags IIb 536; — des Darlehens IIb 372; — von Darlehen der Frau im gesetzlichen Güterstand IV 225; — K. des Dienstverhältnisses: rechtliche Natur, Form, Arten IIb 423; — ordentliche IIb 425; — Kündigungsfristen: regelmäßige IIb 427; — bei Dienstleistungen höherer Art IIb 428; — bei den Dienstverhältnissen ohne eine nach Zeitabschnitten bemessene Vergütung IIb 430; — vorzeitige lebenslänglicher und mehr als fünfjähriger Dienstverhältnisse IIb 431; — außerordentliche IIb 432; — bei Dienstleistungen höherer Art IIb 436; — Einfluß der außerordentlichen Kündigung auf die zu leistende Vergütung IIb 437; — K. des Dienstverhältnisses mit Dienstboten IIb 388; — Rechtsverhältniß nach ungerechtfertigter Kündigung IIb 440; — K. eines Dienstverhältnisses der Frau durch den Mann IV 128; — der Erbengemeinschaft V 290; — Anordnung einer Kündigungsfrist durch den Erblasser V 294; — K. der Forderung: Voraussetzung des Verzugs des Gläubigers IIa 117, — des Schuldners IIa 101, 102; — Haftung der Bürgen für Kosten der K. IIb 710; — K. durch einen Gesammtgläubiger IIa 345; — gegenüber einem Gesammtschuldner IIa 336, 338; — K. bei Theilschuldverhältnissen IIa 329; — durch den neuen Gläubiger nach Abtretung der Forderung IIa 295; — durch den Nießbraucher III 333; — K. im Falle des Nießbrauchs an einer auf Zinsen ausstehenden Forderung III 336; — Haftung des Pfandes für die Kosten der K. III 556; — einer Forderung des Kindes gegen den Vater IV 713; — von Forderungen des Mündels IV 1061; — K. wegen hohen Zinssatzes IIa 20; — K. der Gemeinschaft IIb 670; — der Gesellschaft durch einen Gesellschafter IIb 635; — Fortsetzung der G. unter den übrigen Gesellschaftern IIb 649; — K. durch einen Gläubiger der G. IIb 639; — K. der Geschäftsführung durch einen Gesellschafter IIb 615, 617; — K. der Vertretungsmacht durch denselben IIb 623; — K. des Gesindevertrags IIb 388; — K. des Grundschuldkapitals III 533; — durch den Vorerben V 382, 384; — Befreiung von Beschränkungen des Kündigungsrechts durch den Erblasser V 385, 402, 403; — K. der Hypothekforderung: Wirksam-

keit für die Hypothek, Bestellung eines Vertreters des Eigenthümers zur Entgegennahme der K. III 430; — Wirksamkeit der K. gegenüber dem neuen Gläubiger nach Forderungsübertragung III 456; — Vorlage des Hypothekenbriefs und sonstiger Erwerbsurkunden bei der K. III 462; — Aenderung der Kündigungsbedingungen III 395; — Haftung des Grundstücks für die Kosten III 393; — K. durch den Vorerben V 382, 384; — Befreiung von Beschränkungen des Kündigungsrechts V 385, 402, 403; — Untersagung und Beschränkung der Ausschließung der K. VI 247; — K. der Leihe IIb 358; — K. des Mäklervertrags IIb 496; — K. der Miethe IIb 282, 283; — rechtliche Natur IIb 283; — Zulässigkeit und Form IIb 284; — Fristen IIb 286; — vereinbarte Fristen IIb 289; — vorzeitige K. der mehr als dreißigjährigen Miethe IIb 292; — Fristen bei v. K. IIb 286; — beim Tode des Miethers IIb 295; — bei Versetzung IIb 296; — außerordentliche K. des Miethers: wegen Nichtgewährung oder Entziehung der Sache IIb 227, 231; — Verlust des Kündigungsrechtes IIb 236; — wegen Gesundheitsgefährlichkeit IIb 233; — wegen Verweigerung der Erlaubniß zur Untermiethe IIb 242; — K. des Vermiethers wegen Miethzinsrückstand IIb 256; — wegen vertragswidrigen Gebrauchs der Sache IIb 253; — K. des vom Nießbraucher begründeten Miethverhältnisses III 320; — eines vom Ehemann am eingebrachten Güte der Frau begründeten Miethverhältnisses IV 267, 484; — eines vom Vorerben begründeten Miethverhältnisses durch den Nacherben V 398, 402; — K. der Pacht IIb 345; — Ausschluß der K. wegen Verweigerung der Genehmigung der Unterpacht IIb 346; — des vom Nießbraucher begründeten Pachtverhältnisses III 320; — eines vom Ehemann am eingebrachten Gut der Frau begründeten Pachtverhältnisses IV 267, 484; — eines vom Vorerben begründeten Pachtverhältnisses durch den Nacherben V 398, 402; — K. von Rechtsverhältnissen der Frau zu Dritten durch den Mann IV 128; — Ausschluß des Kündigungsrechts IV 128; — Einfluß der K. des Dienstvertrags auf die Vergütung IIb 440; — von Rechtsverhältnissen durch den Testamentsvollstrecker V 494; — K. der Rentenschuld III 541; — durch den Vorerben V 382, 384; — Befreiung von der Beschränkung des Kündigungsrechts durch den Erblasser V 385, 402, 403; — K. des Amts des Testamentsvollstreckers V 518; — der Sicherungshypothek III 513; — K. der Vereinsmitgliedschaft I 167; — K. der verpfändeten Forderung III 622; — Recht des Gläubigers auf K. und Zustimmung zur K. III 624; — Vereinbarung über die K. III 623; — verpfändeter Inhaber- und Ordrepapiere III 633; — der Vollmacht I 486; — K. des Werkvertrags IIb 485; — bei Ueberschreitung des Kostenvoranschlags IIb 487; — K. des auf eine Geschäftsbesorgung gerichteten Dienst- oder Werkvertrags IIb 545.

Kundschaft: Kauf einer K. IIb 9.

Künftige Forderungen: Hypothek hiefür III 373; — Pfandrecht an beweglichen Sachen III 544; — Rang des Pfandrechts III 555.

Künftige Leistung: Klage auf k. L. während schwebender Bedingung I 459; — Klage auf k. L. von Leibrenten IIb 683; — Klage auf k. L. der Geldrente wegen unerlaubter Handlungen, spätere Aenderung der Rente IIb 940, 948, 950.

Künftige Sachen: Verpfändung III 546.

Künftige Verbindlichkeiten: Bürgschaft hiefür IIb 704, 705.

Künftiges Vermögen: Vertrag über solches IIa 131.

Kunstgewerbetreibende, Künstler: Verjährung ihrer Ansprüche I 536, 540.

Künstlerische Vereine I 135.

Künstliche Ersatzmittel von Körpertheilen I 263.

Kurhessisches Fürstenhaus: Autonomie VI 163; — erbrechtliche Beziehungen V 2; — Familienrecht IV 3; — Scheidungsrecht IV 521.

Kurkosten: Gegenstand der Unterhaltspflicht der Ehegatten IV 133.

Kurpfuscher: Verjährung ihrer Ansprüche I 540.

Kursmäkler IIb 495.

Kurswerth: Begriff IIa 17; — Voraussetzung der Tauglichkeit von Werthpapieren zur Sicherheitsleistung I 595; — Beschränkung der Sicherheit auf drei Viertel des K. bei Werthpapieren I 596, — bei Buchforderungen I 597.

Kürzung des Antheils eines Abkömmlings an der fortgesetzten Gütergemeinschaft IV 430, 436; — der einem Vermächtnißnehmer auferlegten Auflage V 454; — des von einem Vermächtnißnehmer zu entrichtenden Vermächtnisses V 443, 454; — K. mit Rücksicht auf Pflichttheile V 676, 682; — Bestimmung der Rangordnung durch den Erblasser für den Fall der K. V 457.

Kutscher: Haftung für dessen Verschulden IIb 895.

L.

Lagergeschäft, kaufmännisches IIb 569; — Lagerung vertretbarer Sachen IIb 583; — Rückgabe des Gutes IIb 579.

Lagerhalter: Besitzvermittelung III 35; — Vergütung desselben IIb 569, 572; — Fälligkeit derselben IIb 581; — Ersatz seiner Aufwendungen IIb 576; — gesetzliches Pfandrecht III 597.

Lagerscheine auf Inhaber IIb 779, 786.

Landesbeamte: Begriff, Haftung aus Amtspflichtverletzungen IIb 926; — Haftung des

Staats IIb 933; — Genehmigung zur Eheschließung IV 47, 48.
Landesgesetze: Verhältniß zum BGB. VI 151; — fortdauernde Geltung, Erlassung neuer VI 9; — Abänderung VI 382; — Ergänzung aus dem BGB. hinsichtlich privatrechtlicher Vorschriften VI 9; — Aufhebung privatrechtlicher Vorschriften der L. VI 158; — Eintragung von Grunddienstbarkeiten ins Grundbuch VI 335; — Maßregeln gegen Strafunmündige VI 111, 113; — Verehelichungszeugniß für Ausländer VI 48; — Verwaltungsstreitverfahren in Vereinssachen I 175.
Landesgewohnheitsrecht VI 7, 8.
Landesherr: Verleihung der Rechtsfähigkeit an Vereine I 140.
Landesherrliche Genehmigung der Stiftung I 234.
Landesherrliche Verordnungen, betr. Grundbuchanlegung VI 332; — betr. Nichteintragung von bestehenden gesetzlichen Pfandrechten, von Mieth- und Pachtrechten im Grundbuch VI 336.
Landesherrn, Landesherrliche Familien: Annahme an Kindesstatt IV 942; — Autonomie VI 163; — Eherecht IV 22; — Eheschließung im bayerischen Königshaus IV 22; — Aufgebot vor Eheschließung IV 52; — Stellvertretung bei Eheschließung IV 53; — erbrechtliche Verhältnisse V 2; — Familienrecht IV 2; — Beschränkung der Geschäftsfähigkeit der Mitglieder I 313; — Legitimation unehelicher Kinder IV 911; — Pflegschaften IV 1200; — Vormundschaften IV 991; — Scheidungsrecht IV 521, 523.
Landesjustizverwaltung: Bestimmung der Zuständigkeit zur Führung des Güterrechtsregisters IV 506.
Landeskirche, katholische: rechtliche Natur I 251.
Landesprivatrecht: Verhältniß zum BGB. I 13.
Landesrecht: internationales Landesprivatrecht VI 20, 25; — Aufhebung des Landesprivatrechts VI 151, 158; — Vorbehalte zu Gunsten des L. I 5; — juristische Personen des L. I 120.
Landesregierung: Befreiung von Erfordernissen der Annahme an Kindesstatt IV 948; — Befreiung von Ehehindernissen IV 61, 62; — Ehelichkeitserklärung IV 919.
Landgefahr: Todeserklärung I 104; — Zeitpunkt des Todes I 106.
Landgut: Festsetzung des Ertragswerthes VI 269; — Herausgabe des L. der Frau nach Beendigung der eheherrlichen Verwaltung IV 264, 266; — bei Beendigung der Errungenschaftsgemeinschaft IV 483; — Herausgabe an den Nacherben V 398, 400; — Herausgabe nach Beendigung des Nießbrauchs III 320; — L. des Kindes, Theilung der Erzeugnisse bei Beendigung der elterlichen Nutznießung IV 785; — Pacht: Theilung der Erzeugnisse bei Beendigung IIb 343; — Herausgabe des L. nach Beendigung der Pacht auf Grund Schätzung IIb 344; — Verpachtung eines zum eingebrachten Gut gehörigen L. durch die Ehefrau IIb 326; — Pachtung und Verpachtung eines L. des Mündels durch den Vormund IV 1073, 1080, 1187; — Uebernahme eines zum Gesammtgut gehörigen L. durch einen Abkömmling oder den überlebenden Ehegatten IV 434; — letztwillige Anordnung der Uebernahme durch einen Miterben, Ertragswerth V 299; — Uebernahme durch einen pflichttheilsberechtigten Erben V 654; — Zubehör I 280, 281.
Landrath, preußischer: Einspruch gegen Eintragung eines Vereins I 203.
Landrenten- und Landeskulturrentenanstalt, sächsische VI 254.
Landsässiger Adel, Autonomie VI 164.
Landschaften: Sonderrecht in Betreff des Verfahrens bei Löschung von Landschaften VI 311.
Landschaftliche Kreditanstalten VI 309.
Landtagsmitglieder: civilrechtliche Verfolgung wegen unerlaubter Handlungen in Ausübung ihres Berufes IIb 874.
Landwirthschaftlicher Betrieb eines Minderjährigen I 324.
Landwirthschaftliche Erbgüter VI 167.
Landwirthschaftliche Erzeugnisse: Theilung bei Beendigung der Pacht IIb 343; — Theilung bei Beendigung der Pacht an Grundstücken des Kindes IV 785; — Theilung bei Eintritt der Nacherbfolge V 400; — Verjährung der Ansprüche wegen Lieferung l. E. I 536, 537, 540; — Zubehöreigenschaft I 280, 282.
Landwirthschaftliches Grundstück: Herausgabe III 258; — Herausgabe durch den Nießbraucher III 320; — Herausgabe von Gr. der Frau nach Beendigung der eheherrlichen Verwaltung IV 264, 266; — bei Beendigung der Errungenschaftsgemeinschaft IV 483; — Herausgabe durch den Vorerben V 398, 400; — Pacht: Aenderung in der wirthschaftlichen Bestimmung der Gr. durch den Pächter IIb 331; — Ausbesserungspflicht des Pächters IIb 330; — Fälligkeit des Pachtzinses IIb 332; — Pfandrecht des Verpächters IIb 332; — Rückgabe IIb 340; — Ausgleichung zwischen Pächter und Verpächter hinsichtlich der Kosten der Erzeugung von Früchten bei Beendigung der Pacht während des Pachtjahres IIb 341; — siehe auch „Landgut"; — Theilung der Früchte nach Beendigung der elterlichen Nutznießung IV 785; — Verbände zur Nutzung derselben VI 306.
Landwirthschaftliches Inventar: Zubehöreigenschaft I 281.
Landwirthschafttreibende: Verjährung ihrer Ansprüche I 536, 537, 540.
Lasten: Vertheilung auf successiv Verpflichtete I 290; — L. des eingebrachten Gutes beim gesetzlichen Güterstand IV

191; — bei Errungenschaftsgemeinschaft IV 458; — Haftung des Gesammtgutes für Lasten des eingebrachten Gutes IV 463; — L. des eingebrachten G. bei Fahrnißgemeinschaft IV 493; — der Erbschaft im Falle der Nacherbschaft V 393; — Erstattung an den Erbschaftsbesitzer V 258; — Verpflichtung zur Tragung der auf Erbschaftsgegenständen ruhenden L. bei Nacherbfolge V 393; — L. des gemeinschaftlichen Gegenstandes IIb 669; — des Gesammtgutes der allgemeinen Gütergemeinschaft IV 328; — (siehe auch Gesammtgutsverbindlichkeiten); — der fortgesetzten Gütergemeinschaft IV 390; — der Errungenschaftsgemeinschaft IV 458, 463; des Kindervermögens bei elterlicher Nutznießung IV 773; — des Vermächtnißgegenstandes: Anspruch auf Beseitigung V 430; — Haftung für die Lasten: beim Erbschaftskauf V 772, 773; — einer Sache: Ersatz hiefür bei Herausgabe der Sache an den Eigenthümer III 256; — Haftung für die Lasten beim Kauf IIb 41, 46; — bei der Miethe IIb 237; — bei der Pacht IIb 327; — Tragung beim Nießbrauch III 315.

Laudatio auctoris durch den unmittelbaren Besitzer III 37.

Lazarethbeamte, Testamentserrichtung vor L. VI 138.

Leben: Gefahr für das L. des Dienstpflichtigen IIb 415; — Ersatzpflicht wegen widerrechtlicher Verletzung IIb 857; — Voraussetzung für den Erbschaftsanfall V 14; — für den Anfall der Nacherbfolge V 15, 376; für den Vermächtnißanfall V 15, 427.

Lebende Geburt I 29.

Lebensalter: Berechnung I 517; — Ablehnungsgrund für die Vormundschaft IV 1017; — Entlassungsgrund IV 1169; — L. bei der Annahme an Kindesstatt IV 947; — erforderliches L. für die Testamentserrichtung V 525; — L. der Testamentszeugen V 538.

Lebensbedarf IV 666.

Lebensberuf: Ausgleichungspflicht mit Aufwendungen für die Vorbildung V 300, 309; — Kosten der Vorbildung Theil des Unterhalts IV 666; — beim unehelichen Kinde IV 876.

Lebensdauer, vermuthete, bei der Todeserklärung I 97.

Lebensfähigkeit I 29; — Voraussetzung des Erbschaftseinfalles V 15.

Lebensgefahr, gemeinsame, Todesvermuthung I 111; — Verschollenheit nach Lebensgefahr I 100, 102, 104.

Lebensgefährliche Erkrankung eines Verlobten: Unterlassung des Aufgebots IV 21, 50; — kirchliche Eheschließung VI 140.

Lebensgemeinschaft, eheliche: Pflicht hiezu IV 114; — Maß für den Unterhalt IV 132; — Freiheit der Frau in Bezug auf Dienstverträge während der Trennung IV 128.

Lebensmittel: Verjährung der Ansprüche aus der Lieferung von L. I 540.

Lebensnachstellung: Ehescheidungsgrund IV 528; — anzuwendendes Recht VI 358; — L. gegenüber Verwandten IV 536; — Grund zur Pflichttheilsentziehung V 697, 698, 701.

Lebensvermuthung nach bisherigem Rechte I 92, 93, VI 299, 304; — nach geltendem Rechte I 94, 110.

Lebensversicherung, Bestandtheil des eingebrachten Gutes bei Errungenschaftsgemeinschaft IV 449.

Lebensversicherungspolice: Verpfändung III 546.

Lebensversicherungssumme, Nachlaßbestandtheil V 13.

Lebensversicherungsvertrag zu Gunsten eines Dritten IIa 167.

Lebenswandel, schlimmer, Enterbungsgrund V 697, 701.

Lebenszeit: Dienstverhältniß für L. IIb 431; — Gesellschaft für L. IIb 638; — Miethvertrag für L. IIb 293; — Leibrente für L. IIb 683.

Legalitätsprinzip im Grundbuchrecht III 47.

Legalservituten III 121, 287; — zeitlich anzuwendendes Recht VI 327.

Legatum debiti, liberationis, nominis V 440

Legitimation: unehelicher Kinder IV 909; — maßgebendes Recht IV 911; — durch nachfolgende Ehe: Voraussetzungen IV 912, 915; — Wirkung IV 911, 912; — für die Abkömmlinge des legitimirten Kindes IV 918; — im Falle der Nichtigkeit der Ehe IV 917; — Beendigung der Vormundschaft durch L. IV 914, 1162; — elterliche Gewalt der Mutter IV 826; — Einwilligung zur Annahme des legitimirten Kindes an Kindesstatt IV 952; — Erbrecht legitimirter Kinder V 21, 22; — Familienname legitimirter Kinder I 79; — Prozessuales IV 914; — durch Ehelichkeitserklärung (siehe Näheres diese) IV 918; — Verwandtschaft durch L. IV 601; — Schwägerschaft IV 605; — Wohnsitz legitimirter Kinder I 71; — anzuwendendes Recht VI 28, 70; —Verfahren auf vor dem 1. I. 1900 abgegebene Erklärungen VI 371; — Wirkung der nach bisherigem Recht erfolgten VI 370.

Legitimationspapiere: IIb 810, 812; — qualifizirte IIb 775, 776, 812, 813; — Herausgabe bei der Nießbrauchbestellung an dem Rechte III 330; — Kraftloserklärung und Zahlungssperre nach Landesrecht VI 227; — Kraftloserklärung vor Inkrafttreten des BGB. ausgegebener VI 322, 323; — Verfügungsrecht des Vorerben V 389; — Verlust III 193; — Verpfändung III 546, 550.

Lehen: dingliche Belastung VI 168; — Veräußerungs- und Belastungsbeschränkungen VI 169; — Geltung des Landesrechts VI 166; — Erwerb von Erzeugnissen und Bestandtheilen durch den Lehenmann III 213;

— Erbfolge V 2; — Erbfolge des angenommenen Kindes IV 968.
Lehenrecht III 281.
Lehensanwärter: Anfechtung der Ehelichkeit IV 623, 626; — Pflegschaft über noch nicht erzeugte IV 1215.
Lehm: Fruchteigenschaft I 284; — Bestandtheil des Grundstücks I 272; — Vertrag über die Gewinnung IIb 325; — Gewinnung durch den Nießbraucher III 309.
Lehrer: Aufsichtspflicht IIb 899, 900; — Abtretung ihres Gehaltes IIa 296; — ordentliche Kündigung ihres Dienstverhältnisses IIb 428; — außerordentliche IIb 436; — Folge derselben IIb 437; — Kündigung der Wohnung bei Versetzung IIb 296; — Verjährung ihrer Ansprüche I 537; — vermögensrechtliche Ansprüche und Verbindlichkeiten aus dem Dienstverhältnisse VI 194; — Uebertragung ihrer Gehalts-, Wartegeldansprüche, Aufrechnung dagegen VI 197.
Lehrherr, Lehrmeister: Verjährung der Ansprüche auf Lehrgeld 2c. I 537, 541; — Aufsichtspflicht über den Lehrling IIb 899.
Lehrling: Haftung des Vaters wegen unbefugten Verlassens der Lehre VI 120, 123; — Verjährung der Ansprüche aus dem Arbeitsverhältniß I 537.
Lehrvertrag: Verhältniß zum Dienstvertrag IIb 385; — zum Werkvertrag IIb 448; — Abschluß durch den Gewalthaber IV 756; — L. zwischen Vater und Kind IV 720; — Abschluß durch den Vormund IV 1073, 1081; — Anhörung des Mündels vor der Genehmigung IV 1088.
Leibesfrucht: Pflegschaft über die L. IV 1212; — Beendigung derselben IV 1214, 1224, 1225; — civilrechtlicher Schutz I 30; — strafrechtlicher Schutz I 29; — Erbschaftsanfall V 14, 293; — Unterhaltsanspruch der Schwangeren bei Erwartung eines Erben V 106, — eines Nacherben V 406.
Leibgeding: Nießbrauch III 333.
Leibgedingsvertrag IIb 683, III 360, VI 220; — Abschluß durch den Vormund IV 1080; — Ausschluß des Rücktrittsrechts IIa 157.
Leibrente: Anwendungsgebiet der Vorschriften des BGB. IIb 682; — Begriff des Leibrentenvertrages IIb 682; — Schriftform IIb 685; — Dauer der Leibrentenverpflichtung IIb 683; — Fälligkeit IIb 684; — Verjährung rückständiger L. I 542, IIb 683; — Klage auf künftige Entrichtung IIb 683; — Anwachsung bei mehreren Berechtigten IIb 684; — Anfechtung des Leibrentenvertrags IIb 683; — Geltung des Landesrechts IIb 683; — Nießbrauch an einer L. III 333; — Unvererblichkeit des Rechts auf die L. V 11; — Bestandtheil des eingebrachten Gutes bei der Errungenschaftsgemeinschaft IV 449; — Vermächtniß einer L. V 441; — Leibrentenvertrag zu Gunsten eines Dritten IIa 167.
Leibzuchtsvertrag IIb 683, VI 220.
Leiche: Anspruch auf Exhumirung zur Untersuchung IIb 816.
Leichenverbrennung: Anordnung durch den Erblasser V 130.
Leichnam: Sacheigenschaft I 263; — Verfügungsrecht darüber V 13.
Leichtsinn: wucherische Ausbeutung I 401, 406.
Leihe: Begriff IIb 348, 350; — rechtliche Natur IIb 348; — Verhältniß zum Darlehen IIb 348, 359; — Unterschied von der Miethe IIb 205, 348; — Gegenstand der L. IIb 350; — mittelbarer Besitz des Verleihers III 35; — Pflichten des Verleihers IIb 350; — Haftung desselben IIb 352; — wegen Mängel im Recht und an der Sache IIb 353; — Veränderung und Verschlechterung der Sache IIb 354; — Art und Umfang des Gebrauchs der geliehenen Sache IIb 351, 352; — Gebrauchsrecht des Entleihers, Verbot der Weiterverleihung IIb 354; — Gebrauchspflicht IIb 355; — Lasten desselben IIb 353; — Verwendungen auf die Sache, Wegnahme von Einrichtungen IIb 353; — Beendigung des Leihverhältnisses IIb 357; — Rückgabe der Sache nach Beendigung IIb 355; — Kündigung der L. IIb 358; — gerichtliche Geltendmachung der gegenseitigen Ansprüche IIb 356; — Verjährung derselben IIb 358.
Leihgeld: Verjährung I 540.
Leihhausscheine: rechtliche Natur IIb 813; — Verpfändung IIb 815; — Uebertragung IIb 814; — Kraftloserklärung nach Landesrecht VI 228.
Leinpfad III 146.
Leistung: Inhalt IIa 8; — Arten der L. IIa 9; — Art der Bewirkung der L. IIa 9; — theilbare L. IIa 326, 342; — untheilbare L. IIa 326, 347; — theilweise L. IIa 58; — wahlweise L. IIa 53; — L. einer Gattungssache IIa 12; — unübertragbare L. IIa 277; — Wirkung der L., Erlöschen des Schuldverhältnisses IIa 216; — L. durch Dritte IIa 60; — L. aus gegenseitigen Verträgen IIa 143; — Bestimmung der L. durch das Ermessen eines Vertragschließenden IIa 138; — eines Dritten IIa 140; — nach freiem Belieben eines Dritten IIa 141; — L. unter Vorbehalt IIb 832, 835; — Verurtheilung zur L., Folge der Nichterfüllung nach Verurtheilung IIa 100; — L. nach Verjährung des Leistungsanspruches I 575; — Unmöglichkeit der L. IIa 76, 88; — bei der Alternativobligation IIa 56; — bei Gattungssachen IIa 96; — Verpfändung eines Rechts auf L. III 613; — Bewirkung der L. III 618, 623; — Wirkung der L. III 625; — L. an Erfüllungsstatt IIa 222; — beim aktiven IIa 344, — beim passiven Gesammtschuldverhältniß IIa 332; — Versprechen der L. an einen Dritten IIa 164; — bei Leistung nach dem Tode des Versprechensempfängers IIa 170; — Aenderung des Empfangsberechtigten IIa 170; — Zurück-

weisung durch den Dritten IIa 171; — Forderungsrecht des Versprechensempfängers IIa 173; — Einwendungen aus dem Vertrage IIa 171; — L. an den bisherigen Gläubiger nach Abtretung der Forderung IIa 288, 291; — an mehrere Erben während der Erbengemeinschaft V 284; — an den Mündel IV 1063; — an einen Nichtberechtigten, Rückforderung IIb 837; — an den Ueberbringer der Quittung IIa 233; — L. aus dem eingebrachten Gut der Frau IV 173, 175; — bei Errungenschaftsgemeinschaft IV 454; — wiederkehrende L. aus dem Vermögen der Frau IV 193; — rechtsgeschäftliche Verpflichtung der Frau zu einer L. IV 216; — Uebernahme der Verpflichtung der Frau zu persönlichen L. IV 128; — Vermächtniß des Anspruchs auf L. einer Sache V 434; — L. ohne Rechtsgrund IIb 826.

Leistungsansprüche des Mündels: Verfügungsrecht des Vormunds IV 1061.

Leistungsfähigkeit: Voraussetzung der Unterhaltspflicht IV 653: — keine Voraussetzung bei der Unterhaltspflicht des unehelichen Vaters IV 877.

Leistungsfrist nach Verurtheilung zur Leistung IIa 100; — aus einem gegenseitigen Vertrag IIa 157; — beim Verzug beim gegenseitigen Vertrag IIa 150, 158, 160.

Leistungsort: IIa 64; — bei Geldleistung IIa 68; — Einfluß des L. auf die Aufrechnung IIa 260; — für die Abnahmepflicht des Käufers IIb 19; — Versteigerung zur Hinterlegung nicht geeigneter Sachen am L. IIa 248; — L. für Rückgabe verwahrter Sachen IIb 579, 581; — für die Vorlegung von Sachen und Urkunden IIb 821; — für Zahlungen aus öffentlichen Kassen VI 213.

Leistungsübernahme IIa 166.

Leistungsverzug IIa 101, 102.

Leistungszeit IIa 69; — Einfluß auf den Verzug des Gläubigers IIa 117; — L. beim Darlehen IIb 372; — bei der Leihe IIb 355; — bei der Verwahrung IIb 579; — bei Verwahrung vertretbarer Sachen IIb 581.

Leiterrecht III 145.

Lesensunkundige: Beschränkung der Testirfähigkeit V 528; — Testamentserrichtung vor dem Richter oder Notar V 539; — Unfähigkeit zur Errichtung eines eigenhändigen Testaments V 551.

Letztwillige Anordnungen: Ausschließung der Fortsetzung der Gütergemeinschaft IV 425; — Ausschluß der elterlichen Nutznießung bei Zuwendungen an das Kind IV 767; — Entziehung der elterlichen Vermögensverwaltung IV 740; — Anordnungen über die Art der Vermögensverwaltung IV 742; — Anordnungen über Nachlaßauseinandersetzung V 298; — Beschränkung der Auseinandersetzung V 294; — Anordnungen in Bezug auf die Vormundschaft: Benennung des Vormunds durch den Vater oder die Mutter IV 1000, 1003; — Ausschließung von Personen von der Vormundschaft IV 1011; — A. der Eltern über die Geschäftsführung mehrerer Vormünder IV 1033; — A. befreiter Vormundschaft IV 1139; — A. in Bezug auf Einsetzung eines Familienrathes IV 1151; — Ausführung l. A. durch den Testamentsvollstrecker V 488; — Außerkraftsetzung l. A. für die Nachlaßverwaltung des Testamentsvollstreckers V 510; — Recht auf Ausführung durch den Erben V 499.

Letztwillige Stiftung I 239.

Letztwillige Verfügung: Begriff V 50; — Verbot der Errichtung V 367; — Unzulässigkeit einer vertragsmäßigen Verpflichtung zur Errichtung, Nichterrichtung, Aufhebung oder Nichtaufhebung einer l. V. V 630; — räumliche und zeitliche Statutenkollision V 524; — Errichtung in deutschen Schutzgebieten, vor Reichskonsuln V 524; — Errichtung durch Wahlkonsuln VI 125; — Erbeinsetzung V 50; — Vorbehalt der Ergänzung, Unterlassung der Ergänzung V 52, 352; — Ausschluß der Abhängigmachung der Gültigkeit von der Bestimmung eines Dritten V 328; — Bestimmung des Bedachten V 329; — unrichtige Bezeichnung V 331; — Ausschluß der Bestimmung des Bedachten durch einen Dritten V 328; — Bezeichnung in einer auf mehrere Personen passenden Weise V 338; — Bestimmung des Gegenstandes V 328; — Ausschluß der Bestimmung des Gegenstandes durch einen Dritten V 328; — Auslegung V 331, 351; — einzelne Auslegungsregeln: Bedenkung der Abkömmlinge Dritter V 337, — der Abkömmlinge des Erblassers V 335, 336, — der Armen V 338, — der gesetzlichen Erben V 334, — von Personenklassen V 337, — der Verwandten oder nächsten Verwandten V 335; — Bedingungen bei l. V.: Zulässigkeit im Allgemeinen V 339; — Bedeutung einer aufschiebenden Bedingung V 339, 341; — Bedingung einer Handlung oder Unterlassung V 339, 342; — unmögliche, unsittliche, unerlaubte Bedingungen V 340; — Vereitelung des Eintritts der Bedingung durch Dritte, durch den Bedachten V 342; — Befristung V 341; — Anerkennung V 346; — Anfechtung: Anfechtungsgründe V 344; — Wirkung V 345, 348; — Verzicht und Vergleich V 346; — Anfechtungsberechtigter V 348; — Vererblichkeit und Uebertragbarkeit des Anfechtungsrechts V 349; — Form der Anfechtung V 349; — Anfechtungsfrist V 350; — Verweigerung der Erfüllung anfechtbarer beschwerender Verfügungen nach Fristablauf V 351; — Verhältniß mehrerer l. V. zu einander V 562; — Verhältniß einer l. V. zu einem später oder früher errichteten Erbvertrag V 608; — l. V.

des Vorerben V 383; — Unwirksamkeit einzelner von mehreren Verfügungen V 352; — Einfluß der Auflösung, Nichtigkeit 2c. der Ehe oder des Verlöbnisses auf l. V. zu Gunsten des Ehegatten oder Verlobten V 343; — Ausführung durch den Erblasser V 488; — Ausschluß der Fortsetzung der Gütergemeinschaft IV 425, 436, — eines Abkömmlings von der fortgesetzten Gütergemeinschaft IV 427, 436; — Kürzung des Antheils eines Abkömmlings IV 430, 436; — Entziehung des Antheils, Beschränkung in guter Absicht IV 431, 436; — Verfügung über den freigewordenen Betrag IV 433, 436; — Einräumung des Uebernahmerechts hinsichtlich des Gesammtgutes oder einzelner Theile IV 434, 436; — Haftung von Beamten wegen Verletzung von Formvorschriften bei Errichtung IIb 928; — Wirksamkeit vor dem 1. Jan. 1900 angeordneter Verfügungsbeschränkungen VI 312; — bisheriges Recht VI 377, 378, 380.

Letztwillige Zuwendung einzelner Gegenstände V 353, — des Vermögens oder eines Bruchtheils desselben V 353, — einer Summe V 354; — l. Z. an einen Abkömmling V 336, — an die Abkömmlinge eines Dritten V 337, — an die Armen V 338, — an die gesetzlichen Erben V 334, — an die Kinder des Erblassers V 335, — an bestimmte Personenklassen V 337, — an die Verwandten V 335.

Lex commissoria IIa 205, III 571, 615; — — Verbot beim Hypothekanspruch III 444.

Liberationsregreß IIa 46.

Lieferungskauf IIb 5.

Licht: Verbauung III 131.

Lichte Zwischenräume bei Geisteskranken I 308, 309, VI 295.

Lieferungsprämie IIa 204.

Lieferungstheorie IIa 14.

Lieferungsvertrag IIb 4; — Eigenthumsübertragung beim kaufmännischen L. IIb 7.

Liegenschaftsnießbrauch III 305.

Liegenschaftsrecht: Begriff III 42.

Linien der Erbfolge V 29, 30; — der Schwägerschaft IV 604; — der Verwandtschaft IV 599.

Liquidation der Gesellschaft IIb 643; — der Stiftung I 250; — von Vereinen I 181.

Liquidationsverfahren, erbschaftliches, nach bisherigem Recht VI 375.

Liquidatoren des Vereins: Eintragung ins Vereinsregister I 222; — Anmeldepflicht I 223; — Heftung I 188.

Litispendenz: Verjährung I 535.

Locus regit actum VI 43.

Lohn: Anrechnung der Draufgabe IIa 175, 176; — L. der Dienstboten IIb 387; — der Frau: Vorbehaltsgut IV 157.

Lohnbediente: Verjährung ihrer Ansprüche I 540.

Lohnbeschlagnahme für Unterhaltsansprüche IV 645.

Lohnforderung: Aufrechnung dagegen IIa 264; — Verjährung I 537, 541.

Lohnkampf: Schadensersatzpflicht bei Verstoß gegen die guten Sitten IIb 878.

Lohnkutscher: Verjährung ihrer Ansprüche I 536.

Lohnverwirkungsklausel IIa 266.

Lohnzahlung an minderjährige Arbeiter I 321.

Lokusprinzip III 65.

Loos: Entscheidung durch L. bei der Auslobung IIb 517, 518; — bei der Aufhebung der Gemeinschaft IIb 673; — Entscheidung durch L. bei der Aufhebung der Erbengemeinschaft V 291.

Löschung im Grundbuch: Einwilligung des Berechtigten zur L. eines eingetragenen Rechts III 59; — Einwilligung des Drittberechtigten III 61; — Einfluß nach Abgabe der Löschungsbewilligung eintretender Verfügungsbeschränkung des Berechtigten III 63; — Einfluß zu Unrecht erfolgter Löschung eines Rechts auf die Verjährung III 117; — Vormerkung auf Grund eines für vorläufig vollstreckbar erklärten Urtheils auf Bewilligung der L. III 77; — Vermuthung der Richtigkeit III 90; — Verpflichtung des Grundstücksverkäufers zur L. eingetragener Rechte IIb 22; — L. der Hypothek III 435; — Vormerkung zur Sicherung des Anspruches auf Löschung III 497; — L. des Schiffspfandrechts III 605; — zu Unrecht erfolgte III 603, 604; — Verpflichtung des Verkäufers des Schiffes zur Löschung eingetragener Rechte IIb 22.

Löschungsbewilligung hinsichtlich der Hypothek III 508.

Lösungsanspruch III 256; — der Pfandleihanstalten VI 215.

Lotteriegewinn: Gegenstand der Nacherbfolge V 380.

Lotterieloos: Inhaberpapier IIb 778; — Verjährung von Ansprüchen aus dem Verkauf von L. I 536, 537, 540, IIb 698; — L. der Ehefrau IV 163; — Gewinn bei Errungenschaftsgemeinschaft IV 444, 451.

Lotteriespielgemeinschaft IIb 628.

Lotterievertrag: Voraussetzung der Verbindlichkeit IIb 694; — Nichtigkeit wegen Verstoß gegen Strafgesetze IIb 697; — Verjährung der Ansprüche aus dem Vertrieb von Lotterieloosen I 536, 537, 540, IIb 698.

Lücken des internationalen Privatrechts VI 20.

Luft: Verkehrsfähigkeit I 260.

Luftraum: Machtbereich des Grundstückseigenthümers III 124.

Luftschiffer: Verjährung ihrer Ansprüche I 540.

Lungenseuche: Gewährfrist IIb 131.

M.

Mahnung: Natur als Rechtsgeschäft I 295; — Zulässigkeit einer Bedingung I 446; — Voraussetzung des Verzuges IIa 101, 102;

— Ersatz der Kosten der M. durch den Schuldner IIa 108; — M. durch einen Gesammtgläubiger IIa 345; — durch den neuen Gläubiger nach Abtretung der Forderung IIa 295; — M. bei Theilschuldverhältnissen IIa 329; — M. bei der Hypothekforderung III 462; — bezüglich aus dem eingebrachten Gut der Frau zu erfüllender Verpflichtungen IV 225; — M. durch den Vormund IV 1062.

Mahnverfahren: Verzug nach Einleitung des M. IIa 102; — Unterbrechung der Verjährung durch Einleitung des M. I 561, 563; — Beseitigung der Wirkungen der Unterbrechung I 567; — Geltendmachung des Hypothekanspruches im M. III 440.

Mäkler: rechtliche Stellung I 466; — Verjährung ihrer Ansprüche I 540.

Mäklervertrag: Begriff und Inhalt IIb 494, 497; — rechtliche Natur IIb 384, 496; — Verhältniß zum Dienstvertrag IIb 384; — Verhältniß zum Werkvertrag IIb 448; — Pflichten des Mäklers IIb 497, 498; — Verwendung von Hülfs- und Zwischenpersonal IIb 503; — Rechte und Pflichten des Auftraggebers IIb 497, 499; — Voraussetzungen der Fälligkeit des Mäklerlohns IIb 497, 500; — stillschweigende Vereinbarung IIb 505; — Höhe des Mäklerlohns IIb 505; — richterliche Ermäßigung IIb 507; — Leistungsort IIb 504; — Ersatz von Aufwendungen des Mäklers IIb 497, 504; — Ausschluß der Ansprüche des Mäklers bei vertragswidriger Thätigkeit IIb 506; — Kündigung des M. IIb 496; — Beendigung durch den Tod des Mäklers IIb 496; — Widerruf durch den Auftraggeber IIb 499; — Vermittelung von Dienstverträgen IIb 507; — von Eheschließungen IIb 508; — Vertragsabschluß für eine unbestimmte Person IIb 505.

Malen: Verarbeitung III 207.

Mängel der Leistung: Beweislast bei der Annahme IIa 221; — M. der Leistung bei der Gattungsschuld IIa 13.

— **im Rechte**: Gewährleistung bei der Ausstattung IV 696; — Gewährleistung beim Erbschaftskauf V 770; — Gewährleistung bei Hingabe an Erfüllungsstatt IIa 225; — bei Aufhebung der Gemeinschaft IIb 681; — Gewährleistung bei der Gesellschaft IIb 607; — beim Kauf IIb 5, 24; — Ausschluß der Haftung IIb 27; — Erlassung und Beschränkung IIb 38; — Umfang IIb 30; — Beweislast IIb 38; — Geltung der Vorschriften bei anderen Veräußerungs- und Belastungsverträgen IIb 40; — Gewährleistung bei der Leihe IIb 353; — bei der Miethe IIb 225; — bei der Schenkung IIb 184; — Verweigerung der Erfüllung der Schenkungsauflage wegen Mängel IIb 189; — bei der Schenkung einer Erbschaft V 777.

— **der Sache**: Gewährleistung bei Aufhebung der Gemeinschaft IIb 681; — bei der Gesellschaft IIb 607; — bei der Hingabe an Erfüllungsstatt IIa 225; — beim Kauf IIb 70; — Wandelung oder Kaufpreisminderung IIb 82; — Schadensersatz IIb 88; — Ausschluß der Haftung IIb 79; — bei öffentlichen Versteigerungen IIb 80; — Erlaß und Beschränkung der Gewährleistungspflicht IIb 112; — Verzicht IIb 91; — einredeweise Geltendmachung IIb 117; — Ansprüche bei Gattungssachen IIb 120; — theilweise Mangelhaftigkeit der Waare IIb 108; — Gewährleistung bei anderen Veräußerungs- und Belastungsverträgen IIb 143; — Gewährleistung bei der Leihe IIb 353; — Gewährleistung bei der Miethe IIb 217, 221; — Ausschluß bei Kenntniß oder schuldhafter Unkenntniß des Miethers von den Mängeln IIb 224; — Erlaß und Beschränkung IIb 225; — Anzeigepflicht des Miethers IIb 235; — bei der Schenkung IIb 186; — Verweigerung der Erfüllung der Auflage wegen Mängel IIb 189; — beim Werkvertrag IIb 454; — Wandelung und Minderung IIb 457; — Schadensersatz IIb 461; — Ausschluß und Beschränkung der Haftung IIb 464; — Einfluß der Abnahme des mangelhaften Werks IIb 467; — des Vermächtnißgegenstandes V 449, 451; — beim Wahlvermächtniß V 424.

Mängelanzeige beim Kauf, Einfluß auf die Verjährung der Gewährleistungsansprüche IIb 117; — auf die Aufrechnung mit Schadensersatzansprüchen IIb 120; — M. bei der Miethe IIb 235; — beim Viehkauf IIb 133; — Ersatz der Kosten IIb 138.

Mängeleinrede IIb 118.

Mann: Ehemündigkeit I 33, IV 26; — siehe auch „Ehemann“.

Marineangehörige: letztwillige Verfügungen V 3, 522, 555, VI 138; — Aenderung des Gesetzes über Reliktenfürsorge von M. VI 145; — Uebernahme einer Vormundschaft IV 1015.

Marken auf den Inhaber IIb 810; — Kraftloserklärung und Zahlungssperre nach Landesrecht VI 227.

Markgenossenschaften, Märkerschaften VI 307.

Markscheider: Verjährung ihrer Ansprüche I 541.

Marktpreis: Begriff und Höhe IIb 55; — beim Differenzgeschäft IIb 698; — Verkauf des Pfandes zum M. III 565, 577; — Verzicht auf Einhaltung der gesetzlichen Form III 585; — Verkauf durch den Nichtpfandgläubiger III 584; — Verkauf eines verpfändeten Werthpapieres zum M. III 634; — Verkauf der geschuldeten Sache zum M. beim Verzug des Gläubigers IIa 250.

Marmor: Fruchteigenschaft I 284.

Maschinen: Bestandtheile eines Gebäudes I 272; — Zubehöreigenschaft I 280.

Masseschulden im Nachlaßkonkurs beim Vor-

handensein eines Testamentsvollstreckers V 476.
Materialien zum BGB. I 19.
Mauer zwischen zwei Grundstücken: Benützung III 152.
Maulesel, Maulthiere: Gewährleistung IIb 128; — Gewährmängel und -Fristen IIb 130, 131.
Maximalhypothek III 523; — Verpfändung III 610; — auf dem Vermächtnißgegenstand V 433.
Maximalpfandrecht an Schiffen III 606.
Mediatisirte Häuser, Autonomie VI 164.
Mehraufwendungen in Folge Verzugs des Gläubigers IIa 122.
Mehrfacher Wohnsitz I 60, 62; — von Militärpersonen I 68.
Mehrheit von Bedachten beim Vermächtniß: Auswahl durch den Beschwerten oder einen Dritten V 421; — von mit demselben Gegenstande Bedachten V 426; — von Besitzern III 30; — von Berufungsgründen, Annahme und Ausschlagung der Erbschaft V 76; — Umfang der Ausschlagung V 77; — M. von Beschwerten beim Vermächtniß V 417; — M. von Betheiligten: bei der Auslobung IIb 516, 518; — bei Ausübung des Rücktrittsrechts IIa 201; — bei Minderung des Kaufpreises IIb 111; — beim Vorkaufsrecht IIb 168; — beim Wiederkaufsrecht IIb 157, 158; — M. von Bürgen IIb 714; — M. von Erben V 270; — siehe auch „Miterben, Erbengemeinschaft"; — M. von Erbtheilen: Annahme und Ausschlagung V 79; — Haftung des berufenen Erben für Nachlaßverbindlichkeiten V 228; — M. von Forderungen: Aufrechnung IIa 267; — von Geschäftsherrn oder Geschäftsführern IIb 549; — M. von Gläubigern: bei theilbaren Leistungen IIa 326; — bei untheilbaren Leistungen IIa 347; — beim aktiven Gesammtschuldverhältniß IIa 343; — in Folge Abtretung der Forderung, Kosten der Quittung IIa 232; — M. von Grundstücken: Vereinigung im Grundbuch III 88; — von Hinterlegern oder Verwahrern IIb 567; — M. von Kaufobjekten: Minderung des Kaufpreises IIb 108; — Wandelung IIb 105; — Ausübung des Vorkaufsrechts IIb 163; — M. von Kindern: Ablehnung der Vormundschaft hiewegen IV 1017; — Entlassungsgrund IV 1169; — M. von Leistungen: Anrechnung von Theilleistungen IIa 227; — Wahlrecht des Schuldners (siehe auch „Wahlrecht") IIa 53; — von Pfändern: Haftung III 565; — Auswahlrecht des Pfandgläubigers III 571; — von Pfandrechten an einer Forderung III 628; — von Pflegern IV 1220; — M. von Schuldnern: IIb 317; — bei theilbaren Leistungen IIa 326; — bei untheilbaren Leistungen IIa 347; — beim Gesammtschuldverhältniß IIa 329; — M. von Testamentsvollstreckern: Führung des Amts V 517; — Haftung für Verschulden V 514; — M. von Verantwortlichen bei unerlaubten Handlungen, Schadensersatzpflicht IIb 889; — gesammtschuldnerische Haftung, Regreßansprüche unter einander IIb 934; — M. von Vormündern IV 1033; — von Vormundschaften: Ablehnungsrecht IV 1017.
Meinungsverschiedenheiten unter Ehegatten IV 119; — zwischen Eltern bei Wahrnehmung der Sorge für die Person des Kindes IV 728; — zwischen dem in der Geschäftsfähigkeit beschränkten Gewalthaber und dem gesetzlichen Vertreter des Kindes IV 813; — zwischen Vater und Pfleger IV 708; — zwischen mehreren Vormündern IV 1033, 1035, 1036; — zwischen Vormund und Pfleger IV 1030; — zwischen mehreren Testamentsvollstreckern V 517.
Meliorationsdarlehen: Vorrang III 67; — Vorrang der dafür bestehenden Grundstücksbelastungen VI 248.
Mengekauf: Ausübung des Vorkaufsrechts IIb 164.
Mentalreservation I 337; — Unterschied von der nicht ernstlich gemeinten Willenserklärung I 343, 344; — M. beim Erbvertrag, beim Testament, bei Eheschließung I 339; — im Falle von Stellvertretung I 476; — bei Eheschließung IV 69, 80; — beim Verlöbniß IV 13; — bei letztwilligen Verfügungen V 330; — beim Erbvertrag V 586; — zeitlich geltendes Recht VI 310.
Mentegemeinden VI 307.
Mergel: Gewinnung durch den Nießbraucher III 309.
Messen des Kaufgegenstandes, Kosten IIb 51.
Mexiko: Staatsvertrag mit M. VI 85.
Miethe IIb 200; — I. Allgemeines: Unterschied von ähnlichen Verträgen IIb 204; — Unterschied von der Pacht IIb 324; — vom Werkvertrag IIb 446; — Gegenstand IIb 203; — Anwendung der Vorschriften über Grundstücksmiethe auf die Miethe von Wohn- und anderen Räumen IIb 320; — — Unmöglichkeit der Leistung IIb 218; — Klagerecht aus dem Miethverhältniß IIb 210; — II. Abschluß: Form des Miethvertrags IIb 205; — über Grundstücke I 372, IIb 290; — Inhalt, Vertragsfreiheit IIb 205; — wesentliche Erfordernisse des Miethvertrags IIb 202; — rechtliche Natur IIb 207; — Auslegung der Miethverträge IIb 205; — stillschweigende Verlängerung IIb 293; — Abschluß für Lebenszeit IIb 292; — Abschluß durch den Vater IV 753, 755; — durch den Vormund IV 1073, 1080; — für den volljährigen Mündel IV 1186; — III. Rechte und Pflichten des Vermiethers: dem Vermiether verbleibende Rechte IIb 217; — Pflicht zur Gebrauchsgewährung überhaupt IIb 202, 208;

— zur Ueberlassung der Sache in geeignetem Zustande IIb 211; — zur Wiederherstellung IIb 216; — Haftung für Mängel im Recht IIb 225; — Haftung für Mängel der Sache IIb 217; — Schadensersatzpflicht wegen Mängel der Sache IIb 221; — Ausschluß der Mängelhaftung wegen unterlassener Mängelanzeige IIb 235; — Einfluß der Kenntniß des Miethers von Mängeln der Sache IIb 224; — Beschränkung der Haftung IIb 225; — Haftung beim Verkauf der Miethsache IIb 299, 306; — Lastentragung IIb 237; — Ersatzpflicht für Aufwendungen IIb 238; — Recht zur Veräußerung der Miethsache IIb 217; — zum Betreten der Miethwohnung IIb 217; — Rechte bei vertragswidrigem Gebrauch IIb 246; — Pfandrecht IIb 264; — Ersatzanspruch bei außerordentlicher Kündigung IIb 256; — Verjährung der Ersatzansprüche des Vermiethers IIb 263; — Verlust des Pfandrechts des Vermiethers durch Veräußerung der Sache III 196; — Selbsthülferecht bei Entfernung eingebrachter Sachen IIb 275; — Verbot der Untermiethe IIb 242; — mittelbarer Besitz des Vermiethers III 33; — IV. *Rechte und Pflichten des Miethers*: Pflicht zur Abnahme der Sache IIb 216; — zur Miethzinszahlung IIb 202, 208; — Anzeigepflicht von Mängeln und gefahrdrohenden Zuständen IIb 235; — Rückgabe nach Beendigung des Miethverhältnisses IIb 258; — Schadensersatzpflicht wegen Verzögerung IIb 262; — Haftung für Abnützung IIb 240; — Haftung für Nichtbenützung IIb 241; — für Verschulden Angehöriger und Bediensteter IIb 241, 246; — — für Verschulden des Untermiethers IIb 242; — Sicherheitsleistung zur Abwendung des Pfandrechtes IIb 279; — Einfluß der Veräußerung des Miethobjekts auf eine geleistete Sicherheit IIb 308; — Abtretung und Pfändung der Miethrechte IIb 245; — Tragung der Fütterungskosten eines gemietheten Thieres IIb 238; — Ersatzanspruch für Verwendungen, Wegnahme von Einrichtungen IIb 238; — Verjährung dieser Ansprüche IIb 263; — *Ansprüche* überhaupt IIb 218; — Schadensersatzanspruch des Miethers wegen Verletzung der Miethsache IIb 860; — Haftung der Vertragstheile für Verschulden Dritter IIb 211; — V. *Miethzins*: Gegenstand IIb 208; — Pflicht zur Entrichtung im Allgemeinen IIb 202, 208; — Haftung für die Entrichtung IIb 208; — Beginn der Verpflichtung IIb 209; — Fälligkeit IIb 249; — Voraussetzungen und Folgen des Verzugs IIb 256; — Zahlungsort IIb 250; — Zahlungsempfänger IIb 210, 251; — Steigerung IIb 286; — Befreiung von der Verpflichtung wegen Mängel im Recht IIb 225; — wegen Mängel der Sache IIb 218; — Einfluß der Verhinderung des Miethers an der Benützung IIb 251; — Einfluß der Veräußerung des Miethobjektes auf Verfügungen des Vermiethers über künftigen Miethzins IIb 309; — auf Rechtsgeschäfte mit dem Miether über künftigen Miethzins IIb 312; — Einfluß der Anzeige von der Veräußerung IIb 315; — Aufrechnung im Falle derselben IIb 314; — Außerordentliche Kündigung wegen Rückstandes IIb 256; — Rückgewähr gezahlten Miethzinses im Falle vorzeitiger Kündigung IIb 228, 232, 258; — Fortentrichtung nach Beendigung des Miethverhältnisses wegen nicht erfolgter Rückgabe des Miethobjekts IIb 262; — Zahlungsempfänger bei Veräußerung des Miethobjekts IIb 304; — Verjährung des Miethzinses für bewegliche Sachen I 536, 540; — für unbewegliche Sachen I 542, 543; — VI. *Beendigung*: Uebersicht der Gründe IIb 282; — Zeitablauf IIb 282; — Fortsetzung des Miethverhältnisses nach Ablauf der Miethzeit IIb 293; — Räumungsfrist VI 214; — *Ordentliche Kündigung* IIb 282; — rechtliche Natur IIb 283; — Zulässigkeit und Form IIb 284; — Fristen IIb 286; — *vorzeitige K.*: der mehr als dreißigjährigen Miethe IIb 292; — wegen Tod des Miethers IIb 295; — wegen Versetzung IIb 296; — wegen Verweigerung der Erlaubniß zur Untermiethe IIb 242; — *außerordentliche K. des Miethers*: wegen Nichtgewährung oder Entziehung des Gebrauchs IIb 227, 231; — Verlust des Kündigungsrechtes IIb 235; — wegen Gesundheitsgefährlichkeit IIb 233; — *des Vermiethers*: wegen vertragswidrigen Gebrauches IIb 253; — wegen Miethzinsrückstand IIb 256; — VII. Uebergangsbestimmungen IIb 201; — anzuwendendes Recht VI 316; — M. an der Nießbrauchsache, Einfluß der Beendigung des Nießbrauchs III 320.

Miethkaution IIb 279; — Einfluß der Veräußerung der Miethsache IIb 308.

Miethrechte: Abtretung und Pfändung IIb 245; — Nichteintragung bestehender M. im Grundbuch VI 337.

Miethsthaler IIa 174.

Miethverhältniß: *Einfluß der Veräußerung* des beweglichen Miethobjekts IIb 307; — *von Grundstücken* IIb 299; — Einfluß auf eine geleistete Sicherheit IIb 308; — auf Rechtsgeschäfte mit dem Miether über künftigen Miethzins IIb 312; — auf Verfügungen des Vermiethers über künftigen Miethzins IIb 309; — auf das Recht zur Aufrechnung IIb 314; — Wirkung der Anzeige der Veräußerung IIb 315; — wiederholte Veräußerung IIb 319; — Veräußerung vor Ueberlassung des vermietheten Grundstücks IIb 317; — Einfluß der *Belastung* des Grundstücks IIb 316, 317; — Uebergangsbestimmungen für Veräußerung und Belastung VI 318; — Begrün-

dung durch den Nießbraucher III 320; — M. an eingebrachten Grundstücken der Frau, Einfluß der Beendigung der eheherrlichen Nutznießung und Verwaltung IV 266; — bei der Beendigung der Errungenschaftsgemeinschaft IV 484; — M. an Grundstücken des Kindes IV 785; — Einfluß des Eintritts der Nacherbfolge auf ein vom Vorerben eingegangenes V 389, 401; — M. am Vermächtnißgegenstand V 433.

Miethzinsforderung: Erstreckung der Hypothek auf dieselbe III 404; — Erlöschen der Haftung durch Zeitablauf III 404, 405; — durch Einziehung oder Verfügung über die Forderung III 405; — Wirksamkeit der Aufrechnung gegenüber dem Hypothekgläubiger III 406.

Militärärzte, Testamentserrichtung vor M. VI 138.

Militärdienstpflicht: Ausgleichungspflicht mit Aufwendungen hiefür V 309.

Militärgeistliche: Testamentserrichtung vor M. VI 138.

Militärpersonen: Ablehnung der Vormundschaft IV 1019; — Abtretung von Diensteinkommen IIa 296; — Aufrechnung gegen deren Diensteinkommen IIa 264; — Eheschließung IV 26; — Eheschließungskonsens IV 47; — Kündigung bei Versetzung IIb 296; — letztwillige Verfügungen V 3, 522, VI 138; — Uebernahme des Amts eines Vormunds IV 1015, 1181; — eines Gegenvormunds IV 1025; — eines Pflegers IV 1220; — Zuständigkeit zur Eheschließung nach Mobilmachung IV 60; — Verschollenheit I 100; — Wohnsitz I 67; — mehrfacher Wohnsitz I 68.

Militärrecht: Verhältniß zum BGB. VI 155.

Minderheit: Recht auf Berufung der Vereinsmitgliederversammlung I 165.

Minderjährige: einseitige Rechtsgeschäfte der M. I 322; — elterliche Gewalt IV 706; — Einfluß der Verheirathung auf die elterliche Gewalt IV 725; — Rückkehr in die elterliche Gewalt nach Inkrafttreten des BGB. VI 362; — Entmündigung I 57; — Ermächtigung zu Dienst- und Arbeitsverträgen I 325, IIb 391; — zum Betrieb eines Erwerbsgeschäftes I 323; — Errichtung von Stiftungen I 231; — Fähigkeit zum Strafantrag VI 111, 114; — Fähigkeit zur Testamentserrichtung V 525, 526; — Testamentserrichtung vor dem Richter oder Notar V 539; — Unfähigkeit zur Errichtung eines eigenhändigen Testaments V 551; — Fähigkeit zum Vereinsvorstand I 147; — Geschäftsunfähigkeit I 307; — Beschränkung der Geschäftsfähigkeit I 311; — Wirkung derselben I 313; — Haftung von M. für Miethzinsentrichtung IIb 209; — Haftung aus unerlaubten Handlungen IIb 885, 887; — Haftung aus versäumter Aufsicht über M. IIb 898; — Handlungsfähigkeit I 33; — Kreditiren an M. I 320, IIb 360; — Lohnzahlung an M. I 321; — Spareinlagen I 314; — Erwerb und Verlust der Staatsangehörigkeit VI 128; — Untauglichkeit zum Amt des Familienrathes IV 1149, — des Gegenvormundes IV 1025, — des Pflegers IV 1220, — des Vormundes IV 1009, 1181, — zum Zeugniß bei Eheschließung IV 55; — zum Zeugniß bei Eheschließung im Ausland VI 126; — Untauglichkeit zum Zeugniß bei Testamentserrichtung V 538; — Unterhaltsanspruch IV 650, 653; — Unterhaltspflicht IV 657; — Vertragsabschluß: Genehmigung I 315; — Beweislast für dieselbe I 319; — Widerruf des Vertrags I 315, 318; — Gültigkeit ohne Genehmigung I 319; — Verschollenheit I 97, 99; — Volljährigkeitserklärung I 37; — Vormundschaft über M. IV 993; — Willenserklärungen I 313; — kein Zinsprivilegium IIa 20; — Zwangserziehung VI 265.

Minderjährige Ehefrau: keine Aufsichtspflicht IIb 899.

Minderjährige Mutter: Verhältniß zu den Kindern IV 846.

Minderung bei Annahme an Erfüllungsstatt IIa 226; — M. der Erwerbsfähigkeit: Schadensersatzpflicht IIb 937; — M. des Kaufpreises: Voraussetzungen IIb 83; — Vollzug IIb 93; — gerichtliche Geltendmachung IIb 94; — Grad der M. IIb 108; — M. bei Nebenleistungen neben dem Kaufpreis IIb 109; — bei Mehrheit von Käufern oder Verkäufern IIb 111; — Vollzug durch Minderungseinrede IIb 118; — Verzicht auf M. durch Annahme der fehlerhaften Sache IIb 91; — Schadensersatzanspruch an Stelle der M. IIb 88; — Verjährung des Anspruchs IIb 113; — Ausschluß beim Viehhandel IIb 135; — Verhältniß zur Wandelung IIb 111; — Verhältniß zum Nachlieferungsanspruch IIb 124; — wiederholte Minderung IIb 111; — M. beim Kauf von Gattungssachen IIb 121; — M. des Miethzinses: bei Mängeln der Miethsache IIb 218; — bei Mängeln im Recht IIb 225; — Verlust des Rechtes bei unterlassener Mängelanzeige IIb 233; — M. des Schadens bei unerlaubten Handlungen: Wirkung der Unterlassung IIa 39; — M. der Sicherheit für eine Forderung des Kindes IV 757; — für eine Forderung des Mündels IV 1074, 1083; — der Sicherheit für eine Forderung des Kindes gegen den Vater IV 713, — des Mündels gegen den Vormund IV 1030; — M. beim Tausch IIb 111; — M. des Werthes des Vermächtnißgegenstandes, Uebergang des Ersatzanspruchs auf den Bedachten V 430; — M. beim Werkvertrag IIb 457; — Verjährung des Anspruchs IIb 465; — M. des Werthes des Kaufgegenstandes IIb 70.

Mineralien: Vertrag über Gewinnung IIb 325; — den bergrechtlichen Vorschriften

nicht unterliegende M., Rechtsverhältnisse daran VI 180.
Mineralwasser: Fruchteigenschaft I 284.
Mißbrauch: Verleitung zum Beischlaf unter M. eines Abhängigkeitsverhältnisses, Schadensersatzpflicht IIb 874, 876; — Ersatz nicht vermögensrechtlichen Schadens IIb 952; — M. der Rechte des Ehemanns gegenüber der Frau IV 118; — der Rechte des Mannes in Bezug auf die Schlüsselgewalt IV 124, 126; — des Rechts auf eheliche Lebensgemeinschaft IV 114; — des Rechts der Sorge für die Person des Kindes IV 790; — durch die Mutter, Bestellung eines Beistandes IV 832.
Mißgeburt I 30.
Mißhandlung: Grund zur Ehescheidung IV 532; — zur Pflichttheilsentziehung V 697, 701.
Mißheirath IV 4; — Familienname der Frau IV 122; — beim hohen Adel I 24.
Mißverständniß beim Vertrag I 337, 352, 440; — bei Willenserklärungen I 352.
Mitbesitz III 4, 30; — Schutz III 30; — M. bei Einräumung des Nießbrauchs an einem Inhaber- oder Ordrepapier III 337; — Einräumung zur Begründung eines Pfandrechts III 551; — M. mehrerer Erben III 17.
Mitbieten: Verbot für den Versteigerungsbeamten und seine Gehülfen bei Zwangsverkauf IIb 61; — Wirkung der Nichtbeachtung IIb 63.
Mitbürgen: gesammtschuldnerische Haftung IIb 714; — Haftung unter einander IIb 721, 722; — Wirkung der Haftentlassung eines M. IIb 726.
Miteigenthum nach Bruchtheilen: Begriff III 275, 276; — Erwerb und Verlust III 276; — Entstehung durch Verbindung beweglicher Sachen III 205, — durch Vermischung und Vermengung III 206; — M. an vereinigten Bienenschwärmen III 225; — anzuwendendes Recht VI 326; — Erwerb von M. an einem Nachlaßgrundstück III 158; — Stellung des Miteigenthümers: Antheils- und Verfügungsrechte III 276; — Geltendmachung von Ansprüchen aus dem Eigenthum III 280; — Rechtsschutz unter einander III 280; — Wirkung von Vereinbarungen gegen den Sondernachfolger eines Miteigenthümers III 278; — kein Vorkaufsrecht des Miteigenthümers III 275, 276; — Aufhebung der Gemeinschaft III 276; — Aufhebung der Gemeinschaft und Kündigung IIb 673; — Aenderung der Bruchtheile bei Grundstücken III 158; — Belastung: zu Gunsten eines Miteigenthümers III 277; — Belastung eines Antheils mit Hypotheken III 380; — Gesammthypothek auf mehreren Antheilen III 416; — Miethe an M. IIb 203; — Nießbrauch an einem Antheil III 326; — Pfandrecht an einem Antheil III 599; — Belastung eines Antheils mit einer Reallast III 363; — dingliches Vorkaufsrecht an einem Antheil III 353; — Haftung der Miteigenthümer für Reallasten III 365; — Vermächtniß des M. an verbundenen, vermischten, vermengten Sachen V 437, 439; — M. zu getrennten Theilen III 279, VI 261.
Miterben: Begriff V 14; — Anfall der Erbschaft V 60; — Lauf der Ausschlagungsfrist V 70; — Besitz III 17; — Eigenthumserwerb an Grundstücken III 158; — Anwachsung unter M. V 358; — Recht auf Erfüllung einer Auflage V 463; — Auseinandersetzung (siehe auch „Nachlaßauseinandersetzung") V 288; — Ausgleichungspflicht V 300; — Auskunftpflicht über ausgleichungspflichtige Zuwendungen V 314; — Erbschein für M. V 742; — Fähigkeit zum Amte des Testamentsvollstreckers V 484; — Gemeinschaft V 270, 272; — Leistung an M. während der Erbengemeinschaft V 284; — Haftung für Nachlaßverbindlichkeiten V 126, 316, — vor der Theilung V 317, — nach derselben V 198, 320; — Aufforderung der Gläubiger zur Anmeldung ihrer Forderungen V 320, 323; — Beschränkung der Haftung V 325; — Haftung wegen Unterlassung des Antrags auf Nachlaßkonkurs V 177; — Streitgenossenschaft V 275; — Pfändbarkeit seines Antheiles am Nachlasse V 14, 278; — Rechte der M. überhaupt V 6, 14; — Geltendmachung des Erbschaftsanspruches V 248; — Antragsrecht auf Bestimmung einer Inventarfrist V 213; — Inventarerrichtung durch einen M. V 325; — Antragsrecht auf Anordnung der Nachlaßverwaltung V 162, 178, 324; — Verfügungsrecht über den Antheil am Nachlasse V 275; — Recht auf Einsicht von Schuldurkunden über Nachlaßforderungen IIb 819; — Verfügungsrecht über Nachlaßgegenstände V 286; — Vorkaufsrecht beim Verkauf eines Antheiles am Nachlasse V 279; — Verwaltung des Nachlasses V 282; — Verfügung über seinen Antheil an Grundstücken III 158; — für ihr Verhältniß zeitlich geltendes Recht VI 376.
Mitgift: Versprechen durch den Testamentsvollstrecker V 495; — siehe „Ausstattung".
Mitgliederversammlung des Vereins: Aufgaben I 157, 158; — Bestellung des Vorstands I 147; — Berufung I 164; — M. des eingetragenen Vereins I 199.
Mitgliederverzeichniß eines eingetragenen Vereins: Einreichung I 220.
Mitpfleger IV 1220.
Mitte des Monats: Fristbestimmung I 520.
Mittelbarer Besitz III 4, 33; — Begriff III 33; — Erwerb III 34; — Wesen III 36; — Verlust III 36; — Unterschied des Besitzmittlers vom Besitzdiener III 37; — laudatio auctoris im Prozeß gegen den unmittelbaren Besitzer III 37; — Uebertragung durch Abtretung des Herausgabean-

spruchs III 39; — Vererblichkeit III 17; — entfernt m. B. III 40; — Eigenthumserwerb durch Erlangung des m. B. III 180; — durch Abtretung des Anspruchs auf m. B. III 188; — Passivlegitimation des mittelbaren Besitzers für die Eigenthumsklage III 247; — Inhalt des Eigenthumsanspruches bei m. B. III 248; — Haftung für Nutzungen III 253; — Uebertragung zur Pfandbestellung III 548; — m. B. der Frau am eingebrachten Gut IV 169.

Mittelbare Stellvertretung I 467.

Mitteleuropäische Zeit I 517.

Mittelländisches Meer: Verschollenheitsfrist I 102.

Mitthäter bei unerlaubten Handlungen: Schadensersatzpflicht IIb 889; — gesammtschuldnerische Haftung IIb 934.

Mittheilung: der Anfechtung der Ehelichkeit nach dem Tode des Kindes IV 631; — der Anfechtung des Erbvertrags V 596; — der Anfechtung letztwilliger Verfügungen V 349; — der Aufhebung der fortgesetzten Gütergemeinschaft durch den überlebenden Ehegatten IV 399; — der Ausschlagung der Erbschaft V 83; — der Anfechtung der Ausschlagung V 88; — der Bevollmächtigung I 479; — der Schuldübernahme IIa 301; — bei Grundstücksveräußerung IIa 304; — der Veräußerung des Miethobjekts IIb 299; — des Verzichts eines Abkömmlings auf seinen Antheil am Gesammtgut IV 397; — M. an den Vorkaufsberechtigten vom Verkauf IIb 166.

Mittlere Art und Güte der Leistung IIa 12.

Mitverschulden des Beschädigten IIa 39; — Einfluß auf die Haftung aus unerlaubten Handlungen IIb 865, 869; — bei Amtspflichtverletzungen Beamter IIb 929; — bei Verletzung durch Thiere IIb 911; — beim Wildschaden IIb 915; — Einfluß auf die Ansprüche wegen Tödtung und Schädigung des Dienstberechtigten IIb 951.

Mitvormund: Bestellung IV 988, 998, 1009, — neben einem berufenen Vormund IV 1004, — als Gegenvormund bei getrennter Verwaltung IV 1025; — Ablehnungsrecht IV 1017; — Entlassung auf Antrag IV 1169; — Mittheilung seines Ablebens IV 1178; — Geschäftsführung mehrerer Mitvormünder IV 1033; — Anlegung von Mündelgeld IV 1059; — Einreichung des Vermögensverzeichnisses IV 1042; — Rechnungslegung IV 1118; — Verfügung über Forderungen, Rechte auf Leistungen, Werthpapiere des Mündels IV 1060; — Entscheidung von Meinungsverschiedenheiten IV 1033, 1035; — Haftung der Mitvormünder IV 1103.

Mitwirkende Personen bei Testamentserrichtung: Anwesenheit während der Verhandlung V 541; — Bezeichnung im Protokoll V 542, 543; — Unterzeichnung des Protokolls V 542, 544; — Ausschluß von der Mitwirkung V 536, 537, 538.

Mobiliargemeinschaft des früheren Rechts IV 143, 144.

Monat: Fristberechnung nach M. I 518, 520; — halber M. I 519; — Anfang, Mitte, Ende des M. I 520; — Dienstverhältniß mit monatlicher Vergütung IIb 427; — Miethverhältniß nach M. IIb 286.

Mönche: Verlust der Vermögensfähigkeit I 90; — Fähigkeit zum Amt eines Testamentsvollstreckers V 484; — siehe auch „Klosterpersonen".

Monstrosität I 30.

Moratorium: Hemmung der Verjährung I 551.

Mord siehe „Tödtung".

Morganatische Ehe IV 4, 122; — Familienname von Kindern aus m. E. I 78.

Morgengabe IV 156.

Mortuarium VI 246.

Motiv einer Rechtshandlung IIb 742.

Motivirrthum I 352; — bei arglistiger Täuschung I 364.

Mühlen: Zubehör I 280; — Verbände zur Nutzung derselben VI 306.

Mühlenrecht VI 175.

Multiplexsystem IIb 694.

Mündel: Begriff IV 985; — Anhörung durch d. Vormund IV 1089; — Anhörung vor Genehmigung von Rechtshandlungen d. Vormunds IV 1088; — Annahme des M. an Kindesstatt IV 957; — Beruf IV 1040; — selbständiges Beschwerderecht IV 1027; — Geltendmachung von Ansprüchen gegen den Vormund IV 1121; — Genehmigung von Rechtshandlungen des Vormunds nach erreichter Volljährigkeit IV 1093, 1096; — religiöse Erziehung IV 1041; — Sorge für die Person IV 1027, 1039; — für das Vermögen IV 1027, 1041; — Sicherstellung IV 988; — Verjährung der Ansprüche zwischen Vormund und M. I 554, IV 2; — Hemmung der Verjährung von Ansprüchen zwischen M. und Vormund IV 989; — Vertretung IV 1027, 1030; — unentgeltliche Zuwendungen an den M. IV 1044; — Zwangserziehung IV 1115.

Mündelgeld: Anlegungspflicht des Vormunds IV 1047; — Art der Anlegung IV 1048, 1056; — Anlegung bei Sparkassen nach Landesrecht IV 1052 VI 224; — bei landesgesetzlichen Hinterlegungsstellen VI 277; — Genehmigung der Anlage durch den Gegenvormund oder das Vormundschaftsgericht IV 1059; — Anordnung anderer Anlegung durch das Vormundschaftsgericht IV 1060; — Genehmigung zur Erholung des angelegten Geldes IV 1058; — Beschränkungen des Vormunds hinsichtlich des angelegten Geldes IV 1058, 1059; — Befreiungen des Vormunds durch den Vater IV 1137; — durch die Mutter IV 1139; — Befreiung des Vaters und der Mutter als Vormund eines Volljährigen IV 1187; — Umwandlung vorhandener Anlagen IV 1055; —

Zurückzahlung angelegten Geldes IV 1063; — Anlegung nach den Vorschriften über Anlegung von M. außerhalb des Vormundschaftsrechts IV 1055; — des eingebrachten Frauenvermögens IV 175; — von Kindergeld durch den Beistand IV 838; — durch den Vater IV 751; — von Nachlaßvermögen durch den Vorerben V 390; — des Erlöses mit Nießbrauch belasteter Forderungen IV 336; — des Erlöses verpfändeter Forderungen IV 626.

Mündelsichere Werthpapiere IV 1048, 1051, 1053; — nach Landesrecht VI 375; — Sicherheitsleistung mit m. W. I 595.

Mündelvermögen: Hinterlegung IV 1064; — auf Anordnung des Vormundschaftsgerichts IV 1069; — Entbindung von der Hinterlegungspflicht durch das Vormundschaftsgericht IV 1069; — durch den Vater IV 1137; — durch die Mutter IV 1139; — Befreiung des Vaters und der Mutter als Vormund eines Volljährigen IV 1187; — Verwendung durch den Vormund IV 1046.

Mundium maritale IV 148.

Münzsorte: Bezahlung einer Geldschuld in einer bestimmten M. IIa 17.

Muster: Kauf nach M. IIb 144.

Mutter, eheliche: Elterliche Gewalt IV 824; — Voraussetzungen des Eintritts überhaupt IV 825; — Eintritt bei Verlust seitens des Vaters IV 827; — Ausübung bei Verhinderung des Vaters IV 829; — Ausübung neben dem Gewalthaber IV 728, 825, 849; — Inhalt IV 832; — Nutznießung am Kindervermögen IV 828; — Pflicht zur Einreichung eines Vermögensverzeichnisses IV 839; — Verlust durch Wiederverheirathung IV 847; — durch Annahme an Kindesstatt IV 974; — elterliche Gewalt bei Nichtigkeit der Ehe IV 853, 854; — Rechtsverhältniß zu den Kindern bei Kenntniß der Nichtigkeit der Ehe IV 856; — Antragsrecht auf Bestellung eines Beistands IV 832; — Anhörung vor Maßregeln des Vormundschaftsgerichts in Bezug auf die elterliche Gewalt IV 808; — Verhinderung an der Ausübung IV 829; — Uebergangsbestimmungen VI 362; — Rechte und Pflichten außerhalb der elterlichen Gewalt: Ausstattungspflicht IV 696; — Aussteuerpflicht gegenüber der Tochter IV 687; — Verweigerung der Aussteuer IV 693; — Einwilligung zur Eheschließung des Kindes IV 30; — Ersetzung durch das Vormundschaftsgericht IV 34; — Sorge für die Person des Kindes neben dem Vater IV 728; — Sorge bei Kindern aus nichtiger Ehe IV 853, 856; — Beschränkung der Inventarisationspflicht des Vaters hinsichtlich dem Kinde hinterlassenen Vermögens IV 744; — Unterhaltspflicht IV 658; — Verwaltung des Vermögens des volljährigen Kindes IV 684; — Pflichttheilsentziehung wegen Verletzung der Pflichten V 698, 702; — Rechte in Bezug auf Vormundschaft: Benennung des Vormunds IV 999; — Voraussetzungen der Benennung IV 1002; — Form IV 1003; — Ausschluß des Benennungsrechts bei der Vormundschaft über Volljährige IV 1182; — Ausschließung einer Person von der Vormundschaft IV 1010; — Ausschluß des Rechts hiezu bei der Vormundschaft über Volljährige IV 1182; — Anordnungen über die Geschäftsvertheilung unter mehreren Vormündern und Entscheidung von Meinungsverschiedenheiten IV 1033; — Anordnung von Befreiungen des Vormunds IV 1139; — Rechte in Bezug auf Familienrath: Anordnung der Einsetzung IV 1141; — Benennung der Mitglieder IV 1145; — von Ersatzmitgliedern IV 1147; — Ausschließung von der Mitgliedschaft IV 1149; — Untersagung der Einsetzung IV 1143; — Anordnung der Aufhebung IV 1159; — Form der Anordnungen IV 1150; — Vorzug der Anordnungen des Vaters IV 1150; — Unzulässigkeit der Anordnungen bei der Vormundschaft über Volljährige IV 1190; — Mutter als Vormünderin: Verpflichtungen bei Verheirathung IV 1125; — Ausschluß von der Vormundschaft nach bisherigem Rechte VI 365; — Berufung zur Vormundschaft über das volljährige Kind IV 1182; — Befreiungen IV 1187; — M. des ungeborenen Erben: Unterhaltsanspruch aus dem Nachlaß V 106; — der M. des Nacherben V 406.

— **uneheliche M.**: rechtliche Stellung IV 873; — auf das Rechtsverhältniß zum unehelichen Kinde anzuwendendes Recht VI 27, 66; — Berufung zur Vormundschaft IV 1004; — über das volljährige Kind IV 1184; — Unterhaltspflicht IV 877; — Pflicht zur Namhaftmachung des Vaters IV 903; — Ansprüche gegen den Vater IV 892; — Ersatzanspruch für gewährten Unterhalt IV 882; — einstweilige Verfügung vor Geburt des Kindes IV 897; — Einwilligung zur Annahme an Kindesstatt IV 951, 962; — Voraussetzungen und Form IV 953; — Anfechtung der Einwilligung IV 960; — Einfluß der Annahme an Kindesstatt an ihr Verhältniß zum Kind IV 974; — Einwilligung zur Ehelichkeitserklärung des Kindes IV 923, 926, 927; — Form IV 927; — Ersetzung durch das Vormundschaftsgericht IV 925; — Anfechtung der Einwilligung IV 928; — Rechte und Pflichten gegenüber dem für ehelich erklärten Kinde IV 936; — Einwilligung zur Eheschließung des Kindes IV 30.

Muttergutsauszeigung V 355.

Mutterschaft IV 617; — Rechtsstreit darüber IV 864, 866.

Mystisches Testament V 329.

N.

Nachbargrundstück: Schutz gegen Eisenbahn-, Dampfschiffahrts- und ähnliche Unternehmungen VI 257.

Nachbarrecht III 119; — Benutzung von Grenzeinrichtungen III 152, 153; — Eigenthumsklage wegen Verletzung III 263; — Grenzbaum III 155; — Schutz gegen Einsturzgefahr rc vom Nachbargrundstück III 132; — Ueberbau III 137; — überfallende Früchte III 136, 155; — Ueberragen von Wurzeln, Zweigen III 134; — Verbietungsrecht bezüglich schädigender Anlagen III 129; — bezüglich Immissionen III 125; — Verbot von Vertiefungen des Nachbargrundstücks III 133; — Unverjährbarkeit der Ansprüche aus dem N. III 156; — Landesrecht VI 255.

Nachbürgschaft IIb 707; — Einrede der Vorausklage IIb 717.

Nacheile bei Besitzentziehung: durch den Besitzer III 22; — durch den Besitzdiener III 23; — bei entflohenen Thieren III 222; — bei Bienenschwärmen III 224.

Nacherbfolge V 363; — zeitliche Geltung des BGB. V 365; — Begriff und rechtliche Natur V 364; — Fähigkeit zur Nacherbschaft V 376; — Vererblichkeit des Rechtes V 10, 376; — Einsetzung: Form V 365, 367; — keine Beschränkung hinsichtlich der Zahl der Fälle V 365, 368, 378; — Einsetzung eines Nacherben für einen kinderlosen Abkömmling V 375; — präsumtive Einsetzung nicht erzeugter Personen, noch nicht bestehender juristischer Personen V 369, 372; — bei Anordnung der künftigen Herausgabe d. Erbschaft an einen Dritten V 371; — Vermuthung für Einsetzung der gesetzlichen Erben als Nacherben bezw. als Vorerben V 372; — Vermuthung für gleichzeitige Einsetzung des Nacherben als Ersatzerbe V 370; — zeitliche Grenze der Wirksamkeit der Einsetzung V 377; — Einsetzung auf den Ueberrest V 403; — Anfall der Erbschaft an den Nacherben V 59; — Einsetzung einer Stiftung als Nacherbe I 240; — Voraussetzungen des Eintrittes V 59, 367, 376; — Besitzerwerb des Nacherben III 18; — Zeit des Anfalles V 59, 374; — Rechtliche Stellung des Nacherben vor Eintritt der Nacherbfolge V 368; — Rechte: auf Auskunft über den Bestand der Erbschaft V 395; — Eintragung seines Rechtes im Grundbuch V 369, 383, 385; — Feststellung des Zustandes der Erbschaftssachen V 392; — Nebenintervention in Prozessen des Vorerben V 369, 383; — Recht auf Sicherheitsleistung des Vorerben V 395, — auf Sicherung von Werthpapieren V 388; — von Buchforderungen V 388; — auf Verzeichniß der Nachlaßgegenstände durch den Vorerben V 391; — auf Einhaltung eines Wirthschaftsplanes bei Wäldern, Bergwerken, Anlagen zur Gewinnung von Bodenbestandtheilen V 393; — Recht auf Ertheilung eines Erbscheins V 734, 735; — Herausgabeanspruch gegen den Besitzer eines unrichtigen Erbscheines V 749; — Geltendmachung des Erbschaftsanspruches durch den Nacherben V 249; — Pflicht zur Einwilligung zu Verwaltungsmaßregeln des Vorerben V 391; — Testamentsvollstrecker zur Ausübung seiner Rechte und Erfüllung seiner Pflichten V 515; — Beschwerung mit Vermächtnissen V 416; — Pflegschaft für den nicht erzeugten oder noch ungewissen Nacherben IV 1215; — Unterhaltsanspruch der Mutter des zu erwartenden Nacherben V 406; — rechtliche Stellung des Nacherben nach bisherigem Recht VI 377; — Wirkungen des Eintritts V 405; — für die Verfügungsberechtigung des Vorerben V 406; — Besitzerwerb des Nacherben an der Erbschaft V 405; — Einfluß des Eintrittes auf bestehende Mieth- und Pachtverhältnisse V 398, 400; — Ersatzpflicht des Nacherben für Aufwendungen V 393; — Früchtetheilung V 398, 400; — Erstreckung des Rechtes des Nacherben auf Erweiterungen des Erbtheiles des Vorerben V 379; — Erstreckung auf Surrogate von Erbschaftsgegenständen V 379; — Wiederaufleben erloschener Rechtsverhältnisse V 408; — Angabe der N. im Erbschein V 749; — Ausschluß des Erwerbes durch N. vom Erbschaftskauf V 766; — Ausschluß des Eintrittes: Ausschlagung V 407; — Erbunwürdigkeit des Nacherben V 407, 711; — Tod desselben vor Eintritt der Nacherbfolge V 376; — Wegfall aus anderen Gründen V 407; — Haftung des Nacherben für Nachlaßverbindlichkeiten V 127, 408; — Inventarerrichtung V 408, 410; — Siehe auch „Vorerbe".

Nachkommenschaft IV 602.

Nachlaß: Ausantwortung an den Erben nach Beendigung der Nachlaßverwaltung V 190; — Feststellung des Bestandes und Werthes bei Berechnung des Pflichttheiles V 654; — Haftung für Nachlaßverbindlichkeiten V 112, 115, 118, 141, 156; — Sicherung V 93; — Surrogation V 287; — Sicherungsmaßregeln nach Landesrecht VI 273; — Vertheilung eines im Auslande eröffneten N. im Inlande VI 85; — Vertrag über den Nachlaß eines noch lebenden Dritten IIa 132; — Verwaltung durch den Erben, Verlust des Rechtes V 183; — Verwaltung durch Miterben V 282; — durch den Nachlaßverwalter V 184, 187; — durch den Vorerben V 387; — Zwangsvollstreckung in den N., Beschränkung nach Anordnung der Nachlaßverwaltung V 183; — Vertrag über den N. eines noch lebenden Dritten V 8; — N. eines Ehegatten bei allgemeiner Gütergemeinschaft IV 372; — bei Fortsetzung der Gütergemeinschaft IV

377; — bei Ablehnung der Fortsetzung der Gütergemeinschaft IV 383, 425, 427; — Erbrecht, Pflichttheilsrecht am N. verpflegter oder unterstützter Personen VI 272.

Nachlaß des Pachtzinses IIb 327.

Nachlaßansprüche: Verjährung I 558.

Nachlaßauseinandersetzung V 288; — Recht jedes Miterben auf N. V 288; — Ausschluß und Beschränkung des Rechts durch Vereinbarung V 290; — Art der Auseinandersetzung, Verfahren V 289, 291; — amtliche Vermittelung V 290, 292; — Gerichtsstand der Theilungsklage V 290; — Art der Theilung V 290; — Berichtigung von Nachlaßverbindlichkeiten V 291, 296; — Vertheilung des Ueberschusses, Ausschluß der Theilung bei Familienschriftstücken V 297; — Ausschluß und Beschränkung der Theilung kraft Gesetzes V 288; — Ausschluß wegen Unbestimmtheit der Erbtheile wegen zu erwartender Geburt eines Miterben 2c V 293; — Ausschluß und Beschränkung durch Anordnung des Erblassers V 294; — Aussetzung bis zur Beendigung des Aufgebotsverfahrens, dem Ablauf der Anmeldefrist für die Gläubiger V 296; — Gewährleistung V 291; — letztwillige Anordnungen über die Auseinandersetzung V 298; — Anordnung der Uebernahme eines Landgutes durch einen Miterben V 299; — N. durch den Testamentsvollstrecker V 468, 491; — N. im Falle einer Nacherbfolge V 383.

Nachlaßforderung: Einziehung während der Erbengemeinschaft V 284; — Aufrechnung während der Erbengemeinschaft V 286; — Anmeldung beim Nachlaßgericht V 320, 323; — siehe auch „Nachlaßgläubiger".

Nachlaßgegenstand: Verfügungen des Erben vor Ausschlagung der Erbschaft V 90; — Verfügungen des Miterben V 286; — Herausgabe an die im Aufgebotsverfahren ausgeschlossenen Gläubiger nach durchgeführtem Aufgebotsverfahren V 140; — Herausgabe an Gläubiger nach Beendigung des Nachlaßkonkurses V 193; — im Falle von Mangel an Masse zu einer Nachlaßverwaltung oder einem Nachlaßkonkurs V 198.

Nachlaßgericht: Funktionen V 73; — Ablieferung des Testaments an das N. durch den Besitzer oder Verwahrer V 562; — Ablieferung des Erbvertrags V 626; — Abnahme des Offenbarungseides des Erben V 226; — Anmeldung der Nachlaßforderungen beim N. V 320, 323; — Anordnung der Nachlaßverwaltung V 177; — Anordnung von Sicherungsmaßregeln nach Landesrecht VI 273; — Anzeige an das N. vom Erbschaftskauf V 774; — vom Eintritt der Nacherbfolge V 412; — Anzeigepflicht zum Vormundschaftsgericht IV 998; — Aufnahme des Nachlaßinventars V 222; — Ausschluß der Ernennung zum Testamentsvollstrecker V 484; — Ausschluß von der Inventarerrichtung nach Landesrecht VI 283; — Außerkraftsetzung von Anordnungen des Erblassers über die Nachlaßverwaltung des Testamentsvollstreckers V 510; — Ertheilung des Erbscheins V 731; — Verfahren vor und bei Ausstellung des Erbscheines V 733, 743, 745; — Ausstellung des Zeugnisses über Ernennung zum Testamentsvollstrecker V 757; — Ausstellung des Zeugnisses über Fortsetzung der Gütergemeinschaft IV 421; — über Rechtsnachfolge in Hypotheken, Grund- oder Rentenschulden, Grundstücke, Erbbaurechte V 731; — Ausstellung des Zeugnisses über Rechtsnachfolge in ein Familiengut, Lehen VI 170; — Benachrichtigung des Vormundschaftsgerichtes von der Bestimmung der Inventarfrist V 219; — Bestellung des Nachlaßpflegers V 93, 103; — Bestellung eines Pflegers für einen abwesenden Betheiligten bei einer Auseinandersetzung IV 1212; — Bestimmung der Inventarfrist V 212; — einer neuen Inventarfrist auf Antrag des Erben wegen unverschuldeter Fristversäumniß V 216, 217; — Einholung der Genehmigung der Stiftung durch das N. I 239; — Einziehung und Kraftloserklärung des Erbscheines V 746; — Entgegennahme des vom Erben freiwillig errichteten Inventars V 211; — Entlassung des Testamentsvollstreckers V 518; — Entscheidung von Meinungsverschiedenheiten mehrerer Testamentsvollstrecker V 517; — Pflicht zur Erbenermittelung in Bayern V 733; — Erklärungen gegenüber dem N.: Ablehnung der Fortsetzung der Gütergemeinschaft IV 382; — Anfechtung der Ablehnung IV 383; — Anfechtung der Annahme und Ausschlagung der Erbschaft V 87; — Anfechtung der Ehe IV 95, — der Ehelichkeit IV 631; — der Anerkennung der Ehelichkeit IV 634, 635; — Anfechtung des Erbvertrags V 596, 598; — letztwilliger Verfügungen V 349, — der Versäumung der Ausschlagungsfrist V 88; — Annahme und Ablehnung des Amtes eines Testamentsvollstreckers V 486; — Anzeige vom Erbschaftsverkauf V 774; — Aufhebung der fortgesetzten Gütergemeinschaft IV 398; — Mittheilung der Aufhebung der fortgesetzten Gütergemeinschaft IV 399; — Ausschlagung der Erbschaft V 70, 72; — Bestimmung des Testamentsvollstreckers durch einen Dritten V 467, 482; — Kündigung des Amtes des Testamentsvollstreckers V 518; — Verzicht auf den Antheil am Gesammtgut der fortgesetzten Gütergemeinschaft IV 397; — Ernennung des Testamentsvollstreckers V 468, 483; — Festsetzung des Honorars des Nachlaßverwalters V 192; — Feststellung des Erbrechtes des Fiskus V 108, 110; — Feststellung des Anfalles des Vermögens eines aufgelösten Vereins an den Fiskus I 180; — Fristbestimmung für die Bestimmung des Ver-

mächtnißnehmers durch den Beschwerten oder einen Dritten, des Vermächtnißgegenstandes oder die Ausübung des Wahlrechtes durch den Bedachten V 421; — für die Erklärung über Annahme des Amtes als Testamentsvollstrecker V 486; — Genehmigung von Rechtshandlungen des Nachlaßverwalters V 188; — Gestattung der Einsicht der Akten über Erbschaftskauf V 775; — von Erklärungen in Bezug auf Testamentsvollstreckung V 520; — Mittheilung der Anfechtung der Ausschlagung der Erbschaft V 88; — der Anfechtung des Erbvertrages V 596, 598; — Gestattung der Einsicht der Anzeige vom Eintritt der Nacherbfolge V 412; — der Anzeige vom Erbschaftskauf V 775; — des Nachlaßinventars V 234; — Mittheilung der Erbschaftsausschlagung V 83; — Nachlaßauseinandersetzung V 292; — Sicherung des Nachlasses V 93; — Testamentseröffnung V 564; — Thätigkeit in Verlassenschaften V 95; — Veröffentlichung der Anordnung der Nachlaßverwaltung V 182; — Verhältniß zum Testamentsvollstrecker V 474; — sachliche Zuständigkeit V 72; — örtliche Zuständigkeit V 73; — Zuständigkeit für die Nachlaßpflegschaft V 106.

Nachlaßgläubiger: Ansprüche gegen den Erben aus der bisherigen Verwaltung des Nachlasses im Falle der Nachlaßverwaltung oder des Nachlaßkonkurses V 168; — Anspruch auf Duldung der Vollstreckung in den Nachlaß gegen den Testamentsvollstrecker V 503; — Antragsrecht auf Abnahme des Offenbarungseides des Erben V 226, — auf Anordnung der Nachlaßverwaltung V 177, 179; — auf Bestimmung einer Inventarfrist V 212; — Aufgebot der N. V 132, 135; — nicht betroffene Gläubiger V 138, 139; — Wirkung des Ausschlusses V 140, 148; — Ausschluß durch fünfjährige Nichtgeltendmachung der Forderung V 149; — Befriedigung bei Mangel an Masse zur Durchführung einer Nachlaßverwaltung, eines Nachlaßkonkurses V 198; — Ersatzansprüche gegen den Erben wegen Unterlassung des Antrages auf Nachlaßkonkurs V 174, 177; — Rechte bei ungetheiltem Nachlaß V 317; — nach der Theilung V 320; — Stellung während des Erbschaftsprozesses V 252.

Nachlaßgrundstück: Auflassung bei Veräußerung eines Antheils am Nachlasse V 276; — Auflassung bei Nachlaßauseinandersetzung V 289, 298; — Erwerb von dem im Erbschein als Erbe Bezeichneten V 757; — Vollstreckungshypothek am Antheil eines Miterben V 278.

Nachlaßinventar (siehe Näheres unter „Inventar") V 211.

Nachlaßkonkurs V 156; — Voraussetzungen der Eröffnung V 163; — bei Mehrheit von Erben Zulässigkeit nach der Theilung V 157; — bei unbeschränkter Erbenhaftung V 125; — Ausschluß über einen Erbtheil V 157; — Einfluß auf die Ausschlagungsfrist V 66; — Verhältniß zur Inventarerrichtung über den Nachlaß V 157; — Zweck V 153, 157; — Zuständigkeit V 163; — Antragsrecht auf Eröffnung V 163, — des im Aufgebotsverfahren ausgeschlossenen Gläubigers V 148, — jedes Ehegatten V 129, — der Nachlaßgläubiger V 125, — des Nachlaßpflegers V 102, — des Nachlaßverwalters V 162, — des Testamentsvollstreckers V 469, — des Vermächtnißnehmers V 442; — Antragsrecht bei allgemeiner Gütergemeinschaft IV 324; — Haftung des Erben wegen Unterlassung des Antrages V 174; — Wirkungen der Eröffnung V 164; — Einfluß auf vor Eröffnung erfolgte Aufrechnung eines Nachlaßgläubigers gegen einen Erben, eines anderen Gläubigers eines Erben gegen eine Nachlaßforderung V 166; — Aufrechnung nach Konkurseröffnung V 167; — Behandlung der vom Testamentsvollstrecker eingegangenen Verbindlichkeiten V 498; — Wiederherstellung in Folge des Erbfalles durch Konfusion erloschener Rechte und Verbindlichkeiten V 165; — Beendigung der Nachlaßverwaltung V 192; — Unwirksamwerden der Bestimmung einer Inventarfrist, Ausschluß der Bestimmung während der Dauer des N. V 220; — Ausschluß der Ertheilung eines Erbscheins für den Konkursverwalter V 735; — geltend zu machende Verbindlichkeiten V 317; — Ansprüche des Erben gegen den Erblasser V 129; — Geltendmachung des Unterhaltsanspruchs der Mutter des ungeborenen Erben V 108; — Beerdigungskosten des Erblassers V 130; — Kosten des Aufgebots der Nachlaßgläubiger V 135; — der Inventarerrichtung V 212, 223; — der Todeserklärung V 131; — Kosten der Testamentseröffnung V 569; — Verbindlichkeiten aus Rechtsgeschäften des Nachlaßpflegers V 103; — Rang des Vermächtnißanspruches V 442; — Rang des einem Pflichttheilsberechtigten zugewendeten Vermächtnisses V 457, 646; — Stellung des Erben: Wirksamkeit der Berichtigung von Nachlaßverbindlichkeiten vor der Eröffnung V 173; — Haftung wegen der bisherigen Verwaltung, Ersatzansprüche für Aufwendungen V 168; — Haftung wegen Verfügungen nach der Eröffnung V 173; — Haftung des Erben nach Beendigung des N. durch Einstellung V 194, — nach Beendigung durch Vertheilung der Masse oder Zwangsvergleich V 193, 195; — Haftung von Miterben V 198, 320, 323; — Stellung des Erbschaftskäufers V 772; — Stellung des Testamentsvollstreckers V 475, 476; — unbeschränkte Haftung des Erben im Falle des N. V 125; — Einfluß der Beendigung durch Schlußvertheilung oder

Zwangsvergleich auf die Beschränkung der Erbenhaftung V 220; — Stellung mehrerer Erben V 275; — keine Betheiligung des Zweitvermächtnißnehmers V 457; — Haftung der Erben im Falle der Nichteröffnung, der Einstellung wegen Mangel an Masse V 198; — Haftung des Erben im Falle der Aufhebung des Eröffnungsbeschlusses V 195; — zeitlich geltendes Recht V 114.

Nachlaßpfleger: Antragsrecht auf Anordnung der Nachlaßverwaltung V 178; — Auskunftpflicht gegenüber Nachlaßgläubigern über den Nachlaß V 235; — Ausschluß der Bestimmung einer Inventarfrist gegenüber dem N., Verbot des Verzichts auf die beschränkte Haftung des Erben V 235; — Ausschluß der Ertheilung eines Erbscheins für den N. V 735; — Geltendmachung aufschiebender Einreden gegen Ansprüche an den Nachlaß V 240, 245; — Recht zur Inventarerrichtung V 212; — Haftung wegen Unterlassung des Antrages auf Nachlaßkonkurs V 174.

Nachlaßpflegschaft zum Zwecke der Befriedigung der Nachlaßgläubiger (siehe auch „Nachlaßverwaltung") V 156; — zum Zwecke der gerichtlichen Geltendmachung von Ansprüchen gegen den Nachlaß V 103; — zur Sicherung des Nachlasses V 93, 98; — rechtliche Natur V 99; — Voraussetzungen der Bestellung V 98; — Zuständigkeit V 106; — Anordnung V 101; — Aufhebung V 102; — Stellung des Nachlaßpflegers V 100, 102, 104; — Kosten V 103; — Bestellung auf Antrag eines Gläubigers V 103.

Nachlaßsachen: Zuständigkeit nach Landesrecht VI 281.

Nachlaßschuldner: Leistung bei Mehrheit von Erben während der Erbengemeinschaft V 284.

Nachlaßverbindlichkeiten: Aufnahme nicht bestehender N. in das Inventar V 224; — Begriff V 115, 116; — Begründung durch den Nachlaßpfleger V 103; — Berichtigung bei Nachlaßauseinandersetzung V 291, 296; — nach angeordneter Nachlaßverwaltung V 187, 189; — durch den Erben vor Anordnung des Nachlaßkonkurses oder der Nachlaßverwaltung V 173; — durch den Vorerben, Einwilligung des Nacherben V 391; — Feststellung V 117; — Geltendmachung: durch und gegen d. Fiskus als gesetzlichen Erben V 112; — gegen d. Nachlaßverwalter nach Anordnung d. Nachlaßverwaltung V 183; — Unzulässigkeit gerichtlicher Geltendmachung vor Erbschaftsannahme V 89; — Gerichtsstand V 118; — Haftung: d. Erben V 112, 115, 118; — Beschränkungen ders. (siehe auch „Beschränkte Haftung") V 123; — Verlust d. Einrede d. beschränkten Haftung V 124; — Wirkung des Verlustes V 236, 244; — zeitliche Geltung der Vorschriften V 113; — Statutenkollision V 114; — ergänzende und Sondervorschriften V 113; — entsprechende Anwendung der Vorschriften V 113; — Haftung für Steuern V 128; — Haftung des zu mehreren Erbtheilen berufenen Erben V 217, 228; — H. bei Mehrheit von Erben V 126, 316; — Haftung nach dem Tode eines in allg. Gütergemeinschaft lebenden Ehegatten IV 381; — Haftung jedes Miterben vor der Nachlaßauseinandersetzung V 317; — nach derselben V 320; — nach Aufforderung zur Anmeldung der Forderungen V 320, 323; — zeitliche Verweigerung der Berichtigung V 238, 240; — im Falle der Nachlaßpflegschaft V 245; — Ausschluß wegen unbeschränkter Haftung des Erben, gegenüber vom Aufgebot nicht betroffenen Nachlaßgläubigern V 244; — Haftung des Erben im Falle des Nachlaßkonkurses V 171; — unbeschränkter Haftung V 125; — Haftung nach Beendigung des Nachlaßkonkurses durch Einstellung V 194; — nach Beendigung durch Vertheilung der Masse oder Zwangsvergleich V 193, 195; — Einfluß der Beendigung auf die Beschränkung der Haftung V 220; — Haftung im Falle der Nachlaßverwaltung V 171; — nach Beendigung derselben V 191; — Haftung im Falle der Veräußerung des Antheiles eines Miterben am Nachlasse nach Ausübung des Vorkaufsrechts der Miterben V 279, 282; — Haftung des Vorerben und Nacherben V 127, 408; — Haftung beim Erbschaftskauf im Verhältniß zwischen Käufer und Verkäufer V 771; — gegenüber den Gläubigern V 127, 774; — Haftung einer Ehefrau als Erbin V 129; — unbeschränkte Haftung wegen Unrichtigkeit oder Unvollständigkeit des Inventars V 224; — nach Versäumung der Inventarfrist V 212, 215; — Sicherheitsleistung des Erben gegenüber dem Testamentsvollstrecker V 511; — Ersatzanspruch des Erbschaftsbesitzers für Berichtigung V 258.

Nachlaßverwalter: Abschluß von Miethverträgen IIb 203.

Nachlaßverwaltung V 156; — Allgemeines: Begriff und Wesen V 158; — Aehnlichkeiten mit dem Nachlaßkonkurs, Verschiedenheiten V 159; — Verhältniß zur Inventarerrichtung über den Nachlaß V 157; — Ausschluß der N. über einen Erbtheil V 162; — Zulässigkeit im Falle Vorhandenseins eines Testamentsvollstreckers V 162; — Zweck V 153; — Voraussetzungen: Antrag des Erben V 162, 177; — Antragsrecht bei Mehrheit von Erben V 157, 162, 324; — Ausschluß des Antragsrechts bei unbeschränkter Erbenhaftung V 236; — Antragsrecht des Ehemannes der Erbin V 129; — Ausschluß der Anordnung nach der Nachlaßauseinandersetzung V 157, 324; — kein Antragsrecht des Testa-

mentsvollstreckers V 179, 469, 475; — Antrag des Gläubigers V 162, 177; — Recht des im Aufgebotsverfahren ausgeschlossenen Gläubigers V 148; — Anordnung: Inhalt V 180; — Zeitpunkt V 186; — Bekanntmachung, Eintragung ins Grundbuch V 182; — Ablehnung wegen ungenügender Masse V 181; — wiederholte Anordnung V 191; — Ausschluß im Falle unbeschränkter Erbenhaftung V 236; — Beschwerde gegen Anordnung und Ablehnung V 181; — Wirkungen der Anordnung V 163; — Verlust des Verwaltungs- und Verfügungsrechtes des Erben V 183; — Verantwortlichkeit des Erben für die bisherige Verwaltung, Ersatzanspruch für Aufwendungen V 168; — Stellung des Erben nach Anordnung der N. überhaupt V 184; — Haftung aus Handlungen und Unterlassungen nach der Anordnung V 173; — Unwirksamkeit von Rechtshandlungen des Erben nach der Anordnung V 185; — von Leistungen an den Erben V 186; — Anfechtung von Rechtshandlungen V 186; — Wirksamkeit der Berichtigung von Nachlaßverbindlichkeiten durch den Erben vor der Anordnung V 173; — Ausschluß von Zwangsvollstreckungen und Arresten V 183, 187; — Einfluß auf die Erbenhaftung V 125; — Unwirksamwerden der Bestimmung einer Inventarfrist durch Anordnung der N., Ausschluß der Bestimmung während der Dauer V 220, 236; — Geltendmachung von Nachlaßverbindlichkeiten V 517; — unbeschränkte Haftung des Erben bei N. V 125; — Stellung des Testamentsvollstreckers im Falle einer N. V 475; — Besitzverhältniß am Nachlaß V 185, 188; — Fähigkeit zum Nachlaßverwalter, Bestellung mehrerer, Pflicht zur Uebernahme der Stelle V 181; — Ausschluß der Bestellung des Erben zum Verwalter V 163; — Stellung des Verwalters: Rechte und Vertretungsmacht V 160, 162, 188; — Antragsrecht auf Erlassung des Aufgebots der Nachlaßgläubiger V 135; — Geltendmachung des Erbschaftsanspruchs V 248; — Geltendmachung der aufschiebenden Einreden gegen Ansprüche an den Nachlaß V 240; — Pflicht zur Verwaltung und Berichtigung der Nachlaßverbindlichkeiten V 187; — sonstige Pflichten V 188; — Auskunftpflicht über den Bestand des Nachlasses V 235; — Recht zur Inventarerrichtung V 212; — Ausschluß der Bestimmung einer Inventarfrist gegenüber dem Verwalter V 220, 235; — Ausschluß der Ertheilung eines Erbscheines für den V. V 735; — Befriedigung von Verbindlichkeiten aus Vermächtnissen und Auflagen bei Ueberschuldung des Nachlasses V 200; — Wirksamkeit der Berichtigung von Nachlaßverbindlichkeiten gegenüber den Nachlaßgläubigern V 174; — Verwaltungs- und Verfügungsrecht V 184; — Haftung des Nachlaßverwalters wegen Unterlassung des Antrages auf Nachlaßkonkurs V 177; — Verbot des Verzichtes auf Haftungsbeschränkungen des Erben V 235; — Ausantwortung des Nachlasses an die Erben V 190; — Verantwortlichkeit V 187, 189; — Honorar V 192; — Beendigung und Aufhebung V 163, 192; — Wiederherstellung in Folge des Erbfalles durch Confusion erloschener Rechte und Verbindlichkeiten V 165; — Einfluß auf vorher erfolgte Aufrechnung eines Nachlaßgläubigers gegen den Erben, eines anderen Gläubiger eines Erben gegen eine Nachlaßforderung V 166; — Aufrechnung nach der Anordnung V 167; — Haftung des Erben für Nachlaßverbindlichkeiten nach der Beendigung V 191; — Haftung des Erben im Falle der Unterlassung der Anordnung der Nachlaßverwaltung, Aufhebung derselben wegen Mangel an Masse V 198.

— **des Testamentsvollstreckers** V 468, 492, 500; — Pflicht zur Verwaltung V 510; — Beschränkungen in der Verwaltungsbefugniß V 498; — Beschränkung auf die Verwaltung V 500; — gerichtliche Geltendmachung von Rechten V 503.

Nachlaßverzeichniß: zur Beschränkung der Erbenhaftung V 211; — (siehe auch „Inventar"); — zur Sicherung des Nachlasses V 93, 97; — Anfertigung nach Landesrecht VI 273; — des Testamentsvollstreckers V 509; — des Vorerben V 391; — Vorlegung an den Pflichttheilsberechtigten V 657.

Nachlieferungsanspruch beim Kauf von Gattungssachen IIb 121.

Nachnahme des Kaufpreises IIb 14.

Nachrichtertheilung durch den Beauftragten IIb 531; — durch den Geschäftsführer ohne Auftrag IIb 557.

Nachschüsse der Gesellschafter IIb 609.

Nachvermächtniß V 458; — bei Anwachsung unter mehreren Vermächtnißnehmern V 427; — im Falle der Pflichttheilsentziehung in guter Absicht V 702; — zeitliche Beschränkung der Wirksamkeit V 429.

Nachweis der Gelegenheit zum Abschluß eines Vertrages IIb 497, 503; — eines Dienstvertrages IIb 507; — der Gelegenheit zur Eingehung einer Ehe IIb 508.

Nachzettel V 52, 528.

Näherrecht VI 329.

Name: Begriff I 74; — Recht auf den Namen I 77; — Pflicht zur Namensführung I 77; — des angenommenen Kindes IV 963, 965, 982; — des ehelichen Kindes IV 78, VI 362; — der Ehefrau I 79, IV 120; — der geschiedenen Ehefrau IV 121, 560, VI 61; — des Findelkindes I 82, IV 1039; — des legitimirten Kindes IV 913; — des unehelichen Kindes IV 867, VI 368; — der Gesellschaft IIb 605; — der juristischen Per-

son I 83; — des Vereins I 198; — Eintragung ins Vereinsregister I 214; — N. des nicht rechtsfähigen Vereins I 190; — Vorname I 82; — Umschreibung von Schuldverschreibungen auf Namen IIb 808.
Namensänderung I 80.
Namensrecht: Erwerb und Verlust I 78; — Unvererblichkeit V 11; — Schutz des Gebrauchsrechts I 73, 86; — Schutz gegen unbefugten Gebrauch des Namens durch Dritte I 73, 89; — sonstige Schutzvorschriften I 84, 85; — Beweis I 90; — Schadensersatz wegen Verletzung IIb 860; — räumlich geltendes Recht I 90, VI 29; — zeitliche Geltung des Rechts des BGB. VI 310.
Namensschild: Anbringung am Miethobjekt IIb 214.
Namensstempel: Verwendung bei Unterschrift I 374.
Namensunterschrift bei Schriftform des Vertrags I 373, 374; — Beglaubigung I 379; — Zuständigkeit I 380; — N. durch Vertreter I 375.
Nasciturus: rechtliche Stellung I 30; — Annahme an Kindesstatt IV 945; — Benennung eines Vormunds für denselben IV 1002; — Erbfähigkeit V 14, 16; — Frist für Ausschlagung der Erbschaft V 69; — Nachlaßpflegschaft beim Vorhandensein eines n. V 99.
Nassau, Autonomie des vormaligen Fürstenhauses VI 163; — erbrechtliche Beziehungen des vormaligen Fürstenhauses V 2; — Familienrecht IV 3; — Scheidungsrecht IV 521.
Naturalcomputation I 517.
Naturalfrohnden VI 246.
Naturalis possessio III 5
Naturalleistungsgesetz: Rechte Dritter an der Entschädigung für Entziehung rc von Sachen VI 146.
Naturalobligation IIa 6; — Abtretung IIa 274; — kein Zurückbehaltungsrecht für N. IIa 73.
Naturalrestitution IIa 22, 30.
Naturaltheilung bei der Gemeinschaft IIb 673; — bei Auseinandersetzung der Erbengemeinschaft V 290.
Nebenabreden bei formbedürftigen Rechtsgeschäften: Form I 371.
Nebenbestimmungen der Rechtsgeschäfte I 444.
Nebenforderungen: selbständige Uebertragbarkeit IIa 274; — Uebergang bei Abtretung der Hauptforderung IIa 280.
Nebenintervention der Frau in Prozessen über eingebrachtes Gut IV 181; — des Ehemannes in Prozessen der Frau IV 222; — Kosten der N. des Ehemannes IV 339; N. bei Gütergemeinschaftsaufhebungsklage IV 404; — des Nacherben in Prozessen des Vorerben V 369, 383; — des Testamentsvollstreckers in Prozessen des Erben V 471, 508; — des Erben in Prozessen des Testamentsvollstreckers V 481, 508.
Nebenleistungen: vom Vorkaufsberechtigten nicht erfüllbare N. IIb 163; — N. als Theilleistungen IIa 58; — Behandlung bei Kaufpreisminderung und Wandelung IIb 109; — Uebergang bei Schuldübernahme IIa 301; — Eintragung im Grundbuch III 381, 383; — Behandlung laufender bei Uebertragung der Hypothekforderung III 459; — Uebertragung von Rückständen III 460, 462; — Erlöschen der Hypothek für Rückstände III 496; — Vermerk der Zahlung auf dem Hypothekenbrief III 436; — Annahme von N. durch den Vormund IV 1063; — Verjährung I 578.
Nebensachekautionen: Behandlung bei Ueberleitung von Hypotheken des früheren Rechts VI 346.
Nebensachen: Begriff I 268; — Unterschied von Zubehör I 280; — Erstreckung und Beschränkung der Wandelung auf N. beim Kauf IIb 105, 107; — des Nachlieferungsanspruches IIb 124; — Lieferung durch den Unternehmer beim Werkvertrag IIb 489, 491.
Negative Bedingung I 447.
Negatives Interesse I 358.
Negotia stricti juris, bonae fidei I 301
Negatorischer Eigenthumsanspruch III 262.
Nemo pro parte testatus, pro parte intestatus decedere potest V 6, 9, 356.
Nennwerth: Begriff IIa 17.
Netto Kassa-Klausel IIb 14.
Nicaragua: Konsularvertrag mit N. VI 77, 85.
Nichtberechtigte: Wirksamkeit von Verfügungen Nichtberechtigter I 513; — Herausgabepflicht bei Verfügungen über einen Gegenstand, Erlangung einer Leistung IIb 836; — von einem N. hergeleitete Rechte, landesgesetzliche Verfügungsbeschränkungen VI 311; — an Familienfideikommissen, Lehen, Stammgütern VI 169.
Nichtigkeit der Annahme und Ablehnung der fortgesetzten Gütergemeinschaft IV 382; — des Ausschlusses oder der Beschränkung der Gewährleistungspflicht beim Kauf für Mängel im Recht IIb 38; — der Sache IIb 112; — des Ausschlusses oder der Beschränkung des Nachlieferungsanspruches IIb 121, 124; — bei der Miethe IIb 225; — beim Werkvertrag IIb 464; — der Kündigung der Gesellschaft IIb 635; — des Rechtes auf Aufhebung der Gemeinschaft IIb 670; — der Testamentseröffnung V 565; — der Eröffnung des Erbvertrags V 626; — N. der Ausstellung von Inhaberschuldverschreibungen IIb 790; — ohne staatliche Genehmigung IIb 785, 788; — N. der Ehe: Arten IV 63; — — Gründe IV 65, 69; — im Einzelnen: bestehende Ehe IV 73; — Ehebruch IV 75; — Geschäftsunfähigkeit oder geistige Mängel eines Vertragschließenden IV 70; — Form-

mangel IV 69; — bei im Ausland geschlossener Ehe IV 70, VI 127; — Verwandtschaft oder Schwägerschaft der Eheschließenden IV 75; — N. einer nach bisherigem Rechte geschlossenen Ehe VI 351; — Geltendmachung IV 65, 76; — nach Aufhebung der ehelichen Gemeinschaft IV 583; — rechtliche Wirkung der N. IV 67; — Einfluß auf die Aussteuerpflicht gegenüber der Tochter IV 689, 692; — Einfluß auf die Berufung der Eltern zur Vormundschaft IV 1182; — Erbrecht der Ehegatten V 36; — Erbrecht der Kinder V 21; — Einfluß auf den Familiennamen der Frau IV 121; — Familienname von Kinder aus nichtiger Ehe I 78, 79; — Einfluß auf die Heimath der Frau IV 69; — Einfluß auf die Scheidung der Ehe IV 523; — elterliche Gewalt der Mutter IV 829, 854; — Wirkung der Nichtigkeit der Ehe zwischen durch Annahme an Kindesstatt Verbundenen IV 981; — Wirkung der Nichtigkeit der Ehe der Eltern durch nachfolgende Ehe legitimirter Kinder IV 917; — Wirkung der N. der nach bisherigem Rechte geschlossenen Ehe für das Verhältniß zwischen Eltern und Kindern VI 367; — Einfluß auf letztwillige Verfügungen zu Gunsten eines Ehegatten V 343; — Unwirksamkeit des gemeinschaftlichen Testaments V 574; — Einfluß der N. auf Erbverträge V 594; — Wirksamkeit und Geltendmachung gegenüber Dritten IV 97; — Schutz des gutgläubigen Ehegatten hinsichtlich der vermögensrechtlichen Beziehungen und des Unterhalts IV 99; — Schutz des Anfechtungsberechtigten bei der Anfechtung wegen Drohung oder Irrthum IV 102; — Ausübung der ihm zustehenden Rechte, Frist für die Erklärung IV 102; — Heilbarkeit IV 68; — bei N. wegen Formmangel IV 70; — durch Bestätigung bei N. wegen geistiger Mängel der Eheschließenden IV 71; — durch nachträgliche Befreiung vom Ehehinderniß des Ehebruchs IV 75; — Wohnsitz der Frau I 70; — Vermerk im Personenstandsregister IV 21, 68, VI 140; — Geltung des BGB. IV 25; — anzuwendendes Recht VI 27, 61; — auf die güterrechtlichen Folgen anzuwendendes Recht VI 54; — N. des Erbvertrags und einzelner Verfügungen desselben V 622; — des korrespektiven Testamentes V 577, 579; — **N. der Rechtsgeschäfte**: Begriff I 297; — Wirkung I 298; — Fälle derselben I 298; — Formmangel I 368, 373; — Ausnahmen I 372; — Heilung I 373; — wegen Verstoß gegen ein gesetzliches Verbot I 391; — wegen Verstoß gegen die guten Sitten I 401; — theilweise N. eines Rechtsgeschäfts I 407; — Konversion I 408; — Bestätigung nichtiger Rechtsgeschäfte I 409; — Rückforderung der Leistung wegen ungerechtfertigter Bereicherung IIb 829; — N. des abstrakten Schuldversprechens IIb 748, — des Schuldanerkenntnisses IIb 754; — N. des Strafversprechens IIa 186; — beim Verlöbniß IV 13; — von Veräußerungs- und Belastungsverboten hinsichtlich des Hypothekenobjekts III 422; — des Verfallvertrages III 571, 614; — N. von Verfügungen während der Schwebezeit einer Bedingung I 460, 461; — N. des Vergleiches IIb 737; — des Verlöbnißvertrags IV 13; — N. des Vertrages wegen Unmöglichkeit der Leistung IIa 125, 128; — des gegen die guten Sitten verstoßenden Vertrags IIa 130; — des Vertrags über ein künftiges Vermögen IIa 131; — über den Nachlaß eines noch lebenden Dritten, über Pflichttheil und Vermächtniß aus demselben IIa 132; — über ein Vermächtniß eines Dritten V 416; — N. einer vertragsmäßigen Verpflichtung in Bezug auf Errichtung oder Aufhebung letztwilliger Verfügungen V 630; — des Verzichts auf den Antheil an der fortgesetzten Gütergemeinschaft IV 398; — des Verzichts auf Unterhalt durch den unehelichen Vater IV 890; — N. der Vollmacht I 483; — **N. der Willenserklärung** wegen Willensmängel I 309; — bei Mentalreservation I 337; — bei Abgabe zum Schein. I 339; — N. der nicht ernstlich gemeinten Erklärung I 343; — Schadensersatzpflicht I 356.

Nichtigkeitsklage in Ehesachen IV 66, 76; — gegen das Urtheil auf Auflösung oder Nichtigkeitserklärung einer Ehe IV 36.

Nichtschuld: Rückforderung der Leistung IIb 826, 828; — Kenntniß von der N. IIb 832, 836.

Niederlande: Staatsvertrag mit den N. VI 85.

Niederlassung: Begriff I 61; — gewerbliche I 59.

Niederlassungsverbot I 62.

Nießbrauch: Arten III 304; — gesetzlicher III 304; — an unübertragbaren Rechten III 330; — Zusammentreffen mit dem Eigenthum in einer Person in Folge Erbfalles V 60; — **rechtsgeschäftlich bestellter**: **an Forderungen**: Verfügungsrecht des Nießbrauchers, Kündigung, Einziehungsrecht und -Pflicht III 333; — Rechtsverhältniß im Falle der Leistung III 334; — insbesondere an auf Zinsen ausstehenden Forderungen: Begriff der letzteren III 335; — Kündigung und Leistung III 336; — Einziehung III 336; — verzinsliche Wiederanlage III 336; — dispositive Natur der Vorschriften III 335; — an Forderungen: Beschränkung am Anspruch auf die Geldrente wegen unerlaubter Handlungen IIb 940, 948; — am Anspruch auf Ersatz des Schadens, der nicht Vermögensschaden ist IIb 953; — Ausschluß an dem Anspruch auf Ausführung des Auftrags IIb 528; — N. an einer Grundschuld oder Rentenschuld III 337; — an Inhaberpa-

pieren oder Ordrepapieren mit Blankoindossament: Begriff dieser Papiere im Sinne der Vorschriften III 337; — Bestellung des N. III 337, 338; — Besitz der Papiere, der Zins-, Renten- und Gewinnantheilscheine III 337, 338; — Hinterlegung III 337, 338; — kein Verkaufsrecht des Nießbrauchers III 339; — gemeinschaftliche Verwaltungsmaßregeln der Betheiligten III 339; — Wiederanlage von Kapital und Prämien III 339; — N. an verbrauchbaren Papieren der Art III 339; — **an Rechten** III 328; — Gegenstand desselben III 329; — Ausschluß an unübertragbaren Rechten III 330; — analoge Anwendung der Vorschriften über den N. an Sachen III 329; — Form der Bestellung III 330; — rechtliche Stellung des Berechtigten III 329; — Recht auf Besitz der Urkunden über das Recht III 330; — Verhältniß zum Verpflichteten beim N. an einem Recht auf Leistung III 331; — Einfluß der Bestellung eines Verwalters zur Ausübung des N. III 331; — Zustimmung zur Aufhebung oder Aenderung des Rechts III 331; — Beendigung des N. III 332; — N. an einer Leibrente, einem Auszug oder ähnlichen Rechten III 333; — **an Sachen**: Begriff III 304; — Beschränkung III 305; — Gegenstand III 305; — Erstreckung auf Grundstückszubehör I 279, III 306; — Unübertragbarkeit des N., Uebertragbarkeit der Ausübung III 323; — Unvererblichkeit III 324, V 11; — Verbindung einer Sache mit einem Grundstück in Ausübung des N. I 275; — Zusammentreffen eines N. mit einem anderen oder sonstigen Nutzungsrechten III 324; — Veränderungen und Verschlechterungen der Sache III 318; — Entstehung: rechtsgeschäftliche Bestellung III 305, 306; — Ersitzung III 197, 306, 307; — anzuwendendes Recht VI 229; — Entstehung durch Vermächtniß III 306, V 442; — Fiktion des Eigenthums des Bestellers gegenüber dem Nießbraucher III 322; — Rechte des Nießbrauchers: Besitz III 308; — unmittelbarer Besitz desselben III 305; — Feststellung des Zustandes der Sache III 307; — Mitwirkung bei Herstellung des Verzeichnisses beim N. an einem Sachinbegriff III 307; — Herstellung neuer Anlagen III 309; — Fruchterwerb durch Trennung III 305, — bei übermäßigem Fruchtbezug III 310; — Rechte bei vorgenommenen außergewöhnlichen Reparaturen III 312; — Rechte an der Versicherungssumme III 315, — am Grundstücksinventar III 316; — Ersatzanspruch für Verwendungen, Wegnahme von Einrichtungen III 317; — kein Recht am gefundenen Schatz III 311; — Pflichten des Nießbrauchers: Aufrechthaltung der wirthschaftlichen Bestimmung der Sache III 308; — Verbot der Umgestaltung und Aenderung der Sache III 309; — Pflichten bei übermäßigem Fruchtbezug III 310; — Erhaltungspflicht III 311; — Anzeigepflicht von Schäden der Sache, von Anmassung von Rechten Dritter III 312; — Duldung von Reparaturen III 313; — Versicherungspflicht III 313; — Lastentragung III 315; — Sicherheitsleistung III 318; — Rückgabe der Sache nach Beendigung des N. III 320; — Rechtsschutz des Nießbrauchers III 325; — Rechte des Eigenthümers: mittelbarer Besitz III 33; — Feststellung des Zustandes der Sache III 307; — Verzeichniß beim Nießbrauch an einem Sachinbegriff III 307; — Rechte bei unbefugtem Gebrauch der Sache, verletzendem Verhalten des Nießbrauchers III 319; — bei unterlassener Sicherheitsleistung des Nießbrauchers III 318; — Verjährung der gegenseitigen Ansprüche III 322; — Erlöschen: Gründe überhaupt III 306; — im Einzelnen: Aufhebung durch Rechtsgeschäft III 325; — Tod des Nießbrauchers, Ende der juristischen Person III 324; — Zusammentreffen mit dem Eigenthum in einer Person III 325; — Veräußerung der dienenden Sache III 196; — Erstreckung der Aufhebung auf Zubehör III 325; — Einfluß der Beendigung auf bestehende Mieth- und Pachtverhältnisse III 320; — Untergang durch Verkauf der Sache durch den Pfandgläubiger III 582; — besondere Fälle: Nießbrauch an einem Miteigenthumsantheil III 326; — an verbrauchbaren Sachen III 327; — an einem Wald, Bergwerk oder ähnlicher Anlage III 309; — Bestellung an Vermögensstücken des Mündels IV 1061; — Fortbestand mit dem bisherigen Inhalt und Rang VI 329; — an einem Vermögen: Bestellung III 340; — Form des obligatorischen Vertrages über Bestellung IIa 132, III 341; — Rechte der Gläubiger des Bestellers III 341; — Rechtsverhältniß zwischen Besteller und Nießbraucher hinsichtlich der Berichtigung von Schulden III 342; — Befriedigung der Gläubiger durch den Nießbraucher III 343; — Haftung des Nießbrauchers für Zinsen und wiederkehrende Leistungen III 344; — — Nichtigkeit der Verpflichtung zur Bestellung an einem künftigen Vermögen III 341; — N. an einer Erbschaft III 345; — Einfluß auf die Befriedigung der Nachlaßverbindlichkeiten V 130; — Nichtigkeit der Verpflichtung zur Bestellung an einem künftigen Vermögen IIa 131.

Nießbrauchsrechte: Bestandtheil des eingebrachten Gutes bei Errungenschaftsgemeinschaft IV 449.

Nießbrauchvermächtniß III 304, V 441.

Nischen in gemeinschaftlicher Mauer III 154.

Nominatio auctoris III 247, 264.

Nondum concepti: rechtliche Stellung I 31; — Vermuthung für Einsetzung als Nacherbe V 369; — Wirkung ihrer Bestellung als Nacherben V 372; — Dauer der Wirk-

samkeit der Einsetzung als Nacherbe V 377; — der Wirksamkeit des Vermächtnisses V 428; — Zeit des Anfalles der Nacherbschaft V 374; — Anfall des Vermächtnisses V 445, 446.

Nonnen: Verlust der Vermögensfähigkeit I 90; — siehe auch „Klosterpersonen".

Notar: Beamteneigenschaft, Haftung aus Amtspflichtverletzungen IIb 926; — Rechtsverhältniß zum Klienten IIb 381, 544; — Aufnahme des Nachlaßinventars V 222, 223; — Zuständigkeit zur Aufnahme des Nachlaßinventars nach Landesrecht VI 283; — Aufnahme des Nachlaßverzeichnisses des Testamentsvollstreckers V 509; — Aufnahme des vom Pflichttheilsberechtigten verlangten Nachlaßverzeichnisses V 657; — Aufnahme des Nachlaßverzeichnisses der Vorerben V 391; — Aufnahme des Verzeichnisses des eingebrachten Gutes IV 166; — des Verzeichnisses des Mündelvermögens IV 1041; — Aufnahme des Verzeichnisses über einen mit Nießbrauch belasteten Sachinbegriff III 307; — Ablieferung des verwahrten Testaments an das Nachlaßgericht V 562; — Abnahme eidesstattlicher Versicherungen für den Antrag auf Erbschein V 733, 739; — Ausschluß der Bestellung zu Nachlaßverwaltern in Bayern V 181; — Beglaubigung von Erklärungen I 379; — von Unterschriften I 380; — Beglaubigung der Erbschaftsausschlagung, der Vollmacht hiezu V 71; — Bestellung des Erbbaurechts vor dem N. III 283; — Fähigkeit zum Amt eines Testamentsvollstreckers V 484; — Pflicht zur Uebernahme des Amtes V 487; — Haftung als solcher V 514; — Testamentserrichtung vor dem N. V 528, 529, 535; — zuzuziehende Personen V 535; — Form V 539; — Ausschluß von der Mitwirkung bei Testamentserrichtung V 536, 537; — als zweiter Notar V 538; — Prüfung der Testirfähigkeit bei Testamentserrichtung V 528; — Haftung für Verletzung von Formvorschriften V 535; — Zuständigkeit zur Testamentserrichtung in Bayern V 523; — Verbot des Bietens bei Zwangsverkäufen IIb 61, 62; — Wirkung der Nichtbeachtung IIb 63; — Verwahrung von Erbverträgen V 591; — von Testamenten V 550; — von eigenhändigen Testamenten V 551; — Ablieferung des verwahrten Testaments an das Nachlaßgericht V 562; — Zuständigkeit zur Entgegennahme der Auflassungserklärung nach Landesrecht VI 276; — zur Beurkundung von Verträgen I 379; — zur Beurkundung von Erbverträgen V 589; — Zuziehung zur Errichtung des Nachlaßinventars V 222; — Verjährung ihrer Ansprüche I 537.

Notarielle Beurkundung von Verträgen: Beurkundung der Parteierklärungen I 378; — bei Abwesenheit eines Vertragstheiles I 436; — Fälle derselben I 379; — Zuständigkeit und Verfahren I 379; — Ersatz für Schriftform I 373, 376; — für öffentliche Beglaubigung I 380; — Einzelne Fälle not. B.: der Anfechtung des Erbvertrags V 598, 599; — der Aufhebung desselben V 611; — des Antrags auf Ehelichkeitserklärung und der Einwilligungserklärungen IV 927; — des Ehevertrags IV 287; — der Einwilligung zur Annahme an Kindesstatt IV 953; — des Erbschaftskaufes V 764; — des Rücktritts vom Erbvertrag V 620; — des Erbverzichtsvertrages V 723; — der Aufhebung desselben V 726; — des Schenkungsversprechens IIb 178; — des Stiftungsgeschäftes I 236; — des Vertrags über Annahme an Kindesstatt IV 954; — über deren Aufhebung IV 979, 981; — über Abfindung eines Abkömmlings IV 412; — des Vertrags über den Antheil eines Miterben an der Erbschaft V 275; — des Vertrages über Aufhebung der fortgesetzten Gütergemeinschaft IV 399; — des Vertrages unter Erben über Erbtheile und Pflichttheile IIa 132; — des Immobiliarveräußerungsvertrages III 160; — von Rechtsänderungen an Grundstücken III 49, 51; — über ein gegenwärtiges Vermögen IIa 132; — über die Verpflichtung zur Eigenthumsübertragung an Grundstücken IIa 134; — des Vertrages über den Verzicht eines antheilsberechtigten Abkömmlings auf seinen Antheil bei oder nach Anfall der fortgesetzten Gütergemeinschaft IV 397; — der Zustimmung des anderen Ehegatten zum Verzicht oder zur Aufhebung desselben bei Lebzeiten beider Ehegatten IV 438; — des Verzichts auf eine letztwillige Zuwendung V 727; — der Zustimmung des anderen Ehegatten zu letztwilligen Verfügungen in Bezug auf den Antheil eines Abkömmlings IV 436; — der Zustimmung zur Aufhebung von Verfügungen im Erbvertrag V 614; — ergänzende landesgesetzliche Vorschriften, Wirksamkeit derselben V 523; — letztwilliger Verfügungen: landesgesetzliche Formvorschriften VI 285.

Noten der Zettelbanken: Inhaberpapiere IIb 778.

Nothdürftiger Unterhalt: Beschränkung auf denselben IV 668.

Notherbrecht (siehe auch „Pflichttheil") V 6.

Nothhülfe I 585; — Angriff auf fremdes Eigenthum III 123.

Nöthigung: Ausschluß der Schadensersatzpflicht aus der erzwungenen Handlung IIb 863.

Nothlage: wucherische Ausbeutung I 401, 406.

Nothservituten III 145.

Nothstand I 585; — drohender N. als Voraussetzung der Entmündigung wegen Trunksucht I 42, 50, 51; — Angriff auf fremdes Eigenthum III 122; — Ausschluß der

Schadensersatzpflicht wegen unerlaubter Handlungen IIb 862.

Nothtestament V 552; — zeitliche Beschränkung der Wirksamkeit des Testaments V 556; — Errichtung als gemeinschaftliches T. V 572; — Zuständigkeit zur Aufnahme des Dorftestaments VI 284.

Nothweg: Voraussetzung für die Einräumung III 143; — Ausschluß 146; — N. nach Zertheilung, Veräußerung von Grundstücken III 146; — Geldrente für den N. III 143; — Unverjährbarkeit des Anspruchs auf den N. III 156; — Ausschluß landesgesetzlicher Beschränkungen hinsichtlich der Rente VI 247; — Verpflichtung zur Duldung nicht eintragungsfähig III 51; — N. zur Verbindung mit einer Wasserstraße oder Eisenbahn VI 255.

Nothwehr I 582; — Ausschluß der Schadensersatzpflicht aus unerlaubten Handlungen IIb 861.

Nothwendige Bedingungen I 449.

Nothzucht: Ersatzanspruch der Frauensperson IIb 874; — Ersatz nicht vermögensrechtlichen Schadens IIb 952.

Novation IIa 210, 299; — beim aktiven Gesammtschuldverhältniß IIa 344.

Nutzeigenthum III 119.

Nutznießung des Annehmenden am Vermögen des Kindes IV 977; — des Ehemannes am eingebrachten Gut der Frau IV 150; — Ausschluß durch Ehevertrag IV 294; — Ausschluß bei Verheirathung der Frau ohne Einwilligung des gesetzlichen Vertreters IV 152; — keine Eintragung ins Grundbuch IV 152; — Voraussetzungen der Geltendmachung der Ausschließung oder Abänderung gegenüber Dritten IV 289, VI 56; — Umfang des Rechts IV 154; — Ausübung IV 186; — Vertretung des bevormundeten Mannes IV 236; — Unübertragbarkeit des Rechtes IV 235; — Gewinnungskosten der Nutzungen IV 189; — Lastentragung während der Dauer der N. IV 191; — Tragung von Zinsen und wiederkehrenden Leistungen IV 193; — Beendigungsgründe überhaupt IV 254; — Beendigung in Folge Gütertrennungsklage IV 257; — durch Konkurseröffnung über das Vermögen der Frau IV 262; — durch Todeserklärung des Mannes I 109, IV 262; — Wirkung der Beendigung im Allgemeinen IV 264; — im Falle der Gütertrennungsklage IV 266; — Einfluß auf bestehende Mieth- und Pachtverhältnisse IV 266; — Wirksamkeit der Wiederherstellung gegenüber Dritten IV 278; — Geltendmachung der Ansprüche aus der N. durch die Frau IV 209; — Elterliche N.: Berechtigung zur N. IV 766; — Gegenstand IV 766; — Inhalt des Rechtes IV 764; — Art und Weise des Erwerbs IV 769; — Ausübung an verbrauchbaren Sachen IV 771; — Pflichtverletzung bei der N. IV 798; — Anhörung des Vaters und Verwandter des Kindes vor Entziehung oder Beschränkung IV 807, 808; — Herausgabe der Nutzungen an den nicht verwaltungsberechtigten Gewalthaber IV 776; — Gewinnungskosten IV 773; — Geschäftsgewinn aus einem Erwerbsgeschäft des Kindes IV 775; — Fortdauer bei Ruhen der elterlichen Gewalt IV 816; — Unübertragbarkeit des Rechts und der Ansprüche auf die Nutzungen IV 778; — Tragung der Lasten des Kindervermögens IV 773; — Pfändungsbeschränkung hinsichtlich der Früchte IV 644; — Berücksichtigung von Unterhaltsverbindlichkeiten des Kindes IV 657; — Stellung der Gläubiger des Kindes zum elterlichen N. IV 780; — Zwangsvollstreckung in das der N. unterliegende Vermögen IV 780; — Fälligkeit von Verbindlichkeiten des Vaters gegenüber dem Kinde IV 778; — Beendigung der N. IV 765; — durch Verheirathung des Kindes IV 783; — durch Verzicht des Berechtigten IV 784; — Einfluß der Beendigung auf bestehende Mieth- und Pachtverträge IV 785; — Entziehung der N. IV 790; — Anhörung des Vaters und Verwandter des Kindes vor der Entziehung oder Beschränkung IV 796; — Elterliche N. seitens der Mutter IV 828, 829; — elterliche, anzuwendendes Recht VI 363; — Aufhebung nach bisherigem Rechte verfügter Beschränkungen VI 364; — Verzicht des Berechtigten VI 66; — N. am Vermögen des Kindes aus nichtiger Ehe IV 854; — N. des Vorerben am Nachlaß V 387.

Nutznießungsrecht: eheherrliches, elterliches: nicht eintragungsfähig ins Grundbuch III 50.

Nutzungen: Begriff I 286; — Einfluß der Rechtshängigkeit auf den obligatorischen Anspruch auf Herausgabe IIa 113; — Einfluß des Verzuges des Gläubigers auf den Anspruch auf Herausgabe oder Ersatz IIa 121; — Ersatz während Hinterlegung der Sache IIa 244; — Herausgabe oder Ersatz beim Rücktritt vom Vertrag IIa 193; — Herausgabe durch den Beauftragten IIb 533; — Herausgabe beim Eigenthumsanspruch, Haftung für nicht gezogene Früchte III 249; — Haftung des unentgeltlichen redlichen Besitzers III 250; — des unredlichen Besitzers III 251; — des unmittelbaren Besitzers III 253; — des eigenmächtigen Besitzers III 253; — Haftung vor Rechtshängigkeit III 254; — Herausgabe durch den Erbschaftsbesitzer V 255; — Schadensersatzanspruch bei Unmöglichkeit der Herausgabe V 260; — Herausgabe beim Erbschaftskauf V 772, 773; — Herausgabe durch den Geschäftsführer ohne Auftrag IIb 557; — Herausgabe bei ungerechtfertigter Bereicherung IIb 842, 845; — N. der Kaufsache, Uebergang auf den Käufer IIb 41, 46; — Ersatz durch uner-

laubte Handlungen entzogener N. IIb 955; — Ersatz bei Wandelung beim Viehkauf IIb 135, 137; — Herausgabe an den Vermächtnißnehmer V 452; — Kaufvertrag über künftige N. IIb 7; — N. des eingebrachten Gutes der Frau: Erwerb IV 186; — Gewinnungskosten IV 189; — Ersatz der N. nach Gütertrennungsklage IV 266; — N. sind Errungenschaft IV 452, 458; — N. des Vorbehaltsgutes der Frau IV 163; — bei Errungenschaftsgemeinschaft IV 455; — N. des Kindervermögens: Erwerb IV 769; — Gewinnungskosten IV 773; — Herausgabe an den nicht verwaltungsberechtigten Gewalthaber IV 776; — Unübertragbarkeit des Anspruches IV 778; — Unpfändbarkeit der Ansprüche auf die N. IV 779; — N. von Mündelvermögen: Annahme von Leistungen IV 1063; — Ziehung durch den Pfandgläubiger III 559.

Nutzungsgemeinden VI 307.

Nutzungspfandrecht III 559.

Nutzungsrechte an Gebäuden: Verantwortlichkeit des Berechtigten für Schäden IIb 923; — an Grundstücken: Zusammentreffen mit Grunddienstbarkeiten III 298; — Zusammentreffen mit einem Nießbrauch III 324; — Fruchterwerb des dinglich Nutzungsberechtigten III 213; — Wildschadensersatzpflicht des Berechtigten VI 186; — bäuerliche N. Geltung des Landesrechts VI 171; — Begründung neuer nach Landrecht VI 350; — N. an Grundstücken: Behandlung bestehender vererblicher und übertragbarer N. nach Landesrecht VI 349.

O.

Obereigenthum III 119.

Oberfläche: Umbildung durch Bearbeitung der O. III 207; — Ersatzpflicht des Bearbeiters III 209; — Umfang des Eigenthums III 124.

Oberlehensherrlichkeit, Ablösungsrenten des Staats VI 243, 247.

Oberstes Landesgericht in Bayern: Zuständigkeit VI 13.

Objektivirung des Schuldverhältnisses IIa 4.

Obligation: Begriff IIa 2.

Obligatorische Rechte an Bestandtheilen I 269.

Obligatorisches Grundgeschäft bei Rechtsänderung an Grundstücken, Grundstücksrechten III 51.

Obligatorische Rechtsgeschäfte I 303.

Observanzen VI 8.

Obstbäume: Eigenthum an übergefallenen Früchten III 136, — bei Grenzbäumen III 155; — Vorbehalt zu Gunsten der Landesgesetzgebung VI 254.

Obstgärten: Wildschaden VI 184.

Offenbare Unbilligkeit der Bestimmung der Leistung durch den Dritten IIa 141; — der Bestimmung des Dritten über Nachlaßauseinandersetzung V 298; — der Bestimmung des Vermächtnißgegenstandes durch den Bedachten oder einen Dritten beim Gattungsvermächtniß V 422.

Offenbare Unmöglichkeit der Zeugung durch den Ehemann IV 610, 614; — der Zeugung eines unehelichen Kindes IV 899.

Offenbarungseid über eine Rechnungsstellung IIa 47; — über einen herauszugebenden Inbegriff von Gegenständen IIa 49; — Zuständigkeit zur Eidesabnahme, Verfahren, Kosten IIa 50; — O. des Beauftragten IIb 531, 533; — des Geschäftsführers ohne Auftrag IIb 557; — des geschäftsführenden Gesellschafters IIb 618; — des Ehemannes über den Bestand des eingebrachten Gutes der Frau IV 264, 265; — des Erben V 226; — Eidespflicht, wenn eine Ehefrau Erbin ist V 232; — O. des Erben gegenüber dem Nachlaßverwalter V 185, — gegenüber dem Testamentsvollstrecker V 494; — gegenüber dem Pflichttheilsberechtigten V 658; — in Bezug auf eine vor dem 1. Januar 1900 angefallene Erbschaft VI 315; — Zuständigkeit des Amtsgerichts zur Abnahme nach Landesrecht VI 281; — O. des Erbschaftsbesitzers V 265; — der Hausgenossen des Erblassers V 266; — des ausgleichungspflichtigen Miterben V 314; — des Testamentsvollstreckers V 509, 513; — des Vaters nach Beendigung der Vermögensverwaltung IV 821; — O. des Vorerben über den Bestand der Erbschaft V 392, 396; — des Vormunds IV 1117, 1119, 1122; — Abtretbarkeit des Anspruchs auf Leistung des O. IIa 277.

Offene Handelsgesellschaft von Ehegatten IV 175; — Haftung des Erben eines Gesellschafters für Gesellschaftsschulden V 128.

Offenheitsprinzip I 469.

Offenkundigkeit der Voraussetzungen für Ertheilung des Erbscheins V 739.

Oeffentliche Abgaben, Lasten: auf dem eingebrachten Gute lastende, beim gesetzlichen Güterstand IV 191, — bei der Errungenschaftsgemeinschaft IV 458; — auf dem Kindervermögen lastende IV 773; — Haftung des Erbschaftskäufers V 772; — Uebergang der Haftung auf den Käufer IIb 46; — auf dem verkauften Grundstücke lastende IIb 23; — Tragung durch den Nießbraucher III 315; — Last des Vermiethers IIb 237; — Anspruch auf Rückerstattung zu Unrecht erhobener A. IIb 825, VI 229.

Oeffentliche Anstalten: siehe „Anstalten des öffentl. Rechts".

Oeffentliche Armenkassen: letztwillige Bedenkung V 338.

Oeffentliche Aufforderung zur Anmeldung von Erbrechten vor Feststellung des Erbrechts des Fiskus V 110; — vor Ertheilung des Erbscheins V 743.

Oeffentliche Beglaubigung siehe „Beglaubigung".

Oeffentliche Behörde siehe „Behörde".

Oeffentliche Bekanntmachung siehe „Bekanntmachung".
Oeffentliche Bestellung zu gewissen Geschäften, öffentliches Angebot, Auftrag IIb 526; — auf Geschäftsbesorgung gerichteter Dienst- oder Werkvertrag IIb 545.
Oeffentliche Diener: Aufrechnung gegen Gehalts- und Pensionsansprüche IIa 267.
Oeffentliche Hinterlegung siehe „Hinterlegung".
Oeffentliche Kassen: Zahlungen aus ö. K. IIa 68, 69, VI 213.
Oeffentliche Korporation: Haftung für ihre Vertreter I 250.
Oeffentliche Lasten siehe „Abgaben".
Oeffentlicher Gebrauch: Miethe an dem ö. G. gewidmeten Sachen IIb 204; — Verantwortlichkeit für Anlagen und Betriebe auf dem ö. G. dienenden Grundstücken VI 232.
Oeffentlicher Glaube des Erbscheines V 751, 753; — Ausgleichung eines in Folge desselben eingetretenen Rechtsverlustes IIb 837; — des Grundbuchs III 92; — Ausgleichung eines in Folge desselben eingetretenen Rechtsverlustes IIb 837; — Verfügungen des Erben nach Anordnung der Nachlaßverwaltung V 184; — Wirksamkeit hinsichtlich bestehender Grunddienstbarkeiten VI 335; — Wirksamkeit bestehender gesetzlicher Pfandrechte, Mieth- und Pachtrechte trotz Nichteintragung VI 336; — ö. G. des Zeugnisses über Fortsetzung der Gütergemeinschaft IV 423, V 757; — über Ernennung eines Testamentsvollstreckers V 757.
Oeffentliche Sammlungen: Pfleger hiefür IV 1217.
Oeffentliches Interesse an der Geschäftsführung gegen den Willen des Geschäftsherrn IIb 554; — an der Vollziehung von Auflagen bei Schenkungen IIb 187; — an der Vollziehung von letztwilligen Auflagen V 463.
Oeffentliches Recht: Erläuterung aus dem Privatrecht VI 12.
Oeffentliche Stiftungen I 227; — Staatsaufsicht I 230; — Haftung für ihre Vertreter I 250; — Vermögenserwerb von aufgelösten Vereinen I 177.
Oeffentliche Urkunde: Anerkennung der Vaterschaft zu einem ehelichen Kinde IV 915, — zu einem unehelichen Kinde IV 904.
Oeffentliche Versteigerung siehe „Versteigerung".
Oeffentliche Zustellung von Willenserklärungen I 387, 388.
Oeffentlichkeit des Grundbuchs III 45; — Schutz des Eigenthümers gegen Wirkungen des Oeffentlichkeitsprinzips bei der Briefhypothek III 429; — Oeffentlichkeitsprinzip bei Rangabtretung III 69; — Oe. des Güterrechtsregisters IV 513; — des Vereinsregisters I 224.
Offerte siehe „Vertragsantrag".
Offiziere: Darlehen an O. IIb 360; — Testamentserrichtung vor denselben VI 138; — siehe auch „Militärpersonen".
Okkupation aufgegebener Grundstücke III 173; — herrenloser Sachen III 219.
Operis novi nuntiatio III 130.
Opferung eigener Sachen zur Schonung fremder I 589.
Optionsklausel beim Miethvertrag IIb 291.
Oralfideikommiß V 413.
Oranje-Freistaat: Staatsvertrag VI 85.
Ordensgeistliche: Erwerbsbeschränkungen VI 206; — Beschränkung der Erbfähigkeit V 3, 17.
Orderpapiere IIb 775; — Emissionsfreiheit IIb 785; — Einfluß der Rückkehr des Papiers in die Hand des Ausstellers IIa 209; — Hinterlegung zur Sicherheitsleistung I 596; — Nießbrauch an O. III 337; — Verpfändung III 629; — Einziehung der Forderung III 632; — Verkauf zum Börsen- oder Marktpreis III 634; — Erwerb zum eingebrachten Gut IV 182, — bei der Errungenschaftsgemeinschaft IV 452; — Hinterlegung zum eingebrachten Gute gehöriger O. IV 206, — bei der Errungenschaftsgemeinschaft IV 453; — Vermuthung für das Eigenthum des Mannes IV 139, VI 56, 57; — des Kindes IV 798; — Erwerb durch den Vater für das Kind IV 760; — O. des Mündels: Hinterlegung IV 1064; — Befreiung von der Hinterlegungspflicht durch den Vater IV 1137, — durch die Mutter IV 1139; — Befreiung des Vaters und der Mutter als Vormund eines Volljährigen IV 1187; — Hinterlegungspflicht des Vorerben V 388; — Befreiung von den Verpflichtungen V 402, 403.
Ordnung der Erbfolge V 19.
Ordnungsmäßige Benützung der gemeinschaftlichen Sache IIb 665; — von Erbschaftssachen durch den Vorerben V 398.
Ordnungsmäßige Verwaltung des eingebrachten Gutes, Pflicht des Mannes IV 169; — Folge der Pflichtverletzung IV 257; — der gemeinschaftlichen Sache IIb 665.
Ordnungsstrafen gegen Familienrathsmitglieder IV 1155; — gegen den Inhaber der elterlichen Gewalt IV 704; — gegen Vorstandsmitglieder und Liquidatoren des Vereins I 223; — gegen Vormünder und Gegenvormünder IV 1112; — zur Erzwingung der Uebernahme der Vormundschaft IV 1021, — der Gegenvormundschaft IV 1025, — der Pflegschaft IV 1220.
Ort der gelegenen Sache, anzuwendendes Recht VI 16, 91; — O. des Vermögens, Anknüpfungsmoment der Kollisionsnorm bei Verschollenheitserklärung VI 16, 35; — der Leistung IIa 64; — bei Geldzahlung IIa 17, 68; — beim Kauf IIb 19; — für die Abnahmepflicht des Käufers IIb 19; — Berücksichtigung von Treu und Glauben IIa 11; — Einfluß des Leistungsortes auf die Aufrechnung IIa 260; — Hin-

terlegung am Leistungsort IIa 239; — Versteigerung zur Hinterlegung nicht geeigneter Sachen am Leistungsort IIa 248; — O. der Rückgabe verwahrter Sachen IIb 579; — bei vertretbaren Sachen IIb 581; — O. der Herausgabe von Sachen III 245; — O. der Pfandversteigerung III 578; — der Testamentserrichtung, Angabe im Protokoll V 542, 543: — des Vertragsabschlusses I 423; — O. der Vorlegung von Sachen, Urkunden IIb 821; — O. der Vornahme des Rechtsgeschäfts, Anknüpfungsmoment für die Kollisionsnorm VI 16, — hinsichtlich der Form der Eheschließung VI 46, — der Geschäftsfähigkeit VI 28, — der Form der Rechtsgeschäfte VI 41; — siehe auch „Zahlungsort".
Ortsangabe beim eigenhändigen Testament V 529, 532, 533; — Beweislast für die Richtigkeit V 533; — bei Schriftform der Rechtsgeschäfte I 376.
Ortsgerichtspersonen: Zuständigkeit zur Inventarerrichtung VI 283.
Ortsüblichkeit bei der Abmarkung III 147.
Ostsee: Verschollenheitsfrist I 102.

P.

Paare von Thieren: Gewährschaft IIb 137.
Pacht IIb 321; — Wesen des Pachtvertrags IIb 322; — Unterschied von der Miethe IIb 204, 324, — von anderen Verträgen IIb 325; — rechtliche Natur IIb 328; — Form des Pachtvertrages I 372, IIb 291, 326; — Inhalt IIb 326; — Gegenstand der P. IIb 322; — Theilpacht IIb 328; — analoge Anwendung der Vorschriften über Miethe II 322, 329; — anzuwendendes Recht VI 316; — Rechte und Pflichten des Verpächters IIb 326; — mittelbarer Besitz des Verpächters III 33; — Uebergangsvorschriften für den Fall der Veräußerung und Belastung des Pachtobjekts VI 318; — Beschränkung des Kündigungsrechts IIb 346; — Stellung des Pächters IIb 328; — Rechte und Pflichten überhaupt IIb 327; — Gebrauchsrecht IIb 322, 323; — Fruchterwerb IIb 322, 324; — Pachtzinszahlung IIb 322, 327; — Abtretung und Pfändung des Pachtrechts IIb 245, 347; — Schadensersatzpflicht wegen verspäteter Rückgabe des Pachtobjektes IIb 347; — Wirkung der Zwangsvollstreckung gegen d. Pächter oder Verpächter IIb 329; — Einfluß des Verkaufes des Pachtobjekts IIb 330; — Kündigung IIb 345; — Einfluß der Beendigung des Nießbrauchs III 321; — P. eines Grundstücks mit Inventar: Erhaltung und Ergänzung des Inventars IIb 334; — Uebernahme des Inventars zum Schätzungswerth IIb 336; — Rechtsverhältniß hinsichtlich des Grundstücksinventars in diesem Falle IIb 337; — Rückgabe bei Beendigung der Pacht IIb 338; — Pfand- und Zurückbehaltungsrecht des Pächters am Inventar IIb 340; — P. eines Landguts: Rechtsverhältniß hinsichtlich der Erzeugnisse bei Beendigung II 343; — Herausgabe des Landgutes im Falle der Uebernahme auf Grund einer Schätzung IIb 344; — P. eines landwirthschaftlichen Grundstücks: Ausbesserung und Erhaltung IIb 330; — Erhaltung der wirthschaftlichen Bestimmung des Pachtobjekts IIb 331; — Fälligkeit des Pachtzinses IIb 332; — Pfandrecht des Verpächters IIb 332; — Rückgabe nach Beendigung der Pacht IIb 340; — Auseinandersetzung hinsichtlich der Kosten der Früchteerzeugung bei Beendigung der P. während des Pachtjahres IIb 341; — P. an eingebrachten Grundstücken der Ehefrau: Einfluß der Beendigung der eheherrlichen Nutznießung und Verwaltung IV 266, — der Beendigung der Errungenschaftsgemeinschaft IV 484; — Abschluß von Pachtverträgen durch den Vater IV 753, 755, 756; — Einfluß der Beendigung der elterlichen Nutznießung IV 785; — Abschluß durch den Vormund für den Mündel IV 1073, 1080, — für den volljährigen Mündel IV 1186; — P. eines gewerblichen Betriebes: Abschluß eines Pachtvertrages durch den Vormund IV 1073, 1080; — eines Landgutes: Abschluß eines Pachtvertrages durch den Vormund IV 1073, 1080; — Verpachtung durch den Nießbraucher III 320; — an zur Erbschaft gehörenden Grundstücken: Einfluß des Eintritts der Nacherbfolge auf ein vom Vorerben eingegangenes Pachtverhältniß V 398, 401; — am Vermächtnißgegenstand V 433.
Pachtabstand IIb 326.
Pächter: Eigenthumserwerb an Erzeugnissen und sonstigen Bestandtheilen III 215.
Pachtjahr bei der Pacht landwirthschaftlicher Grundstücke IIb 332.
Pachtrecht: Ausschluß der Eintragung in das Grundbuch IIb 326; — Unpfändbarkeit IIb 329, 347; — Nichteintragung bestehender P. im Grundbuch VI 337.
Pachtzins: Verjährung I 542; — Zahlungspflicht des Pächters IIb 322, 327; — Fälligkeit bei der Pacht landwirthschaftlicher Grundstücke IIb 332; — Nachlaß IIb 327, 332.
Pachtzinsforderung: Erstreckung der Hypothek auf dieselbe III 404; — Erlöschen der Haftung durch Zeitablauf III 404, 405; — durch Einziehung oder Verfügung über die Forderung III 405; — Wirksamkeit der Aufrechnung gegenüber dem Hypothekgläubiger III 406.
Pactum de mutuo dando, accipiendo IIb 360.
Pactum de non licitando: Unsittlichkeit IIb 880.
Paraguay: Staatsvertrag mit P. VI 49.
Parentelsystem V 18, 19.
Parteibezeichnung in Prozessen für und gegen den Testamentsvollstrecker V 504.

Parteien: Verjährung des Anspruches aus Vorschüssen an Rechtsanwälte I 537, 542.
Parteifähigkeit der juristischen Personen I 117.
Parteistellen IIb 253.
Partialobligation IIa 320, 326.
Partiarische Miethverhältnisse IIb 210.
Partiarische Rechtsgeschäfte I 304.
Partikuläre Gütergemeinschaft IV 440.
Parzellenminimum VI 249.
Parzellirung des Hypothekenobjekts III 90, 377.
Passive Erbfähigkeit V 7.
Passive Vertretung I 466.
Passivlegitimation der Ehefrau IV 219; — des Testamentsvollstreckers V 468, 503, 505.
Patentrechte: Nießbrauch daran III 333; — Vererblichkeit V 10.
Patronatsrecht VI 197.
Pekulium IV 702.
Pension: Aufrechnung dagegen IIa 265; — Vorbehaltsgut der Frau IV 158.
Pensionate: Haftung für eingebrachte Sachen IIb 587.
Pensionsanspruch: Wegfall bei Eheschließung eines Beamten ohne obrigkeitliche Genehmigung IV 50; — Verjährung I 542, 543.
Peremptorische Einreden: Begriff I 550; — Rückforderung der Leistung wegen solcher IIb 833; — kein Verjährungshinderniß I 552; — gegen die Hypothek III 480; — gegen das Pfandrecht III 595; — gegen das Schiffspfandrecht III 605; — gegen durch Vormerkung gesicherte Ansprüche III 84.
Perklusionsrecht IIb 275.
Perlenfischerei VI 182, 187.
Perpetuirung der Mängelanzeige IIb 117.
Persien: Staatsvertrag mit P. VI 85.
Person: Begriff und Arten I 22; — Schadensersatz wegen Verletzung von P. IIa 29; — Irrthum über die P. des anderen Ehegatten, Ehescheidungsgrund IV 81.
Personalhaftung IIa 2.
Personalarrest: Erwirkung nach Ausübung des Selbsthülferechts I 591, 592.
Personalstatut VI 16; — von juristischen Personen I 142.
Personenklassen: letztwillige Verfügungen an P. V 337.
Personenstand: Veränderung, Unterdrückung IV 3.
Personenstandsgesetz: Abänderung, Verhältniß zum BGB. IV 21, VI 126, 139; — Einführung in Helgoland IV 22.
Personenstandsregister: Randvermerk in Bezug auf Eheschließungen IV 21; — Randvermerk über Eheauflösung IV 521; — siehe auch „Geburtsregister, Heirathsregister".
Personenstandsunterdrückung, -Veränderung IV 609.
Personenvereine in Sachsen VI 309.
Persönliche Angelegenheiten der Ehefrau: Rechtsgeschäfte in Bezug auf solche im gesetzlichen Güterstand IV 224; — bei allgemeiner Gütergemeinschaft IV 322; — Haftung für Kosten in Rechtsstreitigkeiten über solche im gesetzlichen Güterstand IV 252; — bei Gütergemeinschaft IV 339.
Persönliche Eigenschaften: Irrthum darüber I 345, 347; — Irrthum hierüber bei Eheschließung IV 81.
Persönliche Leistung beim Dienstvertrag IIb 399; — Uebernahme p. L. durch die Ehefrau, Rechte des Ehemanns IV 128.
Persönliche Rechtsbeziehungen der Ehegatten IV 111; — der Ehegatten: räumliche Statutenkollision IV 114, VI 27, 50; — zeitliche Statutenkollision IV 114, VI 353; — der geschiedenen Ehegatten VI 359; — der von Tisch und Bett getrennten VI 360.
Persönlichkeitsrechte I 26; — Verjährung der Ansprüche aus P. I 531; — Schadensersatzpflicht wegen Verletzung IIb 859.
Pfändbarkeit des Nießbrauchs III 324.
Pfandbestellung: Gewährleistung für Mängel der Sache IIb 143; — schenkungsweise Pf. IIb 178; — versteckte Pf. IIb 152; — Unterbrechung der Verjährung I 559.
Pfandbriefdarlehen: Vorrecht des nicht getilgten Theiles vor dem getilgten VI 311.
Pfandbriefe der Hypothekenbanken IIb 786; — Mündelsicherheit IV 1048, 1051, VI 375; — Sonderrecht der Landschaften in Betreff des Verfahrens bei Löschung VI 311.
Pfandgeld VI 209.
Pfandgläubiger: Befreiung von der Verpflichtung zur Anmeldung ihrer Forderungen im Aufgebotsverfahren der Nachlaßgläubiger V 138; — kein Ausschluß durch fünfjährige Nichtgeltendmachung ihrer Forderung V 149; — Ausschluß der Geltendmachung aufschiebender Einreden des Erben gegenüber den Pf. V 244; — Haftung von Miterben gegenüber Pf. des Erblassers V 320, 322.
Pfandindossament III 630.
Pfandleiher, Pfandleihanstalten: Fortbestand der landesgesetzlichen Privilegien VI 215; — Abtretung von Darlehensforderungen IIa 278, IIb 371; — öffentliche: Lösungsanspruch III 256.
Pfandprivilegien für gesetzliche Unterhaltsansprüche IV 645.
Pfandrecht an beweglichen Sachen: Begriff III 544; — accessorische Natur III 543, 546; — Gegenstand III 545; — Forderungen, für welche es begründet werden kann III 544, 547; — Verpfänder und Pfandnehmer III 547; — Geltendmachung durch den Nießbraucher an der Forderung III 333; — Entstehung: Entstehungsgründe überhaupt III 548; — durch Vertrag: Form III 548; — Ausschluß der Bestellung durch constitutum possessorium III 551; — durch Einräumung des Mitbesitzers III 551; — Entstehung durch Verpfändung seitens eines Nichteigenthümers III 543, 553; — Entstehung durch Leistung des Gegenstandes

eines verpfändeten Rechts III 625; — kraft Gesetzes III 597; — Nichteintragung bestehender gesetzlicher Pf. im Grundbuch VI 336; — Pf. des Gastwirths an eingebrachten Sachen IIb 593; — des Pächters an Inventarstücken des verpachteten Grundstücks IIb 340; — Pf. des Vermiethers an eingebrachten Sachen IIb 264; — Inhalt, Entstehung und Geltendmachung IIb 264; — Gegenstand IIb 264, 265; — nicht pfändbare Sachen IIb 269; — Pfandgläubiger IIb 265; — gesicherte Forderungen IIb 271; — Erlöschen der Pf. durch Entfernung der Sachen IIb 273, 275; — Rechte bei drohender oder erfolgter Entfernung IIb 275; — Sicherheitsleistung zur Abwendung der Pfandhaftung IIb 279; — Verhältniß zum Pfändungspfandrecht IIb 272, 280; — Einfluß des Konkurses des Miethers IIb 282; — des Vermiethers: Erwerb des unmittelbaren Besitzes III 35; — Strafschutz des Vermietherpfandrechts IIb 273; — Pf. des Verpächters bei landwirthschaftlichen Grundstücken IIb 332; — des Unternehmers eines Werks IIb 479; — Entstehung durch Selbstpfändung VI 209; — Uebertragung: Uebergang mit der Forderung III 544, 591; — Eintritt und Wirkung III 592; — Uebergang bei Abtretung der Forderung IIa 279; — Haftung des Pfandes: Umfang III 558; — Einräumung der Fruchtziehung aus dem Pfand III 559; — Haftung mehrerer Pfänder III 565; — Haftung nicht dem Verpfänder gehöriger Sachen III 543, 553; — Umfang der Haftung in Ansehung der Forderung III 556; — Erstreckung auf Zubehör I 280; — Haftung des Pfandes nach Verjährung des Anspruchs I 576; — Haftung des Pfandes bei Rückgängigmachung des Erlöschens von Rechtsverhältnissen durch Konfusion im Falle der Nachlaßverwaltung oder des Nachlaßkonkurses V 165; — Einfluß der Anfechtung des Hauptgeschäfts I 412; — Rang nach dem Zeitverhältniß III 555; — Einfluß des Rangverhältnisses auf das Verkaufsrecht III 573; — Verhältniß zu Rechten Dritter am Pfandobjekt III 554; — Rang im Verhältniß zu gesetzlichen Pfandrechten III 599; — auf Inhalt und Rang anzuwendendes Recht VI 329; — Verhältniß zur Forderung: Abhängigkeit von der Forderung III 543, 546; — Zulässigkeit für bedingte und betagte Forderungen III 544; — Einreden aus dem persönlichen Schuldverhältniß III 557; — Einfluß auf die Haftung des Bürgen IIb 718, 719; — Untergang: rechtsgeschäftliche Aufhebung III 595; — Erlöschen mit d. Forderung III 593; — durch Uebertragung der Forderung ohne Pfandrecht III 591; — durch Rückgabe des Pfandes III 593; — bei vorzeitiger Befriedigung des Pfandgläubigers III 562; — in Folge peremptorischer Einreden III 595; — durch redlichen Eigenthumserwerb eines Dritten am Pfande III 196; — durch Zusammentreffen mit dem Eigenthum III 596; — durch Pfandverkauf III 582; — Untergang in Folge Schuldübernahme IIa 311; — Beseitigung beim Verkauf der belasteten Sache IIb 28; — Pfandverkauf: Voraussetzungen III 543, 569, 570; — Recht zum Pf. bei Mehrheit von Pfandgläubigern III 573; — Auswahl unter mehreren Pfändern III 571; — Herausgabepflicht des Mitbesitzers zum Zwecke des Verkaufs III 572; — Arten des Verkaufs III 543, 574; — Androhung des Verkaufs III 576; — Realisirungsfrist III 576, 577; — Verkauf nach den Vorschriften über den Verkauf gepfändeter Sachen III 574; — Versteigerung III 577; — Ort des Verkaufs III 578; — Bekanntmachung III 578; — Kaufsbedingungen III 579; — bei Gold- und Silbersachen insbesonders III 581; — Recht zum Bieten III 580; — Verkauf zum Börsen- oder Marktpreis III 577; — Benachrichtigung des Eigenthümers vom Verkauf III 582; — Wirkungen rechtmäßigen Pfandverkaufs III 582; — nicht rechtmäßiger Verkauf, Folgen III 583; — Wirkungen des Verkaufs durch den Nichtpfandgläubiger III 584; — dispositive Natur der Vorschriften über den Pfandverkauf III 585; — Abweichende Art des Pfandverkaufs aus Billigkeitsgründen III 586; — Wirkung des Verkaufs hinsichtlich des Erlöses III 587; — Vermuthung des Eigenthums des Verpfänders III 589; — Haftung des Pfandes für die Kosten III 556; — vorzeitiger Verkauf bei Gefahr des Verderbs oder der Werthsminderung III 563; — Androhung desselben III 564; — Verkauf zum Börsen- oder Marktpreis III 565; — Nichtigkeit d. Verfallvertrages III 571; — Rechte des Verpfänders: bei verletzendem Verhalten des Pfandgläubigers III 561; — bei Gefahr des Verderbes oder der Werthminderung der Sache: Bestellung anderweitiger Sicherheit III 563; — öffentliche Versteigerung des Pfandes III 563; — nach erfolgter Androhung III 564; — Verkauf zum Börsen- oder Marktpreis III 565; — Einlösungsrecht III 566; — Erwerb der Forderung gegen den persönlichen Schuldner nach Befriedigung des Gläubigers III 567; — Verhältniß des Verpfänders zu einem Bürgen im Falle der Befriedigung des Gläubigers durch einen von ihnen IIb 723; — Verjährung der Ersatzansprüche wegen Veränderungen oder Verschlechterungen des Pfandes III 567; — Recht zum Bieten beim Pfandverkauf III 580; — mittelbarer Besitz des Verpfänders III 33; — Recht auf Besitz III 548; — auf Mitbesitz III 551; — Recht zur Fruchtziehung III 559; — Ersatzanspruch für Verwendungen, Wegnahme von Einrichtungen III 561; — Ver-

jährung desselben III 567; — Recht zum Bieten bei Pfandversteigerung III 580; — Rechtsschutz gegen Dritte III 568; — Pflichten des Pfandgläubigers: im Allgemeinen und Verwahrungspflicht insbesondere III 560; — Pflichten beim Nutzungspfandrecht III 559; — Pflicht zur Hinterlegung, Ablieferung an einen Verwahrer III 562; — Anzeigepflicht von drohendem Verderb der Pfandsache III 563; — Rückgabepflicht nach Erlöschen des Pfandrechts III 566; — Benachrichtigungspflicht vom Pfandverkauf III 582; — Schadensersatzpflicht wegen Verletzung von Verkaufsvorschriften III 583; — Gewährleistungspflicht III 574, 583; — Haftung nach Uebertragung der Forderung mit dem Pf. III 592; — keine Verkaufspflicht III 570; — Pf. an einem Inhaberpapiere III 631; — an einem Miteigenthumsantheil III 599; — Pf. am Vermächtnißgegenstand V 433; — Ausschluß für Spiel- oder Wettschulden IIb 689.

Pfandrecht an Grundstücken: Arten III 369; — Ausschluß des Besitz- und Nutzungspfandes III 371; — Uebergang in Hypotheken des neuen Rechts VI 343, 347.

Pfandrecht an Rechten: rechtliche Natur III 607; — Gegenstand III 607, 608; — Ausschluß an unübertragbaren Rechten III 610, 612; — Entstehungsgründe überhaupt III 609; — rechtsgeschäftliche Bestellung III 607, 609, 610; — Einfluß des guten Glaubens des Pfandgläubigers III 613; — Wirkung der Verpfändung III 607; — Anwendung der Vorschriften über Pfandrecht an beweglichen Sachen III 608; — Verhältniß des Pfandgläubigers zum Leistungspflichtigen III 613; — Aufhebung des verpfändeten Rechts durch Rechtsgeschäft III 613; — Befriedigung des Pfandgläubigers aus dem Recht III 614; — Erlöschen des Pfandrechts III 616; — Pf. an Forderungen insbesonders III 616; — Voraussetzungen der Verpfändung formlos abtretbarer Forderungen III 617; — Erstreckung auf Zinsen III 608, 627; — Wirkung der Verpfändung III 617; — Kündigung der verpfändeten Forderung III 622; — Art und Formen der Leistung des Schuldners der verpfändeten Forderung III 618; — Einziehungsrecht des Pfandgläubigers III 607, 619; — Einziehungsrecht bei Mehrheit von Pfandgläubigern III 628; — dispositive Natur der Vorschriften über Kündigung und Befriedigung des Pfandgläubigers III 623; — Pflichten des Pfandgläubigers und des Gläubigers hinsichtlich der Einziehung III 623; — Rechte und Pflichten hinsichtlich der Kündigung III 624; — Wirkung der Leistung des Schuldners III 625, — bei Geldforderungen, verzinsliche Anlage eingezogenen Geldes III 626; — Pf. an bestimmten Forderungen: an Grundschulden III 629; — an Hypotheken III 610; — an Inhaberpapieren III 631; — Einziehungs- und Kündigungsrecht bei denselben III 632; — an einem Miteigenthumsantheil III 599; — an einer Rentenschuld III 629; — an Wechseln und anderen indossablen Papieren III 629; — Einziehungs- und Kündigungsrecht bei denselben III 632; — Verkaufsrecht des Pfandgläubigers bei indossablen Papieren mit Börsen- oder Marktpreis III 634; — Erstreckung des Pf. an Werthpapieren auf Zins-, Renten- oder Gewinnantheilscheine III 634; — Beschränkung an der Geldrente wegen unerlaubter Handlungen IIb 940, 948, — an dem Anspruch auf Ersatz nicht vermögensrechtlichen Schadens IIb 953; — Ausschluß am Anspruch auf Aufhebung des Auftrags IIb 528; — Bestellung an Forderungen, Werthpapieren des Mündells IV 1061.

Pfandrecht an Schiffen: Gegenstand III 601; — Form der Bestellung III 601; — Eintragung ins Schiffsregister III 602; — Zulässigkeit zur Sicherung von Forderungen aus negoziablen Werthpapieren III 606; — als Maximalpfand III 606; — Rang der Pfandrechte III 602; — Wirkung der Eintragung, der zu Unrecht erfolgten Löschung bei Veräußerung und Belastung des Schiffes III 603; — Berichtigung des Schiffsregister III 603; — Widerspruch gegen zu Unrecht erfolgte Löschung III 604; — Umfang der Haftung hinsichtlich der Forderung III 604, — hinsichtlich des Pfandes III 604; — Erstreckung auf Zubehör I 280; — Befriedigung des Gläubigers aus dem Schiffe III 605; — Rechte des Verpfänders bei Befriedigung des Gläubigers III 605; — Ausschluß des Gläubigers im Aufgebotsverfahren III 606; — Anspruch auf Aufhebung wegen peremptorischer Einreden III 605; — Anwendbarkeit der Vorschriften über das Besitzpfandrecht III 605; — Pfandrecht an einer Schiffspart III 606.

Pfändung: Besitzerwerb III 36; — Herausgabe des Erlöses dem Schuldner nicht gehöriger versteigerter Sachen IIb 837; — Schadensersatzpflicht IIb 859; — Pf. des Antheils eines Abkömmlings oder des überlebenden Ehegatten an der fortgesetzten Gütergemeinschaft IV 386, 389, — nach Beendigung der Gemeinschaft IV 405; — Pf. des Antheils an der Gemeinschaft IIb 668, 672; — des Antheils eines Gesellschafters IIb 639; — Pf. der Eigenthümerhypothek III 472; — des Erbschaftsanspruches V 252; — einer Grundschuld, Rentenschuld III 530; — zum Schutze von Grundstücken oder Grundstückserzeugnissen VI 209; — der Hypothekforderung III 453; — des Arbeits- und Dienstlohnes IIb 385; — von Mieth- und Pachtrechten IIb 245; — Einfluß der Veräußerung des Mieth-

objekts auf die Pf. der Miethzinsforderung IIb 310; — des Antheiles eines Miterben V 14, 278; — des Rechts eines Miterben auf Ausgleichung V 303; — des Rechtes auf Bestellung eines vermachten Nießbrauchs V 442; — einer Nachlaßforderung während der Erbengemeinschaft V 285; — von Unterhaltsansprüchen IV 643, 673; — der Rechte des Vorerben V 368; — von Zubehör des Hypothekenobjekts ausgeschlossen III 400; — Ausschluß der Pf. von Forderungen IIa 264; — Ausschluß der Pf. des Rechtes aus der Auflage V 459; — des ehemännlichen Nutzungs- und Verwaltungsrechts im gesetzlichen Güterstand IV 236, — Pf. bei Errungenschaftsgemeinschaft IV 453; — Ausschluß der Pf. des elterlichen Nutznießungsrechtes IV 779; — der Pf. des Rechts auf Rücknahme einer hinterlegten Sache IIa 241; — des Pachtrechts IIb 347; — Beschränkung der Pf. des Anspruchs auf die Geldrente wegen unerlaubter Handlungen IIb 940, 948; — des Anspruchs auf Ersatz von Schaden, der nicht Vermögensschaden ist IIb 953; — siehe auch „Unpfändbarkeit".

Pfändungsbeschränkungen zu Gunsten des Unterhaltsanspruches IV 645.

Pfändungsgläubiger: Haftung bei verzögerter Freigabe der Pfandsache III 253.

Pfändungspfandrecht III 548, 599; — kein Erwerb vom Nichteigenthümer III 554.

Pfandverkauf: Ausschluß der Mängelhaftung IIb 82; — Verbot des Mitbietens IIb 63; — Verkauf gemeinschaftlicher Sachen im Wege des Pf. zum Zwecke der Theilung IIb 676.

Pfandverleiher, öffentliche, Unabtretbarkeit ihrer Darlehensforderungen IIa 278, IIb 371.

Pfandverschleierung I 343.

Pfandzettel: Verpfändung III 546, 550.

Pfeiferdampf der Pferde, Esel, Maulesel, Maulthiere, Gewährfrist IIb 130.

Pferde: Gewährschaft IIb 128; — Gewährmängel und -Fristen IIb 130, 131.

Pferderennen: Wetten bei Pf. IIb 688.

Pflanzen: wesentlicher Bestandtheil des Grundstücks I 270, 272; — Eigenthumserwerb III 204.

Pflegekindschaft IV 941; — Aufhebung ihrer Wirksamkeit VI 371.

Pflegekosten von Thieren: Ersatz bei Wandelung IIb 137.

Pfleger: Annahme des Pfleglings an Kindesstatt IV 957; — Antragsrecht auf Einsetzung eines Familienraths IV 1143; — auf Konkurseröffnung über das Vermögen des abwesenden Pfleglings IV 1210; — Aufsichtspflicht, Haftung IIb 899, 900; — Beistand im Strafprozeß VI 119; — Besitz III 11; — Haftung für Verschulden desselben IIa 93; — Kollision von Rechtshandlungen des Pflegers und des Pflegebefohlenen IV 1198; — Endigung seines Amts kraft Gesetzes IV 1166, — durch Entlassung IV 1168, 1169, 1170; — Unterpflegschaft bei Verhinderung des Pflegers IV 1204; — Sicherungshypothek auf Grundstücken desselben III 379.

Pflegling: Begriff IV 985.

Pflegschaft: Begriff, Arten IV 1197; — rechtliche Natur IV 1198; — Unterschied von der Vormundschaft IV 989, 1197; — Wirkung der Anordnung IV 1198; — Verfahren IV 1199; — Anwendung der Vorschriften über Vormundschaft IV 1219; — Berufung zur Pf. IV 1214, 1216, 1220, 1222; — Auswahl des Pflegers IV 1007, 1216, 1218, 1220; — Benennung des Pflegers durch einen Dritten IV 1222; — Fortdauer des Amtes des nach bisherigem Rechte bestellten Pflegers VI 372; — Bestallung des Pflegers IV 1220; — Bestellung eines Gegenvormunds IV 1219, 1221; — Beendigungsgründe IV 1199; — Beendigung durch Aufhebung IV 1204, 1208, 1212, 1215, 1217, 1219, 1225; — kraft Gesetzes IV 1204, 1207, 1211, 1214, 1217, 1219, 1224; — Beendigung des Amts durch Todeserklärung des Pflegers I 109; — Beendigung durch nach bisherigem Recht erfolgte Todeserklärung VI 301; — Beendigung nach bisherigem Recht bestehender Pf. VI 372; — Uebergangsvorschrift VI 371; — Einfluß der Anordnung der Pf. beim Mangel der Voraussetzungen hiefür IV 997; — anzuwendendes Recht VI 28, 74; — internationales Privatrecht IV 992, 1200; — einzelne Arten: Pf. über Abwesende IV 1208; — über Ausländer IV 992, VI 28, 74; — befreite Pf. IV 1222; — Pf. für einzelne Angelegenheiten IV 1200; — Untauglichkeit des unter Pf. Gestellten zum Amt eines Familienraths IV 1149, — eines Gegenvormunds IV 1025, — eines Pflegers IV 1220; eines Vormunds IV 1009, 1181; — Entlassung hiewegen IV 1166; — Untauglichkeit des unter Pf. Gestellten zum Amt eines Testamentsvollstreckers V 468, 484, 519; — Pf. über den Ehemann: Gütergemeinschaftsaufhebungsklage IV 257; — Wiederherstellung der Nutznießungs- und Verwaltungsrechte nach Aufhebung der Pf. IV 269; — Klage bei Errungenschaftsgemeinschaft IV 476; — Wiederherstellung der Gemeinschaft IV 484, 485; — Vertretung des Ehemannes bei der Nutznießung und Verwaltung des eingebrachten Gutes IV 237; — Zurückbehaltung des Beitrags der Frau zum ehelichen Aufwand IV 275; — Pf. über Gebrechliche IV 1204; — Pf. über das Kind: Beschränkung der elterlichen Gewalt IV 708; — Pf. über die Leibesfrucht IV 1212; — über den Mündel: Beschränkung des Vormunds IV 1030; — über Sammelvermögen IV 1217; — für unbekannte oder ungewisse Betheiligte IV 1215; — über den Vater: Ruhen der

elterlichen Gewalt IV 813; — Umwandlung einer wegen Geistesschwäche nach bisherigem Recht bestehenden Vormundschaft in Pf. VI 372; — Pf. bei Verhinderung eines von mehreren Vormündern IV 999; — über Volljährige IV 1182; — vorläufige Pf. IV 1202, 1221; — siehe auch „Nachlaßpflegschaft".

Pflichttheil V 631; — Höhe V 635; — Beeinträchtigung durch Beschränkungen oder Beschwerungen des als Erben eingesetzten Pflichttheilsberechtigten V 641; — Beeinträchtigung durch Aufstellung eines Testamentsvollstreckers V 495, 641; — Zuwendung durch Vermächtniß V 644; — rechtliche Natur der Zuwendung V 354, 638; — rechtliche Natur der Verbindlichkeit des Belasteten als Nachlaßverbindlichkeit V 115, 116, 632, 633; — Auskunftspflicht des Erben, Verzeichniß des Nachlasses V 657; — Befriedigung im Falle Mangels an Masse zu einer Nachlaßverwaltung oder einem Nachlaßkonkurs V 199; — Vertrag über einen Pf. an dem Nachlaß eines noch lebenden Dritten IIa 132; — Abschluß von Rechtsgeschäften über einen künftigen Pflichttheil durch den Vater für das Kind IV 753, 755; — durch den Vormund IV 1073, 1078; — Verzicht der Frau auf den Pf. IV 230, V 676; — bei allgemeiner Gütergemeinschaft IV 324; — bei Errungenschaftsgemeinschaft IV 445; — Verzicht des Vormunds auf den Pf. des Kindes IV 1073, 1078, V 676; — Erwerb eines Pf. als Vorbehaltsgut bei allgemeiner Gütergemeinschaft IV 306; — bei Errungenschaftsgemeinschaft IV 454; — Erwerb des Pf. als Vorbehaltsgut der Frau IV 160; — als Vorbehaltsgut des überlebenden Ehegatten bei fortgesetzter Gütergemeinschaft IV 386.

Pflichttheilsanspruch: Begriff V 675; — Entstehung V 637, 675; — im Falle eines gemeinschaftlichen Testaments des Verstorbenen V 576; — Pf. bei Ausschluß von der fortgesetzten Gütergemeinschaft IV 427; — — Gerichtsstand V 675; — Vererblichkeit und Uebertragbarkeit V 10, 637, 675; — Beschränkung der Pfändbarkeit V 634; — Inhalt V 636; — im Falle einer Zuwendung durch Vermächtniß V 644; — Ausschluß der Geltendmachung gegen den Testamentsvollstrecker V 471, 503, 505, 506; — Verjährung V 696; — Aufrechnung gegen denselben IIa 265; — des Fiskus und anderer juristischer Personen am Nachlaß verpflegter oder unterstützter Personen VI 272.

Pflichttheilsberechnung: Feststellung der Größe des Erbtheils, mitzuzählende Personen V 652; — Feststellung des Bestandes und Werthes des Nachlasses V 654; — Werthberechnung eines zum Nachlaß gehörigen Landguts V 654, 656; — Behandlung bedingter Rechte und Verbindlichkeiten, ungewisser und unsicherer Rechte und zweifelhafter Verbindlichkeiten V 654, 656; — Anrechnung von Zuwendungen unter Lebenden, Berechnungsart V 659; — Berechnung des Pf. eines Abkömmlings beim Vorhandensein mehrerer ausgleichungspflichtiger Abkömmlinge V 665; — Anrechnung eines Vorausvermächtnisses V 420.

Pflichttheilsberechtigte V 632, 635; — Ausschluß der Eltern und entfernterer Abkömmlinge durch einen pflichttheilsberechtigten Abkömmling V 647; — Rechte des Pf. bei Zuwendung eines Vermächtnisses V 644; — Anfechtung der Ausschlagung der Erbschaft oder des Vermächtnisses wegen Irrthum V 646; — Anfechtung einer letztwilligen Verfügung wegen Uebergehung V 344, 347; — Anfechtungsberechtigter V 348; — Anfechtung des Erbvertrags V 596, 597; — Verlust des Anfechtungsrechts V 602; — Antragsrecht auf Setzung einer Inventarfrist V 213; — Ausschlagung eines Vermächtnisses V 645, 679; — Erbunwürdigkeit V 716; — Recht auf Auskunftsertheilung über den Nachlaß und Verzeichniß desselben V 657; — kein Recht auf Vollziehung der Auflage V 464; — Schadensersatzanspruch gegen den Erben wegen unterlassenen Antrages auf Nachlaßkonkurs V 176; — Verhältniß zu anderen Pflichttheilsberechtigten V 676.

Pflichttheilsbeschränkung in guter Absicht V 702; — nach Abschluß eines Erbvertrags V 608.

Pflichttheilsentziehung gegenüber Abkömmlingen V 697, 700; — gegenüber Eltern V 698, 702; — gegenüber dem Ehegatten V 698, 702; — Form und Voraussetzungen der Wirksamkeit V 698, 699; — Einfluß der Verzeihung des Entziehungsgrundes V 698, 699.

Pflichttheilsergänzung wegen zu geringer Zuwendung V 640; — wegen Schenkungen an Dritte V 682; — Voraussetzungen des Anspruchs auf Ergänzung, Werthberechnung der Schenkung V 685; — Anspruchsberechtigter und Verpflichteter V 687; — Inhalt und Gegenstand des Anspruchs V 687; — Beweislast V 688; — Anspruch bei Hinterlassung der Hälfte des gesetzlichen Erbtheils und mehr als der Hälfte V 689; — Anrechnung von Schenkungen an den Pflichttheilsberechtigten selbst V 690; — Verweigerung der Ergänzung durch den selbst pflichttheilsberechtigten belasteten Erben V 692; — Herausgabeanspruch gegen den Beschenkten V 693; — Verjährung desselben V 696; — ausgenommene Schenkungen V 695; — Zuwendungen aus dem Gesammtgut einer Gütergemeinschaft V 695.

Pflichttheilslast: Belasteter V 676; — Vertheilung auf den Erben, Vermächtnißnehmer und Empfänger einer Auflage V 676,

677, 682; — Vertheilung bei Mehrheit von Erben, die selbst zum Theil pflichttheilsberechtigt sind V 676; — Haftung des an Stelle des Pflichttheilsberechtigten Getretenen V 679; — Pf. im Falle Ausschlagung eines Vermächtnisses durch den Pflichttheilsberechtigten V 679; — Kürzung der Beschwerungen einer vom Pflichttheilsberechtigten ausgeschlagenen Erbschaft oder eines Vermächtnisses durch den an seine Stelle Getretenen V 681; — Bestimmung der Pflichttheilslast durch den Erblasser V 682.

Pflichttheilsrecht: rechtliche Natur V 115, 116, 632, 636; — Begriff V 636; — Voraussetzungen V 632, 635; — Ausschluß nach Erbverzicht V 719; — Beschränkung des Erbverzichts auf den Pflichttheil V 719; — Beschränkung der Rechte des Testamentsvollstreckers durch das Pf. V 495; — Verzicht auf dasselbe V 634, 719, 726; — zeitlich geltendes Recht V 634; — Pf. der Abkömmlinge und des überlebenden Ehegatten bei fortgesetzter Gütergemeinschaft IV 378, 379; — Pf. des angenommenen Kindes IV 963, 967; — kein Pf. des Annehmenden IV 967; — Außerachtlassung in ritterschaftlichen Familien VI 381.

Pflichttheilsrechte: Befreiung von der Anmeldung im Aufgebot der Nachlaßgläubiger V 139; — Verhältniß zu den im Aufgebotsverfahren ausgeschlossenen Nachlaßgläubigern V 140; — zu den durch fünfjährige Nichtgeltendmachung ihrer Forderung ausgeschlossenen V 149.

Pflichtverletzung von Beamten IIb 924, 927; — grobe des Testamentsvollstreckers V 518; — des Vormunds, des Gegenvormunds IV 1103; — des Vormundschaftsrichters in Angelegenheiten der elterlichen Gewalt IV 809; — in Vormundschaftssachen IV 1129.

Pflichtwidrigkeiten des Gesellschafters IIb 615; des Vormunds: Anzeigepflicht des Gegenvormunds IV 1037; — des Gemeindewaisenrathes IV 1131; — Einschreiten des Vormundschaftsgerichts IV 1112; — Entlassungsgrund IV 1166; — des Gegenvormunds IV 1112; — eines Vorstandsmitgliedes I 147.

Pfründenrecht III 304, VI 194, 196.

Physische Gewalt: Einfluß auf Willenserklärungen I 337.

Placirungsbureau IIb 507.

Pläne: Vergütung beim Werkvertrag IIb 453.

Planke zwischen zwei Grundstücken: Benützung III 152.

Plätze: Verkehrsfähigkeit I 261.

Platzkarten in der Eisenbahn IIb 447.

Platzrecht VI 329.

Policen: rechtliche Natur IIb 813.

Politische Vereine I 137; — Einspruch der Verwaltungsbehörde gegen die Eintragung I 203, 205; — Entziehung der Rechtsfähigkeit I 173.

Polizeibehörde: Anzeige des Fundes an die P. III 227; — Anzeige der Versteigerung III 229; — Ablieferung an die P. III 230; — Versteigerungsbefugniß der P. III 235; — Herausgabe des Fundes an den Empfangsberechtigten III 235.

Polizeidirektion: Einspruchsrecht gegen Eintragung eines Vereins I 203, 212; — Entscheidung über Entziehung der Rechtsfähigkeit eines Vereins I 176.

Pommersche Landschaft: Verfahren bei Löschung von Pfandbriefen VI 311.

Portefeuille: Abtretung des P. IIa 275.

Portofreiheit für Schreiben von Vormündern IV 1109.

Post: Aufgabe der zu hinterlegenden Sache zur P. IIa 239; — Anspruch des Adressaten auf Aushändigung eines Geldbriefes IIa 165; — Verjährung ihrer Forderungen I 540.

Postanweisung IIb 759; — ungerechtfertigte Bereicherung bei Zahlung durch P. IIb 826.

Postsendungen mit unauffindbarem Adressaten: Verfahren damit III 241.

Potestativbedingung I 447.

Präklusivfrist I 516, 524.

Prälegat V 419.

Prämie bei Zeitkäufen IIa 204.

Pränumerationskauf IIb 5.

Praesumtio Muciana IV 139.

Preisausschreiben IIb 511, 519.

Preisgabe von Sachen III 15; — von Grundstücken bei Annahmeverzug des Gläubigers IIa 121; — keine P. einer geschuldeten beweglichen Sache IIa 121, 236.

Preisminderung der durch unerlaubte Handlung entzogenen Sache IIb 954; — siehe auch „Minderung".

Prekarium IIb 349.

Presse: Wahrnehmung berechtigter Interessen IIb 872.

Preußen: Adelserwerb durch Legitimation IV 911; — Anlegung von Mündelgeld IV 1048, 1052, 1053, 1056, 1057; — Anzeige von Todesfällen V 97; — Aufnahme des Verzeichnisses des Kindervermögens IV 748; — Auseinandersetzung der Gütergemeinschaft IV 359; — Befreiung von Ehehindernissen, vom Aufgebot IV 62; — Bestimmung des zuständigen Standesbeamten IV 59; — Beurkundung des Vaterschaftsanerkenntnisses IV 907; — dienstliche Bewilligung zur Uebernahme einer Vormundschaft IV 1014; — Ehelichkeitserklärung IV 920; — Ermittelung des Ertragswerthes eines Landguts IV 435; — Gemeindewaisenrath IV 1133; — Güterrechtsregister IV 505; — Hinterlegungsordnung IV 207; — Namensertheilung an das uneheliche Kind der Ehefrau IV 869; — religiöse Kindererziehung IV 720; — religiöse Erziehung unehelicher Kinder IV 875; — Schutz des gutgläubigen Dritten bei Aenderung des Güterstandes von Eheleuten IV 293; — Sicherung des Nachlasses V 94, 97, 98; —

Staatsschuldbuch IV 208; — Verehelichung von Ausländern IV 48; — Verwahrung der Testamente V 550; — landesherrliches und standesherrliches Vormundschaftsrecht IV 991; — Zeugniß über Fortsetzung der Gütergemeinschaft IV 424; — Zuständigkeit für die Befreiung von den Erfordernissen der Annahme an Kindesstatt IV 948; — Zuständigkeit für die Erklärung über den Namen der geschiedenen Frau IV 562; — Zuständigkeit zur Errichtung und Eröffnung letztwilliger Verfügungen V 523, 529; — Zuständigkeit zur Aufnahme des Nachlaßinventars V 223; — internationales Landesprivatrecht VI 25.
Prioritäten: Inhaberpapiere IIb 778.
Privatbank: Anlegung von Kindergeld IV 751; — von Mündelgeld IV 1056, 1058, 1059.
Privatbeamte: ordentliche Kündigung des Dienstverhältnisses IIb 428; — außerordentliche IIb 436; — Vergütung bei letzterer IIb 437; — Haftung aus Pflichtverletzungen IIb 927; — Verjährung ihrer Ansprüche I 537, 541.
Privatklagen der Frau im gesetzlichen Güterstand IV 195; — bei Errungenschaftsgemeinschaft IV 459; — Erhebung für das minderjährige Kind IV 717; — für das uneheliche Kind IV 874.
Privatlehrer: Verjährung ihrer Ansprüche I 537, 541.
Privatorische Klausel bei letztwilligen Verfügungen V 341.
Privatpfändungsrecht I 580, III 5, VI 209.
Privatrechtliche Lasten: auf dem eingebrachten Gute lastende, beim gesetzlichen Güterstand IV 191; — bei Errungenschaftsgemeinschaft IV 458; — auf dem Kindervermögen lastende IV 774.
Privatrechtliche Vorschriften der Landesgesetze: Aufhebung VI 158.
Privatsekretäre: Verjährung ihrer Ansprüche I 541.
Privatstiftungen I 227, 230.
Privattestament V 528 (siehe auch „eigenhändiges T.").
Privilegien der juristischen Personen I 117; — vermögensrechtliche, der Kirche, kirchlichen Institute VI 154; — der Militärpersonen VI 155; — der Pfandleiher und Pfandleihanstalten VI 215.
Probe: Dienstverhältniß zur P. IIb 427; — Kauf auf P. IIb 148, 150, — nach P. IIb 144.
Prodigium I 30.
Produktionsprinzip III 212.
Produktivgenossenschaften I 136.
Prohibitivsätze VI 97.
Prokura: Ertheilung durch den Vater für das Kind IV 753, 755; — durch den Vormund für den Mündel IV 1074, 1082; — Einfluß von Willensmängeln I 478.
Promessengeschäft IIb 695.
Promissio in solutum IIa 225.
Prorogation IV 296.
Protestation gegen eine Willensauslegung I 333.
Protokoll über Errichtung eines Erbvertrages V 590; — über Testamentseröffnung V 564, 567; — über Eröffnung eines gemeinschaftlichen Testaments V 584; — über Testamentserrichtung, Abfassung in deutscher Sprache V 541; — Inhalt, Verlesung, Genehmigung, Unterzeichnung V 542; — Besonderheit, wenn der Erblasser stumm oder sonst am Sprechen verhindert ist V 545; — wenn er der deutschen Sprache nicht mächtig ist V 546; — Versiegelung des P. V 549; — P. über das mündliche Testament an einem gesperrten Orte V 554.
Protokollführer bei Zwangsverkäufen, Verbot des Bietens IIb 61, 62; — Wirkung der Nichtbeachtung IIb 63.
Provinzialverbände: Haftung für Beamte VI 189.
Proxeneta, proxeneticum IIb 494.
Prozeßbevollmächtigte: Befugniß zur Aufrechnung IIa 256.
Prozeßfähigkeit des unter elterlicher Gewalt stehenden Kindes IV 702; — des Minderjährigen in Bezug auf Dienst- und Arbeitsverträge I 327; — in Ansehung eines Erwerbsgeschäfts I 325; — der Ehefrau IV 111; — der Frau im gesetzlichen Güterstand IV 218; — P. des nicht rechtsfähigen Vereines I 189.
Prozeßführung: rechtliche Natur I 305; — P. über bedingte Rechte I 461; — ohne Auftrag IIb 549; — für die Gesellschaft IIb 622; — des Mannes über eingebrachtes Gut der Frau im gesetzlichen Güterstand IV 180; — bei Errungenschaftsgemeinschaft IV 453; — durch den Gewalthaber für das Kind IV 757; — P. für den Mündel IV 1085; — für das uneheliche Kind IV 874; — während einer Nachlaßverwaltung V 161; — zwischen Erben und dem Testamentsvollstreckers über Ausführung letztwilliger Verfügungen V 489; — in Bezug auf den Nachlaß beim Vorhandensein eines Testamentsvollstreckers V 503; — P. des Vorerben V 383.
Prozeßkosten siehe „Kosten".
Prozeßvergleich IIb 731, 740; — Form VI 107; — über Eigenthumsübertragung an Grundstücken IIa 135; — Abschluß durch den Vormund IV 1083; — über Erbverzicht V 724.
Prozeßzinsen IIa 112.
Prüfungspflicht des Grundbuchamts III 47, 58.
Pseudonym I 75; — Gebrauch als Namensunterschrift I 375; — Schutz I 86; — Führung durch eine Ehefrau I 80, IV 121; — Ausschluß des Gebrauchs bei Testamentserrichtung V 531.
Punktationen I 371, 420, 439.
Pupillarsubstitution V 328, 366.

Publizitätsprinzip des Grundbuchrechts III 48, 92.
Purgatio morae beim Schuldnerverzug IIa 102; — beim Gläubigerverzug IIa 115.
Putativehe: Ehehinderniß IV 39; — rechtliche Stellung der Ehegatten IV 99; — der Kinder IV 851; — Erbrecht der Kinder aus einer P. V 21.
Putativerbe: Ausschluß der Ersitzung gegenüber dem wirklichen Erben V 264.

Q.

Qualifizirte Legitimationspapiere IIb 812; — Eigenthum daran III 211; — Kraftloserklärung vor dem 1. Jan. 1900 ausgegebener VI 322, 323; — Kraftloserklärung nach Landesrecht VI 227.
Quantitätssachen I 264.
Quart der armen Wittwe V 23, 633.
Quartierleistung: Last des Miethers oder Vermiethers? IIb 238.
Quasidelikt, Quasikontrakt: anzuwendendes Recht VI 46.
Quasidesertion IV 529.
Quatemala: Konsularvertrag mit Qu. VI 77, 85.
Quellen: Eigenthum, Enteignung III 125.
Qui tacet, consentire videtur I 428.
Quittung: Begriff, rechtliche Natur, Form, Inhalt IIa 230; — Anspruch des Schuldners auf dieselbe IIa 231; — Kosten IIa 232; — Recht des Ueberbringers zur Empfangnahme der Leistung IIa 233; — Qu. als Erlaß- oder Schuldanerkennungsvertrag IIa 271; — Vorausquittung IIa 231; — Ertheilung an den Vormund IV 1171, 1175; — Qu. des Testamentsvollstreckers über Zahlung einer eigenen zum Nachlaß gehörigen Schuld V 496.
Quittungscheck IIa 231.

R.

Rain: Benützungsrecht der Anlieger III 152.
Randvermerk im Heirathsregister VI 140; — über Nichtigkeit, Nichtbestehen rc. einer Ehe im Personenstandsregister IV 21; — über Eheauflösung IV 521; — über Wiederherstellung der ehelichen Gemeinschaft IV 598.
Rang im Grundbuch eingetragener Rechte III 65; — Aenderung des R. III 68; — Sicherung des Ranges durch Vormerkung III 75, 77; — vorgemerkter Rechte III 76, 80; — durch dreißigjährige Eintragung erworbener Rechte an Grundstücken III 116; — R. von Rechten an Grundstücksrechten III 67; — Rang bisheriger Rechte VI 329; — Rangänderung vor Anlegung des Grundbuchs VI 338; — R. der dinglichen Sicherung von Meliorationsdarlehen VI 248; — auf das Rangverhältniß anzuwendendes Recht VI 344; — R. des Pfandrechts III 555; — von gesetzlichen und vertragsmäßigen Pfandrechten III 599; — von Pfandrechten an einer Forderung III 628; — der Rente für Ueberbau III 140; — der Schiffspfandrechte III 602; — von Theilhypotheken III 446.
Rangänderung im Grundbuch eingetragener Rechte III 68, VI 338.
Rangeinräumungsverzicht III 473, 498.
Rangordnung: Bestimmung der R. von Vermächtnissen und Auflagen durch den Erblasser für den Fall ihrer Kürzung V 456; — R. der Unterhaltsbedürftigen IV 664; — der Unterhaltspflichtigen IV 658.
Rangprivilegien III 67.
Rangrücktritt der Hypothek: Befreiung des persönlichen Schuldners bei R. III 476.
Rangvorbehalt III 71; — nach bayer. R. III 473.
Ratenzahlung siehe „Theilleistung".
Ratherteilung: rechtliche Natur IIb 448; — Haftung für R. IIb 546.
Ratihabition I 409.
Raubbau I 284.
Rauch: Zuführung auf fremde Grundstücke III 125, 129.
Räude der Schafe: Gewährleistung IIb 131.
Raufhandel: Schadensersatzpflicht aus Verletzungen im R. IIb 890.
Raum über der Oberfläche: Eigenthum daran III 124.
Räume: Besitzesschutz III 30; — für Dienstboten, Beschaffenheit IIb 415, 419; — Miethe von R. IIb 320; — Kündigung wegen Gesundheitsschädlichkeit des gemietheten R. IIb 233.
Räumliche Geltung des Bürgerlichen Gesetzbuches VI 3; — des ehelichen Güterrechts IV 145.
Räumliche Grenzen des Eigenthums III 124.
Räumliche Herrschaft der Rechtsnormen VI 14; — Verhältniß zur zeitlichen Kollision VI 25.
Räumung des Miethgegenstandes IIb 259.
Räumungsfristen für Miethgegenstände IIb 201, 260, VI 214.
Räumungsklage IIb 260.
Rayongesetz: Aenderung durch das EG. VI 149.
Realgemeinden: Landesrecht VI 306.
Realgewerbeberechtigungen: Landesrecht III 360, VI 187.
Realisirungsfrist beim Pfandverkauf III 576.
Realkauf IIb 5, 14.
Reallasten: Verhältniß der reichsrechtlichen zur landesgesetzlichen Regelung III 359; — Begriff III 361; — Gegenstand des Rechts III 361; — Miteigenthumsantheile als Gegenstand III 363; — Unterschied von der Rentenschuld III 538; — Inhalt III 361; — Entstehung III 362; — Berechtigter III 361; — Untrennbarkeit der subjektiv-dinglichen R. vom Grundstück III 366; — Ausschluß der nachträglichen Verbindung mit einem Grundstück III 367; — Vererblichkeit und Uebertrag-

barkeit III 367; — *Rechtsmittel* des Berechtigten III 363; — dingliche Haftung für die Leistungen III 363; — persönliche Haftung III 364, — bei Theilung des belasteten Grundstücks III 365; — Einfluß der Theilung des berechtigten Grundstücks III 365; — Vertheilung auf successiv Verpflichtete I 290; — Verjährung von Rückständen I 543; — *Erlöschen* III 363; — Ausschließung des Berechtigten im Aufgebotsverfahren III 367; — Zustimmung des Realgläubigers des herrschenden Grundstücks zur Aufhebung III 62; — Höchstbetrag des Ersatzes im Falle der Zwangsversteigerung des belasteten Grundstücks III 75; — lastenfreie Abschreibung eines Theiles des belasteten Grundstücks VI 251; — Theilung eines für den Staat oder eine öffentliche Anstalt belasteten Grundstücks VI 254; — landesgesetzliche Beschränkungen hinsichtlich der Belastung VI 244, 247; — Ablösung, Umwandlung und Einschränkung VI 240; — Recht des Berechtigten an der Entschädigungssumme bei Zwangsenteignung des belasteten Grundstücks VI 148, — bei Beschädigung durch Bergbau VI 179; — Rechte des Berechtigten bei Wiederherstellung eines zerstörten Gebäudes an anderer Stelle VI 237; — Ablösungsrenten des Staats und öffentlicher Anstalten VI 243; — auf Inhalt und Rang anzuwendendes Recht VI 329; — Nießbrauch III 333; — R. des öffentlichen Rechts III 362; — auf dem eingebrachten Gut der Frau lastende IV 192; — R. des Mündels: Verfügungsrecht des Vormunds IV 1061, 1075; — Haftung für Freiheit des vermachten Grundstücks von R. V 445.

Realoffert IIa 115, 116.

Realrechte VI 187.

Realtheilung der Gemeinschaft IIb 673.

Realverbände III 346.

Reblausgesetz: Rechte Dritter an der Entschädigung für Entziehung rc. von Sachen VI 146.

Rechenschaftsablegung, Rechnungsstellung: Inhalt der Verpflichtung IIa 47; — Abtretbarkeit des Anspruchs auf R. IIa 277; — R. des Beauftragten IIb 531; — des Ehemanns über die Verwaltung des eingebrachten Gutes IV 264, — bei der Errungenschaftsgemeinschaft IV 483; — des Erben gegenüber dem Nachlaßverwalter V 185; — gegenüber dem Testamentsvollstrecker V 494; — R. aus der Geschäftsbesorgung beim Dienst- oder Werkvertrag IIb 545; — R. des Geschäftsführers ohne Auftrag IIb 557; — des geschäftsführenden Gesellschafters IIb 618, 633; — R. gegenüber einem ausgeschiedenen Gesellschafter IIb 657; — R. des Gewalthabers auf Anordnung des Vormundschaftsgerichts IV 798, 800; — bei Beendigung der Vermögensverwaltung IV 820; — des Pfandgläubigers beim Nutzungspfand III 559; — des Pflegers IV 1221; — des Testamentsvollstreckers V 512; — des Vorerben V 398; — Befreiung desselben von der Verpflichtung V 402, 403; — der Vereinsliquidatoren I 187; — des *Vormunds*: rechtliche Natur, Zeit der R. IV 1118; — Inhalt der Rechnung IV 1119; — Prüfung durch den Gegenvormund IV 1120, — durch das Vormundschaftsgericht IV 1121; — nach Beendigung des Amts IV 1170, 1173, 1174; — Erzwingung der Schlußrechnung IV 1174; — R. bei befreiter Vormundschaft IV 1137; — R. des Vaters und der Mutter als Vormund eines Volljährigen IV 1187; — R. vor Annahme des Mündels an Kindesstatt IV 957.

Rechnungsabschluß bei der Gesellschaft IIb 633.

Rechnungsauszug: Anerkennung IIb 756.

Rechnungssteller, öffentlich bestellte: Verjährung ihrer Ansprüche I 541.

Recht am eigenen Bilde IIb 861.

Recht zur Sache IIa 3, III 1.

Rechte: Begriff, keine Sachen I 264; — Anmaßung v. R. an der Miethsache IIb 235; — Belastung der Miethsache mit R. IIb 316, 317; — Entziehung und Beschränkung von R. im öffentlichen Interesse VI 234; — R. als Bestandtheile eines Grundstücks I 276; — Erwerb von R. mit Mitteln des eingebrachten Guts IV 182; — bei Errungenschaftsgemeinschaft IV 452; — Erwerb durch den Vater für das Kind IV 760; — R. als Gegenstand des *Kaufvertrags* IIb 5, 9; — Verpflichtungen des Verkäufers von Rechten IIb 5, 12; — Haftung für Bestand IIb 24; — für Mängel im Recht IIb 37; — Gewährleistung beim Verkauf IIb 65; — Kosten der Begründung oder Uebertragung von Rechten IIb 51, 53; — Früchte eines R. I 282; — *Leihe* von R. IIb 351; — Gegenstand des Sachenrechts III 1; — Nießbrauch an R. III 329; — Nutzungen I 286; — Schadensersatzpflicht wegen Verletzung fremder R. IIb 857, 859; — Uebertragung IIa 298; — Uebertragung auf eine Stiftung I 238; — Voraussetzung der Entschädigung für den Verlust eines R. IIa 43; — Uebergang auf den Erben V 59; — Vermächtniß eines R. des Erblassers an einer Sache oder einem R. des Erben V 443; — Verpfändung III 607 (siehe auch „*Pfandrecht*"); — *zum eingebrachten Gut* der Frau gehörige R.: Verfügungsrecht des Mannes IV 187, — bei Errungenschaftsgemeinschaft IV 453; — gerichtliche Geltendmachung durch die Frau IV 218, 233; — zum eingebrachten Gut der *Ehegatten* bei Errungenschaftsgemeinschaft gehörige IV 449; — Surrogation IV 450; — zum *Gesammtgut* gehörige, Eintragung im Grundbuch IV 300, — bei Errungenschaftsgemeinschaft IV 445; — Surrogation IV 356; — R. des *Mündels* auf Leistung: Verfügungsrecht des Vormunds IV 1060;

— R. an Rechten oder Sachen, anzuwendendes Recht VI 329.

Rechte an Grundstücken: Erfordernisse der Belastung und Uebertragung: Einigung der Betheiligten III 49; — Begriff und rechtliche Natur der Einigung III 51; — Form und Inhalt III 52; — Bindung an dieselbe III 53; — Ersatz für dieselbe III 54; — Loslösung vom Kausalgeschäft III 56; — Verbindung einer Sache mit dem Grundstück in Ausübung des Rechtes I 274; — Eintragung im Grundbuch III 49, 57; — Bezugnahme auf die Eintragungsbewilligung bei Eintragung III 59; — Schutz des öffentlichen Glaubens beim Erwerb III 91; — Gegenstand des Schutzes III 92; — Voraussetzungen III 94; — Wirkung III 97; — Erwerb durch dreißigjährige Eintragung im Grundbuch III 116; — Aenderung des Inhalts III 63; — Rangverhältniß III 65; — Aenderung desselben III 68; — Rangvorbehalt III 71; — Rang nach erfolgter Vormerkung III 80; — Vormerkung III 75; — Bezugnahme auf die Eintragungsbewilligung III 82; — Aufhebung III 59; — Einwilligung des Drittberechtigten III 61; — Erlöschen durch ungerechtfertigte Löschung, unterbliebene Eintragung im Grundbuch III 117; — Löschung auf Lebenszeit des Berechtigten beschränkter R. III 61; — Vereinigung mit dem Eigenthum am Grundstück III 87; — kein Untergang durch Konfusion oder Konsolidation V 60; — Rechtsvermuthung für Bestehen, Nichtbestehen im Grundbuch eingetragener, gelöschter Rechte III 90; — Ausschluß der Verjährung der Ansprüche aus eingetragenen Rechten III 118; — Werthbestimmung eines im Falle der Zwangsversteigerung erlöschenden Rechts III 75; — anzuwendendes Recht III 48; — Aufhebung an abgetrennten Theilstücken eines Grundstücks VI 251; — Aufhebung am 1. Januar 1900 bestehender R. VI 338, 340; — Rechtszustand bis zur Anlegung des Grundbuchs VI 338; — R. als Bestandtheile des Grundstücks I 276; — Zuständigkeit zur Beurkundung des obligatorischen Veräußerungsvertrags nach Landesrecht VI 275; — Kosten der Begründung und Uebertragung beim Verkauf IIb 51; Löschung darauf eingetragener Rechte beim Verkauf IIb 22; — Haftung für Freiheit von öffentlichen Lasten beim Verkauf IIb 23; — Rechtshandlungen des Vaters in Bezug auf R. des Kindes IV 753, 754; — Rechtshandlungen des Vormunds IV 1072, 1075; — R. an Grundstücken bei Fahrnißgemeinschaft IV 494; — Verfügungsrecht des Vorerben V 382, 384; — Befreiung von d. Beschränkung desselben V 385, 402, 403.

— **an Grundstücksrechten**: Begründung III 49; — Aufgabe III 61; — Rangverhältniß III 67.

Rechte an Sachen: Begriff III 1; — Zahl und Arten III 2.

Rechte Dritter: Beseitigung beim Verkauf IIb 20; — Erlöschen bei Veräußerung der belasteten Sache III 194; — beim Eigenthumserwerb durch Ersitzung III 202; — beim Eigenthumserwerb durch Fund III 233; — Einfluß des Eigenthumserwerbs durch Verbindung, Vermischung III 206; — durch Verarbeitung III 207; — Erstreckung auf den Schuldschein und ähnliche Urkunden III 210; — Verhältniß zum Nießbrauch III 307; — zum Pfandrecht III 554.

Rechtliches Interesse an der Einsicht der Ehelichkeits-Anfechtungserklärung IV 631; — an der Einsicht der Anfechtungserklärung bezüglich letztwilliger Verfügungen V 349; — an der Einsicht der Anzeige vom Erbschaftskauf V 775; — an der Einsicht des Nachlaßinventars V 234; — der Erklärungen in Bezug auf Testamentsvollstrecker V 520; — des Testaments V 569; — an der Einsicht einer Urkunde IIb 819.

Rechtmäßiger Besitz III 5.

Rechtsamegemeinden VI 307.

Rechtsanalogie I 17, 18, VI 6.

Rechtsänderung an Grundstücken und Grundstücksrechten III 49.

Rechtsanwälte: Ablehnung eines Mandats IIb 527; — Haftung aus Pflichtverletzungen IIb 927; — Haftung aus Rathertheilung IIb 547; — Rechtsverhältniß zum Klienten IIb 381, 544; — Vereinigung zur Berufsausübung IIb 596; — Verkauf der Praxis IIb 9; — Vorlegung seiner Handakten IIb 820; — Verjährung ihrer Ansprüche I 537, 541; — der Ansprüche von Parteien gegen R. I 537, 542.

Rechtsanwaltsordnung: Verwandtschaft und Schwägerschaft i. S. derselben VI 109.

Rechtsanwendung I 16.

Rechtsbedingung I 448.

Rechtsbesitz III 10.

Rechtsfähigkeit: Begriff I 22; — Beginn I 29; — Beschränkung I 24; — Verlust I 24, 90; — anzuwendendes Recht I 28, VI 26, 32; — rückwirkende Kraft der Vorschriften des BGB. VI 310; — R. des Geschäftsunfähigen I 310; — R. der juristischen Personen I 115; — Art und Weise der Erlangung I 119; — anzuwendendes Recht VI 38; — R. von Religions- und geistlichen Gesellschaften VI 200; — Verleihung an inländische Stiftungen I 234; — R. ausländischer Stiftungen I 228; — R. der Vereine: Erwerb I 125, 126, 128, 129, 138; — durch ausländische Vereine I 126, 140; — Entziehung der R. I 171; — wegen geringer Mitgliederzahl I 221; — Verlust durch Konkurseröffnung I 170; — Eintragung der Entziehung ins Vereinsregister I 221; — Unterschied der Entziehung der R. von der Auflösung I 168; — Wirkung der Entziehung I 177.

Rechtsfrüchte: Begriff I 282, 284; — Vertheilung unter successiv Berechtigte I 287.

Rechtsgeschäfte: Begriff I 291; — juristische Thatsachen, welche nicht Rechtsgeschäfte sind I 295; — Verhältniß zur Willenserklärung I 293; — Bestandtheile I 295; — anzuwendendes Recht VI 310, 311, 314; — Arten IIa 7; — abstrakte und kausale I 302; — dingliche und obligatorische I 303; — einseitige und zweiseitige I 301; — fiduziarische I 303; — formlose und formbedürftige I 369; — freie, gebundene und typisch normirte I 304; — R. unter Lebenden und von Todeswegen I 301; — partiarische I 304; — stricti juris und bonae fidei I 301; — unentgeltliche und entgeltliche I 302; — *Form*: Formfreiheit und Formzwang I 369; — gesetzliche Form I 370; — bezüglich der Form anzuwendendes Recht VI 27, 41; — Zuständigkeit zur Beurkundung nach Landesrecht VI 274; — Bestimmung der Form durch Rechtsgeschäft I 371; — Einfluß von Ort und Zeit auf die Form I 372; — Wirkung der Einhaltung der Form für den Inhalt der Rechtsgeschäfte I 371; — Folge des Formmangels I 368, 372; — Gültigkeit trotz Formmangels I 372; — Heilung des Mangels I 373; — Form des Vorvertrages I 422; — *Mängel*: Anfechtbarkeit I 298; — Fehlerhaftigkeit I 296; — Nichtigkeit I 297; — Unwirksamkeit I 300; — Vollzug *der Anfechtung* I 413; — Anfechtungsberechtigter I 414; — Anfechtungsgegner I 414, 415; — Bestätigung des anfechtbaren R. I 416; — Wirkung der Anfechtung I 411; — *Nichtigkeit* wegen Formmangels I 368, 372; — wegen Verstoß gegen ein gesetzliches Verbot I 391; — gegen ein gesetzliches Veräußerungsverbot I 394; — gegen die guten Sitten I 401; — Nichtigkeit eines Theiles I 407; — Konversion I 408; — Bestätigung eines nichtigen R. I 409; — Form der *Aufhebung* I 372; — *Einzelne Rechtsgeschäfte*: R. von Ausländern, Beurtheilung der Geschäftsfähigkeit VI 28; — R. der Bevollmächtigten I 494; — R. *der Ehefrau* in Ausübung der Schlüsselgewalt IV 124; — über Vorbehaltsgut IV 164; — über eingebrachtes Gut IV 210; — Wirksamkeit von rechtsgeschäftlichen Verpflichtungen der Frau IV 216; — Ersetzung der Zustimmung des Mannes zu R. der Frau in Bezug auf persönliche Angelegenheiten IV 224, 322; — R. mit dem Ehemann IV 231, 452; — Haftung des eingebrachten Gutes der Frau aus R. derselben IV 241, 245; — Haftung des Vorbehaltsgutes im Verhältniß der Eheleute unter sich IV 249, 250; — Haftung des Gesammtgutes bei allgemeiner Gütergemeinschaft IV 334; — bei Errungenschaftsgemeinschaft IV 463; — Vornahme von Rechtsgeschäften über Gesammtgut bei Verhinderung des Mannes IV 322; — bei Errungenschaftsgemeinschaft IV 445, 453; — R. in Bezug auf ein Erwerbsgeschäft der Frau IV 227; — bei Gütergemeinschaft IV 323; — bei Errungenschaftsgemeinschaft IV 443; — R. *des Ehemannes*: Ausschluß der Verpflichtung der Frau durch R. IV 171; — R., welche der Einwilligung der Frau nicht bedürfen IV 173; — Ersetzung der Zustimmung der Frau IV 177; — Einwilligung der Frau zu R. des Mannes über Gesammtgut IV 313; — nachträgliche Genehmigung IV 320; — bei Errungenschaftsgemeinschaft IV 445, 453; — Gütertrennungsklage der Frau wegen Nichteinholung ihrer Zustimmung IV 347; — R. des *Gewalthabers* im eigenen oder fremden Namen mit dem Kinde IV 711, 712; — Genehmigung IV 753; — R. des *Erben* vor Ausschlagung der Erbschaft V 90; — Vornahme von R. gegenüber dem Erben vor Ausschlagung V 90, 92; — R. des Erbschaftsverkäufers V 767; — des Erbschaftsbesitzers V 253; — R. in Bezug auf den Nachlaß, Erwerb hiedurch zum Nachlaß V 287; — R. des *Minderjährigen* beim Betrieb eines Erwerbsgeschäftes I 323; — in Bezug auf ein Arbeits- oder Dienstverhältniß I 325; — R. der *Mutter*, Genehmigung des Vormundschaftsgerichts oder Beistands IV 836; — R. des *Vaters*, Genehmigung IV 753; — R. mit einem *Verein* I 217; — eines Mitglieds mit dem Verein I 161; — mit einem nicht rechtsfähigen Vereine I 189, 193; — des Vertreters mit sich selbst I 504; — R. des *Vorerben*, Erwerb zur Erbschaft V 380; — Wirksamkeit obligatorischer R. gegenüber dem Nacherben V 387; — R. des *Vormunds*, der Genehmigung des Gegenvormunds IV 1060, 1063, — des Vormundschaftsgerichts bedürftige IV 1072, 1073; — Wirkung des Mangels der Genehmigung IV 1093, 1100; — Befreiung von den Beschränkungen IV 1137, 1139; — Befreiung des Vaters als Vormund eines Volljährigen IV 1187; — R. zwischen dem Mündel und Verwandten des Vormunds IV 1030; — R. über Rechtsänderung an Grundstücken und Grundstücksrechten III 49; — Vornahme in auftragsloser Geschäftsführung IIb 552.

Rechtsgeschäftlicher Schleichweg I 342.

Rechtsgrund beim Rechtsgeschäft IIb 741; — *mangelnder* R.: Kenntniß von dem m. R. IIb 844; — vorausgesehene Möglichkeit des Wegfalles des R. IIb 845; — Eingehung einer Verbindlichkeit ohne R. IIb 845; — Herausgabeanspruch wegen ungerechtfertigter Bereicherung IIb 826.

Rechtshandlungen: Begriff I 292; — einzelne Arten I 295; — bezüglich der Form anzuwendendes Recht VI 43.

Rechtshängigkeit: Beginn der Verzinsung einer Geldschuld IIa 112; — Umfang der Haftung beim Herausgabeanspruch IIa 112; — Ein-

rede der R. beim passiven Gesammtschuldverhältniß IIa 339; — Uebernahme einer rechtshängigen Schuld IIa 300; — R. in anderen als civilprozessualen Streitigkeiten VI 286; — R. des Eigenthumsanspruches auf Herausgabe: Haftung für Nutzungen III 249, — für Verschlechterung, Untergang, Unmöglichkeit der Herausgabe III 250; — Ersatzanspruch für Verwendungen III 255, 257; — R. des Anspruchs gegen den Erbschaftsbesitzer und seiner Ersatzansprüche wegen Verwendungen V 260; — R. des Anspruchs wegen ungerechtfertigter Bereicherung IIb 842, 844; — des Unterhaltsanspruchs IV 672; — Kenntniß des Dritten vom Ausschluß oder der Aenderung der Verwaltung und Nutzung des Mannes zur Zeit des Eintritts der R. IV 289.

Rechtshülfe für den Besitzer III 5, 23, 24; — Ausschluß bei Testamentseröffnung V 566.

Rechtsirrthum I 350.

Rechtskraft: Wirkung gegenüber dem neuen Gläubiger nach Forderungsabtretung IIa 288; — R. des Urtheils: Schadensersatzpflicht wegen Nichterfüllung IIa 100; — bei Verurtheilung aus einem gegenseitigen Vertrag IIa 155, 157; — R. des Urtheils auf Erfüllung einer Auflage V 462, 465; — des Urtheils auf Aufhebung der Gütergemeinschaft IV 350; — der Errungenschaftsgemeinschaft IV 475, 476; — der Verwaltung und Nutznießung des Ehemannes IV 257, 260; — Wiederherstellung der Rechte des Ehemanns am eingebrachten Gut mit R. des Urtheils IV 269; — R. des Urtheils auf Aufhebung der fortgesetzten Gütergemeinschaft IV 404; — R. des Scheidungsurtheils IV 522; — R. des Urtheils für oder gegen einen Gesammtgläubiger IIa 345; — für einen Gesammtschuldner IIa 336, 338, 339; — Verjährung rechtskräftig festgestellter Ansprüche I 570, 571.

Rechtsmängel siehe „Mängel im Recht“.

Rechtsmittel: Einfluß unterlassener Einlegung von R. auf die Haftpflicht eines Beamten IIb 924, 931.

Rechtsnachfolge in den Besitz III 5; — Anrechnung der Besitzzeit des Rechtsvorgängers bei Ersitzung III 201; — beim Erbschaftsbesitz III 202; — Stellung des Rechtsnachfolgers des Erbschaftsbesitzers V 267; — Anrechnung der Besitzzeit des Vorgängers bei der Verjährung I 573.

Rechtsnorm: Begriff VI 5; — räumliche Herrschaft VI 14.

Rechtspflege: Hemmung der Verjährung durch Stillstand der R. I 552.

Rechtsquellen I 11.

Rechtssache: Verletzung der Amtspflicht bei Entscheidung einer R. IIb 924, 931.

Rechtsstoff des BGB. I 4; — Gliederung desselben I 8; — Charakteristik nach der Herkunft I 9.

Rechtsstreit: über eine abgetretene Forderung IIa 288; — über Erbschaft, Einfluß auf Ertheilung des Erbscheins V 738, 743; — der Ehefrau: im gesetzlichen Güterstand IV 218; — in Bezug auf ein Erwerbsgeschäft der Frau IV 227, VI 56, 57; — Fortsetzung eines zur Zeit der Eheschließung anhängigen Rechtsstreits der Frau IV 233; — Haftung des eingebrachten Guts für Kosten des R. der Frau IV 241, 245; — Haftung des Mannes für Kosten IV 194; — Haftung des Vorbehaltsguts IV 249, 252; — bei Rechtsstreitigkeiten zwischen den Ehegatten IV 251; — bei allgemeiner Gütergemeinschaft: R. in Bezug auf ein Erwerbsgeschäft der Frau IV 323; — Fortsetzung eines beim Eintritt der Gütergemeinschaft anhängigen R. IV 325; — Haftung des Gesammtguts für Kosten IV 334; — Haftung der Eheleute unter sich IV 339; — Einfluß der Beendigung der Gütergemeinschaft IV 356; — bei Errungenschaftsgemeinschaft: Fortsetzung eines beim Eintritt der Gemeinschaft anhängigen R. IV 453; — Haftung des Gesammtgutes für Kosten IV 463; — Haftung des Ehemannes IV 453; — R. der Ehegatten unter sich bei allgemeiner Gütergemeinschaft, Kostenhaftung IV 339; — R. des Ehemanns: über eingebrachtes Gut der Frau im gesetzlichen Güterstand IV 194; — mit der Frau IV 339; — über eingebrachtes Gut oder Vorbehaltsgut bei Errungenschaftsgemeinschaft IV 465, 467; — R. über Gesammtgut: bei allgemeiner Gütergemeinschaft IV 309, 312; — Führung durch die Frau bei Verhinderung des Mannes IV 322; — Einfluß der Beendigung der Gütergemeinschaft IV 355; — bei Errungenschaftsgemeinschaft IV 443, 445; — R. des überlebenden Ehegatten bei fortgesetzter Gütergemeinschaft IV 387; — R. des Kindes: Kosten IV 773; — Kostentragung im Verhältniß zum Gewalthaber IV 782; — R. mit dem Gewalthaber, Vertretung des Kindes IV 711, 712; — Anordnung einer Pflegschaft IV 1202; — Kosten IV 782; — R. des Mündels mit Verwandten des Vormunds IV 1031; — mit dem Vormund: Anordnung einer Pflegschaft IV 1202; — R. zwischen einem Vereine und seinen Mitgliedern I 161.

Rechtsverhältniß: anfechtbares R. I 299; — Fruchtgewinnung vermöge eines R. I 282, 286; — R. zwischen den Erben und den Nachlaßgläubigern V 315.

Rechtsverletzung: Schadensersatz IIb 857, 859.

Rechtsvermuthungen in Bezug auf Besitz III 5; — siehe auch „Vermuthung“.

Rechtsverordnungen VI 5.

Rechtsverwirkung: Vorbehalt der R. IIa 205; — beim Pfandverkauf III 579.

Rechtsvorgänger: Anrechnung der Besitzzeit des R. bei Ersitzung III 201, — beim Erbschaftsbesitz III 202.

Rechtsweg: Verjährung bei Beschränkung der Zulässigkeit des R. I 564.
Redakteur: Vertragsverhältniß IIb 384; — Haftung aus Veröffentlichung unrichtiger Mitteilungen IIb 872.
Redlichkeit des Erwerbers III 186, 188; — Einfluß auf Rechte Dritter an der veräußerten Sache III 195.
Regalien VI 186.
Regionalsystem IV 144.
Registrirte Gesellschaften mit beschränkter Haftung in Bayern VI 308.
Regreßanspruch aus der Haftung für unerlaubte Handlungen IIb 934.
Regulirung der Wege VI 239, 247.
Rehwild: Wildschadensersatz IIb 915.
Reich: Aufrechnung gegen Forderungen des R. IIa 267; — Schuldverschreibungen des R., Ausgabe IIb 785; — verbriefte Forderungen des R., Mündelsicherheit IV 1048, 1050; — Zinsgarantie des R. für verbriefte Forderungen des Mündels IV 1048, 1051; — Umwandlung von Schuldverschreibungen des R. in Buchforderungen für den Mündel IV 1067; — Umwandlung von Schuldverschreibungen des R. in Buchforderungen im Falle der Nacherbschaft V 388.
Reichsadel: Autonomie VI 164; — erbrechtliche Verhältnisse V 3; — Familienrecht IV 3.
Reichsangehörigkeit: Bedeutung für die Annahme an Kindesstatt VI 70; — für erbrechtliche Verhältnisse VI 79; — für die Legitimation VI 70; — für das Rechtsverhältniß zwischen Eltern und ehelichen Kindern VI 64, — zwischen den unehelichen Kindern und der Mutter VI 66; — Nachweis der R. VI 124; — Erwerb der R.: Einfluß auf den Güterstand der Eheleute VI 52, 56; — Beurtheilung der Volljährigkeit VI 28; — Verlust der R. durch den Ehemann: Einfluß auf die persönlichen Rechtsbeziehungen der Ehegatten VI 50; — auf die Ehescheidung anzuwendendes Recht VI 58.
Reichsanzeiger: Bekanntmachung der Genehmigung zur Ausgabe von Schuldverschreibungen IIb 785, 788; — Bekanntmachung des Verlustes von Schuldverschreibungen IIb 795; — Bekanntmachung der Aufforderung der Nachlaßgläubiger zur Anmeldung ihrer Forderungen V 320.
Reichsbank: Anlegung von Kindergeld IV 751, — von Mündelgeld IV 1056, 1058, 1059; — Hinterlegung von Werthpapieren der Ehefrau IV 206, — des Kindes IV 800, — des Mündels IV 1064; — Anlegung mit Nießbrauch belasteter Werthpapiere bei der Reichsbank III 337; — Hinterlegung zum Nachlaß gehöriger Werthpapiere durch den Vorerben V 388.
Reichsbeamte: Begriff IIb 926; — Haftung wegen Pflichtverletzung IIb 933; — Eheschließung IV 47; — Uebernahme einer Vormundschaft IV 1015; — Aenderung des Witwen- und Waisenfürsorgegesetzes VI 144.
Reichsbeamtengesetz: Aenderung durch das EG. VI 137.
Reichsfiskus: Begriff, Haftung desselben I 251; — Erbrecht V 46.
Reichsgericht: Zuständigkeit in bürgerlichen Rechtsstreitigkeiten VI 13.
Reichsgesetze: Ergänzung aus dem BGB. hinsichtlich civilrechtlicher Normen VI 12; — fortdauernde Geltung VI 103; — Verhältniß zum BGB. VI 102.
Reichsgewohnheitsrecht: Aufrechterhaltung VI 104.
Reichskanzler: Bekanntmachung der Texte einzelner Reichsgesetze VI 4; — Befreiung vom Erforderniß des gesetzlichen Alters und des Altersunterschieds bei Annahme an Kindesstatt IV 948, — von Ehehindernissen IV 61; — Bestimmung des zuständigen Standesbeamten IV 58; — Ehelichkeitserklärung IV 919; — Bestimmung des Wohnsitzes von Exterritorialen und Beamten im Ausland VI 118; — Anordnung des Vergeltungsrechts VI 101; — Verleihung des Rechts zur Errichtung letztwilliger Verfügungen an Wahlkonsuln VI 125.
Reichskassenscheine als Zahlungsmittel IIa 16; — Vertretbarkeit I 266; — Umtausch beschädigter IIb 793.
Reichsmilitärgesetz: Aenderung durch das EG. VI 138, 139.
Reichspost: Verjährung ihrer Forderungen I 540.
Reichsschuldbuch IIb 809; — Eintragung von Forderungen der Frau IV 208, — bei Errungenschaftsgemeinschaft IV 452; — Eintragung von Forderungen des Kindes IV 798, 800, — des Mündels IV 1067; — Eintragung einer Verfügungsbeschränkung bei Forderungen des Mündels IV 1068; — Entbindung von der Verpflichtung hiezu durch das Vormundschaftsgericht IV 1069; — Befreiung von der Verbindlichkeit durch den Vater IV 1137, — durch die Mutter IV 1139; — Befreiung des Vaters und der Mutter als Vormund eines Volljährigen IV 1187; — Genehmigung des Vormundschaftsgerichts zu Verfügungen über die Forderung IV 1071; — Mündelsicherheit eingetragener Forderungen IV 1048, 1051; — Eintragung einer Verfügungsbeschränkung hinsichtlich zum Nachlaß gehöriger Buchforderungen im Falle einer Nacherbfolge V 388; — Befreiung von der Verpflichtung hiezu V 402, 403; — Aenderung des Gesetzes betr. das R. durch das EG. VI 145.
Reichsständische Familien: Autonomie VI 164; — Familienrecht IV 3.
Reichstagsmitglieder: civilrechtliche Verfolgung wegen unerlaubter Handlungen in Ausübung ihres Berufes IIb 874.
Reichswährung: Zahlung in R. IIa 16.

Reiseauslagen der Beamten VI 194.
Rektapapiere IIb 775.
Rekruten: Eheschließungskonsens IV 47.
Rekurs gegen den Einspruch der Verwaltungsbehörde gegen Eintragung eines Vereins I 211, 213; — gegen Entziehung der Rechtsfähigkeit eines Vereins I 175.
Religionsdiener: Fähigkeit zum Amt eines Familienrathes IV 1150; — Uebernahme des Amtes eines Vormunds IV 1014, 1181, — eines Gegenvormunds IV 1025, — eines Pflegers IV 1220; — Entlassung des als Vormund bestellten R. IV 1169; — Vornahme der kirchlichen Eheschließung vor der standesamtlichen IV 21, 24, 598, VI 140.
Religionsgesellschaften: Erlangung der Rechtsfähigkeit VI 200.
Religionswechsel: Scheidungsgrund IV 536.
Religiose: Beschränkung der Rechtsfähigkeit I 24; — Erwerbsbeschränkungen VI 206; — Beschränkungen der Erbfähigkeit V 3, 17.
Religiöses Bekenntniß von Dienstboten, Rücksichtsnahme darauf IIb 416, 419; — des Mündels, Berücksichtigung bei Auswahl des Vormunds IV 1006; — Einfluß auf das Erziehungsrecht des Vormunds IV 1041.
Religiöse Erziehung des angenommenen Kindes IV 942; — des ehelichen Kindes IV 719, VI 264; — des legitimirten Kindes IV 911; — des Mündels IV 1041; — des unehelichen Kindes IV 875; — vertragsmäßige Regelung der r. E. von Kindern IV 281.
Religiöse Vereine I 137; — Einspruch der Verwaltungsbehörde gegen die Eintragung I 203, 208; — Entziehung der Rechtsfähigkeit I 173.
Relocatio tacita IIb 293.
Remuneratorische Schenkung IIb 172, 199.
Rente für den Nothweg III 143; — für den Ueberbau III 137, 139, 142.
Renten: Verjährung I 542, 543.
Rentenbezüge der Frau: Vorbehaltsgut IV 158.
Rentenbrief: Inhaberpapier IIb 778.
Rentengüter: Landesrecht VI 170.
Rentengutsrenten III 360.
Rentenleistung: Vertheilung auf successiv Verpflichtete I 290.
Rentenrückstände: Verjährung I 542, 543.
Rentenscheine: Hinterlegung zur Sicherheitsleistung I 596; — Ausschluß der Hinterlegungspflicht hinsichtlich zum eingebrachten Gut der Frau gehöriger IV 206, — bei Errungenschaftsgemeinschaft IV 453, — hinsichtlich R. des Kindes IV 798, — des Mündels IV 1064; — Ausschluß der Hinterlegungspflicht hinsichtlich zum Nachlaß gehöriger bei Nacherbfolge V 388; — Hinterlegung von R. des Mündels auf besondere Anordnung IV 1069; — Besitz des Nießbrauchers daran III 337; — Beschaffung neuer zu den belasteten Papieren III 339; — Erstreckung des Pfandrechts am Werthpapiere auf R. III 634; — selbstständige Verpfändung III 631; — Verpfändung zur Sicherheitsleistung I 594; — Tauglichkeit hiezu I 597; — Vorlegungsfrist IIb 799; — Rechte aus abhanden gekommenen oder vernichteten R. IIb 804; — Ausgabe neuer R., Legitimation zum Empfang IIb 806; — Ausschluß der Kraftloserklärung IIb 794; — Ausschluß der Rechte aus abhanden gekommenen oder vernichteten R. bei Schuldverschreibungen eines Bundesstaats oder ihm angehörender juristischer Personen VI 225; — R. von Inhaberpapieren: Uebergangsbestimmungen VI 320, 321.
Rentenschuld: Begriff, rechtliche Natur, Bedeutung III 538, 539; — Bestellung, Ablösungssumme III 539; — Entrichtung der Leistung, der Ablösungssumme III 540; — Entrichtung der Leistungen durch den Nießbraucher III 315; — Beseitigung beim Grundstücksverkauf IIb 28; — Uebernahme bei Grundstücksveräußerung IIa 308; — Ablösungsrecht III 540; — Kündigung III 541; — zeitliche Begrenzung des Kündigungsrechtes VI 247; — Kündigung und Einziehung durch den Vorerben V 382, 384; — Befreiung von der Beschränkung hiebei V 385, 402, 403; — Rangrücktritt III 68; — Ausschluß des Uebergangs auf Trennstücke des Grundstücks VI 251; — Uebertragung III 452; — Umwandlung in gewöhnliche Grundschuld und umgekehrt III 541; — Löschung III 61; — Nießbrauch daran III 333, 337; — Verpfändung III 629; — Rechte des Berechtigten bei Wiederherstellung eines zerstörten Gebäudes an anderer Stelle VI 237; — Zeugniß des Nachlaßgerichts über Rechtsnachfolge in R. V 731; — Ausschluß von der Fahrnißgemeinschaft IV 494; — auf dem eingebrachten Gut der Frau lastende IV 192; — Verfügungen des Vaters über R. des Kindes IV 754; — R. des Mündels: Verfügungsrecht des Vormunds IV 1061; — Verfügungsbeschränkung IV 1070, 1073, 1075; — Mündelsicherheit einer R. IV 1048; — R. auf dem Vermächtnißgegenstand V 430, 432; — R. auf Familienfideikommiß-, Lehens- und Stammgütern VI 168; — für Meliorationsdarlehen VI 248.
Rentenschuldbrief III 539; — Eigenthum daran III 210; — Vorlage zur Grundbuchberichtigung III 110; — Hinterlegung von R. des Mündels IV 1070.
Repräsentation des Erblassers V 10.
Repräsentationstheorie I 471.
Reservation: Begriff I 333.
Res omnium communes, res publicae, sacrae, sanctae, religiosae I 260, III 10, 199.
Restaurateure: Haftung IIb 586.
Restitutionsklage gegen das Urtheil auf Auflösung oder Nichtigkeitserklärung einer Ehe: Ehehinderniß IV 36.
Retorsionsrecht VI 84, 101.
Retraktrecht an Stammgütern III 350, 351,

VI 169; — R. der Theilhaber an einer Gemeinschaft IIb 668.

Reugeld: Draufgabe als R. IIa 173; — R. für Rücktritt vom Vertrag IIa 204.

Revenüen-Grundschuld III 371, 373, 538.

Revenüenhypothek III 371, 373, 538; — Aufrechterhaltung nach Landesrecht VI 343, 344; — R. auf Familienfideikommiß-, Lehens- und Stammgütern VI 169.

Revision in bürgerlichen Rechtsstreitigkeiten: Zuständigkeit des Reichsgerichts VI 13; — R. in Bezug auf Anwendung ausländischen Rechts VI 26; — wegen Verletzung der Auslegungsregel des § 133 BGB. I 391.

Rezeption des römischen Rechtes I 1.

Reziprozität VI 101.

Rheder: Haftung für Verschulden der Schiffsbesatzung IIb 897.

Richter: Haftung aus Amtspflichtverletzungen der R. IIb 924, 929; — Testamentserrichtung vor dem R. V 528, 529, 535; — zuzuziehende Personen V 535; — Zuständigkeit V 536; — Ausschluß von der Mitwirkung V 536, 537; — Form V 539; — Prüfung der Testirfähigkeit bei Testamentserrichtung V 528; — Haftung für Verletzung von Formvorschriften V 535; — Zuständigkeit zur Errichtung des Erbvertrages V 589; — Verwahrung des Erbvertrages V 590.

Rinderpestgesetz: Rechte Dritter an der Entschädigung für Tödtung von Thieren im öffentlichen Interesse VI 146.

Rindvieh: Gewährschaft IIb 128; — Gewährsmängel und -Fristen IIb 131.

Ritterschaftliche Familien: erbrechtliche Verhältnisse V 3, VI 381.

Ritterschaftliche Kreditanstalten VI 309.

Rohren der Pferde, Esel, Maulesel und Maulthiere: Gewährfrist IIb 130.

Rohrnutzungsvertrag IIb 291.

Rothlauf der Schweine: Gewährfrist IIb 131.

Rothwild: Wildschadensersatz IIb 915.

Rotz der Pferde, Esel, Maulesel und Maulthiere, Gewährfrist IIb 130, 131.

Rückbürgschaft IIb 707, 723.

Rückerstattung zu Unrecht erhobener Abgaben und Verfahrenskosten IIb 825, VI 229; — des Darlehens IIb 374.

Rückfallsrecht bei Grundstücken IIa 64.

Rückforderung des zur Befriedigung eines verjährten Anspruches Geleisteten I 574; — der *Schenkung*: wegen unterbliebener Erfüllung einer Auflage IIb 190; — wegen Dürftigkeit des Schenkers IIb 192; — Ausschluß der R. bei Pflicht- und Anstandsschenkungen IIb 199; — wegen selbstverschuldeter Dürftigkeit des Schenkers, wegen Dürftigkeit des Beschenkten IIb 194; — nach Widerruf der Schenkung IIb 196; — R. der *ungerechtfertigten Bereicherung* wegen mangelnden Rechtsgrundes IIb 826; — wegen einer d. Anspruch entgegenstehenden Einrede IIb 833; — Ausschl. der R. vorzeitiger Leistung IIb 833; — Ausschluß bei Kenntniß von dem Nichtbestehen einer Schuld IIb 834; — bei Erfüllung einer sittlichen oder Anstandspflicht IIb 834; — im Falle der Unmöglichkeit des mit der Leistung bezweckten Erfolges, wegen Verhinderung des Eintritts des Erfolges IIb 836; — R. wegen Verstoß der Annahme gegen ein gesetzliches Verbot oder die guten Sitten IIb 839; — *Umfang* des Rückforderungsrechts IIb 842; — bei bösem Glauben des Empfängers IIb 844; — bei Nichteintritt des Erfolges oder Wegfall des Rechtsgrundes IIb 845; — R. wegen Nichteintritt des Erfolgs oder wegen Wegfall des Rechtsgrundes IIb 845; — R. gegenüber einem Dritten IIb 864; — R. *der verwahrten Sache* IIb 577; — des amtlich verwahrten Testamentes V 557, 559.

Rückgabe der Bestallung des Vormunds IV 1177; — des Gegenvormundes IV 1179; — R. der Draufgabe wegen Aufhebung des Vertrags IIa 175; — bei Schadensersatzleistung wegen Nichterfüllung IIa 176; — des Inventars des Pachtobjektes IIb 338; der Miethsache IIb 258; — des Gegenstands des Nießbrauchs III 320; — des landwirthschaftlichen Pachtobjekts IIb 340; — Entschädigung wegen nicht rechtzeitiger R. eines Pachtgegenstandes IIb 347; — des Pfandes III 593; — Anspruch auf Rückgabe III 595; — R. des Gegenstandes des verpfändeten Rechts III 616; — der Vollmachtsurkunde I 495; — R. der durch unerlaubte Handlung entzogenen Sache, Haftung IIb 954.

Rückgängigmachung des Kaufs (siehe auch „*Wandelung*") IIb 83; — des Werkvertrags IIb 457.

Rückgriff der Armenverbände auf den Unterstützten und die unterhaltspflichtigen Personen VI 228; — des Bürgen auf den Hauptschuldner IIb 720.

Rückkaufshändler: Geschäftsbetrieb VI 215.

Rückkaufsrecht III 351.

Rücknahme *der hinterlegten Sache* IIa 240; — Wirkung IIa 244; — Uebertragbarkeit des Rechts IIa 241; — Unpfändbarkeit des Rechts IIa 241; — R. während des Konkurses des Schuldners IIa 241; — nach Verjährung des Erhebungsrechtes des Gläubigers IIa 246; — *des Testaments* aus der amtlichen Verwahrung V 557, 559; — des gemeinschaftlichen T. V 560, 582; — *der verwahrten Sache* IIb 577, 578.

Rückprämie IIa 204.

Rückstände von Zinsen und anderen wiederkehrenden Leistungen: Verjährung I 542; — nach rechtskräftiger Feststellung I 571; — Haftung von Pfändern nach der Verjährung I 576.

Rücktritt vom Vertrag: Vorbehalt desselben IIa 189; — Wesen, Unterschied vom Widerruf und der Kündigung IIa 189; — recht-

liche Natur IIa 191, 195; — Form der Erklärung IIa 195; — Unwiderruflichkeit IIa 196; — zeitliche Grenze, Fristbestimmung für die Ausübung IIa 201; — Vererblichkeit und Uebertragbarkeit des Rechts IIa 191; — Unverjährbarkeit des Rücktrittsrechts IIa 191; — Ausübung bei Mehrheit von Berechtigten oder Verpflichteten IIa 201; — Wirkungen der Rücktrittserklärung IIa 190, 192; — Schadensersatzpflicht bei Unmöglichkeit der Herausgabe, Herausgabe von Nutzungen, Ersatz von Verwendungen, Verzinsung von Geld IIa 193; — Ersatz unverhältnißmäßig hoher Verwendungen IIa 198; — Zug um Zug-Leistung bei Erfüllung der gegenseitigen Verpflichtungen IIa 195; — R. wegen veränderter Verhältnisse IIa 191; — Erklärung wegen Verzugs des Schuldners IIa 107; — Erklärung wegen theilweiser Unmöglichkeit der Leistung IIa 97; — Erlöschen bei Mehrheit von Berechtigten IIa 202; — Einfluß des zufälligen Untergangs der Sache IIa 196; — Ausschluß wegen Veräußerung oder Belastung der Sache IIa 198; — nach Verarbeitung oder Umbildung IIa 198; — bei verschuldeter Verschlechterung, Untergang oder Unmöglichkeit der Herausgabe der Sache IIa 197; — Unwirksamkeit der Rücktrittserklärung in Folge Verzugs in der Hauptsache IIa 199; — Erlöschen durch Fristablauf IIa 201; — Verzicht auf das Recht IIa 201; — Besondere Fälle: R. wegen Nichterfüllung der Verbindlichkeit IIa 203; — Beweislast für die Nichterfüllung IIa 203; — R. gegen Entrichtung eines Reugeldes IIa 204; — beim Vorbehalt der Rechtsverwirkung IIa 205; — — beim Fixgeschäft IIa 205; — R. vom gegenseitigen Vertrag wegen Verzugs des Schuldners IIa 150, 158; — bei verschuldeter Unmöglichkeit der Leistung IIa 150, 155; — wegen Nichterfüllung der judikatmäßigen Leistung IIa 155, 157; — Form und Wirkungen des R. IIa 162; — R. vom Vertrag über Annahme einer Sache an Erfüllungsstatt IIa 227; — beim passiven Gesammtschuldverhältniß IIa 337; — R. vom Vertrag zu Gunsten eines Dritten IIa 172; — vom Vertrag mit einer Ehefrau IV 225; — vom Kaufvertrag IIb 20; — Mängel im Recht IIb 30, 33; — Ausschluß bei Stundung des Kaufpreises IIb 56; — R. im Falle Eigenthumsvorbehalts bis zur Kaufpreiszahlung IIb 58; — Unwirksamkeit der Vereinbarung des R. beim Vorkaufsrecht IIb 162; — Ausschluß beim Leibgedingsvertrag IIa 157; — R. vom Werkvertrag wegen nicht rechtzeitiger Herstellung des Werks IIb 463; — R. vom Verlöbniß IV 12; — Schadensersatzpflicht IV 15; — bei Veranlassung des Rücktritts des anderen Theils IV 16; — Entschädigung wegen Gestattung des Beischlafs IV 17; — Verjährung der Ansprüche IV 20; — R. vom Erbvertrag: bei Vorbehalt des Rücktrittsrechtes V 617; — R. von einzelnen Verfügungen wegen Verfehlungen des Bedachten V 618; — wegen Wegfall des Grundes der Verfügung V 619; — R. vom gegenseitigen Erbvertrag V 622; — Form V 620; — nach dem Tode des anderen Theiles V 621; — Ausschluß der Vertretung V 620; — Unwiderruflichkeit der Rücktrittserklärung V 618, 621; — Wirkung für einseitige Verfügungen im Erbvertrag V 625.

Rücktrittsrecht: Vormerkung im Grundbuch III 76; — Ausübung eines zum Nachlasse gehörigen V 285; — Einfluß auf die Verjährung I 544.

Rückverweisung eines ausländischen Gesetzes auf deutsche Gesetze VI 28, 86.

Rückwirkung der Aufrechnung IIa 258; — der erfüllten Bedingung I 457; — der Genehmigung von Rechtsgeschäften I 512; — der Gesetze VI 288; — der Hinterlegung bei Uebersendung mit der Post IIa 239; — des Urtheils auf Aufhebung der Nutznießung und Verwaltung des Mannes am eingebrachten Gut IV 266; — auf Aufhebung der Gütergemeinschaft IV 368.

Rückzahlung verzinslicher Staatsschulden VI 223.

Ruhegehalt: Aufrechnung dagegen IIa 265, VI 197; — Benachrichtigung der auszahlenden Kasse von der Abtretung IIa 296; — Uebertragbarkeit VI 197; — Verjährung des Anspruchs I 542, 543.

Ruhen der elterlichen Gewalt: Begriff und Wirkungen IV 704, 811; — der e. G. des Vaters: wegen rechtlicher Verhinderung IV 811, 813; — Stellung der Mutter neben dem Vormund IV 849; — wegen thatsächlicher Verhinderung IV 811, 815; — Wirkungen IV 811, 816; — hinsichtlich der Vermögensverwaltung IV 820; — Fortführung der Geschäfte IV 822; — Ausübung durch die Mutter IV 829, 849; — R. d. e. G. der Mutter IV 826, 846.

Ruhen der Verjährung I 549.

Ruhende Erbschaft V 6, 13, 59.

Rumänien: Staatsvertrag VI 85.

Ruption von Testamenten V 348.

Ruß: Zuführung auf fremde Grundstücke III 125.

Rußland: Staatsvertrag mit R. VI 44, 83, 85.

S.

Sachbeschädigung: Ersatzleistung IIa 29; — Schadensersatzpflicht IIb 857; — Verzinsung der Werthminderung IIb 955; — Befreiung durch Ersatzleistung an den Besitzer IIb 956; — Ausschluß der Schadensersatzpflicht bei Nothstand I 585, 588, IIb 862; — bei erlaubter Selbsthülfe I 589, IIb 862; — S. durch Einsturz eines Gebäudes: Haftung des Besitzers und

des früheren Besitzers IIb 918; — des dinglich Berechtigten IIb 922; — des Unterhaltungspflichtigen IIb 923; — S. durch Thiere IIb 903, 910; — Haftung des Aufsichtspflichtigen IIb 913; — Verhältniß mehrerer Verantwortlicher IIb 934.
Sacheinheit und Sachenmehrheit I 255, 256.
Sachen: Begriff I 255, 262, III 1; — Entschädigung für Verlust einer S. IIa 43; — S. als Gegenstand eines Kaufvertrages IIb 5, 7, 8; — Vorlegung von S. IIb 816; — Ort, Gefahr und Kosten derselben IIb 821.
Sachenrecht: Begriff III 1; — Zahl und Arten der Sachenrechte III 2; — Vorbehalt zu Gunsten der Landesgesetzgebung III 2; — Uebergangsbestimmungen III 3; — anzuwendendes Recht VI 27.
Sachgesammtheit I 257, IIa 49; — Verpfändung III 545, 550; — Vindikation III 245.
Sachhaftung IIa 2.
Sachinbegriff I 257; — Bestandtheile eines Sachinbegriffs I 266; — Auskunftertheilung über den Bestand bei Herausgabe IIa 49; — Herausgabe durch den Beauftragten IIb 533; — Nießbrauch daran III 307; — Verbrauchbarkeit der einzelnen Sachen I 266; — Vermächtniß eines S. V 413, 430, 441; — Vindikation III 245.
Sachsen: Anlegung von Mündelgeld IV 1049, 1052, 1054, 1056, 1057; — Anzeige von Todesfällen V 97; — Aufnahme des Verzeichnisses des Kindervermögens IV 748; — Befreiung von Ehehindernissen, vom Aufgebot IV 62; — Befreiung von den Erfordernissen der Annahme an Kindesstatt IV 949; — dienstliche Bewilligung zur Uebernahme einer Vormundschaft IV 1014; — Gemeindewaisenrath IV 1135; — Güterrechtsregister IV 505; — Hinterlegungswesen IV 207; — Nachlaßsicherung V 97, 98; — Namensertheilung an das uneheliche Kind der Ehefrau IV 870; — religiöse Kindererziehung IV 720; — Schutz des gutgläubigen Dritten bei Aenderung des Güterstandes von Eheleuten IV 294; — Staatsschuldbuch IV 208; — Verwahrung der Testamente V 550; — Zuständigkeit für die Erklärung über den Namen der geschiedenen Frau IV 563; — Zuständigkeit zur Errichtung und Eröffnung letztwilliger Verfügungen V 523, 529; — zur Aufnahme des Nachlaßinventars V 223; — internationales Landesprivatrecht VI 25.
Sachsen-Weimar: Staatsschuldbuch IV 209.
Sächsisches Gesetz betr. die juristischen Personen VI 309.
Sachstatut VI 16.
Sachverständige: Feststellung des Werthes beim Nießbrauch an verbrauchbaren Sachen III 327; — Feststellung des Zustandes des eingebrachten Gutes IV 165; — bei Errungenschaftsgemeinschaft IV 457; — bei Fahrnißgemeinschaft IV 493; — Feststellung des Zustandes der Erbschaftsgegenstände im Falle der Nacherbfolge V 392; — des Zustandes der Nießbrauchsache III 307; — beim Wohnungsrecht III 349; — Haftung aus Pflichtverletzungen IIb 927; — Haftung aus Grundstückschätzung VI 193; — Verjährung ihrer Ansprüche auf Gebühren I 537, 542.
Salpeterregal VI 187.
Salvador: Konsularvertrag mit S. VI 77, 85.
Salzquellen III 125.
Samen: Bestandtheil des Grundstücks I 270, 272; — Eigenthumserwerb III 204.
Sammeldepot IIb 583.
Sammelvermögen: letztwillige Zuwendung an ein S. V 331; — Pflegschaft IV 1217.
Sand: Gewinnung durch den Nießbraucher III 309; — Gewinnung durch den Pächter IIb 324.
Sandbillete IIb 810.
Satzung siehe „Vereine".
Schaden: Begriff IIa 23; — Sch. bei Ausübung des Selbsthülferechts I 591.
Schadensersatz: Prinzip der Naturalrestitution IIa 22, 30; — Ausnahmen IIa 23; — Voraussetzung des Ersatzanspruchs IIa 29; — Kausalzusammenhang IIa 24; — Art der Ersatzleistung IIa 29, 30; — Fristbestimmung für Wiederherstellung, Geldentschädigung nach Fristversäumung IIa 31; — Umfang IIa 24; — Ersatz entgangenen Gewinnes IIa 34; — primäre Geldentschädigung IIa 32; — Umfang bei mitwirkendem Verschulden des Beschädigten IIa 39; — Sch. bei nicht vermögensrechtlichem Schaden IIa 38; — Abtretung des Anspruches des Ersatzberechtigten IIa 43; — compensatio lucri cum damno IIa 28; — Geltung der Vorschriften des BGB. für in anderen Reichsgesetzen geordnete Schadensfälle VI 107.
Schadensersatzanspruch wegen Nicht- oder nicht gehöriger Erfüllung: Verjährung I 538; — wegen Opferung eigener Sachen zur Schonung fremder I 589; — wegen Vereitelung oder Beeinträchtigung bedingter Rechte I 458; — des Vermiethers bei außerordentlicher Kündigung IIb 256.
Schadensersatzpflicht: bei Anfechtung einer Willenserklärung I 356; — bei Auflaufen VI 234; — bei Aufrechnung mit einer Forderung mit anderem Leistungsort IIa 260; — bei Ausgabe von Inhaberpapieren ohne Genehmigung IIb 785, 788; — des Dienstberechtigten bei ungenügender Sorge für Leben und Gesundheit des Bediensteten IIb 416, 420; — von Dienstboten IIb 388; — bei außerordentlicher Kündigung des Dienstverhältnisses IIb 436, 437, 439; — wegen Drohung und arglistiger Täuschung I 366; — des Beschwerten wegen Nichterfüllung des Vermächtnisses V 449; — des Erben wegen unterlassenen Antrages auf Nachlaßkonkurs V 174, 177; — des Erbschaftsbesitzers bei Unmöglichkeit der Her-

ausgabe von Erbschaftssachen V 260; — bei Geschäftsführung in Widerspruch mit dem Willen des Geschäftsherrn IIb 554; — des Gesellschafters wegen unzeitiger Kündigung IIb 635, 638; — wegen Tödtung und Körperverletzung nach dem Haftpflichtgesetze VI 131; — Verjährung des Schadensersatzanspruchs VI 132; — wegen Hinterlegung am unrichtigen Ort, wegen unterlassener Hinterlegungsanzeige IIa 239; — des Hinterlegers wegen unterlassener Versteigerungsanzeige IIa 250; — des Hinterlegers für Schäden in Folge der Beschaffenheit der Sache IIb 576; — bei der Leihe IIb 353; — des Miethers wegen unterlassener Mängelanzeige IIb 235; — Sch. wegen Nichterfüllung: Rückgabe oder Anrechnung des Draufgeldes IIa 176; — beim Kauf wegen Mängel im Recht IIb 30, 33; — wegen Mangels einer zugesicherten Eigenschaft IIb 88; — Verjährung des Anspruches IIb 113; — Aufrechnung mit demselben IIb 120; — Sch. wegen Lieferung mangelhafter Gattungssachen IIb 121; — bei der Miethe: des Vermiethers wegen Mängel im Recht IIb 225; — wegen Mängel der Sache IIb 221; — Ausschluß bei Kenntniß des Miethers von den Mängeln IIb 224; — Ausschluß bei außerordentlicher Kündigung IIb 228; — Ausschluß bei unterlassener Mängelanzeige IIb 236; — Sch. bei Unmöglichkeit der Herausgabe, Verschlechterung einer Sache IIa 112; — beim Rücktritt vom Vertrag IIa 193; — bei Unmöglichkeit der Leistung IIa 96; — aus einem Vertrag IIa 126; — aus einem gegenseitigen Vertrag IIa 150, 155; — bei nicht rechtzeitiger Erfüllung einer urtheilsmäßigen Leistung IIa 100, 155, 157; — Minderung des Ersatzanspruches bei Unmöglichkeit der Leistung IIa 99; — bei Vereinbarung einer Vertragsstrafe IIa 180; — wegen nicht gehöriger Erfüllung IIa 181; — beim Verzug des Schuldners IIa 107; — beim gegenseitigen Vertrag IIa 150, 158; — beim Werkvertrag IIb 461; — Verjährung des Anspruchs IIb 465; — Sch. bei Nichtigkeit einer Willenserklärung I 356; — aus Nothstandshandlungen III 122; — Ausschluß im Falle von Nothwehr I 583; — Sch. des Pächters wegen verspäteter Rückgabe des Pachtobjektes IIb 347; — des Pfandgläubigers wegen nicht rechtmäßigen Pfandverkaufs III 583; — des Schenkers bei Mängeln im Recht IIb 184; — bei Mängeln der Sache IIb 186; — aus vermeintlich berechtigter Selbsthülfe I 592; — der Stiftung für Handlungen ihrer Vorstände und Vertreter I 243, 244; — des Unterhaltspflichtigen IV 672, 675; — des Unternehmers von Anlagen und Betrieben auf öffentlichen Grundstücken VI 232; — von Eisenbahn- und ähnlichen Betrieben nach Landesrecht VI 231; — wegen Verarbeitung, Verbindung, Vermischung III 209; — des Besitzers für Schäden bei Ausübung des Verfolgungsrechts III 31; — wegen Verletzung fremden Besitzes III 25; — Sch. des Vereins aus Handlungen der Vertreter I 155; — der Vereinsliquidatoren I 188; — der Vereinsvorstände wegen unterlassenen Konkurseröffnungsantrages I 170; — des nicht rechtsfähigen Vereins I 194; — des Verlobten wegen Rücktritts IV 15, — wegen Veranlassung des Rücktritts des anderen Theils IV 16; — Verjährung der Ansprüche IV 20; — bei Verstoß eines Vertrages gegen die guten Sitten IIa 130; — des Vertreters ohne Vertretungsmacht I 499; — wegen Verzuges IIa 107; — beim Viehkauf IIb 137; — des Vorerben für unzulässige Verfügungen, Verminderung der Erbschaft V 403; — des Vormunds, Gegenvormunds IV 1103; — beim Wiederkauf IIb 155; — bei Zuwiderhandeln gegen Strafgesetze zum Schutz von Grundstücken VI 233.

— **wegen unerlaubter Handlungen**: Begriff der unerlaubten Handlungen IIb 855; — Voraussetzungen im Allgemeinen IIb 849; — Inhalt und Umfang der Ersatzpflicht IIb 851; — Ersatzberechtigter IIb 852; — Vererblichkeit des Anspruchs IIb 855; — Gerichtsstand für die Klage IIb 856; — Haftung aus im Auslande begangenen unerlaubten Handlungen IIb 856; — Sonderfälle der Haftung nach den Grundsätzen über Haftung aus u. H. IIb 855; — Einzelfälle: wegen Verletzung fremder Rechtsgüter, Verstoß gegen Schutzgesetze IIb 857; — Widerrechtlichkeit und Ausschluß derselben IIb 861, 868; — Schuldhaftigkeit der Verletzung IIb 863, 868; — Kausalzusammenhang zwischen Handlung und Schaden IIb 865, 869; — Schutzgesetze IIb 865; — Ersatzberechtigter und Verpflichteter IIb 852, 869; — wegen Kreditgefährdung, Benachtheiligung im Erwerb und Fortkommen IIb 870; — wegen Bestimmung zum außerehelichen Beischlaf durch Hinterlist 2c. IIb 874; — wegen Schadensstiftung unter Verstoß gegen die guten Sitten IIb 877; — Ausschluß und Beschränkung der Haftung: Allgemeines, Geltungsgebiet der beschränkenden Vorschriften IIb 883; — Einzelfälle: Unzurechnungsfähigkeit des Thäters IIb 884; — jugendliches Alter desselben, Taubstummheit IIb 885; — Haftung aus Billigkeitsgründen in beiden Fällen IIb 887; — Haftung für Schadensstiftung durch Dritte: des Geschäftsherrn für Angestellte oder Arbeiter IIb 891; — Verhältniß zu verwandten Vorschriften IIb 896; — Haftung des Aufsichtspflichtigen IIb 898; — Haftung für Schadensstiftung durch Thiere: Haftung des

Thierhalters IIb 903; — Begriff des Thierhalters IIb 908; — Voraussetzungen der Haftung IIb 905; — Kausalzusammenhang IIb 905, 907; — Inhalt und Umfang des Ersatzanspruchs IIb 910; — konkurrirendes Verschulden des Verletzten IIb 910; — Beweislast IIb 911; — rechtliche Natur des Anspruchs, Folgerungen daraus IIb 911; — Haftung gegenüber einem in einem Vertragsverhältniß zum Thierhalter stehenden Verletzten IIb 912; — Verhältniß der Vorschrift zu verwandten Vorschriften, Haftung neben Anderen IIb 913; — Haftung des Aufsichtspflichtigen IIb 913; — Wildschadensersatz IIb 915; — Haftung aus Einsturz von Gebäuden, Werken, Ablösung von Theilen: Haftung des Grundstücksbesitzers IIb 918, — des Besitzers des Gebäudes oder Werkes IIb 922, — des Unterhaltungspflichtigen IIb 923; — Sch. von Beamten (siehe auch „Beamte") IIb 924, — neben mitverantwortlichen Personen IIb 936; — Art und Umfang der Haftung: Haftung mehrerer Betheiligter, von Anstiftern und Gehilfen IIb 889; — gesammtschuldnerische Haftung mehrerer Verantwortlicher, Regreßansprüche derselben unter einander IIb 934; — Umfang der Schadensersatzpflicht wegen einer gegen die Person gerichteten unerlaubten Handlung, Haftung für Schäden im Erwerb und Fortkommen IIb 937; — Leistungen bei Aufhebung oder Minderung der Erwerbsfähigkeit, Mehrung der Bedürfnisse in Folge von Verletzung des Körpers oder der Gesundheit IIb 937; — Leistungen im Falle der Tödtung IIb 941; — Einfluß der Einwilligung des Getödteten IIb 948; — Entschädigung des Dienstberechtigten für entgangene Dienste des Verletzten IIb 949; — Einfluß des Mitverschuldens des Verletzten auf die Ansprüche wegen Tödtung und Schädigung des Dienstberechtigten IIb 951; — Ersatz nicht vermögensrechtlichen Schadens IIb 952; — Verjährung der Ersatzansprüche IIb 957; — Sch. juristischer Personen aus unerlaubten Handlungen I 118.

Schadenszufügung durch Ausübung eines Rechtes I 580.

Schadlosbürgschaft IIb 707; — Einrede der Vorausklage IIb 717.

Schafe: Gewährschaft IIb 128; — Mängel und Fristen IIb 131.

Schalttag I 519.

Schankwirthe: Haftung IIb 586; — Verjährung ihrer Forderungen I 536.

Schatz: keine Frucht I 284; — keine Nutzung I 286; — Eigenthumserwerb III 241; — kein Recht des Nießbrauchers daran III 311; — ist Errungenschaft IV 451; — im eingebrachten Gut der Frau gefundener IV 188; — Fund im Pachtobjekt IIb 324; Gegenstand der Nacherbfolge V 380.

Schätzmänner: Haftung IIb 927; — Haftung bei Grundstücksschätzung VI 193.

Schätzung des Gesellschaftsvermögens beim Ausscheiden eines Gesellschafters IIb 653; — Sch. des gepachteten Landgutes IIb 344; — eines Landgutes zur Pflichttheilsberechnung V 654.

Schätzungswerth: Sicherheitsleistung zu zwei Dritteln des Sch. beweglicher Sachen I 597; — Sch. des Gesammtgutes bei Uebernahme durch einen Ehegatten IV 414; — des Inventars beim Nießbrauch III 316; — des Inventars bei der Pacht IIb 336; — eines Landgutes bei der Pflichttheilsberechnung V 654, 656; — beim Wiederkauf IIb 157.

Scheidung der Ehe IV 514; — zwingende Natur der Vorschriften IV 518; — Statutenkollision IV 521; — Uebergangsbestimmungen IV 522; — prozeßrechtliche Vorschriften IV 518; — Kostenvorschußpflicht des Ehemannes IV 196; — Gründe: Arten der Ehescheidungsgründe IV 515; — einzelne Gründe: bösliche Verlassung IV 528, 534; — Doppelehe IV 524, 525; — Ehebruch IV 524; — Wiederverheirathung in Kenntniß der irrthümlichen Todeserklärung des früheren Ehegatten IV 104, 108; — Geisteskrankheit IV 538; — Lebensnachstellung IV 528; — Verletzung durch die Ehe begründeter Pflichten, ehrloses, unsittliches Verhalten IV 532; — widernatürliche Unzucht IV 524, 526; — Frist für die Geltendmachung IV 544; — nachträgliche Geltendmachung im Prozeß IV 548; — Form IV 522; — Ausspruch nach Klage auf Aufhebung der ehelichen Gemeinschaft IV 552; — nach Aufhebung der ehelichen Gemeinschaft IV 557; — Schuldausspruch im Urtheil IV 549; — Eintritt der Auflösung der Ehe IV 522; — Rechtswirkungen IV 516; — 1. unter den Ehegatten: Beendigung der Nutznießung und Verwaltung am eingebrachten Gut IV 255; — Auseinandersetzung der allgemeinen Gütergemeinschaft IV 365; — der Fahrnißgemeinschaft IV 492; — Beendigung der Errungenschaftsgemeinschaft IV 474; — Unterhaltspflicht IV 566; — im Falle der Scheidung wegen Geisteskrankheit IV 579; — Einschränkung IV 569; — Unterhaltspflicht vor den Verwandten des anderen Ehegatten IV 663; — Art der Unterhaltsgewährung, Sicherheitsleistung IV 572; — Erlöschen der Unterhaltspflicht IV 575; — Vererblichkeit IV 577; — Widerruf von Schenkungen IV 579; — Familienname der Frau nach Sch. I 80, IV 121, 560; — Stand der Frau IV 566; — Verweigerung der ehelichen Gemeinschaft bei Recht auf E. IV 115, 116; — Einfluß der Nichtigkeit und Anfechtbarkeit der Ehe IV 523; — Verlust des Erbrechts der Ehegatten und des Voraus V 36, 42; — Einfluß auf letzt-

willige Verfügungen unter den Ehegatten V 343; — auf die Wirksamkeit eines gemeinschaftlichen Testaments V 574; — 2. gegenüber den Kindern: Sorge für die Person IV 731; — Verkehr mit den Kindern IV 735; — Unterhalt IV 581; — Erlöschen des Scheidungsanspruchs IV 516; — durch Fristablauf IV 544; — durch Verzeihung IV 541; — durch Verzicht IV 543; — Statutenkollision: örtliche VI 27, 58, 86; — zeitliche VI 357; — auf die güterrechtlichen Folgen anzuwendendes Recht VI 54; — für das Rechtsverhältniß zwischen Eltern und Kindern zeitlich geltendes Recht VI 366; — auf die Unterhaltspflicht anzuwendendes Recht VI 54; — Vermögens-Auseinandersetzung der Ehegatten nach bisherigem Recht VI 355, 359.

Scheidungsklage IV 519; — Frist für dieselbe IV 544; — Unverjährbarkeit I 531.

Scheidungsstrafen IV 566.

Scheidungsurtheil IV 522, 523.

Scheinbedingung I 448, 450.

Scheingeschäft I 339; — Wirkung der Nichtigkeit gegenüber Dritten I 340; — Geltendmachung der Nichtigkeit durch Dritte I 341; — mißlungenes Sch. I 343; — Abtretung der Forderung aus einem Sch. IIa 185; — Einfluß der Wirksamkeit der Eintragung im Grundbuch III 56.

Schenkung IIb 170; — Begriff IIb 171, 173; — rechtliche Natur IIb 176; — Arten IIb 172; — Rechtshandlungen, welche keine Schenkung darstellen IIb 177; — Annahme und Ablehnung IIb 173; — Haftung des Schenkers IIb 183; — Gewährleistung für Mängel im Recht IIb 184; — an der Sache IIb 186; — keine Verzinsung IIb 184; — Rückforderung wegen Unterhaltsgefährdung IIb 192; — Ausschluß derselben IIb 194; — bei Pflicht- und Anstandsschenkungen IIb 199; — Widerruf: Voraussetzungen IIb 194; — Vererblichkeit des Rechts IIb 195, V 11; — Form IIb 196; — Wirkung IIb 196; — Erlöschen des Rechts IIb 197; — Ausschluß IIb 197, 199; — Verzicht auf das Widerrufsrecht IIb 198; — Einzelne Arten und Fälle: Sch. unter einer Auflage IIb 187; — Verweigerung der Vollziehung der Auflage IIb 189; — Rückforderungsrecht wegen Nichterfüllung IIb 190; — gemischte Sch. IIb 175; — remuneratorische IIb 172; — schenkungsweise Bürgschaftsleistung, Pfandbestellung IIb 178; — Sch. durch Geschäftsführung ohne Auftrag IIb 562; — Sch. durch Zahlung einer Schuld IIa 61; — Sch. an Ehegatten bei Errungenschaftsgemeinschaft IV 447; — unter Ehegatten IV 111, 148; — Widerruf nach Scheidung IV 579; — Widerruf bei Nichtigkeit der Ehe IV 100; — Sch. einer Erbschaft V 777; — Sch. an die Frau: Ablehnung beim gesetzlichen Güterstand IV 231; — bei allgemeiner Gütergemeinschaft IV 324; — bei Errungenschaftsgemeinschaft IV 445, 455; — Sch. aus dem Gesammtgut der allgemeinen Gütergemeinschaft IV 317, 319; — Gemeinschaftsaufhebungsklage der Frau wegen Sch. ohne ihre Zustimmung IV 347; — aus dem Gesammtgut der Errungenschaftsgemeinschaft IV 445; — der fortgesetzten Gütergemeinschaft IV 386; — Gemeinschaftsaufhebungsklage des Abkömmlings IV 402; — Sch. an Kinder durch übermäßige Ausstattung IV 696; — freies Vermögen IV 767; — Ausschluß der elterlichen Verwaltung IV 740; — Anordnungen über die Verwaltung IV 742; — Sch. aus dem Kindervermögen IV 714, 750; — aus dem Mündelvermögen IV 1045; — von Grundstücken und Grundstücksrechten an den Mündel IV 1077; — Sch. an Pflichttheilsberechtigte, Einfluß auf die Pflichttheilsberechnung V 690; — Einfluß von Sch. an Dritte auf die Pflichttheilsberechnung V 682, 685, 695; — an Religiöse VI 206; — Sch. des Testamentsvollstreckers V 492, 498; — Sch. auf den Todesfall V 627; — unter Verlobten: Rückgabe IV 19; — Verjährung des Anspruchs IV 20; — Widerruf nach Ehescheidung IV 579; — auf die Rückforderung der Brautgeschenke anzuwendendes Recht VI 351; — Sch. des Vertragserben V 604; — Sch. zu Ungunsten des Vermächtnißnehmers V 607; — des Vorerben V 382, 384; — Ersatzpflicht des Vorerben wegen unzulässiger Schenkungen V 403.

Schenkungsversprechen: rechtliche Natur I 420; — Form IIb 178; — Verweigerung der Erfüllung IIb 181; — Sch. von wiederkehrenden Leistungen IIb 183; — Haftung bei Nichterfüllung IIb 183; — Uebernahme der Schenkungsschuld IIa 311; — Sch. des Erblassers nach Abschluß eines Erbvertrags V 605; — des Testamentsvollstreckers V 498; — auf den Todesfall V 627.

Scherz: Wirkung I 343; — Schadensersatzpflicht I 356; — sog. böser Sch. I 338; — Sch. bei Eheschließung IV 69, 80; — zeitlich geltendes Recht VI 310.

Schiedseidvertrag IIb 731.

Schiedsgericht: Entscheidung über Spiel- oder Wettschulden IIb 690; — Entscheidung über Nachlaßauseinandersetzung V 51, 298; — über Ausführung letztwilliger Verfügungen V 490; — Verjährung schiedsrichterlich festzustellender Ansprüche I 572.

Schiedsrichter: Haftung aus Pflichtverletzungen IIb 931.

Schiedsvertrag IIb 731; — Abschluß durch den Gewalthaber IV 757; — durch den Vormund IV 1074, 1082.

Schiffe: Bestandtheile I 273; — rechtliche Natur des Vertrags über Beförderung auf Sch. IIb 447; — Haftung beim Verkauf von Sch. oder Rechten an Sch. IIb 22; —

Pfandrecht an Sch. III 600, siehe Näheres unter „Pfandrecht".
Schiffer: Haftung für befördertes Gut IIb 584; — Verjährung ihrer Ansprüche I 536.
Schiffspart: Pfandrecht daran III 606.
Schiffsregister: Zuständigkeit, Einrichtung III 601; — Eintragung des Pfandrechts III 602; — Eintragung des Maximalpfandrechts III 606; — Berichtigung III 603; — Widerspruch bei zu Unrecht erfolgter Löschung III 604; — Löschung eingetragener Rechte beim Verkauf des Schiffes IIb 22; — Eintragung des Testamentsvollstreckers V 470.
Schiffsvermesser: Verjährung ihrer Ansprüche I 541.
Schiffsverschollenheit I 102; — Zeitpunkt des Todes I 106.
Schlachtvieh: Gewährschaft IIb 131.
Schlafräume Bediensteter IIb 415, 419.
Schlafwagengesellschaft: Haftung IIb 586.
Schleichweg, rechtsgeschäftlicher I 342.
Schlüsselgewalt der Ehefrau IV 111, 124; — Eintragung der Beschränkung oder Ausschließung ins Güterrechtsregister IV 127, 509, 510; — Schl. bei allgemeiner Gütergemeinschaft IV 311; — bei Errungenschaftsgemeinschaft IV 453; — Ausübung bei Miethe IIb 203; — anzuwendendes Recht VI 56, 57.
Schmerzensgeld IIb 952.
Schmiede: Zubehör I 280.
Schmucksachen: Uebernahme bei Auseinandersetzung des Gesammtgutes IV 363; — der Errungenschaftsgemeinschaft IV 483; — Sch. der Frau: Eigenthumsvermuthung IV 139, VI 56, 57; — Vorbehaltsgut IV 154; — Herausgabe an die Frau bei thatsächlicher Trennung der Ehegatten IV 138; — des Kindes: freies Vermögen IV 767.
Schneeballsystem IIb 694.
Schöffen: Haftung wegen Amtspflichtverletzung IIb 930.
Schonvorschriften für Jagd, Fischerei, Vogelfang III 220.
Schoßfallrecht V 28.
Schreiben: Verarbeitung III 207.
Schreibensunkundige: Testamentserrichtung V 529, 542, 544; — Unfähigkeit zum Zeugniß bei Testamentserrichtung V 539.
Schrift des eigenhändigen Testamentes V 530.
Schriftform: Anwendungsfälle I 373; — Erfordernisse der gesetzlichen I 373, 374; — der durch Rechtsgeschäft bestimmten I 376; — der Abtretung der Hypothek III 449; — der Anweisung IIb 761; — der Annahme der Anweisung IIb 764, 765; — der Uebertragung derselben IIb 773; — Sch. d. Bürgschaft IIb 707; — Sch. der Einwilligung des Vertreters zu Rechtsgeschäften des Minderjährigen I 322; — des Leibrentenvertrages IIb 685; — des Miethvertrags über Grundstücke IIb 290; — von Pachtverträgen IIb 291; — der Mittheilung von der Schuldübernahme durch den Erwerber eines Grundstücks IIa 304; — des Pachtvertrags IIb 326; — der Quittung IIa 230; — des Schuldanerkenntnisses IIb 750, 752, 755; — des abstrakten Schuldversprechens IIb 744, 746, 755; — des Stiftungsgeschäfts I 236; — der Zustimmungserklärung von Vereinsmitgliedern zu Vereinsbeschlüssen I 158.
Schriftstücke: von der Erbtheilung ausgeschlossene V 297.
Schulbaulast VI 263.
Schuldanerkenntniß IIb 750; — Begriff und Wesen IIb 751; — keine Novation IIa 211; — Form IIb 750, 752; — Formlosigkeit IIb 755; — rechtliche Natur und Inhalt IIb 753; — Bedeutung des Rechtsgrunds IIb 753; — Mängel des Anerkenntnisses, Einwendungen des Schuldners IIb 753; — Wirkungen IIb 754; — Anfechtung IIb 754; — schenkungsweises Sch. IIb 178; — Unverbindlichkeit bei der Spiel- und Wettschuld IIb 686, 692; — Sch. ohne Rechtsgrund IIb 826; — Verhältniß zum Prozeßrecht IIb 744; — Sch. hinsichtlich des Lohnes für Nachweis oder Vermittelung der Eheschließung IIb 508; — schenkungsweises Sch. auf den Todesfall V 627; — Einfluß des Sch. auf die kurze Verjährung I 538.
Schuldanerkennungsvertrag IIa 270.
Schuldenhaftung der Eheleute im gesetzlichen Güterstand gegenüber den Gläubigern IV 238; — im Verhältniß der Eheleute unter sich IV 249; — bei allgemeiner Gütergemeinschaft IV 328; — bei Errungenschaftsgemeinschaft IV 452, 459.
Schulderlaß IIa 269; — gegenüber einem Gesammtschuldner IIa 332.
Schuldiger Theil bei Ehescheidung: Bezeichnung im Urtheil IV 549; — bei Aufhebung der ehelichen Gemeinschaft, bei Umwandlung derselben in Ehescheidung IV 557; — Ausschluß von der Sorge für die Person des Kindes IV 730; — Widerruf der Schenkung an ihn IV 579.
Schuldner: Mehrheit von Sch. IIa 317, 326, 329, 347; — Wahlrecht des Sch. bei der Alternativobligation IIa 53; — Verlust des Wahlrechts IIa 54; — Unmöglichkeit der einen Leistung IIa 56.
Schuldschein: Eigenthum daran III 210; — Rückgabe nach Erlöschen der Schuld IIa 234; — Sch. über ein simulirtes Geschäft I 339.
Schuldübernahme IIa 298; — Arten (privative und kumulative) IIa 299; — Sch. durch Vertrag mit dem Gläubiger IIa 300; — durch Vertrag mit dem Schuldner IIa 301; — in Folge Vertrag über das Vermögen eines Anderen IIa 312; — Einfluß auf accessorische Rechte IIa 311; — Einwendungen des Uebernehmers gegen die Forde-

rung, Aufrechnung IIa 308; — Konkurs des Uebernehmers IIa 311; — Aenderung und Aufhebung des Vertrages mit dem Schuldner IIa 301; — Uebernahme einer hypothekarisch versicherten Forderung zur Tilgung bei Grundstücksveräußerung IIa 304; — Sch. bei einem passiven Gesammtschuldverhältniß IIa 333, 338; — bei einem aktiven Gesammtschuldverhältniß IIa 346; — bei der Grundschuld III 532; — Wahlrecht des neuen Gläubigers bei Alternativobligation IIa 53; — Sch. im Falle der Zwangsversteigerung III 375; — kumulative Sch. IIb 704, 709; — Sch. durch den Vater für das Kind IV 753, 755; — durch den Vormund für den Mündel IV 1074, 1082; — allgemeine Ermächtigung des Vormunds hiezu IV 1087; — anzuwendendes Recht VI 315.

Schuldurkunde: Verjährung von Ansprüchen aus vollstreckbaren Sch. I 570; — Uebergabe bei Verpfändung der Forderung III 618.

Schuldverhältniß: Begriff IIa 2; — Entstehung, Arten IIa 7; — einzelne Sch. IIb 1; — Erfordernisse IIa 5; — Inhalt IIa 8; — Begründung, Aenderung des Inhalts durch Vertrag IIa 123; — Klagbarkeit IIa 6; — Wirkung IIa 3; — Wirkung der Eintragung in ein öffentliches Buch nach bisherigem Recht VI 324; Unbestimmtheit IIa 330; — Gattungsschuld, Beschränkung auf eine bestimmte Sache IIa 12, 14; — Aufhebung durch Vertrag IIa 124; — Erlöschungsgründe IIa 207; — Erlöschen durch Annahme einer Leistung an Erfüllungsstatt IIa 222; — durch Aufrechnung IIa 258; — durch concursus causarum lucrativarum IIa 212; — durch entgegengesetzten Vertrag IIa 212; — durch Erfüllung IIa 216; — durch gutgläubige Leistung an Nichtgläubiger IIa 220; — durch Erlaß IIa 270; — durch Erreichung des Zweckes der Obligation IIa 213; — durch Novation IIa 210; — durch Hinterlegung IIa 243; — Rückgabe des Schuldscheins IIa 234; — anzuwendendes Recht IIb 2, VI 27; — zeitlich geltendes Recht VI 314.

Schuldverschreibung auf den Inhaber IIb 774; — Begriff IIb 778; — rechtliche Natur des Schuldverhältnisses (Vertrags- oder Kreationstheorie) IIb 776, 780; — Ausstellung: Form IIb 778, 779; — Inhaberklausel IIb 778; — Form der Unterschrift IIb 778, 779; — Unterzeichnung von Sch. eines Bundesstaats oder ihm angehöriger juristischer Personen VI 225; — Freiheit der Ausstellung und Beschränkungen IIb 779; — Mängel der Ausstellung IIb 780; — Erforderniß staatlicher Genehmigung zur Ausgabe IIb 785; — Ausstellung von Theilschuldverschreibungen bei Belastung einer Bahneinheit VI 239; — Einwendungen gegen die Gültigkeit der Ausstellung IIb 790; — strafbare Ausstellung VI 111, 116; — Ausstellung durch den Vater für das Kind IV 753, 755, — durch den Vormund IV 1074, 1081; — allgemeine Ermächtigung des Vormunds hiezu IV 1087; — Stellung des Inhabers: Forderungsrecht aus dem Papier IIb 778, 780; — Legitimation des Inhabers IIb 781; — gemeinsame Rechte der Besitzer von Sch. IIb 783; — Stellvertretung IIb 782; — Schutz des Eigenthümers IIb 783, 795; — Rechtsverhältniß beim Verkauf IIb 783; — Haftung beim Verkauf IIb 24; — Stellung des Ausstellers: Leistung an einen Nichtberechtigten IIb 778, 781; — Beanstandungsrecht des Ausstellers IIb 782; — Einfluß des Mangels oder der Beschränkung der Geschäftsfähigkeit des Empfängers der Leistung IIb 783; — Schadensersatzpflicht des Ausstellers bei Zahlung an einen Nichtberechtigten IIb 783; — Haftung aus gestohlenen, verlorenen oder sonst ohne seinen Willen in Verkehr gelangten Sch., Ausgabe nach dem Tode oder eingetretener Geschäftsunfähigkeit des Ausstellers IIb 784; — Auskunftpflicht zur Erwirkung des Aufgebots oder der Zahlungssperre IIb 794; — Einwendungen des Ausstellers IIb 789; — Recht auf Aushändigung der Sch. bei Leistung, Wirkung der Aushändigung IIb 792; — Theilzahlungen IIb 793; — Pflicht zum Umtausch beschädigter Urkunden IIb 793; — Herstellung von Ersatzurkunden bei Vernichtung IIb 794; — Ausschluß der Kündigung wegen hohen Zinssatzes IIa 20; — Hypothekbestellung für die Forderung III 515; — Verpfändung eines Schiffes für die Forderung III 606; — Außerkurssetzung VI 322; — Erlöschen durch Verjährung, Vorlegungsfrist IIb 798; — Hemmung der Vorlegungsfrist und der Verjährung durch Zahlungssperre IIb 800; — Kraftloserklärung IIb 794; — Erneuerung der Schuldverschreibungen nach derselben IIb 798; — Umschreibung auf den Namen IIb 808; — Umschreibung auf Namen von Sch. eines Bundesstaats oder ihm angehöriger juristischer Personen VI 226; — Uebertragung umgeschriebener Sch. IIa 276; — Zins-, Renten-, Gewinnantheilscheine: rechtliche Natur IIb 801, 803; — fortdauernde Kraft der Zinsscheine bei Erlöschen der Hauptforderung, Zurückbehaltungsrecht an dem Zinsbetrag bei Einlösung der Sch. IIb 801; — Anspruch aus abhanden gekommenen oder vernichteten Zins-, Renten- oder Gewinnantheilscheinen IIb 804; — Ausschluß nach Landesrecht VI 225; — Ausgabe neuer Zins- und Rentenscheine IIb 806; — Zinseszinsen IIa 21; — besondere Arten: Karten, Marken und ähnliche Urkunden IIb 810; — qualifizirte Legitimationspapiere IIb 812; — Mündelsicherheit von Sch. IV 1048; — anzuwendendes Recht VI 320, 323.

Schuldversprechen: Begriff und Wesen IIb 744; — keine Novation IIa 211; — Form IIb 744, 746; — Formlosigkeit IIb 755; — rechtliche Natur und Inhalt IIb 747; — Bedeutung des Rechtsgrundes IIb 748; — Vorvertrag IIb 747; — Mängel des Vertrags, Einwendungen der Schuldner IIb 748; — einseitiges Sch. IIa 124; — schenkungsweises IIb 178, V 627; — Einfluß des Sch. auf die kurze Verjährung I 538.
Schulgeld: Verjährung I 541.
Schulpflicht IV 720.
Schulvertrag IIb 381.
Schuttabladen: Gestattung IIb 350.
Schüttung VI 210.
Schutzgebiete, deutsche, Sklaverei I 23; — Beurkundung von Verträgen I 379; — Eheschließung in Sch. IV 25, VI 127; — Gerichtsbarkeit in Vormundschaftssachen IV 986; — Testamentserrichtung in denselben V 524, 554; — Inkrafttreten des BGB. VI 3.
Schutzgesetz: Schadensersatz wegen Verstoß dagegen IIb 857, 865.
Schutzvorrichtungen zu Gunsten der Nachbargrundstücke bei Eisenbahn-, Dampfschifffahrts- und ähnlichen Unternehmungen VI 257.
Schutzzaun III 293.
Schwägerschaft: Begriff IV 604; — rechtliche Bedeutung IV 606; — Ehehinderniß der Sch. IV 38; — Nichtigkeit der verbotswidrig geschlossenen Ehe IV 75; — Geltendmachung der Nichtigkeit IV 76; — Ausschluß der Begründung durch Annahme an Kindesstatt IV 973, — durch Ehelichkeitserklärung IV 934; — Ausschluß der Ehelichkeitserklärung bei Sch. zwischen den Eltern IV 929; — Sch. im Sinne der Justizgesetze und des Anfechtungsgesetzes VI 108; — im Sinne des Strafgesetzbuchs VI 110; — i. S. der nach dem BGB. erlassenen Reichsgesetze VI 110; — i. S. der Landesgesetze VI 110.
Schwangerschaft: Eheanfechtungsgrund IV 82; — Ersatz der Aufwendungen der unehelichen Mutter während der Schw. IV 892, VI 68; — Aussetzung der Erbtheilung während der Schw. der Mutter eines zu erwartenden Miterben V 293; — Unterhalt der Mutter des zu erwartenden Erben V 106, — des Nacherben V 406.
Schwarze Listen: Verstoß gegen die guten Sitten IIb 397, 879.
Schwarzes Meer: Verschollenheitsfrist I 102.
Schwarzwild: Wildschadensersatz IIb 915.
Schweigen auf einen Vertragsantrag I 428.
Schweine: Gewährschaft IIb 128; — Mängel und Fristen IIb 131.
Schwester als Nacherbin V 377; — als Vermächtnißnehmerin V 428.
Schwiegereltern, Schwiegerkinder: Schwägerschaft IV 605; — keine Unterhaltspflicht IV 648.
Sechs Wochen: Fristberechnung I 519.
Sechs Monate: Frist für Anfechtung der Ehe IV 91; — Anfechtungsfrist für die nach irrthümlicher Todeserklärung eines Ehegatten geschlossene neue Ehe IV 107; — Frist für die Scheidungsklage IV 544; — Frist für das Klagerecht wegen Verwendungen III 261; — Kündigungsfrist für die Grundschuld III 533; — für die Rentenschuld III 541; — Verjährungsfrist für Ansprüche aus dem Nießbrauchsverhältniß III 322; — für Ansprüche aus dem Pfandvertrag III 567.
Sechzehn Jahre: Ehemündigkeit der Frau IV 26; — Grenze für die Testamentsfähigkeit V 525; — Grenze für die Unterhaltspflicht des Vaters gegenüber dem unehelichen Kinde IV 876.
Sechzig Jahre: Ablehnung der Vormundschaft IV 1017; — Entlassung des Vormunds IV 1169.
Seetestament V 555; — zeitliche Beschränkung der Wirksamkeit V 556.
Seeverschollenheit I 102; — Zeitpunkt des Todes I 106.
Seitenlinie der Schwägerschaft IV 604; — der Verwandtschaft IV 599.
Seitenverwandte des Erblassers, Erbverzicht V 724.
Selbstbefriedigungsrecht des Besitzers für Verwendungen auf die vindizirte Sache III 261.
Selbsthülfe: Begriff, Voraussetzungen, Mittel I 589; — Grenzen I 591; — Folgen vermeintlichen Selbsthülferechts I 592; — S. des Besitzers III 5; — bei verbotener Eigenmacht III 21; — Ausübung durch den Besitzdiener III 23; — Ausschluß beim Verfolgungsrecht III 32, 33; — kein Selbsthülferecht des mittelbaren Besitzers III 39; — S. des Miethers IIb 223, 237; — des Vermiethers bei Entfernung eingebrachter Sachen IIb 275; — Ausschluß der Schadensersatzpflicht bei erlaubter S. IIb 862.
Selbsthülfeverkauf IIb 20; — Verbot des Mitbietens für bestimmte Personen IIb 63.
Selbstkontrahiren des Vertreters I 505.
Selbstschuldnerische Bürgschaft IIb 719.
Selbstschutz des Besitzers III 21; — Ausübung durch den Besitzdiener III 23.
Selbstvertheidigung I 579, 583.
Semel heres semper heres V 6, 14, 363.
Senatus consultum Macedonianum IIb 360, 367.
Separation IV 296, VI 240.
Sequestration IIb 567; — bei Nacherbfolge V 397.
Serbien: Staatsvertrag mit S. VI 44, 49, 83, 85.
Seuchengesetz: Rechte Dritter an der Entschädigung für Entziehung 2c. von Sachen VI 147.
Seuchentestament V 554; — zeitliche Beschränkung der Wirksamkeit V 556.
Siam: Staatsvertrag mit S. VI 85.
Sicherheit: schenkungsweise Bestellung und Aufgabe IIb 178.

Sicherheitsleistung: Begriff und Zweck I 593; — Veranlassung I 593; — Höhe I 593; — mögliche Mittel I 594; — Hinterlegung I 595; — Tauglichkeit von Werthpapieren zur S. I 595; — Umtausch von hinterlegtem Geld oder Werthpapieren I 595; — Sicherheit von beweglichen Sachen I 597, — von Buchforderungen I 597, — von Hypothekforderungen, Grundschulden, Rentenschulden I 597; — Tauglichkeit von Bürgen I 598; — Ergänzung und Erneuerung I 598; — Einrede mangelnder S. kein Verjährungshinderniß I 549, 551; — Unterbrechung der Verjährung durch S. I 559; — einzelne Fälle: wegen Führung eines Amtes oder wegen eines Gewerbebetriebes VI 211; — für Aufwendungen IIa 46; — Aufhebung oder Minderung der S. für eine Forderung des Kindes IV 757, — des Mündels IV 1074, 1083; — S. des Beistands IV 844; — des Ehemannes bei Gefährdung des eingebrachten Gutes IV 204; — Hinterlegung von Werthpapieren ꝛc. zur S. IV 205; — Gütertrennungsklage auf Aufhebung der Nutznießung und Verwaltung wegen Veranlassung zur S. IV 257; — bei Errungenschaftsgemeinschaft ausgeschlossen IV 453; — Klage auf Aufhebung der Gemeinschaft IV 476; — des Erben für zur Zeit nicht zu berichtigende oder streitige Verbindlichkeiten nach Beendigung der Nachlaßverwaltung V 190, — für Ueberlassung von Nachlaßgegenständen durch den Testamentsvollstrecker V 511, — für bedingte und betagte Vermächtnisse und Auflagen V 511; — S. des Gewalthabers IV 801, 807; — Entziehung der Vermögensverwaltung wegen unterlassener S. IV 805; — anzuwendendes Recht VI 364; — für Gesellschaftsschulden beim Ausscheiden eines Gesellschafters IIb 653; — S. für Verpflichtungen aus dem Haftpflichtgesetz VI 132; — des Hauptschuldners an den Bürgen IIb 724; — S. des Miethers IIb 279, — Einfluß der Veräußerung der Miethsache IIb 308; — des Nießbrauchers wegen Gefährdung der Rechte des Eigenthümers III 318, — wegen übermäßigen Fruchtbezugs III 310; — beim Nießbrauch an verbrauchbaren Sachen III 327; — S. wegen Entwerthung des Pfandes III 563; — des Pflegers IV 1221; — S. bei unerlaubten Handlungen: für die Rente des Verletzten IIb 937, 939, — der Hinterbliebenen IIb 941, 947, — für die Entschädigung wegen entgangener Dienste IIb 949; — S. für Unterhaltsgewährung an den geschiedenen Ehegatten IV 572, 573; — S. der Anfallsberechtigten bei Vereinsauflösung I 188; — für Schäden bei Ausübung des Verfolgungsrechts III 31; — des Verpächters für Ansprüche des Pächters hinsichtlich des Inventars IIb 340; — des Vorerben V 395; — Befreiung von der Verpflichtung hiezu V 402, 403; — des Vorkaufsberechtigten bei Stundung des Kaufpreises IIb 164; — S. für Kosten der Vorlegung einer Sache IIb 821; — zur Erlangung der Vorleistung aus einem gegenseitigen Vertrag IIa 146; — S. des Vormunds: Anordnung IV 1122; — Ablehnung der Vormundschaft hiewegen IV 1017; — Entlassung wegen unterlassener S. IV 1169; — Freigabe der Sicherheit nach beendigter Vormundschaft IV 1176; — S. für Schädigung durch Wegnahme einer Einrichtung IIa 47; — zur Abwendung des Zurückbehaltungsrechtes IIa 72, 75.

Sicherstellung des Mündels IV 988.

Sicherung des Anspruchs auf Einräumung, Aufhebung ꝛc. von Rechten an Grundstücken oder Grundstücksrechten III 75; — Eigenthumsübertragung zur S. III 179, 180; — S. des Beweises von Mängeln der Kaufsache IIb 113, 117; — beim Viehkauf IIb 133; — S. des Nachlasses V 93; — Zuständigkeit V 73; — Mitwirkung der Gemeindebehörde V 73, 94; — Verpflichtung des Nachlaßgerichtes V 95, 96; — Voraussetzung der Sicherungsmaßregeln V 95; — Auswahl derselben V 97; — beim Tode von Ausländern V 103; — von Beamten V 94; — nach Landesrecht VI 273; — S. des Vermächtnißanspruches V 442; — des Vermögens eines aufgelösten Vereines I 180.

Sicherungshypothek III 370; — Begriff und rechtliche Natur III 510; — praktischer Werth III 511; — Bestellung III 513; — Bezeichnung im Grundbuch als solche III 510, 512; — Einzelfälle III 511; — Ausschluß der Ertheilung eines Hypothekenbriefes III 512; — Abweichungen von gewöhnlicher Hypothek III 512; — Uebertragung und Verpfändung III 513, 610; — Umwandlung in eine gewöhnliche Hypothek und umgekehrt III 514; — Entstehung durch Leistung aus einem verpfändeten Recht auf Eigenthumsübertragung an einem Grundstücke III 625; — für Forderungen aus Schuldverschreibungen auf den Inhaber und anderen durch Indossament übertragbaren Papieren III 515; — Bestellung III 516, 518; — Uebertragung, Verpfändung III 516; — Einreden III 516; — Ausschließung des unbekannten Gläubigers III 518; — Bestellung eines Vertreters des jeweiligen Gläubigers (Treuhänder) III 519; — S. im engeren Sinne (Maximal-, Kautions-, Ultimathypothek) III 522; — S. der Bauhandwerker III 378; — auf Grundstücken des Vormunds, Pflegers, Beistands III 379; — landesgesetzliche S. III 379; — S. des Fiskus und anderer juristischer Personen VI 212; — des Unternehmers eines Werkes oder eines Theiles eines solchen IIb 481; — auf Grundstücken des Vormunds IV 1124; — auf dem Vermächtnißgegenstand lastende V 433; — Uebergang bisheriger Pfandrechte in S. VI 343,

347; — bisheriger Grundschulden VI 348.
Sicherungskauf III 551.
Sicherungsmittel für ein Recht: Arten I 593; — S. des bedingt Berechtigten I 459.
Sicht: Schuldverschreibungen auf S., Ausschluß der Kraftloserklärung IIb 794; — auf S. anzuwendendes Recht VI 320.
Siebentes Lebensjahr: Grenze der Geschäftsunfähigkeit I 307, 311; — Grenze der Verantwortlichkeit für kontraktliches Verschulden IIa 89, 91; — Grenze der Verantwortlichkeit für unerlaubte Handlungen IIb 885.
Siebzigstes Lebensjahr: Todeserklärung I 98.
Siegelung des Nachlasses V 93, 97; — nach Landesrecht VI 273; — S. des Testamentserrichtungsprotokoll V 549.
Sielrecht VI 177.
Silbersachen: Pfandverkauf III 581; — durch den Nichtpfandgläubiger III 585; — Verzicht auf die gesetzliche Form des Verkaufs III 585.
Simulation I 339; — einseitige I 343; — S. bei der Bevollmächtigung I 483; — bei Eheschließung IV 69, 80; — beim Erbvertrag V 586; — beim Verlöbniß IV 13; — im Falle von Stellvertretung I 476; — zeitlich geltendes Recht VI 310.
Simulirtes Judikat I 341.
Singularsuccession in den Besitz III 5, 8, 10.
Sistirungsgesetze: Hemmung der Verjährung I 551.
Sitten siehe „gute Sitten".
Sittliche Pflicht: Ausschluß der Rückforderung der Leistung zur Erfüllung einer s. P. IIb 834; — Schenkung zur Erfüllung einer s. P.: Ausschluß der Rückforderung und des Widerrufes IIb 199; — Einfluß solcher Schenkungen auf die Pflichttheilsberechnung V 695; — Schenkungen des Ehemannes aus dem Gesammtgut zur Erfüllung einer s. P. IV 317; — aus dem Gesammtgut der Errungenschaftsgemeinschaft IV 445; — Schenkungen des Testamentsvollstreckers zur Erfüllung einer s. P. V 492, 498; — Sch. des Vaters aus dem Kindervermögen IV 750; — des Vormunds aus dem Mündelvermögen IV 1045; — Sch. des Vorerben V 382, 384.
Sittliches Verschulden: Einfluß auf den Unterhaltsanspruch IV 668.
Sittlichkeitsverbrechen und -**Vergehen**: Entschädigung der Frauensperson für Schaden, der nicht Vermögensschaden ist IIb 952.
Sitz der Stiftung I 230, 232, 235; — des Vereines I 141; — Angabe bei der Eintragung I 214.
Sklaverei I 23.
Skontration IIa 253, IIb 766.
Societas leonina IIb 602.
Sofortige Beschwerde gegen Entziehung der Rechtsfähigkeit des Vereins I 221; — gegen Zurückweisung der Vereinsanmeldung I 201.
Söhne: Sorge für S. nach Ehescheidung IV 730.
Sold von Militärpersonen: Aufrechnung dagegen IIa 264.
Soldaten siehe „Militärpersonen".
Soldatentestament V 3, 522.
Solegewinnung VI 187.
Solidarobligation IIa 320; — siehe auch „Gesammtschuldverhältniß".
Solidarvollmacht I 482.
Sondereigenthum an Bestandtheilen I 269; — an stehenden Erzeugnissen I 273, VI 326.
Sondergerichte: Verjährung von Ansprüchen aus Erkenntnissen von S. I 572.
Sonderrechte: fortdauernde Geltung reichsrechtlicher S. VI 105.
Sondergut bei allgemeiner Gütergemeinschaft IV 303; — S. des überlebenden Ehegatten IV 386.
Sonderrechte von Vereinsmitgliedern I 162.
Sondervermögen I 259.
Sonntag: Einfluß auf die Fristberechnung I 521.
Sorge für die Person des Kindes: Recht und Pflicht des Vaters IV 707; — Inhalt IV 715, 719; — Herausgabeanspruch hinsichtlich des Kindes IV 723; — Vertretung des Kindes IV 709; — Rechte der Mutter neben dem Vater IV 728; — Beschränkung durch Aufstellung eines Pflegers für Angelegenheiten des Kindes IV 708; — Meinungsverschiedenheiten zwischen Vater und Pfleger IV 708; — Beschränkungen hinsichtlich der verheiratheten Tochter IV 725; — Ersatz von Aufwendungen des Vaters IV 762; — Mißbrauch IV 718, 790; Beendigung IV 718; — Entziehung IV 790; — Anhörung des Vaters und Verwandter des Kindes vor Entziehung oder Beschränkung IV 807, 808; — Verwendung der Nutzungen des Kindervermögens nach Entziehung IV 777; — S. im Falle Ruhens der elterlichen Gewalt und Beschränkung des Vaters in der Geschäftsfähigkeit IV 813; — bei Ruhen der elterlichen Gewalt der Mutter IV 846; — nach deren Wiederverheirathung IV 847; — S. der Eltern neben dem Vormund oder Pfleger des Kindes IV 849; — S. nach Ehescheidung IV 731, VI 61; — nach Scheidung, Auflösung der Ehe nach bisherigem Recht VI 366; — persönlicher Verkehr der Eltern mit den Kindern IV 735; — S. nach Auflösung der Ehe nach Todeserklärung des Ehegatten IV 737; — anzuwendendes Recht VI 364; — S. für die Person des Kindes aus nichtiger Ehe IV 854, 856; — S. für die Person des Mündels IV 1027, 1039; — Beschränkung durch Aufstellung eines Pflegers IV 1030; — Aufsicht des Gemeindewaisenraths IV 1131; — bei volljährigen Mündeln IV 1185; — S. für die Person des unehelichen Kindes IV 873, 1039, VI 67; — Einfluß der Ehelichkeitserklärung IV 936; — der Annahme an Kindesstatt IV 974; — S. für das Vermögen des Kindes: Recht und

Pflicht des Vaters IV 707; — Beschränkung durch Anordnungen Dritter IV 740, 742; — durch Aufstellung eines Pflegers IV 708; — Meinungsverschiedenheiten zwischen Vater und Pfleger IV 708; — Vertretung des Kindes IV 709; — Einfluß der Verheirathung der minderjährigen Tochter IV 727; — Anhörung des Vaters und Verwandter des Kindes vor Entziehung oder Beschränkung der Sorge IV 807, 809; — für das Vermögen eines Kindes aus nichtiger Ehe IV 854; — Beschränkung der Eltern nach bisherigem Recht VI 364; — S. für das Vermögen des Mündels IV 1027, 1041; — Beschränkung durch Aufstellung eines Pflegers IV 1030; — Aufsicht des Gemeindewaisenrathes IV 1131; — Siehe auch „Vermögensverwaltung".

Sorgfalt wie in eigenen Angelegenheiten: Umfang der Haftung IIa 92; — Anwendungsfälle: Ehegatten in ehelichen Angelegenheiten IV 131; — des Gesellschafters IIb 610; — d. Vaters gegenüber dem Kinde IV 718, 740, 765, 787; — des Verwahrers IIb 572; — Vertretung durch den Vorerben V 398; — im Verkehr erforderliche S. IIa 89; — Anwendungsfälle: des Geschäftsherrn bei Auswahl seiner Angestellten oder Arbeiter, bei Beschaffung der Vorrichtungen, Geräte, bei Leitung der Ausführung IIb 892; — des Grundstücksbesitzers, Einfluß auf die Haftung für Schäden durch Einsturz ꝛc. IIb 918, 920; — des über Thiere Aufsichtspflichtigen IIb 913.

Sozialpolitische Vereine I 137, 205, 207; — Einspruch der Verwaltungsbehörde gegen die Eintragung I 203, 207; — Entziehung der Rechtsfähigkeit I 173.

Spanien: Staatsvertrag mit Sp. VI 44, 77, 85.

Spareinlagen von Minderjährigen I 214; — Verfügungsrecht des Vorerben V 389.

Sparkassen: rechtliche Natur der Einlagen IIb 365; — Zinsvergünstigung für Einlagen IIa 21; — Anlegung von Kindergeld IV 751; — von Mündelgeld IV 1048, 1052, 1058; — Befreiung von Beschränkungen bei der Anlage IV 1137.

Sparkassenbücher: rechtliche Natur IIb 813; — Schenkung IIb 179; — Eigenthum daran III 211; — Verpfändung IIb 815, III 546; — Kraftloserklärung nach Landesrecht VI 228; — keine Hinterlegungspflicht bezüglich S. des Mündels IV 1065.

Sparkasseneinlagen: Verpfändung III 618.

Sparkassenvereine: Verleihung der Rechtsfähigkeit I 139.

Sparkassenwesen: landesrechtliche Regelung VI 224.

Sparurkunden: Kraftloserklärung VI 323.

Spediteure: Gefahrentragung nach Uebergabe der Sache an Sp. IIb 47; — gesetzliches Pfandrecht III 597.

Speisemarken IIb 810; — Verlust III 193.

Speisewirthe: Verjährung ihrer Ansprüche I 536.

Sperrjahr nach Vereinsauflösung I 186.

Sperr-Recht des Vermiethers IIb 275.

Spezialitätsprinzip des Grundbuchrechts III 48; — bei der Hypothek III 375, 376.

Spezialvollmacht I 481.

Speziesschuld IIa 12, 14.

Spezifikation III 207.

Spezifikationskauf IIb 8.

Spiel IIb 686; — Begriff IIb 687; — rechtliche Natur IIb 689; — Unverbindlichkeit von Spielverträgen und Spielschulden IIb 686, 689; — Ausschluß der Rückforderung des auf Grund des Spieles Geleisteten IIb 686, 690; — verbotenes Sp. IIb 691; — Verbindlichkeiten zur Erfüllung von Spielschulden IIb 692; — Einfluß der Unklagbarkeit auf anderweitige Rechtsgeschäfte IIb 692; — internationales Recht, Uebergangszeit, Strafrechtliches IIb 694.

Sprechen: am S. verhinderte Personen, Testamentserrichtung V 540, 545.

Spruchrichter: Haftung wegen Amtspflichtverletzung IIb 924, 929.

Staat: Eigenthumserwerb und Verlust an Grundstücken VI 258; — gesetzlicher Hypothektitel VI 212; — Haftung für Pflichtverletzungen Beamter IIa 93, IIb 933, VI 189; — Haftung für Amtspflichtverletzungen von Grundbuchbeamten III 45; — Haftung für Pflichtverletzungen von Vormundschaftsrichtern in Sachen elterlicher Gewalt IV 810; — in Vormundschaftssachen IV 1130; — Theilung dem St. reallastpflichtiger Grundstücke VI 254; — Vorrang der Meliorationsdarlehen VI 248; — Ablösungsrenten und Reallasten des St., Befreiung vom Eintragungszwang VI 243, 247; — Ersatzanspruch für geleisteten Unterhalt VI 228.

Staatsangehörigkeit, Erwerb und Verlust durch Minderjährige, Bevormundete, Ehefrauen VI 128; — durch Kinder IV 717; — durch die verheirathete Tochter IV 728; — durch legitimirte Kinder IV 911; — St. des an Kindesstatt Angenommenen IV 942; — des unehelichen Kindes IV 863; — Anknüpfungsmoment der Kollisionsnormen VI 16; — bei Annahme an Kindesstatt VI 28, 70; — im ehelichen Güterrecht VI 52, 86; — bei Ehescheidung und Aufhebung der ehelichen Gemeinschaft VI 58; — im Erbrecht VI 28, 78, 79, 83; — hinsichtlich der Geschäftsfähigkeit VI 27, 28; — bei Legitimation VI 27, 70; — hinsichtlich des Verhältnisses der Eltern zu den Kindern VI 27, 64; — der Mutter zum unehelichen Kinde VI 27, 66; — Mangel der St. VI 93; — mehrfache St. VI 94; — Verschiedenheit der St. mehrerer Personen, auf deren gemeinschaftliche St. es ankommt VI 94, 95; — Verschiedenheit des Rechts in dem maßgebenden Staate VI 94, 95; — Einfluß des Mangels der

St. auf das anzuwendende Recht VI 28, 93.
Staatsaufsicht über Vereine I 129.
Staatsbank: Anlegung von Kindergeld IV 751; — von Mündelgeld IV 1056, 1058, 1059.
Staatseisenbahn, Staatspost: Verjährung ihrer Ansprüche I 540.
Staatsschuldbuch IIb 809; — Antragsrecht der Ehefrau VI 222; — Eintragung von Forderungen der Frau IV 208; — bei Errungenschaftsgemeinschaft IV 452; — Eintragung von Verfügungsbeschränkungen bei Buchforderungen des Kindes IV 798, 800; — des Mündels IV 1068; — Befreiung von der Verpflichtung hiezu IV 1137, 1139, 1187; — Entbindung von der Pflicht IV 1069; — Genehmigung des Vormundschaftsgerichts zu Verfügungen über die Forderung IV 1071; — Mündelsicherheit eingetragener Forderungen IV 1048, 1051; — Eintragung einer Verfügungsbeschränkung hinsichtlich zum Nachlaß gehöriger Buchforderungen im Falle der Nacherbfolge V 388; — Befreiung von der Verpflichtung hiezu V 402, 403; — Rückzahlung und Umwandlung eingetragener Forderungen VI 223; — Landesrecht VI 222.
Staatsschulden: Rückzahlung und Umwandelung verzinslicher St. VI 223.
Staatsschuldverschreibungen: Uebertragung IIa 276.
Staatsverträge: Gesetzeskraft VI 6; — St. der Bundesstaaten VI 162; — des Reiches VI 104; — St. über Erbrecht VI 82; — über Sicherung des Nachlasses von Ausländern V 103; — über Rechtsfähigkeit ausländischer Vereine VI 41; — in Vormundschaftssachen IV 987, VI 74, 77; — internationales Privatrecht VI 24.
Stahlkammer: Vertrag über Benutzung IIb 321.
Stallwirthe: Haftung IIb 586.
Stämme bei der Erbfolge der Verwandten V 22; — Zugehörigkeit zu mehreren St. V 26, 31; — Erbfolge nach St. bei Abkömmlingen V 24, 25; — bei Geschwistern V 27.
Stammgüter: Landesrecht VI 166; — dingliche Belastung VI 168; — Veräußerungs- und Belastungsbeschränkungen VI 169; — Erbfolge V 2; — Erbfolge angenommener Kinder IV 968.
Stand des angenommenen Kindes IV 967; — der Ehefrau IV 122; — der geschiedenen Frau IV 566; — des ehelichen Kindes IV 681; — des unehelichen Kindes IV 872.
Standesbeamter: Anzeigepflicht beim Vormundschaftsgericht von der Notwendigkeit einer Vormundschaft IV 997; — Anzeige an das Vormundschaftsgericht von der Verehelichung einer Frau mit minderjährigen Kindern IV 57; — Zuständigkeit zum Aufgebot IV 51, VI 140; — Eheschließung vor dem St. IV 52, 55; — vor dem vermeintlichen Standesbeamten IV 57; — Zuständigkeit zur Eheschließung IV 58; — Ermächtigung des unzuständigen St. IV 61; — Verwandtschaft des Eheschließungszeugen mit dem St. IV 55; — Bestrafung wegen gesetzwidriger Eheschließung IV 24; — Ordnungsstrafen IV 25; — St. des königlichen Hauses IV 22.
Standesgemäßer Unterhalt: Begriff IV 666; — Gewährung nach Ehescheidung IV 566; — Verweigerung der Erfüllung des Schenkungsversprechens wegen Gefährdung IIb 181; — Anspruch auf Rückgabe des Geschenkes IIb 192; — Ausschluß des Anspruchs IIb 194; — der Mutter des ungeborenen Erben V 106; — des Nacherben V 406.
Standesherrliche Familien: Autonomie VI 164; — Vormundschaftssachen IV 991.
Standesrechte in Bezug auf eheliches Güterrecht IV 146.
Statut, maßgebendes VI 16.
Statutenkollision I 15, VI 15; — räumliche VI 14; — Verhältniß der räumlichen und zeitlichen VI 25; — hinsichtlich Annahme an Kindesstatt VI 70; — eheliches Güterrecht VI 52, 56; — Ehelichkeit VI 62; — Ehescheidung IV 521, VI 58; — Eheschließung IV 25, VI 46; — Erbrecht VI 79, 83; — hinsichtlich des ehelichen Güterrechts IV 145; — bei Haftung des Erben für Nachlaßverbindlichkeiten V 114; — hinsichtlich der Erbschaftsansprüche V 246; — hinsichtlich Vermächtnisses V 414; — Legitimation VI 70; — Form der Rechtsgeschäfte VI 41; — Haftung aus unerlaubten Handlungen VI 45; — Haftung des unehelichen Vaters VI 68; — persönliche Rechtsbeziehungen der Ehegatten VI 50; — Pflegschaft VI 74; — Verhältniß zwischen Eltern u. Kindern VI 64; — zwischen der Mutter und dem unehelichen Kinde VI 66; — Vormundschaft VI 74.
Stehende Früchte: Pfändung, Verpfändung III 213; — Pfändung von st. F. des Hypothekobjekts III 442; — Veräußerung III 215.
Steigerung des Miethzinses IIb 286.
Steine: Gewinnung durch den Nießbraucher III 309; — Gewinnung durch den Pächter IIb 324.
Steinsalzgewinnung VI 187.
Stellenvermittler IIb 498; — Verjährung ihrer Ansprüche I 540.
Stellvertreter: Wirkungen der Willenserklärungen des St. I 469; — Einfluß der Beschränkung des St. in der Geschäftsfähigkeit I 474; — Einfluß von Willensmängeln, Kennen und kennen müssen I 475; — arglistige Täuschung des St. I 365; — widerrechtliche Drohung gegen den St. I 363; — Haftung für St. von Beamten IIb 933, VI 193; — siehe auch „Vertreter", „Vertretung".
Stellvertretung bei Aneignung beweglicher Sachen III 221; — bei Anfechtung der Ehe

IV 86; — bei der Auflassung III 165; — bei Ausübung des Rechtes aus einem Inhaberpapier IIb 782; — im Besitz III 12; — bei Besitzübertragung III 9, 10; — Besitzverlust durch St. III 16; — bei Bestätigung der anfechtbaren Ehe IV 88; — beim Eigenthumserwerb durch Verarbeitung III 208; — bei Kündigung persönlicher Verpflichtungsverhältnisse der Ehefrau, Zustimmung zu denselben IV 128; — bei Testamentserrichtung V 327; — St. der Ehegatten unter sich IV 111, — des Ehemanns durch die Frau im häuslichen Wirkungskreis IV 124, — außerhalb desselben IV 128; — Unzulässigkeit bei Eheschließung IV 53; — beim Verlöbnißvertrag IV 7; — siehe auch „Vertretung".

Stempel bei Unterschrift I 374.

Sterbegehalt: Aufrechnung dagegen IIa 265.

Sterbekassen: Aufrechnung mit geschuldeten Beiträgen IIa 264.

Sterbekassenvereine: Verleihung der Rechtsfähigkeit I 139.

Sterilität: Eheanfechtungsgrund IV 82.

Steuern vom eingebrachten Gut der Frau IV 191, — bei Errungenschaftsgemeinschaft IV 458; — vom Kindervermögen IV 774; — Vertheilung auf successiv Verpflichtete I 290.

Stiefeltern, -Geschwister: Verwandtschaft, Schwägerschaft IV 605.

Stiefkinder: keine Unterhaltspflicht IV 649.

Stiefmutter: Rechte und Pflichten gegenüber dem Kind IV 730.

Stiefvater: Rechte und Pflichten gegenüber dem Kind IV 708.

Stiftung: Begriff I 225; — rechtliche Natur der Vermögenszuwendung I 233; — Unterschied von der Körperschaft I 121; — Unterschied von der Auflage V 459; — Arten I 224, 226; — Zweck I 231; — Voraussetzungen der Entstehung I 225, 230; — Zeit derselben I 236, 238, — im Falle der Genehmigung nach dem Tode des Stifters I 242; — Form bei St. unter Lebenden I 236; — letztwillige Errichtung I 239; — Genehmigung I 226, 230, 233; — nach dem Tode des Stifters I 242; — Gesuch um dieselbe I 235; — Einholung durch das Nachlaßgericht I 239; — Wirkung I 238; — Wirkung der Ablehnung I 238; — Ausschluß der Nachlaßtheilung vor der Genehmigung einer vom Erblasser errichteten St. V 293; — Verfassung: Begriff I 226; — Bestimmungen derselben I 226, 231, 242; — nothwendiger Inhalt I 231; — fakultativer Inhalt I 233, 244; — Aenderung I 244, 248; — Sitz I 230; — Bestimmung durch die Verfassung I 232, 235; — Organe derselben I 232, 244; — Vorstand I 204, 243; — Anhörung vor Umwandlung der St. I 245, 248; — Bestellung durch das Amtsgericht I 243, 244; — Bestellung besonderer Vertreter I 243, 244; — Verpflichtungen des Stifters I 238; — Haftung I 239; — Rechte der Destinatäre des Stiftungsnutzens I 228; — Aufhebung, Aenderung und Umwandlung I 229, 244; — sonstige Erlöschungsgründe I 245; — Wirkung des Erlöschens I 249; — Widerruf I 235, 236; — bei letztwilliger St. I 241; — Unvererblichkeit des Widerrufsrechtes V 11; — Liquidation I 250; — rechtliche Stellung: Erwerbsbeschränkungen I 229; — Erbfähigkeit V 15; — gesetzliches Erbrecht an Stelle des Fiskus VI 271; — Erbrecht, Pflichttheilsanspruch am Nachlaß verpflegter oder unterstützter Personen VI 272; — Haftung für Handlungen der Vorstände und Vertreter I 243, 244, 250; — gesetzlicher Hypothektitel VI 212; — Sicherungshypothek der St. III 379; — Erwerb des Vermögens eines aufgelösten Vereins I 180, VI 201; — Abgabe von Willenserklärungen gegenüber der St. I 243, 244; — Konkurs der St. I 171, 244; — Staatsaufsicht I 230; — Aufrechnung gegen Stiftungsbezüge IIa 264; — landesgesetzliche Vorschriften hinsichtlich ihrer Schuldverschreibungen VI 225, 226; — Rechtsfähigkeit ausländischer VI 40.

Stiftungsaufsicht I 230.

Stiftungsgeschäft: Inhalt I 231; — rechtliche Natur, Zustandekommen I 225, 230, 231; — Vornahme in einem Erbvertrage V 592.

Stiftungsnachlaß I 229.

Stillschweigen: rechtliche Bedeutung I 332.

Stillschweigende Bedingung I 448.

Stillschweigende Bevollmächtigung I 481.

Stillschweigende Vereinbarung einer Vergütung beim Dienstvertrag IIb 397; — beim Mäklervertrag IIb 505; — bei Verwahrung IIb 572; — beim Werkvertrag IIb 453.

Stillschweigende Verlängerung des Dienstvertrages IIb 431; — des Miethvertrages IIb 293.

Stillschweigende Willenserklärung I 292, 331.

Stillstand: Einfluß des St. der Rechtspflege auf die Verjährung I 552, — des St. des Prozesses I 565; — Einfluß auf die Ersitzung beweglicher Sachen III 199; — Einfluß auf die Frist für Anfechtung der Ehelichkeit IV 625, — für Anfechtung der Anerkennung der Ehelichkeit IV 636; — Hemmung der Frist für die Scheidungsklage IV 544, 547.

Stimmrecht in der Vereinsmitgliederversammlung I 159; — Ausschluß desselben I 161; — von Vorstandsmitgliedern I 152, 162.

Stipendien: Aufrechnung dagegen IIa 264.

Stockwerkseigenthum I 268, 273, III 279, VI 262, 327.

Stoff: Verarbeitung, Umbildung III 207; — beim Werkvertrag: Lieferung durch den Unternehmer IIb 488; — Mängel IIb 476; — Untergang oder Verschlechterung IIb 474.

Stoffbegrenzung des BGB. I 5.

Störarbeiterin: rechtliche Natur des Vertrages IIb 446.
Störung der Geistesthätigkeit: Geschäftsunfähigkeit I 307; — Nichtigkeit von Willenserklärungen I 309, 311; — bei Eheschließung IV 70; — Geltendmachung der Nichtigkeit der Ehe IV 76; — Einfluß auf gesetzliche und vertragsmäßige Verbindlichkeiten IIa 89, 91; — bei unerlaubten Handlungen IIb 884; — Haftung aus Billigkeit IIb 887; — Haftung Aufsichtspflichtiger IIb 898.
Strafantrag: Vergleich zur Abwendung IIb 735; — bei Beleidigung einer Ehefrau IV 592, VI 111, 117; — für Geschäftsunfähige u. Minderjährige IV 717, VI 111, 114; — für d. uneheliche Kind IV 874; — bei Verletzung von Gesammtgut IV 301, 444.
Strafbare Handlung: Haftung aus Besitzerwerb durch st. H. III 253; — Erwerb von Erbschaftsgegenständen durch st. H. V 262; — Erbunwürdigkeit wegen Begehung st. H. V 707; — Pflichttheilsentziehung V 697, 701.
Strafen der zweiten Ehe IV 45, V 17.
Strafgefangene: gesetzlicher Wohnsitz I 66.
Strafgesetzbuch: Aenderung durch das EG. VI 110; — Verwandtschaft und Schwägerschaft i. S. desselben VI 110.
Strafmündigkeit VI 111.
Strafprozeßordnung: Verwandtschaft und Schwägerschaft in S. der StPO. VI 108; — Aenderung durch das EG. VI 117.
Strafschutz familienrechtlicher Verhältnisse IV 3.
Strafverfahren gegen eine Ehefrau: Kostentragung IV 194; — Haftung des Vorbehaltsgutes IV 249; — Kostenhaftung im gesetzlichen Güterstand IV 194; — Str. gegen einen Ehegatten: Haftung bei allgemeiner Gütergemeinschaft IV 336, — bei Errungenschaftsgemeinschaft IV 458, 459; — gegen den Ehemann: Haftung bei Gütergemeinschaft IV 336; — bei Errungenschaftsgemeinschaft IV 467; — gegen das Kind IV 774, 782.
Strafversprechen: Ermäßigung der Strafe IIa 183.
Strafzinsen IIa 21.
Strandrecht III 221, 236.
Straßen: Verkehrsfähigkeit I 261.
Straßenbahnbillet: rechtliche Natur IIb 811.
Sträucher: Anlage auf dem Nachbargrundstück III 129, 130; — Ueberragen von Wurzeln und Zweigen in das Nachbargrundstück III 134; — Ueberfall von Früchten III 136; — Grenzsträucher III 155; — Abstand von der Grenze nach Landesrecht VI 256; — Uebergangsvorschriften für Waldgrundstücke VI 328.
Streik: Verstoß gegen die guten Sitten IIb 879.
Streitgenossenschaft unter Miterben V 275; — zwischen Erben u. Testamentsvollstrecker V 471, 481, 508; — mehrerer Gläubiger oder Schuldner bei theilbaren Leistungen IIa 329; — der Gesammtschuldner IIa 331; — siehe auch „Nebenintervention".
Streitige Gesammtgutsverbindlichkeiten: Behandlung bei Auseinandersetzung der Gütergemeinschaft IV 360.
Streitige Verbindlichkeiten bei Liquidation der Gesellschaft IIb 646; — bei Liquidation des Vereins I 188; — Behandlung bei der Nachlaßverwaltung V 190.
Streitverkündung bei der Eigenthumsklage III 248; — an den ersten Verkäufer bei Mängeln der Kaufsache IIb 117, 120; — beim Viehkauf IIb 133; — Unterbrechung der Verjährung I 561, 562; — Dauer und Wegfall der Wirkung der Unterbrechung I 569.
Streitwerth des Anspruchs auf die Geldrente wegen unerlaubter Handlungen IIb 940.
Stroh: Zurücklassung bei Beendigung der Pacht eines Landguts IIb 344.
Stücklohn IIb 395, 399; — Kündigung des Stücklohnvertrages IIb 430.
Studirende: Geschäftsfähigkeit I 313, 321.
Stumme: Eheschließung IV 53; — Geschäftsfähigkeit I 328; — Pflegschaft IV 1205; — Beendigung derselben IV 1207, 1226; — Testamentserrichtung V 540, 545.
Stundung von Forderungen des Mündels IV 1061; — des Kaufpreises IIb 14; — Ausschluß des Rücktrittsrechtes IIb 56; — Verzinsung des Kaufpreises IIb 54; — beim Vorkauf IIb 164; — St. der Leistung: Einfluß auf die Verjährung I 544; — Einfluß auf die kurzen Verjährungsfristen I 549; — Hemmung der Verjährung I 550.
Substantialprinzip III 212.
Substitut des Testamentsvollstreckers V 483.
Subsumtionsirrthum I 351.
Successio graduum V 26
Successio ordinum V 34.
Succession in den Besitz III 5.
Successivgeschäfte IIa 59.
Successivlieferung: Wandelung IIb 106.
Südafrikanische Republik: Staatsvertrag mit derselben VI 49, 77, 83, 85.
Sühneversuch vor Ehescheidung IV 519, 544, 546; — vor Klage auf Herstellung des ehelichen Lebens IV 113; — vor Umwandelungsklage in Scheidung IV 559.
Summe der Leistung: Bestimmung durch Dritte IIa 140.
Summenzuwendungen, letztwillige V 354.
Surrogation bei eingebrachtem Gut der Frau IV 182, 184; — eines Ehegatten bei Errungenschaftsgemeinschaft IV 450; — bei Fahrnißgemeinschaft IV 498; — bei Gegenständen des Erbschaftsanspruches V 253; — des Erbschaftskaufes V 767; — beim Gesammtgut der allgemeinen Gütergemeinschaft IV 356; — der Errungenschaftsgemeinschaft IV 482; — der fortgesetzten Gütergemeinschaft IV 406; — bei Gegenständen des Gesellschaftsvermögens IIb 626;

— bei Gegenständen des Kindervermögens IV 760; — des freien Kindervermögens IV 740; — von Gegenständen der Nacherbfolge V 379; — von Nachlaßgegenständen V 287; — des Gegenstandes der ungerechtfertigten Bereicherung IIb 842; — beim Vermächtniß V 606; — beim vertragsmäßig angeordneten Vermächtniß V 607; — von Vorbehaltsgut IV 162; — bei Errungenschaftsgemeinschaft IV 455; — bei allgemeiner Gütergemeinschaft IV 306; — bei fortgesetzter Gütergemeinschaft IV 386; — res succedit in locum pretii, pretium in locum rei I 258.
Synallagma I 419.
Synallagmatische Erbverträge V 622.
Synallagmatischer Vertrag IIa 144.
Syndikatsklage IIb 924.

T.

Tabularersitzung III 197; — von Grunddienstbarkeiten III 288; — von Grundstücken durch einen eingetragenen Nichteigenthümer III 116; — durch einen nicht eingetragenen Eigenbesitzer III 171; — des Nießbrauchs an Grundstücken III 306.
Tag: Fristberechnung nach T. I 518; — T. der Geburt bei Berechnung des Lebensalters I 517; — Berechnung des Dienstverhältnisses nach T. IIb 427; — Miethzinsberechmung nach T. IIb 286; — T. der Testamentserrichtung, Angabe im Protokoll V 542, 543.
Taglöhner: Verjährung ihrer Forderungen I 537.
Talons: rechtliche Natur und Rechtsverhältnisse daran IIb 803; — Kraftloserklärung und Zahlungssperre VI 321; — siehe auch „Erneuerungsschein".
Tantiemen: Verjährung I 541.
Tarifvertrag IIb 385, 399.
Taschengeld Minderjähriger I 321.
Taube: Geschäftsfähigkeit I 328; — Eheschließung IV 53; — Pflegschaft über T. IV 1205; — Beendigung derselben IV 1207, 1226; — Testamentserrichtung V 540; — Unfähigkeit zum Zeugniß bei Testamentserrichtung V 539.
Tauben: Aneignung III 219, 223, VI 261.
Taubstumme: Eheschließung IV 53; — Haftung für kontraktliches Verschulden IIa 89, 91; — Haftung aus unerlaubten Handlungen IIb 885; — Ersatzpflicht aus Billigkeit IIb 887; — Haftung aufsichtspflichtiger Personen IIb 898; — Haftung als Thierhalter IIb 911; — Testamentserrichtung V 546; — Strafantragstellung für dieselben VI 114.
Taufkosten für das uneheliche Kind IV 879.
Tausch IIb 3, 169; — Gewährleistung wegen Mängel der Sache IIb 143; — Minderungsanspruch IIb 111; — T. von Geld IIb 8; — T. von Grundstücken für den Mündel IV 1077.
Täuschung: arglistige: unerlaubte Handlung IIb 852; — Anfechtung der Ehe I 366, IV 83; — Anfechtungsfrist IV 91; — Ausschluß wegen Bestätigung der Ehe IV 88; — Anfechtung der Anerkennung der Ehelichkeit IV 634; — Anfechtung der Bestimmung der Leistung durch einen Dritten IIa 140; — Anfechtung letztwilliger Verfügungen wegen T. des Erblassers I 366, V 347; — Anfechtung von Willenserklärungen I 358; — Begriff der Täuschung I 364; — Wirkung I 364; — Anfechtungsberechtigte I 364; — Voraussetzungen in der Person des Täuschenden I 365; — Anfechtungsfrist I 367; — Wirkung erfolgter Anfechtung I 364; — Schadensersatzpflicht I 366; — T. des Erblassers: Erbunwürdigkeit V 707.
Taxatoren: Verjährung ihrer Ansprüche I 541.
Taxe: beim Mäklervertrag IIb 505; — beim Werkvertrag IIb 453.
Teiche: Fische in T., Eigenthumsverhältnisse III 222.
Telegraphische Leitungen auf und über fremde Grundstücke III 125.
Telegraphische Uebermittelung der Willenserklärung I 376, 377.
Telegraphenwegegesetz: Rechte Dritter an der Entschädigung für Schäden durch Führung von Telegraphenlinien VI 146.
Telephon: Leitung über fremde Grundstücke III 125.
Telephonanlagen: Anbringung an Miethobjekten IIb 248.
Telephonischer Vertragsantrag I 429.
Telephonische Willenserklärung I 383.
Termin: Begriff I 517; — Auslegungsvorschriften I 519, 520.
Terminologie der Besitzverhältnisse III 6; — des Familienrechts IV 1.
Testament V 326; — Begriff V 50; — Konkurrenz testamentarischer und gesetzlicher Erbfolge V 8; — Verhältniß mehrerer T. gleichen Alters V 562; — rechtliche Stellung des Testamentserben V 57; — Fähigkeit zur Errichtung V 525; — örtliche Statutenkollision VI 79; — zeitliche VI 379, 380; — Fähigkeit des Kindes zur Errichtung IV 702; — Prüfung der Fähigkeit beim öffentlichen T. V 528; — Ausschluß der Stellvertretung V 327; — Fähigkeit, bedacht zu werden V 330; — Formen: Errichtung vor dem Richter oder Notar V 535; — zuzuziehende Personen V 535; — Ausschluß von der Mitwirkung bei der Errichtung V 536, 537, 538; — Fähigkeit des zu ernennenden Testamentsvollstreckers zur Mitwirkung V 485; — Untauglichkeit als Zeuge V 538; — Zuständigkeit V 529, 536; — ausschließliche Zuständigkeit der Notare in Bayern V 523; — Form der Errichtung V 539; — Anwesenheit der mitwirkenden Personen V 541; — Protokoll über Errichtung des T., Aufnahme in deutscher Sprache V 542; —

Inhalt, Verlesung, Genehmigung, Unterschrift V 542; — Errichtung durch Blinde V 540; — Errichtung durch der deutschen Sprache Unkundige V 546; — durch Lesensunkundige V 539; — durch Minderjährige V 539; — durch Stumme und am Sprechen Verhinderte V 545; — durch Taube V 540; — durch Taubstumme V 546; — Vollendung, Vollständigkeit V 330; — Versiegelung und Verwahrung des T. V 549; — Wirkung der Verletzung landesrechtlicher Formvorschriften V 523; — Privattestament (eigenhändiges, holographisches) V 528; — Ausschluß der Errichtung durch Minderjährige und Lesenskundige V 551; — amtliche Verwahrung V 551; — außerordentliche Testamentsformen: Errichtung vor dem Gemeinde- oder Gutsvorsteher V 552; — Zuständigkeit zur Aufnahme des Dorftestaments nach Landesrecht VI 284; — Seuchenteſtament V 554; — Seetestament V 555; — zeitliche Beschränkung der Wirksamkeit des außerordentlichen T. V 556; — Marinetestament VI 138; — Errichtung vor Wahlkonsuln VI 125; — Errichtung vor Reichskonsuln, in deutschen Schutzgebieten V 524; — örtliche und zeitliche Statutenkollision V 524; — Inhalt: Uebersicht V 50; — Erbeinsetzung V 50, 353; — Ausschließung gesetzlicher Erben ohne Erbeinsetzung V 52; — Anordnung von Vermächtnissen V 52; — von Auflagen V 54; — Bestimmung des Bedachten V 329; — Ausschluß der Bestimmung durch einen Dritten V 328; — unrichtige Bezeichnung des Bedachten V 331; — Bezeichnung des Bedachten in einer auf mehrere Personen passenden Weise V 338; — Bestimmung des Gegenstandes der Verfügung V 330; — Ausschluß der Bestimmung durch einen Dritten V 328; — Vorbehalt der Ergänzung V 52; — Bedingungen: Zulässigkeit im Allgemeinen V 339; — Bedeutung einer aufschiebenden Bedingung V 339, 341; — Bedingung einer Handlung oder Unterlassung V 339, 342; — unmögliche, unsittliche, unerlaubte Bedingungen V 340; — Vereitelung des Eintrittes der Bedingung durch Dritte, durch den Bedachten V 342; — Auslegung V 51, 331, 351; — Auslegungsregeln: Bedenkung der gesetzlichen Erben V 334; — der Verwandten oder nächsten Verwandten V 335; — der Kinder des Erblassers V 335; — von eigenen Abkömmlingen V 336; — der Abkömmlinge Dritter V 337; — von Personenklassen, Bediensteten, Angestellten V 337; — der Armen V 338; — Anerkennung V 346; — Anerkennung durch den Vormund IV 1079; — Anfechtung (siehe auch diese) V 344; — theilweise Unwirksamkeit V 352; — Einfluß der Unwirksamkeit einer von mehreren Verfügungen V 51; — Widerruf: Zulässigkeit V 557, 558; — Formen: durch Testament V 557, 558; — durch Vernichtung oder Veränderung der Testamentsurkunde V 557, 559; — Theilaufhebung in diesem Fall V 559; — durch Rücknahme aus der amtlichen Verwahrung V 557, 559; — Wirkung des Widerrufs V 560; — des Widerrufs eines späteren Testaments für das frühere V 561; — Widerruf des Widerrufs V 557, 560; — Aufhebung durch ein neues T. V 561; — Ausschluß beim korrespektiven Testament V 577, 579; — Ablieferung an das Nachlaßgericht nach dem Tode des Erblassers durch den Besitzer oder Verwahrer V 562; — siehe auch „gemeinschaftliches T., letztwillige Verfügung".

Testamentseröffnung: Ablieferungspflicht des Besitzers und des Verwahrers V 562; — Zuständigkeit V 564, 566; — Verfahren V 564, 566, 569; — Eröffnung durch ein anderes Gericht als das Nachlaßgericht V 564, 566, 568; — Nichtigkeit des Verbots der Eröffnung V 565; — Eröffnung des gemeinschaftlichen Testaments V 583.

Testamentsfähigkeit: aktive I 33, V 525, 588; — Prüfung bei Errichtung des Testaments V 528; — anzuwendendes Recht VI 379, 380; — T. unter elterlicher Gewalt stehender Kinder IV 702; — passive V 330.

Testamentsmündigkeit I 33, V 525; — ehemaliger Ausländer VI 79.

Testamentsurkunde: Vernichtung oder Veränderung V 557, 559.

Testamentsvollstrecker V 466; — zeitliche Geltung des BGB. V 466, 486; — Vorschriften anderer Gesetze in Bezug auf T. V 467; — Begriff und rechtliche Stellung V 468; — Verhältniß zum Nachlaßgericht V 474; — rechtliche Natur seiner Thätigkeit V 476; — rechtliche Stellung des nach bisherigem Rechte bestellten VI 377, 378; — rechtlicher Charakter seiner Ernennung V 474; — Form der Ernennung, Bedingungen und Zeitbestimmungen V 482; — Ausschluß der Ernennung durch Erbvertrag V 592; — Anfechtung der letztwilligen Ernennung, der Aufhebung der Ernennung V 349; — Bestimmung der Person durch einen Dritten V 467, 482; — Ernennung durch das Nachlaßgericht V 468, 483; — Ernennung eines Substituten V 483; — Voraussetzung der Wirksamkeit der Ernennung V 483; — Zeugniß des Nachlaßgerichts über die Ernennung eines T. V 757; — Angabe der Ernennung im Erbschein V 750; — Fähigkeit zu dem Amte V 468, 484; — Annahme und Ablehnung V 474, 486; — Unzulässigkeit von Bedingungen und Zeitbestimmungen bei Annahme und Ablehnung des Amtes I 446; — Pflicht zur Uebernahme des Amtes V 487; — Bestellung mehrerer V 483, 486; — successive Bestellung mehrerer V 467; — Beginn des Amtes V 486; — Funktionen überhaupt

V 468; — Rechtsverhältniß zum Erben V 512; — Ausschluß der Bestimmung einer Inventarfrist gegenüber dem T. V 220; — Wirkung eintretender Unfähigkeit zur Wahrnehmung seines Amts V 485; — Pflichten: gegenüber den Erben V 473; — im Einzelnen: Herausgabe ihm entbehrlicher Gegenstände an den Erben V 511; — persönliche Ausübung des Amtes V 512; — Ausführung der letztwilligen Anordnungen des Erblassers V 488; — Auseinandersetzung des Nachlasses V 491; — Erfüllung von Auflagen V 464; — Verwaltung des Nachlasses V 492, 510; — Aufnahme des Nachlaßverzeichnisses V 508; — Auskunftertheilung und Rechnungslegung V 512, 513; — Zinszahlung von verwendetem Geld V 513; — Herausgabepflicht nach Beendigung des Amtes V 513; — Befreiung von Obliegenheiten durch den Erblasser V 514; — Pflichten gegenüber den Pflichttheilsberechtigten V 657; — Pflichten gegenüber dritten Personen V 473; — Rechte: Besitzergreifung von Nachlaßgegenständen V 468, 492; — Verfügungsrecht des T., unentgeltliche Verfügungen V 492; — Ausschluß des Verfügungsrechtes des Erben V 501; — Eingehung von Verbindlichkeiten V 496; — Schenkungsversprechen V 498; — Auslegung des Testaments V 472; — Ernennung eines Mitvollstreckers oder Nachfolgers durch den T. V 467, 483; — Kontrahiren mit sich selbst namens der Erben V 496; — Beschränkung seiner Befugnisse durch den Erblasser V 473, 498; — Erweiterung derselben V 473, 474, 498, 500; — Bestimmung des Wirkungskreises durch den Erblasser, zeitliche Schranke einer bezüglichen Anordnung V 500; — Außerkraftsetzung von Anordnungen des Erblassers in Bezug auf die Verwaltung V 510; — Beschränkung auf bestimmte Zwecke: Ausübung der Rechte und Erfüllung der Pflichten des Nacherben V 515; — Ausführung einem Vermächtnißnehmer auferlegter Verpflichtungen V 516; — Geschäftsführung mehrerer T., Entscheidung von Meinungsverschiedenheiten V 517; — Herausgabeanspruch gegen den Besitzer eines unrichtigen Erbscheins V 750; — Ersatz von Verwendungen V 513; — Vergütung V 515; — Abschluß von Miethverträgen IIb 203; — Haftung des T.: gegenüber Erben und Vermächtnißnehmern V 513; — Haftung wegen Unterlassung des Antrags auf Nachlaßkonkurs V 176; — Haftung für Erbschaftssteuer V 473; — Haftung wegen Erfüllung nicht rechtsgültiger Vermächtnisse oder Auflagen V 490; — Haftung des Erben aus Verschulden des Testamentsvollstreckers V 496; — Prozeßführung: Geltendmachung des Erbschaftsanspruchs V 248, 471, 508; — Prozeßführung über der Verwaltung des T. unterliegende Rechte V 469, 481; — Prozeßführung über das Erbrecht V 470; — Gerichtsstand für Prozesse des T. V 508; — Aktivlegitimation zur Geltendmachung von Rechten innerhalb seiner Verwaltungsbefugnisse V 503; — Passivlegitimation V 468, 503; — Geltendmachung aufschiebender Einreden V 240, 469; — Nebenintervention in Prozessen des Erben V 471, 508; — Nebenintervention des Erben in Prozessen des T. V 481, 508; — Widerklage des T. und gegen den T. V 505; — Vernehmung des Erben als Zeuge in Prozessen über den Nachlaß V 481, 508; — Prozeßkostenerstattung V 504; — Duldung der Zwangsvollstreckung V 503, 506; — Wirkung von Urtheilen zwischen dem T. und einem Dritten V 469, 481; — rechtliche Stellung des T. im Falle des Nachlaßkonkurses V 475, — im Falle der Nachlaßverwaltung V 162, 179, 475; — Beendigung des Amts: durch Tod, eintretende Unfähigkeit, Kündigung V 518; — durch Entlassung V 518; — Fortführung des Amtes bei Unkenntniß der Beendigung V 513; — Pflichten des Erben des T. im Falle seines Todes V 513; — Fähigkeit des zu ernennenden T. zur Mitwirkung bei Testamentserrichtung V 485; — Gestattung der Einsicht von Erklärungen in Bezug auf T. durch das Nachlaßgericht V 520; — Beschränkung des Pflichttheils durch Ernennung eines T. V 641; — T. bei Beschränkung des Pflichttheilsrechts in guter Absicht V 702; — Ausschluß der Ertheilung eines Erbscheins für T. V 735; — Haftung des Erbschaftsverkäufers für Nichtbeschränkung durch T. V 770.

Testamentszeugen: Zuziehung beim öffentlichen Testament V 535; — Ausschluß von der Mitwirkung V 536, 537, 538; — Zuziehung bei der Errichtung des Testaments vor dem Gemeinde- oder Gutsvorsteher V 552, — an einem gesperrten Ort V 554, — beim Seetestament V 555.

Testamentum mysticum V 329.

Testirfähigkeit I 33, V 524, 588; — Prüfung beim öffentlichen Testament V 528; — Ausschluß vertragsmäßiger Beschränkung V 630; — T. des unter elterlicher Gewalt stehenden Kindes IV 702; — anzuwendendes Recht VI 29; — T. nach bisherigem Rechte VI 379, 380.

Testirfreiheit V 327, 630; — Schranken V 49, 51.

Thäter: Haftung mehrerer Th. bei unerlaubten Handlungen IIb 889; — gesammtschuldnerische Haftung IIb 934.

Thatsächliche Gewalt beim Besitz III 7; — Ausübung für einen Anderen III 12; — Aufgabe und Verlust III 14.

Theater: rechtliche Natur des Engagementvertrags IIb 445.

Theateragenten IIb 507.

Theaterbillete: Inhaberpapiere IIb 778, 810,

811; — rechtliche Natur des Erwerbes IIb 447; — Verlust III 193.

Theil der Erbschaft: Annahme und Ausschlagung V 78; — eines Werkes: Abnahme IIb 470.

Theilbare Leistungen: Begriff, Haftung bei Mehrheit von Gläubigern oder Schuldnern IIa 326; — gesammtschuldnerische Haftung für th. L. IIa 324, 342.

Theilbare Sachen I 268.

Theilbarkeit der Leistung IIa 326.

Theilbesitz III 4, 30; — Besitzesschutz III 30.

Theilflächen von Grundstücken: selbständige Belastung, lastenfreie Abschreibung III 89.

Theilhaftung IIa 319.

Theilhypotheken: Rang III 446.

Theilhypothekenbrief: Ausstellung bei theilweiser Befriedigung des Gläubigers III 436; — bei Theilung der Forderung III 446.

Theilleistung: durch Aufrechnung IIa 259; — nach rechtskräftiger Verurtheilung IIa 100; — bei Unmöglichkeit eines Theiles der Leistung IIa 126; — bei Verstoß eines Theiles des Vertrags gegen die guten Sitten IIa 130; — T. beim aktiven Gesammtschuldverhältniß IIa 343, 344; — beim gegenseitigen Vertrag IIa 143, 146; — beim Werkvertrag IIb 470; — Anrechnung bei Mehrheit der Schuldverhältnisse IIa 227, — auf Zinsen und Kosten IIa 229; — Gewährleistung bei theilweisem Mangel der Waare IIb 108; — Verbot IIa 58; — Geltendmachung nur eines Theiles der Forderung durch den Gläubiger IIa 59; Quittung über Th. IIa 232.

Theilpacht IIb 325, 328, 342; — Unterschied von der Gesellschaft IIb 600.

Theilrecht IV 296.

Theilschuldverhältnisse nach deutschem Recht IIa 319, — nach gemeinem Recht IIa 320, — nach BGB. IIa 322.

Theilung der gemeinschaftlichen Sachen IIb 673; — des gemeinschaftlichen Grundstücks IIb 675, 677; — Th. des Gesammtgutes: Ausschluß des Anspruchs auf Th. bei allgemeiner Gütergemeinschaft IV 308, — bei fortgesetzter Gütergemeinschaft IV 386, — nach Beendigung der Gemeinschaft vor Auseinandersetzung IV 405, — bei Errungenschaftsgemeinschaft IV 445, 482; — Vollzug der Th. bei Auseinandersetzung IV 362, 363; — Th. unter antheilsberechtigten Abkömmlingen IV 415; — Th. des Gesellschaftsvermögens: Ausschluß des Anspruchs hierauf IIb 630; — Th. nach Auflösung IIb 648; — Th. von Grundstücken: Untersagung und Beschränkung nach Landesrecht VI 249; — Th. des mit einer Grunddienstbarkeit belasteten Grundstücks III 300; — des dienenden Grundstücks III 299; — des reallastberechtigten Grundstücks III 365; — des mit einer Reallast belasteten Grundstücks VI 251, — bei Belastung zu Gunsten des Staats oder einer öffentlichen Anstalt VI 254; — Th. von Grundstücken des Mündels IV 1075; — Th. der Hypothekforderung III 446; — Th. des Nachlasses V 288; — Ausschluß wegen Unbestimmtheit der Erbtheile V 293; — Aussetzung bis zur Beendigung des Aufgebotsverfahrens, dem Ablauf der Anmeldefrist V 296; — Anordnungen des Erblassers V 298, 419; — Beschränkung der Th. durch den Erblasser V 294; — Schuldenhaftung vor der Th. V 316, 317, — nach der Th. V 320; — Beschränkung des Pflichttheils durch Theilungsanordnungen V 641; — siehe auch „Nachlaßauseinandersetzung".

Theilungsbeschränkungen, landesgesetzliche, für Grundstücke VI 249.

Theilungsvertrag IIb 673.

Theilurtheil: Einfluß auf die Verjährung I 566.

Theilweise Richtigkeit des Rechtsgeschäfts I 407.

Theilweise Unmöglichkeit: der Leistung IIa 96; — Einfluß von Kenntniß oder Kennenmüssen der U. IIa 126; — unverschuldete U. beim gegenseitigen Vertrag IIa 151, — verschuldete IIa 149, 155.

Theilzahlung: Verweigerung der Annahme IIa 58; — Th. auf eine Inhaberschuldverschreibung IIb 793; — Unterbrechung der Verjährung I 559.

Thierärzte: Kosten der Untersuchung bei Viehgewährschaft IIb 137; — Verjährung ihrer Ansprüche I 537, 541.

Thiere: Besitzstörung durch Th. III 19; — Eigenthum an zahmen und wilden, Herrenlosigkeit III 222; — Fütterungskosten gemietheter Th. IIb 238; — Haftung für Schadensstiftung durch Th.: Haftung des Thierhalters IIb 903; — Begriff des Thierhalters IIb 908; — Voraussetzungen der Haftung IIb 905; — Inhalt und Umfang des Ersatzanspruches IIb 910; — konkurrirendes Verschulden des Verletzten IIa 42, IIb 910; — Beweislast IIb 911; — rechtliche Natur des Anspruchs, Folgerungen daraus IIb 911; — gegenseitige Verletzung von Thieren IIb 907; — Haftung gegenüber einem in einem Vertragsverhältniß zum Thierhalter stehenden Verletzten IIb 912; — Haftung des Dienstherrn bei Beschädigung Bediensteter IIb 421; — Verhältniß zu verwandten Vorschriften, Haftung neben Anderen IIb 913; — Haftung des Aufsichtspflichtigen IIb 913; — Regreßpflicht gegen einen Mitverantwortlichen IIb 934.

Thierjunge: Früchte I 284; — Verwendung zur Ergänzung des Inventars des verpachteten Grundstücks IIb 334.

Thierprodukte: Früchte I 284.

Thon: Bestandtheil des Grundstücks I 272; — Vertrag über die Gewinnung IIb 325;

— Gewinnung durch den Nießbraucher III 309.
Thüren: Bestandtheile I 272; — Anlage im Nachbarhaus III 131.
Tochter: Aussteuerpflicht der Eltern IV 687; — Verweigerung der Aussteuer IV 693; — Ausschluß des Rechts auf wiederholte Aussteuer IV 694; — Unübertragbarkeit des Anspruchs, Verjährung IV 695; — Sorge für eine T. nach Ehescheidung IV 731; — Sorge für die Person der verheiratheten T. IV 725; — bei bestehender Vormundschaft IV 1185; — Erwerb und Verlust der Staatsangehörigkeit durch die verheirathete T. VI 128.
Tod: Allgemeines: Wirkung I 90; — Einfluß auf Rechtsverhältnisse V 12; — Einfluß auf Schuldverhältnisse IIa 210; — Voraussetzung der Erbfolge V 7; — Beweis des T. I 91, V 7; — Vermuthung des T. I 92; — Zeitpunkt des T. bei der Todeserklärung I 106, — bei Untergang in einer gemeinsamen Gefahr I 111; — Anzeigepflicht von Todesfällen V 97; — T. bestimmter Personen: eines antheilsberechtigten Abkömmlings bei fortgesetzter Gütergemeinschaft IV 396; — des Abwesenden bei bestehender Pflegschaft IV 1227; — des Adressaten bei der Willenserklärung unter Abwesenden I 381, 384; — des anfechtungsberechtigten Ehegatten IV 90; — des nicht anfechtungsberechtigten IV 90, 95; — des Antragenden, Einfluß auf die Wirksamkeit des Vertragsantrages I 436; — eines Betheiligten bei Annahme an Kindesstatt IV 958; — eines Betheiligten bei der Anweisung IIb 772; — des Auftraggebers IIb 538; — des Ausstellers von Inhaberschuldverschreibungen IIb 784; — des Auslobenden IIb 516; — eines Beamten, Sicherung des Nachlasses V 94; — des Bedachten oder Beschwerten, Einfluß auf die Wirksamkeit des Vermächtnisses V 427; — des Beauftragten IIb 540; — des Beschenkten, Ausschluß des Schenkungswiderrufes IIb 197; — des Beschwerten, Fälligkeitstermin für das Vermächtniß V 445; — des Bevollmächtigten I 485; — T. des Dienstberechtigten oder -Verpflichteten IIb 400, 427; — eines Ehegatten IV 103; — des vorher irrthümlich für todt erklärten Ehegatten IV 107; — T. eines Ehegatten im gesetzlichen Güterstand IV 255, 267; — bei allgemeiner Gütergemeinschaft IV 345, 372; — bei Errungenschaftsgemeinschaft IV 474; — des überlebenden Ehegatten bei fortgesetzter Gütergemeinschaft IV 397, 402; — des unterhaltspflichtigen geschiedenen Ehegatten IV 577; — des Entleihers IIb 358; — des Erblassers oder einer der mitwirkenden Personen vor Beendigung der Testamentserrichtung V 545; — des Erben vor Ablauf der Ausschlagungsfrist V 81, — der Inventarfrist V 216; — eines Erbvertragskontrahenten V 612, 622; — eines Gastes im Gasthaus, Ersatzansprüche IIb 241; — T. eines Theilhabers an einer Gemeinschaft IIb 672; — eines Betheiligten bei dem auf eine Geschäftsbesorgung gerichteten Dienst- oder Werkvertrag IIb 545; — eines Gesellschafters IIb 641; — Fortsetzung der Gesellschaft unter den übrigen Gesellschaftern IIb 649; — Besitzübergang beim T. eines Gesellschafters III 17; — T. des Gewalthabers IV 812; — T. des Hauptschuldners, Einfluß auf die Bürgschaft IIb 712; — T. des Kindes: Beendigung der elterlichen Gewalt IV 811; — Fortführung unaufschieblicher Geschäfte IV 823; — Ausschluß der Ehelichkeitserklärung nach dem T. des Kindes IV 930; — T. des Mündels IV 1161; — Fortführung vormundschaftlicher Geschäfte nach dem Tode desselben IV 1177; — T. d. Mäklers IIb 496; — des Miethers IIb 295; — des Nießbrauchers III 324; — T. des Pächters IIb 347; — T. des Schenkers IIb 183, 195; — des Testamentsvollstreckers V 513, 518; — T. des unehelichen Kindes IV 889; — des Unterhaltsberechtigten oder -Verpflichteten IV 675; — des unterhaltspflichtigen geschiedenen Ehegatten IV 577; — des Vaters oder Kindes vor Ehelichkeitserklärung IV 930; — T. des Vaters: Uebergang der elterlichen Gewalt auf die Mutter IV 827; — Ausschluß der Ehelichkeitserklärung IV 930; — des Vaters des unehelichen Kindes IV 887; — eines Verlobten IV 19; — T. des Versprechensempfängers beim Vertrag auf Leistung an einem Dritten IIa 170; — des Vollmachtgebers I 485; — des Vorerben V 374; — des Vormunds, Anzeige IV 998, 1037, 1178; — des Bestellers oder Unternehmers eines Werks IIb 486.
Todeserklärung I 95; — regelmäßige Voraussetzungen I 97; — Voraussetzungen bei Kriegsverschollenheit I 100, — bei Seeverschollenheit I 102, — bei Unfallverschollenheit I 104; — Antragsrecht des Abwesenheitspflegers IV 1210; — Wirkung, Todesvermuthung I 106; — Einfluß auf bestimmte Rechtsverhältnisse I 108; — Umfang der Wirkung des Ausschlußurtheiles I 110; — Lebensvermuthung I 110; — Wirkung der nach bisherigem Rechte erfolgten T. VI 297; — Wirkung der im Ausland erfolgten VI 36, 38; — Verfahren I 96; — Kostentragung V 131; — Erledigung eines am 1. Jan. 1900 anhängigen Verfahrens VI 301; — anzuwendendes Recht I 96, VI 35; — T. an Stelle Besitzeinweisung der muthmaßlichen Erben VI 303; — T. bestimmter Personen: des unter Pflegschaft stehenden Abwesenden IV 1227; — T. eines Ausländers im Deutschen Reich VI 35; — T. eines Ehegatten: Auflösung der Ehe IV 103; — Be-

endigung der fortgesetzten Gütergemeinschaft IV 402; — der Errungenschaftsgemeinschaft IV 475, 479; — Wiederverheirathung des Ueberlebenden VI 300, 303; — Rechte und Pflichten des Ueberlebenden gegenüber den Kindern nach bisherigem Recht VI 366; — des Ehemannes: Beendigung seiner Nutznießungs- und Verwaltungsrechte IV 255, 262; — Einfluß auf die Ehelichkeit des Kindes IV 612, 613; — T. der Ehefrau IV 263; — des Erblassers, Ausschluß von Nachlaßgläubigern durch fünfjährige Nichtgeltendmachung ihrer Forderung V 149; — Einfluß auf die Wirksamkeit außerordentlicher Testamente V 556; — T. eines Familienrathsmitgliedes IV 1159; — T. des Gewalthabers IV 812, 816; — d. Kindes IV 811; — des Mündels: Anhörung von Verwandten und Verschwägerten vor derselben IV 1127; — Beendigung der Vormundschaft IV 1164; — T. des Vaters: Untergang der elterlichen Gewalt IV 816; — Uebergang auf die Mutter IV 827; — T. des Vormunds IV 1165; — Anzeige von der T. des Vormunds, Gegenvormunds IV 1179; — Einfluß der nach bisherigem Rechte erfolgten T. auf elterliche Gewalt, Vormundschaft, Pflegschaft, Beistandschaft, Mitgliedschaft zum Familienrath VI 301; — Irrthümliche T.: Einfluß auf eine neue Ehe des anderen Ehegatten IV 103; — Unzulässigkeit der Wiederverheirathung während schwebenden Anfechtungsprozesses IV 106; — Anfechtung der neuen Ehe IV 107; — Sorge für die Person der Kinder aus der aufgelösteten Ehe IV 737; — Anfechtung der neuen Ehe IV 107; — Unterhaltspflicht unter den neuen Ehegatten und gegenüber den Kindern nach Anfechtung IV 108, 109; — Wiederherstellung der Nutznießung und Verwaltung des Ehemannes IV 269; — Wirkung gegenüber Dritten IV 278; — Wiederherstellung der Errungenschaftsgemeinschaft IV 484, 486; — Einfluß irrthümlicher T. auf erbrechtliche Verhältnisse V 7, 268; — auf Rechtsgeschäfte des vermeintlichen Erben V 762.

Todesvermuthung I 106; — bei Untergang in gemeinsamer Gefahr I 111; — nach bisherigem Rechte VI 299.

Todte Hand VI 204; — Erwerbsbeschränkungen I 24.

Todtgeburt I 29.

Tödtung: Schadensersatzpflicht wegen T. eines Menschen IIb 857, 858; — Haftung für T. durch Thiere IIb 903, 910, 913; — Haftung des Besitzers und früheren Besitzers für T. durch Einsturz eines Gebäudes oder Werkes oder Ablösung von Theilen IIb 918; — des Berechtigten IIb 922; — des Unterhaltungspflichtigen IIb 923; — Haftung für Beerdigungskosten, Ersatz entgangenen Unterhalts an Dritte IIb 941; — Ersatzleistung für entgangene Dienstleistungen des Getödteten IIb 949; — Einfluß konkurrirenden Verschuldens des Getödteten IIb 951; — Verhältniß mehrerer Verantwortlicher IIb 934; — Haftung nach dem Haftpflichtgesetz VI 131; — T. des Erblassers: Erbunwürdigkeit V 707; — T. des Leibrentenempfängers IIb 684.

Tödtungskosten: Ersatz bei Viehgewährschaft IIb 137.

Toiletteräume: Vertrag über die Beaufsichtigung IIb 385.

Tontinenvertrag IIb 684.

Torf: Bestandtheil des Grundstücks I 272; — Fruchteigenschaft I 284; — Vertrag über Gewinnung IIb 325; — Gewinnung durch den Nießbraucher III 309.

Totalisator IIb 687.

Traditionspapiere IIb 775.

Traktate I 420.

Trambahn: rechtliche Natur des Vertrages über Beförderung IIb 447.

Trambahnbillet: rechtliche Natur IIb 811.

Transferirung einer Reallast III 367.

Transmission nach bisherigem Recht VI 376.

Transportgefahr beim Kauf IIb 47; — beim Werkvertrag IIb 474.

Transportgeschäfte: Verjährung ihrer Ansprüche I 540.

Transportkosten beim Kauf IIb 51, 53.

Transportleistung: Natur als Werkvertrag IIb 447, 449.

Trauerkleider: Kosten derselben V 131.

Traufrecht III 131.

Trennstücke von Grundstücken: Auflassung III 159.

Trennung: Folgen der T. der Ehegatten IV 137; — Trennung von Tisch und Bett IV 516, VI 58, 59; — Wirkungen nach dem 1. Jan. 1900 VI 360; — Rechtsverhältniß zwischen Eltern und Kindern nach bisherigem Recht VI 366; — T. von Erzeugnissen und Bestandtheilen der Sache: Eigenthumserwerb III 213, 215, 217; — T. eines Zubehörstücks I 276.

Tresorfächer: Vertrag über Benützung IIb 321.

Tretrecht III 145.

Treue: Haftung aus einem unrichtigen Zeugniß über T. IIb 548.

Treuhänder: rechtliche Natur III 522; — Bestellung III 521; — Rechte III 519; — Pflichten III 520; — Wirkung seiner Rechtshandlung III 521; — Erlöschen der Treuhänderschaft III 522.

Treu und Glauben bei Auslegung von Verträgen I 442; — Leistung nach T. u. G. IIa 9; — bei Leistung von Gattungssachen IIa 13; — bei Erfüllung des gegenseitigen Vertrags IIa 143; — bei Geldzahlung IIa 16; — Herbeiführung oder Verhinderung des Eintrittes einer Bedingung wider T. u. Gl. I 462; — Verhinderung des mit einer Leistung bezweckten Erfolges wider T. u. Gl. IIb 836.

Trichinen der Schweine: Gewährfrist IIb 131.

Trinkgeld IIb 172, 199.
Trödelvertrag IIb 497.
Trottoir: Pflicht zur Reinigung IIb 238.
Trunksucht: Ehescheidungsgrund IV 535; — Entmündigung wegen T. I 42, 50; — Verfahren I 52; — Wirkungen des Entmündigungsantrages u. -Beschlusses I 55; — Wirkungen: Beschränkung der Geschäftsfähigkeit I 327; — Wirksamkeit von Rechtsgeschäften des Entmündigten und seines Vertreters im Falle der Aufhebung der E. I 329; — Bekanntmachung der Entmündigung und deren Wiederaufhebung IV 1180; — Unfähigkeit des Entmündigten zum Amte eines Familienrathes IV 1148; — eines Gegenvormunds IV 1025; — eines Pflegers IV 1220; — eines Vormunds IV 1007, 1181; — Unfähigkeit zur Testamentserrichtung V 525; — Fähigkeit zum Abschluß von Erbverträgen V 588; — zum Testamentswiderruf V 557; — Entmündigung von Ausländern VI 33; — rechtliche Wirkungen der T. ohne Entmündigung I 56.
Tuberkulose bei Rindvieh und Schweinen: Gewährfrist IIb 131.
Türkei: Staatsvertrag mit der T. VI 85.
Typische Scheingeschäfte I 339.
Typisch normirte Rechtsgeschäfte I 304.

U.

Ueberbau: Bestandtheileigenschaft I 273; — Pflicht zur Duldung III 137; — Rente für denselben III 137, 139; — Rentenberechtigter und -Verpflichteter III 140; — Fälligkeit der Rente III 140; — Verjährung des Anspruchs III 140; — Rang der Rente im Verhältniß zu anderen Rechten III 140; Eintragung ins Grundbuch III 141; — Erlöschen des Rechtes auf die Rente III 141; — Ablösungspflicht des Rentenpflichtigen III 142; — Unverjährbarkeit des Ablösungsrechtes III 156; — Verhältniß zu Erbbaurechten und Dienstbarkeiten III 143; — Recht auf die Rente nicht eintragungsfähig III 51; — Ausschluß landesgesetzlicher Beschränkungen hinsichtlich der Rente VI 247; — zeitlich anzuwendendes Recht VI 327.
Ueberbringer der Quittung, Ermächtigung zur Zahlungsannahme IIa 233.
Ueberbürgschaft IIb 707.
Ueberfall von Früchten III 136.
Uebergabe der Sache zur Eigenthumsübertragung III 176; — Ersatz der Ue. durch constitutum possessorium III 180; — durch Abtretung des Herausgabeanspruches III 182; — guter Glaube zur Zeit der Ue. III 184; — zur Bestellung des Nießbrauchs III 306; — zur Pfandbestellung III 548, 549; — Ue. der Kaufsache: Pflicht des Verkäufers IIb 5, 11; — Zeitpunkt des Uebergangs der Gefahr, der Nutzungen und Lasten IIb 41; — Kosten IIb 12; — Ue. des Hypothekenbriefs III 391.
Uebergabsverträge V 56.
Uebergang der Forderung bei Ablösung des Gläubigers IIa 62; — bei Befriedigung durch einen Gesammtschuldner IIa 339, 341; — Ue. accessorischer Rechte mit der abgetretenen Forderung IIa 279; — Ue. der Miethforderung auf den Erwerber des Miethobjekts IIb 299, 303, 315; — Ue. der Gefahr beim Kauf IIb 41; — Ue. der Forderung kraft Gesetzes: Verjährung des übergegangenen Anspruches I 539; — Ue. des Pfandrechts III 591.
Uebergebot bei Versteigerung I 440.
Uebergehung des Pflichttheilsberechtigten V 344, 347; — des zur Vormundschaft Berufenen IV 1004.
Ueberhang von Zweigen III 135; — bei Obstbäumen VI 254; — bei Waldgrundstücken VI 328.
Ueberlassung von Sachen an das unter elterlicher Gewalt stehende Kind IV 759; — an den Mündel zur freien Verfügung IV 1087; — Ue. von Vermögen der Frau an den Mann bei Gütertrennung zum Verbrauch IV 276; — zur Verwaltung IV 276.
Ueberleben des Erblassers: Voraussetzung der Erbfähigkeit V 14, — der Vermächtnißfähigkeit V 446.
Ueberlebender Ehegatte: Erbrecht V 19, 22; — Voraus des ü. E. V 39; — Verlust dieser Rechte V 42; — gleichzeitiges Erbrecht als Verwandter V 43; — Ausschluß von der Erbschaft durch Testament V 52; — rechtliche Stellung bei der fortgesetzten Gütergemeinschaft IV 386; — Verbindlichkeiten IV 390; — Ersatzpflicht bei Verminderung des Gesammtgutes IV 388; — Haftung für Gesammtgutsverbindlichkeiten IV 391; — Konkurs desselben IV 391; — Ablehnung der Fortsetzung der Gemeinschaft IV 381; — Aufhebung IV 398; — Beendigung durch den Tod desselben IV 397, 402; — Uebernahme des Gesammtgutes oder eines Theiles bei Auseinandersetzung IV 414; — Anrechnung von Ersatzposten IV 408; — Haftung für nicht berichtigte Gesammtgutsverbindlichkeiten IV 408; — Haftung im Verhältniß zu den Abkömmlingen IV 409; — Wiederverehelichungszeugniß des Vormundschaftsgerichts IV 45.
Uebermäßiger Fruchtbezug des Nießbrauchers III 310.
Uebermittelung: unrichtige von Willenserklärungen I 354; — Voraussetzungen der Wirksamkeit der Anfechtung I 355; — Schadensersatzpflicht im Falle der Anfechtung I 356.
Uebermittelungstheorie I 382.
Uebernahme: der Befriedigung des Gläubigers eines Dritten IIa 166; — fremder Verbindlichkeiten durch eine Ehefrau IV 111, 148; — durch den Vater für das Kind IV 753, 755; — durch den Vormund für den Mündel IV 1074, 1082; — allgemeine Ermächtigung des Vormunds

hiezu IV 1087; — des *Gesammtguts* der fortgesetzten Gütergemeinschaft durch den überlebenden Ehegatten IV 414; — Unvererblichkeit des Rechts V 11; — Ue. durch einen Abkömmling IV 434, 436; — einzelner Gegenstände durch alle Abkömmlinge 414; — Ue. einzelner Gegenstände bei Auseinandersetzung der allgemeinen Gütergemeinschaft IV 363; — der Errungenschaftsgemeinschaft IV 483; — Ue. der Haftung für Zahlungsfähigkeit des Schuldners bei Forderungsabtretung IIb 27; — Ue. eines Handelsgeschäftes IIa 316; — einer hypothekarisch versicherten Forderung zur Tilgung bei Grundstücksveräußerung IIa 304; — Ue. einer Schuld (siehe Näheres „*Schuldübernahme*") IIa 298; — Ue. einer Verbindlichkeit erfüllungshalber IIa 222; — Ue. des Vermögens eines Anderen IIa 312.

Ueberrest: Einsetzung des Nacherben auf den Ue. V 403.

Ueberschreitung des Kostenvoranschlages beim Werkvertrag IIb 487.

Ueberschuldung: Enterbung des Abkömmlings wegen Ue. V 702; — nach Abschluß eines Erbvertrags V 608; — *des Gesammtguts*: Aufhebungsklage des Mannes IV 350, — der Frau bei allgemeiner Gütergemeinschaft IV 347, — bei Errungenschaftsgemeinschaft IV 476, 477; — des Gesellschaftsvermögens IIb 648, 656; — Ue. des *Nachlasses*: Haftung des Erben wegen Unterlassung des Antrags auf Nachlaßkonkurs V 174; — Rechte des Erben gegenüber den Gläubigern V 198; — Ue. des Vereins I 170.

Ueberschuß des Gesammtguts Theilung unter den Ehegatten IV 362, 363; — vom Gesellschaftsvermögen, Vertheilung IIb 648; — des Nachlasses: Theilung bei Auseinandersetzung V 297; — Ue. nach Befriedigung der im Aufgebotsverfahren angemeldeten Gläubiger V 140, 142; — nach Beendigung des Nachlaßkonkurses durch Schlußvertheilung oder Zwangsvergleich V 195.

Uebersendung einer Sache: Besitzübergang III 12; — Eigenthumserwerb bei Ue. III 177; — Ue. von Geld an den Gläubiger IIa 68; — der gekauften Sache, Gefahrübergang IIb 46.

Uebersetzung des Testamentsprotokolls in die vom Erblasser gebrauchte Sprache V 546.

Uebertragbarkeit bedingter Rechte und Verbindlichkeiten I 451; — der Ansprüche aus dem Gesellschaftsverhältniß IIb 597, 625; — der Ansprüche auf Besoldung, Wartegeld 2c. VI 197; — der Ausübung des Nießbrauchs III 323; — des Pflichttheilsanspruchs V 675; — der Reallast III 367; — des Rücktrittsrechtes vom Vertrag IIa 191; — der Vereinsmitgliedschaft nach der Satzung I 168; — des dinglichen Vorkaufsrechts III 359; — des Wiederkaufsrechts IIb 153; — des Erbschaftsanspruches V 252; — des Rechtes zur Anfechtung letztwilliger Verfügungen V 349; — des Rechts des Miterben auf Ausgleichung V 303; — des Rechtes des Vorerben V 368.

Uebertragung der Anweisung IIb 773; — der *Forderung*: Arten IIa 272; — kraft Gesetzes IIa 297; — durch Vertrag (siehe „*Abtretung*") IIa 273; — Ue. der Forderung eines Gesammtgläubigers IIa 345; — Uebergang des Pfandrecht mit der Forderung III 544, 591; — anzuwendendes Recht VI 315; — Ue. der vom Beauftragten erworbenen Forderungen an den Auftraggeber IIb 532; — einer Forderung des Mündels gegen den Vormund IV 1030; — der Forderung durch den Testamentsvollstrecker V 494; — von Forderungen und Rechten auf die Stiftung I 238; — des durch Vormerkung gesicherten Anspruches III 81; — des *Eigenthums* III 175; — zur Sicherung III 179, 180; — des Eigenthums an Grundstücken III 49; — Ue. der Grundschuld III 531; — der Inhabergrundschuld III 534; — Ue. von Rechten IIa 298; — eines Rechtes zur Sicherung eines Anspruchs, Einfluß der Verjährung I 576; — von Grundstücksrechten III 49; — anzuwendendes Recht III 48, VI 338; — von Rechten an Grundstücken des Mündels IV 1073, 1075; — Ue. des Erbbaurechts III 284, 286; — der Hypothekforderung III 390, 447; — der Sicherungshypothek III 513; — für Schuldverschreibungen auf den Inhaber III 516; — der Sicherungshypothek im engeren Sinne III 524; — Ue. des gegenwärtigen Vermögens IIa 132; — des künftigen Vermögens IIa 131; — Schuldenhaftung des Uebernehmers IIa 312.

Ueberweisung der Forderung an Zahlungsstatt IIa 223; — der abgetretenen Forderung IIa 291; — der durch Pfandrecht gesicherten Forderung IIa 280; — der Hypothekforderung III 453, 455.

Uebung als Auslegungsmaßstab VI 8.

Ultimathypothek III 523.

Umbildung von Stoffen: Eigenthumserwerbsart III 207; — Ausschluß des Rücktritts v. Vertrag nach U. IIa 198; — U. d. Kaufsache, Einfluß auf die Wandelung IIb 100; — Einfluß auf den Nachlieferungsanspruch bei Gattungssachen IIb 124; — U. der vermachten Sache V 437, 439.

Umgestaltung der Sache: Verbot für den Nießbraucher III 309; — zum eingebrachten Gut gehöriger Sachen IV 188.

Umrechnung ausländischer Währung IIa 16.

Umschreibung von Inhaberpapieren auf Namen IIb 808; — zum eingebrachten Gut der Frau gehöriger Inhaberpapiere im gesetzlichen Güterstand IV 208, — bei Errungenschaftsgemeinschaft IV 453; — von Inhaberpapieren des Kindes IV 798, 800, — des Mündels IV 1064; — Genehmigung des Vormundschaftsgerichts zu Verfügun-

gen über die umgeschriebenen Papiere IV 1071; — von Inhaberpapieren auf Namen im Falle der Nacherbfolge V 388; — Befreiung von der Verpflichtung hiezu V 402, 403; — anzuwendendes Recht VI 320; — U. von Schuldverschreibungen eines Bundesstaats oder ihm angehöriger juristischer Personen VI 226.

Umtausch zur Sicherheitsleistung hinterlegter Gelder oder Werthpapiere I 596; — beschädigter Schuldverschreibungen IIb 793.

Umwandlung von Dienstbarkeiten und Reallasten VI 240, 247; — der Gattungsschuld in Speziesschuld IIa 12, 14; — einer Geldschuld in ein Darlehen IIb 362, 370; — einer Hypothek in eine Grundschuld und umgekehrt III 537; — einer Rentenschuld in eine gewöhnliche Grundschuld und umgekehrt III 541; — der Sicherungshypothek in eine gewöhnliche Hypothek und umgekehrt III 514, 526; — in Buchforderungen von Inhaberpapieren der Frau im gesetzlichen Güterstand IV 208, — bei Errungenschaftsgemeinschaft IV 452; — von Inhaberpapieren des Kindes IV 798, 800, — des Mündels IV 1067; — Genehmigung des Vormundschaftsgerichts zu Verfügungen über die umgewandelten Papiere IV 1071; — U. vorhandener, dem Mündel zufallender Werthe in mündelsichere IV 1054; — von Inhaberpapieren in Buchforderungen im Falle der Nacherbschaft V 388; — Befreiung von der Verpflichtung hiezu V 402, 403; — U. der Stiftung I 244, 248; — U. verzinslicher Staatsschulden VI 223.

Umwandlungsklage in Scheidung nach Aufhebung der ehelichen Gemeinschaft IV 558.

Umwenderecht III 145.

Umzugskosten von Beamten VI 194.

Unbekannte Betheiligte: Pflegschaft IV 1215; — Beendigung IV 1217, 1224, 1225.

Unbekannte Erben: Sicherung des Nachlasses V 93, 96.

Unbekannter Aufenthalt des Adressaten einer Willenserklärung I 387.

Unbescholtene Verlobte: Entschädigung für gestattete Beiwohnung IV 17.

Unbeschränkte Haftung für Nachlaßverbindlichkeiten: Eintritt durch Versäumung der Inventarfrist V 212, 215, — in Folge Unvollständigkeit des Inventars, Unrichtigkeit, Verweigerung oder Verzögerung der erforderlichen Auskunft V 224; — wegen Verweigerung des Offenbarungseides V 226; — Einfluß der Beendigung des Nachlaßkonkurses durch Schlußvertheilung oder Zwangsvergleich V 220; — Einfluß der Inventarerrichtung durch einen Miterben V 325; — Wirkung der unbeschränkten Haftung V 236; — Ausschluß der aufschiebenden Einreden des Erben V 244; — u. H. des Miterben V 317, — des Nacherben V 408, — des Erbschaftskäufers V 774; — Einfluß auf die Konvaleszenz von Verfügungen eines Nichtberechtigten im Falle der Beerbung des Letzteren I 513.

Unbestimmtheit des letztwillig Bedachten V 338; — des mit einem Vermächtniß Bedachten: Anfall des Vermächtnisses V 445; — Unwirksamkeit desselben wegen Zeitablauf V 428; — U. der Persönlichkeit des eingesetzten Erben, Geltung als Nacherbeinsetzung V 372; — U. der Leistungszeit, Eintritt des Annahmeverzugs IIa 118.

Unbewegliche Sachen: Begriff I 259.

Unbewegliches Vermögen: Ausschluß von der Fahrnißgemeinschaft IV 493.

Unbilligkeit der Bestimmung der Leistung durch einen Dritten IIa 141.

Undank: Widerruf der Schenkung IIb 194; — Verzicht auf das Widerrufsrecht IIb 198.

Uneheliche Geburt: Geltendmachung und Beweis IV 614; — begründet Ehehinderniß der Verwandtschaft und Schwägerschaft IV 38, 40.

Uneheliche Kinder: Begriffsbestimmung IV 862; — Annahme an Kindesstatt IV 941, 944, 951, VI 70; — Beerdigungskosten IV 890; — Beschränkung der Rechtsfähigkeit I 25; — Bevormundung IV 1004, 1184; — Ehelichkeitserklärung IV 918; — Pflichten des Vormunds IV 1039; — Familienrath bei der Vormundschaft über u. K. IV 1144; — Einwilligung zur Eheschließung IV 31; — Erbrecht IV 863, V 20; — Familienname I 78, IV 867; — Heimath, Unterstützungswohnsitz IV 863; — Legitimation durch nachfolgende Ehe IV 912, VI 70; — religiöse Erziehung IV 875; — Staatsangehörigkeit IV 863; — Stand IV 872; — Unterhaltsanspruch gegen den Vater: primäre Unterhaltspflicht des Vaters IV 882; — Umfang IV 876; — Form der Leistung IV 884; — Geltendmachung des Unterhaltsanspruchs, Prozessuales IV 880; — Geltendmachung vor der Geburt IV 897; — Vereinbarung über die Unterhaltsgewährung für die Zukunft IV 890; — Nachforderung des Unterhalts für die Vergangenheit IV 886; — Beurkundung des Abkommens über den Unterhalt, Zuständigkeit zur Ertheilung der vollstreckbaren Ausfertigung IV 879; — Erlöschen des Anspruchs gegen den Vater IV 889; — Vererblichkeit der Unterhaltspflicht IV 887; — Abfindung durch die Erben des Vaters IV 887; — Verjährung des Unterhaltsanspruches IV 881; — Aufrechnung gegen den Unterhaltsanspruch IIa 265; — Unterhaltsanspruch gegen die Mutter und die mütterlichen Verwandten IV 877; — Reihenfolge der Unterhaltspflicht IV 882; — Unterhaltspflicht derselben IV 649; — Verjährung des Ersatzanspruches des Unterhalt Gewährenden I 539; — Vaterschaft zu dem u. K. IV 899; — Pflicht der Mutter zur Namhaft-

machung des Vaters IV 903; — Anerkennung d. Vaterschaft IV 904; — Eintragung d. Anerkennung ins Geburtsregister IV 863, VI 141; — Verhältniß zur Mutter und deren Verwandten IV 865; — Ermittelung des Erzeugers IV 1039; — Verschwägerte des u. K. IV 605; — keine Verwandtschaft mit dem Vater IV 599, 601; — Ausnahme für das Ehehinderniß der Verwandtschaft IV 38; — Vorname IV 872; — Wohnsitz I 71, IV 863; — bisheriges Recht IV 860; — örtliche Statutenkollision hinsichtlich des Verhältnisses zur Mutter IV 864, VI 27, 66, — zum Vater VI 27, 68; — zeitliche Statutenkollision IV 864, VI 368; — Verwandtschaft mit dem Vater nach dem StGB. VI 110; — Vernehmung als Zeugen im Strafprozeß gegen den Vater VI 110.

Uneheliche Mutter: Verhältniß zum Kinde IV 865; — rechtliche Stellung IV 873; — Einfluß der Annahme an Kindesstatt IV 974; — Pflicht zur Nennung des Vaters IV 903; — Ansprüche gegen den Vater IV 892; — Geltendmachung vor der Geburt des Kindes IV 897; — Berufung zur Vormundschaft IV 1004, — bei der Vormundschaft über Volljährige IV 1184.

Uneheliche Tochter: Aussteuerpflicht IV 689.

Unehelichkeit: Befugniß Dritter zur Geltendmachung IV 620; — Form der Geltendmachung IV 622; — prozessuale Vertretung des Kindes IV 624; — Ausschluß der Geltendmachung während des Anfechtungsprozesses IV 628; — U. des Kindes aus nichtiger Ehe IV 857.

Uneigentliche Bedingung I 448.

Unentbehrliche Sachen: Verpfändung III 546.

Unentgeltliche Rechtsgeschäfte I 302.

Unentgeltliche Verfügungen des Ehemanns aus dem Gesammtgut IV 317, 319; — des Vaters aus dem Kindervermögen IV 750; — des Vormunds IV 1045; — des Erbschaftskäufers V 768; — des Schenkers einer Erbschaft V 777; — des Testamentsvollstreckers V 492, 498; — des Vorerben V 382, 384; — Ersatzpflicht desselben wegen unzulässiger V. V 403.

Unentgeltliche Zuwendungen: Begriff IIb 171, 173; — an die Ehefrau im gesetzlichen Güterstand IV 160, 161, — bei Errungenschaftsgemeinschaft IV 454, 455; — an einen Ehegatten bei allgemeiner Gütergemeinschaft IV 306; — bei Errungenschaftsgemeinschaft IV 447, 448, — bei Fahrnißgemeinschaft IV 493, 497, 499; — an den überlebenden Ehegatten bei fortgesetzter Gütergemeinschaft IV 386; — u. Z. an die Gesellschaft IIb 628; — an das Kind: Ausschluß d. väterlichen Nutznießung IV 767, — der Verwaltung IV 740; — Anordnungen über die Art der Verwaltung IV 742; — an den Mündel: Verwaltung IV 1044; — Pflegschaft zur Verwaltung von u. Z. an einen unter elterlicher Gewalt oder Vormundschaft Stehenden IV 1200; — Anordnung von Befreiungen des Pflegers, Benennung desselben IV 1222; — u. Z. unter der Auflage einer Leistung an einen Dritten IIa 167; — u. Z. einer ungerechtfertigten Bereicherung IIb 837, 846; — siehe auch „Schenkung".

Unentgeltlichkeit der Aufbewahrung IIb 570, 572; — des Auftrags IIb 524; — der Leihe IIb 348, 350; — der Schenkung IIb 173; — der Vormundschaft IV 1110, — des Amts des Gegenvormunds IV 1038, 1111.

Unerfahrenheit: Ausbeutung I 401, 406.

Unerlaubte Bedingungen I 450; — bei letztwilligen Verfügungen V 340.

Unerlaubte Handlungen IIb 847; — Grundsätzliche Regelung nach früherem Rechte und nach BGB. IIb 848; — Begriff der u. H. IIb 855; — Verhältniß zu anderen Schuldverhältnissen IIb 850; — Verhältniß der Haftung zur gesetzlichen Gewährleistungspflicht IIb 70; — Inhalt und Umfang des Ersatzanspruches, Anspruch auf Unterlassung IIb 853; — Vererblichkeit der Ansprüche IIb 854; — keine Aufrechnung gegen Forderungen aus u. H. IIa 263; — Ausschluß des Zurückbehaltungsrechts an durch vorsätzliche u. H. erworbenen Sachen IIa 71, IIb 855; — Zuständigkeit für Klagen aus u. H. IIb 856; — Erfüllungsort für die Verpflichtungen aus u. H. IIa 66; — Haftung juristischer Personen I 118, IIb 852; — u. H. eines Ehegatten, Haftung des Gesammtguts IV 336; — der Ehefrau IIb 854; — Haftung des Vorbehaltsguts IV 249; — Haftung des Gesammtgutes der allgemeinen Gütergemeinschaft IV 331, — bei Errungenschaftsgemeinschaft IV 461; — keine Haftung des eingebrachten Gutes IV 246; — u. H. des Ehemanns bei Errungenschaftsgemeinschaft IV 467; — des Kindes IV 782; — Haftung des überlebenden Ehegatten IV 410; — des Kindes IIb 854; — des auftragslosen Geschäftsführers IIb 550; — eines Gesellschafters IIb 621; — Haftung des Vereins für Handlungen der Vorstände und Vertreter I 155; — Ersatzberechtigter IIb 852; — reichs- und landesrechtliche Sondervorschriften IIb 856; — Uebergangsbestimmungen IIb 856; — Haftung aus im Auslande begangenen u. H. IIb 856, VI 27, 45; — Haftung aus vor dem 1. Jan. 1900 begangenen VI 314, 316; — Einzelfälle: Verletzung fremder Rechtsgüter und Rechte IIb 857; — Widerrechtlichkeit und Ausschluß derselben IIb 861; — Schuldhaftigkeit IIb 863; — Kausalzusammenhang IIb 865; — Berechtigter und Verpflichteter IIb 869; — Verstoß gegen Schutzgesetze IIb 857, 865; — Widerrechtlichkeit, Schuldhaftigkeit IIb 861; — Kausalzusammenhang IIb 869; — Berechtigter und Verpflichteter IIb 869; — Verhältniß des § 823 Abs. 1 zu Abs. 2 IIb 869; — Kreditge-

fährdung, Benachtheiligung im Erwerb und Fortkommen IIb 870; — Bestimmung zum außerehelichen Beischlaf durch Hinterlist ꝛc. IIb 874; — Schadensstiftung unter Verstoß gegen die guten Sitten IIb 877; — Ausschluß und Beschränkung der Haftung: Allgemeines, Geltungsgebiet d. beschränkenden Vorschriften IIb 883; — Einzelfälle: Inzurechnungsfähigkeit des Thäters IIb 884; — jugendliches Alter, Taubstummheit IIb 885; — Haftung aus Billigkeitsgründen in beiden Fällen IIb 887; — Haftung für Schadensstiftung durch Dritte: des Geschäftsherrn für Angestellte oder Arbeiter IIb 891; — Verhältniß zu verwandten Vorschriften IIb 896; — Haftung des Aufsichtspflichtigen IIb 898; — Haftung für Schadensstiftung durch Thiere: Haftung des Thierhalters IIb 903; — Begriff des Thierhalters IIb 908; — Voraussetzungen der Haftung IIb 905; — Kausalzusammenhang IIb 905, 907; — Inhalt und Umfang des Ersatzanspruches IIb 910; — konkurrirendes Verschulden des Verletzten IIb 910; — Beweislast IIb 911; — rechtliche Natur des Anspruchs, Folgerungen daraus IIb 911; — Haftung gegenüber einem in einem Vertragsverhältniß zum Thierhalter stehenden Verletzten IIb 912; — Verhältniß der Vorschrift zu verwandten Vorschriften, Haftung neben Anderen IIb 913; — Haftung des Aufsichtspflichtigen IIb 913; — Wildschadensersatz IIb 915; — Schadensstiftung durch Einsturz eines Gebäudes, Werkes, Ablösung von Theilen: Haftung des Grundstücksbesitzers IIb 918; — des Besitzers des Gebäudes oder Werkes IIb 922; — des Unterhaltungspflichtigen IIb 923; — Schadensstiftung durch Beamte (siehe auch „Beamte") IIb 924; — Haftung neben mitverantwortlichen Personen IIb 936; — Art und Umfang der Haftung: Haftung mehrerer Thäter oder Betheiligter, von Anstiftern und Gehilfen IIb 889; — gesammtschuldnerische Haftung mehrerer Verantwortlicher, Regreßansprüche derselben unter einander IIb 934; — Umfang der Haftung wegen einer gegen die Person gerichteten u. H., Haftung für Schäden im Erwerb und Fortkommen IIb 937; — Leistungen bei Aufhebung oder Minderung der Erwerbsfähigkeit, Mehrung der Bedürfnisse in Folge von Verletzung des Körpers oder der Gesundheit IIb 937; — Leistungen im Falle der Tödtung IIb 941; — Einfluß der Einwilligung des Getödteten IIb 948; — Entschädigung des Dienstberechtigten für entgangene Dienste des Verletzten IIb 949; — Einfluß des Mitverschuldens des Verletzten auf die Ansprüche wegen Tödtung und Schädigung des Dienstberechtigten IIb 951; — Ersatz nicht vermögensrechtlichen Schadens IIb 952; — Entziehung von Sachen: Haftung des Herausgabepflichtigen IIb 954; — Verzinsung des Werthersatzes und der Werthminderung entzogener oder beschädigter Sachen IIb 955; — Rechte wegen Verwendungen auf die Sache IIb 955; — Wirksamkeit der Ersatzleistung für Entziehung oder Beschädigung einer Sache an den Besitzer gegenüber dem Eigenthümer IIb 956; — Verjährung der Ansprüche aus u. H. I 546, IIb 957; — Einfluß der Verjährung auf die Verpflichtung zur Herausgabe des auf Kosten des Verletzten Erlangten IIb 957; — H. des durch unerlaubte Handlung auf Kosten des Verletzten Erlangten, Einfluß der Verjährung des Schadensersatzanspruches IIb 957; — Verweigerung der Erfüllung einer durch u. H. erworbenen Forderung nach Verjährung des Anspruchs auf Aufhebung der Forderung IIb 958.

Unfähigkeit zum Amte eines Familienraths IV 1148; — eines Gegenvormunds IV 1025; — eines Pflegers IV 1220; — eines Vormunds IV 1007, 1181; — des Gesellschafters zur ordnungsmäßigen Geschäftsführung IIb 615; — des Vereinsvorstands I 147; — zur Mitwirkung bei Testamentserrichtung V 536; — zur Testamentserrichtung V 525; — zum Testamentswiderruf V 558.

Unfallrente: Anrechnung auf die Vergütung des Dienstpflichtigen IIb 406, 409; — Vorbehaltsgut der Frau IV 158.

Unfallverschollenheit I 104; — Zeitpunkt des Todes I 106.

Unfallversicherung des Dienstpflichtigen IIb 406; — Einfluß auf die Haftung des Dienstherrn IIb 420.

Unfallversicherungsgesetze Verwandtschaft i. S. derselben VI 109.

Ungeborene: rechtliche Stellung I 30.

Ungerechtfertigte Bereicherung IIb 822; — Berechtigter IIb 827; — Gegenstand der Herausgabe IIb 827; — Rechtliche Natur des Anspruches IIb 824; — Voraussetzungen des Bereicherungsanspruches IIb 826; — im Einzelnen: Mangel des Rechtsgrundes IIb 827; — Nichtbestehen einer Verbindlichkeit IIb 828; — Sonstige Fälle mangelnden Rechtsgrundes IIb 829; — wegen Simulation I 342; — wegen Formmangel des Rechtsgeschäfts I 373; — Wegfall des Rechtsgrundes IIb 830; — Nichteintritt des bezweckten Erfolges IIb 830; — Entgegenstehen von Einreden IIb 833; — Verfügung eines Nichtberechtigten, Leistung an einen Nichtberechtigten IIb 836; — Versteigerung gepfändeter nicht dem Schuldner gehöriger Sachen IIb 837; — Verstoß der Annahme der Leistung gegen ein gesetzliches Verbot oder die guten Sitten IIb 839; — Ausschluß des Anspruchs bei Erfüllung einer sittlichen oder Anstandspflicht IIb 834; — bei Kenntniß von dem Nichtbestehen der Schuld IIb 834; — bei Un-

möglichkeit des Erfolges, Verhinderung des Eintritts des Erfolges IIb 836; — Gegenstand, Inhalt, Umfang des Anspruchs IIb 824, 842; — bei bösem Glauben des Empfängers IIb 844; — bei Verstoß der Annahme der Leistung gegen ein gesetzliches Verbot oder die guten Sitten IIb 844; — bei Ungewißheit über den Erfolg oder den Rechtsgrund IIb 845; — Pflicht eines Dritten zur Herausgabe IIb 846; — Einfluß des Konkurses des Berechtigten IIb 824; — Verjährung der Ansprüche und Einreden IIb 824; — Haftung nach den Grundsätzen über u. B. IIb 825; — im Einzelnen: bei außerordentlicher Kündigung des Dienstvertrags hinsichtlich der vorausgeleisteten Vergütung IIb 437; — bei Nichterfüllung einer Auflage V 465; — des Beschenkten bei Ablehnung der Schenkung IIb 173; — wegen Nichterfüllung einer Auflage IIb 190; — bei Widerruf der Schenkung IIb 196; — H. beim Eigenthumsanspruch III 250, 254; — im Falle des Rücktritts vom gegenseitigen Vertrag IIa 162; — des Empfängers der Leistung im Falle der Unmöglichkeit der Gegenleistung beim gegenseitigen Vertrag IIa 152, 155; — des Beschenkten bei Schenkungen zum Nachtheile des Pflichttheilsberechtigten V 693; — zum Nachtheile des Vertragserben V 604; — eines Ehegatten bei Bereicherung des Gesammtgutes der allgemeinen Gütergemeinschaft IV 325, — der Errungenschaftsgemeinschaft IV 443; — der fortgesetzten Gütergemeinschaft IV 386, 388; — des Ehemannes bei Bereicherung des eingebrachten Gutes durch Rechtsgeschäfte der Frau IV 216; — beim Eigenthumserwerb durch Verbindung Vermischung, Verarbeitung III 209; — des Erben nach dem Aufgebot der Gläubiger V 140, 145; — nach Beendigung des Nachlaßkonkurses V 193, 197; — des Erbschaftsbesitzers bei Unmöglichkeit der Herausgabe von Erbschaftssachen V 256; — Haftung des Finders, der Gemeinde des Fundorts III 236; — des Geschäftsführers IIb 557; — des Geschäftsherrn IIb 561; — bei unerlaubten Handlungen IIb 957; — bei Unmöglichkeit der Leistung IIa 152; — bei Herausgabe von Schenkungen ꝛc. unter Verlobten IV 19; — des Vermiethers IIb 232.

Ungewißheit der Betheiligten: Pflegschaft IV 1214; — des Erben, Sicherung des Nachlasses V 93, 96; — des Gläubigers, Hinterlegung IIa 237; — über den Erfolg einer Leistung, Rücktrittsrecht IIb 845; — U. des letztwillig Bedachten V 338; — über Rechte bei Pflichttheilsberechnung V 654; — über Rechtsverhältnisse, Vergleich IIb 732, 733.

Ungeziefer: Haftung damit Behafteter IIb 909.

Ungültigkeit der Ehe nach bisherigem Recht VI 351; — Rechtsverhältniß zwischen Eltern und Kindern VI 367; — U. von Rechtsgeschäften I 297; — siehe auch „Anfechtbarkeit, Nichtigkeit“.

Ungültigkeitserklärung der Ehe nach bisherigem Recht VI 351.

Unio prolium IV 148

Universalfideikommiß V 326.

Universalsuccession V 6, 9.

Universalvermächtniß V 413.

Universitas facti I 257.

Universitas juris I 258.

Universitas rerum, juris, personarum IIa 318.

Unkenntniß des Käufers von Mängel der Kaufsache IIb 79; — des Miethers von Mängeln der Miethsache IIb 224, 231; — vom mangelnden Eigenthum des Veräußerers III 184; — von der Person des Adressaten einer Willenserklärung I 387; — der Ueberschuldung der Erbschaft V 174; — des Umfanges der Vertretungsmacht des Vereinsvorstandes, der Form der Beschlußfassung desselben I 218; — von der Aenderung des Vereinsvorstandes I 217; — U. des Vertreters, Wirkung I 475; — U. von der Nichtigkeit oder Anfechtbarkeit einer Willenserklärung I 356.

Unklagbarkeit des Eheversprechens IV 14.

Unkörperliche Sachen I 264.

Unkündbarkeit von Hypotheken und Grundschulden, Ausschließung und Beschränkung VI 247.

Unlauterer Wettbewerb: Verhältniß zur Haftung wegen Verstoßes gegen die guten Sitten IIb 882.

Unmittelbarer Besitz III 4, 33; — Begriff III 33; — u. B. des gesetzlichen Vertreters III 11.

Unmögliche Bedingungen I 449; — bei letztwilligen Verfügungen V 340.

Unmöglichkeit der Benützung des Miethobjekts IIb 251; — der Beschaffung des Vermächtnißgegenstandes V 434; — der Beseitigung des Mangels beim Werkvertrag IIb 455, 457; — U. des Eintritts des bezweckten Erfolges einer Leistung, Einfluß auf die gemachte Leistung IIb 836; — der Empfängniß vom Ehemann IV 610; — der Erfüllung einer Auflage V 462, 465; — der Erfüllung des Gesellschaftsvertrags IIb 604; — der Erfüllung des Stiftungszweckes I 244, 246; — U. der Herausgabe: eines bestimmten Gegenstandes, Haftung nach Eintritt der Rechtshängigkeit IIa 112; — der Herausgabe von Erbschaftsgegenständen seitens des Erbschaftsbesitzers V 256; — Ersatzanspruch gegen denselben für nach Rechtshängigkeit eingetretene U. V 260; — der Herausgabe des Gegenstandes des Wiederkaufsrechts IIb 154, 157; — durch unerlaubte Handlungen erlangter Sachen IIb 954; — U. der Herausgabe durch den Beauftragten IIb 533; — U. der Herausgabe der ungerechtfertigten Bereicherung IIb 842; — Haftung beim Rücktritt vom Vertrag IIa 193; — Ausschluß des Rücktritts bei verschuldeter U. IIa 197;

— Einfluß auf die Wandelung beim Kauf IIb 99; — Einfluß auf den Nachlieferungsanspruch bei Gattungssachen IIb 121, 124; — Haftung beim Eigenthumsanspruch III 251; — U. der Leistung IIa 76; — objektive und subjektive IIa 77; — anfängliche und nachträgliche IIa 77; — vollständige und theilweise IIa 78; — zu vertretende und nicht zu vertretende IIa 78; — Wirkung nachträglicher unverschuldeter Unmöglichkeit IIa 88; — verschuldete IIa 96; — Beweislast für das Verschulden IIa 100; — Beweislast für die Unmöglichkeit IIa 86; — Eintritt nach rechtskräftiger Verurtheilung IIa 100; — Herausgabe des als Ersatz für den geschuldeten Gegenstand Erlangten IIa 99; — Verzinsung des Ersatzanspruchs beim Verzug IIa 110; — Nichtigkeit des auf eine unmögliche Leistung gerichteten Vertrags IIa 125; — Einfluß der Hebbarkeit IIa 128; — Einfluß der Kenntniß der U. bei Vertragsabschluß IIa 126; — U. d. L. beim gegenseitigen Vertrag, unverschuldete IIa 149, 151; — vom anderen Theil zu vertretende IIa 149, 153; — vom Verpflichteten zu vertretende IIa 149, 155; — U. d. L. bei der Alternativobligation IIa 56, 126; — beim Dienstvertrag IIb 404, 406; — bei Gattungssachen IIa 96; — beim aktiven Gesammtschuldverhältniß IIa 345; — beim passiven Gesammtschuldverhältniß IIa 336, 337, 339; — beim Vertrag auf Leistung an einen Dritten IIa 173; — Einfluß auf die Bürgschaft IIb 705; — Behandlung der Draufgabe im Falle der U. IIa 175; — beim Kauf IIb 7, 31; — Verhältniß zur Gewährleistungspflicht IIb 68; — U. d. L. bei der Miethe IIb 218; — Haftung des Schenkers IIb 183; — beim Werkvertrag IIb 486; — Ausschluß des Verzuges des Gläubigers IIa 117; — des Schuldners IIa 106; — Eintritt nach Verzug des Schuldners IIa 108; — anzuwendendes Recht VI 315; — U. der Leistung beim Vermächtniß V 437, 438; — U. der Wiederherstellung des früheren Zustandes durch den Schadensersatzpflichtigen IIa 32.

Unnütze Bedingung I 451.

Unpersönliche Stiftungen I 228.

Unpfändbare Forderungen: Ausschluß der Abtretung IIa 279; — der Aufrechnung IIa 264.

Unpfändbare Sachen: Ausschluß des Pfandrechts des Vermiethers IIb 264; — vertragsmäßiges Zurückbehaltungsrecht an u. S. IIb 270; — Ausschluß des Pfandrechts des Verpächters eines landwirthschaftlichen Grundstücks IIb 332.

Unpfändbarkeit des Anspruchs auf Ausführung des Auftrags IIb 528; — des Anspruchs auf Feststellung des Bestandes des eingebrachten Gutes IV 167; — bei Errungenschaftsgemeinschaft IV 458; — des Antheiles am Gesammtgut der allgemeinen Gütergemeinschaft IV 309; — der fortgesetzten Gütergemeinschaft IV 389; — der Errungenschaftsgemeinschaft IV 445, 462; — des Antheiles an der Fahrnißgemeinschaft IV 490; — von Früchten des eingebrachten Gutes IV 191, 193, 194, 202; — des ehemännlichen Nutzungs- und Verwaltungsrechts im gesetzlichen Güterstand IV 236; — des elterlichen Nutznießungsrechtes, der Ansprüche auf die Nutzungen IV 779; — des Rechtes auf Rücknahme der hinterlegten Sache IIa 241; — des Rechtes aus einer Auflage V 459; — des Rechts des Nacherben auf den Anfall der Erbschaft V 368; — des Vorkaufsrechts des Miterben an einem Antheile am Nachlasse V 280; — der Wittwen- und Waisenbezüge VI 197.

Unrechtmäßiger Besitz III 5.

Unredliche Geschäftsführung eines Gesellschafters IIb 623.

Unrichtige Uebermittelung von Willenserklärungen I 354.

Unrichtigkeit des Erbscheines V 746; — des Nachlaßinventars V 224.

Unschädlichkeitszeugniß über lastenfreie Abtrennung von Theilflächen III 89, VI 251.

Unsichere Rechte bei Pflichttheilsberechnung V 654.

Unsittliche Bedingungen I 450; — bei letztwilligen Verfügungen V 340.

Unsittliche Rechtsgeschäfte I 401.

Unsittliches Verhalten: Ehescheidungsgrund IV 532; — der Mutter, Bestellung eines Beistandes IV 832; — des Gewalthabers IV 790, 792; — Grund zur Pflichttheilsentziehung V 697, 701.

Untauglichkeit zur Mitwirkung bei Testamentserrichtung V 538; — zum Amte eines Vormundes IV 1009, 1010, 1012, 1181; zum Familienrathsmitgliede IV 1148.

Unterbrechung der Ersitzung III 200; — des Prozesses durch den Tod einer Partei: Einfluß der Bestellung eines Nachlaßpflegers V 102; — Beseitigung durch den Testamentsvollstrecker V 509; — keine U. bei Beendigung des Amts des Testamentsvollstreckers V 509; — der Verjährung I 550, 559; — (siehe auch „Verjährung"); — beim aktiven Gesammtschuldverhältniß IIa 345, — beim passiven IIa 337; — bei Theilschuldverhältnissen IIa 329; — U. d. V. des Minderungs-, Wandelungs- oder Schadensersatzanspruches beim Kauf IIb 113, 117, — beim Werkvertrag IIb 466.

Unterbringung verwahrloster Kinder auf Anordnung des Vormundschaftsgerichts IV 790; — von Minderjährigen zur Zwangserziehung VI 265; — des Mündels IV 1115; — von Strafunmündigen VI 111, 113.

Untereigenthum III 119.

Untergang einer Sache: Verzinsung des

Werthersatzes IIa 110; — Haftung nach Rechtshängigkeit des Herausgabeanspruchs IIa 112; — Haftung beim Rücktritt vom Vertrag IIa 193; — Rücktritt nach zufälligem U. IIa 196; — Ausschluß des Rücktritts beim verschuldeten U. IIa 197; — Haftung beim Herausgabeanspruch III 251; — U. *bestimmter Sachen*: U. von Gegenständen eines Gesellschafters IIb 645; — des Inventars des verpachteten Grundstücks IIb 337; — der Kaufsache IIb 41; — des Gegenstandes eines verkauften Rechts an einer Sache IIb 53; — der Kaufsache im Falle der Wandelung IIb 99, — beim Kauf von Gattungssachen IIb 121, 124; — beim contractus mohatrae IIb 364; — der Miethsache IIb 216; — zufälliger U. der durch unerlaubte Handlung erlangten Sache IIb 954; — des Werkes IIb 476; — des Stoffes beim Werkvertrag IIb 474; — des Gegenstands des Wiederkaufsrechts IIb 154, 157; — U. von Erbschaftssachen beim Erbschaftsbesitzer V 260; — von Gegenständen des Erbschaftskaufes V 773; — Haftung des Verkäufers für U. von Erbschaftssachen beim Erbschaftskauf V 768; — U. des Vermächtnißgegenstandes, Vermächtniß des Ersatzanspruches V 434; — U. von Rechten an Grundstücken III 61; — eines Schiffes: Verschollenheit I 102.

Untergesellschaft IIb 625.

Unterhalt, Unterhaltsanspruch: Abtretbarkeit von Unterhaltsansprüchen IIa 277; — Aufrechnung gegen einen gesetzlichen U. IIa 264; — Verhältniß zum Schadensersatzanspruch wegen Körperverletzung oder Gesundheitsbeschädigung IIb 938, 939; — Vergleich über Unterhaltsansprüche IIb 734; — Verjährung I 532; — Geldrente, Kapitalsabfindung für Entziehung des Unterhalts durch Tödtung des Unterhaltspflichtigen IIb 941; — U. *der Abkömmlinge*: Vermuthung ersatzfreier Gewährung durch Eltern und Voreltern IIb 562; — Rücktritt von der Anordnung der Gewährung von Unterhalt durch Erbvertrag V 619; — Verwendung des Reinertrages des eingebrachten Gutes hiezu IV 200; — Gütergemeinschaftsaufhebungsklage wegen Gefährdung IV 347, 403; — Zurückbehaltung des Beitrags der Frau zum ehelichen Aufwand wegen Gefährdung IV 275; — U. *der Ehefrau*: Verwendung des Reinertrages des eingebrachten Gutes der Frau IV 200; — Klage auf Aufhebung der Nutznießung und Verwaltung des Mannes wegen Gefährdung IV 257; — Gütergemeinschaftsaufhebungsklage IV 347, — bei Errungenschaftsgemeinschaft IV 476, — bei Fahrnißgemeinschaft IV 492; — Zurückbehaltung des Beitrags zum ehelichen Aufwand wegen Gefährdung IV 275; — U. *des Ehegatten*: nach Anfechtung der Ehe wegen irrthümlicher Todeserklärung des früheren Ehegatten IV 108, — nach Ehescheidung IV 566; — anzuwendendes Recht VI 61; — des irrthümlich für todt erklärten Ehegatten IV 109; — U. *der Eltern und Voreltern*: Vermuthung ersatzfreier Gewährung durch Abkömmlinge IIb 562; — U. der Familienangehörigen des Erblassers V 131; — U. *des Kindes*: Abzug der Kosten bei Herausgabe der Nutzungen des Kindervermögens an den nicht verwaltungsberechtigten Gewalthaber IV 777; — U. des Kindes nach Anfechtung der Ehe wegen irrthümlicher Todeserklärung des früheren Ehegatten IV 109; — nach Ehescheidung IV 581; — Entziehung der Vermögensverwaltung und Nutznießung des Gewalthabers wegen Gefährdung des U. des Kindes IV 790, 795; — Deckung aus den Nutzungen des Vermögens bei Ausschluß der elterlichen Gewalt IV 777; — U. des minderjährigen Kindes IV 650; — des Kindes aus nichtiger Ehe IV 854, 857; — U. *der Mutter* des unehelichen Kindes IV 892; — räumlich anzuwendendes Recht VI 68; — der Mutter des ungeborenen Erben V 106; — des ungeborenen Nacherben V 406; — U. *des unehelichen Kindes* IV 876; — Abfindung IV 890; — durch die Erben des Vaters IV 887; — Verzicht IV 890; — einstweilige Verfügung IV 897; — Verjährung des U. des unehelichen Kindes nach Uebergang auf den Unterhaltgewährenden I 539; — räumlich geltendes Recht VI 67, 68; — zeitlich geltendes Recht VI 368; — des Vaters des unehelichen Kindes VI 370; — U. *der Verwandten*: rechtliche Natur des Anspruchs IV 638; — Sondervorschriften über U. IV 639; — materiell- und prozeßrechtlicher Schutz des Unterhaltsanspruchs IV 643; — Voraussetzungen des Anspruchs IV 650, 651; — der Unterhaltspflicht IV 653; — unterhaltspflichtige Personen IV 649; — Reihenfolge der Pflichtigen IV 658; — Haftung entfernter Verwandter vor den näheren IV 660; — primäre Haftung des Ehegatten des Bedürftigen IV 663; — Rangordnung unter mehreren Bedürftigen IV 664; — Maaß des zu gewährenden U. IV 666; — bei selbstverschuldeter Dürftigkeit IV 668; — Art der Entrichtung IV 669; — Gewährung für die Vergangenheit IV 672, 675; — Befreiung durch Vorausleistung IV 673; — Verzicht für die Zukunft IV 673; — Folgen der Verletzung und Gefährdung des Unterhaltsanspruches IV 641; — prozessuale Verfolgung des Unterhaltsanspruchs IV 642, 650; — Geltendmachung im Konkurs IV 646; — Erlöschen des Anspruches durch Tod IV 675; — Verjährung IV 646; — Beschränkung der Pfändung des Unterhaltsanspruches IV 643; — Pfändungsbeschränkungen zu Gunsten des Unterhaltsanspruches IV 644; — Pfandprivilegien des Anspruches IV 645; — Ersatzansprüche des

Staats und öffentlicher Verbände für gewährten U. IIb 550, 826, VI 228.
Unterhaltsbeiträge: Verjährung I 542, 543.
Unterhaltspflicht des angenommenen Kindes und des Annehmenden IV 971, 976; — der Abkömmlinge, Pflichttheilsentziehung wegen Verletzung V 697, 701; — des Anerben, des Fideikommißbesitzers IV 648; — U. der Ehefrau: Erfüllung aus dem eingebrachten Gut IV 193; — bei Errungenschaftsgemeinschaft IV 465; — aus dem Gesammtgut der allgemeinen Gütergemeinschaft IV 331; — U. der Ehegatten: IV 132; — Form der Unterhaltsgewährung IV 134; — Geltendmachung des Unterhaltsanspruches IV 136; — U. während Getrenntlebens IV 137; — Wegfall bei unberechtigter Weigerung der Herstellung des ehelichen Lebens IV 139; — Haftung des Gesammguts der allgemeinen Gütergemeinschaft für die U. IV 338; — Erfüllung bei Errungenschaftsgemeinschaft IV 458, 466; — nach Wiederherstellung der ehelichen Gemeinschaft IV 596; — der Ehegatten: anzuwendendes Recht VI 353; — U. nach Ehescheidung: Voraussetzungen IV 566; — Beschränkung und Beseitigung IV 569; — Form der Unterhaltsgewährung IV 572; — Sicherheitsleistung IV 572, 573; — Vererblichkeit des Anspruches IV 577; — Erlöschen der Unterhaltspflicht IV 575; — U. bei Scheidung wegen Geisteskrankheit IV 579; — primäre U. von Verwandten des anderen Ehegatten IV 663; — U. nach Nichtigkeitserklärung oder Auflösung der Ehe IV 99, 102; — nach Anfechtung der Ehe wegen irrthümlicher Todeserklärung des früheren Ehegatten IV 108, 663; — anzuwendendes Recht VI 54; — U. nach Trennung von Tisch und Bett VI 360; — U. der Ehegatten gegenüber ihren Verwandten IV 655; — U. der Eltern: Einfluß d. Annahme an Kindesstatt IV 974, 976; — Pflichttheilsentziehung wegen Verletzung V 698, 702; — räumlich anzuwendendes Recht VI 66; — zeitlich geltendes Recht VI 362; — U. nach Ehelichkeitserklärung IV 937; — gegenüber Kindern aus nichtiger Ehe IV 854, 857; — Schadensersatz nach dem Haftpflichtgesetz bei Tödtung des Unterhaltspflichtigen VI 131; — des Kindes gegenüber Verwandten: Haftung d. Kindes IV 782; — Erfüllung durch den Gewalthaber IV 774; — des minderjährigen Kindes: Einfluß auf die elterliche Nutznießung IV 657; — Erfüllung einer gesetzlichen U. durch den Geschäftsführer ohne Auftrag IIb 554; — Verweigerung der Erfüllung eines Schenkungsversprechens wegen Gefährdung einer gesetzlichem U. des Schenkers IIb 181; — Anspruch auf Herausgabe des Geschenkes wegen Gefährdung IIb 192.
Unterhaltung von Anlagen zur Ausübung einer Grunddienstbarkeit III 294, 295, 297; — Ausschluß landesgesetzlicher Beschränkung der Unterhaltspflicht VI 247; — eines Gebäudes: Schadensersatzpflicht bei Einsturz ꝛc. IIb 918; — Haftung des Unterhaltungspflichtigen IIb 923.
Unterhändler IIb 494; — siehe auch „Mäklervertrag".
Unterkunftshäuser, alpine: Haftung für eingebrachte Sachen IIb 587.
Unterlassen: Eintritt der Rechtsfolgen ohne Abmahnung IIa 105.
Unterlassung: als Bedingung einer letztwilligen Zuwendung V 339; — als Leistungsgegenstand IIa 8; — Erfüllungsort IIa 65; — Untheilbarkeit des Anspruches auf U. IIa 328; — als Gegenstand der Grunddienstbarkeit III 290; — als Willenserklärung I 292; — U. als Gegenstand des Zurückbehaltungsrechts IIa 73; — Fälligkeit der Vertragsstrafe IIa 179; — Ermäßigung derselben IIa 183; — Verjährung des Anspruches auf U. I 544; — U. eines Vermögenserwerbes keine Schenkung IIb 177; — Klage auf U. vertragswidrigen Gebrauchs der Miethsache IIb 246; — Schadensersatzpflicht aus durch U. begangenen unerlaubten Handlungen IIb 858, 865; — Haftung Minderjähriger IIb 887; — Klagerecht auf U. aus einer unerlaubten Handlung IIb 853; — bei der Kreditgefährdung IIb 874; — U. von Beamten IIb 928; — auf die Haftung aus schuldhafter U. anzuwendendes Recht VI 316.
Unterlassungsklage bei Beeinträchtigung des Namensrechtes I 73, 90; — des Besitzers wegen Störung III 24, 27; — des Berechtigten wegen Beeinträchtigung einer Grunddienstbarkeit III 301; — des Eigenthümers III 262, 265; — gegen den Nießbraucher III 319; — des Hypothekgläubigers bei drohender Verschlechterung des Grundstücks III 420; — von Zubehör III 421.
Untermiethe IIb 242; — Einfluß der Beendigung des Miethverhältnisses IIb 259, 261; — außerordentliche Kündigung wegen verbotswidrig fortgesetzter U. IIb 253; — vertragswidriger Gebrauch durch den Untermiether IIb 249.
Unteroffiziere: Pfändung von Dienstprämien IV 645.
Unterpacht IIb 346.
Unterpflegschaft IV 1198, 1204.
Unterrichtsanstalten: Verjährung ihrer Ansprüche I 537.
Unterrichtsertheilung: rechtliche Natur des Vertrags über U. IIb 384.
Unterschlagung: Bedeutung des Besitzrechtes III 6.
Unterschrift bei gesetzlicher Schriftform I 373, 374; — bei vertragsmäßiger Schriftform I 376; — Beglaubigung der U. I 379; — Zuständigkeit hiezu I 380; — U. durch Vertreter I 375; — mechanische Vervielfältigung bei Inhaberschuldverschrei-

bungen IIb 779; — des eigenhändigen Testaments V 531; — des gemeinschaftlichen eigenhändigen Testaments V 572; — des Testamentserrichtungsprotokolls durch den Dolmetscher V 546; — durch den Erblasser V 542; — durch die mitwirkenden Personen V 542, 544; — U. der Aufschrift des versiegelten Protokolls V 549.

Unterstützte Personen: Recht auf ihren Nachlaß nach Landesrecht VI 272.

Unterstützung: schenkungsweise Gewährung IIb 183.

Unterstützungsvereine: Verleihung der Rechtsfähigkeit I 139.

Unterstützungswohnsitz I 59; — des an Kindesstatt Angenommenen IV 942; — legitimirter Kinder IV 911; — des unehelichen Kindes IV 863.

Untervermächtniß V 417; — Verhältniß des Vermächtnißnehmers zum Untervermächtnißnehmer V 454; — Stellung des Untervermächtnißnehmers im Nachlaßkonkurs und Konkurs des Beschwerten V 457; — Rangbestimmung zu anderen Belastungen durch den Erblasser für den Fall der Kürzung V 457.

Unterzeichnung von Inhaberschuldverschreibungen IIb 778, 779; — von Urkunden über Rechtsgeschäfte I 373, 375, 376, 379; — des Testamentserrichtungsprotokolls V 542, 544.

Untheilbare Leistungen IIa 326; — Haftung bei Mehrheit der Gläubiger IIa 348, — der Schuldner IIa 347.

Untheilbarkeit I 268; — der Belohnung bei der Auslobung IIb 517; — des Rücktrittsrechts vom Vertrag IIa 201; — der Grunddienstbarkeiten III 289; — des Vermächtnißgegenstandes, Haftung mehrerer Beschwerter V 417.

Untreue IIb 524, IV 993; — des Testamentsvollstreckers V 473.

Unübertragbare Gegenstände: Ausschluß vom Gesammtgut der allgem. Gütergemeinschaft IV 302; — Bestandtheil des eingebrachten Gutes bei Errungenschaftsgemeinschaft IV 449, — bei Fahrnißgemeinschaft IV 496; — Sondergut des überlebenden Ehegatten bei fortgesetzter Gütergemeinschaft IV 385, 386.

Unübertragbare Rechte: Ausschluß des Nießbrauchs III 330; — der Verpfändung III 612; — u. R. der Frau, eingebrachtes Gut IV 151.

Unübertragbarkeit des Auftrags und des Anspruchs auf dessen Ausführung IIb 528; — des Anspruchs auf Aussteuer IV 695; — des Anspruchs auf Dienste aus einem Dienstvertrag IIb 399; — der beschränkten persönlichen Dienstbarkeiten III 345, 348; — des Anspruchs des Ehemannes auf Beitrag der Frau zum ehelichen Aufwand bei Gütertrennung IV 273; — des Anspruchs auf Feststellung des Bestandes des eingebrachten Gutes IV 167, — bei Errungenschaftsgemeinschaft IV 458; — des ehemännlichen Nutzungs- und Verwaltungsrechtes im gesetzlichen Güterstand IV 235, — bei Errungenschaftsgemeinschaft IV 453; — des Entschädigungsanspruches wegen nicht vermögensrechtlichen Schadens IIb 952; — des Entschädigungsanspruchs der Verlobten wegen gestatteter Beiwohnung IV 17; — höchstpersönlicher Forderungen IIa 277; — U. in Folge vertragsmäßigen Ausschlusses IIa 277; — Verlust der Einrede des Ausschlusses IIa 285; — der Hypothek ohne die Forderung und umgekehrt III 447; — der Ansprüche aus dem Gesellschaftsvertrage IIb 597, 624; — des Nießbrauchs III 323; — des Nutzungsrechts des Gewalthabers IV 778; — des Rechts des Nacherben auf Anfall der Erbschaft V 368; — des Rechtes aus einer Auflage V 459; — des Amtes eines Testamentsvollstreckers V 483; — der Vereinsmitgliedschaft I 166; — Ausschluß durch die Vereinssatzung I 168; — U. des Vorkaufsrechtes IIb 168; — des Vorkaufsrechts eines Miterben an einem Antheil am Nachlasse V 280.

Unvererblichkeit von Rechten V 11; — der beschränkten persönlichen Dienstbarkeiten III 345, 347; — des Entschädigungsanspruches wegen nicht vermögensrechtlichen Schadens IIb 952; — des Entschädigungsanspruches der Verlobten wegen gestatteter Beiwohnung IV 17; — des Nießbrauchs III 324; — des Rechtes des überlebenden Ehegatten auf Uebernahme des Gesammtguts IV 414; — von Ersatzansprüchen aus unerlaubten Handlungen IIb 940, 951; — des Unterhaltsanspruchs von Verwandten IV 675, — des unehelichen Kindes IV 889; — der Vereinsmitgliedschaft I 166; — Ausschluß durch die Vereinssatzung I 168; — des Widerrufsrechtes von Schenkungen unter Verlobten eines Ehegatten nach Ehescheidung IV 579; — von Familienrechten V 1; — U. von Verbindlichkeiten: der Verpflichtung zur Leibrentengewährung IIb 683, — zur Schenkung wiederkehrender Leistungen IIb 183; — des Verhältnisses des Besitzdieners III 14, 17; — U. des Vorkaufsrechts IIb 168.

Unverheirathete Kinder: Unterhaltsanspruch gegen die Eltern IV 651, — bei beschränkter Leistungsfähigkeit der Eltern IV 653; — Art der Unterhaltsgewährung IV 669, 674.

Unverjährbarkeit des dinglichen Rechts I 530; — der Ansprüche aus familienrechtlichen Verhältnissen I 529, 532, IV 2; — des Anspruchs auf Aufhebung einer Gemeinschaft I 532, IIb 681; — des Anspruchs auf Aufhebung der Erbengemeinschaft V 289; — von Ansprüchen unter Ehegatten IV 112; — des Anspruchs auf Beseitigung von Grenzbäumen III 155, 156; — des Anspruchs auf Errichtung und Erhaltung von Grenzzeichen III 147, 156;

— des Anspruchs auf Grundbuchberichtigung und der Nebenansprüche III 111; — des Anspruchs auf Duldung des Nothwegs III 143, 146, 156; — des Rechtes auf Ueberbaurente, des Ablösungsanspruches III 140, 142, 156; — des Grenzscheidungsanspruches III 149, 156: — im Grundbuch eingetragener Rechte III 118.

Unvermögen des Schuldners zur Leistung IIa 88, — bei Verpflichtung zur Leistung von Gattungssachen IIa 96.

Unverständliche Bedingung I 450; — bei letztwilligen Verfügungen V 341.

Unverzinsliche Schuldverschreibungen: Ausschluß der Kraftloserklärung IIb 794, VI 320.

Unverzüglich: Begriff I 355; — Zurückweisung des Bevollmächtigten I 494.

Unvordenkliche Verjährung I 528, III 198.

Unwahre Thatsachen: Schadensersatzpflicht wegen Behauptung und Verbreitung IIb 870.

Unwandelbarkeit des ehelichen Güterrechts IV 145.

Unwiderruflichkeit der Zustimmungserklärung des Drittberechtigten zur Aufhebung des belasteten Rechts III 61; — zur Aufhebung der Hypothek III 507; — zur Aufhebung verpfändeter Rechte III 613; — der Zustimmungserklärung des Eigenthümers zum Rangrücktritt von Hypotheken, Grundschulden, Rentenschulden III 68; — der Erbschaftsausschlagung V 74; — der Anfechtung der Erbschaftsannahme und =Ausschlagung V 86; — der Zustimmungserklärung des anderen Vertragstheiles zur Aufhebung vertragsmäßig angeordneter Vermächtnisse und Auflagen V 614.

Unwirksamkeit der Auflage V 464; — der Bestimmung einer Inventarfrist V 214, 220; — des Erbvertrags V 622; — von Rechtsgeschäften I 300; — einseitiger Rechtsgeschäfte der Frau IV 215; — des gemeinschaftlichen Testaments V 574; — von korrespektiven Verfügungen V 577.

Unzucht: Ehescheidungsgrund IV 524, 526, 536; — Grund zur Pflichttheilsentziehung V 702.

Unzulänglichkeitseinrede V 123, 153, 200; — des überlebenden Ehegatten IV 394.

Unzurechnungsfähigkeit bei Begehung unerlaubter Handlungen IIb 884; — Haftung aus Billigkeitsgründen IIb 887; — Haftung Aufsichtspflichtiger IIb 898; — Haftung Unzurechnungsfähiger als Thierhalter IIb 911.

Urgroßeltern und deren Abkömmlinge: gesetzliches Erbrecht V 32.

Urheberrechte: Nießbrauch daran III 333; — Uebertragung IIa 298; — Vererblichkeit V 10.

Urkunden: Sacheigenschaft I 263; — Eigenthum daran III 210; — Verpfändung, Zurückbehaltungsrecht III 546; — Anspruch auf Einsichtnahme IIb 819; — Ort, Gefahr und Kosten der Vorlegung IIb 821; — Auslieferung der U. über eine abgetretene Forderung an den neuen Gläubiger IIa 280; — Aushändigung der U. über die Abtretung an den Schuldner bei Leistung, Vorzeigung bei Kündigung oder Mahnung IIa 295; — Auslieferung der U. über eine verkaufte Sache IIb 39; — Ausstellung über Abtretung einer Forderung IIa 281; — Wirkung der Ausstellung IIa 285; — Wirkung der Vorlegung an den neuen Gläubiger IIa 293; — U. über Leistungen an den Inhaber IIb 810; — Gegenstand der Hinterlegung zur Erfüllung IIa 237; — über Leistungen an den Inhaber, Kraftloserklärung und Zahlungssperre nach Landesrecht VI 227; — U. über Rechtsgeschäfte I 373, 376; — Verjährung der Ansprüche aus vollstreckbaren U. I 570.

Urkundenprozeß: Geltendmachung des Hypothekanspruchs III 440.

Urkundsperson: bei Errichtung letztwilliger Verfügungen V 535, VI 283.

Urtheil: kein Rechtsgeschäft I 295; — Wirkung beim passiven Gesammtschuldverhältniß IIa 336, 338, 339; — beim aktiven IIa 345; — Bestimmung der Leistung durch U. an Stelle eines Vertragschließenden IIa 138; — an Stelle eines Dritten IIa 141; — Vergleich gegenüber einem rechtskräftigen U. IIb 735, 739; — Verletzung der Amtspflicht bei Urtheilsfällung IIb 924, 930; — urtheilsmäßige Zinsen IIa 19; — U. im Falle von Simulation der Parteien I 341; — U. über ein zum eingebrachten Gut der Frau gehöriges Recht IV 180; — bei Errungenschaftsgemeinschaft IV 453; — U. im Scheidungsprozeß IV 549; — Wirkung des U. zwischen dem Testamentsvollstrecker und einem Dritten V 505.

Usance VI 8.

Usucapio libertatis III 203, 28?, 302.

Usukapionsbesitz III 5, 198.

V.

Valutaverhältniß bei der Anweisung IIb 763.

Vater, ehelicher: Anordnung der Bestellung eines Beistandes IV 832; — nach bisherigem Rechte VI 365; — Anordnungen über den Umfang seines Wirkungskreises IV 835; — Anordnungen in Bezug auf Vormundschaft: Benennung des Vormunds IV 999; — Voraussetzungen IV 1002; — Form IV 1003; — Ausschließung einer Person von der Vormundschaft IV 1010; — Ausschluß dieser Rechte bei der Vormundschaft über Volljährige IV 1182; — Ausschluß der Mutter von der Vormundschaft nach bisherigem Rechte VI 365; — Anordnungen über Geschäftsvertheilung unter mehreren Vormündern und Entscheidung von Meinungsverschiedenheiten IV 1033; — Anordnung von Befreiungen des Vormunds von gesetzlichen Verpflichtungen IV 1137; — Anordnung der Einsetzung eines

Familienrathes IV 1141; — Benennung der Mitglieder IV 1145, — von Ersatzmitgliedern IV 1147; — Ausschluß von der Mitgliedschaft IV 1149; — Untersagung der Einsetzung IV 1143; — Form der Anordnungen IV 1150; — Vorzug der Anordnungen vor den Anordnungen der Mutter IV 1150; — Anordnung der Aufhebung des Familienrathes IV 1159; — Unzulässigkeit der Anordnungen bei der Vormundschaft über Volljährige IV 1190; — Aussteuerpflicht gegenüber der Tochter IV 687; — Verweigerung d. Aussteuer IV 693; — Einwilligung zur Eheschließung des Kindes IV 30, 34; — Ersetzung durch das Vormundschaftsgericht IV 34; — Elterliche Gewalt (siehe auch diese) IV 707; — Entziehung des Pflichttheils V 698; — Haftung gegenüber dem Kinde bei Ausübung der elterlichen Gewalt IV 718, 740, 765, 787; — Anhörung von Maßregeln des Vormundschaftsgerichts in Bezug auf die elterliche Gewalt IV 807; — Verlust der elterlichen Gewalt bei Nichtigkeit der Ehe IV 854; — Haftung für Lasten des Kindervermögens IV 773; — für Verbindlichkeiten des Kindes IV 781; — für verbrauchtes Kindervermögen IV 780; — Inventarisationspflicht hinsichtlich des Kindervermögens IV 745; — auf Anordnung des Vormundschaftsgerichts IV 798; — bei beabsichtigter Wiederverehelichung IV 802; — Entziehung der Vermögensverwaltung wegen Nichterfüllung der Pflicht IV 805; — Konkurs des V. IV 761; — Nutznießungsrecht (siehe auch dieses) am Kindervermögen IV 764, 766; — Verzicht auf die Nutznießung IV 784; — Recht auf die Nutzung bei Ausschluß von der Vermögensverwaltung IV 776; — Unübertragbarkeit des Anspruches IV 778; — der Genehmigung des Vormundschaftsgerichts bedürftige Rechtshandlungen des V. IV 753; — Schenkungen aus dem Kindervermögen IV 714, 750; — Sicherheitsleistung IV 801, 807; — Folge der Nichterfüllung der Verpflichtung hiezu IV 805; — Aenderung der Anordnung über Sicherheitsleistung IV 806; — Unterhaltspflicht vor der Mutter IV 658; — gegenüber Kindern aus nichtiger Ehe IV 857; — gegenüber dem für ehelich erklärten Kind und seinen Abkömmlingen IV 937; — Vermögensverwaltung (siehe auch diese) IV 738; bei Volljährigkeit des Kindes IV 685; — Herausgabe des Vermögens bei Beendigung der Verwaltung, Rechenschaftsablegung über dieselbe IV 820; — Offenbarungseid nach Beendigung der Vermögensverwaltung IV 821; — Vertretung des unter elterlicher Gewalt stehenden Kindes IV 709; — der verheiratheten Tochter IV 725; — des Kindes nach Ehescheidung IV 731, VI 366; — Pflichten bei Wiederverehelichung IV 802; — Folge der Nichterfüllung IV 805; — Rechtsverhältniß zu den Kindern bei nichtiger Ehe IV 853, 854; — V. als Vormund: Berufung zur Vormundschaft über Volljährige IV 1182; — Befreiungen IV 1187; — Verpflichtungen bei Wiederverheirathung IV 1125.

— unehelicher: Ermittelung IV 1039; — Unterhaltspflicht gegenüber dem Kinde IV 876, 882; — Form der Leistung des Unterhalts IV 884; — Leistung für die Vergangenheit IV 886; — Vererblichkeit IV 887; — Erlöschen IV 889; — keine Unterhaltspflicht der Voreltern IV 877; — Unterhaltspflicht gegenüber dem für ehelich erklärten Kinde IV 937; — Pflichten gegenüber der Mutter IV 892.

Vatergutsauszeigung V 355.

Vaterschaft: eheliche: Vermuthung IV 610; — uneheliche: Begriff IV 899; — Feststellung IV 902; — Anerkennung IV 904; — zu dem durch nachfolgende Ehe zu legitimirenden Kinde IV 915.

Vaterschaftsvermuthung IV 610.

Verabredung der Beurkundung eines Vertrages I 438.

Veränderung zum eingebrachten Gut der Frau gehöriger Sachen IV 188; — von Erbschaftssachen bei Nacherbfolge V 398; — der geliehenen Sache IIb 354; — Verjährung der Ansprüche hiewegen IIb 358; — der Kaufsache beim Wiederkauf IIb 154; — der Miethsache IIb 240; — Verjährung des Ersatzanspruches IIb 263; — der Nießbrauchsache durch ordnungsmäßige Ausübung III 318; — Verbot der V. III 309; — Verjährung der Ansprüche wegen der V. III 322; — des Pfandes: Verjährung des Ersatzanspruches III 567; — der Stiftung I 229; — V. einer Sache als Gegenstand des Werkvertrages IIb 449.

Veränderungen an der Testamentsurkunde V 557, 559; — beim gemeinschaftlichen Testament V 583; — beim gemeinschaftlichen eigenhändigen Testament V 573.

Verantwortlichkeit für Schadenszufügung: Ausschluß IIb 884, 885; — Haftung aus Billigkeitsgründen IIb 887; — Haftung Aufsichtspflichtiger IIb 898; — des Käufers eines Antheiles am Nachlasse V 279.

Verarbeitung als Eigenthumserwerbsart III 207; — Rechte der einen Rechtsverlust Erleidenden III 209; — Ausschluß des Rücktritts vom Vertrag nach V. IIa 198; — V. der Kaufsache: Ausschluß der Wandelung IIb 100; — Ausschluß des Rechts auf Nachlieferung bei Gattungssachen IIb 124; — V. der vermachten Sache V 437, 439; — V. auf Grund Werkvertrags IIb 481.

Veräußerung: Begriff I 305; — V. gegen Entgelt IIb 40; — Erstreckung auf Zubehör IIa 138; — V. des empfangenen Gegenstandes oder eines Theiles desselben, Einfluß auf das Rücktrittsrecht IIa 198; — V. einer Sache, Gewährleistung wegen Mängel derselben IIb 143; — Einzelne

Fälle: V. einer Bahneinheit VI 238; — des Besitzes während des Besitzprozesses III 26; — einer mit Rechten Dritter belasteten beweglichen Sache III 194; — einer mit Hypotheken belasteten Sache III 422; — von Bestandtheilen, Erzeugnissen, Zubehör des Hypothekenobjekts III 401; — eingebrachter Sachen der Frau IV 175; — des Erbbaurechts III 284; — eines Grundstückstheiles: lastenfreie Abschreibung VI 251; — einer fremden Sache III 184; — zum Kindervermögen gehöriger verbrauchbarer Sachen IV 771; — Ersatzpflicht des Vaters gegenüber den Gläubigern IV 780; — von Nachlaßgegenständen durch den Testamentsvollstrecker V 494; — einer Reallast an eine bestimmte Person III 367; — V. des vermietheten Grundstücks: — Einfluß auf das Miethverhältniß IIb 299, 301; — auf eine geleistete Sicherheit IIb 308; — auf Rechtsgeschäfte mit dem Miether über den künftigen Miethzins IIb 312; — auf sonstige Verfügungen über den künftigen Miethzins IIb 309; — auf das Recht zur Aufrechnung IIb 314; — Wirkung der Anzeige von der Veräußerung IIb 315; — Einfluß auf das Vermiether-Pfandrecht IIb 265; — V. vor Ueberlassung des vermietheten Grundstücks IIb 317; — wiederholte Veräußerung IIb 319; — V. der vermietheten beweglichen Sache IIb 307; — vor dem 1. I. 1900 vermietheter oder verpachteter Sachen VI 318; — des verpfändeten Schiffes III 603; — des Vermächtnißgegenstandes zur Beeinträchtigung des Bedachten V 607.

Veräußerungsbeschränkungen: landesgesetzliche, hinsichtlich Grundstücke III 159, VI 249; — bezüglich Familienfideikommiß-, Lehens- und Stammgütern VI 169.

Veräußerungsverbot: gesetzliches I 261; — Verstoß einer Verfügung dagegen I 394; — gerichtliches V. I 398; — rechtsgeschäftliches I 399; — vertragsmäßiges, hinsichtlich des Hypothekenobjekts III 422; — Sicherung eines Anspruches an ein Grundstück durch V. III 85, 87; — Unwirksamkeit des V. gegenüber den Konkursgläubigern I 397; — Verfügung durch eine Auflage V 459; — hinsichtlich Kirchengut VI 154.

Verbände zur Nutzung land- und forstwirthschaftlicher Grundstücke VI 306.

Verbandhypothek III 370.

Verbandsvorsteher: Testamentserrichtung vor dem V. V 552, VI 284.

Verbindlichkeiten: Befreiung des für Aufwendungen Ersatzberechtigten von eingegangenen V. IIa 46; — Eingehung ohne Rechtsgrund IIb 845; — Vererblichkeit vermögensrechtlicher V. V 10, 59; — Schadensersatz für eingegangene V. beim Rücktritt vom Verlöbniß IV 15; — V. der Ehefrau: Haftung des eingebrachten Gutes IV 245; — Haftung des Gesammtguts bei allgemeiner Gütergemeinschaft IV 328, 334; — Ausnahmen von d. Haftung IV 335, 336; — Haftung bei Errungenschaftsgemeinschaft IV 459, 463, 464, 465; — Haftung des Vorbehaltsgutes im Verhältniß zum Ehemann IV 249; — Erfüllung durch den Mann IV 173, 175; — bei Errungenschaftsgemeinschaft IV 452; — V. zum eingebrachten Gut des Mannes bei Errungenschaftsgemeinschaft IV 473; — der Ehegatten: Fälligkeit der V. zum Gesammtgut der allgemeinen Gütergemeinschaft IV 343; — der Errungenschaftsgemeinschaft IV 473; — V. bei Fahrnißgemeinschaft IV 488; — V. des Kindes: Haftung im Verhältniß zwischen Gewalthaber und Kind IV 781; — Befriedigung ohne Rücksicht auf das elterliche Nutznießungsrecht IV 780; — V. des überlebenden Ehegatten IV 386, 390; — Eingehung durch den Testamentsvollstrecker V 468, 496; — Ausschluß von Beschränkungen bei der Eingehung durch den Erblasser V 498.

Verbindung als Eigenthumserwerbsart III 203; — V. beweglicher Sachen III 204; — beweglicher Sachen mit einem Grundstücke III 205; — Einfluß auf Rechte Dritter an der Sache III 206; — Rechte der einen Rechtsverlust Erleidenden III 209; — V. mehrerer Grundstücke III 88; — Erstreckung der Hypothek auf die zugeschriebenen Grundstücke III 413; — Abtrennung bei Zurückgabe d. Sache III 257; — vorübergehende V. mit Grund und Boden I 274; — V. des Vermächtnißgegenstandes V 437, 439.

Verbot der Errichtung letztwilliger Verfügungen durch den Erben, der Veräußerung des Nachlasses V 367; — der Testamentseröffnung, Nichtigkeit V 565; — V. der Eröffnung eines Erbvertrages V 626; — — Gesetzliches V.: Verstoß eines Rechtsgeschäftes dagegen I 391; — Verstoß eines Vertrages dagegen IIa 125, 130; — Verstoß der Annahme einer Leistung dagegen IIb 839; — Umfang der Herausgabepflicht in diesem Falle IIb 844; — bei der Beurtheilung des Verstoßes eines Geschäfts gegen ein gesetzliches V. anzuwendendes Recht VI 310; — Verstoß eines Vermächtnisses dagegen V 437 — einer Auflage V 462.

Verbotene Eigenmacht: Begriff III 18; — Wirkung III 19; — Abwehr durch Selbsthülfe III 21; — Rechtsschutz: Ansprüche bei Besitzentziehung III 23; — bei Besitzstörung III 24; — Einreden III 27; — Erlöschen der Ansprüche III 29; — Schutz des Besitzdieners III 23, — des mittelbaren Besitzers III 38, — des Theilbesitzers III 30; — Haftung des Besitzers beim Eigenthumsanspruch III 253; — v. E. gegenüber den Erben III 17; — beim Erwerb von Erbschaftsgegenständen V 262.

Verbrauchbare Sachen: Begriff I 266; — als Bestandtheile des Gesellschaftsvermögens IIb 606; — Kauf IIb 8; — Leihe

IIb 351; — Miethe daran IIb 203; — Nießbrauch an v. S. III 327; — Nießbrauch an einer Forderung auf Leistung v. S. III 334; — v. S. beim Nießbrauch an einem Vermögen III 341, 343; — *zum eingebrachten Gut gehörige*: Verfügung darüber IV 173, 175; — Verfügungsrecht des Mannes IV 187; — Ersatzpflicht des Mannes gegenüber Gläubigern der Frau IV 240; — Sicherheitsleistung des Mannes IV 204; — Gütertrennungsklage wegen Gefährdung des Ersatzanspruches f. v. S. IV 257; — Vermuthung f. Verwendung zum Gesammtgut IV 472; — bei Fahrnißgemeinschaft IV 493; — *zum Kindervermögen gehörige* IV 771, 780.

Verbrechen: Ehescheidungsgrund IV 524, 535; — Grund zur Entziehung des Pflichttheils V 697, 698, 701; — Verwirkung der elterlichen Gewalt IV 818.

Verbreitung unwahrer Thatsachen: Schadensersatzpflicht IIb 870, 871.

Verbriefte Forderungen gegen Reich oder Bundesstaat, von diesem garantirte: Mündelsicherheit IV 1048, 1050.

Verderb der Fundsache III 228, 238; — des Pfandes III 563, 564, 565; — Versteigerung von dem V. ausgesetzten Sachen statt Hinterlegung IIa 248; — Zurückweisung der Sicherheitsleistung mit dem V. ausgesetzten Sachen I 597.

Verehelichungszeugniß des Vormundschaftsgerichts IV 45; — in Bayern IV 23, 49; — für Ausländer IV 47.

Verein: Begriff I 123; — Unterschied von der Gesellschaft I 123, 124, IIb 599; — Sprachgebrauch und Bedeutung des Wortes I 122; — Behandlung im öffentlichen Recht I 127; — Geltungsgebiet der allgemeinen Vorschriften des Vereinsrechts I 128; — Schutz des Rechtes zur Vereinsbildung I 130; — subjektives Vereinsrecht I 130; — **nicht rechtsfähige**: Arten I 127; — Name I 190; — rechtliche Stellung nicht rechtsfähiger V. I 189; — rechtliche Stellung im Prozeß, Parteifähigkeit I 125, 126; — Verfassung I 191; — Vorstand I 191; — Mitgliedschaft, Rechte und Pflichten der Mitglieder I 192; — Schadensersatzpflicht I 194; — Vermögen I 194; — passive Testamentsfähigkeit eines nicht rechtsfähigen V. V 330; — Ende I 196; — des bisherigen Rechts VI 306; — **rechtsfähige**: *Erlangung der Rechtsfähigkeit*: Erwerbsarten überhaupt I 126, 128, 129; — Eintragung ins Vereinsregister I 130, 131; — staatliche Verleihung I 130, 138; — Verleihung durch den Bundesrath an ausländische Vereine I 140; — Anerkennung ausländischer V. VI 38; — Wirkung des Erwerbs der Rechtsfähigkeit I 128; — *Arten* der privatrechtlichen Vereine I 126; — V. mit idealer I 131; — mit wirthschaftlicher I 138; — **mit gemischter Tendenz** I 133; — anerkannte V. in Bayern VI 308; — *rechtliche Stellung*: Sitz I 140; — Vertretung I 143; — Vertreter für einzelne Geschäfte I 154; — Abgabe von Willenserklärungen gegenüber dem V. I 151; — Wirkung der Eintragung des Vereins in vermögensrechtlicher Beziehung I 138; — Haftung für außerkontraktlich verursachten Schaden aus Handlungen der Vertreter und Vorstände I 155, IIb 852, 896; — Besitzfähigkeit III 11; — Ausschluß der Beerbung V 7; — *Organisation*: *Verfassung*: Begriff, Bestimmung durch die Satzung I 142; — V. von Vereinen mit wirthschaftlicher Tendenz I 139; — Verfassung bestehender V. VI 198; — *Satzung*: rechtliche Natur, Form I 143; — *Inhalt* der Satzung: Bestimmung der Verfassung I 142; — Aenderung der Satzung I 160, 168; — Bestimmung über Bestellung und Geschäftsführung des Vorstands I 147, 168; — Beschlußfassung des Vorstands I 151, 168; — Beschränkung seiner Vertretungsmacht I 143, 145; — Beschränkung der Widerruflichkeit der Bestellung des Vorstands I 147, 150; — Bestellung von Vertretern für gewisse Geschäfte I 154; — Besorgung von Vereinsangelegenheiten I 157, 168; — Bestimmung über Mitgliedschaft I 160, — über Berufung der Mitgliederversammlung I 164; — Bestimmung über Vererblichkeit und Uebertragbarkeit, Ausübung der Mitgliedschaft I 168; — Bestimmung über Austritt aus dem Verein I 167; — über Auflösung des V. I 168, — über das Vermögen bei Auflösung I 177; — *Vorstand*: Nothwendigkeit I 143; — Bestellung I 147; — rechtliche Natur der Bestellung I 149; — Zusammensetzung I 143; — Fähigkeit zur Bestellung I 148; — zeitliche Begrenzung I 150; — Widerruflichkeit der Bestellung I 147, 150; — Endigung der Bestellung I 150; — Ersatzbestellung durch das Gericht I 153; — Vertretungsmacht I 143, 145; — Stellvertretung des Vorstands I 145; — Geschäftsführung I 147, 150; — Beschlußfassung I 146, 151; — Stimmberechtigung I 152, 162; — rechtliche Stellung im Prozeß des Vereins I 146; — Pflicht zum Konkurseröffnungsantrag I 170; — zur Liquidation I 181; — *Mitgliedschaft*: Fähigkeit, Mitglied zu sein I 160; — Sonderrechte der Mitglieder I 162; — Recht der Minorität auf Berufung der Mitgliederversammlung I 164; — Unvererblichkeit und Unübertragbarkeit der Mitgliedschaft I 166, V 12; — Unübertragbarkeit der Ausübung der Mitgliedschaftsrechte I 166; — Ende durch Tod des Mitglieds I 167; — durch Austritt I 167; — durch Ausschluß I 167; — Vermögenserwerb der Mitglieder nach Auflösung I 177; — *Mitgliederversammlung*: **Zuständigkeit** I 157; —

Form der Berufung I 159; — Voraussetzungen der Berufung I 164; — Beschlußfassung I 157, 159; — Anfechtung ungültiger Beschlüsse I 159; — Stimmberechtigung I 159; — Ausschluß des Stimmrechts I 161; — Beurkundung der Beschlüsse I 160; — Beschlußfassung über Bestellung des Vorstands I 147; — Beschlußfassung über Aenderung der Satzung oder des Zwecks des Vereins I 160; — über Sonderrechte von Mitgliedern I 162; — Beschlußfassung über Auflösung des Vereins I 168; — Beschlußfassung über Vermögensverwendung nach Auflösung des Vereins I 177; — Gefährdung des Gemeinwohls durch Beschlüsse I 171; — Rechte gegenüber den Liquidatoren I 185; — *Ende* des V.: Auflösung I 168; — Gesammtaustritt aller Mitglieder I 167; — Verlust der Rechtsfähigkeit durch Konkurseröffnung I 170; — Entziehung der Rechtsfähigkeit I 171; — Unterschied der Auflösung und Entziehung der Rechtsfähigkeit I 168; — öffentlichrechtliche Auflösungsgründe I 177; — Zuständigkeit und Verfahren bei der Entziehung I 175; — Bekanntmachung des Beendigungsgrundes durch die Liquidatoren I 186; — Wirkung für die Persönlichkeitsrechte des Vereins I 177; — Vermögensübergang an die Berechtigten I 177; — Frist für die Ausantwortung des Vermögens I 186; — Vermögensanfall an den Fiskus I 179; — Anfall des Vermögens aufgelöster V. an öffentliche Körperschaften, Stiftungen, Anstalten VI 201; — *Liquidation*: Nothwendigkeit I 181; — Fortbestand des Vereins zur Beendigung der Liquidation I 183, 185; — Bestellung der Liquidatoren I 181; — rechtliche Stellung derselben I 181; — Abstimmung I 181, 182; — Geschäftskreis und Geschäftsführung I 183; — Hinterlegung bei Annahmeverzug von Vereinsgläubigern I 188; — Haftung der Liquidatoren aus der Geschäftsführung I 188; — Pflicht zur Rechnungstellung I 187; — Sicherheitsleistung bei Vermögensausantwortung I 188; — Aufbewahrung von Büchern und Schriften des Vereins I 187; — siehe auch „*Eingetragene Vereine*“.

Vereinbarung der Beurkundung eines Vertrages I 438; — über Anwendung eines bestimmten Rechts VI 26.

Vereinigte Staaten von Nordamerika, Staatsvertrag VI 44, 85.

Vereinigung von *Eigenthum* und dinglichen Rechten an einem Grundstück III 87; — der *Hypothek* mit dem Eigenthum III 493; — Wirkung für rückständige Nebenleistungen und Kosten III 496; — Verpflichtung zur Löschung im Falle der V. III 497; — von *Forderung und Schuld* in einer Person IIa 4, 208; — beim aktiven IIa 209, 343, 344, — beim passiven Gesammtschuldverhältniß IIa 209, 336, 337; — Uebergang der Hypothek auf den persönlichen Schuldner III 474; — bei der Gesammthypothek in der Person eines Unterpfandseigenthümers III 487, — des persönlichen Schuldners III 490; — im Falle des Nießbrauchs an der Forderung III 335; — Ausschluß während der Erbengemeinschaft V 285; — V. *mehrerer Grundstücke* zu einem im Grundbuch III 88; — Untersagung und Beschränkung nach Landesrecht VI 249; — *von Recht und Verbindlichkeit* in Folge Erbfalles V 11, 60, 129; — Einfluß der Anordnung der Nachlaßverwaltung oder der Eröffnung des Nachlaßkonkurses auf die in Folge des Erbfalles eingetretene V. V 165; — Rückgängigmachung im Falle des Erbschaftskaufes V 771; — Rückgängigmachung bei Herausgabe der Erbschaft an die Gläubiger wegen Mangel an Masse zu einer Nachlaßverwaltung oder einem Nachlaßkonkurs V 198; — bei Eintritt der Nacherbfolge V 408; — Ausschluß bei Vermächtniß einer Forderung gegen den Erben oder eines Rechtes an einer Sache oder einem Rechte des Erben V 444; — Einfluß der Erbschaftsausschlagung auf erloschene Rechte V 84; — V. *zu Spielzwecken* IIb 693; siehe auch „*Zusammentreffen*“.

Vereinsakten I 216.

Vereinsrecht: öffentliches I 204; — Stellung ausländischer Vereine I 141.

Vereinsregister: Inhalt der Anmeldungen zum V. I 200; — Form I 223; — Zuständigkeit I 197; — Voraussetzungen der Eintragung des Vereins I 131; — *Eintragung* des Vereines I 214, — von Satzungsänderungen I 219; — von Aenderungen in der Zusammensetzung des Vorstandes I 216; — der Auflösung des Vereines und der Entziehung der Rechtsfähigkeit I 221; — der Konkurseröffnung und der Aufhebung des Konkurses I 222; — der Liquidatoren und der Bestimmungen über deren Beschlußfassung I 222; — Wirkung der Eintragung des Vereins I 130, 131, 137; — Wirkung der Eintragung in vermögensrechtlicher Beziehung I 138; — Wirkung des Gegenstandes von Eintragungen gegenüber Dritten I 217, 218; — Einsicht und Abschriften I 224; — siehe auch „*eingetragene Vereine*“.

Vereinszweck I 132; — des nicht rechtsfähigen Vereins I 191; — des eingetragenen Vereins I 198.

Vereitelung des bedingten Rechtes I 458, — der von der Bedingung abhängigen Wirkung I 460; — des Eintrittes einer Bedingung durch den letztwillig Bedachten V 342; — des Rechtes des Nacherben durch Verfügungen des Vorerben V 382, 384.

Vererblichkeit des Rechtes auf Ablehnung der fortgesetzten Gütergemeinschaft IV 382; — des Rechtes auf Anfechtung der Ehelichkeit IV 623; — von Ausgleichungsrecht und

-Pflicht V 305; — des Aussteueranspruchs IV 695; — bedingter Rechte und Verbindlichkeiten I 451; — des Besitzes III 5; — des Erbschaftsanspruches V 252; — der Ansprüche aus der Geschäftsführung IIb 549; — von Rechten und Verbindlichkeiten V 10, 59; — des Rechtes zur Anfechtung letztwilliger Verfügungen V 349; — des Rechtes zur Ausschlagung der Erbschaft V 81, — des Vermächtnisses V 448; — des Rechtes auf die Nacherbfolge V 10, 376; — des Pflichttheilsanspruches V 675; — der Reallast III 367; — des Rücktrittrechtes vom Vertrag IIa 191; — der Ansprüche aus unerlaubten Handlungen IIb 854; — der Unterhaltspflicht des geschiedenen Ehegatten IV 577; — der Unterhaltspflicht des unehelichen Vaters IV 887; — der Ansprüche aus dem Verwahrungsvertrag IIb 567; — der Vereinsmitgliedschaft nach der Satzung I 168; — des dinglichen Vorkaufsrechts III 354, 359; — des obligatorischen Vorkaufsrechtes IIb 168; — des Vorkaufsrechtes des Miterben an einem Erbtheil V 279; — der Verpflichtungen aus dem Vorvertrag I 422; — des Widerrufsrechtes hinsichtlich einer Schenkung IIb 195; — des Wiederkaufsrechtes IIb 153.

Verfahren in Vormundschaftssachen IV 989.

Verfallvertrag: Nichtigkeit III 571, 614.

Verfangenschaftsrecht IV 296.

Verfassung der Stiftung I 226, 231; — der Vereine I 142; — des nicht rechtsfähigen Vereins I 191; — der vor dem 1. Jan. 1900 bestehenden Vereine VI 198.

Verfolgungsrecht des Besitzers III 31, — des mittelbaren Besitzers III 38; — des Eigenthümers, petitorischer Anspruch III 267; — V. an Bienenschwärmen III 224.

Verfügung, rechtsgeschäftliche: Begriff I 305; — V. unter aufschiebender Bedingung I 460; — V. eines Nichtberechtigten: über einen Gegenstand: Konvaleszenz I 513; — Herausgabepflicht IIb 836; — V. des Vermiethers über künftigen Miethzins IIb 309, 310; — V. über Gesammtgut der allgemeinen Gütergemeinschaft im Ganzen IV 313; — über Gesammtgutsgrundstücke IV 314; — über einen Antheil am Gesammtgut IV 308; — V. des Ehemannes über eingebrachtes Gut IV 173, — der Ehefrau IV 210; — über Vermögen 2c. des Kindes als Ganzes durch den Vater IV 755; — des Vormunds über Forderungen, Rechte auf Leistung, Werthpapiere des Mündels IV 1060; — über das Mündelvermögen als Ganzes, über eine Erbschaft, einen Erbtheil, Pflichttheil des Mündels IV 1073, 1077; — V. des Erben über Nachlaßgegenstände vor der Erbschaftsausschlagung V 90; — V. des Erblassers über dem künftigen Erben gehörige Sachen V 61.

Verfügungsbeschränkungen, rechtsgeschäftliche I 399; — anzuwendendes Recht VI 32; — fortdauernde Wirksamkeit am 1. Jan. 1900 bestehender VI 311; — Wirksamkeit von V. in Bezug auf Grundstücke gegen Dritte III 91; — Einfluß auf eine vor dem Eintritt der V. abgegebene Erklärung über Rechte an Grundstücken III 63; — V. d. Ehefrau in Bezug auf eingebrachtes Gut IV 210; — des Ehegatten in Bezug auf die fortgesetzte Gütergemeinschaft IV 440; — des Erben bei Vorhandensein eines Testamentsvollstreckers V 501; — Beseitigung derselben V 510.

Verfügungsrecht eines Ehegatten über Gesammtgut der allgemeinen Gütergemeinschaft IV 308, 312; — der Errungenschaftsgemeinschaft IV 445, — der fortgesetzten Gütergemeinschaft IV 386; — V. des Mannes über eingebrachtes Gut der Frau IV 171, 173; — des Erben: Verlust im Falle der Nacherbfolge V 183; — des Erblassers bei Vorhandensein eines Erbvertrages V 602; — eines Gesellschafters über seinen Antheil IIb 630; — eines Miterben über seinen Antheil V 275; — über einen Bruchtheil des Antheiles V 276; — V. der Miterben über Nachlaßgegenstände V 286; — eines Theilhabers über seinen Antheil an der Gemeinschaft IIb 667; — des Testamentsvollstreckers V 492; — Beschränkungen V 498; — des Vorerben über die Erbschaft V 381, 383; — Beschränkungen V 382, 384; — Dauer V 387; — Verlust durch Entziehung der Verwaltung V 395; — Erlöschen durch Eintritt der Nacherbfolge, Fortdauer bis zur Kenntniß desselben V 405.

Verfügungsverbot für Erben bei Vorhandensein eines Testamentsvollstreckers V 501.

Verfügung von Todeswegen: Begriff und Arten V 49, 50; — Freiheit in der Errichtung und Aufhebung V 49, 630; — Bestimmung des Erben durch V. v. T. V 50; — Anerkennung der Ehelichkeit in einer V. v. T. IV 632; — Stiftung durch V. v. T. I 239; — Aenderung der Bestimmung des Empfangsberechtigten aus einem Vertrag auf Leistung an einen Dritten IIa 170; — Nichtigkeit von Verträgen über Errichtung oder Aufhebung von V. v. T. V 630; — Erbunwürdigkeit wegen Verhinderung an der Errichtung oder Aufhebung einer V. v. T., Bestimmung hiezu durch Drohung oder Täuschung, Fälschung V 707; — Errichtung vor Wahlkonsuln VI 125; — Beurtheilung von V. v. T. von ehemaligen Ausländern nach Erwerb der Reichsangehörigkeit VI 79; — landesgesetzliche Formvorschriften VI 285; — Zuziehung von landesrechtlichen Urkundspersonen VI 283; — bisheriges Recht VI 378, 380.

Verführung zum Beischlaf: Schadensersatzpflicht IIb 874; — Ersatz nicht vermögensrechtlichen Schadens IIb 952.

Vergangenheit: Unterhaltsanspruch für die V. IV 672, 675; — für das uneheliche Kind

IV 886; — Geltendmachung durch den Unterhaltgewährenden IV 882.

Vergehen: Ehescheidungsgrund IV 524, 535; — Verwirkung der elterlichen Gewalt durch V. IV 818.

Vergeltungsrecht VI 101.

Vergleich IIb 731; — Begriff IIb 733; — Wesen IIb 734; — Legitimation zum Abschluß IIb 734; — Abschluß durch den Gewalthaber IV 757; — durch den Vormund IV 1074, 1082; — V. in Prozessen der Frau, Zustimmung des Mannes IV 222; — Form IIb 735; — Wirkung IIb 736; — Anfechtbarkeit IIb 737; — Wirkung des V. mit einem Gesammtgläubiger IIa 346, — mit einem Gesammtschuldner IIa 333; — Unwirksamkeit IIb 732, 737; — Beschränkungen IIb 734; — Unterschied vom Schuldanerkenntniß IIb 752; — Schuldanerkenntniß und Schuldversprechen im Vergleich IIb 755; — Gewährleistung wegen Mängel der Sache IIb 193; — Verjährung von Ansprüchen aus V. I 570; — Einfluß des außergerichtlichen V. auf die kurze Verjährung I 538; — Prozeßvergleich IIb 740; Form des gerichtlichen Prozeßvergleichs VI 107; — Eintragung im Grundbuch auf Grund Prozeßvergleichs IIb 732; — V. über das Anfechtungsrecht hinsichtlich einer letztwilligen Verfügung V 346; — über den Erbverzicht V 724; — V. über Spiel- und Wettschulden IIb 689; — V. über gesetzliche Unterhaltsansprüche IV 673; — siehe auch „Prozeßvergleich".

Vergütung des Beistands IV 843; — des Gegenvormunds IV 1110; — des geschäftsführenden Gesellschafters IIb 619; — des Pflegers IV 1221; — des Nachlaßpflegers V 101; — des Nachlaßverwalters V 192; — des Testamentsvollstreckers V 515; — des Vormunds IV 1110; — V. von Nutzungen nach Rechtshängigkeit des Herausgabeanspruches hinsichtlich einer bestimmten Sache IIa 113; — beim Rücktritt vom Vertrag IIa 193.

Verheirathung von Dienstboten IIb 389; — des Kindes, Beendigung der Nutznießung am Vermögen IV 783; — der Tochter: Sorge für die Person der T. IV 725; — des Vaters des für ehelich erklärten Kindes IV 937; — des als Vormund bestellten Elterntheiles IV 1125; — der als Vormund bestellten Ehefrau IV 1168; — siehe auch „Wiederverheirathung".

Verhinderung des Dienstpflichtigen IIb 406; des Eintritts einer Bedingung I 462; — des Eintritts des mit einer Leistung bezweckten Erfolges IIb 836; — des Erblassers an der Errichtung oder Aufhebung letztwilliger Verfügungen, Erbunwürdigkeit V 707; — des Gewalthabers an der Ausübung der elterlichen Gewalt: Ruhen derselben IV 815; — Uebergang auf die Mutter IV 829; — Sorge des Vormundschaftsgerichts IV 789; — V. des berufenen Vormunds an der Uebernahme IV 1004; — des bestellten Vormunds IV 1126; — V. des Mannes an der Verwaltung des Gesammtgutes der allgemeinen Gütergemeinschaft IV 322; — an der Zustimmungserklärung zu Rechtshandlungen der Frau IV 222; — V. der Mutter an der Ausübung der elterlichen Gewalt IV 829.

Verjährung: Begriff I 523, 524, 531; — Grund und Zweck I 524; — Verhältniß zur Präklusivbefristung I 524; — Wechselverjährung I 525; — unvordenkliche Verj. I 528; — zwingende Natur der Vorschriften I 526, 578; — bisheriges Recht I 526; — örtliche Statutenkollision I 527; — zeitliche I 527, VI 312; — Anwendung der Vorschriften des BGB. auf die in anderen Gesetzen angeordnete V. VI 107; — Voraussetzungen der V. I 535; — Gegenstand der V. I 529; — Verjährbarkeit von Einreden I 533; — unverjährbare Ansprüche I 529, 532; — V. bei Anspruchskonkurrenz I 535; — regelmäßige Verjährungsfrist I 535; — zweijährige Frist I 536; — vierjährige Frist I 537; — 542; Frist bei rechtskräftig festgestellten Ansprüchen I 570, 571; — Anrechnung der Besitzzeit des Rechtsvorgängers I 573; — Beginn der Anspruchsverjährung I 544; — bei kündbaren Forderungen I 547; — bei Ansprüchen, welche von der Ausübung eines Anfechtungsrechtes abhängen I 547; — bei zwei- und vierjähriger Verjährungsfrist I 548; — Hemmung der V. wegen eines Rechtes zur Verweigerung der Leistung I 549; — wegen Stillstand der Rechtspflege, höherer Gewalt I 552; — bei Ansprüchen zwischen Ehegatten, Eltern und Kindern, Vormündern und Mündeln I 554; — Wirkung der Hemmung I 556; — Hemmung bei Ansprüchen aus Schuldverschreibungen auf den Inhaber IIb 800; — bei Ansprüchen wegen Mängel aus dem Kaufvertrag IIb 113, 116; — aus dem Werkvertrag IIb 466; — Hemmung bei Ansprüchen zwischen Ehegatten, Eltern und Kindern, IV 2; — bei Ansprüchen zwischen Vormündern und Mündeln IV 2, 989; — Aufschub der Vollendung der V. beim Mangel gesetzlicher Vertretung I 556; — bei Ansprüchen für und gegen den Nachlaß I 558, V 508; — Unterbrechung der V. durch Anerkennung I 559; — durch gerichtliche Geltendmachung I 561; — im Falle der Nothwendigkeit einer Vorentscheidung einer anderen Behörde oder der Bestimmung des zuständigen Gerichtes durch ein höheres Gericht I 564; — Fortdauer und Endigung der Unterbrechung durch Klageerhebung I 565; — Unterbrechung bei Ansprüchen wegen Mängel aus dem Kaufvertrag IIb 113, 116; — bei Ansprüchen aus dem Werkvertrag IIb 466; — Wegfall der Wirkungen der Unterbrechung durch Klage-

erhebung I 566; — durch Zustellung eines Zahlungsbefehles I 567; — durch Anmeldung im Konkurs I 568; — durch Aufrechnung und Streitverkündigung I 569; — durch Vornahme einer Vollstreckungshandlung, Antrag auf Zwangsvollstreckung I 569; — Wirkung der Unterbrechung I 570; — bei kurzfristiger Verjährung I 548; — Unterbrechung der V. von Ansprüchen, welche vor einem Schiedsgericht, Sondergericht, Verwaltungsgericht oder einer Verwaltungsbehörde geltend zu machen sind I 572; — Wirkung d. vollendeten V. I 574; — auf Hypotheken, Pfandrechte und andere Sicherungsrechte I 576; — Einfluß der Vormerkung des Anspruches im Grundbuch auf die V. III 81; — Erstreckung der Verjährung auf Nebenleistungen I 578; — Verträge über V., Ausschluß, Erleichterung, Erschwerung der V. I 578; — Ausschluß der Wiedereinsetzung in den vorigen Stand gegen V. I 529, 535; — Aufrechnung mit verjährten Forderungen und gegen solche IIa 259; — Zurückbehaltungsrecht für verjährte Ansprüche IIa 73; — Geltendmachung der V. durch den Bürgen IIb 713; — Einzelne Fälle: V. des Anfechtungsrechtes wegen Täuschung oder Drohung I 367; — V. des Anspruchs des Anweisungsempfängers IIb 767; — der Ansprüche aus dem Auftrag IIb 524; — des Anspruchs auf Befreiung von einer ohne Rechtsgrund eingegangenen Verbindlichkeit IIb 845; — der Ansprüche der unehelichen Mutter IV 893; — des Anspruchs auf Aussteuer IV 695; — des Anspruchs auf Beseitigung der Beeinträchtigung einer Grunddienstbarkeit III 301; — der Besitzansprüche III 29; — von Ansprüchen zwischen Ehegatten IV 345; — des Eigenthumsanspruches III 247; — des Eigenthumsanspruches auf Rückgabe einer beweglichen Sache I 536; — des Erbschaftsanspruches V 252; — Einfluß derselben auf die Ersitzung durch den Erbschaftsbesitzer V 264; — beim aktiven Gesammtschuldverhältniß IIa 345; — beim passiven IIa 336, 337, 339; — der Ansprüche von Gastwirthen gegen Gäste IIb 585; — der Ansprüche aus der Geschäftsführung IIb 549; — der Ansprüche aus dem Haftpflichtgesetze VI 132; — des Anspruches des zu Unrecht für todt Erklärten oder Gehaltenen auf Herausgabe seines Vermögens V 268; — der Ansprüche auf Wandelung und Minderung des Kaufpreises, des Ersatzanspruches wegen Mangels zugesicherter Eigenschaften IIb 113; — Einfluß rechtzeitiger Mängelanzeige IIb 117; — Aufrechnung des Schadensersatzanspruches nach V. IIb 120; — V. des Ersatzlieferungsanspruches beim Kauf von Gattungssachen IIb 124; — der Ansprüche wegen Gewährmängel beim Viehkauf IIb 139; — bei vertragsmäßiger Regelung der Gewährfristen IIb 140; — der Ansprüche aus vollstreckbaren Konkurstabellen I 570; — des Anspruchs auf rückständige Leibrenten I 543, IIb 683; — der Ansprüche aus dem Leihvertrag IIb 358; — der Ansprüche aus dem Vertrieb von Lotterieloosen IIb 698; — v. Ersatzansprüchen aus dem Miethverhältniß IIb 263; — von Ansprüchen für und gegen den Nachlaß I 558, V 90, 286, 508; — der Ansprüche aus dem Nießbrauch III 322; — der Ansprüche des Verpfänders und des Pfandgläubigers aus dem Pfandvertrag III 567; — V. des Pflichttheilsanspruches, des Anspruchs des Pflichttheilsberechtigten auf Herausgabe einer Schenkung V 696; — des Anspruchs aus qualifizirten Legitimationspapieren IIb 812, 814; — der Reallastleistungen III 364; — rechtskräftiger Ansprüche I 570, 571; — der Rente für den Ueberbau III 140; — des Schadensersatzanspruchs aus Nothstandshandlungen III 123; — der Ansprüche aus zu Unrecht gelöschten oder im Grundbuch nicht eingetragenen Rechten III 117; — von Ansprüchen aus eingetragenen Rechten III 118; — des Schadensersatzanspruches aus Handlungen in selbstverschuldetem Nothstand I 589; — des Anspruchs wegen Schenkungen zum Nachtheil der Vertragserben V 604, 606; — von Ansprüchen aus Schuldverschreibungen auf den Inhaber IIb 798, 800; — von Ansprüchen aus vor dem 1. I. 1900 ausgestellten Inhaberschuldverschreibungen VI 321; — bei Theilschuldverhältnissen IIa 329; — der Ansprüche aus unerlaubten Handlungen IIb 957; — des Anspruchs auf Aufhebung einer durch unerlaubte Handlung erworbenen Forderung, Verweigerung der Erfüllung nach V. IIb 958; — der Ansprüche wegen ungerechtfertigter Bereicherung IIb 824, 845; — des Unterhaltsanspruchs IV 646; — des Unterhaltsanspruchs gegen den unehelichen Vater IV 881; — der Ansprüche Verlobter nach Auflösung des Verlöbnisses IV 20; — des Vermächtnißanspruches V 443; — der Ansprüche aus dem Verwahrungsvertrag IIb 567; — der Ansprüche aus vollstreckbaren Vergleichen I 570; — der Ansprüche wegen Mängel des Werkes IIb 465; — Hemmung und Unterbrechung der V., Wirkung der vollendeten V. IIb 466; — V. des Wildschadensersatzanspruches IIb 917; — der Zinsen I 542, IIa 19; — des Anspruches aus abhanden gekommenen Zins-, Renten- oder Gewinnantheilscheinen IIb 804; — siehe auch „Unverjährbarkeit".

Verkauf auf Abbruch I 269; — V. des Antheiles eines Erben am Nachlaß V 275; — Vorkaufsrecht der Miterben V 279; — für Rechnung eines Dritten IIb 62; — im Wege der Zwangsvollstreckung: Beschränkung des Bietens IIb 61, 62; — Ausschluß des Vorkaufsrechts IIb 168.

Verkaufsautomaten I 425.
Verkehr der Eltern mit dem Kinde nach Ehescheidung IV 735; — der natürlichen Eltern mit dem von einem Dritten angenommenen Kinde IV 974.
Verkehrsanstalten: Fund in Geschäftsräumen derselben III 237; — Eigenthumserwerb an Fundsachen III 239.
Verkehrsentziehung I 261.
Verkehrsfähigkeit von Sachen I 259.
Verkehrssitte I 15; — bei Vertragserfüllung IIa 9, 11; — bei stillschweigender Annahme des Vertragsantrages I 434; — bei Auslegung von Verträgen I 442.
Verkehrsunfähige Sachen III 10.
Verkehrsunternehmungen: Schutz der Nachbargrundstücke VI 257.
Verkoppelung VI 240.
Verkündigung des Testaments V 564; — des gemeinschaftlichen Testaments V 583; — des Erbvertrages V 626.
Verlagsrecht VI 189.
Verlagsvertrag IIb 384, 448, 600.
Verlagungsanspruch III 147.
Verlandungen III 203.
Verlängerung des Dienstvertrages IIb 431; — der Frist I 519; — der Gewährfrist IIb 134; — der Inventarfrist V 216, 217; — des Miethvertrages IIb 293; — der Verjährungsfrist für Ansprüche wegen Mängel beim Kauf IIb 113.
Verlautbarungsirrthum I 346.
Verlegung der Ausübung einer Dienstbarkeit III 297.
Verleihung der Rechtsfähigkeit an juristische Personen I 119, — an Vereine I 129, 138, — mit gemischten Tendenzen I 133; — an ausländische Vereine I 126, 140.
Verletzung einer Person: Schadensersatz IIa 29, IIb 857; — V. fremder Rechtsgüter und Rechte IIb 857, 859; — Ausschluß der Widerrechtlichkeit IIb 861; — Umfang der Ersatzpflicht IIb 937, 949, 952; — im Falle der Tödtung IIb 941; — Einwilligung des Verletzten IIb 862.
Verleumdung: Schadensersatzpflicht IIb 870.
Verlöbniß: Begriff und rechtliche Natur IV 5; — Voraussetzungen des Verlöbnißvertrages IV 6; — Bedingung und Zeitbestimmung IV 8; — Form IV 8; — Einfluß von Ehehindernissen IV 8; — Wirkungen IV 10; — kein Ehehinderniß IV 38; — Beendigung IV 12; — Schadensersatzpflicht wegen Rücktritt vom V. IV 15; — wegen schuldhafter Herbeiführung des Rücktritts des anderen Theils IV 16; — Entschädigung beim Beischlaf unter Verlobten IV 17; — Rückgabe von Geschenken 2c. bei unterbliebener Eheschließung IV 19; — Verjährung der Ansprüche IV 20; — — Zuständigkeit in streitigen Verlöbnißsachen IV 4, 13; — Klaglosigkeit d. Eheversprechens, Ausschluß von Vertragsstrafen IV 13; — anzuwendendes Recht VI 49, 351.
Verlöbnißmündigkeit I 33.
Verlobte: Unvererblichkeit des Anspruchs auf Entschädigung wegen Gestattung des Beischlafs V 11; — Eintritt der Unwirksamkeit letztwilliger Verfügungen zu Gunsten des V. V 343; — Erbvertrag unter V. V 585; — Form V 589; — Abschluß bei beschränkter Geschäftsfähigkeit eines V. V 588; — Unwirksamkeit nach Auflösung des Verlöbnisses V 594; — Aufhebung des Erbvertrages oder einzelner Verfügungen V 611, 613; — Erbverzicht unter V. V 722.
Verlorene Sachen: Begriff III 227; — Eigenthumserwerb III 189; — Eigenthumserwerb an Erzeugnissen und sonstigen Bestandtheilen III 218; — Herausgabeanspruch III 270; — Beschränkung der Eigenthumsvermuthung für den Besitzer III 267; — Pfandrechtserwerb III 553.
Verlorene Schuldverschreibungen IIb 784; — Kraftloserklärung IIb 795.
Verlust einer Sache oder eines Rechts: Bedingung der Schadensersatzpflicht IIa 43.
Vermächtniß V 412; — Begriff V 52; — als V. aufzufassende Zuwendungen V 354; — Unterschied von der Auflage V 53, 459; — von der Schenkung V 53; — rechtliche Natur als Nachlaßverbindlichkeit V 115, 116, 413; — Gerichtsstand für Ansprüche aus einem Vermächtniß V 415; — Befreiung von der Anmeldung im Aufgebot der Nachlaßgläubiger V 139; — Verhältniß zu den im Aufgebotsverfahren ausgeschlossenen Nachlaßgläubigern V 140; — zu den durch fünfjährige Nichtgeltendmachung ihrer Forderung ausgeschlossenen V 149; — keine Anführung im Erbschein V 443; — Betheiligte Personen: Vermächtnißgeber V 52, 417, 592; — Vermächtnißträger (Beschwerter) V 53, 416; — Pflichten überhaupt V 450; — Leistung des Vermächtnißgegenstandes V 441; — Kürzung mit Rücksicht auf Pflichttheile V 676, 682; — Behandlung bei Erhöhung des Erbtheils durch Wegfall eines Mitberufenen V 44, 360; — Entrichtung von Früchten und Zinsen V 452; — Gewährleistungspflicht V 449; — Bestimmung des Bedachten V 421; — der Theilung unter mehreren Vermächtnißnehmer V 421; — Wahlrecht beim Wahlvermächtniß V 421; — Mehrheit der mit demselben Vermächtnisse Beschwerten V 417; — Vermächtnißnehmer V 53; — bei Anordnung des V. durch Erbvertrag V. 55; — Bestimmung durch den Beschwerten oder einen Dritten V 421; — Fähigkeit zum Erwerb V 15, 330, 418, 427; — rechtliche Stellung im Allgemeinen V 414; — V. hinsichtlich eines den eingesetzten Erben nicht zugewendeten Gegenstandes V 417; — Eigenthumserwerb an Grundstücken III 157; — Rechte des Vermächtnißnehmers: Recht auf Erfüllung des V. V 441; —

Antragsrecht auf Bestimmung einer Inventarfrist V 213; — auf Eröffnung des Nachlaßkonkurses V 442; — Bestimmung des Gegenstandes beim Gattungsvermächtniß V 422, 425; — Schadensersatzanspruch gegen den Erben wegen Unterlassung des Antrags auf Nachlaßkonkurs V 176; — Rechte des Vermächtnißnehmers an einem im Auslande eröffneten Nachlaß VI 85; — Ansprüche wegen beeinträchtigender Verfügungen des Erblassers beim vertragsmäßig angeordneten Vermächtniß V 606, 607; — Kürzung des ihm auferlegten Vermächtnisses wegen Unzureichenheit des eigenen V 443, 454; — Bestimmung des Ranges von Vermächtnissen und Auflagen durch den Erblasser für den Fall der Kürzung V 457; — Hypothektitel nach altem Rechte V 415; — kein Anspruch auf Beseitigung von Lasten des Vermächtnißgegenstandes V 430; — Pflichten: Erfüllung von Auflagen V 54 461; — von Vermächtnissen V 416; — Erfüllungszeit V 454; — Haftung mehrerer mit demselben Vermächtnisse beschwerter Vermächtnißnehmer V 417; — Ausführung der Belastungen durch den Testamentsvollstrecker V 516; — Ersatz von Verwendungen und Aufwendungen V 453; — Tilgung auf dem vermachten Grundstücke ruhender Lasten V 431; — Mehrheit der Vermächtnißnehmer: Theilung der vermachten Sache, Anwachsung unter den Bedachten V 426; — Bestimmung der Theilung durch den Beschwerten oder einen Dritten V 421, — Auswahl unter denselben durch den Beschwerten oder einen Dritten V 421; — Erfüllung von Auflagen und Vermächtnissen V 416; — Haftung des Testamentsvollstreckers gegenüber dem Vermächtnißnehmer V 514; — Form der Zuwendung V 52; — Anordnung durch Erbvertrag V 55, 585, 592; — Gegenstand und Umfang: Gegenstand V 413; — Bestimmung desselben durch den Beschwerten oder einen Dritten V 421, — beim Wahlvermächtniß V 421, 423; — Einfluß von Belastungen des vermachten Grundstückes V 430, 431; — Erstreckung auf den Anspruch auf Beseitigung von Lasten V 430, 432, — auf den Ersatzanspruch wegen Beschädigung der Sache V 430, — auf Früchte V 452, — auf Zubehör I 279, IIa 138, V 429; — Errichtung einer Stiftung durch V. I 240; — Arten V 413; — alternatives Vermächtniß V 417; — V. des Besitzes III 5, 6, V 434; — V. desselben Gegenstandes an Mehrere V 426; — V. der Erbschaft eines Dritten V 413, 441; — eines nicht zur Erbschaft gehörigen Gegenstandes V 434; — Ersatzvermächtniß V 457; — V. einer Forderung an den Schuldner, des geschuldeten Gegenstandes an den Gläubiger V 441; — V. einer dem Erblasser zustehenden Forderung V 440; — einer nicht abtretbaren Forderung V 441; — einer Forderung des Erblassers gegen den Erben V 443; — Gattungsvermächtniß V 422, 423, 424; — gemischt generisches V. V 425; — V. eines Handelsgeschäftes V 441, — einer Leibrente V 441; — des Leistungsanspruches hinsichtlich der vermachten Sache V 434; — des Miteigenthums von verbundenen vermischten, vermengten Sachen V 437, 439; — auf eine unmögliche Leistung gerichtetes V. IIa 130; — Verstoß des V. gegen ein gesetzliches Verbot IIa 131; — Nachvermächtniß V 458; — V. eines Nießbrauches V 441; — V. an den Pflichttheilsberechtigten V 644; — V. eines Rechtes des Erblassers an einer Sache oder einem Rechte des Erben V 443; — einer verbundenen, vermischten, vermengten, verarbeiteten oder umgebildeten Sache V 437, 439; — V. des Werthersatzanspruches hinsichtlich des vermachten Gegenstandes V 434; — Vorausvermächtniß V 419; — Wahlvermächtniß V 421; — Zweckvermächtniß V 422, 425; — Anfall V 444, 445, — des in einem gemeinschaftlichen Testamente angeordneten V. V 575, — des in einem Erbvertrag angeordneten V 596; — Annahme V 445, 447; — Beschränkung auf einen Theil, auf eines von mehreren Vermächtnissen V 448; — Erstreckung auf die Anwachsung V 448; — Annahme des Vorausvermächtnisses V 420; — Ausschlagung V 444; — Wirkung V 448; — Ausschluß derselben V 445; — Vererblichkeit des Rechtes V 10, 448; — Beschränkung auf einen Theil, auf eines von mehreren Vermächtnissen V 448; — Erstreckung auf die Anwachsung V 448; — A. des in einem Erbvertrage errichteten V. V 594; — Ausschlagung des Vorausvermächtnisses V 420; — Annahme, Ausschlagung durch die Ehefrau im gesetzlichen Güterstand IV 230, — bei allgemeiner Gütergemeinschaft IV 324; — bei Errungenschaftsgemeinschaft IV 445; — Haftung aus der Annahme eines V. durch die Frau im gesetzlichen Güterstand IV 246; — Haftung für Verbindlichkeiten in Folge der Annahme bei allgem. Gütergemeinschaft IV 335; — Ausschlagung durch den Vater IV 753, — durch den Vormund IV 1073, 1078; — Verzicht auf die Zuwendung V 727; — Wirksamkeit des V.: Erfordernisse V 427, 428, — beim Vermächtniß einer zur Zeit des Erbfalles nicht zur Erbschaft gehörigen Sache V 434; — Erleben des Erbfalles V 427; — rechtzeitiger Eintritt der Bedingung oder Befristung V 428; — zeitliche Beschränkungen der Wirksamkeit V 414; — Einfluß des Wegfalles des Beschwerten V 427; — Einfluß des Wegfalles des Bedachten vor Eintritt des Erbfalles V 427; — zeitliche Beschränkung der Wirksamkeit des bedingten

oder befristeten V., des V. an noch nicht erzeugte, an der Persönlichkeit nach noch unbestimmte Bedachte V 428; — Nichtigkeit einer gegen die guten Sitten verstoßenden Vermächtnißanordnung V 438; — Unwirksamkeit des V. auf eine verbotene oder unmögliche Leistung V 437; — Erfüllung: Kosten V 443; — Anfechtung V 443; — Verweigerung der Leistung aus einem anfechtbaren V. nach Ablauf der Anfechtungsfrist V 351; — Sicherheitsleistung des Erben bei bedingten und betagten V. V 511; — Berichtigung im Falle des Mangels an Masse zu einem Nachlaßkonkurs V 199; — Uebertragung des vermachten Gegenstandes an den Bedachten bei Lebzeiten des Erblassers V 443; — Kürzung mit Rücksicht auf die Pflichttheilslast V 676, 682; — Kürzung des dem Vermächtnißnehmer auferlegten V 443, 454; — Gewährleistungspflicht des Beschwerten V 449; — Aufhebung der im Erbvertrag getroffenen Anordnung V 614; — zeitliche Geltung des Rechts des BGB. V 414; — Vertrag über ein Vermächtniß aus dem Nachlaß eines noch lebenden Dritten V 53, 416; — Uebergabe des Erwerbes durch Vermächtniß an den Erbschaftskäufer V 766; — Erwerb durch V.: Vorbehaltsgut der Frau im gesetzlichen Güterstand IV 160; — Vorbehaltsgut bei allgemeiner Gütergemeinschaft IV 306, — bei Errungenschaftsgemeinschaft IV 454; — bei Fahrnißgemeinschaft IV 497, 499; — Erwerb des überlebenden Ehegatten bei fortgesetzter Gütergemeinschaft IV 386; — Vertrag über ein V. aus dem Nachlaß eines noch lebenden Dritten IIa 132.

Vermächtnißanspruch: Inhalt V 441; — Entstehung V 444, 445; — Fälligkeit V 447; — bei Ueberlassung der Bestimmung der Zeit der Leistung ins Belieben des Beschwerten V 445, 447; — bei dem von einem Vermächtnißnehmer zu entrichtenden Vermächtniß V 454; — Beschränkungen V 442; — Kürzung durch den beschwerten Erben mit Rücksicht auf die Pflichttheilslast V 443, 676, 682; — durch den beschwerten Vermächtnißnehmer V 443, 454; — Erfüllungsverweigerung durch denselben wegen Unzureichenheit des Vermächtnisses V 454; — Sicherung V 442; — Rang im Nachlaßkonkurs V 442; — Verjährung V 443; — Gerichtsstand für Ansprüche aus Vermächtnissen V 415, 443.

Vermächtnißgegenstand: Ansprüche des Bedachten bei Zerstörung, Beschädigung ꝛc. durch den Erblasser beim vertragsmäßig angeordneten Vermächtniß V 606, 607; — Miethe und Pacht am V. V 433.

Vermächtnißunwürdigkeit V 716.

Vermächtnißvertrag V 49; — nach bisherigem Rechte VI 379.

Vermengung als Eigenthumserwerbsart III 206; — Wirkung auf Rechte Dritter III 206; — Rechte der einen Rechtsverlust Erleidenden III 209; — V. des Vermächtnißgegenstandes V 437, 439.

Vermiether: mittelbarer Besitz desselben III 38; — gewerbsmäßige V. beweglicher Sachen Verjährung ihrer Ansprüche I 536, 540.

Verminderung der Erbschaft durch den Vorerben, Schadensersatzpflicht V 403; — des Gesammtgutes: bei allgemeiner Gütergemeinschaft IV 326; — bei Errungenschaftsgemeinschaft IV 446; — bei fortgesetzter Gütergemeinschaft IV 386; — Gemeinschaftsaufhebungsklage eines Abkömmlings hiewegen IV 403; — Klage der Ehefrau bei allgem. Gütergemeinschaft IV 347; — Klage bei Errungenschaftsgemeinschaft IV 476.

Vermischung siehe „Vermengung“.

Vermißte: Todeserklärung I 100.

Vermittelung eines Dienstvertrages IIb 507; — der Ehe IIb 508; — eines Vertrages IIb 497, 503.

Vermögen: Begriff I 258; — Nießbrauch an einem V. III 340; — Verpfändung III 545; — Vertrag über gegenwärtiges V. IIa 132; — über künftiges V. IIa 131; — Schuldenhaftung des Uebernehmers beim Vertrag über das V. eines Anderen IIa 312; — V. des Mannes und der Frau im gesetzlichen Güterstand IV 150; — des Kindes: Gefährdung durch den Vater IV 798, — durch die Mutter IV 832, 834; — Verfügung über das V. im Ganzen durch den Vater IV 755; — durch den Vormund IV 1073, 1077; — letztwillige Zuwendung V 353.

Vermögensabsonderung unter Ehegatten nach franz. und bad. Rechte VI 354.

Vermögensbeschädigung: Civilrechtsschutz IIb 861.

Vermögenserwerb: Unterlassung IIb 177.

Vermögensfähigkeit der öffentlichen Glaubensgesellschaften I 251; — des unter elterlicher Gewalt stehenden Kindes IV 702.

Vermögenslage, ungünstige: des Erben V 177, — des Vorerben V 395.

Vermögenspflegschaft IV 1200; — Beendigung IV 1204, 1224; — über den Ehemann: Beendigung der Nutznießung und Verwaltung am eingebrachten Gute der Frau IV 257, 259; — Wiederherstellung der Rechte nach Aufhebung der Pflegschaft IV 269; — Wirkung gegenüber Dritten IV 278; — Zurückbehaltungsrecht der Frau hinsichtlich des Beitrages zum ehelichen Aufwand IV 275, 307.

Vermögensrechte: Vererblichkeit V 10.

Vermögensschaden: Begriff IIa 39; — Entschädigung für einen Schaden, der nicht V. ist IIa 38, — bei unerlaubten Handlungen IIb 952.

Vermögensstatut VI 17.

Vermögensübernahme mit Abfindung eines Dritten IIa 167; — Schuldenhaftung IIa 312.

Vermögensübersicht bei befreiter Vormundschaft IV 1137, 1139, 1187.

Vermögensverfall des Gewalthabers IV 798, 832.

Vermögensverhältnisse: Täuschung über V. bei Eheschließung IV 85.

Vermögensverwaltung des Beistandes IV 841; — Beendigung derselben IV 845; — V. des Ehemannes IV 169; — der Mutter IV 832; — des Testamentsvollstreckers V 492, 498, 500, 510; — des Vaters: Gegenstand der V. IV 740; — Anordnungen Dritter über die Art der V. IV 742; — Pflichten des Vaters: Inventarerrichtung über das Vermögen IV 744, 798; — Anlegung des Geldes IV 751; — Erholung der Genehmigung zu Rechtsgeschäften IV 753; — Rechnungsablegung wegen Gefährdung des Kindervermögens IV 798; — Sicherheitsleistung IV 801, 807; — Verpflichtungen bei Wiederverheirathung IV 802; — Zeugniß des Vormundschaftsgerichts über Erfüllung IV 45; — Folgen der Pflichtverletzung IV 798; — Eigenthumserwerb für das Kind IV 760; — Ueberlassung von Sachen an das Kind zur freien Verfügung IV 758; — Ersatz von Aufwendungen IV 762; — Beendigungsgründe IV 740; — Beendigung durch Entziehung wegen Gefährdung des Unterhaltes des Kindes IV 790, 795, — wegen Nichterfüllung der Inventarisationspflicht, unterlassener Sicherheitsleistung IV 805; — Anhörung von Verwandten und Verschwägerten des Kindes vor der Entziehung IV 807, 808; — Beendigung durch Konkurs des Vaters IV 761; — Wirkung der Beendigung IV 820; — Fortführung der Verwaltung nach Beendigung IV 822, 823; — Anspruch auf die Nutzungen des Kindervermögens bei Ausschluß der V. IV 776; — Unübertragbarkeit des Anspruches IV 778; — anzuwendendes Recht VI 364; — Ueberlassung der V. durch das volljährige Kind an die Eltern IV 685; — Pflegschaft zur V. IV 1200.

Vermögensverzeichniß über das Vermögen des angenommenen Kindes IV 968, — bei Verehelichung des Annehmenden IV 970; — über das Kindervermögen: Einreichung durch den Vater nach dem Tode der Mutter IV 744; — auf Anordnung des Vormundschaftsgerichts IV 798; — bei beabsichtigter Wiederverehelichung IV 802; — Folge der Nichterfüllung der Pflicht zur Einreichung IV 805; — Einreichung durch die Mutter IV 839; — V. bei beabsichtigter Verehelichung des Vaters des für ehelich erklärten Kindes IV 938; — über das Mündelvermögen IV 1041; — siehe auch „Verzeichniß".

Vermögenswerth der Leistung beim Schuldverhältniß IIa 5, 8; — Erzwingung der Leistung ohne V. IIa 6.

Vermuthung der Annahme der Schenkung IIb 173; — der Aufhebung des Testamentes durch Vernichtung V 557, 559; — ersatzfreier Aufwendungen zum elterlichen Haushalt IV 684; — für Gewährung der Ausstattung aus dem Vermögen des Kindes IV 699; — der Ehelichkeit IV 610, 915; — Einfluß der Todeserklärung des Ehemanns I 109; — des Eigenthums des Besitzers einer beweglichen Sache III 267; — des Nießbrauchbestellers III 322; — des Verpfänders einer Sache III 589; — für das Eigenthum eines Ehegatten IV 139, VI 56, 57; — für Fortdauer des Eigenbesitzes bei der Ersitzung III 199; — des Erbrechtes des Fiskus V 108; — der Gesammtguteigenschaft bei Errungenschaftsgemeinschaft IV 444, 455; — bei Fahrnißgemeinschaft IV 493; — gemeinschaftlicher Berechtigung an Grenzeinrichtungen III 152; — des guten Glaubens bei Ersitzung III 198; — des Lebens I 92, 94, 110; — des Pfandrechtes III 568; — für den Rechtsbestand der eingetragenen Hypothek III 426; — für redlichen Eigenthumserwerb III 188; — der Rückgabe des Pfandes durch den Gläubiger III 593; — für Richtigkeit des Erbscheines V 750; — für Richtigkeit des Grundbuchinhalts III 46, 48, 90; — der Richtigkeit des Zeugnisses über Fortsetzung der Gütergemeinschaft IV 423, V 757; — für Richtigkeit des Zeugnisses über Ernennung eines Testamentsvollstreckers V 757; — des Todes I 92, 106; — bei Mehrheit der Todesfälle I 111; — der Uebergabe des Hypothekenbriefs III 391; — der unehelichen Vaterschaft IV 899; — ersatzfreier Unterhaltsgewährung zwischen Eltern und Abkömmlingen IIb 562; — für Veräußerung des Zubehörs mit dem Grundstücke III 170; — für Verwendung verbrauchbarer eingebrachter Sachen zum Gesammtgut der Errungenschaftsgemeinschaft IV 472; — der Fahrnißgemeinschaft IV 493; — für Vollständigkeit des Nachlaßinventars V 233; — für Vorhandensein von Gewährsfehlern beim Viehkauf IIb 133; — der Zeugung nach verfrühter Wiederverheirathung der Witwe IV 636.

Vernachlässigung des Kindes durch den Gewalthaber IV 790, 792.

Vernehmungstheorie I 334, 382.

Verneinende Bedingung I 447.

Vernichtete Anweisungen IIb 767; — v. Legitimationspapieren IIb 812; — Kraftloserklärung von Schuldverschreibungen IIb 794; — v. Zins-, Renten- und Gewinnantheilscheinen IIb 804.

Vernichtung des Hypothekenbriefs III 464; — von Schuldverschreibungen, Kraftloserklärung IIb 794; — des Testaments V 557, 559; — des gemeinschaftlichen Testaments V 583.

Verordnung: Gesetzeskraft VI 5; — V. über Gewährsmängel und -Fristen IIb 129, 130; — V. über Grundbuchanlegung VI 332; — über Nichteintragung bestehender Pfand-,

Mieth- und Pachtrechte ins Grundbuch VI 336.
Verpächter: mittelbarer Besitz desselben III 33.
Verpachtung durch den Nießbraucher III 320.
Verpfänder: mittelbarer Besitz desselben III 33.
Verpfändung zur Sicherheitsleistung I 594; — von Gehalts-, Pensionsansprüchen von Reichsbeamten VI 137; — der Hypothekforderung III 453; — von Legitimationspapieren IIb 815; — des Nießbrauchs III 324; — der Sicherungshypothek III 513; — für Schuldverschreibungen auf den Inhaber III 516; — siehe auch „Pfandrecht".
Verpfändungsvertrag IIb 1; — Gewährleistung für Sachmängel IIb 143.
Verpflegte Personen: Recht auf ihren Nachlaß V 23, VI 272.
Verpflegung des in häuslicher Gemeinschaft befindlichen Bediensteten IIb 410; — Verjährung der Ansprüche aus Verpflegung Dritter I 537, 541.
Verpflegungsanstalten: Erbrecht, Pflichttheilsanspruch am Nachlaß verpflegter Personen V 23, VI 272; — Verjährung ihrer Ansprüche I 537; — vormundschaftliche Rechte des Vorstandes IV 1002, VI 267.
Verpflichtung des Familienrathsmitgliedes IV 1151; — des Gegenvormundes IV 1025; — des Pflegers IV 1220; — des Vormunds IV 1022; — rechtsgeschäftliche V. der Frau zu einer Leistung IV 216; — V. der Frau durch Rechtsgeschäfte des Mannes IV 171; — V. zur Errichtung, Nichterrichtung, Aufhebung, Nichtaufhebung letztwilliger Verfügungen V 630.
Verrufserklärung: Verstoß gegen die guten Sitten IIb 879.
Versäumung der Frist zur Erbschaftsausschlagung, Anfechtung V 88.
Verschaffungsvermächtniß V 434, 436, 440; — Gewährleistungsfrist V 449, 450.
Verschlechterung der Sache: Ausschluß des Rücktritts vom Vertrag IIa 197; — Haftung beim passiven Gesammtschuldverhältniß IIa 337; — Haftung nach Rechtshängigkeit des Herausgabeanspruches IIa 112; — beim Rücktritt vom Vertrag IIa 193; — beim Verzug IIa 110; — Haftung beim Herausgabeanspruch III 251; — einzelne Fälle: V. der geliehenen Sache IIb 354; — Verjährung der Ansprüche hiewegen IIb 358; — von Erbschaftssachen in der Hand des Erbschaftsbesitzers V 260; — im Falle des Erbschaftskaufes V 768, 773; — im Falle der Nacherbfolge V 398; — V. der Gesellschaft überlassener Sachen IIb 645; — des Grundstücks: Schutz der dinglich Berechtigten III 80; — des Hypothekenobjekts: Rechte der Hypothekgläubiger bei drohender V. III 420; — bei eingetretener III 418; — V. von Zubehör III 421; — des Inventares des Pachtobjektes IIb 337; — der Kaufsache IIb 41; — beim Verkauf eines Rechtes an einer Sache IIb 53; — im Falle der Wandelung IIb 99; — Einfluß auf den Nachlieferungsanspruch beim Kauf von Gattungssachen IIb 124; — beim contractus mohatrae IIb 364; — beim Viehkauf IIb 135; — V. der Miethsache IIb 240; — Verjährung des Ersatzanspruches IIb 263; — der Nießbrauchsache III 318; — Verjährung der Ansprüche hiewegen III 322; — des Pfandes: Verjährung des Ersatzanspruches III 567; — V. durch unerlaubte Handlung erlangter Sachen IIb 954; — V. der Vermögensverhältnisse des Vertragsgegners, Verweigerung der Vorleistung IIa 146; — des Stoffes beim Werkvertrag IIb 474; — des Werkes IIb 476; — des Gegenstandes des Wiederkaufsrechtes IIb 154, 157.
Verschleierter Pfandvertrag I 343, III 179.
Verschließung des Erbvertrages V 591; — des Testamentes V 549.
Verschollenheit: Begriff I 92, 95; — Fristen und Voraussetzungen I 97, 98; — bei Kriegsverschollenheit I 100; — bei Seeverschollenheit I 102; — bei Unfallverschollenheit I 104; — anzuwendendes Recht VI 35; — Erledigung eines anhängigen Verfahrens VI 301; — Besitzeinweisung des muthmaßlichen Erben VI 301, 303; — Erbfähigkeit des Verschollenen V 16; — V. des Grundstückseigenthümers III 171; — des Mündels, Aufhebung der Vormundschaft IV 1164; — Aufhebung der vorläufigen Vormundschaft IV 1196; — V. des Vormunds IV 1166.
Verschulden: Vertretung IIa 80, 89; — konkurrirendes V. IIa 39, IIb 865, 911, 915, 929; — Ausschluß des Rücktrittes vom Vertrag durch V. IIa 197; — V. als Voraussetzung des Verzuges IIa 106; — V. eines Gesammtgläubigers IIa 345; — eines Gesammtschuldners IIa 336; — Vertretung fremden V. IIa 85; — Dritter: des gesetzlichen Vertreters und Dritter IIa 93; — des Gehülfen beim Auftrag, Vertretung IIb 528; — eines Dritten bei der Miethe IIb 241, 246; — des Gehülfen bei Verwahrung IIb 573; — des Testamentsvollstreckers V 513; — des Vormunds, Gegenvormunds IV 1103.
Verschwägerte: Mitwirkung bei Testamentserrichtung: von V. des Bedachten V 537; — des Erblassers V 536; — des Richters oder Notars V 538; — Fähigkeit zur Zeugschaft bei Eheschließung VI 126; — des Kindes: Anhörung durch das Vormundschaftsgericht vor Ersetzung der elterlichen Einwilligung zur Eheschließung IV 35; — vor Maßregeln in Bezug auf die elterliche Gewalt IV 808; — V. des Mündels: Anhörung durch das Vormundschaftsgericht IV 1127; — vor Auswahl der Familienrathsmitglieder IV 1146;

— vor Anordnung der Zwangserziehung IV 1117; — Antragsrecht auf Einsetzung eines Familienrathes IV 1142; — Berücksichtigung bei Auswahl des Vormundes IV 1006; — Berufung zum Familienrath IV 1150; — Ersatz ihrer Auslagen IV 1127.
Verschweigen siehe „arglistiges V."
Verschwendung: rechtliche Wirkungen ohne Entmündigung I 56; — Enterbung des Verschwenders in guter Absicht V 702; — nach Abschluß eines Erbvertrages V 608; — Entmündigung wegen V. I 42, 49; — Verfahren I 52; — Wirkungen des Entmündigungsantrages und -Beschlusses I 55; — Beschränkung der Geschäftsfähigkeit I 327; — Bekanntmachung der Entmündigung und deren Wiederaufhebung IV 1180; — Gütergemeinschaftsaufhebungsklage eines Abkömmlings bei Entmündigung des überlebenden Ehegatten wegen V. IV 403; der Frau bei Entmündigung des Mannes bei allgem. Gütergemeinschaft IV 347; — bei Errungenschaftsgemeinschaft IV 476, 477; — Abschluß von Erbverträgen durch Entmündigte V 588; — Fähigkeit Entmündigter zur Mitwirkung bei Testamentserrichtung V 539; — zum Widerruf eines Testaments V 557; — Unfähigkeit Entmündigter zum Familienrath IV 1148; — zum Gegenvormund IV 1025; — zum Pfleger IV 1220; — zum Vormund IV 1007, 1181; — zur Testamentserrichtung V 525, 526; — Wirkung der Entmündigung oder Beistandschaft nach bisherigem Rechte VI 296; — Entmündigung von Ausländern VI 33; — Wirksamkeit von Rechtsgeschäften des Entmündigten und seines Vertreters im Falle der Aufhebung der E. I 329.
Verschwiegenheit: Pflicht des Dienstverpflichteten hiezu IIb 393.
Versendung der Kaufsache: Gefahrenübergang IIb 46; — Kosten IIb 51; — V. der Waare: Leistungsort IIa 64; — des bestellten Werkes: Gefahrenübergang IIb 474.
Versetzung von Beamten, Militärpersonen rc.: Kündigung der Miethe IIb 296; — V. des Pächters IIb 347.
Versicherung zu Gunsten Dritter IIa 167; — V. des eingebrachten Gutes: Haftung für die Versicherungsprämie IV 191, — bei Errungenschaftsgemeinschaft IV 458; — des Hypothekenobjekt: Erstreckung der Hypothek auf die Forderung gegen den Versicherer III 408; — Umfang und Dauer der Pfandhaftung der Entschädigungssumme bei Gebäudeversicherung III 410, — bei Versicherung anderer Gegenstände III 412; — Ausschluß der Haftung durch den Versicherungsvertrag III 412; — des Kindervermögens IV 774; — der Nießbrauchsache III 313; — Recht des Nießbrauchers an der Versicherungssumme III 314.
Versicherungsforderung: Gegenstand der Nacherbfolge V 381; — siehe auch Lebensversicherung.
Versicherungspolicen IIb 813; — Kraftloserklärung nach Landesrecht VI 228.
Versicherungsprämie: Vertheilung auf successiv Verpflichtete I 290.
Versicherungsrecht: landesgesetzliche Regelung VI 188.
Versicherungssumme: Erstreckung der Hypothek auf die V. III 408; — Umfang und Dauer der Haftung III 412; — Erlöschen der Haftung III 408, 410; — Ausschluß der Haftung durch den Versicherungsvertrag III 412; — freies Verfügungsrecht des Versicherten VI 251.
Versicherungsvertrag auf Gewährung einer Leibrente IIb 683; — Abschluß für den Mündel IV 1080.
Versionsklage IIb 550, 825.
Versprechen der Leistung an einen Dritten IIa 162.
Versteckter Dissens beim Vertragsabschluß I 439.
Versteigerung: Zustandekommen des Vertrages bei V. I 440; — Herausgabe des Erlöses nicht dem Schuldner gehöriger versteigerter Sachen IIb 837; — Schadensersatzpflicht IIb 859; — Ausschluß der Mängelhaftung bei öffentlicher V. IIb 82; — V. gefundener, dem Verderb ausgesetzter Sachen III 228; — in dem öffentlichen Verkehr dienenden Räumlichkeiten gefundener Sachen III 238; — V. gemeinschaftlicher Sachen zum Zwecke der Theilung IIb 676; — Eigenthumserwerb an gestohlenen, verlorenen rc. Sachen in öffentlicher V. III 189, 194; — von Grundstücken: Auflassung III 167, VI 276; — V. zur Hinterlegung nicht geeigneter Sachen IIa 248; — Androhung IIa 249; — Benachrichtigung von der erfolgten V. IIa 250; — Kosten IIa 251; — der Pfandsache III 577; — Ort der V. III 578; — Bekanntmachung III 578; — Art und Weise III 579; — bei Gold- und Silbersachen III 581; — Benachrichtigung von der erfolgten V. III 582; — wegen Gefahr des Verderbs oder der Werthminderung III 563; — Androhung der V. in diesem Falle III 564; — V. mit Gewährsmängeln behafteter Thiere im Prozeß IIb 138.
Versteigerungsbeamte: Verbot des Bietens IIb 61, 62; — Wirkung der Nichtbeachtung IIb 63.
Vertheidigung gegen rechtswidrige Angriffe I 582; — gegen verbotene Eigenmacht III 21, — durch den Besitzdiener III 23.
Vertheidigungskosten der Frau: keine Unterhaltskosten IV 133; — Haftung im gesetzlichen Güterstand IV 194, 250; — V. des Mannes und der Frau bei Errungenschaftsgemeinschaft IV 459; — des Kindes IV 774.
Vertheilung von Früchten unter successiv Be-

rechtigte I 287; — von Lasten auf successiv Verpflichtete I 290.
Vertheilungsverfahren nach dem Rayongesetz VI 149; — bei Zwangsenteignung von Grundstücken VI 147.
Vertiefung eines Grundstücks III 133.
Vertrag: Begriff und rechtliche Natur I 418, IIa 122, 123; — **Abschluß, Zustandekommen** I 418; — Zustandekommen ohne Annahmeerklärung I 434; — bei gerichtlicher oder notarieller Beurkundung ohne gleichzeitige Anwesenheit der Vertragstheile I 436; — bei Versteigerung I 440; — Ort des Abschlusses I 433; — Arten I 419, IIa 7; — einseitige, zweiseitige IIa 143; — Einigung über alle Vertragspunkte als Voraussetzung der Wirksamkeit I 438; — Einfluß mangelnder Einigung über einzelne Punkte I 439; — Verabredung der Beurkundung I 438; — rechtsgeschäftliche Schriftform I 376; — gesetzliche Schriftform I 373; — Auslegung der V. I 442; — Abschluß ohne Vertretungsmacht I 497; — Haftung des Vertreters I 499; — Zustimmung Dritter zu V. I 508; — Bestätigung nichtiger V. I 409; — Verhältniß der Verletzung einer Vertragspflicht zur unerlaubten Handlung IIb 850; — auf die Perfektion anzuwendendes Recht VI 310; — **V. über Schuldverhältnisse**: Begründung, Aenderung des Inhalts des Sch. IIa 123; — V. auf eine unmögliche Leistung IIa 125; — Einfluß der Kenntniß von der Unmöglichkeit IIa 126; — Hebung der Unmöglichkeit IIa 128; — Verstoß des V. gegen ein gesetzliches Verbot, gegen die guten Sitten IIa 130; — gegenseitiger V.: Begriff IIa 143, 144; — Erfüllung, Einrede des nicht erfüllten Vertrages IIa 143, 148; — theilweise Leistung IIa 143, 146; — Verweigerung der Leistung wegen Unsicherheit der Gegenleistung IIa 146; — Einfluß zufälliger Unmöglichkeit IIa 149, 151; — vom Gläubiger zu vertretende Unmöglichkeit IIa 149, 153; — vom Schuldner zu vertretende IIa 149, 155; — Einfluß des Verzuges des Leistungspflichtigen IIa 150, 157; — Rücktrittsrecht IIa 162; — Verurtheilung zur Leistung Zug um Zug IIa 148; — V. auf Leistung an einen Dritten IIa 162, 164; — Leistung nach dem Tode des Versprechensempfängers IIa 170; — Aenderung der Person des Bedachten IIa 170; — Zurückweisung des Rechtes durch den Dritten IIa 171; — Einwendungen aus dem V. IIa 171; — Geltendmachung des Rechtes aus dem V. durch den Versprechensempfänger IIa 173; — einzelne Fälle: V. über Eigenthumsübertragung an Grundstücken IIa 132; — V. über den Nachlaß eines noch lebenden Dritten IIa 132, V 8, — über ein Vermächtniß eines Dritten IIa 132, V 53, 416; — über ein gegenwärtiges Vermögen IIa 132; — über ein künftiges Vermögen IIa 131; — Schuldenhaftung des Uebernehmers des Vermögens IIa 312; — über das gesetzliche Erbrecht V 23; — V. der Ehefrau über eingebrachtes Gut IV 212; — Widerruf desselben IV 214; — des Gewalthabers: Einfluß mangelnder Genehmigung des Vormundschaftsgerichts IV 758; — des Vormundes ohne Genehmigung des Vormundschaftsgerichts IV 1093; — V. Minderjähriger: Erforderniß der Genehmigung des gesetzlichen Vertreters I 315; — Widerruf durch den anderen Theil I 315, 318; — Gültigkeit ohne Genehmigung I 319; — Beweislast für Genehmigung und Widerruf I 319.
Vertragsantrag: rechtliche Natur des V. I 426, — der Annahmeerklärung I 428; — Form des V. I 426; — Vorbehalt des Widerrufs I 427; — Voraussetzungen der Wirksamkeit I 424, 425; — Gebundenheit an den V. I 424; — Bedeutung der Gebundenheit I 426; — Vererblichkeit I 436; — Erlöschen durch Ablehnung oder nicht rechtzeitige Annahme I 427; — zeitliche Annahmefähigkeit I 429, — beim Verzicht auf Annahmeerklärung I 434; — Fristbestimmung für die Annahme I 431; — verspätete Annahme I 429, 433; — rechtzeitig abgesandte und verspätet zugegangene Annahmeerklärung I 431; — modifizirte Annahme I 433; — Ausnahmen von der Empfangsbedürftigkeit I 434; — Einfluß des Todes oder eingetretener Geschäftsunfähigkeit eines Vertragstheiles I 436; — V. bei der Versteigerung I 441; — beim Kauf IIb 6; — Zusendung unbestellter Waare IIb 6; — Ablehnung durch die Frau im gesetzlichen Güterstande IV 231, — bei allgemeiner Gütergemeinschaft IV 324, — bei Errungenschaftsgemeinschaft IV 445.
Vertragserbe V 55.
Vertragsfreiheit I 419, IIa 4, IIb 2; — V. bei Miethe IIb 200, 205.
Vertragsmäßiges Erbrecht: Verzicht auf die Zuwendung V 727.
Vertragsmäßiges Güterrecht IV 279; — dispositives Recht IV 280; — Zeugniß über den Bestand IV 504.
Vertragsstrafe: Begriff, rechtliche Natur, Arten IIa 177; — Fälligkeit der auf Zahlung einer Geldsumme gerichteten IIa 179; — Entrichtung statt Erfüllung IIa 180; — wegen nicht gehöriger Erfüllung IIa 181; — andere Leistungen als Zahlung einer Geldsumme IIa 183; — Beweislast für die Vertragserfüllung IIa 188; — richterliches Ermäßigungsrecht IIa 183; — Unverjährbarkeit des Klagerechts auf Herabsetzung I 531; — Uebergang des Anspruches bei Abtretung der Forderung aus dem Vertrage IIa 280; — Ungültigkeit des Versprechens wegen Unwirksamkeit des Vertrages IIa 186; — Einfluß der Schuldübernahme IIa 312; — Geltendmachung durch den Bürgen IIb 712; — V. zum Schutz einer Leistung ohne Vermögenswerth IIa 6;

— Haftung des Hypothekobjekts III 394, — des Pfandes III 556; — V. für Bruch des Eheversprechens IV 13, 14.
Vertretbare Handlungen I 265.
Vertretbare Sachen: Begriff I 264; — Leistung IIa 14; — v. S. als Gegenstand der Anweisung IIb 760, — des Darlehens IIb 362, 363, 364, — des Beitrages zum Gesellschaftsvermögen IIb 606; — der Leihe IIb 351; — der Miethe IIb 204; — der Verwahrung IIb 581.
Vertreter: Unterschied vom Boten und Gehülfen I 464, 465; — Anfechtungsrecht wegen Drohung I 363, 477; — wegen Täuschung I 365, 477; — Irrthum des V. I 353, 476; — Unterzeichnung von Urkunden I 375; — Kontrahiren mit sich selbst I 504; — Leistung an V. IIa 219; — Haftung für Vertreter von Beamten IIb 934; — V. des Grundstückseigenthümers zur Entgegennahme der Kündigung der Hypothekforderung III 430; — siehe auch „gesetzlicher Vertreter".
Vertretung: Begriff I 466; — Zulässigkeit I 467; — aktive und passive I 466; — mittelbare und unmittelbare I 467; — Wirkung der Erklärung von und gegenüber Vertretern I 469; — Vertretungsfähigkeit I 472, 474; — Substitutionsbefugniß des Vertreters I 473; — Vertretungsmacht I 472; — Beweislast für das Bestehen der Vertretungsmacht I 474; — Einfluß von Willensmängeln, Kennen oder kennen müssen I 475; — Vollmacht zur V. (siehe auch „Vollmacht") I 479; — V. ohne Vertretungsmacht I 497, IIb 550, 552; — bei Eigenthumsübertragung III 176; — Haftung des Vertreters bei verweigerter Genehmigung des Geschäfts durch den Vertretenen I 500; — bei einseitigen Rechtsgeschäften I 502; — Kontrahiren des Vertreters mit sich selbst I 505; — Sonderfälle der V.: V. der Gesellschaft IIb 619; — des unter elterlicher Gewalt stehenden Kindes IV 709; — bei Beschränkung des Gewalthabers in der Geschäftsfähigkeit IV 813; — durch die Mutter IV 831; — während Ruhens der elterlichen Gewalt der Mutter IV 846; — des Kindes aus nichtiger Ehe IV 853, 856; — aus geschiedener Ehe IV 731; — der unter elterlicher Gewalt stehenden verheiratheten Tochter IV 725; — des Mannes durch die Frau IV 124; — Vertretungsrecht der Frau bei Verhinderung des Mannes IV 322; — V. des Mündels IV 1027, 1030; — des unehelichen Kindes IV 873; — V. des Vereins durch den Vorstand I 143, — durch Vertreter für einzelne Geschäfte I 154; — V. des Vereinsvorstandes I 145; — V. bei Eigenthumsübertragung III 177, 178; — — guter Glaube beim Erwerb vom Nichteigenthümer III 187; — V. bei Verarbeitung, Umbildung III 208; — Unzulässigkeit und Beschränkung: beim Auftrag IIb 528; — beim Dienstvertrag IIb 400; — bei der Geschäftsführung eines Gesellschafters IIb 618; — bei Anfechtung der Ehe IV 86, — bei Bestätigung der anfechtbaren Ehe IV 88; — bei Anerkennung der Ehelichkeit IV 632; — bei Anfechtung der Ehelichkeit IV 626; — bei Anfechtung der Anerkennung der Ehelichkeit IV 634; — bei Anfechtung des Antrages auf Ehelichkeitserklärung und der Einwilligungserklärungen IV 928; — bei Anfechtung des Vertrages über Annahme an Kindesstatt und der Einwilligung hiezu IV 961; — bei Anfechtung der Aufhebung IV 962, 979, 981; — beim Antrag auf Ehelichkeitserklärung IV 923, 926; — bei der Eheschließung IV 53; — bei der Einwilligungserklärung zur Annahme an Kindesstatt IV 951, 952, 953, — zur Ehelichkeitserklärung IV 924, 926; — bei der elterlichen Einwilligung zur Eheschließung IV 34; — beim Vertrag über Annahme an Kindesstatt IV 954, 972, — über Aufhebung der Annahme an Kindesstatt IV 979; — bei Verträgen über allgemeine Gütergemeinschaft IV 299; — über Ausschluß der Fortsetzung der Gütergemeinschaft IV 425; — bei der Zustimmungserklärung zu Verträgen der Frau über persönliche Leistungen und zur Kündigung derselben IV 128; — bei der Zustimmungserklärung zu Verfügungen in Bezug auf den Antheil eines Abkömmlings am Gesammtgut der fortgesetzten Gütergemeinschaft IV 436; — bei Wiederherstellung der ehelichen Gemeinschaft IV 595; — bei Anfechtung des Erbvertrages V 598, 599; — bei Abschluß des Erbvertrags V 587; — bei Aufhebung des Erbvertrages V 611, 613; — bei Bestätigung des anfechtbaren Erbvertrages V 601; — beim Rücktritt vom Erbvertrag V 620; — beim Erbverzichtsvertrag V 722; — bei Aufhebung des Erbverzichts V 726; — bei der Testamentserrichtung V 327; — beim Widerruf des Testaments durch Rücknahme aus amtlicher Verwahrung V 557.
Vertretungsfähigkeit I 472, 474.
Vertretungsmacht: Begriff und Inhalt I 472, 473; — V. in der Geschäftsfähigkeit Beschränkter I 474; — Umfang I 481; — Ende I 484, — der auf Grund besonderer Mittheilung oder öffentlicher Bekanntmachung oder Aushändigung einer Vollmachtsurkunde bestehenden I 490, 493; — Erlöschen derselben I 484, 490; — Mangel derselben I 497; — Wirkung des Mangels I 499; — Mangel bei einseitigem Rechtsgeschäfte I 502; — V. des Inhabers der elterlichen Gewalt IV 709; — nach Ehescheidung IV 730; — gegenüber der verheiratheten Tochter IV 725; — Entziehung IV 793; — V. der ehelichen Mutter IV 831; — V. des Vereinsvorstands

I 143, 145; — Eintragung von Beschränkungen derselben ins Vereinsregister I 214; — V. besonderer Vertreter des Vereins I 154; — des Vormunds IV 1027; — Ausschluß derselben IV 1030; — Ende IV 1032.

Vertretungsrecht der Frau bei Verhinderung des Mannes IV 322.

Verunstaltung einer Person, Geldentschädigung IIb 952; — V. von Schuldverschreibungen IIb 793.

Vervielfältigung der Namensunterschrift bei Schuldverschreibung IIb 778.

Verwachsung mit dem Erdboden I 272.

Verwahrung: Begriff und rechtliche Natur IIb 566; — dispositive Natur der Vorschriften IIb 566; — Verhältniß zu ähnlichen Vertragsverhältnissen IIb 568, 569; — Unterschied vom Auftrag IIb 523; — besondere Arten IIb 567; — Voraussetzungen des Verwahrungsvertrages IIb 568, 569; — Form des Verwahrungsvertrags IIb 570; — Vorvertrag (pactum de deponendo) IIb 570; — Bedeutung des Depotscheins IIb 572; — Mehrheit von Hinterlegern oder Verwahrern IIb 567; — Weiterhinterlegung bei einem Dritten IIb 573; — Art der Aufbewahrung IIb 574; — unbefugter Gebrauch der verwahrten Sache IIb 575; — Besitzverhältnisse IIb 567; — mittelbarer Besitz des Hinterlegers III 33; — Zeit der Rückgabe IIb 577; — Ort der Rückgabe IIb 579; — Rechte und Pflichten des Verwahrers: Recht auf Vergütung IIb 570; — stillschweigende Vereinbarung der Vergütung IIb 572; — Zeit der Entrichtung IIb 580; — Recht auf Rücknahme der Sache IIb 578; — Zurückbehaltung IIb 578; — Aufrechnung gegen den Anspruch auf Rückgabe der verwahrten Sache IIa 263; — Verwahrungspflicht überhaupt IIb 569, 571; — Nebenleistungen IIb 568; — Abweichung von der vereinbarten Aufbewahrungsart, Anzeigepflicht IIb 574; — Rückgabe der Sache IIb 571; — Verbot der Weiterhinterlegung IIb 573; — Haftung des Verwahrers überhaupt IIb 567; — bei unentgeltlicher V. IIb 572; — bei Weiterhinterlegung IIb 573; — für Gehülfen IIb 573; — Verzinsung verwendeten Geldes IIb 580; — Rechte und Pflichten des Hinterlegers: Rückforderungsrecht IIb 577; — Zurückbehaltungsrecht IIb 576; — Ersatzpflicht für Aufwendungen des Verwahrers IIb 575, 577; — Befreiung von Verbindlichkeiten IIb 576; — Ersatzpflicht für Schäden in Folge der Beschaffenheit der Sache IIb 576; — Entrichtung der Vergütung IIb 570; — Vererblichkeit der Ansprüche aus dem Verwahrungsvertrag IIb 567; — Verjährung der Ansprüche IIb 567; — Besondere Fälle der V.: Hinterlegung vertretbarer Sachen (depositum irregulare) IIb 361, 581; — Gewährleistung wegen Mängel bei der uneigentlichen V. IIb 143; — V. der an mehrere Gläubiger geschuldeten untheilbaren Sache IIa 348; — V. des Erbvertrages V 590, 626; — Einfluß der Zurücknahme aus der V. V 613; — V. der Fundsachen III 228; — Ersatz von Aufwendungen III 231; — zum Nachlaß geschuldeter zur Hinterlegung nicht geeigneter Sachen während der Erbengemeinschaft V 284; — des Pfandes: Pflicht des Pfandgläubigers III 560; — V. durch einen gerichtlich bestellten Verwahrer wegen verletzenden Verhaltens des Pfandgläubigers III 562; — V. durch einen gemeinschaftlich bestellten Verwahrer bis zum Verkauf III 572; — V. des geleisteten Gegenstandes beim Pfandrecht an einem Rechte III 618; — des Testaments: des amtlichen V 549; — des eigenhändigen V 551; — Rückgabe des Testaments V 557, 559; — des gemeinschaftlichen Testaments V 560, 582; — Ablieferung an das Nachlaßgericht nach dem Tode des Erblassers V 562; — von Werthpapieren IIb 581.

Verwahrung (Protestation) Begriff I 333.

Verwahrungsdepot IIb 583.

Verwahrungspflicht des Verkäufers IIb 13.

Verwahrungsvertrag der Ehefrau IV 129.

Verwaltung: Rechnungsstellung über eine V. IIa 47; — des eingebrachten Gutes der Frau beim gesetzlichen Güterstand: Recht des Mannes IV 150, 152; — keine Eintragung ins Grundbuch IV 152; — Unübertragbarkeit des Rechtes IV 235; — Ausschluß durch Ehevertrag IV 294; — Beschränkungen IV 171; — Vertretung des bevormundeten Ehemannes IV 236; — Ausschluß bei Verheirathung der Frau ohne Einwilligung des gesetzlichen Vertreters IV 152; — Voraussetzungen der Geltendmachung des Ausschlusses oder der Aenderung gegenüber Dritten IV 289, VI 56; — Art der Verwaltung IV 169; — Lastentragung während der Dauer der V. IV 191; — Tragung von Zinsen und wiederkehrenden Leistungen IV 193; — Geltendmachung der Ansprüche aus der V. durch die Frau IV 209; — Beendigungsgründe überhaupt IV 254; — Beendigung durch Gütertrennungsklage IV 257, — durch Konkurseröffnung über das Vermögen des Mannes IV 262; — durch Todeserklärung I 109, IV 262; — Wirkung der Beendigung IV 264; — im Falle der Gütertrennungsklage IV 266; — Einfluß der Beendigung auf bestehende Mieth- und Pachtverhältnisse IV 266; — Fortführung der Verwaltung nach Beendigung bis zu anderweitiger Fürsorge IV 267; — Wirkung der Wiederherstellung der Verwaltung gegenüber Dritten IV 278; — V. des eingebrachten Gutes bei Errungenschaftsgemeinschaft IV 452; — Fortführung der V. nach Beendi-

gung IV 480, 484; — bei Fahrnißgemeinschaft IV 493; — V. des Frauenvermögens durch den Mann bei Gütertrennung IV 276; — V. des gemeinschaftlichen Gegenstandes IIb 664, 665; — Kosten IIb 669; — Wirkung von Anordnungen über die V. für die Sondernachfolger IIb 667; — des Gesammtgutes: der allgemeinen Gütergemeinschaft IV 309; — keine Verantwortlichkeit des Mannes IV 326; — V. durch den Vormund des Mannes IV 328; — Ende des Verwaltungsrechtes IV 313; — V. nach Aufhebung der Gütergemeinschaft bis zur Auseinandersetzung IV 353; — des Gesammtguts der Errungenschaftsgemeinschaft IV 445; — Verantwortlichkeit des Mannes IV 446; — Verwaltung durch den Vormund des Mannes IV 446; — V. nach Aufhebung bis zur Auseinandersetzung IV 482; — des Gesammtguts der fortgesetzten Gütergemeinschaft IV 386, 387, 388; — nach Beendigung der Gemeinschaft bis zur Auseinandersetzung IV 406; — V. des Kindervermögens IV 738; — Ausschluß der elterlichen V. IV 740; — Beschränkung durch Anordnungen Dritter IV 742; — Entziehung IV 805; — Verwaltung durch den Beistand der Mutter IV 841; — V. des Vermögens des volljährigen Kindes durch die Eltern IV 685; — V. des Vermögens des angenommenen Kindes IV 968; — V. des Mündelvermögens IV 1044; — des Nachlasses: durch den Erben während der Ausschlagungsfrist V 90; — Verlust des Rechtes durch Anordnung der Nachlaßverwaltung V 184; — Haftung für die bisherige V. im Falle der Nachlaßverwaltung oder des Nachlaßkonkurses V 168; — Haftung im Falle der Herausgabe des Nachlasses an die Gläubiger beim Mangel an Masse zu einer Nachlaßverwaltung oder einem Nachlaßkonkurs V 198; — V. durch mehrere Erben V 282; — durch den Nachlaßverwalter (siehe auch „Nachlaßverwaltung") V 187; — V. durch den Testamentsvollstrecker V 492; — Pflicht zur V. V 510; — Beschränkungen in Bezug auf die Verwaltung V 500; — V. durch den Vorerben V 387; — Entziehung der V. V 395; — Pflicht des Nacherben zur Einwilligung zu Verwaltungshandlungen V 391; — Haftung für die Verwaltung V 398, 399; — Anordnung für die Nießbrauchsache III 318, 319; — beim Nießbrauch an einem Recht auf Leistung III 331.

Verwaltungsbehörden: Zuständigkeit für den Einspruch gegen Eintragung eines Vereines I 203; — Zuständigkeit zur Entscheidung über Zwangserziehung Minderjähriger VI 265; — Verjährung von Ansprüchen aus Erkenntnissen derselben I 572.

Verwaltungsgemeinschaft des bisherigen Rechts IV 143.

Verwaltungsgerichte: Verjährung der Ansprüche aus Erkenntnissen derselben I 572.

Verwaltungsgerichtshof: Zuständigkeit zur Entscheidung über Entziehung der Rechtsfähigkeit eines Vereins I 176; — für die Beschwerde in Vereinssachen I 212; — Haftung der Mitglieder aus Amtspflichtverletzungen IIb 930.

Verwaltungsrecht: Verhältniß zum BGB. VI 155; — eheherrliches, elterliches: nicht eintragungsfähig ins Grundbuch III 50.

Verwaltungsstreitverfahren bei Entziehung der Rechtsfähigkeit eines Vereins I 175; — beim Einspruch gegen Eintragung eines Vereines I 211.

Verwaltungsvermögen I 261;

Verwaltungsverordnungen VI 5.

Verwaltungsvertrag IIb 1.

Verwandte: Beschränkung der Ehe zwischen V. IV 38; — Ausschluß von der Erbfolge durch Testament V 52; — Erbverzicht V 719; — letztwillige Verfügungen an V., Auslegung V 335; — Mitwirkung bei Testamentserrichtung: von V. des Bedachten V 537; — des Erblassers V 536, — des Richters oder Notars V 538; — Unterhaltspflicht IV 649; — Haftung für Beerdigungskosten IV 675; — Zeugschaft bei Eheschließung VI 126; — V. des Kindes: Anhörung vor Ersetzung der elterlichen Einwilligung zur Eheschließung IV 35; — vor Maßregeln in Bezug auf die elterliche Gewalt IV 808; — V. des Mündels: Anhörung durch das Vormundschaftsgericht IV 1127; — vor Auswahl der Familienrathsmitglieder IV 1146; — vor Anordnung der Zwangserziehung IV 1117; — Antragsrecht auf Einsetzung eines Familienrathes IV 1142; — Berücksichtigung bei der Auswahl des Vormunds IV 1006; — Berufung zum Familienrath IV 1150; — Ersatz ihrer Auslagen IV 1127.

Verwandtenerbrecht V 20.

Verwandtschaft: Begriff IV 599; — Bedeutung im Civilrecht und Civilprozeß IV 602, 603; — V. im Sinne der nach dem BGB. erlassenen Reichsgesetze VI 110; — i. S. der Landesgesetze VI 110; — im Sinne der Justizgesetze und des Anfechtungsgesetzes VI 108; — i. S. des Strafgesetzbuchs VI 110; — Ehehinderniß der V. IV 38; — Nichtigkeit der verbotswidrig geschlossenen Ehe IV 75; — Geltendmachung der Nichtigkeit IV 76; — Einfluß der Annahme an Kindesstatt IV 973; — Einfluß der Ehelichkeitserklärung IV 934; — V. des Kindes aus nichtiger Ehe mit Verwandten des Vaters IV 855, 858, — der Mutter IV 857, 858; — V. zwischen dem Vater und dem unehelichen Kinde: Ausschluß der Ehelichkeitserklärung IV 929; — V. des unehelichen Kindes zur Mutter und deren Verwandten IV 865.

Verweigerung der Amtsausübung durch Richter IIb 924, 931; — der Befriedigung von Nachlaßgläubigern: zeitweilige V. V 240; — im Falle der Anordnung der Nachlaßpflegschaft V 245; — Ausschluß der V. wegen unbeschränkter Haftung des Erben, gegenüber vom Aufgebot nicht betroffenen Gläubigern V 244; — V. nach Beendigung des Nachlaßkonkurses durch Vertheilung der Masse oder Zwangsvergleich V 193, 195; — im Falle von Mangel an Masse zur Durchführung einer Nachlaßverwaltung, eines Nachlaßkonkurses V 198; — V. wegen Ausschlusses der Gläubiger im Aufgebotsverfahren V 140; — V. durch einen Miterben vor der Theilung des Nachlasses V 317; — der Gegenleistung bei vom Verpflichteten verschuldeter Unmöglichkeit der Leistung IIa 156; — der Genehmigung der Schuldübernahme IIa 301; — bei Uebernahme von Hypothekforderungen IIa 304; — V. der Leistung aus einem gegenseitigen Vertrag bis zur Gegenleistung IIa 143; — bei Unsicherheit des anderen Vertragstheiles IIa 143; — Einfluß im Prozeß IIa 147; — V. der Leistung aus einer anfechtbaren letztwilligen Verfügung nach Ablauf der Anfechtungsfrist V 351.

Verweisung auf außer Kraft gesetzte Vorschriften VI 9, 11, 12; — auf nicht mehr geltendes oder ausländisches Recht bei Regelung des Güterstandes IV 285.

Verweisungsnormen VI 16.

Verwendung von Gesammtgut zum Vorbehaltsgut des Mannes u. umgekehrt bei allgemeiner Gütergemeinschaft IV 342; — bei fortgesetzter Gütergemeinschaft IV 386; — V. eingebrachten Gutes der Errungenschaftsgemeinschaft IV 472; — V. von Mündelgeld durch den Vormund IV 1106; — von Mündelvermögen durch den Vormund IV 1046.

Verwendungen: Begriff IIa 45, 47; — Zurückbehaltungsrecht für V. IIa 71, 75; — Ersatz von V. beim Rücktritt vom Vertrag IIa 193; — Ersatz unverhältnißmäßig hoher V. IIa 198; — des herausgabepflichtigen Besitzers: Ersatzanspruch für nothwendige III 255; — für nicht nothwendige III 257, — für Aufwendungen zur Bestreitung von Lasten III 256; — für V. des Vorbesitzers III 259; — Haftung für V. vor Eigenthumserwerb III 259; — Klagerecht des Besitzers auf Ersatz III 260; — Frist für die Klage III 261; — Selbstbefriedigungsrecht des Besitzers aus der Sache III 261; — Zurückbehaltungsrecht III 259; — Einzelfälle: V. des Beauftragten: Vorschußpflicht des Auftraggebers IIb 534; — Ersatzpflicht IIb 535; — des Erbschaftsbesitzers V 258; — Unmöglichkeit der Erstattung V 260; — Ersatzpflicht des Erbschaftskäufers V 773; — auf den Fruchtbezug I 288; — V. des Geschäftsführers ohne Auftrag IIb 558, 561; — d. Herausgabepflichtigen: Ersatzanspruch für V. nach Rechtshängigkeit d. Herausgabeanspruches IIa 113; — des Nießbrauchers III 317; — Verjährung des Ersatzanspruchs III 322; — des Pfandgläubigers III 561; — Verjährung des Ersatzanspruches III 566; — Haftung des Pfandes für Ansprüche des Pfandgläubigers auf Ersatz von V. III 556; — Haftung beim Eigenthumserwerb durch Verbindung, Vermischung, Verarbeitung III 210; — V. des Verkäufers auf die Kaufsache IIb 52; — bei der Leihe IIb 353; — Verjährung des Ersatzanspruches des Entleihers IIb 358; — bei der Miethe, Ersatzpflicht des Vermiethers IIb 238; — Verjährung des Ersatzanspruches IIb 263; — V. auf durch unerlaubte Handlungen erlangte Sachen IIb 955; — V. des Verwahrers IIb 575; — V. des Vorerben auf die Erbschaft V 393; — V. auf den Vermächtnißgegenstand V 453; — V. des Wiederverkäufers IIb 156, 157.

Verwirkung der Vergütung beim Dienstvertrag IIb 403; — der elterlichen Gewalt IV 812, 818; — Uebergang auf die Mutter IV 827; — Gütergemeinschaftsaufhebungsklage des Abkömmlings IV 403; — Stellung der Mutter neben dem Vormund des Vaters IV 849; — V. durch den Adoptivvater durch Verehelichung mit dem Kinde IV 981.

Verzeichniß des eingebrachten Gutes beim gesetzlichen Güterstand IV 165; — nach Beendigung der Nutznießung und Verwaltung des Mannes IV 264; — bei Errungenschaftsgemeinschaft IV 456; — der Erbschaftsgegenstände im Falle der Nacherbfolge V 391; — des Gesammtgutes der fortgesetzten Gütergemeinschaft IV 400; — über einen Inbegriff von Sachen IIa 49; — beim Nießbrauch an einem Sachinbegriff III 307; — V. des Kindervermögens nach dem Tode der Mutter IV 744; — wegen Gefährdung des Vermögens IV 798; — bei Wiederverehelichung des Vaters IV 802; — Einreichung durch die Mutter IV 839; — V. des Vermögens des angenommenen Kindes IV 968, 970; — V. des Vermögens des Pfleglings IV 1220; — V. des Mündelvermögens IV 1041; — V. des Nachlasses (siehe „Inventar") V 211; — zur Sicherung des Nachlasses V 93, 97; — durch den Testamentsvollstrecker V 509; — Vorlage an den Pflichttheilsberechtigten V 657; — V. der Vereinsmitglieder I 220.

Verzeihung des Ehescheidungsgrundes IV 541, 555; — von Erbunwürdigkeitsgründen V 713; — der Gründe zur Entziehung des Pflichttheiles V 699; — des Undankes des Schenkers IIb 197.

Verzicht: Begriff I 306; — schenkungsweiser V. IIb 174; — V. auf ein angefallenes Recht,

keine Schenkung IIb 177; — auf Ablehnung der fortgesetzten Gütergemeinschaft IV 383; — auf Anfechtung einer letztwilligen Verfügung V 346; — V. auf Annahme des Vertragsantrags I 434; — auf den Antheil an der fortgesetzten Gütergemeinschaft IV 397, 438; — Zustimmung des anderen Ehegatten zu dem V. IV 438; — Anrechnung der Abfindungssumme auf den Antheil bei der Auseinandersetzung IV 412; — Berücksichtigung bei der Theilung IV 416; — auf das Recht aus einer Auflage V 460; — V. auf Aufrechnung IIa 261; — V. auf den Ehescheidungsanspruch IV 543; — V. auf das Eigenthum an beweglichen Sachen III 221; — an Grundstücken III 172; — auf Einreden IIa 124; — Einfluß auf die Haftung des Bürgen IIb 712; — auf die Einrede der Vorausklage IIb 719; — des persönlichen Schuldners auf Einreden gegen die Hypothekforderung III 424; — auf die elterliche Gewalt IV 813; — V. des Erben auf die Beschränkungseinrede gegenüber den Nachlaßgläubigern V 153; — seitens der Ehefrau V 129, 232; — Verbot des Verzichts auf die Beschränkungseinrede für den Nachlaßpfleger und den Nachlaßverwalter V 235; — V. auf die Erbschaft (siehe auch „Erbverzicht") V 717; — auf den Anspruch auf Feststellung des Bestandes des eingebrachten Gutes IV 167, 458; — des Finders auf das Recht zum Eigenthumserwerb III 235; — auf Forderungen des Mündels IV 1061; — auf die Hypothek: Form III 478, 479; — Wirkung III 468, 479; — Befreiung des persönlichen Schuldners durch den V. III 476; — Anspruch des Gläubigers auf V. III 480; — theilweiser Verzicht III 478, 479; — V. auf die Hypothek für Rückstände an Zinsen, anderen Nebenleistungen und Kosten III 496; — auf die Eigenthümerhypothek III 498; — auf die Gesammthypothek III 492; — anzuwendendes Recht VI 341; — auf Kündigung des Auftrages IIb 537; — auf den Minderungs-, Wandelungs- oder Schadensersatzanspruch IIb 92; — V. des Ehemannes auf seine Nutznießungs- und Verwaltungsrechte IV 256; — des Vaters auf die Nutznießung am Kindervermögen IV 784, VI 66; — auf Einhaltung der Vorschriften über Pfandverkauf III 585; — auf das Pflichttheilsrecht V 634, 719, 726; — durch die Ehefrau im gesetzlichen Güterstand IV 230, — bei allgemeiner Gütergemeinschaft IV 324, — bei Errungenschaftsgemeinschaft IV 445; — durch den Vater IV 753, — durch den Vormund IV 1073, 1078; — auf die Rente für Ueberbau III 140, 141; — auf Rücknahme der hinterlegten Sache IIa 240; — Einfluß der Verjährung des Rechts des Gläubigers IIa 246; — auf das Rücktrittsrecht vom Vertrage IIa 201; — V. des Testamentsvollstreckers auf Kündigung seines Amtes V 519; — auf den Unterhalt für die Zukunft IV 673; — des unehelichen Kindes auf den Unterhalt durch den Vater IV 890; — V. auf eine Vermächtnißzuwendung V 727; — auf den Widerruf des Auftrages IIb 537, 538; — der Auslobung IIb 515; — der Schenkung IIb 198; — auf Zinsen IIa 19; — auf Zwangsvollstreckung bei Hypothekbestellung III 374; — V. in Prozessen der Ehefrau IV 222.

Verzinsung von Aufwendungen IIa 45; — von Geld beim Rücktritt vom Vertrag IIa 193; — des Kaufpreises IIb 20, 54; — der Schenkung IIb 184; — der Vergütung beim Werkvertrag IIb 470; — von Ueberschüssen im Kontokurrentverkehr IIa 22; — verwendeten Geldes durch den Beauftragten IIb 533; — bei dem auf eine Geschäftsbesorgung gerichteten Dienst- oder Werkvertrag IIb 545; — durch den Geschäftsführer ohne Auftrag IIb 557; — durch den geschäftsführenden Gesellschafter IIb 618; — durch den Testamentsvollstrecker V 513; — durch den Vorerben V 395; — durch den Vormund IV 1106; — durch den Verwahrer IIb 580; — des Werthersatzes für Entziehung und Beschädigung von Sachen IIb 955; — des Werthersatzes beim Verzug IIa 110; — Unterbrechung der V. während des Gläubigerverzugs IIa 120; — keine Pflicht zur V. von Geld der Frau IV 176; — des Kindes IV 772.

Verzögerung der Amtsausübung durch Richter IIb 924, 931; — der Uebernahme der Vormundschaft IV 1004.

Verzug des Gläubigers: Voraussetzungen: Angebot der Leistung IIa 114, 115; — Angebot durch einen Dritten IIa 60; — Nichtannahme IIa 114; — unterlassenes Angebot der Gegenleistung IIa 118; — Eintritt durch Zeitablauf oder Kündigung IIa 117; — Eintritt bei Theilschuldverhältnissen IIa 329; — V. bei Angebot oder Verlangen einer Theilleistung IIa 59; — V. in der Annahme bei Zug um Zug-Leistung IIa 75; — Ausschluß wegen Unmöglichkeit der Leistung IIa 117, — bei vorübergehender Verhinderung der Annahme IIa 118; — Wirkungen: Umfang der Haftung des Schuldners, Uebergang der Gefahr auf den Gläubiger IIa 119; — Ersatz von Mehraufwendungen des Schuldners IIa 122; — Unterbrechung des Zinsenlaufes IIa 120; — Wirkung hinsichtlich der Herausgabe von Nutzungen IIa 121; — Hinterlegung IIa 237; — Versteigerung der geschuldeten Sache IIa 248; — Verkauf zum Börsen- oder Marktpreis IIa 250; — Wirkung beim aktiven IIa 343, — beim passiven Gesammtschuldverhältniß IIa 333; — Aufhebung der Wirkungen des V. durch die Parteien IIa 115; — Beendigung IIa

115; — V. beim gegenseitigen Vertrag IIa 75, 148; — Wirkung bei Unmöglichkeit der Gegenleistung IIa 153; — V. in der Abnahme der Kaufsache IIb 17, 20; — V. in der Annahme von Grundstücken IIa 121; — V. des Dienstberechtigten IIb 404.

— **des Schuldners**: Voraussetzungen IIa 101, 102; — Hindernisse des Eintritts des V. IIa 106; — Eintritt bei Theilschuldverhältnissen IIa 329; — V. bei Angebot einer Theilleistung IIa 59; — Beendigung IIa 102, 106; — Beweislast für Eintritt des V. IIa 106; — Wirkungen: Ersatzpflicht IIa 101, 107; — erhöhte Haftung IIa 101, 108; — Zinspflicht IIa 110; — Verzinsung des Ersatzanspruchs IIa 110; — Fälligkeit der Vertragsstrafe IIa 179; — Aufhebung der Rechtsfolgen des V. IIa 102; — V. beim gegenseitigen Vertrag IIa 150, 157; — V. des Wahlberechtigten bei der Alternativobligation IIa 54; — einzelne Fälle: V. des Schuldners beim aktiven IIa 345, — beim passiven Gesammtschuldverhältniß IIa 336; — des Erbschaftsbesitzers mit der Herausgabe V 262; — V. eines Gesellschafters mit Leistungen gegenüber der Gesellschaft IIb 604; — beim Herausgabeanspruch III 251; — eines Vertragstheiles beim Kauf IIb 20; — des Käufers bei der Wandelung IIb 103; — des Miethers mit der Miethzinszahlung IIb 256, — mit der Rückgabe des Miethobjekts IIb 259, 262; — des Pächters mit Rückgabe des Pachtobjektes IIb 347; — des Rücktrittsberechtigten mit der Rückgewähr IIa 199; — des Unterhaltspflichtigen IV 672, 675; — V. des Verkäufers IIb 33; — V. des Verkäufers bei Lieferung mangelhafter Gattungssachen IIb 122; — V. des Bestellers beim Werkvertrag IIb 470, 473; — des Unternehmers beim Werkvertrag IIb 463; — mit Beseitigung von Mängeln IIb 454; — des Vermiethers mit Beseitigung von Mängeln im Recht IIb 226; — von Mängeln der Sache IIb 221; — anzuwendendes Recht VI 315.

Verzugszinsen IIa 110; — aus dem Ersatzanspruch beim Verzug IIa 110; — Entrichtung aus dem Grundstück von der Hypothekforderung III 437; — Ausschluß bei der Schenkung IIb 184; — Höhe der vom Wechselacceptanten zu entrichtenden VI 104; — Uebergangsvorschrift IIa 20.

Vieh: Zubehöreigenschaft I 280, 282.

Viehgewährschaft: Früheres Recht IIb 127; — System des BGB. IIb 128; — Gerichtsstand IIb 128; — Thiergattungen, bei welchen sie eintritt IIb 128; — Umfang der Haftung IIb 129; — vertragsmäßige Bestimmung der Haftung IIb 132, 140; — Hauptmängel und Dauer der Gewährfristen IIb 130; — Anzeigepflicht des Käufers IIb 133; — Beginn und Bedeutung der Frist IIb 133; — Verlängerung und Verkürzung der Frist IIb 134; — Ausschluß der Minderung, Vollzug und Wandelung IIb 135; — Ersatz von Nutzungen IIb 135, 137; — Schadensersatzanspruch IIb 137; — Ansprüche im Falle der Wandelung IIb 137; — Versteigerung des Thieres während des Rechtsstreites über Wandelung IIb 138; — Aufrechnung IIb 139; — Verjährung des Wandelungs- und Schadenersatzanspruchs IIb 139; — Lieferung eines mangelfreien Thieres beim Gattungskauf IIb 140; — analoge Anwendung der Vorschriften bei anderen Veräußerungsgeschäften IIb 143; — beim Viehhandelskauf IIb 128, 129; — bei vermachten Thieren V 451.

Viehhandelskauf IIb 128, 129.

Viehseuchengesetz: Rechte Dritter an der Entschädigung für Tödtung von Thieren VI 146.

Viehverstellung IIb 322, 336.

Vier Jahre: Vorlegungsfrist für Zins-, Renten- und Gewinnantheilscheine IIb 799.

Vierteljahr: Fristberechnung nach V. I 519; — Ende der Frist I 518; — Kündigung des Miethverhältnisses IIb 286, — des Dienstverhältnisses nach V. IIb 427.

Vier Wochen: Fristberechnung I 519.

Vierzehn Jahre: Annahme an Kindesstatt IV 954; — Einwilligung zur Ehelichkeitserklärung IV 926; — Grenze für Anhörung des Mündels durch das Vormundschaftsgericht IV 1088.

Vigilanzpflegschaft IV 1202.

Vindikation III 244; — siehe auch „Eigenthumsanspruch“.

Vindikationslegat V 413, 441.

Vinkulirung von Inhaberpapieren IIb 808; — siehe auch „Umschreibung“.

Virginität, mangelnde: Eheanfechtungsgrund IV 82.

Vitalität I 29.

Vitalizienvertrag IIa 313.

Vogelfang III 221.

Volljährige: Pflegschaft über V. IV 1204; — Vormundschaft IV 1179, — über abwesende V. IV 1208; — vorläufige Vormundschaft IV 1190; — Aufwendungen zum Haushalt der Eltern IV 684; — Ueberlassung des Vermögens an die Eltern zur Verwaltung IV 685.

Volljährigkeit: Beginn I 32; — Eintritt in Folge Anstellung als Beamter VI 196; — in Folge Emanzipation oder Entlassung aus der Gewalt VI 292; —anzuwendendes Recht I 34, VI 29; — Uebergangsvorschriften I 35, VI 292; — Beendigung der elterlichen Gewalt IV 811, — der Vormundschaft IV 1161; — Eintritt bei Eheschließung IV 147; — Ehemündigkeit des Mannes IV 26; — V. naturalisirter Ausländer VI 28.

Volljährigkeitserklärung: Begriff und rechtliche Bedeutung I 36; — Voraussetzungen I 36; — im Einzelnen: Alter I 37; — Einwilligung des Minderjährigen und des Gewalthabers I 39; — Interesse des Mün-

dels I 41; — Verfahren I 37; — Einwilligung des Gewalthabers IV 831; — Anhörung von Verwandten und Verschwägerten des Mündels IV 1127; — Zuständigkeit I 36, 39; — Zuständigkeit nach Landesrecht VI 281; — Behandlung der vor dem 1. Januar 1900 anhängig gewordenen Anträge VI 293; — Wirkungen I 37, 38; — Ehemündigkeit IV 26; — Beendigung der elterlichen Gewalt IV 812, — der Vormundschaft IV 1161, 1162; — anzuwendendes Recht VI 29; — früheres Recht I 35; — Wirksamkeit der nach bisherigem Rechte erfolgten VI 292.

Vollmacht: Begriff und rechtliche Natur I 477, 479; — rechtliche Natur der Bevollmächtigung I 480; — Verhältniß zum Auftrag IIb 523; — anzuwendendes Recht VI 311; — Art und Weise, Form der Bevollmächtigung I 479, 480, 481; — Simulation der V. I 340; — stillschweigende Bevollmächtigung I 481; — Vollmachtertheilung durch besondere Mittheilung an einen Dritten oder öffentliche Bekanntmachung I 490, 491; — durch Aushändigung einer Vollmachtsurkunde I 491; — Bevollmächtigung Mehrerer I 482; — Umfang der Vollmacht I 481; — Nichtigkeit und Anfechtbarkeit der Bevollmächtigung I 483; — Einfluß von Kenntniß oder Kennenmüssen des Vollmachtgebers I 476, 478; — Erlöschen: Gründe überhaupt I 484, 485; — Erlöschen durch Widerruf I 484, 487; — Erlöschen bei Vollmachtertheilung durch Erklärung gegenüber einem Dritten I 489; — durch besondere Mittheilung, öffentliche Bekanntmachung oder durch Aushändigung der Vollmachtsurkunde I 490; — Kenntniß oder Kennenmüssen vom Erlöschen der Vollmacht eines Beauftragten oder eines geschäftsführenden Gesellschafters I 488; — Kenntniß des Dritten vom Erlöschen der Vertretungsmacht bei Rechtsgeschäften I 493; — Rückgabe der Vollmachtsurkunde nach Erlöschen I 495; — Anzeige des Erlöschens I 490; — besondere Fälle der Bevollmächtigung: V. zur Ausschlagung der Erbschaft V 70, — zur Anfechtung der Annahme und Ausschlagung V 87; — V. zu einseitigen Rechtsgeschäften I 494; — V. des geschäftsführenden Gesellschafters IIb 614, 620; — Form der V. für die Auflassungserklärung III 165; — Ertheilung durch den Vormund IV 1029, 1082.

Vollmachtertheilung: rechtliche Natur I 296.

Vollmachtsurkunde I 490, 492; — Kraftloserklärung I 490, 493, 496; — Rückgabe I 495.

Vollstreckbare Ausfertigung des Abkommens über den Unterhalt eines unehelichen Kindes IV 879; — von Urtheilen gegen den Testamentsvollstrecker V 505.

Vollstreckbarer Titel zur Einleitung der Zwangsvollstreckung in ein verpfändetes Recht III 614.

Vollstreckbare Urkunden und Vergleiche: Verjährung der Ansprüche aus solchen I 570.

Vollstreckungshandlung: Unterbrechung der Verjährung I 561, 564; — Wegfall der Wirkung der Unterbrechung I 569.

Vollstreckungshypothek am Antheil eines Miterben an einem Nachlaßgrundstück V 278.

Vollstreckungsklausel: Unterbrechung der Verjährung durch Klage auf V. I 561, 563.

Vollstreckungsurtheil: Unterbrechung der Verjährung durch Klage auf V. I 561, 563.

Voraus der überlebenden Ehegatten: rechtliche Natur V 9; — neben Erben der 2. Ordnung V 28, 39; — der 3. Ordnung V 30, 39; — Entziehung durch den Erblasser V 42; — Verlust des Rechtes V 42; — Einfluß auf die Pflichttheilsberechnung V 654, 656; — Kürzung mit Rücksicht auf Pflichttheile V 678.

Vorausklage: Einrede der V. IIb 716; — kein Verjährungshinderniß I 549, 551; — Ausschluß IIb 716, 719; — Beseitigung durch Zwangsvollstreckung gegen den Hauptschuldner IIb 718; — Verzicht auf V. bei Sicherheitsleistung durch Bürgen I 598.

Vorausleistung des Dienstlohnes, Ersatz bei Auflösung des Dienstverhältnisses IIb 437; — der Leibrente IIb 684; — des Miethzinses, Ersatz bei vorzeitiger Kündigung IIb 232; — des Unterhalts IV 669, 671, 673, — für das uneheliche Kind IV 885.

Voraussetzung I 445, IIb 832.

Vorausvermächtniß V 419; — Erstreckung des Rechtes des Nacherben darauf V 379; — Ausschluß vom Erbschaftsverkauf V 766; — Anspruch des Ersatzerben auf das V. V 363, 420; — Erwerb eines Grundstücks durch V. III 158.

Vorauszahlung von Hypothekzinsen III 460; — des Miethzinses: Einfluß der Veräußerung des Miethobjektes IIb 312.

Vorbehalt bei Erfüllung, Zahlung IIa 218; — Leistung unter V. IIb 832, 835; — V. der Entlassung eines Familienrathsmitgliedes IV 1152, — des Gegenvormunds IV 1025, — des Pflegers IV 1220, — des Vormunds IV 1023; — V. der Ergänzung einer letztwilligen Verfügung V 352; — der Fortdauer des Pfandrechts bei Rückgabe des Pfandes III 593; — des Ranges für ein künftig einzutragendes Recht III 71; — V. der Rechte bei Annahme der mangelhaften Kaufsache IIb 91; — des mangelhaften Werkes IIb 467, 469; — V. der Rechtsverwirkung IIa 205; — V. des Rücktritts vom Vertrag IIa 189 (siehe auch „Rücktritt"); — des Rücktritts vom Erbvertrag V 617; — des Wiederkaufs IIb 151; — Verjährung von Ansprüchen aus unter V. ergangenen Urtheilen I 571; — V. landesgesetzlicher Regelung VI 9.

Vorbehalte zu Gunsten des Landesrechts I 5; — zu Gunsten des Landesprivatrechtes I

13; — zu Gunsten der Landesgesetzgebung VI 151; — Bedeutung der Vorbehalte VI 155; — Umfang der einzelnen Vorbehalte VI 161.
Vorbehaltsgut der Ehegatten bei allgemeiner Gütergemeinschaft: Begriff IV 305; — Rechtsverhältniß IV 306; — Haftungsverbindlichkeit der Eheleute unter sich IV 336; — Auseinandersetzung wegen desselben nach dem Tode des Ehegatten IV 379; — Ausstattung eines Kindes aus dem V. IV 341; — Haftung für Verbindlichkeiten aus dem V. bei Errungenschaftsgemeinschaft IV 465; — Zeugniß des Güterrechtsregistergerichts über die Eigenschaft IV 504; — V. der Frau im gesetzlichen Güterstand: Begriff und Wesen IV 151, 154; — Rechte der Frau daran IV 152; — Rechtsgründe für die Eigenschaft als V. IV 154; — im Einzelnen: Gebrauchsgegenstände IV 154; — Bestimmung durch Ehevertrag IV 160; — Arbeitsverdienst der Frau IV 157; — Erwerb unter Lebenden und von Todeswegen IV 160; — Surrogate IV 162; — V. im Falle der Wiederherstellung der Rechte des Mannes am eingebrachten Gut nach Verlust derselben IV 269; — Rechte der Frau am V. Beitragspflicht aus demselben zum ehelichen Aufwand IV 164; — Verfügungsrechte am erworbenen V. IV 159; — Vornahme einseitiger Rechtsgeschäfte in Bezug auf das V. IV 226; — Lasten desselben IV 191; — Haftung für Schulden der Frau IV 240; — für Verbindlichkeiten aus dem Erwerb einer Erbschaft oder eines Vermächtnisses IV 241, 246; — Haftung des eingebrachten Gutes für Verbindlichkeiten aus dem V. IV 248; — Ersatzleistung aus dem V. zum eingebrachten Gut IV 253; — Schuldenhaftung im Verhältniß der Eheleute unter sich IV 249, 251; — Miethe an V. IIb 203; — V. der Frau bei allgemeiner Gütergemeinschaft: Schuldenhaftung gegenüber Dritten IV 335, 336; — V. der Frau bei Errungenschaftsgemeinschaft IV 454; — im Falle Wiederherstellung derselben IV 486; — V. der Frau bei Fahrnißgemeinschaft IV 499; — V. des Mannes: bei allgemeiner Gütergemeinschaft IV 307; — Haftung von und zum Gesammtgut der allgemeinen Gütergemeinschaft für Verwendungen IV 342; — Fälligkeit von Verbindlichkeiten der Frau zu demselben IV 343; — Ausschluß bei Errungenschaftsgemeinschaft IV 454; — bei Fahrnißgemeinschaft IV 499; — V. des überlebenden Ehegatten IV 385; — Haftung vom und zum Gesammtgut der fortgesetzten Gütergemeinschaft IV 389; — bei Fahrnißgemeinschaft IV 502.
Vorbehaltsklausel VI 97.
Vorbildung zu einem Berufe: Ausgleichungspflicht mit Aufwendungen V 300, 309; — Last des Unterhaltspflichtigen IV 666; — beim unehelichen Kinde IV 876.
Voreltern: Geschlechtsgemeinschaft mit Voreltern einer Person: Ehehinderniß IV 38; — entferntere: gesetzliches Erbrecht V 33.
Vorempfang des antheilsberechtigten Abkömmlings, Ausgleichung bei Gesammtguttheilung IV 416; — Ausgleichung bei der Erbtheilung V 300; — Anrechnung auf den Pflichttheil V 659; — Berücksichtigung bei der Pflichttheilsberechnung V 665.
Vorenthaltung, widerrechtliche, des Kindes IV 723; — des Mündels IV 1039.
Vorentscheidung einer besonderen Behörde im Falle gerichtlicher Verfolgung eines Beamten IIb 934; — Unterbrechung der Verjährung durch Antrag auf V. I 564.
Vorerbe: rechtliche Stellung vor Eintritt der Nacherbfolge V 365; — Anlegung von Geld V 390; — Auskunftspflicht über den Bestand der Erbschaft V 395; — Verzeichniß der Nachlaßgegenstände V 391; — Offenbarungseid über den Bestand der Erbschaft V 392, 396; — Erbschaftsausschlagungsrecht V 83; — Tragung der Erhaltungskosten und Lasten durch den Vorerben, Ersatzansprüche desselben, Wegnahme von Einrichtungen V 393; — Feststellung des Zustandes der Erbschaft durch Sachverständige V 392; — Haftung für Nachlaßverbindlichkeiten V 127; — Lastentragung V 393; — letztwillige Verfügungen V 383; — Prozeßführung V 383;; — Sicherheitsleistung V 395; — Verfügungsrecht über den Nachlaß V 381, 383; — Pflicht des Nacherben zur Einwilligung zu Verfügungen V 391; — Verfügungsbeschränkungen V 382, 384; — hinsichtlich Buchforderungen V 388; — hinsichtlich Werthpapieren, Buchforderungen V 388; — Befreiung von den Beschränkungen und Verpflichtungen durch den Erblasser V 402; — kraft Gesetzes bei der Einsetzung des Nacherben auf den Ueberrest V 403; — Wirksamkeit von obligatorischen Rechtsgeschäften und Verwaltungshandlungen der V. gegenüber dem Nacherben V 387; — Verlust des Verfügungsrechtes durch Entziehung der Verwaltung V 395; — Verwaltung des Nachlasses V 387; — Bewirthschaft von Wäldern, Bergwerken 2c. V 393; — Pfändbarkeit und Uebertragbarkeit der Rechte des V. V 368; — Vermuthung für Einsetzung des gesetzlichen Erben als V. V 372; — Einsetzung einer Stiftung als V. I 240; — Rechtliche Stellung nach Eintritt der Nacherbfolge V 364; — Anzeigepflicht vom Eintritt der Nacherbfolge V 412; — Ersatzpflicht für verwendete Erbschaftssachen V 398, 400; — Haftung aus Fruchterwerb V 398, 400; — Haftung für Nachlaßverbindlichkeiten V 127, 408; — Haftung für die Verwaltung V 398,

399; — Herausgabepflicht V 398; — Rechenschaftsablegung V 398; — Herausgabe eines Landgutes, von landwirthschaftlichen Grundstücken V 398; — Schadensersatzpflicht wegen unzulässiger Verfügungen,, Verminderung des Nachlasses V 403; — fortdauerndes Verfügungsrecht bis zur Kenntniß des Eintritts der Nacherbfolge V 405; — Recht auf Ersatz von Verwendungen auf die Erbschaft V 393; — Wegnahme von Einrichtungen V 393.

Vorgeschichte des BGB. I 1.

Vorkaufsrecht, dingliches: Bedeutung, Unterschied vom persönlichen III 351; — Gegenstand III 351, 352; — Bruchtheil eines Grundstücks als Gegenstand III 353; — Erstreckung auf Zubehör I 279, III 354; — Fähigkeit zum Erwerb III 353; — Ausschluß der Umwandelung eines subjektiv-dinglichen in ein persönliches V. III 358; — Uebertragbarkeit, Vererblichkeit, Pfändbarkeit des V. III 354, 359; — Entstehung III 352; — Bedingungen und Zeitbestimmungen III 353; — Erstreckung auf mehrere Verkaufsfälle III 354; — Voraussetzungen der Ausübung III 354; — Rechtsverhältniß zwischen den Berechtigten und den Verpflichteten III 354; — Ausübung beim Verkauf durch den Konkursverwalter III 354; — Wirkung gegenüber Dritten III 355; — Mittheilung des Verkaufs an den Berechtigten III 356; — Rechtsverhältnisse im Falle der Ausübung: Benachrichtigung des neuen Eigenthümers III 356; — Verhältniß des Vorkaufsberechtigten zum Käufer III 357; — des Vorkaufsberechtigten und des Verkäufers III 358; — des Verkäufers zum Käufer III 358; — Aufhebung III 353; — Zustimmung des Realgläubigers des herrschenden Grundstücks zur Aufhebung III 62; — Einfluß von Konkurs und Zwangsvollstreckung III 354; — Erlöschen im Aufgebotsverfahren III 359; — auf Inhalt und Rang anzuwendendes Recht VI 329, 331; — **obligatorisches**: Begriff, Entstehungsgrund, rechtliche Bedeutung IIb 159; — Gegenstand IIb 160; — Voraussetzung der Ausübung IIb 160; — Form der Ausübung IIb 161; — Form der Einräumung an einem Grundstück IIa 135; — Anzeigepflicht vom Verkauf an den Berechtigten IIb 166; — Frist für die Ausübung IIb 166; — unzulässige Vereinbarungen des Verpflichteten und des Dritten IIb 162; — Ausübung bei Mehrheit von Berechtigten IIb 168; — bei Mehrheit gekaufter Sachen (Mengekauf) IIb 163; — bei Vereinbarung von Nebenleistungen neben dem Kaufschilling IIb 163; — Sicherheitsleistung bei Stundung des Kaufpreises IIb 164; — Unübertragbarkeit und Unvererblichkeit des Rechts IIb 168, V 11; — Wirkung der Ausübung IIb 161; — Ausschluß beim Verkauf an den gesetzlichen Erben IIb 167, — beim Zwangsverkauf und Verkauf durch den Konkursverwalter IIb 168; — Schadensersatz wegen Verletzung IIb 860; — V. der Theilhaber an einer Gemeinschaft IIb 668; — Ausübung gegenüber einer Ehefrau IV 225; — Ausübung eines zum Nachlasse gehörigen V 285; — V. des Mündels: Verfügungsrecht des Vormunds IV 1075; — V. des Miterben am Antheil eines Erben am Nachlasse V 279; — Haftung für Nachlaßverbindlichkeiten im Falle der Ausübung V 279, 282; — Vererblichkeit V 10; — V. an Stammgütern VI 169; — kein V. des Miteigenthümers III 275, 276.

Vorlage eines Verzeichnisses über den Bestand eines Inbegriffes von Sachen IIa 49.

Vorläufige Eintragungen im Grundbuch III 76.

Vorläufige Maßregeln des Vormundschaftsgerichts vor Bestellung des Vormunds oder bei dessen Verhinderung IV 1126; — bezüglich Ausländer VI 74.

Vorläufige Pflegschaft 1203, 1221.

Vorläufige Vormundschaft: Voraussetzungen IV 1190; — Verfahren IV 1192; — Ausschluß der Benennung oder Ausschließung eines Vormunds IV 1182, 1194; — Wirkung IV 1192; — Beschränkung der Geschäftsfähigkeit I 327; — Einfluß der Aufhebung, der Zurücknahme oder Abweisung des Antrags auf Rechtsgeschäfte des zu Entmündigenden und seines Vertreters I 329; — Beendigung der v. V. IV 1194; — Vertretung des unter v. V. stehenden Ehemannes bei der Nutznießung und Verwaltung des eingebrachten Gutes IV 237; — Untauglichkeit des unter v. V. Gestellten zum Amt eines Familienrathes IV 1149, — des Gegenvormunds IV 1025, — des Pflegers IV 1220, — des Vormunds IV 1009, 1181; — Entlassung hiewegen IV 1166; — Strafantrag für den unter v. V. Stehenden VI 115.

Vorläufig vollstreckbares Urtheil auf Bewilligung einer Eintragung oder einer Löschung III 77, 83.

Vorlegung von Sachen IIb 815; — Anspruch hierauf IIb 816; — von Urkunden insbesondere IIb 819; — Ort, Gefahr, Kosten der V. IIb 821.

Vorlegungsfrist für Inhaberschuldverschreibungen IIb 799; — Hemmung durch Zahlungssperre IIb 800.

Vorleistung des Dienstverpflichteten IIb 401; — V. beim gegenseitigen Vertrag IIa 143; — Verweigerung wegen schlechter Vermögenslage des Gegners IIa 146; — Klage auf Leistung gegen Empfang der Gegenleistung IIa 148.

Vorleserinnen: Verjährung ihrer Ansprüche I 541.

Vormerkung im Grundbuch III 45; — Arten III 76; — rechtliche Natur III 78; — durch Vormerkung zu sichernde Ansprüche III 75, 76; — Grundlagen: einstweilige Ver-

fügung, Eintragungsbewilligung III 82; — Urtheil III 83; — formelle Voraussetzungen der Eintragung III 83; — V. auf Grund simulirter Einwilligung I 341; — Wirkungen III 76, 79; — Erstreckung auf Zubehör III 79; — Rang des durch V. gesicherten Rechtes III 76, 80; — Ansprüche des vorgemerkten Gläubigers auf Beseitigung beeinträchtigender Eintragungen III 85; — Einfluß auf die Haftung des Erben III 81; — Einfluß auf die Abzugseinrede des Erben V 198, 201, — auf aufschiebende Einreden des Erben V 244; — keine Theilnahme von Gläubigern durch V. gesicherter Forderungen am Aufgebotsverfahren V 138; — kein Ausschluß durch V. gesicherter Nachlaßforderungen durch fünfjährige Nichtgeltendmachung V 149; — kein Verjährungshinderniß III 81; — Einreden gegen den vorgemerkten Anspruch III 84; — Beseitigung III 84; — durch Aufgebot III 85; — durch peremptorische Einreden III 84; — Uebertragung des durch V. gesicherten Anspruches III 81; — der Gesammthypothek III 416; — V. zur Sicherung des Anspruchs auf Löschung der Hypothek III 497; — V. zur Sicherung des Wiederkaufsrechtes IIb 156; — zum Vollzug eines für vorläufig vollstreckbar erklärten Urtheils auf Bewilligung einer Eintragung oder Löschung III 77, 83; — Uebergangsbestimmungen III 81; — Bedeutung einer nach bisherigem Rechte erfolgten VI 331; — Beseitigung beim Grundstücksverkauf IIb 28.

Vormiethe IIb 201.

Vormund: Anhörung des Mündels IV 1089; — Annahme seines Mündels an Kindesstatt IV 957; — Annahme von Leistungen an den Mündel IV 1063; — Antragsrecht auf Einsetzung eines Familienraths IV 1142; — Anzeigepflicht von der Nothwendigkeit einer Pflegschaft, Vormundschaft IV 997, 1200, — vom Tode des Gegenvormundes oder Mitvormundes IV 1178; — Auskunftpflicht gegenüber dem Gegenvormunde IV 1037, — dem Vormundschaftsgerichte IV 1117; — Beaufsichtigung durch das Vormundschaftsgericht IV 1112; — Beendigung seines Amts kraft Gesetzes IV 1165; — durch Entlassung IV 1166, 1168, 1169; — Anzeige von Entlassungsgründen IV 1037; — Einreichung eines Vermögensnachweises bei befreiter Vormundschaft IV 1137, 1187; — Besitz III 11; — Ausschluß der Ersitzung von Sachen des Mündels III 200; — Bestallung IV 1024; — Erneuerung der Bestallung nach Aufhebung des Familienraths IV 1160; — Einwilligung zur Eheschließung des Mündels IV 27; — Mitwirkung bei Eheverträgen des Bevormundeten über allgemeine Gütergemeinschaft IV 299; — Ermächtigung des Mündels zu Dienst- und Arbeitsverträgen I 325, — zum Betriebe eines Erwerbsgeschäfts I 323; — Ersatzanspruch für Aufwendungen IV 1107; — Ersetzung der Genehmigung des Vormundes zu einer anfechtbaren Ehe durch das Vormundschaftsgericht IV 88; — Fähigkeit der Frau zum V. IV 1012, 1181; — Fortdauer des Amtes des nach bisherigem Recht bestellten V. VI 372; — Genehmigung einer anfechtbaren Ehe des Mündels IV 88; — der Genehmigung des Vormundschaftsgerichts bedürftige Rechtshandlungen des V. IV 1072, 1073; — generelle Ermächtigung zu genehmigungsbedürftigen Rechtsgeschäften IV 1087; — Eintritt der Wirksamkeit der Genehmigung und ihrer Verweigerung IV 1093; — Wirkung des Mangels der Genehmigung IV 1093; — Widerrufsrecht des anderen Theiles bis zur G. IV 1097; — Wirkung des Mangels bei einseitigen Rechtsgeschäften IV 1100; — Form und Wirksamkeit der Genehmigung des Gegenvormunds IV 1102; — Genehmigung des V. zu Erbverträgen in der Geschäftsfähigkeit Beschränkter V 588; — Haftung des V. IV 1103; — Haftung für Schadensstiftung durch Bevormundete IIb 899, 900; — Haftung für widerrechtliche Handlungen des V. IIa 93, IV 1028; — Herausgabe des Vermögens nach Beendigung des Amtes IV 1170; — Hinterlegungspflicht IV 1064; — Entbindung von derselben IV 1069; — Hinterlegung auf Anordnung des Vormundschaftsgerichtes IV 1069; — freiwillige Hinterlegung IV 1066; — Honorar IV 1110; — Inventarisationspflicht IV 1041; — Pflicht zur Uebernahme des Amtes IV 1016, 1181; — Ordnungsstrafen gegen den V. IV 1112; — Pflegschaft bei Verhinderung des V. IV 1200, — vor dessen Bestellung IV 1201; — Rechnungslegung IV 1118; — Inhalt der Rechnung IV 1119; — Prüfung durch den Gegenvormund IV 1120, — durch das Vormundschaftsgericht IV 1121, — bei befreiter Vormundschaft IV 1119, 1137; bei Beendigung der Vormundschaft IV 1170, 1173, 1174; — bei Annahme des Mündels an Kindesstatt IV 957; — Rechte und Pflichten überhaupt IV 1027, 1039; — Beschränkung wegen Verschiedenheit des religiösen Bekenntnisses IV 1040; — durch Bestellung eines Pflegers IV 1030; — rechtliche Stellung des V. neben der Mutter während Ruhens der elterlichen Gewalt derselben IV 846; — rechtliche Stellung des V. eines Kindes aus nichtiger Ehe IV 856; — Selbständigkeit IV 987; — Sicherheitsleistung IV 1122; — Sicherungshypothek auf Grundstücken desselben III 379; — Schenkungen Namens des Mündels IV 1045; — Untauglichkeit zum Familienrath IV 1149; — Verehelichungszeugniß für den V. IV 45; — Verjährung der Ansprüche zwischen Mündel und V. I 554, IV 2; — Hemmung der Verjährung von Ansprüchen zwischen V. und Mündel IV 989; — Ver-

mögensverwaltung: Anlegung des Geldes IV 1047; — Verbot der Verwendung von Mündelgeld im eigenen Interesse IV 1046; — Verzinsung verwendeten Geldes IV 1106; — Verfügung über Forderungen, Leistungsansprüche, Werthpapiere des Mündels IV 1060; — Ueberlassung von Gegenständen an den Mündel IV 1087; — Befolgung von Weisungen Dritter IV 1044; — Verpflichtung IV 1022; — Vertretungsrecht IV 1027; — Ausschluß derselben bei bestimmten Rechtshandlungen IV 1030; — Entziehung IV 1032; — Vorschlagspflicht des Gemeindewaisenraths IV 1131; — V. des Ehemannes: Vertretung bei Verwaltung und Nutznießung des eingebrachten Gutes IV 236; — Verwaltung des Gesammtgutes der allgemeinen Gütergemeinschaft IV 328, — der Errungenschaftsgemeinschaft IV 446; — V. des überlebenden Ehegatten, Rechte und Pflichten IV 389; — V. des unehelichen Kindes: Verhältniß zur Mutter IV 873.

Vormundschaft: Prinzipien des Vormundschaftsrechtes nach dem BGB. IV 985; — Terminologie IV 985; — Unterschied von der Pflegschaft IV 988, 1197; — Organe der Obervormundschaft IV 985; — Verfahren in Vormundschaftssachen IV 989; — internationales Privatrecht IV 992, VI 28, 74; — Anordnung über Ausländer IV 992; — Uebergangsbestimmungen IV 992, VI 371; — früheres Recht IV 983; — Umwandelung der nach bisherigem Recht wegen Geistesschwäche oder körperlicher Gebrechen bestehender V. in Pflegschaft VI 372.

— **über Minderjährige**: Anordnung: Voraussetzungen IV 993; — Einfluß der Anordnung beim Mangel der Voraussetzungen IV 995; — Anlaß IV 997; — Einleitung von Amtswegen IV 995, 997; — Zeitpunkt der Einleitung IV 995; — Anordnung bei Inkrafttreten des BGB. VI 373; — Anordnung über Ausländer VI 28, 74; — Zuständigkeit für die Anordnung IV 995; — Beschwerde gegen die Ablehnung der Anordnung IV 998; — Berufung zur V.: Bedeutung und Wirkung IV 1004; — Uebergehung des berufenen Vormundes IV 1004; — Berufungsgründe IV 999; — Auswahl durch das Vormundschaftsgericht IV 1006; — Vorschlagsrecht des Gemeindewaisenrathes IV 1131; — Berufung des Anstaltsvormunds VI 267; — Unfähigkeitsgründe IV 1007; — Untauglichkeitsgründe: persönliche Eigenschaften IV 1009; — Ausschluß durch Vater oder Mutter IV 1010; — Mangel der Zustimmung des Ehemannes für die Frau IV 1012; — mangelnde dienstliche Bewilligung für Beamte IV 1015; — Ablehnung: Gründe IV 1017; — Verlust des Ablehnungsrechtes IV 1018; — Wirkung ungerechtfertigter Ablehnung IV 1020; — Zwangsmaßregeln IV 1021; — Bestellung: rechtliche Natur, Zeitpunkt IV 1023; — Zahl der zu bestellenden Vormünder IV 998; — Vorbehalt der Entlassung IV 1023; — Bestallung IV 1024; — Bestellung eines Gegenvormundes IV 1025; — Führung der V. IV 1027, 1039; — durch mehrere Vormünder IV 1033; — Aufsicht des Vormundschaftsgerichts IV 1112; — Anordnung von Sicherheitsleistung des Vormunds IV 1122; — Ueberwachung durch den Gegenvormund IV 1037; — Beendigung: Gründe: Wegfall der Voraussetzungen IV 1160; — Legitimation des Mündels durch nachfolgende Ehe IV 1162; — Verschollenheit desselben IV 1164; — Beendigung nach bisherigem Recht bestehender V. VI 372; — Beendigung des Amtes des Vormunds kraft Gesetzes (Entmündigung, Todeserklärung) IV 1165; — Beendigung durch Todeserklärung des Vormunds I 109; — durch nach bisherigem Rechte erfolgte Todeserklärung des Mündels VI 301; — durch Entlassung IV 1166, — auf Antrag IV 1169; — Entlassung eines Beamten IV 1169, — einer Frau IV 1168; — Anzeige von Beendigungsgründen durch den Gegenvormund IV 1037; — Wirkungen der Beendigung IV 1170; — Rückgabe der Bestallung IV 1177; — einstweilige Fortführung des Amtes IV 1177; — Sonderfälle: V. über die minderjährige Ehefrau IV 148, 1029; — V. über den Ehemann IV 1029.

— **über Volljährige**: Voraussetzungen IV 1179; — Verfahren IV 1180; — Anwendung der Vorschriften über die V. über Minderjährige IV 1181; — Berufung IV 1182, 1184; — Auswahl des Vormundes IV 1182; — Sorge für die Person des Mündels IV 1185; — genehmigungsbedürftige Rechtshandlungen des Vormundes IV 1186; — Befreiungen der Eltern als Vormünder IV 1187; — Zulässigkeit eines Familienrathes IV 1190; — Beendigung IV 1181; — Einleitung im Anschluß an eine Altersvormundschaft IV 1162; — Zulassung des Vormunds als Beistand im Strafprozeß VI 119.

Vormundschaftsgericht: Verrichtungen bei Annahme an Kindesstatt: Genehmigung des Annahmevertrages des nicht 14 Jahre alten Kindes IV 954, 972, — eines in der Geschäftsfähigkeit beschränkten Vertragstheiles IV 956; — Genehmigung der Annahme durch den Pfleger oder Vormund IV 957; — Einreichung des Verzeichnisses des angenommenen Kindes beim V. IV 968, — bei Verheirathung des Annehmenden IV 970; — Genehmigung des Aufhebungsvertrages IV 981;

— Verrichtungen in Bezug auf Beistandschaft: Bestellung des Beistandes IV 832; — Bestimmung seines

Wirkungskreises IV 835; — Uebertragung der Vermögensverwaltung an denselben IV 841; — Aufsicht IV 843; — Ersetzung seiner Genehmigung zu Rechtshandlungen der Mutter IV 836; — Aufhebung der Beistandschaft IV 845;

— Verrichtungen in Bezug auf Ehelichkeitserklärung: Genehmigung der Zustimmung des gesetzlichen Vertreters des Vaters zu dem Antrage IV 927, — der Einwilligung des gesetzlichen Vertreters des Kindes IV 926; — Ersetzung der Einwilligung der Mutter IV 925; — Genehmigung der Anfechtung des Antrages oder der Einwilligung IV 928; — Verrichtungen in Ehesachen: Anzeige von der Wiederverheirathung des überlebenden Ehegatten an das V. IV 400; — Aufhebung von Beschränkungen der Schlüsselgewalt der Frau IV 124; — Ermächtigung des Mannes zur Kündigung von Rechtsverhältnissen der Frau, welche sie zu einer Leistung verpflichten IV 128; — Ersetzung der Zustimmung des Abkömmlings zu Verfügungen über Gesammtgut der fortgesetzten Gütergemeinschaft IV 386, 387; — der Zustimmung der Frau zu Rechtsgeschäften über eingebrachtes Gut IV 177, — bei Errungenschaftsgemeinschaft IV 445, 453, — zu Verfügungen über das Gesammtgut der allgemeinen Gütergemeinschaft IV 319, — der Errungenschaftsgemeinschaft IV 445; — der Zustimmung des Mannes zur Uebernahme persönlicher Verpflichtungen durch die Frau IV 128, — zu Rechtsgeschäften der Frau im gesetzlichen Güterstand IV 224, — bei allgemeiner Gütergemeinschaft IV 322; — Ersetzung der Zustimmung der Frau zu Rechtsgeschäften des Mannes in Bezug auf Gesammtgut der allgemeinen Gütergemeinschaft IV 319; — Genehmigung zur Ablehnung der fortgesetzten Gütergemeinschaft IV 381, 383; — der Aufhebung derselben IV 399; — zur Anfechtung der Ehe durch einen gesetzlichen Vertreter IV 87; — Genehmigung des Ehevertrags über Ausschluß der Fortsetzung der Gütergemeinschaft IV 425; — Genehmigung von Verträgen über allgemeine Gütergemeinschaft IV 299, — über Ausschluß der Fortsetzung der Gütergemeinschaft IV 425; — Genehmigung des Verzichts auf den Antheil am Gesammtgut der fortgesetzten Gütergemeinschaft IV 397; — Gestattung der Aufschiebung der Auseinandersetzung der fortgesetzten Gütergemeinschaft bei Wiederverheirathung des überlebenden Ehegatten IV 400; — Mittheilung der Aufhebung der fortgesetzten Gütergemeinschaft an das V. IV 399;

— Verrichtungen in Bezug auf elterliche Gewalt: Stellung des V. überhaupt IV 703; — Aenderung von Anordnungen zum Schutze des Kindes IV 806; — Anhörung des Vaters und Verwandter des Kindes vor Maßregeln IV 807, 808; — Anordnungen über Anlegung des Kindervermögens IV 751; — Anordnung der Sicherheitsleistung durch den Vater IV 801, 806; — Anordnungen über die Sorge für die Person des Kindes aus geschiedener Ehe IV 730, VI 366; — Regelung des Verkehrs der geschiedenen Eltern mit den Kindern IV 735; — Anwendung von Zuchtmitteln gegen das unter elterlicher Gewalt stehende Kind IV 719; — Anzeigen des Gemeindewaisenrathes beim V. in Sachen der elterlichen Gewalt IV 810; — Aufhebung von Beschränkungen der elterlichen Rechte nach bisherigem Rechte VI 364; — Bestimmung der Art der Unterhaltsgewährung der Eltern an unverheirathete Kinder IV 670; — Entscheidung von Meinungsverschiedenheiten zwischen dem Vater und dem Pfleger des Kindes IV 708; — Entziehung der Vermögensverwaltung des Gewalthabers wegen Gefährdung des Vermögens IV 805; — Entziehung der Verwaltung und Nutznießung wegen Gefährdung des Unterhaltes IV 790, 795; — Entziehung der Vertretungsmacht wegen Interessenkollision IV 709, 713; — Ersetzung der elterlichen Einwilligung zur Eheschließung IV 34; — Festsetzung der Auslagen angehörter Verwandter und Verschwägerter des Kindes IV 808; — Feststellung der thatsächlichen Verhinderung des Gewalthabers IV 815; — Genehmigung der Anfechtung der Ehe IV 87; — der Anfechtung der Ehelichkeit durch den gesetzlichen Vertreter IV 626; — Genehmigung des Antrages auf Entlassung des Kindes oder Mündels aus dem Staatsverband VI 128; — zur Errichtung von Erbverträgen in der Geschäftsfähigkeit Beschränkter V 588; — der Aufhebung von Erbverträgen V 611, 613, — von Erbverträgen unter Ehegatten V 615, — der Aufhebung von Vermächtnißanordnungen und Auflagen V 614; — des Erbverzichtes V 722; — der Aufhebung des Erbverzichts V 726; — Genehmigung zum Beginn eines neuen Erwerbsgeschäftes für das Kind IV 759, — zu Rechtsgeschäften und Rechtshandlungen des Vaters IV 753, 757, — zum Verbrauch von Kindergeld IV 771; — Genehmigung zur Verfügung über hinterlegte Werthpapiere des Kindes IV 798, 800; — Verrichtungen in Bezug auf Inventarisirung des Kindervermögens IV 744; — Maßregeln bei Gefährdung des Kindervermögens IV 739, 740, 798; — Sorge für das Kind bei Verhinderung des Gewalthabers IV 789, — bei Gefährdung des Wohles des Kindes IV 790; — Sorge für Einhaltung von Anordnungen Dritter über die Vermögensverwaltung des Vaters IV 742; — Uebertragung der elterlichen Gewalt auf die Mutter IV 829; — Ertheilung des Vereheli-

chungszeugnisses für Eltern und Vormünder IV 45; — Vertretung des Kindes bei Bestellung und Aufhebung einer Sicherheit durch den Gewalthaber IV 807; — Verzicht auf die elterliche Nutznießung gegenüber dem V. IV 784; — Wiederübertragung der Vermögensverwaltung an den Vater nach Aufhebung des Konkurses über sein Vermögen IV 761.

— Verrichtungen in Bezug auf Rechtsgeschäfte Minderjähriger bei Ermächtigung zum selbständigen Betrieb eines Erwerbsgeschäfts I 323, — zu Arbeits- und Dienstverträgen I 325; —

— Verrichtungen in Vormundschaften und Pflegschaften: Wirkungskreis in Vormundschaftssachen im Allgemeinen IV 989; — Anhörung des Gegenvormunds IV 1088, — des Mündels IV 1088, — von Verwandten und Verschwägerten des Mündels IV 1127; — Anordnung der Pflegschaft IV 1201, 1205; — der Vormundschaft über Minderjährige IV 997, — über Volljährige IV 1180; — der vorläufigen Vormundschaft IV 1191; — Anordnung der Hinterlegung von Mündelvermögen IV 1069; — Anordnung der Sicherheitsleistung des Vormunds IV 1122, — der Umwandlung von Inhaberpapieren des Mündels in Buchforderungen IV 1067; — der Vorlegung von Büchern und Belegen bei Rechnungslegung über ein Erwerbsgeschäft des Mündels IV 1119; — Anordnung der Zwangserziehung des Mündels IV 1115; — Anzeigen des Gegenvormunds beim V. IV 1037; — Anzeigepflicht des Gemeindewaisenrathes und gegenüber demselben IV 1131; — Aufhebung der Pflegschaft IV 1225; — der Vormundschaft IV 1162, 1164; — Aufsicht über die Vormundschaftsführung IV 1112; — Auskunftsertheilung an das V. seitens des Vormundes und des Gegenvormundes IV 1117; — Ausschluß der befreiten Pflegschaft IV 1222, — der befreiten Vormundschaft wegen Interessengefährdung des Mündels IV 1140; — Außerkraftsetzung der Befreiungen der Eltern als Vormünder von Volljährigen IV 1187; — Auswahl des Gegenvormunds IV 1025, — des Pflegers IV 1220, — des Vormunds IV 1006, 1181; — Benachrichtigung von der Bestimmung einer Inventarfrist V 219; — Bewilligung des Honorars des Vormunds, Gegenvormunds IV 1110; — Einreichung des Verzeichnisses des Mündelvermögens beim V. IV 1041, — des Vermögens des Pfleglings IV 1220; — einstweilige Maßregeln vor Bestellung des Vormunds oder bei dessen Verhinderung IV 1126; — Entbindung des Vormunds von der Hinterlegungspflicht und deren Surrogaten IV 1069; — Entscheidung von Meinungsverschiedenheiten mehrerer Vormünder IV 1033, 1035, 1036; — Entziehung der Vertretung des Vormunds IV 1032; — Ersetzung der Einwilligung des Vormunds zur Eheschließung des Mündels IV 27, 29; — Ersetzung der Genehmigung einer anfechtbaren Ehe durch den Vormund IV 88; — Ersetzung der Genehmigung des Gegenvormunds zur Anlegung von Mündelgeld IV 1059; — zur Verfügung über Forderungen, Rechte auf Leistungen, Werthpapiere des Mündels IV 1060; — Ersetzung der Zustimmung des Zuwendenden zur Aenderung von Anordnungen über die Vermögensverwaltung IV 1044; — bei der Pflegschaft IV 1222; — Einsetzung eines Familienrathes IV 1141, 1142; — Auswahl der Mitglieder IV 1146; — Aufhebung IV 1159; — Mittheilung derselben IV 1160; — Festsetzung der Auslagen angehörter Verwandter und Verschwägerter des Mündels IV 1127; — Festsetzung des Honorars des Vormunds, Gegenvormunds IV 1110; — Genehmigung der Abweichung von Verfügungen Dritter über die Vermögensverwaltung IV 1044; — zur Anfechtung von Erbverträgen für Geschäftsunfähige V 599; — Genehmigung zu einer Ausstattung aus dem Vermögen des volljährigen Mündels IV 1185; — Genehmigung des Erbschaftserwerbs V 62; — der Erbschaftsausschlagung V 72; — Genehmigung zum Beginn oder zur Auflösung eines Erwerbsgeschäfts für den Mündel IV 1086; — Genehmigung zur Erhebung angelegten Mündelgeldes IV 1058; — Befreiung von dem Erforderniß IV 1137, 1139, — bei der Vormundschaft über Volljährige IV 1187; — Genehmigung zur Herausgabe hinterlegter Werthpapiere IV 1064; — Genehmigung zu bestimmten Rechtsgeschäften des Vormunds IV 1073; — Genehmigung zu Rechtsgeschäften des Pflegers IV 1220; — Genehmigung zu Mieth-, Pachtverträgen ꝛc. für den volljährigen Mündel IV 1186; — Gen. der Ueberlassung von Gegenständen an den Mündel IV 1087; — Genehmigung zu Vereinbarungen zwischen dem Vater und dem unehelichen Kind über die Unterhaltsgewährung IV 890; — Genehmigung zu Verfügungen des Vormunds in Bezug auf Immobilien IV 1072; — Genehmigung zu Verfügungen über hinterlegte Werthpapiere IV 1070; — Genehmigung zu Verfügungen über Forderungen, Rechte auf Leistungen, Werthpapiere des Mündels IV 1060; — Form der Ertheilung der Genehmigung IV 1090; — rechtliche Natur IV 1092; — Eintritt der Wirksamkeit der G. und Verweigerung IV 1093; — Wirkung des Mangels derselben IV 1093, — bei einseitigen Rechtsgeschäften IV 1100; — Ausschluß des Erfordernisses der Genehmigung zu Rechtsgeschäften des Vormunds durch den Vater IV 1137, — durch die Mutter IV 1139; — Generelle Ermächti-

gung des Vormunds zu genehmigungsbedürftigen Rechtshandlungen IV 1087; — Ordnungsstrafen zur Erzwingung der Uebernahme der Vormundschaft IV 1021; — gegen den Vormund und Gegenvormund IV 1112; — Prüfung der Rechnung des Vormunds IV 1121, — der Schlußrechnung IV 1174; — Prüfung des Vermögensnachweises bei befreiter Vormundschaft IV 1137, 1139, 1187; — Verpflichtung des Vormunds IV 1022; — Vertheilung der Geschäfte unter mehrere Vormünder IV 1033; — vorläufige Maßregeln bezüglich Ausländer VI 74; — Maßregeln gegen Strafunmündige VI 111, 113.
— Zuständigkeit zur Volljährigkeitserklärung I 37.

Vormundschaftsrichter: Haftung aus Amtspflichtverletzungen IIb 933; — Haftung gegenüber dem unter elterlicher Gewalt stehenden Kinde IV 809; — gegenüber dem Mündel IV 1129; — Vorsitz im Familienrathe IV 1144; — Haftung als Vorsitzender des Familienrathes IV 1153; — Haftung bei Pflegschaften IV 1221.

Vormundschaftssachen, Zuständigkeit nach Landesrecht VI 281.

Vorname: Namensgebung und -Aenderung, Abkürzung I 82; — des ehelichen Kindes IV 680; — des Findelkindes IV 681; — V. des unehelichen Kindes IV 872.

Vorprämie IIa 204.

Vorrang: der Hypothek: vertragsmäßige Einräumung III 68; — Einfluß auf die Haftung des persönlichen Schuldners III 476; — dinglicher Belastungen für Meliorationsdarlehen III 67, VI 248.

Vorräthe: Uebernahme durch den Pächter eines Landguts, Rückgabe IIb 344.

Vorrecht der Forderungen der Kinder des Gemeinschuldners aus der Vermögensverwaltung IV 740.

Vorsatz: Begriff IIa 81; — Vertretung IIa 89; — nach Verzug des Gläubigers IIa 119; — Haftung für V.: des Finders III 230; — des Geschäftsführers ohne Auftrag IIb 549, 556; — des Schenkers IIb 183; — bei Herbeiführung der Dürftigkeit des Schenkers IIb 194; — des Verleihers IIb 352; — bei unerlaubten Handlungen IIb 857, 863; — bei Amtspflichtverletzungen Beamter IIb 924, 928; — Schadensersatzpflicht für vorsätzliches Handeln IIa 26.

Vorschlagspflicht des Gemeindewaisenrathes IV 1131.

Vorschuß: rechtliche Natur IIb 362; — V. des Auftraggebers für Verwendungen des Beauftragten IIb 534; — beim Dienst- und Werkvertrag, welche eine Geschäftsbesorgung zum Gegenstand haben IIb 545; — V. für Aufwendungen des geschäftsführenden Gesellschafters IIb 618; — für Aufwendungen des Vormunds oder Gegenvormunds IV 1107; — V. für Kosten der Vorlegung von Sachen IIb 821; — Verjährung der Ansprüche aus geleisteten Vorschüssen: der Arbeitgeber I 537, 541; — der Dienstberechtigten I 537, 541; — der Parteien gegenüber Rechtsanwälten I 537, 542.

Vorschußvereine: Zinsvergünstigung für Einlagen IIa 21.

Vorsitz im Familienrath IV 1144.

Vorstand von Erziehungs- und Verpflegungsanstalten, vormundschaftliche Rechte VI 267; — V. der Stiftung I 243; — des Vereins I 143; — des eingetragenen Vereins I 199, 200; — des nicht rechtsfähigen Vereins I 191.

Vortheilsgerechtigkeit VI 173, 175.

Vorverhandlungen I 420.

Vorvertrag I 420, — Form I 422; — auf Abgabe eines Schuldversprechens IIb 747; — über Annahme an Kindesstatt IV 946; — über Darlehenshingabe IIb 360; — zum Eigenthumsübertragungsvertrag, Form IIa 135; — zu einer Einigung über Rechtsänderungen an Grundstücken, Grundstücksrechten III 52; — zu einem Gesellschaftsvertrag IIb 603.

Vorwahlrecht VI 173, 175.

Vorzeitige Zahlung IIa 70.

Vorzugsmiethrecht IIb 201.

Vorzugsrecht: Einfluß der Aufgabe der Haftung des Bürgen IIb 726; — Uebergang auf den neuen Gläubiger bei Abtretung der Forderung IIa 279; — Verlust durch Schuldübernahme IIa 311.

Vulgarsubstitution V 361.

W.

Waaren: Differenzgeschäfte mit W. IIb 698.

Waarenlager: Verbrauchbarkeit der einzelnen Sachen I 266.

Waarenzeichen: Schutz I 85; — Vererblichkeit der durch die Eintragung erworbenen Rechte V 10.

Wägen des Kaufgegenstandes IIb 51.

Wahlkonsuln Errichtung letztwilliger Verfügungen V 3, VI 125.

Wahlobligation: Untheilbarkeit IIa 328; — Kenntniß von der Unmöglichkeit der einen Leistung IIa 126; — Verstoß einer Leistung gegen ein gesetzliches Verbot IIa 130.

Wahlrecht bei der Auflage bei Anordnung der Erfüllung einer von mehreren Leistungen V 461; — unter mehreren Leistungen: W. des Schuldners IIa 53; — Ausübung der Wahl, Wirkung der Ausübung IIa 53; — Ausübung beim passiven Gesammtschuldverhältniß IIa 338, — beim aktiven IIa 346; — Ausübung durch den Gläubiger in der Vollstreckungsinstanz IIa 54; — Unmöglichkeit einer der Leistungen IIa 56, 126; — Verlust des Wahlrechts des Gläubigers IIa 55; — Ausübung während der Erbengemeinschaft V 285; —

W. beim Kauf IIb 8; — W. beim Vermächtniß an Mehrere V 421, 422; — W. unter mehreren zuständigen Standesbeamten IV 58.
Wahlrechte: Vererblichkeit V 10.
Wahlschuld IIa 51, 53.
Wahlschuldverhältniß, subjektives IIa 330.
Wahlvermächtniß V 422, 423; — Gewährleistung beim W. V 424, 451.
Währung bei Geldschulden IIa 16.
Waisenfürsorgegesetze: Aenderung durch das EG. VI 144, 145.
Waisengeld: Aufrechnung dagegen IIb 264, 267, VI 197; — Uebertragbarkeit VI 197.
Waisenpflegerinnen IV 1133.
Waisenrath siehe „Gemeindewaisenrath".
Wald der Ehefrau: Nutzung und wirthschaftliche Behandlung durch den Mann IV 188; — Bewirthschaftung durch den Nießbraucher III 309, 311; — Bewirthschaftung durch den Vorerben V 393; — Befreiung von bezüglichen Verpflichtungen durch den Erblasser V 402, 403; — Eigenthumsbeschränkungen VI 328.
Waldgenossenschaften III 275, VI 199; — badische VI 308.
Waldgrundstücke, Ueberhang und Grenzrecht VI 328.
Waldkulturvorschriften VI 238.
Wandelbarkeit des ehelichen Güterrechts IV 145.
Wandelpön IIa 204.
Wandelung bei Annahme an Erfüllungsstatt IIa 226; — beim Kauf IIb 83; — Frist für Geltendmachung IIb 98; — Vollzug IIb 93; — gerichtliche Geltendmachung IIb 94; — Vollzug durch Wandelungseinrede IIb 118; — Wirkungen der vollzogenen W. IIb 98; — Erstreckung und Beschränkung auf Nebensachen IIb 105, 107; — Behandlung von anderen Gegenleistungen als Geld IIb 109; — bei Mehrheit von Käufern oder Verkäufern, Ausschluß IIb 111; — bei Mehrheit der verkauften Sachen IIb 105; — Verzicht auf die W. durch Annahme einer mangelhaften Sache IIb 91; — Verjährung des Wandelungsanspruchs IIb 113; — Verhältniß der W. zur Minderung IIb 111; — Schadensersatzanspruch an Stelle der Wandelung IIb 88; — W. beim Kauf von Gattungssachen IIb 121; — beim Grundstückskauf IIb 103; — beim Viehkauf IIb 135, 137; — beim Werkvertrag IIb 457; — Verjährung des Anspruchs II 465; — Vormerkung des Anspruchs auf W. im Grundbuch III 76.
Wärme: Zuführung auf fremde Grundstücke III 125.
Wartegeld: Anspruch auf W. VI 194; — Aufrechnung gegen den Anspruch auf W. VI 197; — Uebertragung desselben VI 197; — Benachrichtigung der auszahlenden Kasse von der Abtretung IIa 296; — Verjährung des Anspruchs I 542, 543.
Wartezeit: Ehehinderniß der W. IV 44; — Zuständigkeit für die Befreiung IV 61; — Wiederverheirathung der Wittwe vor Ablauf der W., Geburt eines Kindes IV 636.
Wäscherinnen: Verjährung ihrer Ansprüche I 540.
Wasser: Aneignung III 219; — Verkehrsfähigkeit I 260; — Vertrag über den Bezug IIb 4, 8, 203, 325.
Wasserlauf: Veränderung eines unterirdischen W. III 134.
Wasserrecht I 260, VI 175.
Wasserschäden am verpachteten Grundstück IIb 328.
Wasserservituten III 293.
Wasserstraße, Nothweg zur Verbindung mit einer W. VI 255.
Wassersucht der Schafe: Gewährfrist IIb 131.
Wasserthiere, Eigenthumserwerb daran VI 181.
Wechsel: rechtliche Bedeutung der Hingabe IIa 211; — Unterzeichnung durch Vertreter I 375; — Einfluß der Rückkehr in die Hand des Ausstellers IIa 210; — Hingabe zahlungshalber, an Zahlungsstatt IIa 224; — Zahlungsort IIa 68; — Theilzahlung auf W. IIa 59; — wechselmäßige Bürgschaft IIb 703; — Verpfändung III 629; — Einziehung der Forderung III 632; — W. für eine Spiel- oder Wettschuld IIb 690, 692; — Inumlaufsetzen durch den Testamentsvollstrecker V 494.
Wechselacceptant: Höhe der zu entrichtenden Verzugszinsen VI 104.
Wechselblankett: Vererblichkeit des Rechts auf Ausfüllung V 10.
Wechseln von Geld IIb 8, 170; — bei Zahlung einer Geldschuld IIa 16.
Wechselrecht: Aufrechterhaltung VI 106.
Wechselseitiges Testament: Ausschlagungsfrist V 69.
Wechselverbindlichkeit: Eingehung durch den Vater für das Kind IV 755, — durch den Vormund für den Mündel IV 1074, 1081; — allgemeine Ermächtigung des Vormunds hiezu IV 1087; — Hypothekbestellung für die Forderung III 515; — Verpfändung eines Schiffes für die Forderung III 606.
Wechselverjährung I 525, — Unterbrechung I 560.
Wege: Ausbesserungspflicht bei der Pacht IIb 330.
Wegeregulirung VI 239, 247.
Wegfall eines ausgleichungsberechtigten Abkömmlings V 300, 304; — eines gesetzlichen Erben: Behandlung seines Erbtheils in Ansehung von Vermächtnissen, Auflagen, der Ausgleichungspflicht V 44; — eines Miterben, Anwachsung V 358; — Einfluß auf den Erbschaftskauf V 766; — Erstreckung des Rechts des Nacherben auf die Erweiterung des Erbtheiles des Vorerben V

379; — W. des rechtlichen Grundes einer Verpflichtung IIb 826, 830; — W. des Vermächtnißbeschwerten oder Bedachten V 427; — W. eines Vermächtnisses, einer Auflage beim Erbschaftskauf V 766.
Wegnahme von Anpflanzungen durch den Pächter bei Beendigung der Pacht IIb 341; — W. einer Einrichtung beim Eigenthumserwerb durch Verbindung, Vermischung, Verarbeitung III 209; — durch den Entleiher IIb 353; — Verjährung des Anspruchs IIb 358; — durch den Nießbraucher III 317; — Verjährung des Anspruchs auf Gestattung III 322; — Einrichtung: Wegnahme durch den Pfandgläubiger III 561; — Verjährung des Anspruches auf Gestattung III 567; — durch den Vermiether IIb 238; — Verjährung des Anspruchs IIb 263; — durch den Vorerben V 393; — durch den Wiederverkäufer IIb 156; — Pflichten bei der W. einer Einrichtung IIa 47; — W. in Ausübung der Selbsthülfe I 589; — W. bei Herausgabe einer Sache IIa 47; — W. verbundener Sachen von der vindizirten Sache III 257; — W. des Vermächtnißgegenstandes im Falle der Verbindung mit einer anderen Sache V 437.
Wegschaffung auf fremde Grundstücke gelangter Sachen III 31, — durch den mittelbaren Besitzer III 38; — petitorischer Anspruch des Eigenthümers III 267.
Wehrpflichtige: Wohnsitz I 67.
Weidedienstbarkeiten VI 246.
Weinberge: Wildschaden an W. VI 184.
Weinkauf IIa 174.
Weisungen an den Beauftragten IIb 529; — an den Bevollmächtigten I 476, 478; — an den geschäftsführenden Gesellschafter IIb 618.
Weiterverweisung fremder Gesetze VI 88.
Werk: Beschädigung durch Einsturz oder Ablösung von Theilen des W.: Haftung des Besitzers und früheren Besitzers IIb 918; — Verantwortlichkeit des an dem W. dinglich Berechtigten IIb 922, — des Unterhaltungspflichtigen IIb 923; — Verhältniß mehrerer Verantwortlicher IIb 934; — Eigenthumsübertragung am W. bei der Auslobung IIb 519; — gefahrdrohender Zustand für das Nachbargrundstück III 132; — W. kein Bestandtheil des Grundstücks I 274.
Werklieferungsvertrag IIb 4, 488.
Werkvertrag IIb 443; — Allgemeines: Begriff und Wesen IIb 444; — Abgrenzung gegenüber verwandten Rechtsverhältnissen IIb 444; — Verhältniß zum Auftrag IIb 523; — Unterschied vom Dienstvertrag IIb 380; — Unterschied von der Miethe IIb 205; — dispositive Natur der Vorschriften des BGB. IIb 449; — Geltung der Vorschriften im Handelsrecht IIb 449; — Begriff des Werkes IIb 449; — Formfreiheit des Vertrags IIb 450; — auf eine Geschäftsbesorgung gerichteter W. IIb 543; — Rechte und Pflichten des Bestellers: Mitwirkung bei Herstellung des Werks IIb 470; — Fristsetzung für dieselbe, Wirkung der Fristversäumung IIb 473; — Pflicht zur Abnahme des Werks IIb 467; — Entschädigungspflicht bei Annahmeverzug IIb 471; — Gefahrentragung beim Annahmeverzug IIb 474; — Pflicht zur Entrichtung der Vergütung IIb 449, 451; — zur Verzinsung derselben IIb 470; — Nebenverpflichtungen IIb 452; — Wandelungs- und Minderungsanspruch IIb 457; — Rechte bei Fehlerhaftigkeit des Werks IIb 455; — Rücktrittsrecht wegen nicht rechtzeitiger Herstellung des Werks IIb 463; — Rechte des Unternehmers: Recht auf die Vergütung IIb 449; — Ansprüche bei unverschuldeter Nichtvollendung des Werks IIb 476; — gesetzliches Pfandrecht IIb 479; — Sicherungshypothek des Unternehmers eines Bauwerks oder eines Theiles desselben IIb 481; — Pflichten des Unternehmers: Anzeigepflicht von Ueberschreitung des Voranschlags IIb 487; — Herstellung des Werks IIb 449; — Zulässigkeit von Gehülfen IIb 450, — der Vertretung IIb 451; — Ablieferung des Werkes IIb 451; — Art der Herstellung IIb 454; — Nebenverpflichtungen IIb 452; — Beweislast für die gegenseitigen Verpflichtungen IIb 452; — Gewährleistungspflicht: für Mängel im Recht IIb 454; — für Mängel am Werk: Voraussetzungen, Umfang und Wirkung der Mängelhaftung IIb 454; — Wandelung und Minderung IIb 457; — Schadensersatzpflicht wegen Nichterfüllung IIb 461; — Haftung bei nicht rechtzeitiger Herstellung des Werks IIb 463; — Gewährleistungspflicht bei Abnahme des fehlerhaften Werks IIb 467; — Nichtigkeit des Ausschlusses oder der Beschränkung der Gewährleistungspflicht IIb 464; — Verjährung der Ansprüche wegen der Mängel IIb 465; — Unterbrechung und Hemmung der Verjährung, Wirkung der vollendeten Verjährung IIb 466; — Vergütung: Art und Umfang IIb 452; — stillschweigende Vereinbarung IIb 452; — Minderung wegen Mängel des Werks IIb 457; — Fälligkeit IIb 470, 479; — Verzinsung vom Zeitpunkt der Fälligkeit ab IIb 470; — Vergütung bei unverschuldeter Nichterfüllung des Werks IIb 476; — im Falle der Kündigung IIb 485; — bei Ueberschreitung des Voranschlages IIb 487; — Gefahrentragung IIb 474; — Untergang, Verschlechterung, Unausführbarkeit des Werks aus Verschulden des Bestellers IIb 476; — Beendigung: Beendigungsgründe überhaupt IIb 486; — Annahmeverzug des Bestellers IIb 470, 473; — Wirkung desselben auf die Leistung der Vergütung IIb 477; — Aufhebung wegen

unterbliebener Mitwirkung des Bestellers IIb 473; — Kündigung IIb 485, — wegen Ueberschreitung des Voranschlages IIb 487.

Werth: Angabe des W. der Nachlaßgegenstände im Nachlaßinventar V 221; — Feststellung beim Nießbrauch an verbrauchbaren Sachen III 327; — Feststellung des W. des Nachlasses zum Zweck der Pflichttheilsberechnung V 657; — Zahlung des W. von Nachlaßgegenständen statt der Herausgabe an die im Aufgebotsverfahren nicht angemeldeten Gläubiger V 140, 147, — an Nachlaßgläubiger nach Beendigung des Nachlaßkonkurses V 193, 197; — im Falle der Ueberschuldung des Nachlasses durch Vermächtnisse und Auflagen V 199; — W. der zur Ausgleichung zu bringenden Zuwendungen V 310.

Werthersatz: beim Nießbrauch an verbrauchbaren Sachen III 327; — bei übermäßigem Fruchtbezug des Nießbrauchers III 310; — beim Verschaffungsvermächtniß V 434; — für Früchte, für verwendete Erbschaftsgegenstände durch den Vorerben V 398, 400; — im Falle ungerechtfertigter Bereicherung IIb 842; — Verzinsung des W. beim Verzug IIa 110; — Verzinsung des Werthes durch unerlaubte Handlungen entzogener Sachen IIb 955.

Werthgrenze für Grundstücksbelastung nach Landesrecht VI 247.

Werthminderung: Ersatz beim Erbschaftskauf V 768; — des Kaufobjekts, Gewährleistung IIb 70; — des Pfandes III 563, 564, 565; — W. des Vermächtnißgegenstandes, Uebergang des Ersatzanspruchs auf den Vermächtnißnehmer V 430; — Verzinsung der W. beim Verzug IIa 110.

Werthpapiere: Begriff IIb 774; — Arten IIb 775; — W. als Anweisungsgegenstand IIb 760; — Differenzgeschäfte mit W. IIb 698; — Eigenschaft der W. als verbrauchbare Sachen I 267; — Eigenthumserwerb bei Einkaufskommission III 182; — Haftung des Gastwirths für eingebrachte W. IIb 590; — Haftung des Verkäufers von W. für Gültigkeit IIb 24; — Gefahrübergang beim Kauf IIb 42; — Gewährleistung beim Verkauf IIb 65; — Haftung beim Vermächtniß eines W. V 451; — *Hinterlegung* von W. zur Sicherheitsleistung I 594; — Wirkung der Hinterlegung I 595; — Tauglichkeit zur Sicherheitsleistung I 595; — Umtausch hinterlegter W. I 596; — Hinterlegung an Erfüllungsstatt IIa 237; — Hinterlegung zur Sicherung des Nachlasses V 93, 97; — Hinterlegung zum Nachlaß gehöriger durch den Vorerben V 388; — Befreiung von der Verpflichtung hiezu V 402, 403; — *Leihe* oder Darlehen IIb 359, 364; — Mündelsicherheit von W. IV 1048, 1051, 1053; — nach Landesrecht VI 375; — Verpfändung III 631; — Verwahrung von W. IIb 581; — pfandrechtliche W. IIb 777; — W. *des Kindes*: Hinterlegung auf Anordnung des Vormundschaftsgerichts IV 798; — Genehmigung des Vormundschaftsgerichts zu Verfügungen darüber IV 798, 800; — W. *des Mündels*: Hinterlegung IV 1064, — auf Anordnung des Vormundschaftsgerichts IV 1069; — Genehmigung des Vormundschaftsgericht zu Verfügungen über die hinterlegten W. IV 1070; — Befreiung von der Hinterlegungspflicht durch das Vormundschaftsgericht IV 1069; — durch den Vater IV 1137; — durch die Mutter IV 1139; — Befreiung des Vaters und der Mutter als Vormund eines Volljährigen IV 1187; — Verfügungsrecht des Vormunds über W. IV 1060; — Befreiung von Beschränkungen des Verfügungsrechts IV 1137, 1139, — bei der Vormundschaft über Volljährige IV 1187; — des *Pfleglings*: Hinterlegung IV 1220; — siehe auch „*Inhaber-, Orderpapiere*".

Werthsachen: Haftung des Gastwirths für eingebrachte W. IIb 590; — siehe auch „*Kostbarkeiten*".

Wesentliche Bestandtheile I 267, 270, — siehe auch „*Bestandtheile*".

Wesentlicher Irrthum I 345.

Wettbewerb: Schadensersatzpflicht bei Verstoß gegen die guten Sitten IIb 878.

Wette IIb 686; — Begriff IIb 688; — rechtliche Natur IIb 689; — Unverbindlichkeit von Wettverträgen und Wettschulden IIb 686, 689; — Ausschluß der Rückforderung des auf Grund der W. Geleisteten IIb 686, 690; — Verbindlichkeiten zum Zwecke der Erfüllung von Wettschulden IIb 692; — Einfluß der Unklagbarkeit auf anderweitige Rechtsgeschäfte IIb 692; — internationales Recht, Uebergangszeit, Strafrechtliches IIb 694.

Widerklage: Inverzugsetzung durch W. IIa 104; — Unterbrechung der Verjährung I 563; — W. gegen die Besitzklage III 28; — gegen die Besitzstörungsklage III 25; — gegen die Ehescheidungsklage IV 549; — Frist für die W. IV 547, 548; — gegen die Klage auf Aufhebung der ehelichen Gemeinschaft IV 556; — Erhebung durch den Testamentsvollstrecker und gegen denselben V 505.

Widernatürliche Unzucht: Ehescheidungsgrund IV 524, 526; — Grund zur Pflichttheilsentziehung 698, 702.

Widerrechtliche Drohung I 358, 361, (siehe auch „*Drohung*").

Widerrechtlichkeit: Voraussetzung der Schadensersatzpflicht für unerlaubte Handlungen IIb 857, 861.

Widerruf der Annahme und Ausschlagung eines Vermächtnisses V 447; — W. des Antrages auf Ehelichkeitserklärung IV 931; — der Anweisung IIb 771; — des Auftrags IIb 536, 542; — Grund zum W. des Auftrags, der Vollmacht als Anlaß einer Abwesenheitspflegschaft IV 1208; — W. der

Auslobung IIb 515; — der Bestellung des Testamentsvollstreckers V 482; — der Bestellung des Vereinsvorstandes I 147, 150; — des Darlehensversprechens IIb 374; — der Einwilligung zu einem Rechtsgeschäfte I 511; — der Einwilligung des Mannes zum selbständigen Betrieb eines Erwerbsgeschäfts durch die Frau im gesetzlichen Güterstand IV 227, — bei allgemeiner Gütergemeinschaft IV 323; — Eintragung im Güterrechtsregister IV 230, 509, 510; — W. der Genehmigung des gesetzlichen Vertreters zu Dienst- und Arbeitsverträgen des Minderjährigen I 325, — zum selbständigen Betrieb eines Erwerbsgeschäfts I 323; — von korrespektiven Verfügungen V 577, 579; — eines Mitgiftversprechens durch den Testamentsvollstrecker V 495; — von Rechtsgeschäften mit dem Vormund IV 1097; — *von Schenkungen*: Voraussetzungen IIb 194; — Ausschluß IIb 197, 199; — Form IIb 196; — Wirkungen IIb 196, 197; — Vererblichkeit des Rechts IIb 195, V 11; — Erlöschen des Rechts IIb 197; — Verzicht auf dasselbe IIb 198; — von Schenkungen unter Ehegatten und Verlobten IV 579; — anzuwendendes Recht VI 61; — von Schenkungen unter Ehegatten bei Nichtigkeit der Ehe IV 100; — W. der *Stiftung* I 235, 236; — der letztwilligen Stiftung I 241; — Unvererblichkeit des Widerrufsrechtes V 11; — W. des *Testaments*: Zulässigkeit V 557, 558; — Formen: durch Testament V 557, 558; — durch Vernichtung oder Veränderung der Testamentsurkunde V 557, 559; — Theilaufhebung in diesem Falle V 559; — durch Rücknahme aus amtlicher Verwahrung V 557, 559; — Wirkung des Widerrufs V 560; — beim Widerruf eines späteren für das frühere Testament V 561; — Widerruf des Widerrufs V 557, 560; — W. des gemeinschaftlichen Testaments V 579, 582; — des korrespektiven Testaments V 579; — W. *von Verträgen*: Unterschied vom Rücktritt IIa 189; — von Verträgen mit Minderjährigen I 315, 318, — Beweislast I 319; — des mit einem Vertreter ohne Vertretungsmacht geschlossenen Vertrags I 497; — von Verträgen über eingebrachtes Gut IV 214; — über Gesammtgut der allgemeinen Gütergemeinschaft IV 321, — der fortgesetzten Gütergemeinschaft IV 386, — der Errungenschaftsgemeinschaft IV 445; — W. des Vertragsantrages I 427; — der *Vollmacht*: Zulässigkeit und Form I 484, 487; — im Falle der Mittheilung der Bevollmächtigung an einen Dritten oder öffentlicher Bekanntmachung I 490, 492; — Einfluß der Unwiderruflichkeit der Vollmacht auf die Kraftloserklärung der Vollmachtsurkunde I 497; — Abwesenheitspflegschaft wegen Grund zum W. IV 1208; — W. von Willenserklärungen gegenüber Abwesenden I 381, 384; — Anspruch auf W. behaupteter oder verbreiteter unwahrer Thatsachen IIb 873.

Widersinnige Bedingung I 450; — bei letztwilligen Verfügungen V 341.

Widerspruch eines geschäftsführenden Gesellschafters gegen Vornahme eines Geschäfts IIb 614; — des Schuldners gegen die Leistung durch einen Dritten IIa 60; — W. *gegen die Richtigkeit des Grundbuchs*: Voraussetzungen III 112; — Folgen III 113; — formelle Grundlagen III 112, 115; — Eintragung, Löschung III 45, 115; — W. wegen Einreden gegen die Hypothek III 427; — aus der Einrede des nicht gezahlten Geldes III 428; — Einfluß des W. auf das Aufgebot zum Ausschluß eines Grundstückseigenthümers III 171; — Einfluß auf die Verjährung des durch W. gesicherten Rechtes III 118; — Hemmung der Tabularersitzung III 116; — W. auf dem Hypothekenbrief III 429; — W. gegen Grenzüberbau III 137; — gegen die Richtigkeit des Schiffsregisters III 604; — gegen Pfändung von Früchten des eingebrachten Gutes IV 191, 193, 194, 202; — gegen *Zahlung* der Entschädigung für Zwangsenteignung VI 148; — gegen *Zwangsvollstreckung*: Recht der Ehefrau im gesetzlichen Güterstand IV 191, 193, 194, 202, 234, 236, — bei Errungenschaftsgemeinschaft IV 452.

Widerspruchsklage des Hypothekgläubigers III 442; — Haftung des Pfändungsgläubigers III 252.

Widerstand: Beseitigung mittelst Selbsthülfe I 589, 591.

Wiederabnahme eigenmächtig weggenommener Sachen III 21.

Wiederaufnahme des Verfahrens: Rückforderung des auf Grund des aufgehobenen Urtheils Geleisteten IIb 831; — nach Auflösung oder Nichtigkeitserklärung einer Ehe: Ehehinderniß IV 36.

Wiederaufnahmeverfahren: Entschädigung im W. Freigesprochener IV 642.

Wiederbemächtigung nach Besitzentziehung III 21.

Wiedereinräumung eigenmächtig entzogenen Besitzes III 23; — des Besitzes bei Besitzvermittelungsverhältniß III 38.

Wiedereinsetzung in den vorigen Stand nach Verjährung I 529, 535; — wegen Minderjährigkeit IV 710, 1028.

Wiederherstellung der ehelichen Gemeinschaft IV 593; — des Verwaltungs- und Nutzungsrechts des Ehemanns am eingebrachten Gut IV 269; — Klage auf W. der Errungenschaftsgemeinschaft IV 484; — Wirkung der W. IV 486; — W. der Miethsache IIb 216; — W. *des früheren Zustandes*: zur Schadensabwendung IIa 22, 29; — Ablehnung wegen Fristversäumung IIa 31; — Unmöglichkeit der W. IIa 32; — W. im Falle der Wegnahme einer Einrichtung IIa 47; — Ausschluß des Anspruches auf W. nach Ver-

bindung, Vermischung, Verarbeitung III 209; — W. zerstörter Gebäude in anderer Lage: Rechte Dritter VI 237.
Wiederherstellungspflicht des Vermiethers IIb 216; — des Verpächters IIb 327.
Wiederholung der Eheschließung IV 36, 70.
Wiederkaufsrecht: Inhalt, Rechtsnatur IIb 151; — Ausübung bei Mehrheit der Berechtigten IIb 157, — der Verpflichteten IIb 158; — Vererblichkeit und Veräußerlichkeit des Rechts IIb 153; — Form der Ausübung IIb 153, 154; — Wirkungen der Ausübung: Herausgabepflicht IIb 154; — Haftung des Wiederverkäufers für Verschlechterung, Untergang, Unmöglichkeit der Herausgabe IIb 154, 157; — Beseitigung entgegenstehender Rechte Dritter IIb 155; — Ersatz von Verwendungen, Wegnahme einer Einrichtung IIb 156; — Frist für die Ausübung IIb 158; — Wiederkaufspreis IIb 153; — Wiederkauf zum Schätzungswerth IIb 157; — Form der Einräumung an einem Grundstück IIa 135; — Ausübung gegenüber einer Ehefrau IV 225; — Ausübung eines zum Nachlasse gehörigen V 285; — bei Rentengütern VI 170; — dingliches III 351; — Vormerkung im Grundbuch III 76.
Wiederkehrende Leistungen: Auflage w. L. V 464; — aus dem eingebrachten Gute der Frau zu entrichtende w. L. IV 193, — bei Errungenschaftsgemeinschaft IV 458; — aus dem Kindervermögen zu entrichtende IV 774; — Erstreckung der Hypothek auf mit dem Eigenthum am Grundstück verbundene w. L. III 407; — Entrichtung durch den Nießbraucher an einem Vermögen III 344; — Rücktritt von der Verfügung w. L. im Erbvertrag V 619; — schenkungsweise w. L. IIb 183; — Verjährung des Anspruchs auf w. L. I 542, — nach rechtskräftiger Feststellung I 571; — Beginn der Verjährung I 545; — Unterbrechung der Verjährung I 561; — Haftung von Pfändern nach der Verjährung I 576; — Verpflichtung des Kindes zu w. L. IV 753, 755, — des Mündels IV 1073, 1080; — des volljährigen Mündels IV 1186; — Vertheilung unter successiv Berechtigte I 287, — auf successiv Verpflichtete I 290.
Wiederverehelichungszeugniß des Vormundschaftsgerichts IV 45.
Wiederverheirathung nach Ehescheidung, anzuwendendes Recht VI 61; — Erlöschen der Unterhaltspflicht des früheren Ehegatten IV 575; — nach Todeserklärung eines Ehegatten VI 300, 303; — Wirkung zu Unrecht erfolgter Todeserklärung IV 103; — Sorge für die Person eines Kindes aus erster Ehe IV 737; — Familienname der Frau IV 121; — W. der Ehefrau eines für todt erklärten Ausländers VI 46; — der Eltern: Ertheilung des Wiederverehelichungszeugnisses IV 45; — W. des als Vormund bestellten Elterntheils IV 1125; — W. der Mutter: Verlust der elterlichen Gewalt IV 847; — des überlebenden Ehegatten: Beendigung der fortgesetzten Gütergemeinschaft IV 400; — Ertheilung des Wiederverehelichungszeugnisses IV 45; — des Vaters: Pflichten desselben IV 802; — der Wittwe: Wartezeit IV 44; — Zuständigkeit zur Befreiung von dem Ehehinderniß IV 61; — Einfluß vorzeitiger W. auf den Status des Kindes IV 636; — auf die güterrechtlichen Folgen anzuwendendes Recht VI 55.
Wiederverkauf: Erstreckung auf Zubehör I 279.
Wild: Eigenthumserwerb an W. III 220, 221, VI 181.
Wilddieb: Besitzerwerb III 35.
Wilde Thiere: Herrenlosigkeit und Eigenthum daran III 222; — Schadensstiftung durch w. Th. IIb 905, 912.
Wildschaden: Ersatz IIb 915; — W. am Pachtobjekt IIb 327; — Haftung mehrerer Verantwortlicher, Regreßansprüche IIb 934; — Vorbehalte zu Gunsten der Landesgesetzgebung VI 183, 184, 186.
Wille: Bedeutung für Rechtsgeschäfte I 293; — Abweichung von der Erklärung I 335; — Vertretung im W. I 465.
Willensbestimmung: Ausschluß der freien W. I 307, 309; — Einfluß des Ausschlusses der freien W. auf gesetzliche und vertragsmäßige Verbindlichkeiten IIa 89, 91; — Ausschluß der freien W. bei unerlaubten Handlungen IIb 884; — Haftung aus Billigkeit IIb 887; — Haftung aufsichtspflichtiger Personen IIb 898.
Willenseinigung beim Vertrag I 418; — Mangel derselben I 336.
Willenserklärung: Begriff I 292, 330; — Form der Aeußerung I 331, 334; — mittelbare und unmittelbare I 331; — empfangsbedürftige und nicht empfangsbedürftige, Adressat der W. I 334; — Zeitpunkt der Wirksamkeit der W. I 334; — Beweislast für die Wirksamkeit I 337; — Mentalreservation I 337; — Abgabe zum Schein I 339; — Mangel der Ernstlichkeit I 343; — Auslegung I 388; — Anfechtung wegen arglistiger Täuschung und widerrechtlicher Drohung I 358, — wegen Irrthums I 294, 353, — wegen unrichtiger Uebermittelung I 354; — Voraussetzungen der Wirksamkeit der Anfechtung I 355; — Nichtigkeit wegen Geschäftsunfähigkeit des Erklärenden I 309; — wegen Mentalreservation I 337; — Schadensersatzpflicht wegen Anfechtung oder Nichtigkeit der W. I 356; — Verhältniß der W. zum Rechtsgeschäft I 293; — Erforderniß der Gültigkeit von W. Minderjähriger I 313; — Verurtheilung zur Abgabe einer W. I 333; — W. gegenüber Abwesenden: Zeitpunkt der

Wirksamkeit I 324, 381; — W. durch Telephon I 383; — Abgabe gegenüber einer Stiftung I 243, 244; — W. von und gegenüber Vertretern I 469; — Einfluß von Willensmängeln u. s. w. des Vertreters I 475; — Abgabe gegenüber einem Vereine I 151; — Zustellung von W. durch Gerichtsvollzieher I 387; — zeitlich geltendes Recht VI 310.
Willensmängel I 336; — bei der Stellvertretung I 476, 483; — zeitlich geltendes Recht VI 310; — bei Willenserklärungen des Testamentsvollstreckers V 496.
Willensmoment beim Besitz III 7.
Willkür: Bedingung des reinen Wollens I 447.
Winkel: Benützungsrecht der Anlieger III 152, 154.
Winkeladvokaten: Verjährung ihrer Ansprüche I 540.
Wirksamkeit von Verfügungen des Vormundschaftsgerichts IV 990.
Wirkungsstatut VI 16.
Wirthe: Verjährung ihrer Ansprüche I 536.
Wirthschaft: Pacht oder Miethe IIb 323.
Wirthschaftliche Vereine: Begriff I 134; — Erwerb der Rechtsfähigkeit I 130, 138; — Entziehung derselben I 171.
Wirthschaftsgebäude: **Ausbesserungspflicht** bei Pacht IIb 330.
Wirthschaftsgeräthe: Zubehör des Landguts I 280, 282.
Wirthschaftsplan für Wälder, Bergwerke oder ähnliche Anlagen beim Nießbrauch III 309, 310; — bei der Nacherbschaft III 310, V 393.
Wissenschaftliche Vereine I 135.
Wittwe: Familienname I 80; — Volljährigkeitserklärung I 39, 41; — Ehehinderniß der Wartezeit IV 44, 61; — Erbrecht der armen W. V 23, 633.
Wittwenbezüge: Aufrechnung dagegen IIa 264, 267, VI 197; — Uebertragbarkeit VI 197.
Wittwen- und Waisenfürsorge-Gesetze, Aenderung durch das EG. VI 144, 145.
Woche: Fristbestimmung nach W. I 518; — Dienstverhältniß nach W. IIb 427; — Miethzinsberechnung nach W. IIb 286.
Wochenbettkosten: Erstattung beim außerehelichen Beischlaf IV 892; — nach bisherigem Recht VI 369.
Wochenlohn IIb 427.
Wohlthätigkeitsanstalten: Erbrecht V 23.
Wohlthätigkeitsvereine I 134, 135.
Wohngebäude: Ausbesserungspflicht bei der Pacht IIb 330.
Wohnort: Begriff und rechtliche Bedeutung I 59; — Bestimmungsrecht des Ehemannes IV 118.
Wohnräume: Besitzesschutz III 30; — Miethe von W. IIb 203, 320; — Pflichten des Vermiethers IIb 213; — außerordentliche Kündigung IIb 233; — Räumungsfristen für W. nach Landesrecht VI 214; — W. von Bediensteten IIb 415, 419.
Wohnrecht von Ausländern im Inlande I 25.
Wohnsitz: Allgemeines: Arten I 59; — rechtliche Bedeutung I 60; — gewählter W.: Voraussetzungen der Begründung I 59, 60; — Aufhebung des W. I 61, 63; — mehrfacher W. I 60, 62; — Fähigkeit zur Begründung und Aufhebung I 64; — Wohnsitzlosigkeit I 64; — gesetzlicher W. I 65; — Beweis und Vermuthung I 62; — W. als Anknüpfungsmoment der Kollisionsnormen VI 16, 52, 56, 78, 79, 93; — Einfluß mehrfachen W. auf das anzuwendende Recht VI 96; — Ablehnung der Vormundschaft wegen weiter Entfernung des W. IV 1017; — Entlassung des Vormunds hiewegen IV 1169; — des Schuldners als Leistungsort IIa 64, 67; — einzelne Fälle: erwählter W. nach franz. und badischem Recht VI 296; — W. des an Kindesstatt Angenommenen IV 942; — W. von Beamten VI 196; — der Ehefrau I 68; — der Frau nach Aufhebung der ehelichen Gemeinschaft IV 589; — von Exterritorialen (Strafprozeß) VI 117; — des Findelkindes IV 1039; — des Kindes I 71, — legitimirter Kinder IV 911; — von Militärpersonen I 67; — des unehelichen Kindes IV 863.
Wohnsitzlosigkeit I 62, 64.
Wohnung: Bestimmungsrecht des Ehemannes IV 118; — Gesundheitsschädlichkeit IIb 233; — Räumungsfristen für W. nach Landesrecht VI 214; — Weiterbenützung der W. des Erblassers durch dessen Familienangehörige V 131.
Wohnungsmiethe IIb 203, 320.
Wohnungsrecht III 348; — Vermächtniß V 441.
Wörthe III 204.
Wuchergesetz: Aenderung durch das EG. VI 143.
Wucherische Rechtsgeschäfte I 363, 401, 405.
Wundärzte: Verjährung ihrer Forderungen I 537.
Wurm der Pferde, Esel, Maulesel und Maulthiere, Gewährfrist IIb 130, 131.
Württemberg: Anlegung von Mündelgeld IV 1050, 1052, 1054, 1057; — Anzeige von Todesfällen V 97; — Aufnahme des Verzeichnisses des Kindervermögens IV 748; — Auseinandersetzung der Gütergemeinschaft IV 360; — Befreiung von Ehehindernissen, vom Aufgebot IV 62; — dienstliche Bewilligung zur Uebernahme einer Vormundschaft IV 1014; — Ehelichkeitserklärung IV 920; — Gemeindewaisenrath IV 1135; — Güterrechtsregister IV 505; — Haftung aus Amtspflichtverletzungen Beamter VI 192; — Hinterlegungswesen IV 207; — Namensertheilung an das uneheliche Kind der Ehefrau IV 870; — religiöse Kindererziehung IV 720; — Sicherung des Nachlasses V 97, 98; — Verehelichung von Ausländern IV 49; — Zeugniß über Fortsetzung der Gütergemeinschaft IV 424; — Zuständig-

keit für die Befreiung von den Erfordernissen der Annahme an Kindesstatt IV 949; — Zuständigkeit für die Erklärung über den Namen der geschiedenen Frau IV 563; — Zuständigkeit in Vormundschaftssachen IV 986; — Zuständigkeit zur Errichtung und Eröffnung letztwilliger Verfügungen V 523, 529; — zur Aufnahme des Nachlaßinventars V 223; — Verwahrung der Testamente V 550.
Wurzeln: Ueberragen in das Nachbargrundstück III 133; — Beseitigung ins Nachbargrundstück überragender bei Obstbäumen VI 254.
Wüstungsgemeinden VI 307.

Z.

Zahl: Mindestzahl der Mitglieder eines eingetragenen Vereines I 198; — Mindestzahl für die Rechtsfähigkeit des Vereines I 221; — Z. der Vormünder IV 998.
Zahlung: Begriff im engeren und weiteren Sinne IIa 215; — Z. unter Vorbehalt IIa 218; — vorzeitige Z. IIa 70; — Z. fremder Schulden IIa 60; — einer in ausländischer Währung ausgedrückten Geldschuld IIa 16; — Z. in einer bestimmten Geldsorte IIa 17; — aus öffentlichen Kassen VI 213; — der verjährten Schuld I 575; — siehe auch „Erfüllung", „Leistung".
Zahlungsauftrag IIb 760.
Zahlungsbedingungen: Eintragung im Grundbuch III 384.
Zahlungsbefehl als Mahnung und Voraussetzung des Verzugs IIa 102; — Unterbrechung der Verjährung durch Zustellung eines Z. I 561, 563; — Beseitigung der Wirkungen der Unterbrechung I 567.
Zahlungsfähigkeit: Uebernahme der Haftung für Z. bei Verkauf einer Forderung IIb 27.
Zahlungsfristen: Gewährung durch den Richter IIa 58.
Zahlungsort IIa 17, 68; — für die Grundschuld III 533; — Aenderung bei Hypotheken III 395; — für den Miethzins IIb 250; — siehe „Erfüllungs-, Leistungsort".
Zahlungssperre bei Kraftloserklärung von Inhaberschuldverschreibungen IIb 797; — Hemmung der Vorlegungsfrist und der Verjährung IIb 800; — bei qualifizirten Legitimationspapieren IIb 814; — Ausschluß bei Zinsscheinen IIb 803; — auf die Z. bei Schuldverschreibungen auf Sicht, Zins-, Renten- und Gewinnantheilscheinen anzuwendendes Recht VI 320; — Erledigung eines bei Inkrafttreten des BGB. anhängigen Verfahrens VI 323; — Z. bei Legitimationspapieren nach Landesrecht VI 227.
Zahlungsstatt: Leistung an Z. IIa 222; — zur Ablösung des Gläubigers eines Dritten IIa 63.
Zahlungszeit IIa 17, 69; — für Darlehen IIb 372; — für Darlehenszinsen IIb 371; — für die Vergütung bei Dienstmiethe IIb 401; — für den Miethzins IIb 249; — siehe auch „Zeit, Erfüllungs-, Leistungszeit".
Zahnärzte: Verjährung ihrer Ansprüche I 537, 541.
Zanzibar: Staatsvertrag VI 85.
Zehent VI 246.
Zehn Jahre: Ausschlußfrist für die Ehescheidungsklage IV 544; — Ersitzungszeit für bewegliche Sachen III 198; — Frist für Hypothekamortisation III 480; — Verschollenheitsfrist I 97.
Zeichnen: Verarbeitung III 207.
Zeit: Bürgschaft für bestimmte Zeit IIb 727; — Z. der Leistung IIa 69; — beim Darlehen IIb 372; — bei Darlehenszinsen IIb 371; — beim Kauf IIb 19; — bei der Leihe IIb 355; — bei der Verwahrung IIb 577, 578, 580; — bei Zahlung einer Geldschuld IIa 17; — Berücksichtigung von Treu und Glauben IIa 11; — Eintritt des Gläubigerverzugs bei bestimmter Leistungszeit IIa 117; — Z. der Testamentserrichtung, Angabe im Protokoll V 542, 543.
Zeitablauf: Voraussetzung des Verzugs IIa 101; — Gläubigerverzug IIa 117; — Beendigung des Dienstverhältnisses IIb 424, — des Miethverhältnisses IIb 282.
Zeitangabe beim eigenhändigen Testament V 529, 532, 533; — Beweislast für die Richtigkeit V 533.
Zeitberechnung I 517.
Zeitbestimmung: rechtliche Wirkungen I 463, 464; — Unterschied von der Bedingung I 463; — Beweislast für die Z. I 456; — Unzulässigkeit bei einzelnen Rechtsgeschäften I 445; — Wirkung der Aufnahme unzulässiger Z. I 446; — Beseitigung der Unmöglichkeit der Leistung vor Beginn des Anfangstermines IIa 128; — Beseitigung eines gesetzlichen Verbots, gegen das ein Vertrag verstößt IIa 130; — Z. beim Gesammtschuldverhältniß IIa 331; — Z. bei Besitzübertragung III 9; — bei beschränkten persönlichen Dienstbarkeiten III 347; — bei Eigenthumsübertragung III 179; — bei der Einigung über Rechtsänderungen an Grundstücken, Grundstücksrechten III 53; — bei Grunddienstbarkeiten III 293; — bei Grundschuld III 530; — bei der Hypothek III 376; — beim dinglichen Vorkaufsrecht III 353; — bei Benennung eines Vormundes IV 1003; — bei der Einwilligung des Ehemannes zum selbstständigen Betrieb eines Erwerbsgeschäftes durch die Frau IV 228; — beim Verlöbnißvertrag IV 8; — bei Ernennung eines Testamentsvollstreckers V 482; — bei letztwilligen Verfügungen V 341; — bei letztwilligen Zuwendungen an gesetzliche Erben V 334, — an Abkömmlinge Dritter V 337, — an Verwandte V 335; — beim Vermächtniß: Anfall desselben V 444, 446; — Dauer der Wirkung des V. V 428; — beim Erbver-

zichtsvertrag V 720; — Ausschluß der Z. bei der Ablehnung der Fortsetzung der Gütergemeinschaft IV 382; — bei der Anerkennung der Ehelichkeit IV 632; — bei der Annahme an Kindesstatt IV 947; — bei Aufhebung des durch die Annahme begründeten Rechtsverhältnisses IV 978; — bei der Annahme und Ausschlagung der Erbschaft V 75, — des Vermächtnisses V 445, 448; — bei Annahme oder Ablehnung des Amtes eines Testamentsvollstreckers V 486; — bei der Auflassung III 157; — bei der Aufrechnungserklärung IIa 255; — Ausschluß bei Ausübung des Wahlrechts bei Alternativobligation IIa 54; — bei der Ehelichkeitserklärung IV 922; — bei Eheschließung IV 52; — bei Eheschließung im Ausland VI 126; — Ausschluß der Rückforderung vorzeitiger Leistung IIb 833; — bei Wiederherstellung der ehelichen Gemeinschaft IV 595.

Zeitliche Geltung des Rechts: Verhältniß zur räumlichen Kollision VI 25.

Zeitliches Herrschaftsgebiet der Gesetze VI 288.

Zeitlohn IIb 380; — Beendigung des Dienstverhältnisses beim Zeitlohnvertrag IIb 425.

Zeitpunkt des Eintrittes der Bedingung I 452; — maßgebender Z. für den Anfang einer Frist I 517; — Z. des Todes im Falle der Todeserklärung I 106.

Zeitungsabonnement IIb 8.

Zeitversäumniß: Ersatz für Z. des Vormunds IV 1108.

Zentralbehörde des Bundesstaats: Genehmigung der Ausgabe von Inhaberschuldverschreibungen IIb 785; — Vorschriften über Bekanntmachung des Fundes in öffentlichen Gebäuden rc. III 240.

Zentralheizung: Vermiethung einer Wohnung mit Z. IIb 444.

Zerlegung der Eigenthümerhypothek bei der Gesammthypothek III 485, 491.

Zerrüttung des ehelichen Verhältnisses: Scheidungsgrund IV 532.

Zerstörende Einreden: Begriff I 550; — gegen die Hypothek III 480; — gegen das Pfandrecht III 595; — gegen das Schiffspfandrecht III 605; — keine Hemmung der Verjährung I 552.

Zerstörung von Sachen im Nothstand I 585, — zur Selbsthülfe I 589; — Z. von eingebrachtem Gut bei der Errungenschaftsgemeinschaft IV 450, — bei der Fahrnißgemeinschaft IV 498; — von Gegenständen des Gesellschaftsvermögens IIb 626; — von Gesammtgut der allgemeinen Gütergemeinschaft IV 356, — der Errungenschaftsgemeinschaft IV 482, — der fortgesetzten Gütergemeinschaft IV 406; — von Gegenständen des freien Kindervermögens IV 740; — Z. eines Nachlaßgegenstandes V 287; — Anspruch des Erbschaftskäufers V 767; — Z. von Gegenständen der Nacherbschaft V 379; — der Nießbrauchsache III 312; — des Gegenstandes der ungerechtfertigten Bereicherung IIb 842; — des Gegenstandes des vertragsmäßig angeordneten Vermächtnisses V 606; — von Vorbehaltsgut im gesetzlichen Güterstand IV 162, — bei allgemeiner Gütergemeinschaft IV 306, — bei Errungenschaftsgemeinschaft IV 455, — bei fortgesetzter Gütergemeinschaft IV 386.

Zertheilung von Grundstücken III 90; — des Hypothekenobjekts III 90, 377.

Zeugen bei Eheschließung IV 55; — bei Eheschließung im Ausland VI 126; — bei Testamentserrichtung: Zuziehung V 535, — bei Errichtung des Testaments vor dem Gemeinde- oder Gutsvorsteher V 552, — an einem abgesperrten Ort V 554, — beim Seetestament V 555; — Ausschluß von der Mitwirkung V 536, 537, 538; — Ausschluß wegen Verlust der bürgerlichen Ehrenrechte VI 106; — Untauglichkeit zur Mitwirkung V 538; — Vernehmung des Erben als Z. in Prozessen des Testamentsvollstreckers über den Nachlaß V 481, 508.

Zeugengebühren: Verjährung I 537, 542.

Zeugniß über ein Dienstverhältniß IIb 441; — über ein gewerbliches Dienstverhältniß für minderjährige Arbeiter VI 120; — Z. des Ausstellers zum Zweck der Kraftloserklärung von Inhaberpapieren IIb 794; — des Nachlaßgerichts über Ernennung zum Testamentsvollstrecker V 757; — Kraftlosigkeit nach Beendigung des Amtes desselben V 520, 758; — über Rechtsnachfolge in Hypotheken, Grund- und Rentenschulden, Grundstücke und Erbbaurechte V 731; — über Fortsetzung der Gütergemeinschaft IV 421; — Z. des Nachlaßgerichts, Lehenhofs über Rechtsnachfolge in ein Familiengut, Lehen VI 170; — des Registergerichts über Eintragungen ins Güterrechtsregister IV 504; — über Eintragung und Zusammensetzung des Vereinsvorstands I 218; — des Vormundschaftsgerichts zum Zwecke der Verehelichung von Eltern und Vormündern IV 45.

Zinsen: Begriff IIa 18; — Natur der Z. als Rechtsfrüchte I 285; — gesetzliche im Sinne eines Landesgesetzes VI 11; — Voraussetzungen der Verpflichtung zur Zinszahlung IIa 19; — Fälligkeit IIa 19; — Höhe IIa 18; — ultra alterum tantum IIa 20; — Höhe der vom Wechselacceptanten zu entrichtenden VI 104; — Vertragsfreiheit hinsichtlich Z. IIa 20; — Z. im Kontokurrentverkehr IIa 22; — Z. beim Verzug IIa 110; — Kündigung wegen hohen Zinssatzes IIa 20; — als Theilleistung oder selbständige Leistung IIa 58; — Anrechnung von Theilleistungen auf Z. IIa 229; — Aufrechnung zunächst auf Z. IIa 268; — selbständige Klagbarkeit IIa 19; — Unterbrechung des Zinsenlaufes durch Hinterlegung IIa 244; — während des Gläubigerverzugs IIa 120; — Entrichtung beim Rück-

tritt vom Vertrag IIa 193; — Erstreckung des Pfandrecht an einer Forderung auf Z. III 627; — Haftung des Pfandes III 556; — Haftung des verpfändeten Schiffes III 604; — Vertheilung unter successiv Berechtigte I 287; — auf successiv Verpflichtete I 290; — Zahlung an den Vermächtnißnehmer V 452; — Entrichtung durch den Nießbraucher an einem Vermögen III 344; — Verjährung I 542, IIa 19; — nach rechtskräftiger Feststellung I 571; — Haftung von Pfändern nach der Verjährung I 576; — Uebergang des Anspruchs lung I 571; — Uebergang des Anspruchs auf Z. bei Abtretung der Hauptforderung IIa 280; — bei Schuldübernahme IIa 301; — Sonderfälle: Zahlungszeit für Z. aus einem Darlehen IIb 371; — Z. der Eigenthümergrundschuld III 536; — aus dem eingebrachten Gut zu entrichtende IV 193, — bei Errungenschaftsgemeinschaft IV 458; — der Grundschuld III 528, 530, 532; — Zahlungsort III 533; — Entrichtung bei der Eigenthümergrundschuld III 536; — Zahlung durch den Nießbraucher III 315; — der Hypothek: Haftung des Grundstücks für gesetzliche III 393, — für rechtsgeschäftliche III 383; — persönliche Haftung für dieselben III 375; — Aenderung der Verzinsung III 394; — Behandlung laufender Z. bei Forderungsübertragung III 459; — Uebertragung von Zinsrückständen III 460, 462; — Vermerk der Zahlung auf dem Hypothekenbrief III 436; — Erlöschen der Hypothek für Rückstände III 496; — Zahlung durch den Nießbraucher III 315; — aus dem Kindervermögen zu entrichtende IV 774; — Aufhebung des RG. über die vertragsmäßigen Z. VI 106; — siehe auch „Verzinsung".

Zinseszinsen: Verbot IIa 21, — Ausschluß beim Verzug mit der Zinszahlung IIa 110, 112.

Zinsfuß: gesetzlicher IIa 18; — beim Verzug IIa 110; — für Prozeßzinsen IIa 112; — Aenderung bei der Hypothek III 394; — Eintragung im Grundbuch III 381, 383; — Eintragung ins Schiffsregister III 602; — Z. bei der Gesammthypothek III 415.

Zinsgarantie für verbriefte Forderungen des Mündels IV 1048, 1051.

Zinsgesetz vom 14. Nov. 1867: Aufhebung VI 125.

Zinsleisten: rechtliche Natur und Rechtsverhältnisse daran IIb 803; — siehe auch „Erneuerungsschein".

Zinsrückstände: Verjährung I 542, — mit der Hypothekforderung I 578.

Zinsscheine: Inhaberpapiere IIb 778; — rechtliche Natur IIb 801; — Rechtsverhältnisse daran IIb 802; — fortdauernde Geltung nach Erlöschen der Hauptforderung IIb 801; — Zurückbehaltung des Zinsbetrages nicht zurückgegebener Z. bei Einlösung der Schuldverschreibung IIb 801, 802; — Genehmigung zur Ausstellung IIb 786; — Hinterlegung zur Sicherheitsleistung I 596; — selbständige Verpfändung III 631; — Erstreckung des Pfandrechts an Werthpapier auf Z. III 634; — Vorlegungsfrist IIb 799; — Ausschluß der Kraftloserklärung und Zahlungssperre IIb 794, 803; — Wahrung der Rechte aus abhanden gekommenen oder vernichteten Z. IIb 804; — Ausschluß des Anspruchs aus abhanden gekommenen oder vernichteten Z. bei Schuldverschreibungen eines Bundesstaats oder ihm angehörender juristischer Personen VI 225; — Ausgabe neuer, Schutz bei Verlust des Erneuerungsscheines IIb 806; — Z. von Inhaberpapieren, anzuwendendes Recht VI 320, 321; — Besitz des Nießbrauchers daran III 337; — Beschaffung neuer zu den belasteten Papieren III 339; — keine Hinterlegungspflicht hinsichtlich zum eingebrachten Gut der Frau gehöriger Z. IV 206, — bei Errungenschaftsgemeinschaft IV 452; — hinsichtlich dem Kinde gehöriger IV 798; — hinsichtlich dem Mündel gehöriger IV 1064; — Ausnahmen IV 1069; — keine Hinterlegungspflicht bei der Nacherbfolge V 388.

Zinszahlung: Unterbrechung der Verjährung I 559.

Zinszuschläge: Verjährung I 542.

Zollpflichtige Sachen: im Grenzgebiet gefundene III 227.

Zubehör: Begriff und Voraussetzungen I 276; — rechtliche Bedeutung der Zubehöreigenschaft I 278; — Unterschied von der Nebensache I 280; — gesetzliche Zubehörungen I 280; — Ausschluß unbeweglicher Zubehörstücke III 42; — auf die Erlangung der Eigenschaft anzuwendendes Recht VI 331; — Entschädigung wegen Entziehung oder Beschädigung im öffentlichen Interesse VI 148; — Belastung und Veräußerung mit der Sache IIa 138; — Eigenthumserwerb am Z. mit den Grundstücken I 279, III 170; — Eigenthumsvermuthung III 270; — Eigenthumsvorbehalt an Z. III 205; — Erlöschen des Nießbrauchs mit dem N. am Grundstück III 325; — Erstreckung beschränkt persönlicher Dienstbarkeiten auf Z. I 279, — der Fahrnißgemeinschaft I 279; — Erstreckung der Hypothek auf Z. I 279, III 395, 397; — Erlöschen der Haftung durch Veräußerung und Entfernung III 400, — durch Aufhebung der Zubehöreigenschaft III 403; — Ausschluß der Pfändung III 400; — Erstreckung des Miethverhältnisses auf Z. IIb 214; — des Nießbrauchs an einem Grundstück I 279, III 306; — des Pfandrechts I 280, III 558; — des Vermächtnisses I 279, V 429; — des Vorkaufsrechts I 279, III 354; — des Wiederkaufsrechts I 279, IIb 154; — Herausgabe durch den Beauftragten IIb 533, — durch den Geschäftsführer ohne Auftrag

IIb 557; — Z. des Hypothekenobjekts: Pfändung III 442; — Verschlechterung, unwirthschaftliche Behandlung III 421.
Zuchthausstrafe als Grund der Verwirkung der elterlichen Gewalt IV 818.
Züchtigungsrecht des Dienstberechtigten VI 217; — des Ehemannes IV 120; — des Vaters IV 719; — des Lehrherrn IV 721.
Zuchtmittel: Anwendung gegen das Kind IV 719.
Zufall: Einfluß auf gegenseitige Verträge IIa 149, 151; — Rücktritt vom Vertrag nach zufälligem Untergang der Sache IIa 196; — Haftung für Z.: beim Auftrag IIb 535; — bei der Gesellschaft IIb 645; beim Kauf IIb 41, 43; — bei der Pacht IIb 337; — bei Entziehung von Sachen durch unerlaubte Handlungen IIb 954; — nach Verzug IIa 108; — beim Werkvertrag IIb 474.
Zuführung von Gasen 2c. aus dem Nachbargrundstück III 125.
Zugehen einer Willenserklärung I 381, 382; — durch Vermittelung des Gerichtsvollziehers I 387.
Zug um Zug-Leistung beim Rücktritt vom Vertrag IIa 195; — bei der Geltendmachung des Zurückbehaltungsrechts IIa 75; — beim Vollzug der Wandelung IIb 102; — beim Vollzug des Ersatzlieferungsanspruches IIb 123; — Verurtheilung bei der Klage aus einem gegenseitigen Vertrag IIa 147.
Zurückbehaltung des Zinsbetrages von Inhaberschuldverschreibungen IIb 801.
Zurückbehaltungsrecht: Voraussetzungen IIa 71, 73; — Wesen und Wirkung IIa 72; — kein Hemmniß für die Verjährung I 549, 551; — Wirkung gegenüber der Leistungsklage IIa 75; — Ausübung gegenüber dem neuen Gläubiger nach Forderungsabtretung IIa 283; — Einfluß auf die Haftung des Bürgen IIb 718, 719; — Befreiung des Berechtigten von der Anmeldung im Aufgebot des Nachlaßgläubiger V 138; — Einzelne Fälle: des Beauftragten IIb 533, 536; — Z. des Besitzers wegen Verwendungen III 259; — Z. des Bevollmächtigten an der Vollmacht I 495; — beim Dienstvertrag IIb 401, 402; — Z. des Erben für Aufwendungen im Falle der Anordnung der Nachlaßverwaltung oder des Nachlaßkonkurses V 172; — des Erbschaftsbesitzers für Verwendungen auf Erbschaftssachen V 259; — des Finders III 232; — der Frau hinsichtlich des Beitrages zum ehelichen Aufwand bei Gütertrennung IV 275; — zum Unterhalt der gemeinschaftlichen Kinder nach Ehescheidung IV 581; — bei allgemeiner Gütergemeinschaft hinsichtlich des Beitrages aus dem Vorbehaltsgut IV 307; — des Geschäftsführers ohne Auftrag IIb 557, — des Geschäftsherrn IIb 561, 562; — des Hinterlegers beim Verwahrungsvertrag IIb 576, — des Miethers bei der Grundstücksmiethe IIb 258, 261; — des Pächters am Inventar IIb 340; — des Pfandgläubigers wegen anderer Forderungen III 544, 566; — des Pfandleihers VI 216; — des Testamentsvollstreckers V 513; — des Verwahrers IIb 578; — Z. des Vormunds IV 1171; — Z. an Urkunden III 546, 550; — Z. am Werk IIb 480; — Z. an unpfändbaren Sachen IIb 270; — Ausschluß an durch vorsätzliche unerlaubte Handlungen erlangten Sachen IIa 71, IIb 855; — Ausschluß für eine Spiel- oder Wettschuld IIb 689.
Zurückforderung der ungerechtfertigten Bereicherung IIb 826; — des zum Zwecke der Erfüllung einer Verbindlichkeit Geleisteten wegen entgegenstehender Einreden IIb 833; — Ausschluß IIb 834, 836; — bei der Verjährung ausgeschlossen I 574; — Z. gegenüber einem Dritten IIb 846; — Z. des Geleisteten wegen Verstoß gegen gesetzliches Verbot oder gute Sitten IIb 839; — Umfang der Z. IIb 842; — im Falle bösen Glaubens des Empfängers IIb 844; — Z. bei Nichteintritt des Erfolges oder Wegfall des Rechtsgrundes IIb 845.
Zurücknahme der Anmeldung im Konkurs, Einfluß auf die Verjährung I 568, — der Klage I 566; — der Eheanfechtungsklage IV 93; 94; — der Genehmigung einer Stiftung I 245; — der Ermächtigung des Minderjährigen zum Betrieb eines Erwerbsgeschäftes I 323, 324, — zu Dienst- und Arbeitsverträgen I 325; — der Klage auf Anfechtung der Ehelichkeit IV 628, — auf Anfechtung der Anerkennung der Ehelichkeit IV 634; — der Ehescheidungsklage IV 546; — des Testaments aus der amtlichen Verwahrung V 557, 559; — des gemeinschaftlichen Testaments V 560, 582.
Zurückweisung des Rechtes aus einem Vertrag auf Leistung an einen Dritten IIa 171; — der Rücktrittserklärung vom Vertrag wegen mangelnder Reugeldzahlung IIa 204; — einseitiger Rechtsgeschäfte Minderjähriger I 322; — einseitiger Rechtsgeschäfte mit Vertretern ohne Vollmachtsurkunde I 494.
Zusammengebrachte Kinder IV 605.
Zusammengesetzte Sachen: Bestandtheile I 268.
Zusammenlegung von Grundstücken VI 239, 247.
Zusammenrottung, Schadensersatzpflicht VI 234.
Zusammentreffen von Grunddienstbarkeiten oder mit anderen Nutzungsrechten III 298; — eines Nießbrauchs mit einem anderen oder sonstigen Nutzungsrechten III 324; — des Nießbrauchs mit dem Eigenthum in einer Person III 325; — beim Nießbrauch an einem Rechte III 332; — des Pfandrechts mit dem Eigenthum III 596; — siehe auch „Vereinigung".

Zusätze zum eigenhändigen Testament V 534; — zum gemeinschaftlichen eigenhändigen Testament V 573.

Zuschlag bei der Pfandversteigerung III 579, 583.

Zuschreibung eines Grundstücks als Bestandtheil eines anderen III 88; — Erstreckung der Hypothek auf das zugeschriebene Grundstück III 413; — Untersagung und Beschränkung nach Landesrecht VI 249.

Zuschüsse zum Lebensunterhalt, Ausgleichungspflicht damit V 300, 308.

Zusendung unbestellter Waare IIb 6.

Zusicherung der Abwesenheit von Fehlern der Kaufsache IIb 79; — Z. von Eigenschaften der Kaufsache IIb 70, 73; — Schadensersatzanspruch wegen Fehlens der der Eigenschaften IIb 88; — Verjährung desselben IIb 113; — Z. beim Gattungskauf IIb 121, 125; — beim Viehkauf IIb 129, 132, 140; — Verjährung der Ansprüche bei diesem IIb 139; — Z. von Eigenschaften der Miethsache IIb 218; — beim Werkvertrag IIb 454, 462; — bestimmter Größe beim Grundstückskauf IIb 103.

Zustand: Feststellung des Z. durch Sachverständige: beim eingebrachten Gut IV 165, — bei der Errungenschaftsgemeinschaft IV 457, — bei Fahrnißgemeinschaft IV 493; — des Z. von Erbschaftsgegenständen im Falle der Nacherbfolge V 393; — bei der Nießbrauchsache III 307; — beim Wohnungsrecht III 349.

Zuständigkeit zur Herbeiführung des Vollzugs von Auflagen im öffentlichen Interesse I 241; — zur Beurkundung von Rechtsgeschäften nach Landesrecht VI 274; — zur Beurkundung des Vertrags über Eigenthumsübertragung und Belastung von Grundstücken nach Landesrecht VI 275; — Z. in Ehesachen IV 4; — zur Befreiung von Ehehindernissen VI 47; — zur Entmündigung I 52; — zur Inventarerrichtung nach Landesrecht VI 283; — zur Aufnahme des Verzeichnisses des Kindervermögens IV 744, 748; — zur Entscheidung über Namensänderung I 81, 83; — zur Abnahme des civilrechtlichen Offenbarungseides IIa 50; — zur Genehmigung der der Stiftung I 234; — zur Aufhebung von Stiftungen I 247; — zur Verleihung der Rechtsfähigkeit an Vereine I 140; — zur Erhebung des Einspruchs gegen Eintragung eines Vereins I 203; — zur Entziehung der Rechtsfähigkeit des Vereins I 176; — zur Volljährigkeitserklärung I 36; — in Vormundschaftssachen IV 990; — für die Anordnung der Vormundschaft über Minderjährige IV 995; — in Vormundschafts- und Nachlaßsachen nach Landesrecht VI 281; — siehe auch „Gerichtsstand".

Zuständigkeitsnormen I 13.

Zustellung von Willenserklärungen I 387; — Z. an den Mitvormund IV 1035; — Z. am erwählten Wohnsitz VI 297.

Zustimmung: rechtliche Natur I 296; — vorherige Z. I 511; — nachträgliche I 512; — Nichtigkeit und Anfechtbarkeit I 510; — Z. zur Annahme an Kindesstatt: Z. des Ehegatten IV 951, — der Eltern IV 952; — Z. der Abkömmlinge zu Verfügungen des überlebenden Ehegatten in Bezug auf Gesammtgut der fortgesetzten Gütergemeinschaft IV 387; — Aufhebungsklage eines Abkömmlings wegen nicht erholter Zustimmung IV 402; — Z. des Betroffenen zur Berichtigung des Grundbuches III 104; — Z. eines Dritten zu Verträgen oder einseitigen Rechtsgeschäften I 508; — eines dritten Berechtigten zur Aufhebung des Pfandrechts III 596; — zur Aufhebung von Rechten an Grundstücken III 61; — zur Aenderung des Inhalts III 63; — zur Rangänderung eingetragener Rechte III 68; — zu abweichenden Vorschriften über Pfandverkauf III 585; — zum Verzicht auf die Hypothek für rückständige Nebenleistungen III 496; — Z. des Eigenthümers zur Aufhebung der Hypothek durch Rechtsgeschäft III 507; — zum Rangrücktritt von Hypotheken, Grundschulden, Rentenschulden III 68; — Z. des anderen Ehegatten zu Verfügungen in Bezug auf den Antheil eines Abkömmlings an der fortgesetzten Gütergemeinschaft IV 436, — zu einem Vertrag über Verzicht eines Abkömmlings auf seinen Antheil oder Aufhebung des Verzichtes IV 438; — Z. des Ehemannes beim gesetzlichen Güterstand: zu Verfügungen über eingebrachtes Gut der Frau IV 210; — Wirkung nicht erfolgter Z. IV 212; — zu Rechtsgeschäften der Frau IV 216; — zur Prozeßführung der Frau über eingebrachtes Gut IV 218; — ausnahmsweise Entbehrlichkeit der Z. IV 222, — Ersetzung durch das Vormundschaftsgericht IV 224; — Z. zum Betrieb eines Erwerbsgeschäftes durch die Frau IV 227; — Fälle der Entbehrlichkeit Zustimmung IV 230, 233; — Z. bei allgemeiner Gütergemeinschaft: Ersetzung der Zustimmung durch das Vormundschaftsgericht IV 322; — Wirkung der Z. für die Haftung des Gesammtguts IV 334; — zum Betrieb eines Erwerbsgeschäftes durch die Frau IV 323; — bei Errungenschaftsgemeinschaft IV 464; — Z. des Ehemannes zur Uebernahme einer Vormundschaft durch die Frau IV 1012; — Z. der Ehefrau zu Rechtshandlungen des Mannes im gesetzlichen Güterstand: Erforderniß IV 171, — Entbehrlichkeit IV 173, — Ersetzung durch das Vormundschaftsgericht IV 177; — Z. bei Errungenschaftsgemeinschaft IV 452; — zu Verfügungen über Gesammtgut IV 313, — über Gesammtguts-

grundstücke IV 314, — zu Schenkungen aus dem Gesammtgut IV 317; — Ersetzung durch das Vormundschaftsgericht IV 319; — Einfluß unterlassener Z. IV 321; — Klage auf Aufhebung der Gemeinschaft wegen nicht erholter Zustimmung IV 347; — bei Errungenschaftsgemeinschaft IV 476; — Z. des Erwerbers eines Rechts zu einer Eintragung oder Löschung, die zur Verwirklichung des durch Vormerkung gesicherten Anspruchs erforderlich ist III 85; — Z. des gesetzlichen Vertreters zu Verträgen über allgemeine Gütergemeinschaft IV 299, — über Ausschluß der Fortsetzung der Gütergemeinschaft IV 425; — zum Erbzicht V 722; — des Nacherben zu Verfügungen des Vorerben über hinterlegte Werthpapiere V 388; — des Nießbrauchers zur Aufhebung oder Aenderung eines mit Nießbrauch belasteten Rechts III 331; — des Pfandgläubigers zur Aufhebung des Pfandrechts an einem Rechte III 613, — zu Aenderungen des Rechts III 614, — zur Kündigung der verpfändeten Forderung III 622, 624; — der übrigen Berechtigten zur Umwandlung einer Sicherheitshypothek in eine gewöhnliche Hypothek und umgekehrt III 514, — einer Hypothek in eine Grundschuld und umgekehrt III 537, — einer Rentenschuld in eine gewöhnliche Grundschuld und umgekehrt III 541; — des anderen Vertragstheiles zur Aufhebung von Verfügungen im Erbvertrag V 614.

Zuthaten: Begriff I 280; — Lieferung beim Werkvertrag IIb 489, 491.

Zuwachs: Herausgabe durch den Beauftragten IIb 533; — Herausgabe beim Eigenthumsanspruch III 258.

Zuwendung einer ungerechtfertigten Bereicherung IIb 837, 846.

Zuwendungen: Ausgleichungspflicht der Abkömmlinge mit Z. unter Lebenden V 300, 301, 309; — Ausgleichungspflicht des Pflichttheilsberechtigten V 659; — unentgeltliche: unter der Auflage einer Leistung an einen Dritten IIa 167; — an die Ehefrau im gesetzlichen Güterstand IV 161, — bei Errungenschaftsgemeinschaft IV 454, 458; — an einen Ehegatten bei allgemeiner Gütergemeinschaft IV 306; — bei Errungenschaftsgemeinschaft IV 447; — bei Fahrnißgemeinschaft IV 493, 497, 499; — an den überlebenden Ehegatten IV 386; — u. Z. an die Gesellschaft IIb 628; — an das Kind: Ausschluß der väterlichen Nutznießung IV 767, — der Verwaltung IV 740; — Anordnungen über die Verwaltung IV 742; — an den Mündel, Verwaltung IV 1044; — Z. an Kind oder Mündel, Pflegschaft zur Verwaltung IV 1200; — Anordnung von Befreiungen des Pflegers, Benennung desselben IV 1222; — siehe auch „letztwillige Z."

Zuwiderhandeln gegen Unterlassungspflicht, Fälligkeit der Vertragsstrafe IIa 179.

Zwang (siehe auch „Drohung") I 360; — zeitlich geltendes Recht VI 310; — Anfechtung der Ehe wegen Z. IV 85; — Anfechtungsfrist IV 91; — Anfechtung nach Fristablauf IV 92; — Ausschluß der Anfechtung IV 88; — vermögensrechtliche Verhältnisse und Unterhaltspflicht bei Nichtigkeit der Ehe IV 102; — unmittelbarer Z. in Vormundschaftssachen IV 991; — siehe auch „Drohung".

Zwangsaufrechnung IIa 251.

Zwangsenteignung: Anwendung der Vorschriften über Kauf IIb 144; — Vorbehalt zu Gunsten der Landesgesetzgebung VI 234; — Rechte Dritter an der Entschädigungssumme VI 146; — Erlöschen des Rechts an derselben VI 148; — Voraussetzungen der Bezahlung derselben an dritte Berechtigte VI 147; — Unschädlichkeitszeugniß VI 251; — Z. für Telegraphenleitungen III 125; — von Quellen III 125.

Zwangserziehung des ehelichen Kindes IV 790, 794, — des Mündels IV 1115; — Kostenersatz IV 648; — Z. Minderjähriger nach Landesrecht VI 265; — verwahrloster Kinder VI 113.

Zwangshypothek III 371, 380; — als Gesammthypothek III 416; — keine Vormerkung III 77; — Wirksamkeit der Eintragung auf Nachlaßgrundstücken im Falle der Nacherbfolge V 386.

Zwangsrechte VI 187.

Zwangsvereine I 125.

Zwangsvergleich: Rückforderung der über die Quote gemachten Leistung IIb 835; — Einfluß auf die Bürgschaft IIb 712; — Zustimmung des Vormunds für den Mündel IV 1083; — Z. im Nachlaßkonkurs, Einfluß auf die Erbenhaftung V 193, 195, — auf die Beschränkung der Haftung V 220, — auf die Haftung der Miterben V 198, 320, 323; — Vorschlag durch den Testamentsvollstrecker V 476.

Zwangsverkauf: Ausschluß des Vorkaufsrechts IIb 168; — Verbot des Bietens für Versteigerungsbeamte und deren Gehilfen IIb 61; — Wirkung der Nichtbeachtung des Verbots IIb 63.

Zwangsversteigerung zu Gunsten des Hypothekanspruches III 441; — Benachrichtigung des persönlichen Schuldners III 477; — Uebernahme einer hypothekarisch versicherten Schuld IIa 308; — Festsetzung des Höchstbetrages des Werthes von Rechten an einem Grundstück für den Fall der Zw. III 75; — Gefahrübergang auf den Ansteigerer IIb 45; — Ansteigerung von Grundstücken für den Mündel IV 1077; — Z. des Miethobjekts IIb 301, 319; — Einfluß auf Pachtverhältnisse IIb 329; — Verkauf von gemeinschaftlichen Grundstücken im Wege der Z. zum Zwecke der Theilung IIb 676; — Z. eines Nachlaßgrundstücks,

Antragsrecht des Erben und Dritter V 127; — Inkrafttreten des Gesetzes über Z. VI 2.

Zwangsverwalter: Besitz III 11.

Zwangsverwaltung zu Gunsten des Hypothekanspruchs III 441; — im Falle des Konkurses des Grundstückseigenthümers III 404; — Zinszahlung an den Eigenthümer für die Eigenthümergrundschuld während der Zw. III 536; — Abschluß von Miethverträgen durch den Verwalter IIb 203; — Z. in Familienfideikommisse, Lehen und Stammgüter VI 169; — für Pfandrechte älteren Rechtes VI 343.

Zwangsvollstreckung: rechtliche Natur I 295; — Erstreckung auf Zubehör I 280; — Ablösungsrecht des Dritten gegenüber dem Gläubiger IIa 62; — Anrechnung des Erlöses bei Mehrheit der geschuldeten Leistungen IIa 228; — Z. bei Alternativobligationen IIa 54; — Z. bei Verurtheilung zur Zug um Zug-Leistung IIa 75, 148; — Einfluß der Unwirksamkeit der Vollstreckungshandlung IIb 829; — Herausgabe des Erlöses versteigerter, nicht dem Schuldner gehöriger Sachen IIb 837; — Schadensersatzpflicht IIb 859; — Unterbrechung der Verjährung durch Z. I 561, 564; — Einfluß der Aufhebung der Vollstreckungsmaßregel I 569; — Einfluß der Rückwirkung der Genehmigung eines Rechtsgeschäftes auf Verfügungen im Wege der Z. I 512; — Verfügungen durch Z. entgegen einem gesetzlichen Veräußerungsverbot I 394, 397, — einem gerichtlichen oder behördlichen Veräußerungsverbot I 398; — Verfügungen durch Z. während der Schwebezeit einer Bedingung I 460; — Einfluß der Z. auf das Rücktrittsrecht vom Vertrag IIa 199; — Ausschluß des Vorkaufsrechts gegenüber der Z. IIb 168; — Einfluß auf das Wiederkaufsrecht IIb 155; — Befriedigung des Hypothekgläubigers im Wege der Z. III 437; — Befriedigung des Pfandgläubigers an einem Rechte im Wege der Z. III 614, — des Schiffspfandgläubigers III 605; — Beschränkung oder Ausschluß bei Hypothekbestellung III 374; — Einfluß der Z. auf Vormerkungen im Grundbuch III 76, 80; — Ausschluß vom Bieten bei Z. IIb 61; — Wirkung der Nichtbeachtung des Verbots IIb 63; — Z. in den Anteil an einer Gemeinschaft IIb 668; — auf Auflassung III 161, 166; — auf Wiedereinräumung des Besitzes III 26; — Z. in das eingebrachte Gut der Frau im gesetzlichen Güterstand IV 243; — in das eingebrachte Gut für Forderungen gegen die Frau als Inhaberin eines Erwerbsgeschäftes IV 229; — in das eingebrachte Gut der Frau bei Errungenschaftsgemeinschaft IV 454; — in eingebrachtes Gut bei Fahrnißgemeinschaft IV 493; — in das Gesammtgut der allgemeinen Gütergemeinschaft IV 332; — nach Beendigung der allgem. Gütergemeinschaft vor Auseinandersetzung IV 353, 355; — für Gesammtgutsverbindlichkeiten nach Theilung des Gesammtgutes IV 371; — in das Gesammtgut der fortgesetzten Gütergemeinschaft IV 391, — nach Beendigung der Gemeinschaft vor Auseinandersetzung IV 406, — in einen Antheil IV 389; — in das Gesammtgut der Errungenschaftsgemeinschaft IV 462; — Z. bei bestehender Fahrnißgemeinschaft IV 490; — Z. bei fortgesetzter fortgesetzter Fahrnißgemeinschaft IV 502; — in Gesellschaftsvermögen IIb 597, 630, — in den Antheil eines Gesellschafters IIb 631; — Z. gegen den Hauptschuldner, Voraussetzung der Haftung der Bürgen IIb 718, 719; — in ein Grundstück wegen des Hypothekanspruches III 441; — Haftung des Hypothekobjekts für Kosten III 394; — in Früchte des Hypothekenobjekts III 398; — Z. in Gegenstände, auf welche sich die Hypothek erstreckt III 369; — Z. in die Kaufsache, Einfluß auf die Wandelung IIb 98, 100; — Z. in das Kindervermögen IV 757, 780; — gegen den Mündel IV 1062, 1084; — in den Nachlaß V 105; — Einfluß der Z. auf die aufschiebenden Einreden des Erben V 244; — Z. nach Anordnung der Nachlaßverwaltung V 183, 187; — beim Vorhandensein eines Testamentsvollstreckers V 503, 506; — Z. in eine Nachlaßforderung während der Erbengemeinschaft V 285; — Wirksamkeit von Zwangsvollstreckungshandlungen an einem Erbschaftsgegenstande im Falle der Nacherbfolge V 382, 385, 386; — Herausgabe des Ueberschusses des Nachlasses an die im Aufgebotsverfahren ausgeschlossenen Gläubiger im Wege der Z. V 140, 143; — Herausgabe des Nachlaßüberschusses nach Beendigung des Nachlaßkonkurses V 193; — Herausgabe des Nachlasses an die Gläubiger im Wege der Z. im Falle von Mangel an Masse zur Durchführung einer Nachlaßverwaltung, eines Nachlaßkonkurses V 198, 201; — in ein mit Nießbrauch belastetes Vermögen III 342; — gegen den Pächter und den Verpächter IIb 329; — Z. gegen einen nicht rechtsfähigen Verein I 190; — Durchführung der Z. durch den Vormund IV 1062; — Widerspruchsrecht der Ehefrau gegen Z. im gesetzlichen Güterstand IV 234, — bei Errungenschaftsgemeinschaft IV 452; — Ausschluß der Z. auf Eheschließung IV 14; — auf Herstellung der ehelichen Gemeinschaft IV 113, 117.

Zweck der Obligation: Untergang der O. durch Erreichung des Zweckes IIa 213; — eines deutschen Gesetzes: Verstoß der Anwendung ausländischer Gesetze dagegen VI 96.

Zweckauflage V 462.

Zweckvermächtniß V 422, 425.

Zweckvermögen: Pflegschaft IV 1217.
Zweige: Ueberragen in das Nachbargrundstück III 133; — Z. von Obstbäumen: landesrechtliche Regelung des Ueberhangs VI 254.
Zwei Jahre: Frist für Anspruchsverjährung I 536; — Beginn der Verjährung I 548; — Verjährung des Anspruchs aus Inhaberschuldverschreibungen IIb 799; — Verjährung der Ansprüche wegen Auflösung des Verlöbnisses IV 20; — Ausschlußfrist für den Antrag des Gläubigers auf Nachlaßverwaltung V 177; — Verschollenheitsfrist I 102.
Zweikampf: Ersatzansprüche wegen Verletzung im Z. IIb 863.
Zweiseitiger Erbvertrag: Wirkung der Nichtigkeit einer Verfügung oder des Rücktritts eines Vertragsschließenden V 622.
Zweiseitige Rechtsgeschäfte I 301.
Zwingendes Recht: Familienrecht IV 2; — bei Schuldverhältnissen IIb 2.
Zwischenraum zwischen zwei Grundstücken: Benützung III 152.
Zwischenzinsen: Ausschluß des Abzuges bei Zahlung vor Fälligkeit IIa 70; — bei vorzeitiger Erfüllung einer betagten Verbindlichkeit IIb 833; — Abzug bei vorzeitiger Befriedigung des Hypothekgläubigers wegen Verschlechterung des Grundstücks III 418; — bei vorzeitiger Rückgabe des Pfandes gegen Befriedigung des Gläubigers III 562.

FSC
www.fsc.org
MIX
Papier | Fördert gute Waldnutzung
FSC® C083411

Kolibri 360 GmbH
Ferdinand-Jühlke-Straße 7
99095 Erfurt, Deutschland
produktsicherheit@kolibri360.de